治安管理处罚法及相关法规汇编

（含典型案例）

中国法治出版社
CHINA LEGAL PUBLISHING HOUSE

编辑说明

第十四届全国人民代表大会常务委员会第十六次会议于 2025 年 6 月 27 日通过新修订的《治安管理处罚法》,于 2026 年 1 月 1 日起施行。此次修订将新出现的影响社会治安的行为纳入管理范围,进一步优化、完善了办理治安案件的程序规定,为公安机关依法维护社会治安秩序,保障公共安全,保护公民、法人和其他组织的合法权益提供了更为完善的法律保障。

为方便读者全面学习《治安管理处罚法》及相关法律规定,我们编辑出版了《治安管理处罚法及相关法规汇编(含典型案例)》一书。本书有如下特点:

1. 收录《治安管理处罚法》及与之密切相关的法律、法规、司法解释、部门规章等法律文件,以及相关的公报案例、典型案例,内容全面。

2. 收录《治安管理处罚法》标准文本,并附"条文主旨",方便读者根据需要迅速找到相关条文。

3. 精心挑选最高人民法院、各地高级人民法院发布的典型案例,帮助读者深入理解法律条文在司法实践中的具体运用。

4. 提供法律文件"动态增值"服务,同时提供《治安管理处罚法》条文新旧对照表,扫描"编辑说明"页二维码即可获取相关文件。

希望本书能够为广大读者的工作与学习带来帮助! 对于本书的不足之处,还望读者不吝批评指正!

2028 年 1 月前扫描二维码
下载更新文件动态增值内容

2028 年 1 月前扫描二维码
下载《治安管理处罚法》新旧对照表

目 录[*]

一、综 合

中华人民共和国治安管理处罚法 …………………………………… 1
　（2025 年 6 月 27 日）
公安机关执行《中华人民共和国治安管理处罚法》有关问题的解释 ……… 30
　（2006 年 1 月 23 日）
公安机关执行《中华人民共和国治安管理处罚法》有关问题的解释
　（二） ………………………………………………………………… 34
　（2007 年 1 月 8 日）
公安部关于如何执行《治安管理处罚法》第十八条规定问题的批复 ……… 37
　（2010 年 8 月 3 日）
中华人民共和国行政处罚法 ………………………………………… 37
　（2021 年 1 月 22 日）
公安部关于贯彻实施行政处罚法的通知 …………………………… 51
　（2021 年 12 月 8 日）
中华人民共和国刑法（节录） ……………………………………… 55
　（2023 年 12 月 29 日）
中华人民共和国人民警察法 ………………………………………… 65
　（2012 年 10 月 26 日）
全国人民代表大会常务委员会关于加强社会治安综合治理的决定 ……… 73
　（1991 年 3 月 2 日）
健全落实社会治安综合治理领导责任制规定 ……………………… 75
　（2016 年 2 月 27 日）

---

[*] 本目录中的日期为法律文件的公布时间或施行时间。本书每个分类项下的法律文件依重要程度与关联程度排序。

关于加强社会治安防控体系建设的意见(略有删改) ………… 80
　　(2014年12月30日)
违反公安行政管理行为的名称及其适用意见(节录) ………… 87
　　(2020年8月6日)
公安机关涉案财物管理若干规定 ……………………………… 119
　　(2015年7月22日)
公安机关受理行政执法机关移送涉嫌犯罪案件规定 ………… 126
　　(2016年6月16日)

二、公共秩序与公共安全

中华人民共和国集会游行示威法(节录) ……………………… 128
　　(2009年8月27日)
中华人民共和国集会游行示威法实施条例(节录) …………… 129
　　(2011年1月8日)
中华人民共和国突发事件应对法 ……………………………… 130
　　(2024年6月28日)
突发事件应急预案管理办法 …………………………………… 148
　　(2024年1月31日)
大型群众性活动安全管理条例 ………………………………… 156
　　(2007年9月14日)
危险化学品安全管理条例 ……………………………………… 161
　　(2013年12月7日)
易制毒化学品管理条例 ………………………………………… 185
　　(2018年9月18日)
易制爆危险化学品治安管理办法 ……………………………… 196
　　(2019年7月6日)
民用爆炸物品安全管理条例 …………………………………… 203
　　(2014年7月29日)
烟花爆竹安全管理条例 ………………………………………… 214
　　(2016年2月6日)
中华人民共和国枪支管理法(节录) …………………………… 222
　　(2015年4月24日)

三、社会管理

中华人民共和国居民身份证法 ·················· 224
　　（2011 年 10 月 29 日）
居住证暂行条例 ····························· 228
　　（2015 年 11 月 26 日）
营业性演出管理条例 ························· 232
　　（2020 年 11 月 29 日）
文化和旅游部、公安部关于进一步加强大型营业性演出活动规范
　　管理促进演出市场健康有序发展的通知 ············· 243
　　（2023 年 9 月 12 日）
娱乐场所管理条例 ·························· 247
　　（2020 年 11 月 29 日）
娱乐场所治安管理办法 ······················· 255
　　（2008 年 6 月 3 日）
互联网上网服务营业场所管理条例 ················ 261
　　（2024 年 12 月 6 日）
废旧金属收购业治安管理办法 ··················· 268
　　（2023 年 7 月 20 日）
旅馆业治安管理办法 ························· 270
　　（2022 年 3 月 29 日）
全国人民代表大会常务委员会关于严禁卖淫嫖娼的决定 ······ 272
　　（2009 年 8 月 27 日）
公安部关于对同性之间以钱财为媒介的性行为定性处理问题的
　　批复 ································ 274
　　（2001 年 2 月 28 日）
公安部关于以钱财为媒介尚未发生性行为或发生性行为尚未给付
　　钱财如何定性问题的批复 ····················· 274
　　（2003 年 9 月 24 日）
公安部关于对出售带有淫秽内容的文物的行为可否予以治安管理
　　处罚问题的批复 ··························· 275
　　（2010 年 5 月 22 日）

最高人民法院、最高人民检察院、公安部关于办理网络赌博犯罪案件适用法律若干问题的意见 ………………………… 275
（2010 年 8 月 31 日）
公安部关于办理赌博违法案件适用法律若干问题的通知 ………… 278
（2005 年 5 月 25 日）

四、特定领域治安管理

中华人民共和国网络安全法（节录） ………………………… 281
（2016 年 11 月 7 日）
中华人民共和国反电信网络诈骗法 ……………………………… 284
（2022 年 9 月 2 日）
中华人民共和国禁毒法 …………………………………………… 294
（2007 年 12 月 29 日）
戒毒条例 …………………………………………………………… 304
（2018 年 9 月 18 日）
保安服务管理条例 ………………………………………………… 311
（2022 年 3 月 29 日）
公安机关实施保安服务管理条例办法 …………………………… 320
（2016 年 1 月 14 日）
公安机关执行保安服务管理条例若干问题的解释 ……………… 331
（2010 年 9 月 16 日）
企业事业单位内部治安保卫条例 ………………………………… 333
（2004 年 9 月 27 日）
公安机关监督检查企业事业单位内部治安保卫工作规定 ……… 337
（2007 年 6 月 16 日）

五、办案程序

公安机关办理刑事案件程序规定 ………………………………… 341
（2020 年 7 月 20 日）
公安机关办理行政案件程序规定 ………………………………… 406
（2020 年 8 月 6 日）

拘留所条例 ……………………………………………… 452
　（2012年2月23日）
公安机关治安调解工作规范 ………………………… 456
　（2007年12月8日）

六、执法监督

中华人民共和国行政复议法 ………………………… 460
　（2023年9月1日）
中华人民共和国行政诉讼法 ………………………… 478
　（2017年6月27日）
公安机关内部执法监督工作规定 …………………… 494
　（2020年8月6日）
公安机关督察条例 …………………………………… 498
　（2011年8月31日）
公安机关人民警察纪律条令 ………………………… 501
　（2010年4月21日）
公安机关执法质量考核评议规定 …………………… 506
　（2016年1月14日）
公安机关人民警察执法过错责任追究规定 ………… 513
　（2016年1月14日）
公安机关领导责任追究规定 ………………………… 517
　（2016年3月17日）
公安机关执法公开规定 ……………………………… 520
　（2018年8月23日）
公安机关信访工作规定（节录） ……………………… 526
　（2023年5月19日）
中华人民共和国国家赔偿法 ………………………… 533
　（2012年10月26日）
公安机关办理国家赔偿案件程序规定 ……………… 542
　（2018年9月1日）

最高人民法院关于审理国家赔偿案件确定精神损害赔偿责任适用
　法律若干问题的解释 …………………………………………… 554
　（2021年3月24日）
最高人民法院关于行政诉讼证据若干问题的规定 …………………… 556
　（2002年7月24日）
最高人民法院关于审理行政赔偿案件若干问题的规定 ……………… 569
　（2022年3月20日）
最高人民法院关于公安机关不履行、拖延履行法定职责如何承担
　行政赔偿责任问题的答复 ……………………………………… 575
　（2013年9月22日）

七、典型案例

公报案例

1. 季频不服宜兴市公安局宜城派出所治安其他行政行为案 ………… 576
2. 焦志刚诉和平公安分局治安管理处罚决定行政纠纷案 …………… 581
3. 尹琛琰诉卢氏县公安局110报警不作为行政赔偿案 ……………… 587

典型案例

1. 方才女诉浙江省淳安县公安局治安管理行政处罚一案 …………… 590
2. 沈某、蔡某诉南通市公安局开发区分局行政不作为案 …………… 592
3. 福建潘某英诉某区公安分局行政拘留检察监督案 ………………… 593
4. 曹某诉某县公安局行政拘留案 ……………………………………… 595
5. 王某诉区政府撤销处罚决定行政复议案 …………………………… 596
　　——行政复议程序中禁止不利变更原则的适用
6. 黄某某未成年人治安管理处罚案 …………………………………… 597
7. 吕某某与某县公安局不依法履行未成年人保护职责案 …………… 598
8. 朱某某不服上海市公安局城市轨道和公交分局行政处罚及上海
　　市公安局行政复议决定案 ………………………………………… 599

一、综　合

中华人民共和国治安管理处罚法

（2005年8月28日第十届全国人民代表大会常务委员会第十七次会议通过　根据2012年10月26日第十一届全国人民代表大会常务委员会第二十九次会议《关于修改〈中华人民共和国治安管理处罚法〉的决定》修正　2025年6月27日第十四届全国人民代表大会常务委员会第十六次会议修订　2025年6月27日中华人民共和国主席令第49号公布　自2026年1月1日起施行）

第一章　总　则

第一条　【立法目的】[*]为了维护社会治安秩序，保障公共安全，保护公民、法人和其他组织的合法权益，规范和保障公安机关及其人民警察依法履行治安管理职责，根据宪法，制定本法。

第二条　【社会治安综合治理】治安管理工作坚持中国共产党的领导，坚持综合治理。

各级人民政府应当加强社会治安综合治理，采取有效措施，预防和化解社会矛盾纠纷，增进社会和谐，维护社会稳定。

第三条　【违反治安管理行为的性质和处罚】扰乱公共秩序，妨害公共安全，侵犯人身权利、财产权利，妨害社会管理，具有社会危害性，依照《中华人民共和国刑法》的规定构成犯罪的，依法追究刑事责任；尚不够刑事处罚的，由公安机关依照本法给予治安管理处罚。

第四条　【处罚程序应适用的法律规范】治安管理处罚的程序，适用本法的规定；本法没有规定的，适用《中华人民共和国行政处罚法》、《中华人民共和国行政强制法》的有关规定。

---

[*]　本书条文主旨为编者所加，仅供参考，下同。

第五条 【适用范围】在中华人民共和国领域内发生的违反治安管理行为,除法律有特别规定的外,适用本法。

在中华人民共和国船舶和航空器内发生的违反治安管理行为,除法律有特别规定的外,适用本法。

在外国船舶和航空器内发生的违反治安管理行为,依照中华人民共和国缔结或者参加的国际条约,中华人民共和国行使管辖权的,适用本法。

第六条 【基本原则】治安管理处罚必须以事实为依据,与违反治安管理的事实、性质、情节以及社会危害程度相当。

实施治安管理处罚,应当公开、公正,尊重和保障人权,保护公民的人格尊严。

办理治安案件应当坚持教育与处罚相结合的原则,充分释法说理,教育公民、法人或者其他组织自觉守法。

第七条 【主管和管辖】国务院公安部门负责全国的治安管理工作。县级以上地方各级人民政府公安机关负责本行政区域内的治安管理工作。

治安案件的管辖由国务院公安部门规定。

第八条 【民事责任和刑事责任】违反治安管理行为对他人造成损害的,除依照本法给予治安管理处罚外,行为人或者其监护人还应当依法承担民事责任。

违反治安管理行为构成犯罪,应当依法追究刑事责任的,不得以治安管理处罚代替刑事处罚。

第九条 【调解处理治安案件】对于因民间纠纷引起的打架斗殴或者损毁他人财物等违反治安管理行为,情节较轻的,公安机关可以调解处理。

调解处理治安案件,应当查明事实,并遵循合法、公正、自愿、及时的原则,注重教育和疏导,促进化解矛盾纠纷。

经公安机关调解,当事人达成协议的,不予处罚。经调解未达成协议或者达成协议后不履行的,公安机关应当依照本法的规定对违反治安管理行为作出处理,并告知当事人可以就民事争议依法向人民法院提起民事诉讼。

对属于第一款规定的调解范围的治安案件,公安机关作出处理决定前,当事人自行和解或者经人民调解委员会调解达成协议并履行,书面申请经公安机关认可的,不予处罚。

第二章 处罚的种类和适用

第十条 【处罚种类】治安管理处罚的种类分为:

(一)警告;

(二)罚款;

(三)行政拘留;

(四)吊销公安机关发放的许可证件。

对违反治安管理的外国人,可以附加适用限期出境或者驱逐出境。

第十一条 【查获违禁品、工具和违法所得财物的处理】办理治安案件所查获的毒品、淫秽物品等违禁品,赌具、赌资,吸食、注射毒品的用具以及直接用于实施违反治安管理行为的本人所有的工具,应当收缴,按照规定处理。

违反治安管理所得的财物,追缴退还被侵害人;没有被侵害人的,登记造册,公开拍卖或者按照国家有关规定处理,所得款项上缴国库。

第十二条 【未成年人违反治安管理的处罚】已满十四周岁不满十八周岁的人违反治安管理的,从轻或者减轻处罚;不满十四周岁的人违反治安管理的,不予处罚,但是应当责令其监护人严加管教。

第十三条 【精神病人、智力残疾人违反治安管理的处罚】精神病人、智力残疾人在不能辨认或者不能控制自己行为的时候违反治安管理的,不予处罚,但是应当责令其监护人加强看护管理和治疗。间歇性的精神病人在精神正常的时候违反治安管理的,应当给予处罚。尚未完全丧失辨认或者控制自己行为能力的精神病人、智力残疾人违反治安管理的,应当给予处罚,但是可以从轻或者减轻处罚。

第十四条 【盲人或又聋又哑的人违反治安管理的处罚】盲人或者又聋又哑的人违反治安管理的,可以从轻、减轻或者不予处罚。

第十五条 【醉酒的人违反治安管理的处罚】醉酒的人违反治安管理的,应当给予处罚。

醉酒的人在醉酒状态中,对本人有危险或者对他人的人身、财产或者公共安全有威胁的,应当对其采取保护性措施约束至酒醒。

第十六条 【有两种以上违反治安管理行为的处罚】有两种以上违反治安管理行为的,分别决定,合并执行处罚。行政拘留处罚合并执行的,最长不超过二十日。

第十七条 【共同违反治安管理行为的处罚】共同违反治安管理的,根据行为人在违反治安管理行为中所起的作用,分别处罚。

教唆、胁迫、诱骗他人违反治安管理的,按照其教唆、胁迫、诱骗的行为处罚。

第十八条 【单位违反治安管理行为的处罚】单位违反治安管理的,对其直接负责的主管人员和其他直接责任人员依照本法的规定处罚。其他法律、行政法规对同一行为规定给予单位处罚的,依照其规定处罚。

第十九条 【正当防卫和防卫过当的处罚】 为了免受正在进行的不法侵害而采取的制止行为,造成损害的,不属于违反治安管理行为,不受处罚;制止行为明显超过必要限度,造成较大损害的,依法给予处罚,但是应当减轻处罚;情节较轻的,不予处罚。

第二十条 【从轻、减轻或不予处罚的情形】 违反治安管理有下列情形之一的,从轻、减轻或者不予处罚:

(一)情节轻微的;

(二)主动消除或者减轻违法后果的;

(三)取得被侵害人谅解的;

(四)出于他人胁迫或者诱骗的;

(五)主动投案,向公安机关如实陈述自己的违法行为的;

(六)有立功表现的。

第二十一条 【认错认罚从宽】 违反治安管理行为人自愿向公安机关如实陈述自己的违法行为,承认违法事实,愿意接受处罚的,可以依法从宽处理。

第二十二条 【从重处罚的情形】 违反治安管理有下列情形之一的,从重处罚:

(一)有较严重后果的;

(二)教唆、胁迫、诱骗他人违反治安管理的;

(三)对报案人、控告人、举报人、证人打击报复的;

(四)一年以内曾受过治安管理处罚的。

第二十三条 【应给予行政拘留处罚而不予执行的情形及其例外】 违反治安管理行为人有下列情形之一,依照本法应当给予行政拘留处罚的,不执行行政拘留处罚:

(一)已满十四周岁不满十六周岁的;

(二)已满十六周岁不满十八周岁,初次违反治安管理的;

(三)七十周岁以上的;

(四)怀孕或者哺乳自己不满一周岁婴儿的。

前款第一项、第二项、第三项规定的行为人违反治安管理情节严重、影响恶劣的,或者第一项、第三项规定的行为人在一年以内二次以上违反治安管理的,不受前款规定的限制。

第二十四条 【对未成年人的矫治教育措施】对依照本法第十二条规定不予处罚或者依照本法第二十三条规定不执行行政拘留处罚的未成年人,公安机关依照《中华人民共和国预防未成年人犯罪法》的规定采取相应矫治教育等措施。

第二十五条 【时效】违反治安管理行为在六个月以内没有被公安机关发现的,不再处罚。

前款规定的期限,从违反治安管理行为发生之日起计算;违反治安管理行为有连续或者继续状态的,从行为终了之日起计算。

第三章 违反治安管理的行为和处罚

第一节 扰乱公共秩序的行为和处罚

第二十六条 【对扰乱单位、公共场所、公共交通和选举秩序行为的处罚】有下列行为之一的,处警告或者五百元以下罚款;情节较重的,处五日以上十日以下拘留,可以并处一千元以下罚款:

(一)扰乱机关、团体、企业、事业单位秩序,致使工作、生产、营业、医疗、教学、科研不能正常进行,尚未造成严重损失的;

(二)扰乱车站、港口、码头、机场、商场、公园、展览馆或者其他公共场所秩序的;

(三)扰乱公共汽车、电车、城市轨道交通车辆、火车、船舶、航空器或者其他公共交通工具上的秩序的;

(四)非法拦截或者强登、扒乘机动车、船舶、航空器以及其他交通工具,影响交通工具正常行驶的;

(五)破坏依法进行的选举秩序的。

聚众实施前款行为的,对首要分子处十日以上十五日以下拘留,可以并处二千元以下罚款。

第二十七条 【对扰乱考试秩序行为的处罚】在法律、行政法规规定的国家考试中,有下列行为之一,扰乱考试秩序的,处违法所得一倍以上五倍以下罚款,没有违法所得或者违法所得不足一千元的,处一千元以上三千元以下罚款;情节较重的,处五日以上十五日以下拘留:

(一)组织作弊的;

(二)为他人组织作弊提供作弊器材或者其他帮助的;

(三)为实施考试作弊行为,向他人非法出售、提供考试试题、答案的;

(四)代替他人或者让他人代替自己参加考试的。

第二十八条 【对扰乱体育、文化等大型群众性活动秩序行为的处罚】有下列行为之一,扰乱体育、文化等大型群众性活动秩序的,处警告或者五百元以下罚款;情节严重的,处五日以上十日以下拘留,可以并处一千元以下罚款:

(一)强行进入场内的;

(二)违反规定,在场内燃放烟花爆竹或者其他物品的;

(三)展示侮辱性标语、条幅等物品的;

(四)围攻裁判员、运动员或者其他工作人员的;

(五)向场内投掷杂物,不听制止的;

(六)扰乱大型群众性活动秩序的其他行为。

因扰乱体育比赛、文艺演出活动秩序被处以拘留处罚的,可以同时责令其六个月至一年以内不得进入体育场馆、演出场馆观看同类比赛、演出;违反规定进入体育场馆、演出场馆的,强行带离现场,可以处五日以下拘留或者一千元以下罚款。

第二十九条 【对扰乱公共秩序行为的处罚】有下列行为之一的,处五日以上十日以下拘留,可以并处一千元以下罚款;情节较轻的,处五日以下拘留或者一千元以下罚款:

(一)故意散布谣言,谎报险情、疫情、灾情、警情或者以其他方法故意扰乱公共秩序的;

(二)投放虚假的爆炸性、毒害性、放射性、腐蚀性物质或者传染病病原体等危险物质扰乱公共秩序的;

(三)扬言实施放火、爆炸、投放危险物质等危害公共安全犯罪行为扰乱公共秩序的。

第三十条 【对寻衅滋事行为的处罚】有下列行为之一的,处五日以上十日以下拘留或者一千元以下罚款;情节较重的,处十日以上十五日以下拘留,可以并处二千元以下罚款:

(一)结伙斗殴或者随意殴打他人的;

(二)追逐、拦截他人的;

(三)强拿硬要或者任意损毁、占用公私财物的;

(四)其他无故侵扰他人、扰乱社会秩序的寻衅滋事行为。

第三十一条 【对利用封建迷信、会道门进行非法活动行为的处罚】有下列行为之一的,处十日以上十五日以下拘留,可以并处二千元以下罚款;情节较轻的,处五日以上十日以下拘留,可以并处一千元以下罚款:

(一)组织、教唆、胁迫、诱骗、煽动他人从事邪教活动、会道门活动、非法的宗教活动或者利用邪教组织、会道门、迷信活动,扰乱社会秩序、损害他人身体健康的;

(二)冒用宗教、气功名义进行扰乱社会秩序、损害他人身体健康活动的;

(三)制作、传播宣扬邪教、会道门内容的物品、信息、资料的。

第三十二条 【对干扰无线电业务及无线电台(站)、未经批准设置无线电台(站)行为的处罚】违反国家规定,有下列行为之一的,处五日以上十日以下拘留;情节严重的,处十日以上十五日以下拘留:

(一)故意干扰无线电业务正常进行的;

(二)对正常运行的无线电台(站)产生有害干扰,经有关主管部门指出后,拒不采取有效措施消除的;

(三)未经批准设置无线电广播电台、通信基站等无线电台(站)的,或者非法使用、占用无线电频率,从事违法活动的。

第三十三条 【对侵入、非法控制计算机信息系统行为的处罚】有下列行为之一,造成危害的,处五日以下拘留;情节较重的,处五日以上十五日以下拘留:

(一)违反国家规定,侵入计算机信息系统或者采用其他技术手段,获取计算机信息系统中存储、处理或者传输的数据,或者对计算机信息系统实施非法控制的;

(二)违反国家规定,对计算机信息系统功能进行删除、修改、增加、干扰的;

(三)违反国家规定,对计算机信息系统中存储、处理、传输的数据和应用程序进行删除、修改、增加的;

(四)故意制作、传播计算机病毒等破坏性程序的;

(五)提供专门用于侵入、非法控制计算机信息系统的程序、工具,或者明知他人实施侵入、非法控制计算机信息系统的违法犯罪行为而为其提供程序、工具的。

第三十四条 【对组织、领导传销活动,胁迫、诱骗他人参加传销活动行为的处罚】组织、领导传销活动的,处十日以上十五日以下拘留;情节较轻的,处五日以上十日以下拘留。

胁迫、诱骗他人参加传销活动的,处五日以上十日以下拘留;情节较重的,处十日以上十五日以下拘留。

第三十五条 【对从事有损英雄烈士保护等行为的处罚】有下列行为之一的,处五日以上十日以下拘留或者一千元以上三千元以下罚款;情节较重的,处十日以上十五日以下拘留,可以并处五千元以下罚款:

(一)在国家举行庆祝、纪念、缅怀、公祭等重要活动的场所及周边管控区域,故意从事与活动主题和氛围相违背的行为,不听劝阻,造成不良社会影响的;

(二)在英雄烈士纪念设施保护范围内从事有损纪念英雄烈士环境和氛围的活动,不听劝阻的,或者侵占、破坏、污损英雄烈士纪念设施的;

(三)以侮辱、诽谤或者其他方式侵害英雄烈士的姓名、肖像、名誉、荣誉,损害社会公共利益的;

(四)亵渎、否定英雄烈士事迹和精神,或者制作、传播、散布宣扬、美化侵略战争、侵略行为的言论或者图片、音视频等物品,扰乱公共秩序的;

(五)在公共场所或者强制他人在公共场所穿着、佩戴宣扬、美化侵略战争、侵略行为的服饰、标志,不听劝阻,造成不良社会影响的。

第二节 妨害公共安全的行为和处罚

第三十六条 【对违反危险物质管理行为的处罚】违反国家规定,制造、买卖、储存、运输、邮寄、携带、使用、提供、处置爆炸性、毒害性、放射性、腐蚀性物质或者传染病病原体等危险物质的,处十日以上十五日以下拘留;情节较轻的,处五日以上十日以下拘留。

第三十七条 【对危险物质被盗、被抢、丢失不报行为的处罚】爆炸性、毒害性、放射性、腐蚀性物质或者传染病病原体等危险物质被盗、被抢或者丢失,未按规定报告的,处五日以下拘留;故意隐瞒不报的,处五日以上十日以下拘留。

第三十八条 【对非法携带管制器具行为的处罚】非法携带枪支、弹药或者弩、匕首等国家规定的管制器具的,处五日以下拘留,可以并处一千元以下罚款;情节较轻的,处警告或者五百元以下罚款。

非法携带枪支、弹药或者弩、匕首等国家规定的管制器具进入公共场所或者公共交通工具的,处五日以上十日以下拘留,可以并处一千元以下罚款。

第三十九条 【对盗窃、损毁公共设施或移动、损毁边境标志设施等行为的处罚】有下列行为之一的,处十日以上十五日以下拘留;情节较轻的,处五日以下拘留:

(一)盗窃、损毁油气管道设施、电力电信设施、广播电视设施、水利工程设施、公共供水设施、公路及附属设施或者水文监测、测量、气象测报、生态环境监测、地质监测、地震监测等公共设施,危及公共安全的;

(二)移动、损毁国家边境的界碑、界桩以及其他边境标志、边境设施或者领土、领海基点标志设施的;

(三)非法进行影响国(边)界线走向的活动或者修建有碍国(边)境管理的设施的。

第四十条 【对妨害航空器飞行安全行为、干扰公共交通工具正常行驶行为的处罚】盗窃、损坏、擅自移动使用中的航空设施,或者强行进入航空器驾驶舱的,处十日以上十五日以下拘留。

在使用中的航空器上使用可能影响导航系统正常功能的器具、工具,不听劝阻的,处五日以下拘留或者一千元以下罚款。

盗窃、损坏、擅自移动使用中的其他公共交通工具设施、设备,或者以抢控驾驶操纵装置、拉扯、殴打驾驶人员等方式,干扰公共交通工具正常行驶的,处五日以下拘留或者一千元以下罚款;情节较重的,处五日以上十日以下拘留。

第四十一条 【对妨害铁路、城市轨道交通运行安全行为的处罚】有下列行为之一的,处五日以上十日以下拘留,可以并处一千元以下罚款;情节较轻的,处五日以下拘留或者一千元以下罚款:

(一)盗窃、损毁、擅自移动铁路、城市轨道交通设施、设备、机车车辆配件或者安全标志的;

(二)在铁路、城市轨道交通线路上放置障碍物,或者故意向列车投掷物品的;

(三)在铁路、城市轨道交通线路、桥梁、隧道、涵洞处挖掘坑穴、采石取沙的;

(四)在铁路、城市轨道交通线路上私设道口或者平交过道的。

第四十二条 【对影响铁路、城市轨道交通行车安全行为的处罚】擅自进入铁路、城市轨道交通防护网或者火车、城市轨道交通列车来临时在铁路、城市轨道交通线路上行走坐卧,抢越铁路、城市轨道,影响行车安全的,处警告或者五百元以下罚款。

第四十三条 【对妨害公共设施、公共道路、公共场所安全行为的处罚】有下列行为之一的,处五日以下拘留或者一千元以下罚款;情节严重的,处十日以上十五日以下拘留,可以并处一千元以下罚款:

(一)未经批准,安装、使用电网的,或者安装、使用电网不符合安全规定的;

(二)在车辆、行人通行的地方施工,对沟井坎穴不设覆盖物、防围和警示标志的,或者故意损毁、移动覆盖物、防围和警示标志的;

(三)盗窃、损毁路面井盖、照明等公共设施的;

(四)违反有关法律法规规定,升放携带明火的升空物体,有发生火灾事故危险,不听劝阻的;

(五)从建筑物或者其他高空抛掷物品,有危害他人人身安全、公私财产安全或者公共安全危险的。

第四十四条 【对举办大型群众性活动违规行为的处罚】举办体育、文化等大型群众性活动,违反有关规定,有发生安全事故危险,经公安机关责令改正而拒不改正或者无法改正的,责令停止活动,立即疏散;对其直接负责的主管人员和其他直接责任人员处五日以上十日以下拘留,并处一千元以上三千元以下罚款;情节较重的,处十日以上十五日以下拘留,并处三千元以上五千元以下罚款,可以同时责令六个月至一年以内不得举办大型群众性活动。

第四十五条 【对违反公共场所安全规定行为的处罚】旅馆、饭店、影剧院、娱乐场、体育场馆、展览馆或者其他供社会公众活动的场所违反安全规定,致使该场所有发生安全事故危险,经公安机关责令改正而拒不改正的,对其直接负责的主管人员和其他直接责任人员处五日以下拘留;情节较重的,处五日以上十日以下拘留。

第四十六条 【对违反规定飞行、升放民用无人驾驶航空器等升空物体行为的处罚】违反有关法律法规关于飞行空域管理规定,飞行民用无人驾驶航空器、航空运动器材,或者升放无人驾驶自由气球、系留气球等升空物体,情节较重的,处五日以上十日以下拘留。

飞行、升放前款规定的物体非法穿越国(边)境的,处十日以上十五日以下拘留。

第三节 侵犯人身权利、财产权利的行为和处罚

第四十七条 【对恐怖、残忍表演,强迫劳动,非法限制人身自由、侵入住宅、搜查行为的处罚】有下列行为之一的,处十日以上十五日以下拘留,并处一

千元以上二千元以下罚款;情节较轻的,处五日以上十日以下拘留,并处一千元以下罚款:

(一)组织、胁迫、诱骗不满十六周岁的人或者残疾人进行恐怖、残忍表演的;

(二)以暴力、威胁或者其他手段强迫他人劳动的;

(三)非法限制他人人身自由、非法侵入他人住宅或者非法搜查他人身体的。

第四十八条 【对组织、胁迫未成年人从事有偿陪侍活动行为的处罚】组织、胁迫未成年人在不适宜未成年人活动的经营场所从事陪酒、陪唱等有偿陪侍活动的,处十日以上十五日以下拘留,并处五千元以下罚款;情节较轻的,处五日以下拘留或者五千元以下罚款。

第四十九条 【对胁迫、诱骗、利用他人乞讨和滋扰他人乞讨行为的处罚】胁迫、诱骗或者利用他人乞讨的,处十日以上十五日以下拘留,可以并处二千元以下罚款。

反复纠缠、强行讨要或者以其他滋扰他人的方式乞讨的,处五日以下拘留或者警告。

第五十条 【对威胁他人人身安全,侮辱、诽谤,诬告陷害,威胁证人,干扰他人正常生活,侵犯他人隐私等行为的处罚】有下列行为之一的,处五日以下拘留或者一千元以下罚款;情节较重的,处五日以上十日以下拘留,可以并处一千元以下罚款:

(一)写恐吓信或者以其他方法威胁他人人身安全的;

(二)公然侮辱他人或者捏造事实诽谤他人的;

(三)捏造事实诬告陷害他人,企图使他人受到刑事追究或者受到治安管理处罚的;

(四)对证人及其近亲属进行威胁、侮辱、殴打或者打击报复的;

(五)多次发送淫秽、侮辱、恐吓等信息或采取滋扰、纠缠、跟踪等方法,干扰他人正常生活的;

(六)偷窥、偷拍、窃听、散布他人隐私的。

有前款第五项规定的滋扰、纠缠、跟踪行为的,除依照前款规定给予处罚外,经公安机关负责人批准,可以责令其一定期限内禁止接触被侵害人。对违反禁止接触规定的,处五日以上十日以下拘留,可以并处一千元以下罚款。

第五十一条 【对殴打或故意伤害他人身体行为的处罚】殴打他人的,或者故意伤害他人身体的,处五日以上十日以下拘留,并处五百元以上一千元以下罚款;情节较轻的,处五日以下拘留或者一千元以下罚款。

有下列情形之一的,处十日以上十五日以下拘留,并处一千元以上二千元以下罚款:

(一)结伙殴打、伤害他人的;

(二)殴打、伤害残疾人、孕妇、不满十四周岁的人或者七十周岁以上的人的;

(三)多次殴打、伤害他人或者一次殴打、伤害多人的。

第五十二条　【对猥亵他人和在公共场所故意裸露身体隐私部位行为的处罚】猥亵他人的,处五日以上十日以下拘留;猥亵精神病人、智力残疾人、不满十四周岁的人或者有其他严重情节的,处十日以上十五日以下拘留。

在公共场所故意裸露身体隐私部位的,处警告或者五百元以下罚款;情节恶劣的,处五日以上十日以下拘留。

第五十三条　【对虐待家庭成员以及被监护、看护的人,遗弃被扶养人行为的处罚】有下列行为之一的,处五日以下拘留或者警告;情节较重的,处五日以上十日以下拘留,可以并处一千元以下罚款:

(一)虐待家庭成员,被虐待人或者其监护人要求处理的;

(二)对未成年人、老年人、患病的人、残疾人等负有监护、看护职责的人虐待被监护、看护的人的;

(三)遗弃没有独立生活能力的被扶养人的。

第五十四条　【对强迫交易行为的处罚】强买强卖商品,强迫他人提供服务或者强迫他人接受服务的,处五日以上十日以下拘留,并处三千元以上五千元以下罚款;情节较轻的,处五日以下拘留或者一千元以下罚款。

第五十五条　【对煽动民族仇恨、民族歧视,刊载民族歧视、侮辱内容行为的处罚】煽动民族仇恨、民族歧视,或者在出版物、信息网络中刊载民族歧视、侮辱内容的,处十日以上十五日以下拘留,可以并处三千元以下罚款;情节较轻的,处五日以下拘留或者三千元以下罚款。

第五十六条　【对违反规定向他人出售或者提供个人信息、非法获取个人信息行为的处罚】违反国家有关规定,向他人出售或者提供个人信息的,处十日以上十五日以下拘留;情节较轻的,处五日以下拘留。

窃取或者以其他方法非法获取个人信息的,依照前款的规定处罚。

第五十七条　【对侵犯他人邮件、快件行为的处罚】冒领、隐匿、毁弃、倒卖、私自开拆或者非法检查他人邮件、快件的,处警告或者一千元以下罚款;情节较重的,处五日以上十日以下拘留。

第五十八条 【对盗窃、诈骗、哄抢、抢夺、敲诈勒索行为的处罚】盗窃、诈骗、哄抢、抢夺或者敲诈勒索的,处五日以上十日以下拘留或者二千元以下罚款;情节较重的,处十日以上十五日以下拘留,可以并处三千元以下罚款。

第五十九条 【对故意损毁公私财物行为的处罚】故意损毁公私财物的,处五日以下拘留或者一千元以下罚款;情节较重的,处五日以上十日以下拘留,可以并处三千元以下罚款。

第六十条 【对学生欺凌行为的处罚和学校违反报告处置义务行为的处罚】以殴打、侮辱、恐吓等方式实施学生欺凌,违反治安管理的,公安机关应当依照本法、《中华人民共和国预防未成年人犯罪法》的规定,给予治安管理处罚,采取相应矫治教育等措施。

学校违反有关法律法规规定,明知发生严重的学生欺凌或者明知发生其他侵害未成年学生的犯罪,不按规定报告或者处置的,责令改正,对其直接负责的主管人员和其他直接责任人员,建议有关部门依法予以处分。

第四节 妨害社会管理的行为和处罚

第六十一条 【对拒不执行紧急状态决定、命令和阻碍执行职务行为的处罚】有下列行为之一的,处警告或者五百元以下罚款;情节严重的,处五日以上十日以下拘留,可以并处一千元以下罚款:

(一)拒不执行人民政府在紧急状态情况下依法发布的决定、命令的;

(二)阻碍国家机关工作人员依法执行职务的;

(三)阻碍执行紧急任务的消防车、救护车、工程抢险车、警车或者执行上述紧急任务的专用船舶通行的;

(四)强行冲闯公安机关设置的警戒带、警戒区或者检查点的。

阻碍人民警察依法执行职务的,从重处罚。

第六十二条 【对招摇撞骗行为的处罚】冒充国家机关工作人员招摇撞骗的,处十日以上十五日以下拘留,可以并处一千元以下罚款;情节较轻的,处五日以上十日以下拘留。

冒充军警人员招摇撞骗的,从重处罚。

盗用、冒用个人、组织的身份、名义或者以其他虚假身份招摇撞骗的,处五日以下拘留或者一千元以下罚款;情节较重的,处五日以上十日以下拘留,可以并处一千元以下罚款。

第六十三条 【对伪造、变造、买卖、出租、出借公文、证件、证明文件、印章、有价票证、凭证、船舶户牌等行为的处罚】有下列行为之一的,处十日以上十五日以下拘留,可以并处五千元以下罚款;情节较轻的,处五日以上十日以下拘留,可以并处三千元以下罚款:

(一)伪造、变造或者买卖国家机关、人民团体、企业、事业单位或者其他组织的公文、证件、证明文件、印章的;

(二)出租、出借国家机关、人民团体、企业、事业单位或者其他组织的公文、证件、证明文件、印章供他人非法使用的;

(三)买卖或者使用伪造、变造的国家机关、人民团体、企业、事业单位或者其他组织的公文、证件、证明文件、印章的;

(四)伪造、变造或者倒卖车票、船票、航空客票、文艺演出票、体育比赛入场券或者其他有价票证、凭证的;

(五)伪造、变造船舶户牌,买卖或者使用伪造、变造的船舶户牌,或者涂改船舶发动机号码的。

第六十四条 【对船舶擅自进入、停靠禁止、限制进入的水域或者岛屿行为的处罚】船舶擅自进入、停靠国家禁止、限制进入的水域或者岛屿的,对船舶负责人及有关责任人员处一千元以上二千元以下罚款;情节严重的,处五日以下拘留,可以并处二千元以下罚款。

第六十五条 【对违反规定以社会组织名义进行活动、非法经营行为的处罚】有下列行为之一的,处十日以上十五日以下拘留,可以并处五千元以下罚款;情节较轻的,处五日以上十日以下拘留或者一千元以上三千元以下罚款:

(一)违反国家规定,未经注册登记,以社会团体、基金会、社会服务机构等社会组织名义进行活动,被取缔后,仍进行活动的;

(二)被依法撤销登记或者吊销登记证书的社会团体、基金会、社会服务机构等社会组织,仍以原社会组织名义进行活动的;

(三)未经许可,擅自经营按照国家规定需要由公安机关许可的行业的。

有前款第三项行为的,予以取缔。被取缔一年以内又实施的,处十日以上十五日以下拘留,并处三千元以上五千元以下罚款。

取得公安机关许可的经营者,违反国家有关管理规定,情节严重的,公安机关可以吊销许可证件。

第六十六条 【对煽动、策划非法集会、游行、示威行为的处罚】煽动、策划非法集会、游行、示威,不听劝阻的,处十日以上十五日以下拘留。

第六十七条 【对从事旅馆业经营活动违规行为的处罚】从事旅馆业经营活动不按规定登记住宿人员姓名、有效身份证件种类和号码等信息的,或者为身份不明、拒绝登记身份信息的人提供住宿服务的,对其直接负责的主管人员和其他直接责任人员处五百元以上一千元以下罚款;情节较轻的,处警告或者五百元以下罚款。

实施前款行为,妨害反恐怖主义工作进行,违反《中华人民共和国反恐怖主义法》规定的,依照其规定处罚。

从事旅馆业经营活动有下列行为之一的,对其直接负责的主管人员和其他直接责任人员处一千元以上三千元以下罚款;情节严重的,处五日以下拘留,可以并处三千元以上五千元以下罚款:

(一)明知住宿人员违反规定将危险物质带入住宿区域,不予制止的;

(二)明知住宿人员是犯罪嫌疑人员或者被公安机关通缉的人员,不向公安机关报告的;

(三)明知住宿人员利用旅馆实施犯罪活动,不向公安机关报告的。

第六十八条 【对违法出租房屋行为的处罚】房屋出租人将房屋出租给身份不明、拒绝登记身份信息的人的,或者不按规定登记承租人姓名、有效身份证件种类和号码等信息的,处五百元以上一千元以下罚款;情节较轻的,处警告或者五百元以下罚款。

房屋出租人明知承租人利用出租房屋实施犯罪活动,不向公安机关报告的,处一千元以上三千元以下罚款;情节严重的,处五日以下拘留,可以并处三千元以上五千元以下罚款。

第六十九条 【对娱乐场所和公章刻制、机动车修理、报废机动车回收行业经营者不依法登记信息行为的处罚】娱乐场所和公章刻制、机动车修理、报废机动车回收行业经营者违反法律法规关于要求登记信息的规定,不登记信息的,处警告;拒不改正或者造成后果的,对其直接负责的主管人员和其他直接责任人员处五日以下拘留或者三千元以下罚款。

第七十条 【对非法安装、使用、提供窃听、窃照专用器材行为的处罚】非法安装、使用、提供窃听、窃照专用器材的,处五日以下拘留或者一千元以上三千元以下罚款;情节较重的,处五日以上十日以下拘留,并处三千元以上五千元以下罚款。

第七十一条 【对违法典当、收购国家禁止收购物品行为的处罚】有下列行为之一的,处一千元以上三千元以下罚款;情节严重的,处五日以上十日以

下拘留,并处一千元以上三千元以下罚款:

(一)典当业工作人员承接典当的物品,不查验有关证明、不履行登记手续的,或者违反国家规定对明知是违法犯罪嫌疑人、赃物而不向公安机关报告的;

(二)违反国家规定,收购铁路、油田、供电、电信、矿山、水利、测量和城市公用设施等废旧专用器材的;

(三)收购公安机关通报寻查的赃物或者有赃物嫌疑的物品的;

(四)收购国家禁止收购的其他物品的。

第七十二条 【对妨害执法办案行为的处罚】有下列行为之一的,处五日以上十日以下拘留,可以并处一千元以下罚款;情节较轻的,处警告或者一千元以下罚款:

(一)隐藏、转移、变卖、擅自使用或者损毁行政执法机关依法扣押、查封、冻结、扣留、先行登记保存的财物的;

(二)伪造、隐匿、毁灭证据或者提供虚假证言、谎报案情,影响行政执法机关依法办案的;

(三)明知是赃物而窝藏、转移或者代为销售的;

(四)被依法执行管制、剥夺政治权利或者在缓刑、暂予监外执行中的罪犯或者被依法采取刑事强制措施的人,有违反法律、行政法规或者国务院有关部门的监督管理规定的行为的。

第七十三条 【对违反禁止令、职业禁止决定、禁止告诫书、禁止接触保护措施行为的处罚】有下列行为之一的,处警告或者一千元以下罚款;情节较重的,处五日以上十日以下拘留,可以并处一千元以下罚款:

(一)违反人民法院刑事判决中的禁止令或者职业禁止决定的;

(二)拒不执行公安机关依照《中华人民共和国反家庭暴力法》、《中华人民共和国妇女权益保障法》出具的禁止家庭暴力告诫书、禁止性骚扰告诫书的;

(三)违反监察机关在监察工作中、司法机关在刑事诉讼中依法采取的禁止接触证人、鉴定人、被害人及其近亲属保护措施的。

第七十四条 【对逃脱关押行为的处罚】依法被关押的违法行为人脱逃的,处十日以上十五日以下拘留;情节较轻的,处五日以上十日以下拘留。

第七十五条 【对妨害文物管理行为的处罚】有下列行为之一的,处警告或者五百元以下罚款;情节较重的,处五日以上十日以下拘留,并处五百元以上一千元以下罚款：

（一）刻划、涂污或者以其他方式故意损坏国家保护的文物、名胜古迹的；

（二）违反国家规定，在文物保护单位附近进行爆破、钻探、挖掘等活动，危及文物安全的。

第七十六条　【对非法驾驶交通工具行为的处罚】有下列行为之一的，处一千元以上二千元以下罚款；情节严重的，处十日以上十五日以下拘留，可以并处二千元以下罚款：

（一）偷开他人机动车的；

（二）未取得驾驶证驾驶或者偷开他人航空器、机动船舶的。

第七十七条　【对破坏他人坟墓、尸骨、骨灰和违规停放尸体行为的处罚】有下列行为之一的，处五日以上十日以下拘留；情节严重的，处十日以上十五日以下拘留，可以并处二千元以下罚款：

（一）故意破坏、污损他人坟墓或者毁坏、丢弃他人尸骨、骨灰的；

（二）在公共场所停放尸体或者因停放尸体影响他人正常生活、工作秩序，不听劝阻的。

第七十八条　【对卖淫、嫖娼和拉客招嫖行为的处罚】卖淫、嫖娼的，处十日以上十五日以下拘留，可以并处五千元以下罚款；情节较轻的，处五日以下拘留或者一千元以下罚款。

在公共场所拉客招嫖的，处五日以下拘留或者一千元以下罚款。

第七十九条　【对引诱、容留、介绍卖淫行为的处罚】引诱、容留、介绍他人卖淫的，处十日以上十五日以下拘留，可以并处五千元以下罚款；情节较轻的，处五日以下拘留或者一千元以上二千元以下罚款。

第八十条　【对制作、运输、复制、出售、出租淫秽物品或者传播淫秽信息行为的处罚】制作、运输、复制、出售、出租淫秽的书刊、图片、影片、音像制品等淫秽物品或者利用信息网络、电话以及其他通讯工具传播淫秽信息的，处十日以上十五日以下拘留，可以并处五千元以下罚款；情节较轻的，处五日以下拘留或者一千元以上三千元以下罚款。

前款规定的淫秽物品或者淫秽信息中涉及未成年人的，从重处罚。

第八十一条　【对组织、参与淫秽活动的处罚】有下列行为之一的，处十日以上十五日以下拘留，并处一千元以上二千元以下罚款：

（一）组织播放淫秽音像的；

（二）组织或者进行淫秽表演的；

(三)参与聚众淫乱活动的。

明知他人从事前款活动,为其提供条件的,依照前款的规定处罚。

组织未成年人从事第一款活动的,从重处罚。

第八十二条 【对赌博行为的处罚】以营利为目的,为赌博提供条件的,或者参与赌博赌资较大的,处五日以下拘留或者一千元以下罚款;情节严重的,处十日以上十五日以下拘留,并处一千元以上五千元以下罚款。

第八十三条 【对涉及毒品原植物违法行为的处罚】有下列行为之一的,处十日以上十五日以下拘留,可以并处五千元以下罚款;情节较轻的,处五日以下拘留或者一千元以下罚款:

(一)非法种植罂粟不满五百株或者其他少量毒品原植物的;

(二)非法买卖、运输、携带、持有少量未经灭活的罂粟等毒品原植物种子或者幼苗的;

(三)非法运输、买卖、储存、使用少量罂粟壳的。

有前款第一项行为,在成熟前自行铲除的,不予处罚。

第八十四条 【对毒品违法行为的处罚】有下列行为之一的,处十日以上十五日以下拘留,可以并处三千元以下罚款;情节较轻的,处五日以下拘留或者一千元以下罚款:

(一)非法持有鸦片不满二百克、海洛因或者甲基苯丙胺不满十克或者其他少量毒品的;

(二)向他人提供毒品的;

(三)吸食、注射毒品的;

(四)胁迫、欺骗医务人员开具麻醉药品、精神药品的。

聚众、组织吸食、注射毒品的,对首要分子、组织者依照前款的规定从重处罚。

吸食、注射毒品的,可以同时责令其六个月至一年以内不得进入娱乐场所、不得擅自接触涉及毒品违法犯罪人员。违反规定的,处五日以下拘留或者一千元以下罚款。

第八十五条 【对引诱、教唆、欺骗或者强迫他人吸食、注射毒品行为的处罚】引诱、教唆、欺骗或者强迫他人吸食、注射毒品的,处十日以上十五日以下拘留,并处一千元以上五千元以下罚款。

容留他人吸食、注射毒品或者介绍买卖毒品的,处十日以上十五日以下拘留,可以并处三千元以下罚款;情节较轻的,处五日以下拘留或者一千元以下罚款。

第八十六条 【对非法生产、经营、购买、运输制毒原料、配剂行为的处罚】违反国家规定,非法生产、经营、购买、运输用于制造毒品的原料、配剂的,处十日以上十五日以下拘留;情节较轻的,处五日以上十日以下拘留。

第八十七条 【对服务行业人员为违法犯罪行为人通风报信或者提供条件行为的处罚】旅馆业、饮食服务业、文化娱乐业、出租汽车业等单位的人员,在公安机关查处吸毒、赌博、卖淫、嫖娼活动时,为违法犯罪行为人通风报信的,或者以其他方式为上述活动提供条件的,处十日以上十五日以下拘留;情节较轻的,处五日以下拘留或者一千元以上二千元以下罚款。

第八十八条 【对产生社会生活噪声干扰他人行为的处罚】违反关于社会生活噪声污染防治的法律法规规定,产生社会生活噪声,经基层群众性自治组织、业主委员会、物业服务人、有关部门依法劝阻、调解和处理未能制止,继续干扰他人正常生活、工作和学习的,处五日以下拘留或者一千元以下罚款;情节严重的,处五日以上十日以下拘留,可以并处一千元以下罚款。

第八十九条 【对饲养动物违法行为的处罚】饲养动物,干扰他人正常生活的,处警告;警告后不改正的,或者放任动物恐吓他人的,处一千元以下罚款。

违反有关法律、法规、规章规定,出售、饲养烈性犬等危险动物的,处警告;警告后不改正的,或者致使动物伤害他人的,处五日以下拘留或者一千元以下罚款;情节较重的,处五日以上十日以下拘留。

未对动物采取安全措施,致使动物伤害他人的,处一千元以下罚款;情节较重的,处五日以上十日以下拘留。

驱使动物伤害他人的,依照本法第五十一条的规定处罚。

第四章 处罚程序

第一节 调 查

第九十条 【立案调查】公安机关对报案、控告、举报或者违反治安管理行为人主动投案,以及其他国家机关移送的违反治安管理案件,应当立即立案并进行调查;认为不属于违反治安管理行为的,应当告知报案人、控告人、举报人、投案人,并说明理由。

第九十一条 【严禁非法取证】公安机关及其人民警察对治安案件的调

查,应当依法进行。严禁刑讯逼供或者采用威胁、引诱、欺骗等非法手段收集证据。

以非法手段收集的证据不得作为处罚的根据。

第九十二条 【收集、调取证据的规定】公安机关办理治安案件,有权向有关单位和个人收集、调取证据。有关单位和个人应当如实提供证据。

公安机关向有关单位和个人收集、调取证据时,应当告知其必须如实提供证据,以及伪造、隐匿、毁灭证据或者提供虚假证言应当承担的法律责任。

第九十三条 【使用其他办案过程中收集的证据材料的规定】在办理刑事案件过程中以及其他执法办案机关在移送案件前依法收集的物证、书证、视听资料、电子数据等证据材料,可以作为治安案件的证据使用。

第九十四条 【公安机关的保密义务】公安机关及其人民警察在办理治安案件时,对涉及的国家秘密、商业秘密、个人隐私或者个人信息,应当予以保密。

第九十五条 【回避】人民警察在办理治安案件过程中,遇有下列情形之一的,应当回避;违反治安管理行为人、被侵害人或者其法定代理人也有权要求他们回避:

(一)是本案当事人或者当事人的近亲属的;

(二)本人或者其近亲属与本案有利害关系的;

(三)与本案当事人有其他关系,可能影响案件公正处理的。

人民警察的回避,由其所属的公安机关决定;公安机关负责人的回避,由上一级公安机关决定。

第九十六条 【传唤的条件、程序】需要传唤违反治安管理行为人接受调查的,经公安机关办案部门负责人批准,使用传唤证传唤。对现场发现的违反治安管理行为人,人民警察经出示人民警察证,可以口头传唤,但应当在询问笔录中注明。

公安机关应当将传唤的原因和依据告知被传唤人。对无正当理由不接受传唤或者逃避传唤的人,经公安机关办案部门负责人批准,可以强制传唤。

第九十七条 【询问查证期限、通知义务及对行为人正当需求的保证】对违反治安管理行为人,公安机关传唤后应当及时询问查证,询问查证的时间不得超过八小时;涉案人数众多、违反治安管理行为人身份不明的,询问查证的时间不得超过十二小时;情况复杂,依照本法规定可能适用行政拘留处罚的,询问查证的时间不得超过二十四小时。在执法办案场所询问违反治安管理行为人,应当全程同步录音录像。

公安机关应当及时将传唤的原因和处所通知被传唤人家属。

询问查证期间,公安机关应当保证违反治安管理行为人的饮食、必要的休息时间等正当需求。

第九十八条 【询问笔录、书面材料与询问不满十八周岁人的规定】询问笔录应当交被询问人核对;对没有阅读能力的,应当向其宣读。记载有遗漏或者差错的,被询问人可以提出补充或者更正。被询问人确认笔录无误后,应当签名、盖章或者按指印,询问的人民警察也应当在笔录上签名。

被询问人要求就被询问事项自行提供书面材料的,应当准许;必要时,人民警察也可以要求被询问人自行书写。

询问不满十八周岁的违反治安管理行为人,应当通知其父母或者其他监护人到场;其父母或者其他监护人不能到场的,也可以通知其他成年亲属,所在学校、单位、居住地基层组织或者未成年人保护组织的代表等合适成年人到场,并将有关情况记录在案。确实无法通知或者通知后未到场的,应当在笔录中注明。

第九十九条 【询问被侵害人或者其他证人的规定】人民警察询问被侵害人或者其他证人,可以在现场进行,也可以到其所在单位、住处或者其提出的地点进行;必要时,也可以通知其到公安机关提供证言。

人民警察在公安机关以外询问被侵害人或者其他证人,应当出示人民警察证。

询问被侵害人或者其他证人,同时适用本法第九十八条的规定。

第一百条 【委托异地公安机关代为询问和视频系统远程询问的规定】违反治安管理行为人、被侵害人或者其他证人在异地的,公安机关可以委托异地公安机关代为询问,也可以通过公安机关的视频系统远程询问。

通过远程视频方式询问的,应当向被询问人宣读询问笔录,被询问人确认笔录无误后,询问的人民警察应当在笔录上注明。询问和宣读过程应当全程同步录音录像。

第一百零一条 【询问中的语言帮助】询问聋哑的违反治安管理行为人、被侵害人或者其他证人,应当有通晓手语等交流方式的人提供帮助,并在笔录上注明。

询问不通晓当地通用的语言文字的违反治安管理行为人、被侵害人或者其他证人,应当配备翻译人员,并在笔录上注明。

第一百零二条　【提取或者采集生物样本的规定】为了查明案件事实,确定违反治安管理行为人、被侵害人的某些特征、伤害情况或者生理状态,需要对其人身进行检查,提取或者采集肖像、指纹信息和血液、尿液等生物样本的,经公安机关办案部门负责人批准后进行。对已经提取、采集的信息或者样本,不得重复提取、采集。提取或者采集被侵害人的信息或者样本,应当征得被侵害人或者其监护人同意。

第一百零三条　【检查时应遵守的程序】公安机关对与违反治安管理行为有关的场所或者违反治安管理行为人的人身、物品可以进行检查。检查时,人民警察不得少于二人,并应当出示人民警察证。

对场所进行检查的,经县级以上人民政府公安机关负责人批准,使用检查证检查;对确有必要立即进行检查的,人民警察经出示人民警察证,可以当场检查,并应当全程同步录音录像。检查公民住所应当出示县级以上人民政府公安机关开具的检查证。

检查妇女的身体,应当由女性工作人员或者医师进行。

第一百零四条　【检查笔录】检查的情况应当制作检查笔录,由检查人、被检查人和见证人签名、盖章或者按指印;被检查人不在场或者被检查人、见证人拒绝签名的,人民警察应当在笔录上注明。

第一百零五条　【扣押】公安机关办理治安案件,对与案件有关的需要作为证据的物品,可以扣押;对被侵害人或者善意第三人合法占有的财产,不得扣押,应当予以登记,但是对其中与案件有关的必须鉴定的物品,可以扣押,鉴定后应当立即解除。对与案件无关的物品,不得扣押。

对扣押的物品,应当会同在场见证人和被扣押物品持有人查点清楚,当场开列清单一式二份,由调查人员、见证人和持有人签名或者盖章,一份交给持有人,另一份附卷备查。

实施扣押前应当报经公安机关负责人批准;因情况紧急或者物品价值不大,当场实施扣押的,人民警察应当及时向其所属公安机关负责人报告,并补办批准手续。公安机关负责人认为不应当扣押的,应当立即解除。当场实施扣押的,应当全程同步录音录像。

对扣押的物品,应当妥善保管,不得挪作他用;对不宜长期保存的物品,按照有关规定处理。经查明与案件无关或者经核实属于被侵害人或者他人合法财产的,应当登记后立即退还;满六个月无人对该财产主张权利或者无法查清权利人的,应当公开拍卖或者按照国家有关规定处理,所得款项上缴国库。

第一百零六条　【鉴定】为了查明案情,需要解决案件中有争议的专门性问题的,应当指派或者聘请具有专门知识的人员进行鉴定;鉴定人鉴定后,应当写出鉴定意见,并且签名。

第一百零七条　【辨认】为了查明案情,人民警察可以让违反治安管理行为人、被侵害人和其他证人对与违反治安管理行为有关的场所、物品进行辨认,也可以让被侵害人、其他证人对违反治安管理行为人进行辨认,或者让违反治安管理行为人对其他违反治安管理行为人进行辨认。

辨认应当制作辨认笔录,由人民警察和辨认人签名、盖章或者按指印。

第一百零八条　【公安机关实施调查取证工作的人数要求与全程同步录音录像要求】公安机关进行询问、辨认、勘验,实施行政强制措施等调查取证工作时,人民警察不得少于二人。

公安机关在规范设置、严格管理的执法办案场所进行询问、扣押、辨认的,或者进行调解的,可以由一名人民警察进行。

依照前款规定由一名人民警察进行询问、扣押、辨认、调解的,应当全程同步录音录像。未按规定全程同步录音录像或者录音录像资料损毁、丢失的,相关证据不能作为处罚的根据。

第二节　决　定

第一百零九条　【处罚的决定机关】治安管理处罚由县级以上地方人民政府公安机关决定;其中警告、一千元以下的罚款,可以由公安派出所决定。

第一百一十条　【行政拘留时间的折抵】对决定给予行政拘留处罚的人,在处罚前已经采取强制措施限制人身自由的时间,应当折抵。限制人身自由一日,折抵行政拘留一日。

第一百一十一条　【有无本人供述对治安管理处罚决定的影响】公安机关查处治安案件,对没有本人陈述,但其他证据能够证明案件事实的,可以作出治安管理处罚决定。但是,只有本人陈述,没有其他证据证明的,不能作出治安管理处罚决定。

第一百一十二条　【陈述权与申辩权】公安机关作出治安管理处罚决定前,应当告知违反治安管理行为人拟作出治安管理处罚的内容及事实、理由、依据,并告知违反治安管理行为人依法享有的权利。

违反治安管理行为人有权陈述和申辩。公安机关必须充分听取违反治安管理行为人的意见,对违反治安管理行为人提出的事实、理由和证据,应当进行复核;违反治安管理行为人提出的事实、理由或者证据成立的,公安机关应当采纳。

违反治安管理行为人不满十八周岁的,还应当依照前两款的规定告知未成年人的父母或者其他监护人,充分听取其意见。

公安机关不得因违反治安管理行为人的陈述、申辩而加重其处罚。

第一百一十三条 【治安案件的处理】治安案件调查结束后,公安机关应当根据不同情况,分别作出以下处理:

(一)确有依法应当给予治安管理处罚的违法行为的,根据情节轻重及具体情况,作出处罚决定;

(二)依法不予处罚的,或者违法事实不能成立的,作出不予处罚决定;

(三)违法行为已涉嫌犯罪的,移送有关主管机关依法追究刑事责任;

(四)发现违反治安管理行为人有其他违法行为的,在对违反治安管理行为作出处罚决定的同时,通知或者移送有关主管机关处理。

对情节复杂或者重大违法行为给予治安管理处罚,公安机关负责人应当集体讨论决定。

第一百一十四条 【作出治安管理处罚决定之前的法制审核】有下列情形之一的,在公安机关作出治安管理处罚决定之前,应当由从事治安管理处罚决定法制审核的人员进行法制审核;未经法制审核或者审核未通过的,不得作出决定:

(一)涉及重大公共利益的;

(二)直接关系当事人或者第三人重大权益,经过听证程序的;

(三)案件情况疑难复杂、涉及多个法律关系的。

公安机关中初次从事治安管理处罚决定法制审核的人员,应当通过国家统一法律职业资格考试取得法律职业资格。

第一百一十五条 【治安管理处罚决定书的内容】公安机关作出治安管理处罚决定的,应当制作治安管理处罚决定书。决定书应当载明下列内容:

(一)被处罚人的姓名、性别、年龄、身份证件的名称和号码、住址;

(二)违法事实和证据;

(三)处罚的种类和依据;

(四)处罚的执行方式和期限;

(五)对处罚决定不服,申请行政复议、提起行政诉讼的途径和期限;

(六)作出处罚决定的公安机关的名称和作出决定的日期。

决定书应当由作出处罚决定的公安机关加盖印章。

第一百一十六条 【治安管理处罚决定书的宣告、送达】公安机关应当向被处罚人宣告治安管理处罚决定书,并当场交付被处罚人;无法当场向被处罚人宣告的,应当在二日以内送达被处罚人。决定给予行政拘留处罚的,应当及时通知被处罚人的家属。

有被侵害人的,公安机关应当将决定书送达被侵害人。

第一百一十七条 【听证】公安机关作出吊销许可证件、处四千元以上罚款的治安管理处罚决定或者采取责令停业整顿措施前,应当告知违反治安管理行为人有权要求举行听证;违反治安管理行为人要求听证的,公安机关应当及时依法举行听证。

对依照本法第二十三条第二款规定可能执行行政拘留的未成年人,公安机关应当告知未成年人和其监护人有权要求举行听证;未成年人和其监护人要求听证的,公安机关应当及时依法举行听证。对未成年人案件的听证不公开举行。

前两款规定以外的案情复杂或者具有重大社会影响的案件,违反治安管理行为人要求听证,公安机关认为必要的,应当及时依法举行听证。

公安机关不得因违反治安管理行为人要求听证而加重其处罚。

第一百一十八条 【办案期限】公安机关办理治安案件的期限,自立案之日起不得超过三十日;案情重大、复杂的,经上一级公安机关批准,可以延长三十日。期限延长以二次为限。公安派出所办理的案件需要延长期限的,由所属公安机关批准。

为了查明案情进行鉴定的期间、听证的期间,不计入办理治安案件的期限。

第一百一十九条 【当场处罚】违反治安管理行为事实清楚,证据确凿,处警告或者五百元以下罚款的,可以当场作出治安管理处罚决定。

第一百二十条 【当场处罚决定程序】当场作出治安管理处罚决定的,人民警察应当向违反治安管理行为人出示人民警察证,并填写处罚决定书。处罚决定书应当当场交付被处罚人;有被侵害人的,并应当将决定书送达被侵害人。

前款规定的处罚决定书,应当载明被处罚人的姓名、违法行为、处罚依据、罚款数额、时间、地点以及公安机关名称,并由经办的人民警察签名或者盖章。

适用当场处罚,被处罚人对拟作出治安管理处罚的内容及事实、理由、依据没有异议的,可以由一名人民警察作出治安管理处罚决定,并应当全程同步录音录像。

当场作出治安管理处罚决定的,经办的人民警察应当在二十四小时以内报所属公安机关备案。

第一百二十一条 【不服处罚申请行政复议或提起行政诉讼】被处罚人、被侵害人对公安机关依照本法规定作出的治安管理处罚决定,作出的收缴、追缴决定,或者采取的有关限制性、禁止性措施等不服的,可以依法申请行政复议或者提起行政诉讼。

第三节 执 行

第一百二十二条 【行政拘留处罚的执行】对被决定给予行政拘留处罚的人,由作出决定的公安机关送拘留所执行;执行期满,拘留所应当按时解除拘留,发给解除拘留证明书。

被决定给予行政拘留处罚的人在异地被抓获或者有其他有必要在异地拘留所执行情形的,经异地拘留所主管公安机关批准,可以在异地执行。

第一百二十三条 【当场收缴罚款范围】受到罚款处罚的人应当自收到处罚决定书之日起十五日以内,到指定的银行或者通过电子支付系统缴纳罚款。但是,有下列情形之一的,人民警察可以当场收缴罚款:

(一)被处二百元以下罚款,被处罚人对罚款无异议的;

(二)在边远、水上、交通不便地区,旅客列车上或者口岸,公安机关及其人民警察依照本法的规定作出罚款决定后,被处罚人到指定的银行或者通过电子支付系统缴纳罚款确有困难,经被处罚人提出的;

(三)被处罚人在当地没有固定住所,不当场收缴事后难以执行的。

第一百二十四条 【当场收缴罚款交纳期限】人民警察当场收缴的罚款,应当自收缴罚款之日起二日以内,交至所属的公安机关;在水上、旅客列车上当场收缴的罚款,应当自抵岸或者到站之日起二日以内,交至所属的公安机关;公安机关应当自收到罚款之日起二日以内将罚款缴付指定的银行。

第一百二十五条 【当场收缴罚款收缴专用票据】人民警察当场收缴罚款的,应当向被处罚人出具省级以上人民政府财政部门统一制发的专用票据;不出具统一制发的专用票据的,被处罚人有权拒绝缴纳罚款。

第一百二十六条 【暂缓执行行政拘留】被处罚人不服行政拘留处罚决定,申请行政复议、提起行政诉讼的,遇有参加升学考试、子女出生或者近亲属病危、死亡等情形的,可以向公安机关提出暂缓执行行政拘留的申请。公安机关认为暂缓执行行政拘留不致发生社会危险的,由被处罚人或者其近亲属提出符合本法第一百二十七条规定条件的担保人,或者按每日行政拘留二百元的标准交纳保证金,行政拘留的处罚决定暂缓执行。

正在被执行行政拘留处罚的人遇有参加升学考试、子女出生或者近亲属病危、死亡等情形,被拘留人或者其近亲属申请出所的,由公安机关依照前款规定执行。被拘留人出所的时间不计入拘留期限。

第一百二十七条 【担保人的条件】担保人应当符合下列条件:

(一)与本案无牵连;

(二)享有政治权利,人身自由未受到限制;

(三)在当地有常住户口和固定住所;

(四)有能力履行担保义务。

第一百二十八条 【担保人的义务】担保人应当保证被担保人不逃避行政拘留处罚的执行。

担保人不履行担保义务,致使被担保人逃避行政拘留处罚的执行的,处三千元以下罚款。

第一百二十九条 【没收保证金】被决定给予行政拘留处罚的人交纳保证金,暂缓行政拘留或者出所后,逃避行政拘留处罚的执行的,保证金予以没收并上缴国库,已经作出的行政拘留决定仍应执行。

第一百三十条 【退还保证金】行政拘留的处罚决定被撤销,行政拘留处罚开始执行,或者出所后继续执行的,公安机关收取的保证金应当及时退还交纳人。

第五章 执法监督

第一百三十一条 【执法原则】公安机关及其人民警察应当依法、公正、严格、高效办理治安案件,文明执法,不得徇私舞弊、玩忽职守、滥用职权。

第一百三十二条 【办理治安案件的禁止行为】公安机关及其人民警察办理治安案件,禁止对违反治安管理行为人打骂、虐待或者侮辱。

第一百三十三条 【社会监督和公民监督】公安机关及其人民警察办理治安案件,应当自觉接受社会和公民的监督。

公安机关及其人民警察办理治安案件,不严格执法或者有违法违纪行为的,任何单位和个人都有权向公安机关或者人民检察院、监察机关检举、控告;

收到检举、控告的机关,应当依据职责及时处理。

第一百三十四条 【对公职人员处罚的通报】公安机关作出治安管理处罚决定,发现被处罚人是公职人员,依照《中华人民共和国公职人员政务处分法》的规定需要给予政务处分的,应当依照有关规定及时通报监察机关等有关单位。

第一百三十五条 【罚缴分离原则】公安机关依法实施罚款处罚,应当依照有关法律、行政法规的规定,实行罚款决定与罚款收缴分离;收缴的罚款应当全部上缴国库,不得返还、变相返还,不得与经费保障挂钩。

第一百三十六条 【对违反治安管理的记录的封存】违反治安管理的记录应当予以封存,不得向任何单位和个人提供或者公开,但有关国家机关为办案需要或者有关单位根据国家规定进行查询的除外。依法进行查询的单位,应当对被封存的违法记录的情况予以保密。

第一百三十七条 【同步录音录像安全管理】公安机关应当履行同步录音录像运行安全管理职责,完善技术措施,定期维护设施设备,保障录音录像设备运行连续、稳定、安全。

第一百三十八条 【信息管理】公安机关及其人民警察不得将在办理治安案件过程中获得的个人信息,依法提取、采集的相关信息、样本用于与治安管理、查处犯罪无关的用途,不得出售、提供给其他单位或者个人。

第一百三十九条 【公安机关及其人民警察违规办案的处理】人民警察办理治安案件,有下列行为之一的,依法给予处分;构成犯罪的,依法追究刑事责任:

(一)刑讯逼供、体罚、打骂、虐待、侮辱他人的;

(二)超过询问查证的时间限制人身自由的;

(三)不执行罚款决定与罚款收缴分离制度或者不按规定将罚没的财物上缴国库或者依法处理的;

(四)私分、侵占、挪用、故意损毁所收缴、追缴、扣押的财物的;

(五)违反规定使用或者不及时返还被侵害人财物的;

(六)违反规定不及时退还保证金的;

(七)利用职务上的便利收受他人财物或者谋取其他利益的;

(八)当场收缴罚款不出具专用票据或者不如实填写罚款数额的;

(九)接到要求制止违反治安管理行为的报警后,不及时出警的;

(十)在查处违反治安管理活动时,为违法犯罪行为人通风报信的;

(十一)泄露办理治安案件过程中的工作秘密或者其他依法应当保密的信息的;

(十二)将在办理治安案件过程中获得的个人信息,依法提取、采集的相关信息、样本用于与治安管理、查处犯罪无关的用途,或者出售、提供给其他单位或者个人的;

(十三)剪接、删改、损毁、丢失办理治安案件的同步录音录像资料的;

(十四)有徇私舞弊、玩忽职守、滥用职权,不依法履行法定职责的其他情形的。

办理治安案件的公安机关有前款所列行为的,对负有责任的领导人员和直接责任人员,依法给予处分。

第一百四十条 【赔礼道歉和赔偿责任】公安机关及其人民警察违法行使职权,侵犯公民、法人和其他组织合法权益的,应当赔礼道歉;造成损害的,应当依法承担赔偿责任。

第六章 附 则

第一百四十一条 【其他相关法律适用】其他法律中规定由公安机关给予行政拘留处罚的,其处罚程序适用本法规定。

公安机关依照《中华人民共和国枪支管理法》、《民用爆炸物品安全管理条例》等直接关系公共安全和社会治安秩序的法律、行政法规实施处罚的,其处罚程序适用本法规定。

本法第三十二条、第三十四条、第四十六条、第五十六条规定给予行政拘留处罚,其他法律、行政法规同时规定给予罚款、没收违法所得、没收非法财物等其他行政处罚的行为,由相关主管部门依照相应规定处罚;需要给予行政拘留处罚的,由公安机关依照本法规定处理。

第一百四十二条 【海警机构的职权】海警机构履行海上治安管理职责,行使本法规定的公安机关的职权,但是法律另有规定的除外。

第一百四十三条 【"以上、以下、以内"的含义】本法所称以上、以下、以内,包括本数。

第一百四十四条 【施行日期】本法自2026年1月1日起施行。

公安机关执行《中华人民共和国治安管理处罚法》有关问题的解释

(2006年1月23日 公通字〔2006〕12号)

根据全国人大常委会《关于加强法律解释工作的决议》的规定,现对公安机关执行《中华人民共和国治安管理处罚法》(以下简称《治安管理处罚法》)的有关问题解释如下:

一、关于治安案件的调解问题。根据《治安管理处罚法》第9条的规定,对因民间纠纷引起的打架斗殴或者损毁他人财物以及其他违反治安管理行为,情节较轻的,公安机关应当本着化解矛盾纠纷、维护社会稳定、构建和谐社会的要求,依法尽量予以调解处理。特别是对因家庭、邻里、同事之间纠纷引起的违反治安管理行为,情节较轻,双方当事人愿意和解的,如制造噪声、发送信息、饲养动物干扰他人正常生活,放任动物恐吓他人、侮辱、诽谤、诬告陷害、侵犯隐私、偷开机动车等治安案件,公安机关都可以调解处理。同时,为确保调解取得良好效果,调解前应当及时依法做深入细致的调查取证工作,以查明事实、收集证据、分清责任。调解达成协议的,应当制作调解书,交双方当事人签字。

二、关于涉外治安案件的办理问题。《治安管理处罚法》第10条第2款规定:"对违反治安管理的外国人,可以附加适用限期出境或者驱逐出境"。对外国人需要依法适用限期出境、驱逐出境处罚的,由承办案件的公安机关逐级上报公安部或者公安部授权的省级人民政府公安机关决定,由承办案件的公安机关执行。对外国人依法决定行政拘留的,由承办案件的县级以上(含县级,下同)公安机关决定,不再报上一级公安机关批准。对外国人依法决定警告、罚款、行政拘留,并附加适用限期出境、驱逐出境处罚的,应当在警告、罚款、行政拘留执行完毕后,再执行限期出境、驱逐出境。

三、关于不予处罚问题。《治安管理处罚法》第12条、第13条、第14条、第19条对不予处罚的情形作了明确规定,公安机关对依法不予处罚的违反治安管理行为人,有违法所得的,应当依法予以追缴;有非法财物的,应当依法予以收缴。

《治安管理处罚法》第22条对违反治安管理行为的追究时效作了明确规

定,公安机关对超过追究时效的违反治安管理行为不再处罚,但有违禁品的,应当依法予以收缴。

四、关于对单位违反治安管理的处罚问题。《治安管理处罚法》第18条规定,"单位违反治安管理的,对其直接负责的主管人员和其他直接责任人员依照本法的规定处罚。其他法律、行政法规对同一行为规定给予单位处罚的,依照其规定处罚",并在第54条规定可以吊销公安机关发放的许可证。对单位实施《治安管理处罚法》第三章所规定的违反治安管理行为的,应当依法对其直接负责的主管人员和其他直接责任人员予以治安管理处罚;其他法律、行政法规对同一行为明确规定由公安机关给予单位警告、罚款、没收违法所得、没收非法财物等处罚,或者采取责令其限期停业整顿、停业整顿、取缔等强制措施的,应当依照其规定办理。对被依法吊销许可证的单位,应当同时依法收缴非法财物、追缴违法所得。参照刑法的规定,单位是指公司、企业、事业单位、机关、团体。

五、关于不执行行政拘留处罚问题。根据《治安管理处罚法》第21条的规定,对"已满十四周岁不满十六周岁的","已满十六周岁不满十八周岁,初次违反治安管理的","七十周岁以上的","怀孕或者哺乳自己不满一周岁婴儿的"违反治安管理行为人,可以依法作出行政拘留处罚决定,但不投送拘留所执行。被处罚人居住地公安派出所应当会同被处罚人所在单位、学校、家庭、居(村)民委员会、未成年人保护组织和有关社会团体进行帮教。上述未成年人、老年人的年龄、怀孕或者哺乳自己不满1周岁婴儿的妇女的情况,以其实施违反治安管理行为或者正要执行行政拘留时的实际情况确定,即违反治安管理行为人在实施违反治安管理行为时具有上述情形之一的,或者执行行政拘留时符合上述情形之一的,均不再投送拘留所执行行政拘留。

六、关于取缔问题。根据《治安管理处罚法》第54条的规定,对未经许可,擅自经营按照国家规定需要由公安机关许可的行业的,予以取缔。这里的"按照国家规定需要由公安机关许可的行业",是指按照有关法律、行政法规和国务院决定的有关规定,需要由公安机关许可的旅馆业、典当业、公章刻制业、保安培训业等行业。取缔应当由违反治安管理行为发生地的县级以上公安机关作出决定,按照《治安管理处罚法》的有关规定采取相应的措施,如责令停止相关经营活动、进入无证经营场所进行检查、扣押与案件有关的需要作为证据的物品等。在取缔的同时,应当依法收缴非法财物、追缴违法所得。

七、关于强制性教育措施问题。《治安管理处罚法》第76条规定,对有"引诱、容留、介绍他人卖淫","制作、运输、复制、出售、出租淫秽的书刊、图片、影片、音像制品等淫秽物品或者利用计算机信息网络、电话以及其他通讯工具传播淫秽信息",“以营利为目的,为赌博提供条件的,或者参与赌博赌资较大的"行为,"屡教不改的,可以按照国家规定采取强制性教育措施"。这里的"强制性教育措施"目前是指劳动教养;"按照国家规定"是指按照《治安管理处罚法》和其他有关劳动教养的法律、行政法规的规定;"屡教不改"是指有上述行为被依法判处刑罚执行期满后五年内又实施前述行为之一,或者被依法予以罚款、行政拘留、收容教育、劳动教养执行期满后三年内实施前述行为之一,情节较重,但尚不够刑事处罚的情形。

八、关于询问查证时间问题。《治安管理处罚法》第83条第1款规定,"对违反治安管理行为人,公安机关传唤后应当及时询问查证,询问查证的时间不得超过八小时;情况复杂,依照本法规定可能适用行政拘留处罚的,询问查证的时间不得超过二十四小时"。这里的"依照本法规定可能适用行政拘留处罚",是指本法第三章对行为人实施的违反治安管理行为设定了行政拘留处罚,且根据其行为的性质和情节轻重,可能依法对违反治安管理行为人决定予以行政拘留的案件。

根据《治安管理处罚法》第82条和第83条的规定,公安机关或者办案部门负责人在审批书面传唤时,可以一并审批询问查证时间。对经过询问查证,属于"情况复杂",且"依照本法规定可能适用行政拘留处罚"的案件,需要对违反治安管理行为人适用超过8小时询问查证时间的,需口头或者书面报经公安机关或者其办案部门负责人批准。对口头报批的,办案民警应当记录在案。

九、关于询问不满16周岁的未成年人问题。《治安管理处罚法》第84条、第85条规定,询问不满16周岁的违反治安管理行为人、被侵害人或者其他证人,应当通知其父母或者其他监护人到场。上述人员父母双亡,又没有其他监护人的,因种种原因无法找到其父母或者其他监护人的,以及其父母或者其他监护人收到通知后拒不到场或者不能及时到场的,办案民警应当将有关情况在笔录中注明。为保证询问的合法性和证据的有效性,在被询问人的父母或者其他监护人不能到场时,可以邀请办案地居(村)民委员会的人员,或者被询问人在办案地有完全行为能力的亲友,或者所在学校的教师,或者其他见证人到场。询问笔录应当由办案民警、被询问人、见证人签名或者盖章。有条件的地方,还可以对询问过程进行录音、录像。

十、关于铁路、交通、民航、森林公安机关和海关侦查走私犯罪公安机构以及新疆生产建设兵团公安局的治安管理处罚权问题。《治安管理处罚法》第

91 条规定:"治安管理处罚由县级以上人民政府公安机关决定;其中警告、五百元以下罚款可以由公安派出所决定。"根据有关法律,铁路、交通、民航、森林公安机关依法负责其管辖范围内的治安管理工作,《中华人民共和国海关行政处罚实施条例》第 6 条赋予了海关侦查走私犯罪公安机构对阻碍海关缉私警察依法执行职务的治安案件的查处权。为有效维护社会治安,县级以上铁路、交通、民航、森林公安机关对其管辖的治安案件,可以依法作出治安管理处罚决定,铁路、交通、民航、森林公安派出所可以作出警告、500 元以下罚款的治安管理处罚决定;海关系统相当于县级以上公安机关的侦查走私犯罪公安机构可以依法查处阻碍缉私警察依法执行职务的治安案件,并依法作出治安管理处罚决定。

新疆生产建设兵团系统的县级以上公安局应当视为"县级以上人民政府公安机关",可以依法作出治安管理处罚决定;其所属的公安派出所可以依法作出警告、500 元以下罚款的治安管理处罚决定。

十一、关于限制人身自由的强制措施折抵行政拘留问题。《治安管理处罚法》第 92 条规定:"对决定给予行政拘留处罚的人,在处罚前已经采取强制措施限制人身自由的时间,应当折抵。限制人身自由一日,折抵行政拘留一日。"这里的"强制措施限制人身自由的时间",包括被行政拘留人在被行政拘留前因同一行为被依法刑事拘留、逮捕时间。如果被行政拘留人被刑事拘留、逮捕的时间已超过被行政拘留的时间的,则行政拘留不再执行,但办案部门必须将《治安管理处罚决定书》送达被处罚人。

十二、关于办理治安案件期限问题。《治安管理处罚法》第 99 条规定:"公安机关办理治安案件的期限,自受理之日起不得超过三十日;案情重大、复杂的,经上一级公安机关批准,可以延长三十日。为了查明案情进行鉴定的期间,不计入办理治安案件的期限。"这里的"鉴定期间",是指公安机关提交鉴定之日起至鉴定机构作出鉴定结论并送达公安机关的期间。公安机关应当切实提高办案效率,保证在法定期限内办结治安案件。对因违反治安管理行为人逃跑等客观原因造成案件不能在法定期限内办结的,公安机关应当继续进行调查取证,及时依法作出处理决定,不能因已超过法定办案期限就不再调查取证。因违反治安管理行为人在逃,导致无法查清案件事实,无法收集足够证据而结不了案的,公安机关应当向被侵害人说明原因。对调解未达成协议或者达成协议后不履行的治安案件的办案期限,应当从调解未达成协议或者达成协议后不履行之日起开始计算。

公安派出所承办的案情重大、复杂的案件,需要延长办案期限的,应当报所属县级以上公安机关负责人批准。

十三、关于将被拘留人送达拘留所执行问题。《治安管理处罚法》第103条规定:"对被决定给予行政拘留处罚的人,由作出决定的公安机关送达拘留所执行。"这里的"送达拘留所执行",是指作出行政拘留决定的公安机关将被决定行政拘留的人送到拘留所并交付执行,拘留所依法办理入所手续后即为送达。

十四、关于治安行政诉讼案件的出庭应诉问题。《治安管理处罚法》取消了行政复议前置程序。被处罚人对治安管理处罚决定不服的,既可以申请行政复议,也可以直接提起行政诉讼。对未经行政复议和经行政复议决定维持原处罚决定的行政诉讼案件,由作出处罚决定的公安机关负责人和原办案部门的承办民警出庭应诉;对经行政复议决定撤销、变更原处罚决定或者责令被申请人重新作出具体行政行为的行政诉讼案件,由行政复议机关负责人和行政复议机构的承办民警出庭应诉。

十五、关于《治安管理处罚法》的溯及力问题。按照《中华人民共和国立法法》第84条的规定,《治安管理处罚法》不溯及既往。《治安管理处罚法》施行后,对其施行前发生且尚未作出处罚决定的违反治安管理行为,适用《中华人民共和国治安管理处罚条例》;但是,如果《治安管理处罚法》不认为是违反治安管理行为或者处罚较轻的,适用《治安管理处罚法》。

公安机关执行《中华人民共和国治安管理处罚法》有关问题的解释(二)

(2007年1月8日 公通字〔2007〕1号)

为正确、有效地执行《中华人民共和国治安管理处罚法》(以下简称《治安管理处罚法》),根据全国人民代表大会常务委员会《关于加强法律解释工作的决议》的规定,现对公安机关执行《治安管理处罚法》的有关问题解释如下:

一、关于制止违反治安管理行为的法律责任问题

为了免受正在进行的违反治安管理行为的侵害而采取的制止违法侵害行为,不属于违反治安管理行为。但对事先挑拨、故意挑逗他人对自己进行侵害,然后以制止违法侵害为名对他人加以侵害的行为,以及互相斗殴的行为,应当予以治安管理处罚。

二、关于未达目的违反治安管理行为的法律责任问题

行为人为实施违反治安管理行为准备工具、制造条件的,不予处罚。

行为人自动放弃实施违反治安管理行为或者自动有效地防止违反治安管理行为结果发生,没有造成损害的,不予处罚;造成损害的,应当减轻处罚。

行为人已经着手实施违反治安管理行为,但由于本人意志以外的原因而未得逞的,应当从轻处罚、减轻处罚或者不予处罚。

三、关于未达到刑事责任年龄不予刑事处罚的,能否予以治安管理处罚问题

对已满十四周岁不满十六周岁不予刑事处罚的,应当责令其家长或者监护人加以管教;必要时,可以依照《治安管理处罚法》的相关规定予以治安管理处罚,或者依照《中华人民共和国刑法》第十七条的规定予以收容教养。

四、关于减轻处罚的适用问题

违反治安管理行为人具有《治安管理处罚法》第十二条、第十四条、第十九条减轻处罚情节的,按下列规定适用:

(一)法定处罚种类只有一种,在该法定处罚种类的幅度以下减轻处罚;

(二)法定处罚种类只有一种,在该法定处罚种类的幅度以下无法再减轻处罚的,不予处罚;

(三)规定拘留并处罚款的,在法定处罚幅度以下单独或者同时减轻拘留和罚款,或者在法定处罚幅度内单处拘留;

(四)规定拘留可以并处罚款的,在拘留的法定处罚幅度以下减轻处罚;在拘留的法定处罚幅度以下无法再减轻处罚的,不予处罚。

五、关于"初次违反治安管理"的认定问题

《治安管理处罚法》第二十一条第二项规定的"初次违反治安管理",是指行为人的违反治安管理行为第一次被公安机关发现或者查处。但具有下列情形之一的,不属于"初次违反治安管理":

(一)曾违反治安管理,虽未被公安机关发现或者查处,但仍在法定追究时效内的;

(二)曾因不满十六周岁违反治安管理,不执行行政拘留的;

(三)曾违反治安管理,经公安机关调解结案的;

(四)曾被收容教养、劳动教养的;

(五)曾因实施扰乱公共秩序,妨害公共安全,侵犯人身权利、财产权利,妨害社会管理的行为被人民法院判处刑罚或者免除刑事处罚的。

六、关于扰乱居(村)民委员会秩序和破坏居(村)民委员会选举秩序行为的法律适用问题

对扰乱居(村)民委员会秩序的行为,应当根据其具体表现形式,如侮辱、诽谤、殴打他人、故意伤害、故意损毁财物等,依照《治安管理处罚法》的相关规定予以处罚。

对破坏居(村)民委员会选举秩序的行为,应当依照《治安管理处罚法》第二十三条第一款第五项的规定予以处罚。

七、关于殴打、伤害特定对象的处罚问题

对违反《治安管理处罚法》第四十三条第二款第二项规定行为的处罚,不要求行为人主观上必须明知殴打、伤害的对象为残疾人、孕妇、不满十四周岁的人或者六十周岁以上的人。

八、关于"结伙"、"多次"、"多人"的认定问题

《治安管理处罚法》中规定的"结伙"是指两人(含两人)以上;"多次"是指三次(含三次)以上;"多人"是指三人(含三人)以上。

九、关于运送他人偷越国(边)境、偷越国(边)境和吸食、注射毒品行为的法律适用问题

对运送他人偷越国(边)境、偷越国(边)境和吸食、注射毒品行为的行政处罚,适用《治安管理处罚法》第六十一条、第六十二条第二款和第七十二条第三项的规定,不再适用全国人民代表大会常务委员会《关于严惩组织、运送他人偷越国(边)境犯罪的补充规定》和《关于禁毒的决定》的规定。

十、关于居住场所与经营场所合一的检查问题

违反治安管理行为人的居住场所与其在工商行政管理部门注册登记的经营场所合一的,在经营时间内对其检查时,应当按照检查经营场所办理相关手续;在非经营时间内对其检查时,应当按照检查公民住所办理相关手续。

十一、关于被侵害人是否有权申请行政复议问题

根据《中华人民共和国行政复议法》第二条的规定,治安案件的被侵害人认为公安机关依据《治安管理处罚法》作出的具体行政行为侵犯其合法权益的,可以依法申请行政复议。

公安部关于如何执行《治安管理处罚法》第十八条规定问题的批复

(2010年8月3日 公复字〔2010〕4号)

浙江省公安厅:

你厅《关于〈治安管理处罚法〉第十八条适用问题的请示》(浙公请〔2010〕106号)收悉。现批复如下:

单位违反治安管理,其他法律、行政法规对同一行为没有规定给予单位处罚的,不对单位处罚,但应当依照《治安管理处罚法》的规定,对其直接负责的主管人员和其他直接责任人员予以处罚。

中华人民共和国行政处罚法

(1996年3月17日第八届全国人民代表大会第四次会议通过 根据2009年8月27日第十一届全国人民代表大会常务委员会第十次会议《关于修改部分法律的决定》第一次修正 根据2017年9月1日第十二届全国人民代表大会常务委员会第二十九次会议《关于修改〈中华人民共和国法官法〉等八部法律的决定》第二次修正 2021年1月22日第十三届全国人民代表大会常务委员会第二十五次会议修订 2021年1月22日中华人民共和国主席令第70号公布 自2021年7月15日起施行)

第一章 总 则

第一条 【立法目的】为了规范行政处罚的设定和实施,保障和监督行政机关有效实施行政管理,维护公共利益和社会秩序,保护公民、法人或者其他组织的合法权益,根据宪法,制定本法。

第二条 【行政处罚的定义】行政处罚是指行政机关依法对违反行政管理秩序的公民、法人或者其他组织,以减损权益或者增加义务的方式予以惩戒的行为。

第三条 【适用范围】行政处罚的设定和实施,适用本法。

第四条 【适用对象】公民、法人或者其他组织违反行政管理秩序的行为,应当给予行政处罚的,依照本法由法律、法规、规章规定,并由行政机关依照本法规定的程序实施。

第五条 【适用原则】行政处罚遵循公正、公开的原则。

设定和实施行政处罚必须以事实为依据,与违法行为的事实、性质、情节以及社会危害程度相当。

对违法行为给予行政处罚的规定必须公布;未经公布的,不得作为行政处罚的依据。

第六条 【适用目的】实施行政处罚,纠正违法行为,应当坚持处罚与教育相结合,教育公民、法人或者其他组织自觉守法。

第七条 【被处罚者权利】公民、法人或者其他组织对行政机关所给予的行政处罚,享有陈述权、申辩权;对行政处罚不服的,有权依法申请行政复议或者提起行政诉讼。

公民、法人或者其他组织因行政机关违法给予行政处罚受到损害的,有权依法提出赔偿要求。

第八条 【被处罚者承担的其他法律责任】公民、法人或者其他组织因违法行为受到行政处罚,其违法行为对他人造成损害的,应当依法承担民事责任。

违法行为构成犯罪,应当依法追究刑事责任的,不得以行政处罚代替刑事处罚。

第二章 行政处罚的种类和设定

第九条 【处罚的种类】行政处罚的种类:
(一)警告、通报批评;
(二)罚款、没收违法所得、没收非法财物;
(三)暂扣许可证件、降低资质等级、吊销许可证件;
(四)限制开展生产经营活动、责令停产停业、责令关闭、限制从业;
(五)行政拘留;
(六)法律、行政法规规定的其他行政处罚。

第十条 【法律对处罚的设定】法律可以设定各种行政处罚。

限制人身自由的行政处罚,只能由法律设定。

第十一条 【行政法规对处罚的设定】行政法规可以设定除限制人身自由以外的行政处罚。

法律对违法行为已经作出行政处罚规定,行政法规需要作出具体规定的,必须在法律规定的给予行政处罚的行为、种类和幅度的范围内规定。

法律对违法行为未作出行政处罚规定,行政法规为实施法律,可以补充设定行政处罚。拟补充设定行政处罚的,应当通过听证会、论证会等形式广泛听取意见,并向制定机关作出书面说明。行政法规报送备案时,应当说明补充设定行政处罚的情况。

第十二条 【地方性法规对处罚的设定】地方性法规可以设定除限制人身自由、吊销营业执照以外的行政处罚。

法律、行政法规对违法行为已经作出行政处罚规定,地方性法规需要作出具体规定的,必须在法律、行政法规规定的给予行政处罚的行为、种类和幅度的范围内规定。

法律、行政法规对违法行为未作出行政处罚规定,地方性法规为实施法律、行政法规,可以补充设定行政处罚。拟补充设定行政处罚的,应当通过听证会、论证会等形式广泛听取意见,并向制定机关作出书面说明。地方性法规报送备案时,应当说明补充设定行政处罚的情况。

第十三条 【国务院部门规章对处罚的设定】国务院部门规章可以在法律、行政法规规定的给予行政处罚的行为、种类和幅度的范围内作出具体规定。

尚未制定法律、行政法规的,国务院部门规章对违反行政管理秩序的行为,可以设定警告、通报批评或者一定数额罚款的行政处罚。罚款的限额由国务院规定。

第十四条 【地方政府规章对处罚的设定】地方政府规章可以在法律、法规规定的给予行政处罚的行为、种类和幅度的范围内作出具体规定。

尚未制定法律、法规的,地方政府规章对违反行政管理秩序的行为,可以设定警告、通报批评或者一定数额罚款的行政处罚。罚款的限额由省、自治区、直辖市人民代表大会常务委员会规定。

第十五条 【对行政处罚定期评估】国务院部门和省、自治区、直辖市人民政府及其有关部门应当定期组织评估行政处罚的实施情况和必要性,对不适当的行政处罚事项及种类、罚款数额等,应当提出修改或者废止的建议。

第十六条 【其他规范性文件不得设定处罚】除法律、法规、规章外,其他规范性文件不得设定行政处罚。

第三章 行政处罚的实施机关

第十七条 【处罚的实施】行政处罚由具有行政处罚权的行政机关在法定职权范围内实施。

第十八条 【处罚的权限】国家在城市管理、市场监管、生态环境、文化市场、交通运输、应急管理、农业等领域推行建立综合行政执法制度,相对集中行政处罚权。

国务院或者省、自治区、直辖市人民政府可以决定一个行政机关行使有关行政机关的行政处罚权。

限制人身自由的行政处罚权只能由公安机关和法律规定的其他机关行使。

第十九条 【授权实施处罚】法律、法规授权的具有管理公共事务职能的组织可以在法定授权范围内实施行政处罚。

第二十条 【委托实施处罚】行政机关依照法律、法规、规章的规定,可以在其法定权限内书面委托符合本法第二十一条规定条件的组织实施行政处罚。行政机关不得委托其他组织或者个人实施行政处罚。

委托书应当载明委托的具体事项、权限、期限等内容。委托行政机关和受委托组织应当将委托书向社会公布。

委托行政机关对受委托组织实施行政处罚的行为应当负责监督,并对该行为的后果承担法律责任。

受委托组织在委托范围内,以委托行政机关名义实施行政处罚;不得再委托其他组织或者个人实施行政处罚。

第二十一条 【受托组织的条件】受委托组织必须符合以下条件:

(一)依法成立并具有管理公共事务职能;

(二)有熟悉有关法律、法规、规章和业务并取得行政执法资格的工作人员;

(三)需要进行技术检查或者技术鉴定的,应当有条件组织进行相应的技术检查或者技术鉴定。

第四章 行政处罚的管辖和适用

第二十二条 【地域管辖】行政处罚由违法行为发生地的行政机关管辖。法律、行政法规、部门规章另有规定的,从其规定。

第二十三条 【级别管辖】行政处罚由县级以上地方人民政府具有行政处罚权的行政机关管辖。法律、行政法规另有规定的,从其规定。

第二十四条 【行政处罚权的承接】省、自治区、直辖市根据当地实际情况,可以决定将基层管理迫切需要的县级人民政府部门的行政处罚权交由能够有效承接的乡镇人民政府、街道办事处行使,并定期组织评估。决定应当公布。

承接行政处罚权的乡镇人民政府、街道办事处应当加强执法能力建设,按照规定范围、依照法定程序实施行政处罚。

有关地方人民政府及其部门应当加强组织协调、业务指导、执法监督,建立健全行政处罚协调配合机制,完善评议、考核制度。

第二十五条 【共同管辖及指定管辖】两个以上行政机关都有管辖权的,由最先立案的行政机关管辖。

对管辖发生争议的,应当协商解决,协商不成的,报请共同的上一级行政机关指定管辖;也可以直接由共同的上一级行政机关指定管辖。

第二十六条 【行政协助】行政机关因实施行政处罚的需要,可以向有关机关提出协助请求。协助事项属于被请求机关职权范围内的,应当依法予以协助。

第二十七条 【刑事责任优先】违法行为涉嫌犯罪的,行政机关应当及时将案件移送司法机关,依法追究刑事责任。对依法不需要追究刑事责任或者免予刑事处罚,但应当给予行政处罚的,司法机关应当及时将案件移送有关行政机关。

行政处罚实施机关与司法机关之间应当加强协调配合,建立健全案件移送制度,加强证据材料移交、接收衔接,完善案件处理信息通报机制。

第二十八条 【责令改正与责令退赔】行政机关实施行政处罚时,应当责令当事人改正或者限期改正违法行为。

当事人有违法所得,除依法应当退赔的外,应当予以没收。违法所得是指实施违法行为所取得的款项。法律、行政法规、部门规章对违法所得的计算另有规定的,从其规定。

第二十九条 【一事不二罚】对当事人的同一个违法行为,不得给予两次以上罚款的行政处罚。同一个违法行为违反多个法律规范应当给予罚款处罚的,按照罚款数额高的规定处罚。

第三十条 【未成年人处罚的限制】不满十四周岁的未成年人有违法行为的,不予行政处罚,责令监护人加以管教;已满十四周岁不满十八周岁的未成年人有违法行为的,应当从轻或者减轻行政处罚。

第三十一条 【精神病人及限制性精神病人处罚的限制】精神病人、智力残疾人在不能辨认或者不能控制自己行为时有违法行为的,不予行政处罚,但应当责令其监护人严加看管和治疗。间歇性精神病人在精神正常时有违法行为的,应当给予行政处罚。尚未完全丧失辨认或者控制自己行为能力的精神病人、智力残疾人有违法行为的,可以从轻或者减轻行政处罚。

第三十二条 【从轻、减轻处罚的情形】当事人有下列情形之一,应当从轻或者减轻行政处罚:

(一)主动消除或者减轻违法行为危害后果的;

(二)受他人胁迫或者诱骗实施违法行为的;

(三)主动供述行政机关尚未掌握的违法行为的;

(四)配合行政机关查处违法行为有立功表现的;

(五)法律、法规、规章规定其他应当从轻或者减轻行政处罚的。

第三十三条 【不予行政处罚的条件】违法行为轻微并及时改正,没有造成危害后果的,不予行政处罚。初次违法且危害后果轻微并及时改正的,可以不予行政处罚。

当事人有证据足以证明没有主观过错的,不予行政处罚。法律、行政法规另有规定的,从其规定。

对当事人的违法行为依法不予行政处罚的,行政机关应当对当事人进行教育。

第三十四条 【行政处罚裁量基准】行政机关可以依法制定行政处罚裁量基准,规范行使行政处罚裁量权。行政处罚裁量基准应当向社会公布。

第三十五条 【刑罚的折抵】违法行为构成犯罪,人民法院判处拘役或者有期徒刑时,行政机关已经给予当事人行政拘留的,应当依法折抵相应刑期。

违法行为构成犯罪,人民法院判处罚金时,行政机关已经给予当事人罚款的,应当折抵相应罚金;行政机关尚未给予当事人罚款的,不再给予罚款。

第三十六条 【处罚的时效】违法行为在二年内未被发现的,不再给行政处罚;涉及公民生命健康安全、金融安全且有危害后果的,上述期限延长至五年。法律另有规定的除外。

前款规定的期限,从违法行为发生之日起计算;违法行为有连续或者继续状态的,从行为终了之日起计算。

第三十七条 【法不溯及既往】实施行政处罚,适用违法行为发生时的法律、法规、规章的规定。但是,作出行政处罚决定时,法律、法规、规章已被修改或者废止,且新的规定处罚较轻或者不认为是违法的,适用新的规定。

第三十八条 【行政处罚无效】行政处罚没有依据或者实施主体不具有行政主体资格的,行政处罚无效。

违反法定程序构成重大且明显违法的,行政处罚无效。

第五章 行政处罚的决定

第一节 一般规定

第三十九条 【信息公示】行政处罚的实施机关、立案依据、实施程序和救济渠道等信息应当公示。

第四十条 【处罚的前提】公民、法人或者其他组织违反行政管理秩序的行为,依法应当给予行政处罚的,行政机关必须查明事实;违法事实不清、证据不足的,不得给予行政处罚。

第四十一条 【信息化手段的运用】行政机关依照法律、行政法规规定利用电子技术监控设备收集、固定违法事实的,应当经过法制和技术审核,确保电子技术监控设备符合标准、设置合理、标志明显,设置地点应当向社会公布。

电子技术监控设备记录违法事实应当真实、清晰、完整、准确。行政机关应当审核记录内容是否符合要求;未经审核或者经审核不符合要求的,不得作为行政处罚的证据。

行政机关应当及时告知当事人违法事实,并采取信息化手段或者其他措施,为当事人查询、陈述和申辩提供便利。不得限制或者变相限制当事人享有的陈述权、申辩权。

第四十二条 【执法人员要求】行政处罚应当由具有行政执法资格的执法人员实施。执法人员不得少于两人,法律另有规定的除外。

执法人员应当文明执法,尊重和保护当事人合法权益。

第四十三条 【回避】执法人员与案件有直接利害关系或者有其他关系可能影响公正执法的,应当回避。

当事人认为执法人员与案件有直接利害关系或者有其他关系可能影响公正执法的,有权申请回避。

当事人提出回避申请的,行政机关应当依法审查,由行政机关负责人决定。决定作出之前,不停止调查。

第四十四条 【告知义务】行政机关在作出行政处罚决定之前,应当告知当事人拟作出的行政处罚内容及事实、理由、依据,并告知当事人依法享有的陈述、申辩、要求听证等权利。

第四十五条 【当事人的陈述权和申辩权】当事人有权进行陈述和申辩。行政机关必须充分听取当事人的意见,对当事人提出的事实、理由和证据,应当进行复核;当事人提出的事实、理由或者证据成立的,行政机关应当采纳。

行政机关不得因当事人陈述、申辩而给予更重的处罚。

第四十六条 【证据】证据包括:

(一)书证;

(二)物证;

(三)视听资料;

(四)电子数据;

(五)证人证言;

(六)当事人的陈述;

(七)鉴定意见;

(八)勘验笔录、现场笔录。

证据必须经查证属实,方可作为认定案件事实的根据。

以非法手段取得的证据,不得作为认定案件事实的根据。

第四十七条 【执法全过程记录制度】行政机关应当依法以文字、音像等形式,对行政处罚的启动、调查取证、审核、决定、送达、执行等进行全过程记录,归档保存。

第四十八条 【行政处罚决定公示制度】具有一定社会影响的行政处罚决定应当依法公开。

公开的行政处罚决定被依法变更、撤销、确认违法或者确认无效的,行政机关应当在三日内撤回行政处罚决定信息并公开说明理由。

第四十九条 【应急处罚】发生重大传染病疫情等突发事件,为了控制、减轻和消除突发事件引起的社会危害,行政机关对违反突发事件应对措施的行为,依法快速、从重处罚。

第五十条 【保密义务】行政机关及其工作人员对实施行政处罚过程中知悉的国家秘密、商业秘密或者个人隐私,应当依法予以保密。

第二节 简易程序

第五十一条 【当场处罚的情形】违法事实确凿并有法定依据,对公民处以二百元以下、对法人或者其他组织处以三千元以下罚款或者警告的行政处罚的,可以当场作出行政处罚决定。法律另有规定的,从其规定。

第五十二条 【当场处罚的程序】执法人员当场作出行政处罚决定的,应当向当事人出示执法证件,填写预定格式、编有号码的行政处罚决定书,并当场交付当事人。当事人拒绝签收的,应当在行政处罚决定书上注明。

前款规定的行政处罚决定书应当载明当事人的违法行为,行政处罚的种类和依据、罚款数额、时间、地点,申请行政复议、提起行政诉讼的途径和期限以及行政机关名称,并由执法人员签名或者盖章。

执法人员当场作出的行政处罚决定,应当报所属行政机关备案。

第五十三条 【当场处罚的履行】对当场作出的行政处罚决定,当事人应当依照本法第六十七条至第六十九条的规定履行。

第三节 普通程序

第五十四条 【调查取证与立案】除本法第五十一条规定的可以当场作出的行政处罚外,行政机关发现公民、法人或者其他组织有依法应当给予行政处罚的行为的,必须全面、客观、公正地调查,收集有关证据;必要时,依照法律、法规的规定,可以进行检查。

符合立案标准的,行政机关应当及时立案。

第五十五条 【出示证件与协助调查】执法人员在调查或者进行检查时,应当主动向当事人或者有关人员出示执法证件。当事人或者有关人员有权要求执法人员出示执法证件。执法人员不出示执法证件的,当事人或者有关人员有权拒绝接受调查或者检查。

当事人或者有关人员应当如实回答询问,并协助调查或者检查,不得拒绝或者阻挠。询问或者检查应当制作笔录。

第五十六条 【证据的收集原则】行政机关在收集证据时,可以采取抽样取证的方法;在证据可能灭失或者以后难以取得的情况下,经行政机关负责人批准,可以先行登记保存,并应当在七日内及时作出处理决定,在此期间,当事人或者有关人员不得销毁或者转移证据。

第五十七条 【处罚决定】调查终结,行政机关负责人应当对调查结果进行审查,根据不同情况,分别作出如下决定:

(一)确有应受行政处罚的违法行为的,根据情节轻重及具体情况,作出行政处罚决定;

(二)违法行为轻微,依法可以不予行政处罚的,不予行政处罚;

(三)违法事实不能成立的,不予行政处罚;

(四)违法行为涉嫌犯罪的,移送司法机关。

对情节复杂或者重大违法行为给予行政处罚,行政机关负责人应当集体讨论决定。

第五十八条 【法制审核】有下列情形之一,在行政机关负责人作出行政处罚的决定之前,应当由从事行政处罚决定法制审核的人员进行法制审核;未经法制审核或者审核未通过的,不得作出决定:

(一)涉及重大公共利益的;

(二)直接关系当事人或者第三人重大权益,经过听证程序的;

(三)案件情况疑难复杂、涉及多个法律关系的;

(四)法律、法规规定应当进行法制审核的其他情形。

行政机关中初次从事行政处罚决定法制审核的人员,应当通过国家统一法律职业资格考试取得法律职业资格。

第五十九条 【行政处罚决定书的内容】行政机关依照本法第五十七条的规定给予行政处罚,应当制作行政处罚决定书。行政处罚决定书应当载明下列事项:

(一)当事人的姓名或者名称、地址;

(二)违反法律、法规、规章的事实和证据;

(三)行政处罚的种类和依据;

(四)行政处罚的履行方式和期限;

(五)申请行政复议、提起行政诉讼的途径和期限;

(六)作出行政处罚决定的行政机关名称和作出决定的日期。

行政处罚决定书必须盖有作出行政处罚决定的行政机关的印章。

第六十条 【决定期限】行政机关应当自行政处罚案件立案之日起九十日内作出行政处罚决定。法律、法规、规章另有规定的,从其规定。

第六十一条 【送达】行政处罚决定书应当在宣告后当场交付当事人;当事人不在场的,行政机关应当在七日内依照《中华人民共和国民事诉讼法》的有关规定,将行政处罚决定书送达当事人。

当事人同意并签订确认书的,行政机关可以采用传真、电子邮件等方式,将行政处罚决定书等送达当事人。

第六十二条 【处罚的成立条件】行政机关及其执法人员在作出行政处罚

决定之前,未依照本法第四十四条、第四十五条的规定向当事人告知拟作出的行政处罚内容及事实、理由、依据,或者拒绝听取当事人的陈述、申辩,不得作出行政处罚决定;当事人明确放弃陈述或者申辩权利的除外。

第四节 听证程序

第六十三条 【听证权】行政机关拟作出下列行政处罚决定,应当告知当事人有要求听证的权利,当事人要求听证的,行政机关应当组织听证:

(一)较大数额罚款;
(二)没收较大数额违法所得、没收较大价值非法财物;
(三)降低资质等级、吊销许可证件;
(四)责令停产停业、责令关闭、限制从业;
(五)其他较重的行政处罚;
(六)法律、法规、规章规定的其他情形。
当事人不承担行政机关组织听证的费用。

第六十四条 【听证程序】听证应当依照以下程序组织:

(一)当事人要求听证的,应当在行政机关告知后五日内提出;
(二)行政机关应当在举行听证的七日前,通知当事人及有关人员听证的时间、地点;
(三)除涉及国家秘密、商业秘密或者个人隐私依法予以保密外,听证公开举行;
(四)听证由行政机关指定的非本案调查人员主持;当事人认为主持人与本案有直接利害关系的,有权申请回避;
(五)当事人可以亲自参加听证,也可以委托一至二人代理;
(六)当事人及其代理人无正当理由拒不出席听证或者未经许可中途退出听证的,视为放弃听证权利,行政机关终止听证;
(七)举行听证时,调查人员提出当事人违法的事实、证据和行政处罚建议,当事人进行申辩和质证;
(八)听证应当制作笔录。笔录应当交当事人或者其代理人核对无误后签字或者盖章。当事人或者其代理人拒绝签字或者盖章的,由听证主持人在笔录中注明。

第六十五条 【听证笔录】听证结束后,行政机关应当根据听证笔录,依照本法第五十七条的规定,作出决定。

第六章　行政处罚的执行

第六十六条　【履行义务及分期履行】行政处罚决定依法作出后,当事人应当在行政处罚决定书载明的期限内,予以履行。

当事人确有经济困难,需要延期或者分期缴纳罚款的,经当事人申请和行政机关批准,可以暂缓或者分期缴纳。

第六十七条　【罚缴分离原则】作出罚款决定的行政机关应当与收缴罚款的机构分离。

除依照本法第六十八条、第六十九条的规定当场收缴的罚款外,作出行政处罚决定的行政机关及其执法人员不得自行收缴罚款。

当事人应当自收到行政处罚决定书之日起十五日内,到指定的银行或者通过电子支付系统缴纳罚款。银行应当收受罚款,并将罚款直接上缴国库。

第六十八条　【当场收缴罚款范围】依照本法第五十一条的规定当场作出行政处罚决定,有下列情形之一,执法人员可以当场收缴罚款:

(一)依法给予一百元以下罚款的;

(二)不当场收缴事后难以执行的。

第六十九条　【边远地区当场收缴罚款】在边远、水上、交通不便地区,行政机关及其执法人员依照本法第五十一条、第五十七条的规定作出罚款决定后,当事人到指定的银行或者通过电子支付系统缴纳罚款确有困难,经当事人提出,行政机关及其执法人员可以当场收缴罚款。

第七十条　【罚款票据】行政机关及其执法人员当场收缴罚款的,必须向当事人出具国务院财政部门或者省、自治区、直辖市人民政府财政部门统一制发的专用票据;不出具财政部门统一制发的专用票据的,当事人有权拒绝缴纳罚款。

第七十一条　【罚款交纳期】执法人员当场收缴的罚款,应当自收缴罚款之日起二日内,交至行政机关;在水上当场收缴的罚款,应当自抵岸之日起二日内交至行政机关;行政机关应当在二日内将罚款缴付指定的银行。

第七十二条　【执行措施】当事人逾期不履行行政处罚决定的,作出行政处罚决定的行政机关可以采取下列措施:

(一)到期不缴纳罚款的,每日按罚款数额的百分之三加处罚款,加处罚款的数额不得超出罚款的数额;

(二)根据法律规定,将查封、扣押的财物拍卖、依法处理或者将冻结的存款、汇款划拨抵缴罚款；

（三）根据法律规定，采取其他行政强制执行方式；

（四）依照《中华人民共和国行政强制法》的规定申请人民法院强制执行。

行政机关批准延期、分期缴纳罚款的，申请人民法院强制执行的期限，自暂缓或者分期缴纳罚款期限结束之日起计算。

第七十三条　【不停止执行及暂缓执行】当事人对行政处罚决定不服，申请行政复议或者提起行政诉讼的，行政处罚不停止执行，法律另有规定的除外。

当事人对限制人身自由的行政处罚决定不服，申请行政复议或者提起行政诉讼的，可以向作出决定的机关提出暂缓执行申请。符合法律规定情形的，应当暂缓执行。

当事人申请行政复议或者提起行政诉讼的，加处罚款的数额在行政复议或者行政诉讼期间不予计算。

第七十四条　【没收的非法财物的处理】除依法应当予以销毁的物品外，依法没收的非法财物必须按照国家规定公开拍卖或者按照国家有关规定处理。

罚款、没收的违法所得或者没收非法财物拍卖的款项，必须全部上缴国库，任何行政机关或者个人不得以任何形式截留、私分或者变相私分。

罚款、没收的违法所得或者没收非法财物拍卖的款项，不得同作出行政处罚决定的行政机关及其工作人员的考核、考评直接或者变相挂钩。除依法应当退还、退赔的外，财政部门不得以任何形式向作出行政处罚决定的行政机关返还罚款、没收的违法所得或者没收非法财物拍卖的款项。

第七十五条　【监督检查】行政机关应当建立健全对行政处罚的监督制度。县级以上人民政府应当定期组织开展行政执法评议、考核，加强对行政处罚的监督检查，规范和保障行政处罚的实施。

行政机关实施行政处罚应当接受社会监督。公民、法人或者其他组织对行政机关实施行政处罚的行为，有权申诉或者检举；行政机关应当认真审查，发现有错误的，应当主动改正。

第七章　法律责任

第七十六条　【上级行政机关的监督】行政机关实施行政处罚，有下列情形之一，由上级行政机关或者有关机关责令改正，对直接负责的主管人员和其他直接责任人员依法给予处分：

（一）没有法定的行政处罚依据的；

（二）擅自改变行政处罚种类、幅度的；

（三）违反法定的行政处罚程序的；

（四）违反本法第二十条关于委托处罚的规定的；

（五）执法人员未取得执法证件的。

行政机关对符合立案标准的案件不及时立案的，依照前款规定予以处理。

第七十七条　【当事人的拒绝处罚权及检举权】行政机关对当事人进行处罚不使用罚款、没收财物单据或者使用非法定部门制发的罚款、没收财物单据的，当事人有权拒绝，并有权予以检举，由上级行政机关或者有关机关对使用的非法单据予以收缴销毁，对直接负责的主管人员和其他直接责任人员依法给予处分。

第七十八条　【自行收缴罚款的处理】行政机关违反本法第六十七条的规定自行收缴罚款的，财政部门违反本法第七十四条的规定向行政机关返还罚款、没收的违法所得或者拍卖款项的，由上级行政机关或者有关机关责令改正，对直接负责的主管人员和其他直接责任人员依法给予处分。

第七十九条　【私分罚没财物的处理】行政机关截留、私分或者变相私分罚款、没收的违法所得或者财物的，由财政部门或者有关机关予以追缴，对直接负责的主管人员和其他直接责任人员依法给予处分；情节严重构成犯罪的，依法追究刑事责任。

执法人员利用职务上的便利，索取或者收受他人财物、将收缴罚款据为己有，构成犯罪的，依法追究刑事责任；情节轻微不构成犯罪的，依法给予处分。

第八十条　【行政机关的赔偿责任及对有关人员的处理】行政机关使用或者损毁查封、扣押的财物，对当事人造成损失的，应当依法予以赔偿，对直接负责的主管人员和其他直接责任人员依法给予处分。

第八十一条　【违法实行检查或执行措施的赔偿责任】行政机关违法实施检查措施或者执行措施，给公民人身或者财产造成损害、给法人或者其他组织造成损失的，应当依法予以赔偿，对直接负责的主管人员和其他直接责任人员依法给予处分；情节严重构成犯罪的，依法追究刑事责任。

第八十二条　【以行代刑的责任】行政机关对应当依法移交司法机关追究刑事责任的案件不移交，以行政处罚代替刑事处罚，由上级行政机关或者有关机关责令改正，对直接负责的主管人员和其他直接责任人员依法给予处分；情节严重构成犯罪的，依法追究刑事责任。

第八十三条　【失职责任】行政机关对应当予以制止和处罚的违法行为不

予制止、处罚,致使公民、法人或者其他组织的合法权益、公共利益和社会秩序遭受损害的,对直接负责的主管人员和其他直接责任人员依法给予处分;情节严重构成犯罪的,依法追究刑事责任。

第八章　附　则

第八十四条　【属地原则】外国人、无国籍人、外国组织在中华人民共和国领域内有违法行为,应当给予行政处罚的,适用本法,法律另有规定的除外。

第八十五条　【工作日】本法中"二日""三日""五日""七日"的规定是指工作日,不含法定节假日。

第八十六条　【施行日期】本法自2021年7月15日起施行。

公安部关于贯彻实施行政处罚法的通知

(2021年12月8日　公法制〔2021〕2303号)

各省、自治区、直辖市公安厅、局,新疆生产建设兵团公安局:

为深入学习贯彻修订后的《中华人民共和国行政处罚法》(以下简称行政处罚法),进一步规范公安机关行政处罚工作,现就有关要求通知如下:

一、坚持以习近平法治思想指导贯彻实施工作。行政处罚法是规范政府行为的一部重要法律,贯彻实施好行政处罚法是全面贯彻习近平法治思想的重要举措。公安行政处罚一头连着政府,一头连着群众,直接关系到群众对党和政府的信任、对法治的信心。各级公安机关要切实提高政治站位,充分认识贯彻实施行政处罚法对建设法治公安、全面推进依法治国的重要意义,扎实做好行政处罚法的贯彻实施工作。贯彻实施工作中要坚持以习近平法治思想为指导,牢牢把握对党忠诚、服务人民、执法公正、纪律严明总要求,切实把党中央关于全面依法治国的重大决策部署落到实处。坚持以人民为中心,牢固树立执法为民理念,依法实施行政处罚,有效维护公共利益和社会秩序,保护人民群众的合法权益。坚持公平正义的价值取向,切实把严格规范公正文明执法要求落到实处,努力让人民群众在每一起行政案件办理中都感受到公平正义。正确处理管理和服务、打击违法和保障人权、严格执法与化解矛盾的关系,大力提升公安行政管理和服务水平,推进国家治理体系和治理能力现代化。

二、切实抓好学习培训和宣传。各级公安机关要通过多种形式和载体,组织广大民警认真学习行政处罚法,帮助广大民警尽快熟悉掌握、正确理解行政处罚法的精神实质和内在要求,对现有行政执法人员的教育培训要于2022年6月前完成。要突出培训重点,有针对性地加强对一线执法办案人员、行政处罚案件审核人员以及领导干部的培训,提升其依法行政的意识和正确有效运用行政处罚法的能力。要突出实战实用,结合全警实战大练兵,针对公安行政执法中的重点难点问题,组织专题研讨、以案释法、旁听庭审等实战练兵活动,促进法律学习与实战实用的有机融合。要将行政处罚法纳入公安民警执法资格等级考试、干部轮训、晋职晋衔等学习和考核内容,开展制度化、常态化的学习培训。要紧密结合公安执法实际,创新形式、丰富载体,加大对行政处罚法的普法宣传力度,提升社会法治意识,引导各方面监督公安行政处罚行为,维护自身合法权益。

三、完善行政处罚制度。各级公安机关要全面清理不合理罚款事项以及与行政处罚法不符的法规和规范性文件,积极推动完善相关地方立法和制度建设,落实行政处罚法的有关规定,特别是"一事不再罚"、部门间执法协助、行刑衔接、委托实施处罚、行政处罚裁量基准等规定,保障公安机关依法有效履职。着眼于提高执法效能和便民利民,完善有关联合检查、调查机制,积极推进执法信息共享,配合推进刑衔接信息平台建设,探索跨区域执法一体化合作。起草法律法规草案时,要严格遵守行政处罚设定权限,合理设定罚款数额,以减损权益或者增加义务的方式实施惩戒的,要依法设定行政处罚,不得以其他行政管理措施的名义变相设定,规避行政处罚设定的要求;对上位法设定的行政处罚作出具体规定的,不得通过增减违反公安行政管理行为和行政处罚种类、在法定幅度之外调整罚款上下限等方式"加码"或者"放水";拟补充设定行政处罚的,要广泛听取意见、认真研究论证。要加强规范性文件合法性审核和备案审查、评选和推广优秀执法制度工作,提高执法制度建设质量和效率,推进行政处罚法各项规定落地落实。规范性文件不得设定行政处罚;违法规定行政处罚的,相关规定一律无效,不得作为行政处罚依据。对现行法律、法规、规章中的行政管理措施是否属于行政处罚有争议的,要及时按程序请示。

四、严格依法规范行政处罚程序。新修订的行政处罚法对行政处罚程序作了修改完善,除治安管理处罚法等法律另有特别规定的外,各级公安机关要严格按照行政处罚法规定执行,相关规定与行政处罚法不一致的,应当以行政处罚法为准。

(一)深化受立案改革。针对推诿、拖延等群众反映强烈的问题,加强执法源头监督管理,健全接报案登记、审核和监督制度。对群众报案,凡属于公安职责的违法行为,一律及时立案调查,严格遵守办案期限和追究时效规定,依法维护社会治安秩序,有效化解矛盾纠纷,切实保护人民群众合法权益。

(二)依法充分保障当事人的陈述申辩和要求听证等权利。作出行政处罚决定前,应当依法将"拟作出的行政处罚内容"等告知当事人,且不得因其陈述、申辩而给予更重的处罚;将电子技术监控设备记录作为行政处罚的主要证据的,要采取有效措施保障当事人的知情权和陈述申辩权;对行政处罚法新纳入听证范围的"没收较大数额违法所得、没收较大价值非法财物""责令关闭"等处罚,要依法告知当事人有要求举行听证的权利,并请其在公安机关告知后五日内提出申请。上述"较大数额""较大价值"的界定参照"较大数额罚款"的有关规定执行。完善听证操作规范,严格落实根据听证笔录作出行政处罚决定的规定。稳步实施电子送达,大力推进通过电子支付系统缴纳罚款,并加强信息安全保障。对违反突发事件应对措施的行为依法快速、从重处罚时,也要依法合理保护当事人的合法权益。

(三)加强执法人员资格管理。严格落实两名或者两名以上人民警察实施公安行政处罚的要求,办案人民警察要取得基本级执法资格,严禁警务辅助人员违规参与执法办案。初次从事行政处罚决定审核的人员,应当通过国家统一法律职业资格考试取得法律职业资格。

(四)规范电子技术监控设备的设置和使用。利用电子技术监控设备收集、固定违法事实的,要事前经过法制和技术审核,确保电子技术监控设备符合标准、设置合理、标志明显,并向社会公布设置地点。严禁违法要求当事人承担或者分摊设置电子技术监控设备的费用,严禁交由市场主体设置电子技术监控设备并由市场主体直接或者间接收取罚款。电子技术监控设备记录内容未经审核或者经审核不符合要求的,均不能作为定案的根据。要定期对利用电子技术监控设备取证的行政处罚决定进行数据分析;对同一区域内的高频违法行为,要综合分析研判原因,推动源头治理,需要改进行政管理行为的,及时采取相应措施,杜绝以罚代管。加强动态管理,及时整改纠正监控设备设置不合理、交通信号不规范、审核录入不严格、告知提示不到位、群众意见不重视等突出问题,规范非现场执法的取证、审核、录入、告知、处罚、救济流程,严防监控设备沦为"罚款工具"。严格落实对电子技术监控设备收集信息的管理要求,不得泄露或者向他人非法提供相关信息,确保信息安全。

（五）做好办案信息系统和法律文书的配套衔接。各省级公安机关要根据行政处罚法新修订的内容和条文序号的变化，及时组织调整执法办案信息系统中的《行政处罚告知笔录》等行政法律文书式样，明确填写要求，确保基层办案单位和民警依法规范使用。

五、改进执法方式，提升行政执法效果。各级公安机关要把握新时代人民群众对执法工作的新期待新要求，坚持把追求效率与实现公正、执法形式与执法目的有机结合起来，推进事中事后监管法治化、制度化、规范化，不断改进执法方式，坚决避免运动式执法等执法乱象，努力实现政治效果、法律效果和社会效果的有机统一。

（一）坚持处罚与教育相结合原则，不能"只罚不教""重罚轻教"。根据违法行为人的具体情况、违法行为的情节和危害后果的轻重以及法定的从轻、减轻、从重处罚情形，依法作出相应的行政处理决定，不得"一刀切处罚"或者"一律顶格处罚"。通过探索制定包容免罚清单等方式，重点强化对不予处罚的适用和指导。对违法行为轻微并及时改正，没有造成危害后果的，或者当事人有证据足以证明没有主观过错的，不予行政处罚；对初次违法且危害后果轻微并及时改正的，可以不予行政处罚。对当事人依法不予处罚的，采取签订承诺书等方式教育、引导、督促其自觉守法。

（二）严格执行行政处罚法有关公开要求，以公开促公正。行政处罚依据、裁量基准，行政处罚委托书，具有一定社会影响的行政处罚决定等信息应当依法向社会公布。除涉及国家秘密、商业秘密或者个人隐私依法予以保密外，听证应当公开举行。

（三）更加注重人性化执法、说理执法。实施行政处罚时，既要坚持以事实为依据、以法律为准绳，严格执法、不枉不纵，坚决维护法律的权威和尊严，又要准确把握社会心态和群众情绪，讲究方式方法，理性文明执法，坚持以法为据、以理服人、以情感人，努力做到融法、理、情于一体，力求实现执法效果最大化，让执法既有力度又有温度，真正叫人心服口服。要在法律的框架下关爱有特殊困难的群体，积极争取当事人和社会公众的理解和支持，防止因执法过度、粗暴执法等问题激化矛盾，引发负面舆情事件和不稳定事端。

（四）优化办案机制。全面推行行政案件快速办理机制，实现案件繁简分流，要落实违法所得退赔要求，依法合理保护利害关系人的合法权益，按照涉案财物管理规定及时向被侵害人或者善意第三人发还相关财物；当事人主动退赔违法所得，消除或者减轻违法行为危害后果的，依法予以从轻或者减轻处罚。进一步落实行政案件调解、和解制度,促进矛盾纠纷化解,不断提高办案质效,做到案结事了。

(五)防范执法风险。对涉及重大公共利益,或者直接关系当事人或者第三人重大权益,经过听证程序,以及案件情况疑难复杂、涉及多个法律关系的案件,在公安机关负责人作出行政处罚的决定之前,应当由从事行政处罚决定法制审核的人员进行法制审核,未经法制审核或者审核未通过的,不得作出决定。对情节复杂或者重大违法行为给予行政处罚的,公安机关负责人应当集体讨论决定,确保案件定性准确、事实清楚、证据确实充分、过罚相当。

六、整治突出执法问题。各级公安机关要以贯彻落实新修订的行政处罚法为契机,紧密结合党史学习教育和公安队伍教育整顿,全面梳理发生在人民群众身边、漠视侵害群众利益的突出行政执法问题和薄弱环节,向人民群众反映强烈的顽瘴痼疾开刀,下大力气集中整治不依法如实立案,压案不查、"一刀切"处罚或者过罚不相当,选择性、逐利执法,违规异地执法,违规插手、干预经济纠纷等执法突出问题,严禁下达罚没指标,严格落实防止干预司法"三个规定"、规范异地办案协作"六个严禁"、禁止逐利执法"七项规定"等行为,以整风的精神和自我革命的实际行动取信于民。对行政处罚实施过程中出现的新情况、新问题,要及时研究规范。要着眼于防范、纠正执法问题,深入推进执法监督管理机制改革,完善执法质量考评制度,建立健全执法责任体系,切实提高公安行政执法的法治化水平和执法公信力。

各地贯彻实施情况,请及时报部法制局。

中华人民共和国刑法(节录)

(1979年7月1日第五届全国人民代表大会第二次会议通过 1997年3月14日第八届全国人民代表大会第五次会议修订 根据1998年12月29日第九届全国人民代表大会常务委员会第六次会议通过的《全国人民代表大会常务委员会关于惩治骗购外汇、逃汇和非法买卖外汇犯罪的决定》、1999年12月25日第九届全国人民代表大会常务委员会第十三次会议通过的《中华人民共和国刑法修正案》、2001年8月31日第九届全国人民代表大会常务委员会第二十三次会议通过的《中华人民共和国刑法修正案(二)》、2001年12月29日第九届全国人民代表大会常务委员会第二十五次会议通过的《中华人民共和国刑法修正案(三)》、2002年12月28日第九届全国人民代表大会常务委员会第三十一次会议通过的《中华人民共和国刑法修正案(四)》、2005年2月28日第十届全国人民代表大会常务委员会第十四次会议通过的《中华人民共和国刑法修正案(五)》、2006年6月29日第十届全国人民代表大会常务委员会第二十二次会议通过的《中华人民共和国刑法修正案(六)》、2009年2月28日第十一届全国人民代表大会常务委员会第七次会议通过的《中华人民共和国刑法修正案(七)》、2009年8月27日第十一届全国人民代表大会常务委员会第十次会议通过的《全国人民代表大会常务委员会关于修改部分法律的决定》、2011年2月25日第十一届全国人民代表大会常务委员会第十九次会议通过的《中华人民共和国刑法修正案(八)》、2015年8月29日第十二届全国人民代表大会常务委员会第十六次会议通过的《中华人民共和国刑法修正案(九)》、2017年11月4日第十二届全国人民代表大会常务委员会第三十次会议通过的《中华人民共和国刑法修正案(十)》、2020年12月26日第十三届全国人民代表大会常务委员会第二十四次会议通过的《中华人民共和国刑法修正案(十一)》和2023年12月29日第十四届全国人民代表大会常务委员会第七次会议通过的《中华人民共和国刑法修正案(十二)》修正)①)

……

第二百三十八条 【非法拘禁罪】非法拘禁他人或者以其他方法非法剥夺他人人身自由的,处三年以下有期徒刑、拘役、管制或者剥夺政治权利。具有殴打、侮辱情节的,从重处罚。

【故意伤害罪】【故意杀人罪】犯前款罪,致人重伤的,处三年以上十年以下有期徒刑;致人死亡的,处十年以上有期徒刑。使用暴力致人伤残、死亡的,依照本法第二百三十四条、第二百三十二条的规定定罪处罚。

为索取债务非法扣押、拘禁他人的,依照前两款的规定处罚。

---

① 刑法、历次刑法修正案、涉及修改刑法的决定的施行日期,分别依据各法律所规定的施行日期确定。另,分则部分条文主旨是根据司法解释确定罪名所加。

国家机关工作人员利用职权犯前三款罪的,依照前三款的规定从重处罚。

……

第二百四十三条 【诬告陷害罪】捏造事实诬告陷害他人,意图使他人受刑事追究,情节严重的,处三年以下有期徒刑、拘役或者管制;造成严重后果的,处三年以上十年以下有期徒刑。

国家机关工作人员犯前款罪的,从重处罚。

不是有意诬陷,而是错告,或者检举失实的,不适用前两款的规定。

第二百四十四条 【强迫劳动罪】以暴力、威胁或者限制人身自由的方法强迫他人劳动的,处三年以下有期徒刑或者拘役,并处罚金;情节严重的,处三年以上十年以下有期徒刑,并处罚金。

明知他人实施前款行为,为其招募、运送人员或者有其他协助强迫他人劳动行为的,依照前款的规定处罚。

单位犯前两款罪的,对单位判处罚金,并对其直接负责的主管人员和其他直接责任人员,依照第一款的规定处罚。①

第二百四十四条之一 【雇用童工从事危重劳动罪】违反劳动管理法规,雇用未满十六周岁的未成年人从事超强度体力劳动的,或者从事高空、井下作业的,或者在爆炸性、易燃性、放射性、毒害性等危险环境下从事劳动,情节严重的,对直接责任人员,处三年以下有期徒刑或者拘役,并处罚金;情节特别严重的,处三年以上七年以下有期徒刑,并处罚金。

有前款行为,造成事故,又构成其他犯罪的,依照数罪并罚的规定处罚。②

第二百四十五条 【非法搜查罪】【非法侵入住宅罪】非法搜查他人身体、住宅,或者非法侵入他人住宅的,处三年以下有期徒刑或者拘役。

司法工作人员滥用职权,犯前款罪的,从重处罚。

第二百四十六条 【侮辱罪】【诽谤罪】以暴力或者其他方法公然侮辱他人或者捏造事实诽谤他人,情节严重的,处三年以下有期徒刑、拘役、管制或者剥夺政治权利。

前款罪,告诉的才处理,但是严重危害社会秩序和国家利益的除外。

通过信息网络实施第一款规定的行为,被害人向人民法院告诉,但提供证

---

① 根据2011年2月25日《中华人民共和国刑法修正案(八)》修改。原条文为:"用人单位违反劳动管理法规,以限制人身自由方法强迫职工劳动,情节严重的,对直接责任人员,处三年以下有期徒刑或者拘役,并处或者单处罚金。"

② 根据2002年12月28日《中华人民共和国刑法修正案(四)》增加。

据确有困难的,人民法院可以要求公安机关提供协助。①

……

第二百五十六条 【破坏选举罪】在选举各级人民代表大会代表和国家机关领导人员时,以暴力、威胁、欺骗、贿赂、伪造选举文件、虚报选举票数等手段破坏选举或者妨害选民和代表自由行使选举权和被选举权,情节严重的,处三年以下有期徒刑、拘役或者剥夺政治权利。

……

第二百六十条 【虐待罪】虐待家庭成员,情节恶劣的,处二年以下有期徒刑、拘役或者管制。

犯前款罪,致使被害人重伤、死亡的,处二年以上七年以下有期徒刑。

第一款罪,告诉的才处理,但被害人没有能力告诉,或者因受到强制、威吓无法告诉的除外。②

……

第二百六十一条 【遗弃罪】对于年老、年幼、患病或者其他没有独立生活能力的人,负有扶养义务而拒绝扶养,情节恶劣的,处五年以下有期徒刑、拘役或者管制。

……

第二百六十二条之一 【组织残疾人、儿童乞讨罪】以暴力、胁迫手段组织残疾人或者不满十四周岁的未成年人乞讨的,处三年以下有期徒刑或者拘役,并处罚金;情节严重的,处三年以上七年以下有期徒刑,并处罚金。③

……

第二百六十三条 【抢劫罪】以暴力、胁迫或者其他方法抢劫公私财物的,处三年以上十年以下有期徒刑,并处罚金;有下列情形之一的,处十年以上有期徒刑、无期徒刑或者死刑,并处罚金或者没收财产:

(一)入户抢劫的;

(二)在公共交通工具上抢劫的;

(三)抢劫银行或者其他金融机构的;

(四)多次抢劫或者抢劫数额巨大的;

(五)抢劫致人重伤、死亡的;

(六)冒充军警人员抢劫的;

---

① 根据2015年8月29日《中华人民共和国刑法修正案(九)》增加一款,作为第三款。
② 根据2015年8月29日《中华人民共和国刑法修正案(九)》修改。原第三款条文为:"第一款罪,告诉的才处理。"
③ 根据2006年6月29日《中华人民共和国刑法修正案(六)》增加。

(七)持枪抢劫的;

(八)抢劫军用物资或者抢险、救灾、救济物资的。

第二百六十四条 【盗窃罪】盗窃公私财物,数额较大的,或者多次盗窃、入户盗窃、携带凶器盗窃、扒窃的,处三年以下有期徒刑、拘役或者管制,并处或者单处罚金;数额巨大或者有其他严重情节的,处三年以上十年以下有期徒刑,并处罚金;数额特别巨大或者有其他特别严重情节的,处十年以上有期徒刑或者无期徒刑,并处罚金或者没收财产。①

第二百六十五条 【盗窃罪】以牟利为目的,盗接他人通信线路、复制他人电信码号或者明知是盗接、复制的电信设备、设施而使用的,依照本法第二百六十四条的规定定罪处罚。

第二百六十六条② 【诈骗罪】诈骗公私财物,数额较大的,处三年以下有期徒刑、拘役或者管制,并处或者单处罚金;数额巨大或者有其他严重情节的,处三年以上十年以下有期徒刑,并处罚金;数额特别巨大或者有其他特别严重情节的,处十年以上有期徒刑或者无期徒刑,并处罚金或者没收财产。本法另有规定的,依照规定。

第二百六十七条 【抢夺罪】抢夺公私财物,数额较大的,或者多次抢夺的,处三年以下有期徒刑、拘役或者管制,并处或者单处罚金;数额巨大或者有其他严重情节的,处三年以上十年以下有期徒刑,并处罚金;数额特别巨大或者有其他特别严重情节的,处十年以上有期徒刑或者无期徒刑,并处罚金或者没收财产。③

---

① 根据2011年2月25日《中华人民共和国刑法修正案(八)》修改。原条文为:"盗窃公私财物,数额较大或者多次盗窃的,处三年以下有期徒刑、拘役或者管制,并处或者单处罚金;数额巨大或者有其他严重情节的,处三年以上十年以下有期徒刑,并处罚金;数额特别巨大或者有其他特别严重情节的,处十年以上有期徒刑或者无期徒刑,并处罚金或者没收财产;有下列情形之一的,处无期徒刑或者死刑,并处没收财产:

"(一)盗窃金融机构,数额特别巨大的;

"(二)盗窃珍贵文物,情节严重的。"

② 根据2014年4月24日通过的《全国人民代表大会常务委员会关于〈中华人民共和国刑法〉第二百六十六条的解释》:

"全国人民代表大会常务委员会根据司法实践中遇到的情况,讨论了刑法第二百六十六条的含义及骗取养老、医疗、工伤、失业、生育等社会保险金或者其他社会保障待遇的行为如何适用刑法有关规定的问题,解释如下:

"以欺诈、伪造证明材料或者其他手段骗取养老、医疗、工伤、失业、生育等社会保险金或者其他社会保障待遇的,属于刑法第二百六十六条规定的诈骗公私财物的行为。"

③ 根据2015年8月29日《中华人民共和国刑法修正案(九)》修改。原第一款条文为:"抢夺公私财物,数额较大的,处三年以下有期徒刑、拘役或者管制,并处或者单处罚金;数额巨大或者有其他严重情节的,处三年以上十年以下有期徒刑,并处罚金;数额特别巨大或者有其他特别严重情节的,处十年以上有期徒刑或者无期徒刑,并处罚金或者没收财产。"

【抢劫罪】携带凶器抢夺的,依照本法第二百六十三条的规定定罪处罚。

……

第二百七十四条 【敲诈勒索罪】敲诈勒索公私财物,数额较大或者多次敲诈勒索的,处三年以下有期徒刑、拘役或者管制,并处或者单处罚金;数额巨大或者有其他严重情节的,处三年以上十年以下有期徒刑,并处罚金;数额特别巨大或者有其他特别严重情节的,处十年以上有期徒刑,并处罚金。①

第二百七十五条 【故意毁坏财物罪】故意毁坏公私财物,数额较大或者有其他严重情节的,处三年以下有期徒刑、拘役或者罚金;数额巨大或者有其他特别严重情节的,处三年以上七年以下有期徒刑。

……

第二百八十五条 【非法侵入计算机信息系统罪】违反国家规定,侵入国家事务、国防建设、尖端科学技术领域的计算机信息系统的,处三年以下有期徒刑或者拘役。

【非法获取计算机信息系统数据、非法控制计算机信息系统罪】违反国家规定,侵入前款规定以外的计算机信息系统或者采用其他技术手段,获取该计算机信息系统中存储、处理或者传输的数据,或者对该计算机信息系统实施非法控制,情节严重的,处三年以下有期徒刑或者拘役,并处或者单处罚金;情节特别严重的,处三年以上七年以下有期徒刑,并处罚金。

【提供侵入、非法控制计算机信息系统程序、工具罪】提供专门用于侵入、非法控制计算机信息系统的程序、工具,或者明知他人实施侵入、非法控制计算机信息系统的违法犯罪行为而为其提供程序、工具,情节严重的,依照前款的规定处罚。

单位犯前三款罪的,对单位判处罚金,并对其直接负责的主管人员和其他直接责任人员,依照各该款的规定处罚。②

第二百八十六条 【破坏计算机信息系统罪】违反国家规定,对计算机信息系统功能进行删除、修改、增加、干扰,造成计算机信息系统不能正常运行,后果严重的,处五年以下有期徒刑或者拘役;后果特别严重的,处五年以上有期徒刑。

---

① 根据 2011 年 2 月 25 日《中华人民共和国刑法修正案(八)》修改。原条文为:"敲诈勒索公私财物,数额较大的,处三年以下有期徒刑、拘役或者管制;数额巨大或者有其他严重情节的,处三年以上十年以下有期徒刑。"

② 根据 2009 年 2 月 28 日《中华人民共和国刑法修正案(七)》增加两款,作为第二款、第三款。根据 2015 年 8 月 29 日《中华人民共和国刑法修正案(九)》增加一款,作为第四款。

违反国家规定,对计算机信息系统中存储、处理或者传输的数据和应用程序进行删除、修改、增加的操作,后果严重的,依照前款的规定处罚。

故意制作、传播计算机病毒等破坏性程序,影响计算机系统正常运行,后果严重的,依照第一款的规定处罚。

单位犯前三款罪的,对单位判处罚金,并对其直接负责的主管人员和其他直接责任人员,依照第一款的规定处罚。①

……

第二百九十条 【聚众扰乱社会秩序罪】聚众扰乱社会秩序,情节严重,致使工作、生产、营业和教学、科研、医疗无法进行,造成严重损失的,对首要分子,处三年以上七年以下有期徒刑;对其他积极参加的,处三年以下有期徒刑、拘役、管制或者剥夺政治权利。

【聚众冲击国家机关罪】聚众冲击国家机关,致使国家机关工作无法进行,造成严重损失的,对首要分子,处五年以上十年以下有期徒刑;对其他积极参加的,处五年以下有期徒刑、拘役、管制或者剥夺政治权利。

【扰乱国家机关工作秩序罪】多次扰乱国家机关工作秩序,经行政处罚后仍不改正,造成严重后果的,处三年以下有期徒刑、拘役或者管制。

【组织、资助非法聚集罪】多次组织、资助他人非法聚集,扰乱社会秩序,情节严重的,依照前款的规定处罚。②

第二百九十一条 【聚众扰乱公共场所秩序、交通秩序罪】聚众扰乱车站、码头、民用航空站、商场、公园、影剧院、展览会、运动场或者其他公共场所秩序,聚众堵塞交通或破坏交通秩序,抗拒、阻碍国家治安管理工作人员依法执行职务,情节严重的,对首要分子,处五年以下有期徒刑、拘役或者管制。

第二百九十一条之一 【投放虚假危险物质罪】【编造、故意传播虚假恐怖信息罪】投放虚假的爆炸性、毒害性、放射性、传染病病原体等物质,或者编造爆炸威胁、生化威胁、放射威胁等恐怖信息,或者明知是编造的恐怖信息而故意传播,严重扰乱社会秩序的,处五年以下有期徒刑、拘役或者管制;造成严重后果的,处五年以上有期徒刑。

---

① 根据2015年8月29日《中华人民共和国刑法修正案(九)》增加一款,作为第四款。
② 根据2015年8月29日《中华人民共和国刑法修正案(九)》修改。原第一款条文为:"聚众扰乱社会秩序,情节严重,致使工作、生产、营业和教学、科研无法进行,造成严重损失的,对首要分子,处三年以上七年以下有期徒刑;对其他积极参加的,处三年以下有期徒刑、拘役、管制或者剥夺政治权利。"增加二款,作为第三款、第四款。

【编造、故意传播虚假信息罪】编造虚假的险情、疫情、灾情、警情,在信息网络或者其他媒体上传播,或者明知是上述虚假信息,故意在信息网络或者其他媒体上传播,严重扰乱社会秩序的,处三年以下有期徒刑、拘役或者管制;造成严重后果的,处三年以上七年以下有期徒刑。①

第二百九十一条之二 【高空抛物罪】从建筑物或者其他高空抛掷物品,情节严重的,处一年以下有期徒刑、拘役或者管制,并处或者单处罚金。

有前款行为,同时构成其他犯罪的,依照处罚较重的规定定罪处罚。②

······

第三百条 【组织、利用会道门、邪教组织、利用迷信破坏法律实施罪】组织、利用会道门、邪教组织或者利用迷信破坏国家法律、行政法规实施的,处三年以上七年以下有期徒刑,并处罚金;情节特别严重的,处七年以上有期徒刑或者无期徒刑,并处罚金或者没收财产;情节较轻的,处三年以下有期徒刑、拘役、管制或者剥夺政治权利,并处或者单处罚金。

【组织、利用会道门、邪教组织、利用迷信致人重伤、死亡罪】组织、利用会道门、邪教组织或者利用迷信蒙骗他人,致人重伤、死亡的,依照前款的规定处罚。

犯第一款罪又有奸淫妇女、诈骗财物等犯罪行为的,依照数罪并罚的规定处罚。③

······

第三百零三条 【赌博罪】以营利为目的,聚众赌博或者以赌博为业的,处三年以下有期徒刑、拘役或者管制,并处罚金。

【开设赌场罪】开设赌场的,处五年以下有期徒刑、拘役或者管制,并处罚金;情节严重的,处五年以上十年以下有期徒刑,并处罚金。

【组织参与国(境)外赌博罪】组织中华人民共和国公民参与国(境)外赌

---

① 根据2001年12月29日《中华人民共和国刑法修正案(三)》增加。根据2015年8月29日《中华人民共和国刑法修正案(九)》增加一款,作为第二款。
② 根据2020年12月26日《中华人民共和国刑法修正案(十一)》增加。
③ 根据2015年8月29日《中华人民共和国刑法修正案(九)》修改。原条文为:"组织和利用会道门、邪教组织或者利用迷信破坏国家法律、行政法规实施的,处三年以上七年以下有期徒刑;情节特别严重的,处七年以上有期徒刑。

"组织和利用会道门、邪教组织或者利用迷信蒙骗他人,致人死亡的,依照前款的规定处罚。

"组织和利用会道门、邪教组织或者利用迷信奸淫妇女、诈骗财物的,分别依照本法第二百三十六条、第二百六十六条的规定定罪处罚。"

博,数额巨大或者有其他严重情节的,依照前款的规定处罚。①

……

第三百一十八条 【组织他人偷越国(边)境罪】组织他人偷越国(边)境的,处二年以上七年以下有期徒刑,并处罚金;有下列情形之一的,处七年以上有期徒刑或者无期徒刑,并处罚金或者没收财产:

(一)组织他人偷越国(边)境集团的首要分子;
(二)多次组织他人偷越国(边)境或者组织他人偷越国(边)境人数众多的;
(三)造成被组织人重伤、死亡的;
(四)剥夺或者限制被组织人人身自由的;
(五)以暴力、威胁方法抗拒检查的;
(六)违法所得数额巨大的;
(七)有其他特别严重情节的。

犯前款罪,对被组织人有杀害、伤害、强奸、拐卖等犯罪行为,或者对检查人员有杀害、伤害等犯罪行为的,依照数罪并罚的规定处罚。

……

第三百二十一条 【运送他人偷越国(边)境罪】运送他人偷越国(边)境的,处五年以下有期徒刑、拘役或者管制,并处罚金;有下列情形之一的,处五年以上十年以下有期徒刑,并处罚金:

(一)多次实施运送行为或者运送人数众多的;
(二)所使用的船只、车辆等交通工具不具备必要的安全条件,足以造成严重后果的;
(三)违法所得数额巨大的;
(四)有其他特别严重情节的。

在运送他人偷越国(边)境中造成被运送人重伤、死亡,或者以暴力、威胁方法抗拒检查的,处七年以上有期徒刑,并处罚金。

犯前两款罪,对被运送人有杀害、伤害、强奸、拐卖等犯罪行为,或者对检查人员有杀害、伤害等犯罪行为的,依照数罪并罚的规定处罚。

---

① 根据2006年6月29日《中华人民共和国刑法修正案(六)》第一次修改。原条文为:"以营利为目的,聚众赌博、开设赌场或者以赌博为业的,处三年以下有期徒刑、拘役或者管制,并处罚金。"
根据2020年12月26日《中华人民共和国刑法修正案(十一)》第二次修改。原条文为:"以营利为目的,聚众赌博或者以赌博为业的,处三年以下有期徒刑、拘役或者管制,并处罚金。
"开设赌场的,处三年以下有期徒刑、拘役或者管制,并处罚金;情节严重的,处三年以上十年以下有期徒刑,并处罚金。"

……

第三百五十八条 【组织卖淫罪】【强迫卖淫罪】组织、强迫他人卖淫的,处五年以上十年以下有期徒刑,并处罚金;情节严重的,处十年以上有期徒刑或者无期徒刑,并处罚金或者没收财产。

组织、强迫未成年人卖淫的,依照前款的规定从重处罚。

犯前两款罪,并有杀害、伤害、强奸、绑架等犯罪行为的,依照数罪并罚的规定处罚。

【协助组织卖淫罪】为组织卖淫的人招募、运送人员或者有其他协助组织他人卖淫行为的,处五年以下有期徒刑,并处罚金;情节严重的,处五年以上十年以下有期徒刑,并处罚金。①

第三百五十九条 【引诱、容留、介绍卖淫罪】引诱、容留、介绍他人卖淫的,处五年以下有期徒刑、拘役或者管制,并处罚金;情节严重的,处五年以上有期徒刑,并处罚金。

【引诱幼女卖淫罪】引诱不满十四周岁的幼女卖淫的,处五年以上有期徒刑,并处罚金。

……

第三百六十三条 【制作、复制、出版、贩卖、传播淫秽物品牟利罪】以牟利为目的,制作、复制、出版、贩卖、传播淫秽物品的,处三年以下有期徒刑、拘役或者管制,并处罚金;情节严重的,处三年以上十年以下有期徒刑,并处罚金;情节特别严重的,处十年以上有期徒刑或者无期徒刑,并处罚金或者没收财产。

【为他人提供书号出版淫秽书刊罪】为他人提供书号,出版淫秽书刊的,处三年以下有期徒刑、拘役或者管制,并处或者单处罚金;明知他人用于出版淫秽书刊而提供书号的,依照前款的规定处罚。

---

① 根据2011年2月25日《中华人民共和国刑法修正案(八)》第一次修改。原第三款条文为:"协助组织他人卖淫的,处五年以下有期徒刑,并处罚金;情节严重的,处五年以上十年以下有期徒刑,并处罚金。"
根据2015年8月29日《中华人民共和国刑法修正案(九)》第二次修改。原条文为:"组织他人卖淫或者强迫他人卖淫的,处五年以上十年以下有期徒刑,并处罚金;有下列情形之一的,处十年以上有期徒刑或者无期徒刑,并处罚金或者没收财产:
"(一)组织他人卖淫,情节严重的;
"(二)强迫不满十四周岁的幼女卖淫的;
"(三)强迫多人卖淫或者多次强迫他人卖淫的;
"(四)强奸后迫使卖淫的;
"(五)造成被强迫卖淫的人重伤、死亡或者其他严重后果的。
"有前款所列情形之一,情节特别严重的,处无期徒刑或者死刑,并处没收财产。
"为组织卖淫的人招募、运送人员或者有其他协助组织他人卖淫行为的,处五年以下有期徒刑,并处罚金;情节严重的,处五年以上十年以下有期徒刑,并处罚金。"

第三百六十四条 【传播淫秽物品罪】传播淫秽的书刊、影片、音像、图片或者其他淫秽物品,情节严重的,处二年以下有期徒刑、拘役或者管制。

【组织播放淫秽音像制品罪】组织播放淫秽的电影、录像等音像制品的,处三年以下有期徒刑、拘役或者管制,并处罚金;情节严重的,处三年以上十年以下有期徒刑,并处罚金。

制作、复制淫秽的电影、录像等音像制品组织播放的,依照第二款的规定从重处罚。

向不满十八周岁的未成年人传播淫秽物品的,从重处罚。

第三百六十五条 【组织淫秽表演罪】组织进行淫秽表演的,处三年以下有期徒刑、拘役或者管制,并处罚金;情节严重的,处三年以上十年以下有期徒刑,并处罚金。

第三百六十六条 【单位犯本节罪的处罚规定】单位犯本节第三百六十三条、第三百六十四条、第三百六十五条规定之罪的,对单位判处罚金,并对其直接负责的主管人员和其他直接责任人员,依照各该条的规定处罚。

第三百六十七条 【淫秽物品的界定】本法所称淫秽物品,是指具体描绘性行为或者露骨宣扬色情的诲淫性的书刊、影片、录像带、录音带、图片及其他淫秽物品。

有关人体生理、医学知识的科学著作不是淫秽物品。

包含有色情内容的有艺术价值的文学、艺术作品不视为淫秽物品。

……

中华人民共和国人民警察法

(1995年2月28日第八届全国人民代表大会常务委员会第十二次会议通过 根据2012年10月26日第十一届全国人民代表大会常务委员会第二十九次会议《关于修改〈中华人民共和国人民警察法〉的决定》修正)

第一章 总 则

第一条 【立法目的】为了维护国家安全和社会治安秩序,保护公民的合法权益,加强人民警察的队伍建设,从严治警,提高人民警察的素质,保障人民警察依法行使职权,保障改革开放和社会主义现代化建设的顺利进行,根据宪法,制定本法。

第二条 【人民警察的任务和范围】人民警察的任务是维护国家安全,维护社会治安秩序,保护公民的人身安全、人身自由和合法财产,保护公共财产,预防、制止和惩治违法犯罪活动。

人民警察包括公安机关、国家安全机关、监狱、劳动教养管理机关的人民警察和人民法院、人民检察院的司法警察。

第三条 【基本要求和宗旨】人民警察必须依靠人民的支持,保持同人民的密切联系,倾听人民的意见和建议,接受人民的监督,维护人民的利益,全心全意为人民服务。

第四条 【活动准则】人民警察必须以宪法和法律为活动准则,忠于职守,清正廉洁,纪律严明,服从命令,严格执法。

第五条 【依法执行公务受法律保护】人民警察依法执行职务,受法律保护。

第二章 职 权

第六条 【公安机关人民警察的职责】公安机关的人民警察按照职责分工,依法履行下列职责:

(一)预防、制止和侦查违法犯罪活动;

(二)维护社会治安秩序,制止危害社会治安秩序的行为;

(三)维护交通安全和交通秩序,处理交通事故;

(四)组织、实施消防工作,实行消防监督;

(五)管理枪支弹药、管制刀具和易燃易爆、剧毒、放射性等危险物品;

(六)对法律、法规规定的特种行业进行管理;

(七)警卫国家规定的特定人员,守卫重要的场所和设施;

(八)管理集会、游行、示威活动;

(九)管理户政、国籍、入境出境事务和外国人在中国境内居留、旅行的有关事务;

(十)维护国(边)境地区的治安秩序;

(十一)对被判处拘役、剥夺政治权利的罪犯执行刑罚;

(十二)监督管理计算机信息系统的安全保护工作;

(十三)指导和监督国家机关、社会团体、企业事业组织和重点建设工程的治安保卫工作,指导治安保卫委员会等群众性组织的治安防范工作;

（十四）法律、法规规定的其他职责。

第七条 【实施行政强制措施、行政处罚的权利】公安机关的人民警察对违反治安管理或者其他公安行政管理法律、法规的个人或者组织，依法可以实施行政强制措施、行政处罚。

第八条 【强行带离现场、依法予以拘留的权利】公安机关的人民警察对严重危害社会治安秩序或者威胁公共安全的人员，可以强行带离现场、依法予以拘留或者采取法律规定的其他措施。

第九条 【盘问、检查的权利】为维护社会治安秩序，公安机关的人民警察对有违法犯罪嫌疑的人员，经出示相应证件，可以当场盘问、检查；经盘问、检查，有下列情形之一的，可以将其带至公安机关，经该公安机关批准，对其继续盘问：

（一）被指控有犯罪行为的；

（二）有现场作案嫌疑的；

（三）有作案嫌疑身份不明的；

（四）携带的物品有可能是赃物的。

对被盘问人的留置时间自带至公安机关之时起不超过二十四小时，在特殊情况下，经县级以上公安机关批准，可以延长至四十八小时，并应当留有盘问记录。对于批准继续盘问的，应当立即通知其家属或者其所在单位。对于不批准继续盘问的，应当立即释放被盘问人。

经继续盘问，公安机关认为对被盘问人需要依法采取拘留或者其他强制措施的，应当在前款规定的期间作出决定；在前款规定的期间不能作出上述决定的，应当立即释放被盘问人。

第十条 【紧急情况下使用武器的权利】遇有拒捕、暴乱、越狱、抢夺枪支或者其他暴力行为的紧急情况，公安机关的人民警察依照国家有关规定可以使用武器。

第十一条 【对严重违法犯罪活动使用警械的权利】为制止严重违法犯罪活动的需要，公安机关的人民警察依照国家有关规定可以使用警械。

第十二条 【刑事强制措施】为侦查犯罪活动的需要，公安机关的人民警察可以依法执行拘留、搜查、逮捕或者其他强制措施。

第十三条 【优先通行权】公安机关的人民警察因履行职责的紧急需要，经出示相应证件，可以优先乘坐公共交通工具，遇交通阻碍时，优先通行。

公安机关因侦查犯罪的需要，必要时，按照国家有关规定，可以优先使用机关、团体、企业事业组织和个人的交通工具、通信工具、场地和建筑物，用后应当及时归还,并支付适当费用;造成损失的,应当赔偿。

第十四条 【对精神病人采取保护性约束措施的权利】公安机关的人民警察对严重危害公共安全或者他人人身安全的精神病人,可以采取保护性约束措施。需要送往指定的单位、场所加以监护的,应当报请县级以上人民政府公安机关批准,并及时通知其监护人。

第十五条 【交通管制权】县级以上人民政府公安机关,为预防和制止严重危害社会治安秩序的行为,可以在一定的区域和时间,限制人员、车辆的通行或者停留,必要时可以实行交通管制。

公安机关的人民警察依照前款规定,可以采取相应的交通管制措施。

第十六条 【公安机关采取技术侦察措施的职权】公安机关因侦查犯罪的需要,根据国家有关规定,经过严格的批准手续,可以采取技术侦察措施。

第十七条 【突发事件现场管制权】县级以上人民政府公安机关,经上级公安机关和同级人民政府批准,对严重危害社会治安秩序的突发事件,可以根据情况实行现场管制。

公安机关的人民警察依照前款规定,可以采取必要手段强行驱散,并对拒不服从的人员强行带离现场或者立即予以拘留。

第十八条 【其他机关警察的职权】国家安全机关、监狱、劳动教养管理机关的人民警察和人民法院、人民检察院的司法警察,分别依照有关法律、行政法规的规定履行职权。

第十九条 【非工作时间遇有紧急情况应履行职责】人民警察在非工作时间,遇有其职责范围内的紧急情况,应当履行职责。

第三章 义务和纪律

第二十条 【基本义务】人民警察必须做到:

(一)秉公执法,办事公道;

(二)模范遵守社会公德;

(三)礼貌待人,文明执勤;

(四)尊重人民群众的风俗习惯。

第二十一条 【救助义务】人民警察遇到公民人身、财产安全受到侵犯或者处于其他危难情形,应当立即救助;对公民提出解决纠纷的要求,应当给予帮助;对公民的报警案件,应当及时查处。

人民警察应当积极参加抢险救灾和社会公益工作。

第二十二条 【禁止行为】人民警察不得有下列行为:
(一)散布有损国家声誉的言论,参加非法组织,参加旨在反对国家的集会、游行、示威等活动,参加罢工;
(二)泄露国家秘密、警务工作秘密;
(三)弄虚作假,隐瞒案情,包庇、纵容违法犯罪活动;
(四)刑讯逼供或者体罚、虐待人犯;
(五)非法剥夺、限制他人人身自由,非法搜查他人的身体、物品、住所或者场所;
(六)敲诈勒索或者索取、收受贿赂;
(七)殴打他人或者唆使他人打人;
(八)违法实施处罚或者收取费用;
(九)接受当事人及其代理人的请客送礼;
(十)从事营利性的经营活动或者受雇于任何个人或者组织;
(十一)玩忽职守,不履行法定义务;
(十二)其他违法乱纪的行为。

第二十三条 【按照规定着装等义务】人民警察必须按照规定着装,佩带人民警察标志或者持有人民警察证件,保持警容严整,举止端庄。

第四章 组织管理

第二十四条 【组织机构设置和职务序列管理】国家根据人民警察的工作性质、任务和特点,规定组织机构设置和职务序列。

第二十五条 【警衔制度】人民警察依法实行警衔制度。

第二十六条 【任职条件】担任人民警察应当具备下列条件:
(一)年满十八岁的公民;
(二)拥护中华人民共和国宪法;
(三)有良好的政治、业务素质和良好的品行;
(四)身体健康;
(五)具有高中毕业以上文化程度;
(六)自愿从事人民警察工作。

有下列情形之一的,不得担任人民警察:
(一)曾因犯罪受过刑事处罚的;
(二)曾被开除公职的。

第二十七条 【人民警察的录用】录用人民警察,必须按照国家规定,公开考试,严格考核,择优选用。

第二十八条 【领导职务任职条件】担任人民警察领导职务的人员,应当具备下列条件:

(一)具有法律专业知识;

(二)具有政法工作经验和一定的组织管理、指挥能力;

(三)具有大学专科以上学历;

(四)经人民警察院校培训,考试合格。

第二十九条 【教育培训】国家发展人民警察教育事业,对人民警察有计划地进行政治思想、法制、警察业务等教育培训。

第三十条 【服务年限和最高任职年龄】国家根据人民警察的工作性质、任务和特点,分别规定不同岗位的服务年限和不同职务的最高任职年龄。

第三十一条 【奖励制度】人民警察个人或者集体在工作中表现突出,有显著成绩和特殊贡献的,给予奖励。奖励分为:嘉奖、三等功、二等功、一等功、授予荣誉称号。

对受奖励的人民警察,按照国家有关规定,可以提前晋升警衔,并给予一定的物质奖励。

第五章 警务保障

第三十二条 【上级决定和命令的执行】人民警察必须执行上级的决定和命令。

人民警察认为决定和命令有错误的,可以按照规定提出意见,但不得中止或者改变决定和命令的执行;提出的意见不被采纳时,必须服从决定和命令;执行决定和命令的后果由作出决定和命令的上级负责。

第三十三条 【拒绝执行超越法定职责的指令】人民警察对超越法律、法规规定的人民警察职责范围的指令,有权拒绝执行,并同时向上级机关报告。

第三十四条 【公民和组织的支持和协助义务】人民警察依法执行职务,公民和组织应当给予支持和协助。公民和组织协助人民警察依法执行职务的行为受法律保护。对协助人民警察执行职务有显著成绩的,给予表彰和奖励。

公民和组织因协助人民警察执行职务,造成人身伤亡或者财产损失的,应当按照国家有关规定给予抚恤或者补偿。

第三十五条 【拒绝或阻碍人民警察依法执行职务应受处罚的行为】拒绝

或者阻碍人民警察依法执行职务,有下列行为之一的,给予治安管理处罚:

(一)公然侮辱正在执行职务的人民警察的;

(二)阻碍人民警察调查取证的;

(三)拒绝或者阻碍人民警察执行追捕、搜查、救险等任务进入有关住所、场所的;

(四)对执行救人、救险、追捕、警卫等紧急任务的警车故意设置障碍的;

(五)有拒绝或者阻碍人民警察执行职务的其他行为的。

以暴力、威胁方法实施前款规定的行为,构成犯罪的,依法追究刑事责任。

第三十六条 【警用标志、制式服装和警械的管理】人民警察的警用标志、制式服装和警械,由国务院公安部门统一监制,会同其他有关国家机关管理,其他个人和组织不得非法制造、贩卖。

人民警察的警用标志、制式服装、警械、证件为人民警察专用,其他个人和组织不得持有和使用。

违反前两款规定的,没收非法制造、贩卖、持有、使用的人民警察警用标志、制式服装、警械、证件,由公安机关处十五日以下拘留或者警告,可以并处违法所得五倍以下的罚款;构成犯罪的,依法追究刑事责任。

第三十七条 【经费来源】国家保障人民警察的经费。人民警察的经费,按照事权划分的原则,分别列入中央和地方的财政预算。

第三十八条 【警察工作所必需的通讯、训练设施和交通及基础设施的建设】人民警察工作所必需的通讯、训练设施和交通、消防以及派出所、监管场所等基础设施建设,各级人民政府应当列入基本建设规划和城乡建设总体规划。

第三十九条 【国家加强警察装备的现代化建设】国家加强人民警察装备的现代化建设,努力推广、应用先进的科技成果。

第四十条 【工资及其他福利待遇】人民警察实行国家公务员的工资制度,并享受国家规定的警衔津贴和其他津贴、补贴以及保险福利待遇。

第四十一条 【抚恤和优待】人民警察因公致残的,与因公致残的现役军人享受国家同样的抚恤和优待。

人民警察因公牺牲或者病故的,其家属与因公牺牲或者病故的现役军人家属享受国家同样的抚恤和优待。

第六章 执法监督

第四十二条 【接受人民检察院和行政监察机关的监督】人民警察执行职

务,依法接受人民检察院和行政监察机关的监督。

第四十三条 【上级机关对下级机关执法活动的监督】人民警察的上级机关对下级机关的执法活动进行监督,发现其作出的处理或者决定有错误的,应当予以撤销或者变更。

第四十四条 【接受社会和公民的监督】人民警察执行职务,必须自觉地接受社会和公民的监督。人民警察机关作出的与公众利益直接有关的规定,应当向公众公布。

第四十五条 【办案过程中的回避】人民警察在办理治安案件过程中,遇有下列情形之一的,应当回避,当事人或者其法定代理人也有权要求他们回避:

(一)是本案的当事人或者是当事人的近亲属的;
(二)本人或者其近亲属与本案有利害关系的;
(三)与本案当事人有其他关系,可能影响案件公正处理的。

前款规定的回避,由有关的公安机关决定。

人民警察在办理刑事案件过程中的回避,适用刑事诉讼法的规定。

第四十六条 【公民或组织对违法违纪行为的检举、控告权】公民或者组织对人民警察的违法、违纪行为,有权向人民警察机关或者人民检察院、行政监察机关检举、控告。受理检举、控告的机关应当及时查处,并将查处结果告知检举人、控告人。

对依法检举、控告的公民或者组织,任何人不得压制和打击报复。

第四十七条 【内部督察制度】公安机关建立督察制度,对公安机关的人民警察执行法律、法规、遵守纪律的情况进行监督。

第七章 法律责任

第四十八条 【行政处分】人民警察有本法第二十二条所列行为之一的,应当给予行政处分;构成犯罪的,依法追究刑事责任。

行政处分分为:警告、记过、记大过、降级、撤职、开除。对受行政处分的人民警察,按照国家有关规定,可以降低警衔、取消警衔。

对违反纪律的人民警察,必要时可以对其采取停止执行职务、禁闭的措施。

第四十九条 【违规使用武器、警械的责任】人民警察违反规定使用武器、警械,构成犯罪的,依法追究刑事责任;尚不构成犯罪的,应当依法给予行政处分。

第五十条 【损害赔偿】人民警察在执行职务中,侵犯公民或者组织的合法权益造成损害的,应当依照《中华人民共和国国家赔偿法》和其他有关法律、法规的规定给予赔偿。

第八章 附 则

第五十一条 【武装警察部队的任务】中国人民武装警察部队执行国家赋予的安全保卫任务。

第五十二条 【施行日期】本法自公布之日起施行。1957年6月25日公布的《中华人民共和国人民警察条例》同时废止。

全国人民代表大会常务委员会
关于加强社会治安综合治理的决定

(1991年3月2日第七届全国人民代表大会常务委员会第十八次会议通过)

为了维护社会治安秩序,维护国家和社会的稳定,保障改革开放和社会主义现代化建设的顺利进行,为全面实现国民经济和社会发展的十年规划及"八五"计划创造良好的社会治安环境,必须加强社会治安综合治理。为此,特作如下决定:

一、加强社会治安综合治理,是坚持人民民主专政的一项重要工作,也是解决我国社会治安问题的根本途径。社会治安问题是社会各种矛盾的综合反映,必须动员和组织全社会的力量,运用政治的、法律的、行政的、经济的、文化的、教育的等多种手段进行综合治理,从根本上预防和减少违法犯罪,维护社会秩序,保障社会稳定,并作为全社会的共同任务,长期坚持下去。

二、社会治安综合治理必须坚持打击和防范并举,治标和治本兼顾,重在治本的方针。其主要任务是:打击各种危害社会的违法犯罪活动,依法严惩严重危害社会治安的刑事犯罪分子;采取各种措施,严密管理制度,加强治安防范工作,堵塞违法犯罪活动的漏洞;加强对全体公民特别是青少年的思想政治教育和法制教育,提高文化、道德素质,增强法制观念;鼓励群众自觉维护社会秩序,同违法犯罪行为作斗争;积极调解、疏导民间纠纷,缓解社会矛盾,消除不安定因素;加强对违法犯罪人员的教育、挽救、改造工作,妥善安置刑满释放和解除劳教的人员,减少重新违法犯罪。

三、要善于运用法律武器,搞好社会治安综合治理。全国人民代表大会及其常委会通过的刑事的、民事的、行政的、经济的等方面的法律,为社会治安综合治理提供了有力的法律武器和依据。各级国家机关、社会团体、企业、事业单位必须严格依法办事。全体公民要学法、知法、守法,学会运用法律武器同各种违法犯罪行为作斗争。要进一步完善促进社会治安综合治理的法律、法规,把社会治安综合治理包含的打击、防范、教育、管理、建设、改造等各方面的工作纳入法制轨道。

四、各部门、各单位必须建立综合治理目标管理责任制,做到各尽其职、各负其责、密切配合、互相协调。各级人民政府要把社会治安综合治理纳入两个文明建设的总体规划,切实加强对社会治安综合治理工作的领导。要从人力、物力、财力上给予支持和保障。人民法院、人民检察院和政府的公安、安全、司法行政等职能部门,特别是公安部门,应当在社会治安综合治理中充分发挥骨干作用。要采取有效措施,充实维护社会治安的力量,改进预防和惩治犯罪活动的技术装备,切实提高国家执法队伍的素质。各机关、团体、企业、事业单位应当落实内部各项治安防范措施,严防发生违法犯罪和其他治安问题。各部门应当督促下属单位,结合本身业务,积极参与社会治安的综合治理,充分发挥各自的作用。

五、加强社会治安综合治理,必须发动和依靠广大人民群众。各级人民政府应当动员和组织城镇居民和农村村民以及机关、团体、企业、事业单位的职工、学生,建立群众性自防自治的治安保卫组织,开展各种形式的治安防范活动和警民联防活动。市、县人民武装部门要积极组织民兵参与维护社会治安。要加强基层组织建设和制度建设,把各项措施落实到基层单位,形成群防群治网络。要充分发挥村民委员会、城市居民委员会维护社会治安的积极作用。地方各级人民政府要切实加强对群众性治安保卫组织的指导和监督。治安保卫组织应严格依法办事,保护公民的合法权益。

六、要把社会治安综合治理的责任与单位和个人的政治荣誉、经济利益紧密结合起来,建立奖惩制度。对参与社会治安综合治理工作成绩显著的单位和个人以及与违法犯罪分子斗争的有功人员给予表彰奖励;对与违法犯罪分子斗争中负伤、致残人员要妥善治疗和安置;对与违法犯罪分子斗争中牺牲人员的家属给予抚恤。对因社会治安综合治理措施不落实而发生重大刑事案件和重大治安事件,致使国家利益和人民生命财产遭受重大损失的单位,应当依法追究其直接负责的主管人员的责任。

七、社会治安综合治理工作由各级人民政府统一组织实施,各部门、各方面齐抓共管,积极参与。各级人民政府应当采取组织措施,协调、指导有关部门、方面做好社会治安综合治理工作。

各级人大常委会对社会治安综合治理工作应当经常进行监督检查。要听取政府、法院、检察院关于综合治理工作的汇报,要组织代表、委员督促检查综合治理工作的开展和落实的情况,积极关心社会治安综合治理,提出意见、建议,以保证社会治安综合治理工作健康深入地开展。

健全落实社会治安综合治理领导责任制规定

(2016年2月27日中共中央批准 2016年2月27日中共中央办公厅、国务院办公厅发布)

第一章 总 则

第一条 为深入推进社会治安综合治理,健全落实领导责任制,全面推进平安中国建设,确保人民安居乐业、社会安定有序、国家长治久安,制定本规定。

第二条 本规定适用于各级党的机关、人大机关、行政机关、政协机关、审判机关、检察机关及其领导班子、领导干部。

人民团体、事业单位、国有企业及其领导班子、领导干部、领导人员参照执行本规定。

第三条 健全落实社会治安综合治理领导责任制,应当坚持以邓小平理论、"三个代表"重要思想、科学发展观为指导,深入贯彻落实习近平总书记系列重要讲话精神,紧紧围绕全面建成小康社会、全面深化改革、全面依法治国、全面从严治党的战略布局,坚持问题导向、法治思维、改革创新,抓住"关键少数",强化担当意识,落实领导责任,科学运用评估、督导、考核、激励、惩戒等措施,形成正确导向,一级抓一级,层层抓落实,使各级领导班子、领导干部切实担负起维护一方稳定、确保一方平安的重大政治责任,保证党中央、国务院关于社会治安综合治理决策部署的贯彻落实。

第二章 责任内容

第四条 严格落实属地管理和谁主管谁负责原则,构建党委领导、政府主导、综治协调、各部门齐抓共管、社会力量积极参与的社会治安综合治理工作格局。

第五条 各级党委和政府应当切实加强对社会治安综合治理的领导,列入重要议事日程,纳入经济社会发展总体规划,认真研究解决工作中的重要问题,从人力物力财力上保证社会治安综合治理工作的顺利开展。

各地党政主要负责同志是社会治安综合治理的第一责任人,社会治安综合治理的分管负责同志是直接责任人,领导班子其他成员承担分管工作范围内社会治安综合治理的责任。

第六条 各部门各单位应当各负其责,充分发挥职能作用,积极参与社会治安综合治理,主动承担好预防和减少违法犯罪、维护社会治安和社会稳定的责任,认真抓好本部门本单位的综合治理工作,与业务工作同规划、同部署、同检查、同落实。

第七条 各级社会治安综合治理委员会及其办公室应当在党委和政府的统一领导下,认真组织各有关单位参与社会治安综合治理工作,加强调查研究和督导检查,及时通报、分析社会治安形势,协调解决工作中遇到的突出问题,总结推广典型经验,统筹推进社会治安综合治理工作。

第三章 督促检查

第八条 各地区各部门各单位应当建立完善社会治安综合治理目标管理责任制,把社会治安综合治理各项任务分解为若干具体目标,制定易于执行检查的措施,建立严格的督促检查制度、定量考核制度、评价奖惩制度,自上而下层层签订社会治安综合治理责任书。

第九条 各级党委常委会应当将执行社会治安综合治理领导责任制的情况,作为向同级党的委员会全体会议报告工作的一项重要内容。

各级党政领导班子和有关领导干部应当将履行社会治安综合治理责任情况作为年度述职报告的重要内容。

第十条 社会治安综合治理委员会成员单位每年应当对本单位本系统部署和开展社会治安综合治理、推进平安建设的有关情况进行总结,对下一年度的工作作出安排,并报同级社会治安综合治理委员会。

下一级社会治安综合治理委员会每年应当向上一级社会治安综合治理委员会报告工作。

第十一条 各级党委和政府应当将社会治安综合治理纳入工作督促检查

范围,适时组织开展专项督促检查。

各级社会治安综合治理委员会及其办公室应当动员组织党员、群众有序参与,推动社会治安综合治理各项决策部署落到实处。

第十二条 各级党委和政府应当建立健全社会治安综合治理考核评价制度机制,制定完善考核评价标准和指标体系,明确考核评价的内容、方法、程序。

第十三条 各级党委和政府应当强化社会治安综合治理考核评价结果运用,把社会治安综合治理工作实绩作为对领导班子和领导干部综合考核评价的重要内容,与业绩评定、职务晋升、奖励惩处等挂钩。各级社会治安综合治理委员会及其办公室应当推动建立健全社会治安综合治理工作实绩档案。

各级组织人事部门在考察党政主要领导干部和社会治安综合治理分管领导干部实绩、进行提拔使用和晋职晋级时,应当了解和掌握相关领导干部抓社会治安综合治理工作的情况。

第十四条 县级以上社会治安综合治理委员会及其办公室应当按照中央有关规定,加强与同级纪检监察机关、组织人事部门的协调配合,协同做好有关奖惩工作。

第四章　表彰奖励

第十五条 对真抓实干、社会治安综合治理工作成绩突出的地方、部门和单位的党政主要领导干部和分管领导干部,应当按照有关规定给予表彰和嘉奖。对受到嘉奖的领导干部,应当将有关材料存入本人档案。

第十六条 中央社会治安综合治理委员会、中央组织部、人力资源社会保障部每四年开展一次全国社会治安综合治理先进集体、先进工作者评选表彰工作。

第十七条 对受到表彰的全国社会治安综合治理先进集体党政主要领导干部和分管领导干部应当进行嘉奖。对受到表彰的全国社会治安综合治理先进工作者,应当落实省部级先进工作者和劳动模范待遇。

第十八条 对连续三次以上受到表彰的全国社会治安综合治理先进集体,由中央社会治安综合治理委员会以适当形式予以表扬。

第十九条 地方各级社会治安综合治理委员会和组织人事部门要配合做好全国社会治安综合治理先进集体、先进工作者等的评选表彰工作。

第五章 责任督导和追究

第二十条 党政领导班子、领导干部违反本规定或者未能正确履行本规定所列职责,有下列情形之一的,应当进行责任督导和追究:

(一)不重视社会治安综合治理和平安建设,相关工作措施落实不力,本地区本系统本单位基层基础工作薄弱,治安秩序严重混乱的;

(二)本地区本系统本单位在较短时间内连续发生重大刑事案件、群体性事件、公共安全事件的;

(三)本地区本系统本单位发生特别重大刑事案件、群体性事件、公共安全事件的;

(四)本地区本单位社会治安综合治理工作(平安建设)考核评价不合格、不达标的;

(五)对群众反映强烈的社会治安重点地区和突出公共安全、治安问题等,没有采取有效措施或者出现反弹的;

(六)各级党委和政府及社会治安综合治理委员会认为需要查究的其他事项。

第二十一条 对党政领导班子、领导干部进行责任督导和追究的方式包括:通报、约谈、挂牌督办、实施一票否决权制、引咎辞职、责令辞职、免职等。因违纪违法应当承担责任的,给予党纪政纪处分;构成犯罪的,依法追究刑事责任。

第二十二条 对具有本规定第二十条所列情形的地区、单位,由相应县级以上社会治安综合治理委员会办公室以书面形式进行通报,必要时由社会治安综合治理委员会进行通报,限期进行整改。

第二十三条 对受到通报后仍未按期完成整改目标,或者具有本规定第二十条所列情形且危害严重或者影响重大的地区、单位,由相应的上一级社会治安综合治理委员会办公室主任对其党政主要领导干部、社会治安综合治理工作分管领导干部和负有责任的其他领导班子成员进行约谈,必要时由社会治安综合治理委员会主任、副主任约谈,帮助分析原因,督促限期整改。

第二十四条 对受到约谈后仍未按期完成整改目标,或者具有本规定第二十条所列情形且危害特别严重或者影响特别重大但尚不够实施一票否决权制的地区、单位,由相应的上一级社会治安综合治理委员会办公室挂牌督办,限期进行整改。必要时,可派驻工作组对挂牌督办地区、单位进行检查督办。

中央社会治安综合治理委员会办公室每年从公共安全、治安问题相对突出的市(地、州、盟)中,确定若干作为挂牌督办的重点整治单位,加强监督管理。

对受到挂牌督办的地区、单位,在半年内取消该地区、单位评选综合性荣誉称号的资格和该地区、单位主要领导干部、主管领导干部、分管领导干部评先受奖、晋职晋级的资格。

第二十五条　对受到挂牌督办后仍未按期完成整改目标,或者有本规定第二十条所列情形且危害特别严重或者影响特别重大的地区、单位,由相应的上一级社会治安综合治理委员会按照中央有关规定,商有关部门共同研究决定实行一票否决权制。

第二十六条　对受到一票否决权制处理的地区、单位,在一年内,取消该地区、单位评选综合性荣誉称号的资格,由组织人事部门按照有关权限和程序办理;取消该地区、单位主要领导干部、主管领导干部、分管领导干部评先受奖、晋职晋级的资格,由组织人事部门按照干部管理权限和程序办理,并会同社会治安综合治理委员会办公室,按照中央有关规定向上级有关部门进行报告、备案。需要追究该地区、单位党政领导干部责任的,移送纪检监察机关依纪依法处理。

第二十七条　对中央驻地方单位需要实行一票否决权制的,由省级社会治安综合治理委员会向其主管单位和中央社会治安综合治理委员会提出书面建议。

第二十八条　党政领导干部具有本规定第二十条所列情形,按照《关于实行党政领导干部问责的暂行规定》应当采取引咎辞职、责令辞职、免职等方式问责的,由纪检监察机关、组织人事部门按照管理权限办理。

第二十九条　党政领导班子、领导干部具有本规定第二十条所列情形,并具有下列情节之一的,应当从重进行责任督导和追究:

(一)干扰、阻碍调查和责任追究的;

(二)弄虚作假、隐瞒事实真相、瞒报漏报重大情况的;

(三)对检举人、控告人等打击报复的;

(四)党内法规和国家法律法规规定的其他从重情节。

第三十条　党政领导班子、领导干部具有本规定第二十条所列情形,并具有下列情节之一的,可以从轻进行责任督导和追究:

(一)主动采取措施,有效避免损失、挽回影响的;

(二)积极配合调查,并且主动承担责任的;

(三)党内法规和国家法律法规规定的其他从轻情节。

第六章　附　则

第三十一条　各省、自治区、直辖市,新疆生产建设兵团,中央和国家机关各部门可以根据本规定制定实施办法。

第三十二条　本规定由中央社会治安综合治理委员会负责解释。

第三十三条　本规定自2016年2月27日起施行。

关于加强社会治安防控体系建设的意见(略有删改)

(中共中央办公厅、国务院办公厅2014年12月30日印发)

为有效应对影响社会安全稳定的突出问题,创新立体化社会治安防控体系,依法严密防范和惩治各类违法犯罪活动,全面推进平安中国建设,现提出如下意见。

一、加强社会治安防控体系建设的指导思想和目标任务

(一)指导思想。以邓小平理论、"三个代表"重要思想、科学发展观为指导,全面贯彻落实党的十八大和十八届二中、三中、四中全会精神,深入贯彻落实习近平总书记系列重要讲话精神,紧紧围绕完善和发展中国特色社会主义制度、推进国家治理体系和治理能力现代化的总目标,牢牢把握全面推进依法治国的总要求,着力提高动态化、信息化条件下驾驭社会治安局势能力,以确保公共安全、提升人民群众安全感和满意度为目标,以突出治安问题为导向,以体制机制创新为动力,以信息化为引领,以基础建设为支撑,坚持系统治理、依法治理、综合治理、源头治理,健全点线面结合、网上网下结合、人防物防技防结合、打防管控结合的立体化社会治安防控体系,确保人民安居乐业、社会安定有序、国家长治久安。

(二)目标任务。形成党委领导、政府主导、综治协调、各部门齐抓共管、社会力量积极参与的社会治安防控体系建设工作格局,健全社会治安防控运行机制,编织社会治安防控网,提升社会治安防控体系建设法治化、社会化、信息化水平,增强社会治安整体防控能力,努力使影响公共安全的暴力恐怖犯罪、个人极端暴力犯罪等得到有效遏制,使影响群众安全感的多发性案件和公共安全事故得到有效防范,人民群众安全感和满意度明显提升,社会更加和谐有序。

二、加强社会治安防控网建设

(三)加强社会面治安防控网建设。根据人口密度、治安状况和地理位置等因素,科学划分巡逻区域,优化防控力量布局,加强公安与武警联勤武装巡逻,建立健全指挥和保障机制,完善早晚高峰等节点人员密集场所重点勤务工作机制,减少死角和盲区,提升社会面动态控制能力。加强公共交通安保工作,强化人防、物防、技防建设和日常管理,完善和落实安检制度,加强对公交车站、地铁站、机场、火车站、码头、口岸、高铁沿线等重点部位的安全保卫,严防针对公共交通工具的暴力恐怖袭击和个人极端案(事)件。完善幼儿园、学校、金融机构、商业场所、医院等重点场所安全防范机制,强化重点场所及周边治安综合治理,确保秩序良好。加强对偏远农村、城乡接合部、城中村等社会治安重点地区、重点部位以及各类社会治安突出问题的排查整治。总结推广零命案县(市、区、旗)和刑事案件零发案社区的经验,加强规律性研究,及时发现和处置引发命案和极端事件的苗头性问题,预防和减少重特大案(事)件特别是命案的发生。

(四)加强重点行业治安防控网建设。切实加强旅馆业、旧货业、公章刻制业、机动车改装业、废品收购业、娱乐服务业等重点行业的治安管理工作,落实法人责任,推动实名制登记,推进治安管理信息系统建设。加强邮件、快件寄递和物流运输安全管理工作,完善禁寄物品名录,建立健全安全管理制度,有效预防利用寄递、物流渠道实施违法犯罪。持续开展治爆缉枪、管制刀具治理等整治行动,对危爆物品采取源头控制、定点销售、流向管控、实名登记等全过程管理措施,严防危爆物品非法流散社会。加强社区服刑人员、扬言报复社会人员、易肇事肇祸等严重精神障碍患者、刑满释放人员、吸毒人员、易感染艾滋病病毒危险行为人群等特殊人群的服务管理工作,健全政府、社会、家庭三位一体的关怀帮扶体系,加大政府经费支持力度,加强相关专业社会组织、社会工作人才队伍等建设,落实教育、矫治、管理以及综合干预措施。

(五)加强乡镇(街道)和村(社区)治安防控网建设。以网格化管理、社会化服务为方向,健全基层综合服务管理平台,推动社会治安防控力量下沉。把网格化管理列入城乡规划,将人、地、物、事、组织等基本治安要素纳入网格管理范畴,做到信息掌握到位、矛盾化解到位、治安防控到位、便民服务到位。因地制宜确定网格管理职责,纳入社区服务工作或群防群治管理,通过政府购买服务等方式,加强社会治安防控网建设。到 2020 年,实现全国各县(市、区、旗)的中心城区网格化管理全覆盖。整合各种资源力量,加强基层综合服务管理平台建设,逐步在乡镇(街道)推进建设综治中心,村(社区)以基层综合服务管理平台为依托建立实体化运行机制,强化实战功能,做到矛盾纠纷联调、社会治安联防、重点工作联动、治安突出问题联治、服务管理联抓、基层平安联创。到2020年实现县(市、区、旗)、乡镇(街道)、村(社区)三级综合服务管理平台全覆盖,鼓励有条件的地方提前完成。深化社区警务战略,加强社区(驻村)警务室建设。将治安联防矛盾化解和纠纷调解纳入农村社区建设试点任务。

(六)加强机关、企事业单位内部安全防控网建设。按照预防为主、突出重点、单位负责、政府监管的原则,进一步加强机关、企事业单位内部治安保卫工作,严格落实单位主要负责人治安保卫责任制,完善巡逻检查、守卫防护、要害保卫、治安隐患和问题排查处理等各项治安保卫制度。加强单位内部技防设施建设,普及视频监控系统应用,实行重要部位、易发案部位全覆盖。加强供水、供电、供气、供热、供油、交通、信息通信网络等关系国计民生基础设施的安全防范工作,全面完善和落实各项安全保卫措施,确保安全稳定。

(七)加强信息网络防控网建设。建设法律规范、行政监管、行业自律、技术保障、公众监督、社会教育相结合的信息网络管理体系。加强网络安全保护,落实相关主体的法律责任。落实手机和网络用户实名制。健全信息安全等级保护制度,加强公民个人信息安全保护。深入开展专项整治行动,坚决整治利用互联网和手机媒体传播暴力色情等违法信息及低俗信息。

三、提高社会治安防控体系建设科技水平

(八)加强信息资源互通共享和深度应用。按照科技引领、信息支撑的思路,加快构建纵向贯通、横向集成、共享共用、安全可靠的平安建设信息化综合平台。在确保信息安全、保护公民合法权益前提下,提高系统互联、信息互通和资源共享程度。强化信息资源深度整合应用,充分运用现代信息技术,增强主动预防和打击犯罪的能力。将社会治安防控信息化纳入智慧城市建设总体规划,充分运用新一代互联网、物联网、大数据、云计算和智能传感、遥感、卫星定位、地理信息系统等技术,创新社会治安防控手段,提升公共安全管理数字化、网络化、智能化水平,打造一批有机融合的示范工程。建立健全相关的信息安全保障体系,实现对基础设施、信息和应用等资源的立体化、自动化安全监测,对终端用户和应用系统的全方位、智能化安全防护。

(九)加快公共安全视频监控系统建设。高起点规划、有重点有步骤地推进公共安全视频监控建设、联网和应用工作,提高公共区域视频监控系统覆盖密度和建设质量。加大城乡接合部、农村地区公共区域视频监控系统建设力度,逐步实现城乡视频监控一体化。完善技术标准,强化系统联网,分级有效整合各类视频图像资源,逐步拓宽应用领域。加强企事业单位安防技术系统建设,实施"技防入户"工程和物联网安防小区试点,推进技防新装备向农村地区延伸。

四、完善社会治安防控运行机制

(十)健全社会治安形势分析研判机制。政法综治机构要加强组织协调,会同政法机关和其他有关部门开展对社会治安形势的整体研判、动态监测,并提出督办建议。公安机关要坚持情报主导警务的理念,建立健全社会治安情报信息分析研判机制,定期对社会治安形势进行分析研判。加强对社会舆情、治安动态和热点、敏感问题的分析预测,加强对社会治安重点领域的研判分析,及时发现苗头性、倾向性问题,提升有效应对能力。建立健全治安形势播报预警机制,增强群众自我防范意识。

(十一)健全实战指挥机制。公安机关要按照人员权威、信息权威、职责权威的要求,加强实战型指挥中心建设,集110接处警、社会治安突发事件应急指挥处置、紧急警务活动统筹协调等功能于一体,及时有效地调整用警方向和强度。推行扁平化勤务指挥模式,减少指挥层级,畅通指挥关系,紧急状态下实行"点对点"指挥,确保就近调度、快速反应、及时妥善处置。

(十二)健全部门联动机制。建立完善社会治安形势分析研判联席会议制度、社会治安重点地区排查整治工作协调会议和月报制度等,进一步整合各部门资源力量,强化工作联动,增强打击违法犯罪、加强社会治安防控工作合力。对群众反映强烈的黑拐枪、黄赌毒以及电信诈骗、非法获取公民个人信息、非法传销、非法集资、危害食品药品安全、环境污染、涉邪教活动等突出治安问题,要加强部门执法合作,开展专项打击整治,形成整体合力。对打防管控工作中发现的薄弱环节和突出问题,政法综治机构要牵头组织、督促有关部门及时整改,堵塞防范漏洞。针对可能发生的突发案(事)件,制定完善应急预案和行动方案,明确各有关部门、单位的职责任务和措施要求,定期开展应急处突实战演练,确保一旦发生社会治安突发案(事)件能够快速有效处置。创新报警服务运行模式,提高紧急警情快速处置能力,提高非紧急求助社会联动服务效率。

(十三)健全区域协作机制。按照常态、共享、联动、共赢原则,积极搭建治安防控跨区域协作平台,共同应对跨区域治安突出问题,在预警预防、维稳处突、矛盾化解、打击犯罪等方面互援互助、协调联动,以区域平安保全国平安。总结推广区域警务协作机制建设经验,推动建立多地区多部门共同参与的治安防控区域协作机制,增强防控整体实效。

五、运用法治思维和法治方式推进社会治安防控体系建设

(十四)运用法律手段解决突出问题。充分发挥法治的引导、规范、保障、惩戒作用,做到依法化解社会矛盾、依法预防打击犯罪、依法规范社会秩序、依法维护社会稳定。紧紧围绕加强社会治安防控体系建设的总体需要,推动相关法律法规的立、改、废、释和相关政策的制定完善工作。各地要以重大问题为导向,针对社会治安治理领域的重点难点问题,适时出台相关地方性法规、地方政府规章,促进从法治层面予以解决。完善维护公民、法人等合法权益的途径,从源头上预防侵权案件发生。坚持依法行政,加强食品药品、安全生产、环境保护、文化市场和网络安全等重点领域基层执法,强化行政执法与刑事司法的衔接,着力解决好人民群众反映强烈的突出问题。深化司法体制改革,加快建设公正高效权威的社会主义司法制度,提高办案质量。贯彻宽严相济刑事政策,在依法严厉打击极少数严重刑事犯罪分子的同时,最大限度地减少社会对抗,努力化消极因素为积极因素。加强和改进法治宣传教育工作,着力增强法治宣传教育的针对性和实效性,推动全社会树立法治意识,增强全民法治观念,促进全民尊法、守法,引导干部群众把法律作为指导和规范自身行为的基本准则,在全社会形成办事依法、遇事找法、解决问题用法、化解矛盾靠法的良好法治环境。

(十五)加强基础性制度建设。建立以公民身份号码为唯一代码、统一共享的国家人口基础信息库,建立健全相关方面的实名登记制度。建立公民统一社会信用代码制度、法人和其他组织统一社会信用代码制度,加强社会信用管理,促进信息共享,强化对守信者的鼓励和对失信者的惩戒,探索建立公民所有信息的一卡通制度。落实重大决策社会稳定风险评估制度,切实做到应评尽评,着力完善决策前风险评估、实施中风险管控和实施后效果评价、反馈纠偏、决策过错责任追究等操作性程序规范。落实矛盾纠纷排查调处工作协调会议纪要月报制度,完善人民调解、行政调解、司法调解联动工作体系,建立调处化解矛盾纠纷综合机制,着力防止因决策不当、矛盾纠纷排查化解不及时等引发重大群体性事件。推进体现社会主义核心价值观要求的行业规范、社会组织章程、村规民约、社区公约建设,充分发挥社会规范在调整成员关系、约束成员行为、保障成员利益等方面的作用,通过自律、他律、互律使公民、法人和其他组织的行为符合社会共同行为准则。

（十六）严格落实综治领导责任制。把社会治安防控体系建设纳入综治工作（平安建设）考核评价指标体系，将考核评价结果作为对领导班子和领导干部考核评价的重要内容。坚持采用评估、督导、考核、激励、惩诫等措施，形成正确的激励导向，推进社会治安防控体系建设工作落到实处。对社会治安问题突出的地区和单位通过定期通报、约谈、挂牌督办等方式，引导其分析发生重特大案（事）件的主要原因，找准症结，研究提出解决问题的措施，限期进行整改。对因重视不够、社会治安防范措施不落实而导致违法犯罪现象严重、治安秩序严重混乱或者发生重特大案（事）件的地区，依法实行一票否决权制，并追究有关领导干部的责任。

六、建立健全社会治安防控体系建设工作格局

（十七）加强党委和政府对社会治安防控体系建设的领导。各级党委和政府要进一步提高对社会治安防控体系建设重要性的认识，列入重要议事日程，认真研究解决警力配置、经费投入、警察等职业保障、基础设施和技防设施建设、考核奖惩等重要问题。要把社会治安防控体系建设列入国民经济和社会发展总体规划，重点做好基础设施、技防设备、装备建设的立项规划，做到与城乡规划、旧城改造、社区建设、基层综合服务管理平台建设等工作统筹推进。加大投入力度，将社会治安防控体系建设经费列入年度财政预算，从人力、物力、财力上保证社会治安防控体系建设顺利实施。各地党政主要负责同志是平安建设的第一责任人，也是社会治安防控体系建设的第一责任人，要亲自研究部署，一级抓一级，层层抓落实，真正担负起维护一方稳定、确保一方平安的重大政治责任。要充分发挥基层党组织作用，特别是在农村和城市社区，党组织要发挥领导核心作用，切实保障推进社会治安防控体系建设的各项任务走完"最后一公里"。

（十八）充分发挥综治组织的组织协调作用。各级综治组织要在党委和政府领导下，认真组织各有关单位参与社会治安防控工作，加强调查研究和督促检查，及时通报、分析社会治安形势，协调解决工作中遇到的突出问题，总结推广典型经验，统筹推进社会治安防控体系建设。加强各级综治组织自身建设，细化工作职责，健全组织机构，配齐配强力量。乡镇（街道）综治委主任可由乡镇（街道）党（工）委书记担任，综治办主任应由党（工）委副书记担任；村（社区）综治机构主要负责人由党组织书记担任，并明确1名负责人主管综治工作，确保这项工作有人抓、有人管。

(十九)充分发挥政法各机关和其他各有关部门的职能作用。进一步明确各有关部门在社会治安防控体系建设中的职责任务,做到各负其责、各司其职,通力协作、齐抓共管,增强整体合力。各级政法机关要发挥好主力军作用。公安机关要充分发挥骨干作用,根据社会治安防控体系建设需要调整工作重点、警力部署、警务保障和勤务制度,改进工作方法,投入更多人力和精力加强基层治安基础工作,及时掌握影响社会治安的情况,依法查处危害社会治安行为。法院、检察院要结合批捕、起诉和审判工作,善于发现社会治安防控体系建设中的漏洞,及时提出司法建议和检察建议,督促有关单位健全规章制度,完善工作机制。司法行政机关要加强监狱和强制隔离戒毒场所的管理工作,做好社区矫正、刑满释放人员安置帮教、人民调解、法治宣传、法律服务、法律援助等工作。其他各有关部门要按照"谁主管谁负责"的原则,结合自身职能,主动承担好预防违法犯罪、维护社会治安的责任,认真抓好本部门、本系统参与社会治安防控体系建设的任务,与部门工作同规划、同部署、同检查、同落实。

(二十)充分发挥社会协同作用。坚持党委和政府领导下的多方参与、共同治理,发挥市场、社会等多方主体在社会治安防控体系建设中的协同协作、互动互补、相辅相成作用。大力支持工会、共青团、妇联等人民团体和群众组织参与社会治安防控体系建设,积极为他们发挥作用创造有利环境和条件。要加大对行业协会商会类、科技类、公益慈善类、城乡社区服务类社会组织的培育扶持力度,将适合由社会组织承担的矛盾纠纷调解、特殊人群服务管理、预防青少年违法犯罪等社会治安防控体系建设任务纳入政府购买服务目录,通过竞争性选择等方式,交给相关社会组织承担,发挥好他们在社会治安防控体系建设中的重要作用。规范警务辅助人员管理,明确其聘用条件和程序、职责任务、保障待遇等,发挥好协助维护社会治安的作用。规范发展保安服务市场,积极引导保安行业参与社会治安防控工作。加强城乡基层群众自治组织建设,搭建群众参加社会治安防控体系建设的新平台,通过各种方式就社会治安防控体系建设问题进行广泛协商,广纳群言,增进共识。充分发挥行业协会商会自管自律作用,引导企业在经营活动中履行治安防控责任。转变职能、创新机制,采取政府搭台、市场运作、社会参与等方式,积极提供公益岗位,鼓励发展责任保险以及治安保险、社区综合保险等新兴业务,支持保险机构运用股权投资、战略合作等方式参与保安服务产业链整合,激发社会各方面力量参与社会治安防控体系建设的积极性、主动性、创造性。

（二十一）积极扩大公众参与。坚持人民主体地位，进一步拓宽群众参与社会治安防控的渠道，依法保障人民群众的知情权、参与权、建议权、监督权。继承和发扬专群结合的优良传统，充分发挥共产党员、共青团员模范带头作用，发挥民兵预备役人员等的重要作用，发展壮大平安志愿者、社区工作者、群防群治队伍等专业化、职业化、社会化力量，积极探索新形势下群防群治工作新机制、新模式，力争到2020年社区志愿者注册人数占居民人口的比例大幅增加。落实举报奖励制度，对于提供重大线索、帮助破获重大案件或者有效制止违法犯罪活动、协助抓获犯罪分子的，给予重奖。完善见义勇为人员认定机制、补偿救济机制，加强见义勇为人员权益保障工作，扩大见义勇为基金规模，加大对见义勇为人员的表彰力度，按照有关规定严格落实抚恤待遇。充分发挥传统媒体与新媒体的作用，采取群众喜闻乐见的宣传教育方式，提高群众安全防范意识，组织动员群众关心、支持和参与社会治安防控体系建设，努力提升新媒体时代社会沟通能力。

各地区要根据本意见要求，结合本地区社会治安状况和经济社会发展实际，分级分类研究制定加强社会治安防控体系建设的指导意见和具体实施方案，把任务和责任落实到相关部门和单位。

违反公安行政管理行为的名称及其适用意见（节录）

（2020年8月6日　公通字〔2020〕8号）

……

二、治安管理

（二）《中华人民共和国人民警察法》（法律）

21. 非法制造、贩卖、持有、使用警用标志、制式服装、警械、证件（《中华人民共和国人民警察法》第36条，《人民警察制式服装及其标志管理规定》第14条、第15条、第16条，《公安机关警戒带使用管理办法》第10条）

对单位或者个人非法生产、销售人民警察制式服装及其标志的，违法行为名称表述为"非法制造、贩卖警用标志、制式服装"，法律依据适用《中华人民共和国人民警察法》第36条和《人民警察制式服装及其标志管理规定》第14条。对指定生产企业违反规定，超计划生产或者擅自转让生产任务的，违法行为名称表述为"非法制造警用标志、制式服装",法律依据适用《中华人民共和国人民警察法》第36条和《人民警察制式服装及其标志管理规定》第14条、第15条。对单位或者个人非法持有、使用人民警察制式服装及其标志的,违法行为名称表述为"非法持有、使用警用标志、制式服装",法律依据适用《中华人民共和国人民警察法》第36条和《人民警察制式服装及其标志管理规定》第16条。

(三)《人民警察制式服装及其标志管理规定》(部门规章)

22. 生产、销售仿制警用制式服装、标志(第17条)

23. 穿着、佩带仿制警用制式服装、标志(第18条)

(四)《中华人民共和国治安管理处罚法》(法律)

24. 扰乱单位秩序(第23条第1款第1项)

《中华人民共和国军事设施保护法》第43条规定援引《中华人民共和国治安管理处罚法》第23条处罚。对《中华人民共和国军事设施保护法》第43条规定的非法进入军事禁区、军事管理区,不听制止的;在军事禁区外围安全控制范围内,或者在没有划入军事禁区、军事管理区的军事设施一定距离内,进行危害军事设施安全和使用效能的活动,不听制止的;在军用机场净空保护区域内,进行影响飞行安全和机场助航设施使用效能的活动,不听制止的;对军事禁区、军事管理区非法进行摄影、摄像、录音、勘察、测量、描绘和记述,不听制止的;其他扰乱军事禁区、军事管理区管理秩序和危害军事设施安全的行为,情节轻微,尚不够刑事处罚的,违法行为名称表述为"扰乱单位秩序",法律依据适用《中华人民共和国治安管理处罚法》第23条第1款第1项。聚众实施上述行为的,违法行为名称表述为"聚众扰乱单位秩序",法律依据适用《中华人民共和国治安管理处罚法》第23条第1款第1项和第2款。

25. 扰乱公共场所秩序(第23条第1款第2项)

26. 扰乱公共交通工具上的秩序(第23条第1款第3项)

27. 妨碍交通工具正常行驶(第23条第1款第4项)

28. 破坏选举秩序(第23条第1款第5项)

29. 聚众扰乱单位秩序(第23条第2款)

30. 聚众扰乱公共场所秩序(第23条第2款)

31. 聚众扰乱公共交通工具上的秩序(第23条第2款)

32. 聚众妨碍交通工具正常行驶(第23条第2款)

33. 聚众破坏选举秩序(第23条第2款)

34. 强行进入大型活动场内(第24条第1款第1项)

35. 违规在大型活动场内燃放物品(第 24 条第 1 款第 2 项)
36. 在大型活动场内展示侮辱性物品(第 24 条第 1 款第 3 项)
37. 围攻大型活动工作人员(第 24 条第 1 款第 4 项)
38. 向大型活动场内投掷杂物(第 24 条第 1 款第 5 项)
39. 其他扰乱大型活动秩序的行为(第 24 条第 1 款第 6 项)
40. 虚构事实扰乱公共秩序(第 25 条第 1 项)

对《中华人民共和国消防法》第 62 条第 3 项规定的谎报火警,违法行为名称表述为"虚构事实扰乱公共秩序(谎报火警)",法律依据适用《中华人民共和国消防法》第 62 条第 3 项和《中华人民共和国治安管理处罚法》第 25 条第 1 项。

41. 投放虚假危险物质(第 25 条第 2 项)
42. 扬言实施放火、爆炸、投放危险物质(第 25 条第 3 项)
43. 寻衅滋事(第 26 条)
44. 组织、教唆、胁迫、诱骗、煽动从事邪教、会道门活动(第 27 条第 1 项)
45. 利用邪教、会道门、迷信活动危害社会(第 27 条第 1 项)
46. 冒用宗教、气功名义危害社会(第 27 条第 2 项)
47. 故意干扰无线电业务正常进行(第 28 条)

《中华人民共和国军事设施保护法》第 44 条规定援引《中华人民共和国治安管理处罚法》第 28 条处罚。对《中华人民共和国军事设施保护法》第 44 条规定的违反国家规定,故意干扰军用无线电设施正常工作的,违法行为名称表述为"故意干扰无线电业务正常进行",法律依据适用《中华人民共和国治安管理处罚法》第 28 条。

48. 拒不消除对无线电台(站)的有害干扰(第 28 条)

《中华人民共和国军事设施保护法》第 44 条规定援引《中华人民共和国治安管理处罚法》第 28 条处罚。对《中华人民共和国军事设施保护法》第 44 条规定的对军用无线电设施产生有害干扰,拒不按照有关主管部门的要求改正的,违法行为名称表述为"拒不消除对无线电台(站)的有害干扰",法律依据适用《中华人民共和国治安管理处罚法》第 28 条。

49. 非法侵入计算机信息系统(第 29 条第 1 项)

《计算机信息网络国际联网安全保护管理办法》第 20 条与《中华人民共和国治安管理处罚法》第 29 条第 1 项竞合。对单位未经允许,进入计算机信息网络或者使用计算机信息网络资源,构成违反治安管理行为的,违法行为名称表述为"非法侵入计算机信息系统"。对单位处罚的法律依据适用《计算机信息网络国际联网安全保护管理办法》第6条第1项和第20条,对其直接负责的主管人员和其他直接责任人员处罚的法律依据适用《中华人民共和国治安管理处罚法》第18条和第29条第1项。

50. 非法改变计算机信息系统功能(第29条第2项)

《计算机信息网络国际联网安全保护管理办法》第20条与《中华人民共和国治安管理处罚法》第29条第2项竞合。对单位未经允许,对计算机信息网络功能进行删除、修改或者增加,构成违反治安管理行为的,违法行为名称表述为"非法改变计算机信息系统功能"。对单位处罚的法律依据适用《计算机信息网络国际联网安全保护管理办法》第6条第2项和第20条,对其直接负责的主管人员和其他直接责任人员处罚的法律依据适用《中华人民共和国治安管理处罚法》第18条和第29条第2项。

51. 非法改变计算机信息系统数据和应用程序(第29条第3项)

《计算机信息网络国际联网安全保护管理办法》第20条与《中华人民共和国治安管理处罚法》第29条第3项竞合。对单位未经允许,对计算机信息网络中存储、处理或者传输的数据和应用程序进行删除、修改或者增加,构成违反治安管理行为的,违法行为名称表述为"非法改变计算机信息系统数据和应用程序"。对单位处罚的法律依据适用《计算机信息网络国际联网安全保护管理办法》第6条第3项和第20条,对其直接负责的主管人员和其他直接责任人员处罚的法律依据适用《中华人民共和国治安管理处罚法》第18条和第29条第3项。

52. 故意制作、传播计算机破坏性程序影响运行(第29条第4项)

《计算机信息网络国际联网安全保护管理办法》第20条与《中华人民共和国治安管理处罚法》第29条第4项竞合。对单位故意制作、传播计算机病毒等破坏性程序,构成违反治安管理行为的,违法行为名称表述为"故意制作、传播计算机破坏性程序影响运行"。对单位处罚的法律依据适用《计算机信息网络国际联网安全保护管理办法》第6条第4项和第20条,对其直接负责的主管人员和其他直接责任人员处罚的法律依据适用《中华人民共和国治安管理处罚法》第18条和第29条第4项。

53. 非法制造、买卖、储存、运输、邮寄、携带、使用、提供、处置危险物质(第30条)

《民用爆炸物品安全管理条例》第44条第4款与《中华人民共和国治安管理处罚法》第30条竞合。对未经许可购买、运输民用爆炸物品的,违法行为名称表述为"非法购买、运输危险物质(民用爆炸物品)"。对单位处罚的法律依据适用《民用爆炸物品安全管理条例》第44条第4款,对其直接负责的主管人员和其他直接责任人员处罚的法律依据适用《中华人民共和国治安管理处罚法》第18条和第30条。对个人未经许可购买、运输民用爆炸物品的,法律依据适用《中华人民共和国治安管理处罚法》第30条。

《民用爆炸物品安全管理条例》第49条第3项、第4项与《中华人民共和国治安管理处罚法》第30条竞合。对违规储存民用爆炸物品的,违法行为名称表述为"非法储存危险物质(民用爆炸物品)"。对单位处罚的法律依据适用《民用爆炸物品安全管理条例》第49条第3项或者第4项,对其直接负责的主管人员和其他直接责任人员处罚的法律依据适用《中华人民共和国治安管理处罚法》第18条和第30条。对个人非法储存民用爆炸物品的,法律依据适用《中华人民共和国治安管理处罚法》第30条。

《民用爆炸物品安全管理条例》第51条与《中华人民共和国治安管理处罚法》第30条竞合。对携带民用爆炸物品搭乘公共交通工具或者进入公共场所,邮寄或者在托运的货物、行李、包裹、邮件中夹带民用爆炸物品,违法行为名称表述为"非法携带、邮寄危险物质(民用爆炸物品)",法律依据适用《中华人民共和国治安管理处罚法》第30条和《民用爆炸物品安全管理条例》第51条。

对《中华人民共和国消防法》第62条第1项规定的违反有关消防技术标准和管理规定生产、储存、运输、销售、使用、销毁易燃易爆危险品,违法行为名称表述为"非法制造、买卖、储存、运输、使用、处置危险物质(易燃易爆危险品)",法律依据适用《中华人民共和国消防法》第62条第1项和《中华人民共和国治安管理处罚法》第30条。

对《中华人民共和国消防法》第62条第2项规定的非法携带易燃易爆危险品进入公共场所或者乘坐公共交通工具的,违法行为名称表述为"非法携带危险物质(易燃易爆危险品)",法律依据适用《中华人民共和国消防法》第62条第2项和《中华人民共和国治安管理处罚法》第30条。

《烟花爆竹安全管理条例》第36条第2款与《中华人民共和国治安管理处罚法》第30条竞合。对未经许可经由道路运输烟花爆竹的,违法行为名称表述为"非法运输危险物质(烟花爆竹)"。对单位处罚的法律依据适用《烟花爆竹安全管理条例》第36条第2款,对其直接负责的主管人员和其他直接责任人员处罚的法律依据适用《中华人民共和国治安管理处罚法》第18条和第30

条。对个人未经许可经由道路运输烟花爆竹的,法律依据适用《中华人民共和国治安管理处罚法》第30条。

《烟花爆竹安全管理条例》第41条和《中华人民共和国治安管理处罚法》第30条竞合。对携带烟花爆竹搭乘公共交通工具的,或者邮寄烟花爆竹以及在托运的行李、包裹、邮件中夹带烟花爆竹的,违法行为名称表述为"非法邮寄、携带危险物质(烟花爆竹)"。情节较轻的,法律依据适用《烟花爆竹安全管理条例》第41条;情节较重,构成违反治安管理的,法律依据适用《中华人民共和国治安管理处罚法》第30条。

《危险化学品安全管理条例》第88条第4项和《剧毒化学品购买和公路运输许可证件管理办法》第20条、第21条第3款与《中华人民共和国治安管理处罚法》第30条竞合。对未取得或者利用骗取的剧毒化学品道路运输通行证,通过道路运输剧毒化学品的,违法行为名称表述为"非法运输危险物质(剧毒化学品)"。对单位处罚的法律依据相应适用《危险化学品安全管理条例》第88条第4项和《剧毒化学品购买和公路运输许可证件管理办法》第20条,或者《危险化学品安全管理条例》第88条第4项和《剧毒化学品购买和公路运输许可证件管理办法》第21条第3款,对其直接负责的主管人员和其他直接责任人员处罚的法律依据适用《中华人民共和国治安管理处罚法》第18条和第30条。对个人未取得剧毒化学品道路运输通行证经由道路运输剧毒化学品的,法律依据适用《中华人民共和国治安管理处罚法》第30条。

《剧毒化学品购买和公路运输许可证件管理办法》第20条与《中华人民共和国治安管理处罚法》第30条竞合。对未申领剧毒化学品购买凭证〔《国务院关于第五批取消和下放管理层级行政审批项目的决定》(国发〔2010〕21号)已取消剧毒化学品准购证核发审批〕,擅自购买剧毒化学品的,违法行为名称表述为"非法购买危险物质(剧毒化学品)"。对单位处罚的法律依据适用《剧毒化学品购买和公路运输许可证件管理办法》第20条,对其直接负责的主管人员和其他直接责任人员处罚的法律依据适用《中华人民共和国治安管理处罚法》第18条和第30条。对个人非法购买剧毒化学品的,法律依据适用《中华人民共和国治安管理处罚法》第30条。

《放射性物品运输安全管理条例》第62条第1项与《中华人民共和国治安管理处罚法》第30条竞合。未经公安机关批准通过道路运输放射性物品的,违法行为名称表述为"非法运输危险物质(放射性物品)"。对单位处罚的法律依据适用《放射性物品运输安全管理条例》第62条第1项,对其直接负责的主管人员和其他直接责任人员处罚的法律依据适用《中华人民共和国治安管理处罚法》第18条和第30条。对个人未经公安机关批准通过道路运输放射性物品的,法律依据适用《中华人民共和国治安管理处罚法》第30条。

54. 危险物质被盗、被抢、丢失不报(第31条)

《民用爆炸物品安全管理条例》第50条第2项与《中华人民共和国治安管理处罚法》第31条竞合。对民用爆炸物品丢失、被盗、被抢不报的,违法行为名称表述为"危险物质(民用爆炸物品)被盗、被抢、丢失不报"。对单位处罚的法律依据适用《民用爆炸物品安全管理条例》第50条第2项,对其直接负责的主管人员和其他直接责任人员处罚的法律依据适用《中华人民共和国治安管理处罚法》第18条和第31条。

《烟花爆竹安全管理条例》第39条与《中华人民共和国治安管理处罚法》第31条竞合。对生产、经营、使用黑火药、烟火药、引火线的企业,丢失黑火药、烟火药、引火线未及时向当地安全生产监督管理部门和公安部门报告的,违法行为名称表述为"危险物质(烟花爆竹)丢失不报"。对企业主要负责人处罚的法律依据适用《烟花爆竹安全管理条例》第39条,对其直接负责的主管人员和其他直接责任人员处罚的法律依据适用《中华人民共和国治安管理处罚法》第18条和第31条。

《危险化学品安全管理条例》第81条第1款第2项与《中华人民共和国治安管理处罚法》第31条竞合。生产、储存、使用剧毒化学品、易制爆危险化学品的单位发现剧毒化学品、易制爆危险化学品丢失或者被盗,不立即向公安机关报告的,违法行为名称表述为"危险物质被盗、丢失不报"。对单位处罚的法律依据适用《危险化学品安全管理条例》第81条第1款第2项,对其直接负责的主管人员和其他直接责任人员处罚的法律依据适用《中华人民共和国治安管理处罚法》第18条和第31条。

55. 非法携带枪支、弹药、管制器具(第32条)

《中华人民共和国枪支管理法》第44条第1款第2项与《中华人民共和国治安管理处罚法》第32条竞合。对《中华人民共和国枪支管理法》第44条第1款第2项规定的在禁止携带枪支的区域、场所携带枪支的,违法行为名称表述为"非法携带枪支",法律依据适用《中华人民共和国治安管理处罚法》第32条。

56. 盗窃、损毁公共设施(第33条第1项)

《中华人民共和国军事设施保护法》第45条规定援引《中华人民共和国治

安管理处罚法》第 33 条处罚。对《中华人民共和国军事设施保护法》第 45 条规定的毁坏边防、海防管控设施以及军事禁区、军事管理区的围墙、铁丝网、界线标志或者其他军事设施的,违法行为名称表述为"损毁公共设施",法律依据适用《中华人民共和国治安管理处罚法》第 33 条第 1 项。

57. 移动、损毁边境、领土、领海标志设施(第 33 条第 2 项)
58. 非法进行影响国(边)界线走向的活动(第 33 条第 3 项)
59. 非法修建有碍国(边)境管理的设施(第 33 条第 3 项)
60. 盗窃、损坏、擅自移动航空设施(第 34 条第 1 款)
61. 强行进入航空器驾驶舱(第 34 条第 1 款)
62. 在航空器上使用禁用物品(第 34 条第 2 款)
63. 盗窃、损毁、擅自移动铁路设施、设备、机车车辆配件、安全标志(第 35 条第 1 项)
64. 在铁路线路上放置障碍物(第 35 条第 2 项)
65. 故意向列车投掷物品(第 35 条第 2 项)
66. 在铁路沿线非法挖掘坑穴、采石取沙(第 35 条第 3 项)
67. 在铁路线路上私设道口、平交过道(《中华人民共和国治安管理处罚法》第 35 条第 4 项和《中华人民共和国铁路法》第 68 条)
68. 擅自进入铁路防护网(第 36 条)
69. 违法在铁路线路上行走坐卧、抢越铁路(第 36 条)
70. 擅自安装、使用电网(第 37 条第 1 项)
71. 安装、使用电网不符合安全规定(第 37 条第 1 项)
72. 道路施工不设置安全防护设施(第 37 条第 2 项)
73. 故意损毁、移动道路施工安全防护设施(第 37 条第 2 项)
74. 盗窃、损毁路面公共设施(第 37 条第 3 项)
75. 违规举办大型活动(第 38 条)
76. 公共场所经营管理人员违反安全规定(第 39 条)
77. 组织、胁迫、诱骗进行恐怖、残忍表演(第 40 条第 1 项)
78. 强迫劳动(第 40 条第 2 项)

《中华人民共和国劳动法》第 96 条第 1 项与《中华人民共和国治安管理处罚法》第 40 条第 2 项竞合。对用人单位以暴力、威胁或者非法限制人身自由的手段强迫劳动的,违法行为名称表述为"强迫劳动",法律依据适用《中华人民共和国治安管理处罚法》第 40 条第 2 项。

79. 非法限制人身自由(第 40 条第 3 项)

《保安服务管理条例》第 45 条第 1 款第 1 项与《中华人民共和国治安管理处罚法》第 40 条第 3 项竞合。对保安员限制他人人身自由的,违法行为名称表述为"非法限制人身自由"。如果其行为依法应当予以治安管理处罚的,法律依据适用《中华人民共和国治安管理处罚法》第 40 条第 3 项。如果其行为情节严重,依法应当吊销保安员证,并应当依法予以治安管理处罚的,法律依据适用《中华人民共和国治安管理处罚法》第 40 条第 3 项和《保安服务管理条例》第 45 条第 1 款第 1 项。如果其行为情节轻微,不构成违反治安管理行为,仅应当予以训诫的,法律依据适用《保安服务管理条例》第 45 条第 1 款第 1 项。

《中华人民共和国劳动法》第 96 条第 2 项与《中华人民共和国治安管理处罚法》第 40 条第 3 项竞合。对用人单位拘禁劳动者的,违法行为名称表述为"非法限制人身自由",法律依据适用《中华人民共和国治安管理处罚法》第 40 条第 3 项。

80. 非法侵入住宅(第 40 条第 3 项)

81. 非法搜查身体(第 40 条第 3 项)

《保安服务管理条例》第 45 条第 1 款第 1 项与《中华人民共和国治安管理处罚法》第 40 条第 3 项竞合。对保安员搜查他人身体的,违法行为名称表述为"非法搜查身体"。如果其行为依法应当予以治安管理处罚的,法律依据适用《中华人民共和国治安管理处罚法》第 40 条第 3 项。如果其行为情节严重,依法应当吊销保安员证,并应当依法予以治安管理处罚的,法律依据适用《中华人民共和国治安管理处罚法》第 40 条第 3 项和《保安服务管理条例》第 45 条第 1 款第 1 项。如果其行为情节轻微,不构成违反治安管理行为,仅应当予以训诫的,法律依据适用《保安服务管理条例》第 45 条第 1 款第 1 项。

《中华人民共和国劳动法》第 96 条第 2 项与《中华人民共和国治安管理处罚法》第 40 条第 3 项竞合。对用人单位非法搜查劳动者的,违法行为名称表述为"非法搜查身体",法律依据适用《中华人民共和国治安管理处罚法》第 40 条第 3 项。

82. 胁迫、诱骗、利用他人乞讨(第 41 条第 1 款)

83. 以滋扰他人的方式乞讨(第 41 条第 2 款)

84. 威胁人身安全(第 42 条第 1 项)

85. 侮辱(第 42 条第 2 项)

《保安服务管理条例》第45条第1款第1项与《中华人民共和国治安管理处罚法》第42条第2项竞合。对保安员侮辱他人的,违法行为名称表述为"侮辱"。如果其行为依法应当予以治安管理处罚的,法律依据适用《中华人民共和国治安管理处罚法》第42条第2项。如果其行为情节严重,依法应当吊销保安员证,并应当依法予以治安管理处罚的,法律依据适用《中华人民共和国治安管理处罚法》第42条第2项和《保安服务管理条例》第45条第1款第1项。如果其行为情节轻微,不构成违反治安管理行为,仅应当予以训诫的,法律依据适用《保安服务管理条例》第45条第1款第1项。

《中华人民共和国劳动法》第96条第2项与《中华人民共和国治安管理处罚法》第42条第2项竞合。对用人单位侮辱劳动者的,违法行为名称表述为"侮辱",法律依据适用《中华人民共和国治安管理处罚法》第42条第2项。

86. 诽谤(第42条第2项)

87. 诬告陷害(第42条第3项)

88. 威胁、侮辱、殴打、打击报复证人及其近亲属(第42条第4项)

89. 发送信息干扰正常生活(第42条第5项)

90. 侵犯隐私(第42条第6项)

《保安服务管理条例》第45条第1款第6项与《中华人民共和国治安管理处罚法》第42条第6项竞合。对保安员侵犯个人隐私的,违法行为名称表述为"侵犯隐私"。如果其行为依法应当予以治安管理处罚的,法律依据适用《中华人民共和国治安管理处罚法》第42条第6项。如果其行为情节严重,依法应当吊销保安员证,并应当依法予以治安管理处罚的,法律依据适用《中华人民共和国治安管理处罚法》第42条第6项和《保安服务管理条例》第45条第1款第6项。如果其行为情节轻微,不构成违反治安管理行为,仅应当予以训诫的,法律依据适用《保安服务管理条例》第45条第1款第6项。

91. 殴打他人(第43条第1款)

《保安服务管理条例》第45条第1款第1项与《中华人民共和国治安管理处罚法》第43条第1款竞合。对保安员殴打他人的,违法行为名称表述为"殴打他人"。如果其行为依法应当予以治安管理处罚,法律依据适用《中华人民共和国治安管理处罚法》第43条第1款。如果其行为情节严重,依法应当吊销保安员证,并应当依法予以治安管理处罚的,法律依据适用《中华人民共和国治安管理处罚法》第43条第1款和《保安服务管理条例》第45条第1款第1项;有法定加重情节的,法律依据适用《中华人民共和国治安管理处罚法》第

43条第2款和《保安服务管理条例》第45条第1款第1项。如果其行为情节轻微,不构成违反治安管理行为,仅应当予以训诫的,法律依据适用《保安服务管理条例》第45条第1款第1项。

《中华人民共和国劳动法》第96条第2项与《中华人民共和国治安管理处罚法》第43条第1款竞合。对用人单位体罚、殴打劳动者的,违法行为名称表述为"殴打他人",法律依据适用《中华人民共和国治安管理处罚法》第43条第1款。

92. 故意伤害(第43条第1款)

93. 猥亵(第44条)

94. 在公共场所故意裸露身体(第44条)

95. 虐待(第45条第1项)

96. 遗弃(第45条第2项)

97. 强迫交易(第46条)

98. 煽动民族仇恨、民族歧视(第47条)

99. 刊载民族歧视、侮辱内容(第47条)

100. 冒领、隐匿、毁弃、私自开拆、非法检查他人邮件(第48条)

对冒领、隐匿、毁弃、私自开拆、非法检查他人快件,尚不构成犯罪的,违法行为名称表述为"冒领、隐匿、毁弃、私自开拆、非法检查他人邮件",法律依据适用《快递暂行条例》第42条第1款和《中华人民共和国治安管理处罚法》第48条。

101. 盗窃(第49条)

102. 诈骗(第49条)

103. 哄抢(第49条)

104. 抢夺(第49条)

105. 敲诈勒索(第49条)

106. 故意损毁财物(第49条)

107. 拒不执行紧急状态下的决定、命令(第50条第1款第1项)

108. 阻碍执行职务(第50条第1款第2项)

《保安服务管理条例》第45条第1款第3项与《中华人民共和国治安管理处罚法》第50条第1款第2项竞合。对保安员阻碍依法执行公务,违法行为名称表述为"阻碍执行职务"。如果其行为依法应当予以治安管理处罚的,法律依据适用《中华人民共和国治安管理处罚法》第50条第1款第2项。如果其行为情节严重,依法应当吊销保安员证,并应当依法予以治安管理处罚的,法律依据适用《中华人民共和国治安管理处罚法》第50条第1款第2项和《保安服务管理条例》第45条第1款第3项。如果其行为情节轻微,不构成违反治安管理行为,仅应当予以训诫的,法律依据适用《保安服务管理条例》第45条第1款第3项。

对阻碍消防救援机构的工作人员依法执行职务,尚不够刑事处罚的,违法行为名称表述为"阻碍执行职务",法律依据适用《中华人民共和国消防法》第62条第5项和《中华人民共和国治安管理处罚法》第50条第1款第2项。

对阻碍国家情报工作机构及其工作人员依法开展情报工作,尚不够刑事处罚的,违法行为名称及法律适用规范按照本意见第777条的规定执行。

109. 阻碍特种车辆通行(第50条第1款第3项)

对阻碍消防车、消防艇执行任务的,违法行为名称表述为"阻碍特种车辆通行(消防车、消防艇)",法律依据适用《中华人民共和国消防法》第62条第4项和《中华人民共和国治安管理处罚法》第50条第1款第3项。

110. 冲闯警戒带、警戒区(第50条第1款第4项)

111. 招摇撞骗(第51条第1款)

112. 伪造、变造、买卖公文、证件、证明文件、印章(第52条第1项)

《报废机动车回收管理办法》第20条第1款第1项与《中华人民共和国治安管理处罚法》第52条第1项竞合。对买卖、伪造、变造报废机动车回收证明的,违法行为名称表述为"伪造、变造、买卖证明文件(报废机动车回收证明)",处罚的法律依据适用《中华人民共和国治安管理处罚法》第52条第1项和《报废机动车回收管理办法》第20条第1款第1项。

113. 买卖、使用伪造、变造的公文、证件、证明文件(第52条第2项)

114. 伪造、变造、倒卖有价票证、凭证(第52条第3项)

115. 伪造、变造船舶户牌(第52条第4项)

116. 买卖、使用伪造、变造的船舶户牌(第52条第4项)

117. 涂改船舶发动机号码(第52条第4项)

118. 驾船擅自进入、停靠国家管制的水域、岛屿(第53条)

《沿海船舶边防治安管理规定》第28条第1款与《中华人民共和国治安管理处罚法》第53条竞合。对沿海船舶非法进入国家禁止或者限制进入的海域或者岛屿的,违法行为名称表述为"驾船擅自进入国家管制的水域、岛屿",法律依据适用《中华人民共和国治安管理处罚法》第53条。

119. 非法以社团名义活动(第 54 条第 1 款第 1 项)

120. 以被撤销登记的社团名义活动(第 54 条第 1 款第 2 项)

121. 未获公安许可擅自经营(第 54 条第 1 款第 3 项)

《旅馆业治安管理办法》第 15 条与《中华人民共和国治安管理处罚法》第 54 条第 1 款第 3 项、第 2 款竞合。对未经公安机关许可开办旅馆的,违法行为名称表述为"未获公安许可擅自经营(旅馆)",法律依据适用《中华人民共和国治安管理处罚法》第 54 条第 1 款第 3 项、第 2 款和《旅馆业治安管理办法》第 4 条。

《保安服务管理条例》第 41 条与《中华人民共和国治安管理处罚法》第 54 条第 1 款第 3 项、第 2 款竞合。对未经许可从事保安服务的,违法行为名称表述为"未获公安许可擅自经营(保安服务)",法律依据适用《中华人民共和国治安管理处罚法》第 54 条第 1 款第 3 项、第 2 款以及《保安服务管理条例》第 9 条和第 41 条。对未经许可从事保安培训的,违法行为名称表述为"未获公安许可擅自经营(保安培训)",法律依据适用《中华人民共和国治安管理处罚法》第 54 条第 1 款第 3 项、第 2 款以及《保安服务管理条例》第 33 条和第 41 条。

122. 煽动、策划非法集会、游行、示威(第 55 条)

123. 不按规定登记住宿旅客信息(第 56 条第 1 款)

124. 不制止住宿旅客带入危险物质(第 56 条第 1 款)

125. 明知住宿旅客是犯罪嫌疑人不报(第 56 条第 2 款)

126. 将房屋出租给无身份证件人居住(第 57 条第 1 款)

127. 不按规定登记承租人信息(第 57 条第 1 款)

128. 明知承租人利用出租屋犯罪不报(第 57 条第 2 款)

129. 制造噪声干扰正常生活(第 58 条)

130. 违法承接典当物品(第 59 条第 1 项)

131. 典当发现违法犯罪嫌疑人、赃物不报(第 59 条第 1 项)

《典当管理办法》第 66 条第 1 款与《中华人民共和国治安管理处罚法》第 59 条第 1 项竞合。对典当行发现公安机关通报协查的人员或者赃物不向公安机关报告的,违法行为名称表述为"典当发现违法犯罪嫌疑人、赃物不报"。对典当行处罚的法律依据适用《典当管理办法》第 27 条和第 52 条及第 66 条第 1 款,对其直接负责的主管人员和其他直接责任人员处罚的法律依据适用《中华人民共和国治安管理处罚法》第 18 条和第 59 条第 1 项。对典当行工作人员发现违法犯罪嫌疑人、赃物不向公安机关报告的,法律依据适用《中华人民共和国治安管理处罚法》第59条第1项。

132. 违法收购废旧专用器材(第59条第2项)
133. 收购赃物、有赃物嫌疑的物品(第59条第3项)
134. 收购国家禁止收购的其他物品(第59条第4项)
135. 隐藏、转移、变卖、损毁依法扣押、查封、冻结的财物(第60条第1项)
136. 伪造、隐匿、毁灭证据(第60条第2项)
137. 提供虚假证言(第60条第2项)
138. 谎报案情(第60条第2项)
139. 窝藏、转移、代销赃物(第60条第3项)

对机动车修理企业和个体工商户明知是盗窃、抢劫所得机动车而予以拆解、改装、拼装、倒卖的,对其直接负责的主管人员和其他直接责任人员处罚的法律依据适用《中华人民共和国治安管理处罚法》第18条和第60条第3项以及《机动车修理业、报废机动车回收业治安管理办法》第15条。

对报废机动车回收企业明知或者应当知道回收的机动车为赃物或者用于盗窃、抢劫等犯罪活动的犯罪工具,未向公安机关报告,擅自拆解、改装、拼装、倒卖该机动车的,对其直接负责的主管人员和其他直接责任人员处罚的法律依据适用《中华人民共和国治安管理处罚法》第18条和第60条第3项以及《报废机动车回收管理办法》第20条第1款第2项。

140. 违反监督管理规定(第60条第4项)
141. 协助组织、运送他人偷越国(边)境(第61条)
142. 为偷越国(边)境人员提供条件(第62条第1款)
143. 偷越国(边)境(第62条第2款)
144. 故意损坏文物、名胜古迹(第63条第1项)
145. 违法实施危及文物安全的活动(第63条第2项)
146. 偷开机动车(第64条第1项)
147. 无证驾驶、偷开航空器、机动船舶(第64条第2项)

《沿海船舶边防治安管理规定》第29条第2项规定的"偷开他人船舶",与《中华人民共和国治安管理处罚法》第64条第2项规定的"偷开机动船舶"竞合。对偷开他人船舶的,法律依据适用《中华人民共和国治安管理处罚法》第64条第2项。

148. 破坏、污损坟墓(第65条第1项)
149. 毁坏、丢弃尸骨、骨灰(第65条第1项)

150. 违法停放尸体(第65条第2项)
151. 卖淫(第66条第1款)
152. 嫖娼(第66条第1款)
153. 拉客招嫖(第66条第2款)
154. 引诱、容留、介绍卖淫(第67条)
155. 制作、运输、复制、出售、出租淫秽物品(第68条)
156. 传播淫秽信息(第68条)
157. 组织播放淫秽音像(第69条第1款第1项)
158. 组织淫秽表演(第69条第1款第2项)
159. 进行淫秽表演(第69条第1款第2项)
160. 参与聚众淫乱(第69条第1款第3项)
161. 为淫秽活动提供条件(第69条第2款)
162. 为赌博提供条件(第70条)
163. 赌博(第70条)
164. 非法种植毒品原植物(第71条第1款第1项)
165. 非法买卖、运输、携带、持有毒品原植物种苗(第71条第1款第2项)
166. 非法运输、买卖、储存、使用罂粟壳(第71条第1款第3项)
167. 非法持有毒品(第72条第1项)
168. 提供毒品(第72条第2项)
169. 吸毒(第72条第3项)
170. 胁迫、欺骗开具麻醉药品、精神药品(第72条第4项)
171. 教唆、引诱、欺骗吸毒(第73条)
172. 为吸毒、赌博、卖淫、嫖娼人员通风报信(第74条)
173. 饲养动物干扰正常生活(第75条第1款)
174. 放任动物恐吓他人(第75条第1款)
175. 担保人不履行担保义务(第109条第2款)
(五)《中华人民共和国国旗法》(法律)
176. 侮辱国旗(第19条)
(六)《中华人民共和国国徽法》(法律)
177. 侮辱国徽(第13条)
(七)《中华人民共和国国歌法》(法律)
178. 侮辱国歌(第15条)

(八)《全国人民代表大会常务委员会关于惩治破坏金融秩序犯罪的决定》(法律)

179. 出售、购买、运输假币(第2条第1款和第21条)

对"出售、运输伪造、变造的人民币"的,法律依据适用《中华人民共和国中国人民银行法》第42条。

180. 金融工作人员购买假币、以假币换取货币(第2条第2款和第21条)

181. 持有、使用假币(第4条和第21条)

对"购买、持有、使用伪造、变造的人民币"的,法律依据适用《中华人民共和国中国人民银行法》第43条。

182. 变造货币(第5条和第21条)

对"变造人民币"的,法律依据适用《中华人民共和国中国人民银行法》第42条。

183. 伪造、变造金融票证(第11条和第21条)

184. 金融票据诈骗(第12条和第21条)

185. 信用卡诈骗(第14条和第21条)

186. 保险诈骗(第16条和第21条)

(九)《中华人民共和国中国人民银行法》(法律)

187. 伪造人民币(第42条)

188. 变造人民币(第42条)

189. 出售、运输伪造、变造的人民币(第42条)

190. 购买、持有、使用伪造、变造的人民币(第43条)

(十)《中华人民共和国人民币管理条例》(行政法规)

191. 故意毁损人民币(第42条)

(十一)《全国人民代表大会常务委员会关于惩治虚开、伪造和非法出售增值税专用发票犯罪的决定》(法律)

192. 伪造、出售伪造的增值税专用发票(第2条第1款和第11条)

193. 非法出售增值税专用发票(第3条和第11条)

194. 非法购买增值税专用发票(第4条第1款和第11条)

195. 购买伪造的增值税专用发票(第4条第1款和第11条)

196. 非法制造、出售非法制造的可以用于骗取出口退税、抵扣税款的其他发票(第6条第1款和第11条)

197. 非法制造、出售非法制造的发票(第6条第2款和第11条)

198. 非法出售可以用于骗取出口退税、抵扣税款的其他发票(第6条第3款和第11条)

199. 非法出售发票(第6条第4款和第11条)

"非法制造、出售非法制造的发票""非法出售发票"中的"发票",是指用于骗取出口退税、抵扣税款的发票以外的发票。

(十二)《全国人民代表大会常务委员会关于严禁卖淫嫖娼的决定》(法律)

200. 放任卖淫、嫖娼活动(第7条)

(十三)《中华人民共和国集会游行示威法》(法律)

201. 非法集会、游行、示威(第28条第2款第1项、第2项)

202. 破坏集会、游行、示威(第30条)

(十四)《中华人民共和国居民身份证法》(法律)

203. 骗领居民身份证(第16条第1项)

204. 出租、出借、转让居民身份证(第16条第2项)

205. 非法扣押居民身份证(第16条第3项)

对保安员扣押他人居民身份证的,违法行为名称表述为"非法扣押居民身份证",法律依据适用《保安服务管理条例》第45条第1款第2项。

206. 冒用居民身份证(第17条第1款第1项)

207. 使用骗领的居民身份证(第17条第1款第1项)

208. 购买、出售、使用伪造、变造的居民身份证(第17条第1款第2项)

209. 泄露公民个人信息(第19条第1、2款)

对国家机关或者金融、电信、交通、教育、医疗等单位的工作人员泄露公民个人信息的,法律依据适用《中华人民共和国居民身份证法》第19条第1款;对单位泄露公民个人信息的,对其直接负责的主管人员和其他直接责任人员的处罚,法律依据适用《中华人民共和国居民身份证法》第19条第2款。

(十五)《居住证暂行条例》(行政法规)

210. 使用虚假证明材料骗领居住证(第18条第1项)

211. 出租、出借、转让居住证(第18条第2项)

212. 非法扣押他人居住证(第18条第3项)

213. 冒用他人居住证(第19条第1款第1项)

214. 使用骗领的居住证(第19条第1款第1项)

215. 购买、出售、使用伪造、变造的居住证(第19条第1款第2项)

(十六)《中华人民共和国枪支管理法》(法律)

216. 违规制造、销(配)售枪支(第40条)

对"超过限额或者不按照规定的品种制造枪支"的,违法行为名称表述为"违规制造枪支",法律依据适用《中华人民共和国枪支管理法》第40条第1项;对"制造无号、重号、假号的枪支"的,违法行为名称表述为"违规制造枪支",法律依据适用《中华人民共和国枪支管理法》第40条第2项。

对"超过限额或者不按照规定的品种配售枪支"的,违法行为名称表述为"违规配售枪支",法律依据适用《中华人民共和国枪支管理法》第40条第1项;对"私自销售枪支""在境内销售为出口制造的枪支"的,违法行为名称表述为"违规销售枪支",法律依据适用《中华人民共和国枪支管理法》第40条第3项。

217. 违规运输枪支(第42条)

218. 非法出租、出借枪支(第43条第5款)

219. 未按规定标准制造民用枪支(第44条第1款第1项和第2款)

《中华人民共和国枪支管理法》第44条第1款第2项规定的在禁止携带枪支的区域、场所携带枪支的,违法行为名称及法律适用规范按照本意见第55条的规定执行。

220. 不上缴报废枪支(第44条第1款第3项和第2款)

221. 丢失枪支不报(第44条第1款第4项)

222. 制造、销售仿真枪(第44条第1款第5项和第2款)

(十七)《中华人民共和国教育法》(法律)

223. 组织作弊(第80条第1项)

224. 为作弊提供帮助、便利(第80条第2项)

225. 代替他人参加考试(第80条第3项)

226. 泄露、传播考试试题、答案(第80条第4项)

227. 其他扰乱考试秩序的行为(第80条第5项)

(十八)《民用爆炸物品安全管理条例》(行政法规)

228. 未经许可从事爆破作业(第44条第4款)

对《民用爆炸物品安全管理条例》第44条第4款规定的未经许可购买、运输民用爆炸物品的,违法行为名称及法律适用规范按照本意见第53条的规定执行。

229. 未按规定对民用爆炸物品做出警示、登记标识(第46条第1项)

230. 未按规定对雷管编码打号(第46条第1项)
231. 超出许可购买民用爆炸物品(第46条第2项)
232. 使用现金、实物交易民用爆炸物品(第46条第3项)
233. 销售民用爆炸物品未按规定保存交易证明材料(第46条第4项)
234. 销售、购买、进出口民用爆炸物品未按规定备案(第46条第5项)
235. 未按规定建立民用爆炸物品登记制度(第46条第6项、第48条第1款第3项、第49条第2项)

对未如实将本单位生产、销售、购买、运输、储存、使用民用爆炸物品的品种、数量和流向信息输入计算机系统的,违法行为名称表述为"未按规定建立民用爆炸物品登记制度",法律依据适用《民用爆炸物品安全管理条例》第46条第6项;对爆破作业单位未按规定建立民用爆炸物品领取登记制度、保存领取登记记录的,违法行为名称表述为"未按规定建立民用爆炸物品登记制度",法律依据适用《民用爆炸物品安全管理条例》第48条第1款第3项;对未按规定建立出入库检查、登记制度或者收存和发放民用爆炸物品,致使账物不符的,违法行为名称表述为"未按规定建立民用爆炸物品登记制度",法律依据适用《民用爆炸物品安全管理条例》第49条第2项。

236. 未按规定核销民用爆炸物品运输许可证(第46条第7项)
237. 违反许可事项运输民用爆炸物品(第47条第1项)
238. 未携带许可证运输民用爆炸物品(第47条第2项)
239. 违规混装民用爆炸物品(第47条第3项)
240. 民用爆炸物品运输车辆未按规定悬挂、安装警示标志(第47条第4项)
241. 违反行驶、停靠规定运输民用爆炸物品(第47条第5项)
242. 装载民用爆炸物品的车厢载人(第47条第6项)
243. 运输民用爆炸物品发生危险未处置、不报告(第47条第7项)
244. 未按资质等级从事爆破作业(第48条第1款第1项)
245. 营业性爆破作业单位跨区域作业未报告(第48条第1款第2项)
246. 违反标准实施爆破作业(第48条第1款第4项)

对爆破作业人员违反国家有关标准和规范的规定实施爆破作业,情节严重,依法应当吊销爆破作业人员许可证的,违法行为名称表述为"违反标准实施爆破作业",法律依据适用《民用爆炸物品安全管理条例》第48条第1款第4项和第2款。

247. 未按规定设置民用爆炸物品专用仓库技术防范设施(第49条第1项)

对《民用爆炸物品安全管理条例》第49条第3项、第4项规定的超量储存、在非专用仓库储存或者违反储存标准和规范储存民用爆炸物品以及其他违反规定储存民用爆炸物品的,违法行为名称及法律适用规范按照本意见第53条的规定执行。

248. 违反制度致使民用爆炸物品丢失、被盗、被抢(第50条第1项)

对《民用爆炸物品安全管理条例》第50条第2项规定的民用爆炸物品丢失、被盗、被抢不报的,违法行为名称及法律适用规范按照本意见第54条的规定执行。

249. 非法转让、出借、转借、抵押、赠送民用爆炸物品(第50条第3项)

对《民用爆炸物品安全管理条例》第51条规定的携带民用爆炸物品搭乘公共交通工具或者进入公共场所,邮寄或者在托运的货物、行李、包裹、邮件中夹带民用爆炸物品,尚不构成犯罪的,违法行为名称及法律适用规范按照本意见第53条的规定执行。

250. 未履行民用爆炸物品安全管理责任(第52条)

(十九)《烟花爆竹安全管理条例》(行政法规)

对《烟花爆竹安全管理条例》第36条第2款规定的未经许可经由道路运输烟花爆竹的,违法行为名称及法律适用规范按照本意见第53条的规定执行。

对《烟花爆竹安全管理条例》第39条规定的生产、经营、使用黑火药、烟火药、引火线的企业,丢失黑火药、烟火药、引火线未及时报告的,违法行为名称及法律适用规范按照本意见第54条的规定执行。

251. 违反许可事项经道路运输烟花爆竹(第40条第1项)

252. 未携带许可证经道路运输烟花爆竹(第40条第2项)

253. 烟花爆竹道路运输车辆未按规定悬挂、安装警示标志(第40条第3项)

254. 未按规定装载烟花爆竹(第40条第4项)

255. 装载烟花爆竹的车厢载人(第40条第5项)

256. 烟花爆竹运输车辆超速行驶(第40条第6项)

257. 烟花爆竹运输车辆经停无人看守(第40条第7项)

258. 未按规定核销烟花爆竹道路运输许可证(第40条第8项)

对《烟花爆竹安全管理条例》第 41 条规定的携带烟花爆竹搭乘公共交通工具,或者邮寄烟花爆竹以及在托运的行李、包裹、邮件中夹带烟花爆竹的,违法行为名称及法律适用规范按照本意见第 53 条的规定执行。

259. 非法举办大型焰火燃放活动(第 42 条第 1 款)

260. 违规从事燃放作业(第 42 条第 1 款)

261. 违规燃放烟花爆竹(第 42 条第 2 款)

(二十)《危险化学品安全管理条例》(行政法规)

262. 剧毒化学品、易制爆危险化学品专用仓库未按规定设置技术防范设施(第 78 条第 2 款)

263. 未如实记录剧毒化学品、易制爆危险化学品数量、流向(第 81 条第 1 款第 1 项)

对《危险化学品安全管理条例》第 81 条第 1 款第 2 项规定的发现剧毒化学品、易制爆危险化学品丢失或者被盗,不立即向公安机关报告的,违法行为名称及法律适用规范按照本意见第 54 条的规定执行。

264. 储存剧毒化学品未备案(第 81 条第 1 款第 3 项)

265. 未如实记录剧毒化学品、易制爆危险化学品购买信息(《危险化学品安全管理条例》第 81 条第 1 款第 4 项和《剧毒化学品购买和公路运输许可证件管理办法》第 23 条第 2 款)

266. 未按规定期限保存剧毒化学品、易制爆危险化学品销售记录、材料(第 81 条第 1 款第 4 项)

267. 未按规定期限备案剧毒化学品、易制爆危险化学品销售、购买信息(第 81 条第 1 款第 5 项)

268. 转让剧毒化学品、易制爆危险化学品不报(第 81 条第 1 款第 6 项)

269. 转产、停产、停业、解散未备案处置方案(第 82 条第 2 款)

270. 单位未经许可购买剧毒化学品、易制爆危险化学品(第 84 条第 2 款)

271. 个人非法购买剧毒化学品、易制爆危险化学品(第 84 条第 2 款)

272. 单位非法出借、转让剧毒化学品、易制爆危险化学品(第 84 条第 3 款)

273. 违反核定载质量运输危险化学品(第 88 条第 1 项)

274. 使用不符合安全标准车辆运输危险化学品(第 88 条第 2 项)

275. 道路运输危险化学品擅自进入限制通行区域(第 88 条第 3 项)

《危险化学品安全管理条例》第 88 条第 4 项规定的非法运输剧毒化学品

的违法行为名称及法律适用规范按照本意见第 53 条的规定执行。

276. 未按规定悬挂、喷涂危险化学品警示标志(第 89 条第 1 项)

277. 不配备危险化学品押运人员(第 89 条第 2 项)

278. 道路运输剧毒化学品、易制爆危险化学品长时间停车不报(第 89 条第 3 项)

279. 剧毒化学品、易制爆危险化学品运输途中丢失、被盗、被抢、流散、泄露未采取有效警示和安全措施(第 89 条第 4 项)

280. 剧毒化学品、易制爆危险化学品运输途中流散、泄露不报(第 89 条第 4 项)

281. 伪造、变造、出租、出借、转让剧毒化学品许可证件(第 93 条第 2 款)

282. 使用伪造、变造的剧毒化学品许可证件(第 93 条第 2 款)

《危险化学品安全管理条例》第 93 条第 2 款与《中华人民共和国治安管理处罚法》第 52 条第 1 项、第 2 项竞合。对单位伪造、变造剧毒化学品许可证件或者使用伪造、变造的剧毒化学品许可证件的,法律依据适用《危险化学品安全管理条例》第 93 条第 2 款,对其直接负责的主管人员和其他直接责任人员处罚的,法律依据适用《中华人民共和国治安管理处罚法》第 18 条和第 52 条第 1 项、第 2 项。对个人伪造、变造剧毒化学品许可证件或者使用伪造、变造的剧毒化学品许可证件的,法律依据适用《中华人民共和国治安管理处罚法》第 52 条第 1 项、第 2 项。

(二十一)《剧毒化学品购买和公路运输许可证件管理办法》(部门规章)

《剧毒化学品购买和公路运输许可证件管理办法》第 20 条规定的未经许可购买、通过公路运输剧毒化学品的,违法行为名称及法律适用规范按照本意见第 53 条的规定执行。

283. 非法获取剧毒化学品购买、公路运输许可证件(第 21 条第 1 款)

284. 未按规定更正剧毒化学品购买许可证件回执填写错误(第 23 条第 1 款)

285. 未携带许可证经公路运输剧毒化学品(第 24 条第 1 款)

286. 违反许可事项经公路运输剧毒化学品(第 24 条第 2 款)

对违反许可事项通过公路运输剧毒化学品,尚未造成严重后果的,对单位处罚的法律依据适用《剧毒化学品购买和公路运输许可证件管理办法》第 24 条第 2 款,对其直接负责的主管人员和其他直接责任人员处罚的法律依据适用《中华人民共和国治安管理处罚法》第 18 条和第 30 条。

287. 未按规定缴交剧毒化学品购买证件回执(第 25 条第 1 项)

288. 未按规定缴交剧毒化学品公路运输通行证件(第 25 条第 2 项)

289. 未按规定缴交剧毒化学品购买凭证、凭证存根(第 25 条第 3 项)

290. 未按规定作废、缴交填写错误的剧毒化学品购买凭证(第 25 条第 4 项)

(二十二)《易制爆危险化学品治安管理办法》(部门规章)

291. 未按规定建立易制爆危险化学品信息系统(第 6 条第 1 款和第 36 条)

292. 违规在互联网发布易制爆危险化学品信息(第 23 条、第 24 条和第 42 条)

(二十三)《危险货物道路运输安全管理办法》(部门规章)

293. 未携带许可证明经道路运输放射性物品(第 71 条第 4 项)

(二十四)《放射性物品运输安全管理条例》(行政法规)

《放射性物品运输安全管理条例》第 62 条第 1 项规定的未经许可通过道路运输放射性物品的违法行为名称及法律适用规范按照本意见第 53 条的规定执行。

294. 放射性物品运输车辆违反行驶规定(第 62 条第 2 项)

295. 放射性物品运输车辆未悬挂警示标志(第 62 条第 2 项)

296. 道路运输放射性物品未配备押运人员(第 62 条第 3 项)

297. 道路运输放射性物品脱离押运人员监管(第 62 条第 3 项)

(二十五)《中华人民共和国民用航空安全保卫条例》(行政法规)

298. 装载未采取安全措施的物品(第 24 条第 4 项和第 35 条第 1 项)

299. 违法交运、捎带他人货物(第 24 条第 3 项和第 35 条第 2 项)

300. 托运人伪报品名托运(第 30 条第 2 款和第 35 条第 3 项)

301. 托运人在托运货物中夹带危险物品(第 30 条第 2 款和第 35 条第 3 项)

302. 携带、交运禁运物品(第 32 条和第 35 条第 3 项)

303. 违反警卫制度致使航空器失控(第 15 条和第 36 条第 1 项)

304. 违规出售客票(第 17 条和第 36 条第 2 项)

305. 承运时未核对乘机人和行李(第 18 条和第 36 条第 3 项)

306. 承运人未核对登机旅客人数(第 19 条第 1 款和第 36 条第 4 项)

307. 将未登机人员的行李装入、滞留航空器内(第 19 条第 2 款、第 3 款和第 36 条第 4 项)

308. 承运人未全程监管承运物品(第20条和第36条第5项)

309. 配制、装载单位未对供应品采取安全措施(第21条和第36条第5项)

310. 未对承运货物采取安全措施(第30条第1款和第36条第5项)

311. 未对航空邮件安检(第31条和第36条第5项)

(二十六)《铁路安全管理条例》(行政法规)

312. 毁坏铁路设施设备、防护设施(第51条和第95条)

313. 危及铁路通信、信号设施安全(第52条和第95条)

314. 危害电气化铁路设施(第53条和第95条)

法律适用规范同本意见第315条。

315. 危害铁路安全(第77条和第95条)

对具有《铁路安全管理条例》第77条规定的危害铁路安全行为之一,但未构成违反治安管理行为的,违法行为名称表述为"危害铁路安全",法律依据适用《铁路安全管理条例》第77条和第95条。如果行为人实施了《铁路安全管理条例》第77条规定的危害铁路安全行为之一,该行为同时又构成违反治安管理行为的,违法行为名称表述为《中华人民共和国治安管理处罚法》中的相应违法行为名称,对单位处罚的法律依据适用《铁路安全管理条例》第77条和第95条,对其直接负责的主管人员和其他直接责任人员处罚的法律依据适用《中华人民共和国治安管理处罚法》的相关规定;违法行为人为自然人的,法律依据适用《中华人民共和国治安管理处罚法》的相关规定。

316. 运输危险货物不按规定配备押运人员(第98条)

317. 发生危险货物泄漏不报(第98条)

《铁路安全管理条例》第98条与《中华人民共和国治安管理处罚法》第31条竞合。铁路运输托运人运输危险货物发生危险货物被盗、丢失不按照规定及时报告的,违法行为名称表述为"危险物质被盗、丢失不报",对单位处罚的法律依据适用《铁路安全管理条例》第98条,对其直接负责的主管人员和其他直接责任人员处罚的法律依据适用《中华人民共和国治安管理处罚法》第18条和第31条。

(二十七)《娱乐场所管理条例》(行政法规)

318. 娱乐场所从事毒品违法犯罪活动(第14条和第43条)

对娱乐场所从业人员实施《娱乐场所管理条例》第14条规定的禁止行为的,按照相关法律、法规确定违法行为名称,并适用相关法律、法规。

一、综　合　111

319. 娱乐场所为毒品违法犯罪活动提供条件(第14条和第43条)

320. 娱乐场所组织、强迫、引诱、容留、介绍他人卖淫、嫖娼(第14条和第43条)

《娱乐场所管理条例》第43条与《中华人民共和国治安管理处罚法》第67条竞合。对娱乐场所引诱、容留、介绍他人卖淫的,法律依据适用《娱乐场所管理条例》第43条。

321. 娱乐场所为组织、强迫、引诱、容留、介绍他人卖淫、嫖娼提供条件(第14条和第43条)

322. 娱乐场所制作、贩卖、传播淫秽物品(第14条和第43条)

《娱乐场所管理条例》第43条与《中华人民共和国治安管理处罚法》第68条竞合。对娱乐场所制作、贩卖、传播淫秽物品的,法律依据适用《娱乐场所管理条例》第43条。

323. 娱乐场所为制作、贩卖、传播淫秽物品提供条件(第14条和第43条)

324. 娱乐场所提供营利性陪侍(第14条和第43条)

325. 娱乐场所从业人员从事营利性陪侍(第14条和第43条)

326. 娱乐场所为提供、从事营利性陪侍提供条件(第14条和第43条)

327. 娱乐场所赌博(第14条和第43条)

《娱乐场所管理条例》第43条与《中华人民共和国治安管理处罚法》第70条竞合。对娱乐场所赌博的,法律依据适用《娱乐场所管理条例》第43条。

328. 娱乐场所为赌博提供条件(第14条和第43条)

《娱乐场所管理条例》第43条与《中华人民共和国治安管理处罚法》第70条竞合。对娱乐场所为赌博提供条件的,法律依据适用《娱乐场所管理条例》第43条。

329. 娱乐场所从事邪教、迷信活动(第14条和第43条)

330. 娱乐场所为从事邪教、迷信活动提供条件(第14条和第43条)

331. 娱乐场所设施不符合规定(第44条第1项)

332. 未按规定安装、使用娱乐场所闭路电视监控设备(第44条第2项)

333. 删改、未按规定留存娱乐场所监控录像资料(第44条第3项)

《娱乐场所管理条例》第44条第3项"删改娱乐场所监控录像资料"的规定和《中华人民共和国治安管理处罚法》第29条第3项"非法改变计算机信息系统数据"的规定竞合。对删改娱乐场所监控录像资料的,违法行为名称表述为"删改娱乐场所监控录像资料",对娱乐场所处罚的法律依据适用《娱乐场所管理条例》第 44 条第 3 项的规定,对其直接负责的主管人员和其他直接责任人员处罚的法律依据适用《中华人民共和国治安管理处罚法》第 18 条和第 29 条第 3 项。

334. 未按规定配备娱乐场所安全检查设备(第 44 条第 4 项)
335. 未对进入娱乐场所人员进行安全检查(第 44 条第 4 项)

对因未配备娱乐场所安全检查设备而未对进入营业场所人员进行安全检查的,违法行为名称表述为"未按规定配备娱乐场所安全检查设备"。

336. 未按规定配备娱乐场所保安人员(第 44 条第 5 项)
337. 设置具有赌博功能的游戏设施设备(第 45 条第 1 项)
338. 以现金、有价证券作为娱乐奖品(第 45 条第 2 项)
339. 非法回购娱乐奖品(第 45 条第 2 项)

对以现金、有价证券作为娱乐奖品,并回购娱乐奖品的,违法行为名称表述为"非法回购娱乐奖品"。

340. 指使、纵容娱乐场所从业人员侵害消费者人身权利(第 46 条)
341. 未按规定备案娱乐场所营业执照(第 47 条)
342. 未按规定建立娱乐场所从业人员名簿、营业日志(第 50 条)
343. 娱乐场所内发现违法犯罪行为不报(第 50 条)
344. 未按规定悬挂娱乐场所警示标志(第 51 条)

(二十八)《娱乐场所治安管理办法》(部门规章)

345. 拒不补齐娱乐场所备案项目(第 41 条第 1 款)
346. 未按规定进行娱乐场所备案变更(第 7 条和第 41 条第 2 款)
347. 要求娱乐场所保安人员从事非职务活动(第 29 条和第 43 条第 1 款)
348. 未按规定通报娱乐场所保安人员工作情况(第 29 条和第 43 条第 1 款)
349. 未按规定建立、使用娱乐场所治安管理信息系统(第 26 条和第 44 条)

(二十九)《营业性演出管理条例》(行政法规)

350. 未制止有非法内容的营业性演出(第 25 条和第 46 条第 2 款)
351. 发现有非法内容的营业性演出不报(第 26 条和第 46 条第 2 款)
352. 超过核准数量印制、出售营业性演出门票(第 51 条第 2 款)
353. 印制、出售观众区域以外的营业性演出门票(第 51 条第 2 款)

(三十)《印刷业管理条例》(行政法规)

一、综　合　113

354. 印刷非法印刷品(第 3 条和第 38 条)
355. 印刷经营中发现违法犯罪行为未报告(第 39 条第 1 款第 2 项)
(三十一)《旅馆业治安管理办法》(行政法规)
356. 旅馆变更登记未备案(第 4 条第 2 款和第 15 条)

《旅馆业治安管理办法》第 15 条规定的未经许可开办旅馆的违法行为名称及法律适用规范按照本意见第 121 条的规定执行。

(三十二)《租赁房屋治安管理规定》(部门规章)
357. 不履行出租房屋治安责任(第 9 条第 3 项)

对房屋出租人明知承租人利用出租房屋进行犯罪活动,不向公安机关报告的,违法行为名称表述为"明知承租人利用出租屋犯罪不报",法律依据适用《中华人民共和国治安管理处罚法》第 57 条第 2 款。对房屋出租人不履行治安责任,出租房屋发生案件、治安灾害事故的,违法行为名称表述为"不履行出租房屋治安责任",法律依据适用《租赁房屋治安管理规定》第 9 条第 3 项。但是,如果并处罚款的,其罚款数额不得超过《国务院关于贯彻实施〈中华人民共和国行政处罚法〉的通知》(国发〔1996〕13 号)第 2 条中"国务院各部门制定的规章对非经营活动中的违法行为设定罚款不得超过 1000 元;对经营活动中的违法行为,有违法所得的,设定罚款不得超过违法所得的 3 倍,但是最高不得超过 30000 元,没有违法所得的,设定罚款不得超过 10000 元;超过上述限额的,应当报国务院批准"的规定。

358. 转租、转借承租房屋未按规定报告(第 9 条第 4 项)
359. 利用出租房屋非法生产、储存、经营危险物品(第 9 条第 5 项)

依照《租赁房屋治安管理规定》第 9 条第 5 项的规定"处月租金十倍以下罚款"的,其罚款数额不得超过《国务院关于贯彻实施〈中华人民共和国行政处罚法〉的通知》(国发〔1996〕13 号)第 2 条中"国务院各部门制定的规章对非经营活动中的违法行为设定罚款不得超过 1000 元;对经营活动中的违法行为,有违法所得的,设定罚款不得超过违法所得的 3 倍,但是最高不得超过 30000 元,没有违法所得的,设定罚款不得超过 10000 元;超过上述限额的,应当报国务院批准"的规定。

(三十三)《废旧金属收购业治安管理办法》(行政法规)
360. 非法设点收购废旧金属(第 7 条和第 13 条第 1 款第 4 项)
361. 收购生产性废旧金属未如实登记(第 8 条和第 13 条第 1 款第 5 项)

对再生资源回收企业收购生产性废旧金属未如实登记的,违法行为名称表述为"收购生产性废旧金属未如实登记",法律依据适用《再生资源回收管理办法》第 23 条和《废旧金属收购业治安管理办法》第 13 条第 1 款第 5 项。

362. 收购国家禁止收购的金属物品(第 9 条和第 13 条第 1 款第 6 项)

对单位违反《废旧金属收购业治安管理办法》第 9 条的规定,收购国家禁止收购的金属物品的,法律依据适用《废旧金属收购业治安管理办法》第 9 条和第 13 条第 1 款第 6 项,对其直接负责的主管人员和其他直接责任人员处罚的法律依据适用《中华人民共和国治安管理处罚法》第 18 条和第 59 条第 2 项、第 3 项或者第 4 项。对个人收购国家禁止收购的金属物品的,法律依据适用《中华人民共和国治安管理处罚法》第 59 条第 2 项、第 3 项或者第 4 项。

(三十四)《机动车修理业、报废机动车回收业治安管理办法》(部门规章)

363. 承修机动车不如实登记(第 14 条)

364. 回收报废机动车不如实登记(《机动车修理业、报废机动车回收业治安管理办法》第 14 条和《废旧金属收购业治安管理办法》第 13 条第 1 款第 5 项)

365. 承修非法改装机动车(第 16 条)

366. 承修交通肇事逃逸车辆不报(第 16 条)

367. 回收无报废证明的机动车(第 16 条)

368. 更改机动车发动机号码、车架号码(第 17 条)

369. 非法拼(组)装汽车、摩托车(《机动车修理业、报废机动车回收业治安管理办法》第 19 条和《关于禁止非法拼(组)装汽车、摩托车的通告》(行政法规 1996 年 8 月 21 日起施行)第 5 条)

对机动车修理企业和个体工商户、报废机动车回收企业实施本意见第 363 条至第 369 条规定的违法行为,情节严重或者屡次不改,依法应当吊销有关证照的,法律依据除适用上述各条的法律依据外,还应当适用《机动车修理业、报废机动车回收业治安管理办法》第 20 条。

(三十五)《沿海船舶边防治安管理规定》(部门规章)

370. 擅自容留非出海人员作业、住宿(第 26 条第 4 项)

371. 拒不编刷船名、船号(第 27 条第 3 项)

372. 擅自拆换、遮盖、涂改船名、船号(第 27 条第 3 项)

373. 悬挂活动船牌号(第 27 条第 3 项)

374. 私自载运非出海人员出海(第 27 条第 4 项)

375. 擅自引航境外船舶进入未开放港口、锚地(第 28 条第 2 项)

《沿海船舶边防治安管理规定》第28条第1项规定的非法进入国家禁止或者限制进入的海域、岛屿的违法行为名称及法律适用规范按照本意见第118条的规定执行。

376. 擅自搭靠境外船舶(第28条第3项)
377. 被迫搭靠境外船舶不及时报告(第28条第3项)
378. 擅自在非指定港口停泊、上下人员、装卸货物(第28条第4项)
379. 携带、隐匿、留用、擅自处理违禁物品(第29条第1项)
380. 非法拦截、强行靠登、冲撞他人船舶(第29条第2项)

《沿海船舶边防治安管理规定》第29条第2项规定的偷开他人船舶的违法行为名称及法律适用规范按照本意见第147条的规定执行。

381. 非法扣押他人船舶、船上物品(第29条第3项)
382. "三无"船舶擅自出海作业(第30条)

(三十六)《典当管理办法》(部门规章)

383. 收当禁当财物(第27条和第63条)
384. 未按规定查验证明文件(第35条第3款和第65条)

对典当业工作人员承接典当物品,不查验有关证明、不履行登记手续的,违法行为名称表述为"违法承接典当物品",法律依据适用《中华人民共和国治安管理处罚法》第59条第1项。

385. 未按规定记录、统计、报送典当信息(第51条和第65条)
386. 发现禁当财物不报(第27条和第52条及第66条第1款)

《典当管理办法》第52条和第66条第1款规定的典当行发现公安机关通报协查的人员或者赃物不向公安机关报告的违法行为名称及法律适用规范按照本意见第131条的规定执行。

(三十七)《再生资源回收管理办法》(部门规章)

387. 未按规定进行再生资源回收从业备案(第8条和第22条)
388. 未按规定保存回收生产性废旧金属登记资料(第10条第3款和第24条)
389. 再生资源回收经营中发现赃物、有赃物嫌疑物品不报(第11条和第25条)

(三十八)《大型群众性活动安全管理条例》(行政法规)

390. 擅自变更大型活动时间、地点、内容、举办规模(第20条第1款)

对承办者擅自变更大型群众性活动的时间、地点、内容或者擅自扩大大型群众性活动的举办规模,对大型群众性活动承办单位的处罚,法律依据适用《大型群众性活动安全管理条例》第20条第1款,对有发生安全事故危险的,对其直接负责的主管人员和其他直接责任人员的处罚,法律依据适用《中华人民共和国治安管理处罚法》第18条和第38条。

391. 未经许可举办大型活动(第20条第2款)

392. 举办大型活动发生安全事故(第21条)

对举办大型群众性活动发生安全事故的,对大型群众性活动承办单位或者大型群众性活动场所管理单位的处罚,法律依据适用《大型群众性活动安全管理条例》第21条,对安全责任人和其他直接责任人员的处罚,法律依据适用《中华人民共和国治安管理处罚法》第18条和第38条以及《大型群众性活动安全管理条例》第21条。

393. 大型活动发生安全事故不处置(第22条)

394. 大型活动发生安全事故不报(第22条)

(三十九)《长江三峡水利枢纽安全保卫条例》(行政法规)

395. 非法运输危险物品进入陆域安全保卫区(第13条和第35条第1项)

396. 扰乱陆域安全保卫区管理秩序(第14条第1至4项和第35条第2项)

397. 危害陆域安全保卫区设施安全(第14条第3、4项和第35条第2项)

398. 非法进入陆域安全保卫区(第15条和第35条第3项)

399. 人员非法进入禁航区(第19条和第35条第4项)

400. 非法进行升放活动(第23条和第35条第5项)

(四十)《企业事业单位内部治安保卫条例》(行政法规)

401. 不落实单位内部治安保卫措施(《企业事业单位内部治安保卫条例》第19条,《公安机关监督检查企业事业单位内部治安保卫工作规定》第8条、第11条或者第12条,《金融机构营业场所和金库安全防范设施建设许可实施办法》第15条,《易制爆危险化学品治安管理办法》第25条、第27条、第43条)

对金融机构安全防范设施建设、使用存在治安隐患的,违法行为名称表述为"不落实单位内部治安保卫措施",法律依据适用《企业事业单位内部治安保卫条例》第19条和《金融机构营业场所和金库安全防范设施建设许可实施办法》第15条。

对企业事业单位具有《公安机关监督检查企业事业单位内部治安保卫工作规定》第11条或者第12条规定情形的,违法行为名称表述为"不落实单位内部治安保卫措施",法律依据适用《企业事业单位内部治安保卫条例》第19条和《公安机关监督检查企业事业单位内部治安保卫工作规定》第8条、第11条或者第12条。

(四十一)《保安服务管理条例》(行政法规)

《保安服务管理条例》第41条规定的未经许可从事保安服务、保安培训的违法行为名称及法律适用规范按照本意见第121条的规定执行。

402. 未经审核变更保安服务公司法定代表人(第42条第1款第1项)

403. 未按规定进行自招保安员备案(第42条第1款第2项)

404. 未按规定撤销自招保安员备案(第42条第1款第2项)

405. 超范围开展保安服务(第42条第1款第3项)

406. 违反规定条件招用保安员(第42条第1款第4项)

407. 未按规定核查保安服务合法性(第42条第1款第5项)

408. 未报告违法保安服务要求(第42条第1款第5项)

409. 未按规定签订、留存保安服务合同(第42条第1款第6项)

410. 未按规定留存保安服务监控影像资料、报警记录(第42条第1款第7项及第2款)

411. 泄露保密信息(第43条第1款第1项)

412. 使用监控设备侵犯他人合法权益、个人隐私(第43条第1款第2项)

413. 删改、扩散保安服务监控影像资料、报警记录(第43条第1款第3项及第2款)

414. 指使、纵容保安员实施违法犯罪行为(第43条第1款第4项)

415. 疏于管理导致发生保安员违法犯罪案件(第43条第1款第5项)

416. 保安员扣押、没收他人证件、财物(第45条第1款第2项)

417. 保安员参与追索债务(第45条第1款第4项)

418. 保安员采用暴力、以暴力相威胁处置纠纷(第45条第1款第4项)

419. 保安员删改、扩散保安服务监控影像资料、报警记录(第45条第1款第5项)

420. 保安员侵犯个人隐私、泄露保密信息(第45条第1款第6项)

421. 未按规定进行保安员培训(第47条)

(四十二)《保安培训机构管理办法》(部门规章)

422. 非法获取保安培训许可证(第32条第2款)

423. 未按规定办理保安培训机构变更手续(第9条和第33条第1款)

424. 未按规定时间安排保安学员实习(第14条第1款和第33条第1款)

425. 非法提供保安服务(第14条第2款和第33条第1款)

426. 未按规定签订保安培训合同(第19条和第33条第1款)

427. 未按规定备案保安培训合同式样(第19条和第33条第1款)

428. 发布虚假招生广告(第21条和第33条第2款)

429. 非法传授侦察技术手段(第15条第2款和第34条第2款)

430. 未按规定内容、计划进行保安培训(第13条和第35条)

431. 未按规定颁发保安培训结业证书(第16条和第35条)

432. 未按规定建立保安学员档案管理制度(第17条第1款和第35条)

433. 未按规定保存保安学员文书档案(第17条第1款和第35条)

对保安培训机构因未按规定建立保安学员档案管理制度而未按规定保存保安学员文书档案的,违法行为名称表述为"未按规定建立保安学员档案管理制度"。

434. 未按规定备案保安学员、师资人员档案(第17条第2款和第35条)

435. 违规收取保安培训费用(第18条和第35条)

436. 转包、违规委托保安培训业务(第20条和第35条)

(四十三)《金融机构营业场所和金库安全防范设施建设许可实施办法》(部门规章)

437. 安全防范设施建设方案未经许可施工(第16条)

438. 安全防范设施建设工程未经验收投入使用(第17条)

(四十四)《中华人民共和国安全生产法》(法律)

439. 发生生产安全事故逃匿(第106条第1款)

(四十五)《中华人民共和国收养法》(法律)

440. 出卖亲生子女(第31条第3款)

(四十六)《拘留所条例实施办法》(部门规章)

441. 担保人不履行担保义务(第57条第3款)

……

公安机关涉案财物管理若干规定

(2015年7月22日 公通字〔2015〕21号)

第一章 总 则

第一条 为进一步规范公安机关涉案财物管理工作,保护公民、法人和其他组织的合法财产权益,保障办案工作依法有序进行,根据有关法律、法规和规章,制定本规定。

第二条 本规定所称涉案财物,是指公安机关在办理刑事案件和行政案件过程中,依法采取查封、扣押、冻结、扣留、调取、先行登记保存、抽样取证、追缴、收缴等措施提取或者固定,以及从其他单位和个人接收的与案件有关的物品、文件和款项,包括:

(一)违法犯罪所得及其孳息;

(二)用于实施违法犯罪行为的工具;

(三)非法持有的淫秽物品、毒品等违禁品;

(四)其他可以证明违法犯罪行为发生、违法犯罪行为情节轻重的物品和文件。

第三条 涉案财物管理实行办案与管理相分离、来源去向明晰、依法及时处理、全面接受监督的原则。

第四条 公安机关管理涉案财物,必须严格依法进行。任何单位和个人不得贪污、挪用、私分、调换、截留、坐支、损毁、擅自处理涉案财物。

对于涉及国家秘密、商业秘密、个人隐私的涉案财物,应当保密。

第五条 对涉案财物采取措施,应当严格依照法定条件和程序进行,履行相关法律手续,开具相应法律文书。严禁在刑事案件立案之前或者行政案件受案之前对财物采取查封、扣押、冻结、扣留措施,但有关法律、行政法规另有规定的除外。

第六条 公安机关对涉案财物采取措施后,应当及时进行审查。经查明确实与案件无关的,应当在三日以内予以解除、退还,并通知有关当事人。对与本案无关,但有证据证明涉及其他部门管辖的违纪、违法、犯罪行为的财物,应当依照相关法律规定,连同有关线索移送有管辖权的部门处理。

对涉案财物采取措施,应当为违法犯罪嫌疑人及其所扶养的亲属保留必需的生活费用和物品;根据案件具体情况,在保证侦查活动正常进行的同时,可以允许有关当事人继续合理使用有关涉案财物,并采取必要的保值保管措施,以减少侦查办案对正常办公和合法生产经营的影响。

第七条 公安机关对涉案财物进行保管、鉴定、估价、公告等,不得向当事人收取费用。

第二章 涉案财物的保管

第八条 公安机关应当完善涉案财物管理制度,建立办案部门与保管部门、办案人员与保管人员相互制约制度。

公安机关应当指定一个部门作为涉案财物管理部门,负责对涉案财物实行统一管理,并设立或者指定专门保管场所,对各办案部门经手的全部涉案财物或者价值较大、管理难度较高的涉案财物进行集中保管。涉案财物集中保管的范围,由地方公安机关根据本地区实际情况确定。

对于价值较低、易于保管,或者需要作为证据继续使用,以及需要先行返还被害人、被侵害人的涉案财物,可以由办案部门设置专门的场所进行保管。

办案部门应当指定不承担办案工作的民警负责本部门涉案财物的接收、保管、移交等管理工作;严禁由办案人员自行保管涉案财物。

第九条 公安机关应当设立或者指定账户,作为本机关涉案款项管理的唯一合规账户。

办案部门扣押涉案款项后,应当立即将其移交涉案财物管理部门。涉案财物管理部门应当对涉案款项逐案设立明细账,存入唯一合规账户,并将存款回执交办案部门附卷保存。但是,对于具有特定特征、能够证明某些案件事实而需要作为证据使用的现金,应当交由涉案财物管理部门或者办案部门涉案财物管理人员,作为涉案物品进行管理,不再存入唯一合规账户。

第十条 公安机关应当建立涉案财物集中管理信息系统,对涉案财物信息进行实时、全程录入和管理,并与执法办案信息系统关联。涉案财物管理人员应当对所有涉案财物逐一编号,并将案由、来源、财物基本情况、保管状态、场所和去向等信息录入信息系统。

第十一条 对于不同案件、不同种类的涉案财物,应当分案、分类保管。

涉案财物保管场所和保管措施应当适合被保管财物的特性,符合防火、防盗、防潮、防蛀、防磁、防腐蚀等安全要求。涉案财物保管场所应当安装视频监控设备,并配备必要的储物容器、一次性储物袋、计量工具等物品。有条件的地方,可以会同人民法院、人民检察院等部门,建立多部门共用的涉案财物管理中心,对涉案财物进行统一管理。

对于易燃、易爆、毒害性、放射性等危险物品,鲜活动植物,大宗物品,车辆、船舶、航空器等大型交通工具,以及其他对保管条件、保管场所有特殊要求的涉案财物,应当存放在符合条件的专门场所。公安机关没有具备保管条件的场所的,可以委托具有相应条件、资质或者管理能力的单位代为保管。

依法对文物、金银、珠宝、名贵字画等贵重财物采取查封、扣押、扣留等措施的,应当拍照或者录像,并及时鉴定、估价;必要时,可以实行双人保管。

未经涉案财物管理部门或者管理涉案财物的办案部门负责人批准,除保管人员以外的其他人员不得进入涉案财物保管场所。

第十二条 办案人员依法提取涉案财物后,应当在二十四小时以内按照规定将其移交涉案财物管理部门或者本部门的涉案财物管理人员,并办理移交手续。

对于采取查封、冻结、先行登记保存等措施后不在公安机关保管的涉案财物,办案人员应当在采取有关措施后的二十四小时以内,将相关法律文书和清单的复印件移交涉案财物管理人员予以登记。

第十三条 因情况紧急,需要在提取后的二十四小时以内开展鉴定、辨认、检验、检查等工作的,经办案部门负责人批准,可以在上述工作完成后的二十四小时以内将涉案财物移交涉案财物管理人员,并办理移交手续。

异地办案或者在偏远、交通不便地区办案的,应当在返回办案单位后的二十四小时以内办理移交手续;行政案件在提取后的二十四小时以内已将涉案财物处理完毕的,可以不办理移交手续,但应当将处理涉案财物的相关手续附卷保存。

第十四条 涉案财物管理人员对办案人员移交的涉案财物,应当对照有关法律文书当场查验核对、登记入册,并与办案人员共同签名。

对于缺少法律文书、法律文书对必要事项记载不全或者实物与法律文书记载严重不符的,涉案财物管理人员可以拒绝接收涉案财物,并应当要求办案人员补齐相关法律文书、信息或者财物。

第十五条 因讯问、询问、鉴定、辨认、检验、检查等办案工作需要,经办案部门负责人批准,办案人员可以向涉案财物管理人员调用涉案财物。调用结束后,应当在二十四小时以内将涉案财物归还涉案财物管理人员。

因宣传教育等工作需要调用涉案财物的,应当经公安机关负责人批准。

涉案财物管理人员应当详细登记调用人、审批人、时间、事由、期限、调用的涉案财物状况等事项。

第十六条 调用人应当妥善保管和使用涉案财物。调用人归还涉案财物时,涉案财物管理人员应当进行检查、核对。对于有损毁、短少、调换、灭失等情况的,涉案财物管理人员应当如实记录,并报告调用人所属部门负责人和涉案财物管理部门负责人。因鉴定取样等事由导致涉案财物出现合理损耗的,不需要报告,但调用人应当向涉案财物管理人员提供相应证明材料和书面说明。

调用人未按照登记的调用时间归还涉案财物的,涉案财物管理人员应当报告调用人所属部门负责人;有关负责人应当责令调用人立即归还涉案财物。确需继续调用涉案财物的,调用人应当按照原批准程序办理延期手续,并交由涉案财物管理人员留存。

第十七条 办案部门扣押、扣留涉案车辆时,应当认真查验车辆特征,并在清单或者行政强制措施凭证中详细载明当事人的基本情况、案由、厂牌型号、识别代码、牌照号码、行驶里程、重要装备、车身颜色、车辆状况等情况。

对车辆内的物品,办案部门应当仔细清点。对与案件有关,需要作为证据使用的,应当依法扣押;与案件无关的,通知当事人或者其家属、委托的人领取。

公安机关应当对管理的所有涉案车辆进行专门编号登记,严格管理,妥善保管,非因法定事由并经公安机关负责人批准,不得调用。

对船舶、航空器等交通工具采取措施和进行管理,参照前三款规定办理。

第三章　涉案财物的处理

第十八条 公安机关应当依据有关法律规定,及时办理涉案财物的移送、返还、变卖、拍卖、销毁、上缴国库等工作。

对刑事案件中作为证据使用的涉案财物,应当随案移送;对于危险品、大宗大型物品以及容易腐烂变质等不宜随案移送的物品,应当移送相关清单、照片或者其他证明文件。

第十九条 有关违法犯罪事实查证属实后,对于有证据证明权属明确且无争议的被害人、被侵害人合法财产及其孳息,凡返还不损害其他被害人、被侵害人或者利害关系人的利益,不影响案件正常办理的,应当在登记、拍照或者录像和估价后,报经县级以上公安机关负责人批准,开具发还清单并返还被害人、被侵害人。办案人员应当在案卷材料中注明返还的理由,并将原物照片、发还清单和被害人、被侵害人的领取手续存卷备查。

领取人应当是涉案财物的合法权利人或者其委托的人,办案人员或者公安机关其他工作人员不得代为领取。

第二十条 对于刑事案件依法撤销、行政案件因违法事实不能成立而作出不予行政处罚决定的,除依照法律、行政法规有关规定另行处理的以外,公安机关应当解除对涉案财物采取的相关措施并返还当事人。

人民检察院决定不起诉、人民法院作出无罪判决,涉案财物由公安机关管理的,公安机关应当根据人民检察院的书面通知或者人民法院的生效判决,解除对涉案财物采取的相关措施并返还当事人。

人民法院作出有罪判决,涉案财物由公安机关管理的,公安机关应当根据人民法院的生效判决,对涉案财物作出处理。人民法院的判决没有明确涉案财物如何处理的,公安机关应当征求人民法院意见。

第二十一条 对于因自身材质原因易损毁、灭失、腐烂、变质而不宜长期保存的食品、药品及其原材料等物品,长期不使用容易导致机械性能下降、价值贬损的车辆、船舶等物品,市场价格波动大的债券、股票、基金份额等财产和有效期即将届满的汇票、本票、支票等,权利人明确的,经其本人书面同意或者申请,并经县级以上公安机关主要负责人批准,可以依法变卖、拍卖,所得款项存入本单位唯一合规账户;其中,对于冻结的债券、股票、基金份额等财产,有对应的银行账户的,应当将变现后的款项继续冻结在对应账户中。

对涉案财物的变卖、拍卖应当坚持公开、公平原则,由县级以上公安机关商本级人民政府财政部门统一组织实施,严禁暗箱操作。

善意第三人等案外人与涉案财物处理存在利害关系的,公安机关应当告知其相关诉讼权利。

第二十二条 公安机关在对违法行为人、犯罪嫌疑人依法作出限制人身自由的处罚或者采取限制人身自由的强制措施时,对其随身携带的与案件无关的财物,应当按照《公安机关代为保管涉案人员随身财物若干规定》有关要求办理。

第二十三条 对于违法行为人、犯罪嫌疑人或者其家属、亲友给予被害人、被侵害人退、赔款物的,公安机关应当通知其向被害人、被侵害人或者其家属、委托的人直接交付,并将退、赔情况及时书面告知公安机关。公安机关不得将退、赔款物作为涉案财物扣押或者暂存,但需要作为证据使用的除外。

被害人、被侵害人或者其家属、委托的人不愿意当面接收的,经其书面同意或者申请,公安机关可以记录其银行账号,通知违法行为人、犯罪嫌疑人或者其家属、亲友将退、赔款项汇入该账户。

公安机关应当将双方的退赔协议或者交付手续复印附卷保存,并将退赔履行情况记录在案。

第四章 监督与救济

第二十四条 公安机关应当将涉案财物管理工作纳入执法监督和执法质量考评范围;定期或者不定期组织有关部门对本机关及办案部门负责管理的涉案财物进行核查,防止涉案财物损毁、灭失或者被挪用、不按规定及时移交、移送、返还、处理等;发现违法采取措施或者管理不当的,应当责令有关部门及时纠正。

第二十五条 公安机关纪检、监察、警务督察、审计、装备财务、警务保障、法制等部门在各自职权范围内对涉案财物管理工作进行监督。

公安机关负责人在审批案件时,应当对涉案财物情况一并进行严格审查,发现对涉案财物采取措施或者处理不合法、不适当的,应当责令有关部门立即予以纠正。

法制部门在审核案件时,发现对涉案财物采取措施或者处理不合法、不适当的,应当通知办案部门及时予以纠正。

第二十六条 办案人员有下列行为之一的,应当根据其行为的情节和后果,依照有关规定追究责任;涉嫌犯罪的,移交司法机关依法处理:

(一)对涉案财物采取措施违反法定程序的;

(二)对明知与案件无关的财物采取查封、扣押、冻结等措施的;

(三)不按照规定向当事人出具有关法律文书的;

(四)提取涉案财物后,在规定的时限内无正当理由不向涉案财物管理人员移交涉案财物的;

(五)擅自处置涉案财物的;

(六)依法应当将有关财物返还当事人而拒不返还,或者向当事人及其家属等索取费用的;

(七)因故意或者过失,致使涉案财物损毁、灭失的;

(八)其他违反法律规定的行为。

案件审批人、审核人对于前款规定情形的发生负有责任的,依照前款规定处理。

第二十七条 涉案财物管理人员不严格履行管理职责,有下列行为之一的,应当根据其行为的情节和后果,依照有关规定追究责任;涉嫌犯罪的,移交司法机关依法处理:

(一)未按照规定严格履行涉案财物登记、移交、调用等手续的;

(二)因故意或者过失,致使涉案财物损毁、灭失的;

(三)发现办案人员不按照规定移交、使用涉案财物而不及时报告的;

(四)其他不严格履行管理职责的行为。

调用人有前款第一项、第二项行为的,依照前款规定处理。

第二十八条 对于贪污、挪用、私分、调换、截留、坐支、损毁涉案财物,以及在涉案财物拍卖、变卖过程中弄虚作假、中饱私囊的有关领导和直接责任人员,应当依照有关规定追究责任;涉嫌犯罪的,移交司法机关依法处理。

第二十九条 公安机关及其工作人员违反涉案财物管理规定,给当事人造成损失的,公安机关应当依法予以赔偿,并责令有故意或者重大过失的有关领导和直接责任人员承担部分或者全部赔偿费用。

第三十条 在对涉案财物采取措施、管理和处置过程中,公安机关及其工作人员存在违法违规行为,损害当事人合法财产权益的,当事人和辩护人、诉讼代理人、利害关系人有权向公安机关提出投诉、控告、举报、复议或者国家赔偿。公安机关应当依法及时受理,并依照有关规定进行处理;对于情况属实的,应当予以纠正。

上级公安机关发现下级公安机关存在前款规定的违法违规行为,或者对投诉、控告、举报或者复议事项不按照规定处理的,应当责令下级公安机关限期纠正,下级公安机关应当立即执行。

第五章 附 则

第三十一条 各地公安机关可以根据本规定,结合本地和各警种实际情况,制定实施细则,并报上一级公安机关备案。

第三十二条 本规定自 2015 年 9 月 1 日起施行。2010 年 11 月 4 日印发的《公安机关涉案财物管理若干规定》(公通字〔2010〕57 号)同时废止。公安部此前制定的有关涉案财物管理的规范性文件与本规定不一致的,以本规定为准。

公安机关受理行政执法机关移送涉嫌犯罪案件规定

(2016年6月16日　公通字〔2016〕16号)

第一条　为规范公安机关受理行政执法机关移送涉嫌犯罪案件工作,完善行政执法与刑事司法衔接工作机制,根据有关法律、法规,制定本规定。

第二条　对行政执法机关移送的涉嫌犯罪案件,公安机关应当接受,及时录入执法办案信息系统,并检查是否附有下列材料:

(一)案件移送书,载明移送机关名称、行政违法行为涉嫌犯罪罪名、案件主办人及联系电话等。案件移送书应当附移送材料清单,并加盖移送机关公章;

(二)案件调查报告,载明案件来源、查获情况、嫌疑人基本情况、涉嫌犯罪的事实、证据和法律依据、处理建议等;

(三)涉案物品清单,载明涉案物品的名称、数量、特征、存放地等事项,并附采取行政强制措施、现场笔录等表明涉案物品来源的相关材料;

(四)附有鉴定机构和鉴定人资质证明或者其他证明文件的检验报告或者鉴定意见;

(五)现场照片、询问笔录、电子数据、视听资料、认定意见、责令整改通知书等其他与案件有关的证据材料。

移送材料表明移送案件的行政执法机关已经或者曾经作出有关行政处罚决定的,应当检查是否附有有关行政处罚决定书。

对材料不全的,应当在接受案件的二十四小时内书面告知移送的行政执法机关在三日内补正。但不得以材料不全为由,不接受移送案件。

第三条　对接受的案件,公安机关应当按照下列情形分别处理:

(一)对属于本公安机关管辖的,迅速进行立案审查;

(二)对属于公安机关管辖但不属于本公安机关管辖的,移送有管辖权的公安机关,并书面告知移送案件的行政执法机关;

(三)对不属于公安机关管辖的,退回移送案件的行政执法机关,并书面说明理由。

第四条　对接受的案件,公安机关应当立即审查,并在规定的时间内作出立案或者不立案的决定。

决定立案的,应当书面通知移送案件的行政执法机关。对决定不立案的,应当说明理由,制作不予立案通知书,连同案卷材料在三日内送达移送案件的行政执法机关。

第五条 公安机关审查发现涉嫌犯罪案件移送材料不全、证据不充分的,可以就证明有犯罪事实的相关证据要求等提出补充调查意见,商请移送案件的行政执法机关补充调查。必要时,公安机关可以自行调查。

第六条 对决定立案的,公安机关应当自立案之日起三日内与行政执法机关交接涉案物品以及与案件有关的其他证据材料。

对保管条件、保管场所有特殊要求的涉案物品,公安机关可以在采取必要措施固定留取证据后,商请行政执法机关代为保管。

移送案件的行政执法机关在移送案件后,需要作出责令停产停业、吊销许可证等行政处罚,或者在相关行政复议、行政诉讼中,需要使用已移送公安机关证据材料的,公安机关应当协助。

第七条 单位或者个人认为行政执法机关办理的行政案件涉嫌犯罪,向公安机关报案、控告、举报或者自首的,公安机关应当接受,不得要求相关单位或者人员先行向行政执法机关报案、控告、举报或者自首。

第八条 对行政执法机关移送的涉嫌犯罪案件,公安机关立案后决定撤销案件的,应当将撤销案件决定书连同案卷材料送达移送案件的行政执法机关。对依法应当追究行政法律责任的,可以同时向行政执法机关提出书面建议。

第九条 公安机关应当定期总结受理审查行政执法机关移送涉嫌犯罪案件情况,分析衔接工作中存在的问题,并提出意见建议,通报行政执法机关、同级人民检察院。必要时,同时通报本级或者上一级人民政府,或者实行垂直管理的行政执法机关的上一级机关。

第十条 公安机关受理行政执法机关移送涉嫌犯罪案件,依法接受人民检察院的法律监督。

第十一条 公安机关可以根据法律法规,联合同级人民检察院、人民法院、行政执法机关制定行政执法机关移送涉嫌犯罪案件类型、移送标准、证据要求、法律文书等文件。

第十二条 本规定自印发之日起实施。

二、公共秩序与公共安全

中华人民共和国集会游行示威法(节录)

(1989年10月31日第七届全国人民代表大会常务委员会第十次会议通过 根据2009年8月27日第十一届全国人民代表大会常务委员会第十次会议《关于修改部分法律的决定》修正)

……

第四章 法律责任

第二十八条 举行集会、游行、示威,有违反治安管理行为的,依照治安管理处罚法有关规定予以处罚。

举行集会、游行、示威,有下列情形之一的,公安机关可以对其负责人和直接责任人员处以警告或者十五日以下拘留:

(一)未依照本法规定申请或者申请未获许可的;

(二)未按照主管机关许可的目的、方式、标语、口号、起止时间、地点、路线进行,不听制止的。

……

第三十条 扰乱、冲击或者以其他方法破坏依法举行的集会、游行、示威的,公安机关可以处以警告或者十五日以下拘留;情节严重,构成犯罪的,依照刑法有关规定追究刑事责任。

第三十一条 当事人对公安机关依照本法第二十八条第二款或者第三十条的规定给予的拘留处罚决定不服的,可以自接到处罚决定通知之日起五日内,向上一级公安机关提出申诉,上一级公安机关应当自接到申诉之日起五日内作出裁决;对上一级公安机关裁决不服的,可以自接到裁决通知之日起五日内,向人民法院提起诉讼。

第三十二条 在举行集会、游行、示威过程中,破坏公私财物或者侵害他人身体造成伤亡的,除依照刑法或者治安管理处罚法的有关规定可以予以处罚外,还应当依法承担赔偿责任。

第三十三条　公民在本人居住地以外的城市发动、组织当地公民的集会、游行、示威的,公安机关有权予以拘留或者强行遣回原地。

……

中华人民共和国集会游行示威法实施条例(节录)

(1992年5月12日国务院批准　1992年6月16日公安部令第8号发布　根据2011年1月8日《国务院关于废止和修改部分行政法规的决定》修订)

……

第二十三条　依照《集会游行示威法》第二十七条的规定,对非法举行集会、游行、示威或者在集会、游行、示威进行中出现危害公共安全或者严重破坏社会秩序情况的,人民警察有权立即予以制止。对不听制止,需要命令解散的,应当通过广播、喊话等明确方式告知在场人员在限定时间内按照指定通道离开现场。对在限定时间内拒不离去的,人民警察现场负责人有权依照国家有关规定,命令使用警械或者采用其他警用手段强行驱散;对继续滞留现场的人员,可以强行带离现场或者立即予以拘留。

第四章　法律责任

第二十四条　拒绝、阻碍人民警察依法执行维持交通秩序和社会秩序职务,应当给予治安管理处罚的,依照治安管理处罚法的规定予以处罚;构成犯罪的,依法追究刑事责任。

违反本条例第五条的规定,尚不构成犯罪的,依照治安管理处罚法的规定予以处罚。

……

第二十六条　依照《集会游行示威法》第三十三条的规定予以拘留的,公安机关应当在24小时内进行讯问;需要强行遣回原地的,由行为地的主管公安机关制作《强行遣送决定书》,并派人民警察执行。负责执行的人民警察应当将被遣送人送回其居住地,连同《强行遣送决定书》交给被遣送人居住地公安机关,由居住地公安机关依法处理。

第二十七条　依照《集会游行示威法》第二十八条、第三十条以及本条例第二十四条的规定,对当事人给予治安管理处罚的,依照治安管理处罚法规定的程序,由行为地公安机关决定和执行。被处罚人对处罚决定不服的,可以申请复议;对上一级公安机关的复议决定不服的,可以依照法律规定向人民法院提起诉讼。

第二十八条　对于依照《集会游行示威法》第二十七条的规定被强行带离现场或者立即予以拘留的,公安机关应当在24小时以内进行讯问。不需要追究法律责任的,可以令其具结悔过后释放;需要追究法律责任的,依照有关法律规定办理。

第二十九条　在举行集会、游行、示威的过程中,破坏公私财物或者侵害他人身体造成伤亡的,应当依法承担赔偿责任。

……

中华人民共和国突发事件应对法

(2007年8月30日第十届全国人民代表大会常务委员会第二十九次会议通过　2024年6月28日第十四届全国人民代表大会常务委员会第十次会议修订　2024年6月28日中华人民共和国主席令第25号公布　自2024年11月1日起施行)

第一章　总　则

第一条　为了预防和减少突发事件的发生,控制、减轻和消除突发事件引起的严重社会危害,提高突发事件预防和应对能力,规范突发事件应对活动,保护人民生命财产安全,维护国家安全、公共安全、生态环境安全和社会秩序,根据宪法,制定本法。

第二条　本法所称突发事件,是指突然发生,造成或者可能造成严重社会危害,需要采取应急处置措施予以应对的自然灾害、事故灾难、公共卫生事件和社会安全事件。

突发事件的预防与应急准备、监测与预警、应急处置与救援、事后恢复与重建等应对活动,适用本法。

《中华人民共和国传染病防治法》等有关法律对突发公共卫生事件应对作出规定的,适用其规定。有关法律没有规定的,适用本法。

第三条 按照社会危害程度、影响范围等因素,突发自然灾害、事故灾难、公共卫生事件分为特别重大、重大、较大和一般四级。法律、行政法规或者国务院另有规定的,从其规定。

突发事件的分级标准由国务院或者国务院确定的部门制定。

第四条 突发事件应对工作坚持中国共产党的领导,坚持以马克思列宁主义、毛泽东思想、邓小平理论、"三个代表"重要思想、科学发展观、习近平新时代中国特色社会主义思想为指导,建立健全集中统一、高效权威的中国特色突发事件应对工作领导体制,完善党委领导、政府负责、部门联动、军地联合、社会协同、公众参与、科技支撑、法治保障的治理体系。

第五条 突发事件应对工作应当坚持总体国家安全观,统筹发展与安全;坚持人民至上、生命至上;坚持依法科学应对,尊重和保障人权;坚持预防为主、预防与应急相结合。

第六条 国家建立有效的社会动员机制,组织动员企业事业单位、社会组织、志愿者等各方力量依法有序参与突发事件应对工作,增强全民的公共安全和防范风险的意识,提高全社会的避险救助能力。

第七条 国家建立健全突发事件信息发布制度。有关人民政府和部门应当及时向社会公布突发事件相关信息和有关突发事件应对的决定、命令、措施等信息。

任何单位和个人不得编造、故意传播有关突发事件的虚假信息。有关人民政府和部门发现影响或者可能影响社会稳定、扰乱社会和经济管理秩序的虚假或者不完整信息的,应当及时发布准确的信息予以澄清。

第八条 国家建立健全突发事件新闻采访报道制度。有关人民政府和部门应当做好新闻媒体服务引导工作,支持新闻媒体开展采访报道和舆论监督。

新闻媒体采访报道突发事件应当及时、准确、客观、公正。

新闻媒体应当开展突发事件应对法律法规、预防与应急、自救与互救知识等的公益宣传。

第九条 国家建立突发事件应对工作投诉、举报制度,公布统一的投诉、举报方式。

对于不履行或者不正确履行突发事件应对工作职责的行为,任何单位和个人有权向有关人民政府和部门投诉、举报。

接到投诉、举报的人民政府和部门应当依照规定立即组织调查处理,并将调查处理结果以适当方式告知投诉人、举报人;投诉、举报事项不属于其职责的,应当及时移送有关机关处理。

有关人民政府和部门对投诉人、举报人的相关信息应当予以保密,保护投诉人、举报人的合法权益。

第十条　突发事件应对措施应当与突发事件可能造成的社会危害的性质、程度和范围相适应;有多种措施可供选择的,应当选择有利于最大程度地保护公民、法人和其他组织权益,且对他人权益损害和生态环境影响较小的措施,并根据情况变化及时调整,做到科学、精准、有效。

第十一条　国家在突发事件应对工作中,应当对未成年人、老年人、残疾人、孕产期和哺乳期的妇女、需要及时就医的伤病人员等群体给予特殊、优先保护。

第十二条　县级以上人民政府及其部门为应对突发事件的紧急需要,可以征用单位和个人的设备、设施、场地、交通工具等财产。被征用的财产在使用完毕或者突发事件应急处置工作结束后,应当及时返还。财产被征用或者征用后毁损、灭失的,应当给予公平、合理的补偿。

第十三条　因依法采取突发事件应对措施,致使诉讼、监察调查、行政复议、仲裁、国家赔偿等活动不能正常进行的,适用有关时效中止和程序中止的规定,法律另有规定的除外。

第十四条　中华人民共和国政府在突发事件的预防与应急准备、监测与预警、应急处置与救援、事后恢复与重建等方面,同外国政府和有关国际组织开展合作与交流。

第十五条　对在突发事件应对工作中做出突出贡献的单位和个人,按照国家有关规定给予表彰、奖励。

第二章　管理与指挥体制

第十六条　国家建立统一指挥、专常兼备、反应灵敏、上下联动的应急管理体制和综合协调、分类管理、分级负责、属地管理为主的工作体系。

第十七条　县级人民政府对本行政区域内突发事件的应对管理工作负责。突发事件发生后,发生地县级人民政府应当立即采取措施控制事态发展,组织开展应急救援和处置工作,并立即向上一级人民政府报告,必要时可以越级上报,具备条件的,应当进行网络直报或者自动速报。

突发事件发生地县级人民政府不能消除或者不能有效控制突发事件引起的严重社会危害的,应当及时向上级人民政府报告。上级人民政府应当及时采取措施,统一领导应急处置工作。

法律、行政法规规定由国务院有关部门对突发事件应对管理工作负责的,从其规定;地方人民政府应当积极配合并提供必要的支持。

第十八条 突发事件涉及两个以上行政区域的,其应对管理工作由有关行政区域共同的上一级人民政府负责,或者由各有关行政区域的上一级人民政府共同负责。共同负责的人民政府应当按照国家有关规定,建立信息共享和协调配合机制。根据共同应对突发事件的需要,地方人民政府之间可以建立协同应对机制。

第十九条 县级以上人民政府是突发事件应对管理工作的行政领导机关。

国务院在总理领导下研究、决定和部署特别重大突发事件的应对工作;根据实际需要,设立国家突发事件应急指挥机构,负责突发事件应对工作;必要时,国务院可以派出工作组指导有关工作。

县级以上地方人民政府设立由本级人民政府主要负责人、相关部门负责人、国家综合性消防救援队伍和驻当地中国人民解放军、中国人民武装警察部队有关负责人等组成的突发事件应急指挥机构,统一领导、协调本级人民政府各有关部门和下级人民政府开展突发事件应对工作;根据实际需要,设立相关类别突发事件应急指挥机构,组织、协调、指挥突发事件应对工作。

第二十条 突发事件应急指挥机构在突发事件应对过程中可以依法发布有关突发事件应对的决定、命令、措施。突发事件应急指挥机构发布的决定、命令、措施与设立它的人民政府发布的决定、命令、措施具有同等效力,法律责任由设立它的人民政府承担。

第二十一条 县级以上人民政府应急管理部门和卫生健康、公安等有关部门应当在各自职责范围内做好有关突发事件应对管理工作,并指导、协助下级人民政府及其相应部门做好有关突发事件的应对管理工作。

第二十二条 乡级人民政府、街道办事处应当明确专门工作力量,负责突发事件应对有关工作。

居民委员会、村民委员会依法协助人民政府和有关部门做好突发事件应对工作。

第二十三条　公民、法人和其他组织有义务参与突发事件应对工作。

第二十四条　中国人民解放军、中国人民武装警察部队和民兵组织依照本法和其他有关法律、行政法规、军事法规的规定以及国务院、中央军事委员会的命令,参加突发事件的应急救援和处置工作。

第二十五条　县级以上人民政府及其设立的突发事件应急指挥机构发布的有关突发事件应对的决定、命令、措施,应当及时报本级人民代表大会常务委员会备案;突发事件应急处置工作结束后,应当向本级人民代表大会常务委员会作出专项工作报告。

第三章　预防与应急准备

第二十六条　国家建立健全突发事件应急预案体系。

国务院制定国家突发事件总体应急预案,组织制定国家突发事件专项应急预案;国务院有关部门根据各自的职责和国务院相关应急预案,制定国家突发事件部门应急预案并报国务院备案。

地方各级人民政府和县级以上地方人民政府有关部门根据有关法律、法规、规章、上级人民政府及其有关部门的应急预案以及本地区、本部门的实际情况,制定相应的突发事件应急预案并按国务院有关规定备案。

第二十七条　县级以上人民政府应急管理部门指导突发事件应急预案体系建设,综合协调应急预案衔接工作,增强有关应急预案的衔接性和实效性。

第二十八条　应急预案应当根据本法和其他有关法律、法规的规定,针对突发事件的性质、特点和可能造成的社会危害,具体规定突发事件应对管理工作的组织指挥体系与职责和突发事件的预防与预警机制、处置程序、应急保障措施以及事后恢复与重建措施等内容。

应急预案制定机关应当广泛听取有关部门、单位、专家和社会各方面意见,增强应急预案的针对性和可操作性,并根据实际需要、情势变化、应急演练中发现的问题等及时对应急预案作出修订。

应急预案的制定、修订、备案等工作程序和管理办法由国务院规定。

第二十九条　县级以上人民政府应当将突发事件应对工作纳入国民经济和社会发展规划。县级以上人民政府有关部门应当制定突发事件应急体系建设规划。

第三十条　国土空间规划等规划应当符合预防、处置突发事件的需要,统筹安排突发事件应对工作所必需的设备和基础设施建设,合理确定应急避难、封闭隔离、紧急医疗救治等场所,实现日常使用和应急使用的相互转换。

第三十一条 国务院应急管理部门会同卫生健康、自然资源、住房城乡建设等部门统筹、指导全国应急避难场所的建设和管理工作,建立健全应急避难场所标准体系。县级以上地方人民政府负责本行政区域内应急避难场所的规划、建设和管理工作。

第三十二条 国家建立健全突发事件风险评估体系,对可能发生的突发事件进行综合性评估,有针对性地采取有效防范措施,减少突发事件的发生,最大限度减轻突发事件的影响。

第三十三条 县级人民政府应当对本行政区域内容易引发自然灾害、事故灾难和公共卫生事件的危险源、危险区域进行调查、登记、风险评估,定期进行检查、监控,并责令有关单位采取安全防范措施。

省级和设区的市级人民政府应当对本行政区域内容易引发特别重大、重大突发事件的危险源、危险区域进行调查、登记、风险评估,组织进行检查、监控,并责令有关单位采取安全防范措施。

县级以上地方人民政府应当根据情况变化,及时调整危险源、危险区域的登记。登记的危险源、危险区域及其基础信息,应当按照国家有关规定接入突发事件信息系统,并及时向社会公布。

第三十四条 县级人民政府及其有关部门、乡级人民政府、街道办事处、居民委员会、村民委员会应当及时调解处理可能引发社会安全事件的矛盾纠纷。

第三十五条 所有单位应当建立健全安全管理制度,定期开展危险源辨识评估,制定安全防范措施;定期检查本单位各项安全防范措施的落实情况,及时消除事故隐患;掌握并及时处理本单位存在的可能引发社会安全事件的问题,防止矛盾激化和事态扩大;对本单位可能发生的突发事件和采取安全防范措施的情况,应当按照规定及时向所在地人民政府或者有关部门报告。

第三十六条 矿山、金属冶炼、建筑施工单位和易燃易爆物品、危险化学品、放射性物品等危险物品的生产、经营、运输、储存、使用单位,应当制定具体应急预案,配备必要的应急救援器材、设备和物资,并对生产经营场所、有危险物品的建筑物、构筑物及周边环境开展隐患排查,及时采取措施管控风险和消除隐患,防止发生突发事件。

第三十七条 公共交通工具、公共场所和其他人员密集场所的经营单位或者管理单位应当制定具体应急预案,为交通工具和有关场所配备报警装置和必要的应急救援设备、设施，注明其使用方法，并显著标明安全撤离的通道、路线，保证安全通道、出口的畅通。

有关单位应当定期检测、维护其报警装置和应急救援设备、设施，使其处于良好状态，确保正常使用。

第三十八条　县级以上人民政府应当建立健全突发事件应对管理培训制度，对人民政府及其有关部门负有突发事件应对管理职责的工作人员以及居民委员会、村民委员会有关人员定期进行培训。

第三十九条　国家综合性消防救援队伍是应急救援的综合性常备骨干力量，按照国家有关规定执行综合应急救援任务。县级以上人民政府有关部门可以根据实际需要设立专业应急救援队伍。

县级以上人民政府及其有关部门可以建立由成年志愿者组成的应急救援队伍。乡级人民政府、街道办事处和有条件的居民委员会、村民委员会可以建立基层应急救援队伍，及时、就近开展应急救援。单位应当建立由本单位职工组成的专职或者兼职应急救援队伍。

国家鼓励和支持社会力量建立提供社会化应急救援服务的应急救援队伍。社会力量建立的应急救援队伍参与突发事件应对工作应当服从履行统一领导职责或者组织处置突发事件的人民政府、突发事件应急指挥机构的统一指挥。

县级以上人民政府应当推动专业应急救援队伍与非专业应急救援队伍联合培训、联合演练，提高合成应急、协同应急的能力。

第四十条　地方各级人民政府、县级以上人民政府有关部门、有关单位应当为其组建的应急救援队伍购买人身意外伤害保险，配备必要的防护装备和器材，防范和减少应急救援人员的人身伤害风险。

专业应急救援人员应当具备相应的身体条件、专业技能和心理素质，取得国家规定的应急救援职业资格，具体办法由国务院应急管理部门会同国务院有关部门制定。

第四十一条　中国人民解放军、中国人民武装警察部队和民兵组织应当有计划地组织开展应急救援的专门训练。

第四十二条　县级人民政府及其有关部门、乡级人民政府、街道办事处应当组织开展面向社会公众的应急知识宣传普及活动和必要的应急演练。

居民委员会、村民委员会、企业事业单位、社会组织应当根据所在地人民政府的要求，结合各自的实际情况，开展面向居民、村民、职工等的应急知识宣传普及活动和必要的应急演练。

第四十三条 各级各类学校应当把应急教育纳入教育教学计划,对学生及教职工开展应急知识教育和应急演练,培养安全意识,提高自救与互救能力。

教育主管部门应当对学校开展应急教育进行指导和监督,应急管理等部门应当给予支持。

第四十四条 各级人民政府应当将突发事件应对工作所需经费纳入本级预算,并加强资金管理,提高资金使用绩效。

第四十五条 国家按照集中管理、统一调拨、平时服务、灾时应急、采储结合、节约高效的原则,建立健全应急物资储备保障制度,动态更新应急物资储备品种目录,完善重要应急物资的监管、生产、采购、储备、调拨和紧急配送体系,促进安全应急产业发展,优化产业布局。

国家储备物资品种目录、总体发展规划,由国务院发展改革部门会同国务院有关部门拟订。国务院应急管理等部门依据职责制定应急物资储备规划、品种目录,并组织实施。应急物资储备规划应当纳入国家储备总体发展规划。

第四十六条 设区的市级以上人民政府和突发事件易发、多发地区的县级人民政府应当建立应急救援物资、生活必需品和应急处置装备的储备保障制度。

县级以上地方人民政府应当根据本地区的实际情况和突发事件应对工作的需要,依法与有条件的企业签订协议,保障应急救援物资、生活必需品和应急处置装备的生产、供给。有关企业应当根据协议,按照县级以上地方人民政府要求,进行应急救援物资、生活必需品和应急处置装备的生产、供给,并确保符合国家有关产品质量的标准和要求。

国家鼓励公民、法人和其他组织储备基本的应急自救物资和生活必需品。有关部门可以向社会公布相关物资、物品的储备指南和建议清单。

第四十七条 国家建立健全应急运输保障体系,统筹铁路、公路、水运、民航、邮政、快递等运输和服务方式,制定应急运输保障方案,保障应急物资、装备和人员及时运输。

县级以上地方人民政府和有关主管部门应当根据国家应急运输保障方案,结合本地区实际做好应急调度和运力保障,确保运输通道和客货运枢纽畅通。

国家发挥社会力量在应急运输保障中的积极作用。社会力量参与突发事件应急运输保障,应当服从突发事件应急指挥机构的统一指挥。

第四十八条 国家建立健全能源应急保障体系,提高能源安全保障能力,确保受突发事件影响地区的能源供应。

第四十九条 国家建立健全应急通信、应急广播保障体系,加强应急通信系统、应急广播系统建设,确保突发事件应对工作的通信、广播安全畅通。

第五十条 国家建立健全突发事件卫生应急体系,组织开展突发事件中的医疗救治、卫生学调查处置和心理援助等卫生应急工作,有效控制和消除危害。

第五十一条 县级以上人民政府应当加强急救医疗服务网络的建设,配备相应的医疗救治物资、设施设备和人员,提高医疗卫生机构应对各类突发事件的救治能力。

第五十二条 国家鼓励公民、法人和其他组织为突发事件应对工作提供物资、资金、技术支持和捐赠。

接受捐赠的单位应当及时公开接受捐赠的情况和受赠财产的使用、管理情况,接受社会监督。

第五十三条 红十字会在突发事件中,应当对伤病人员和其他受害者提供紧急救援和人道救助,并协助人民政府开展与其职责相关的其他人道主义服务活动。有关人民政府应当给予红十字会支持和资助,保障其依法参与应对突发事件。

慈善组织在发生重大突发事件时开展募捐和救助活动,应当在有关人民政府的统筹协调、有序引导下依法进行。有关人民政府应当通过提供必要的需求信息、政府购买服务等方式,对慈善组织参与应对突发事件、开展应急慈善活动予以支持。

第五十四条 有关单位应当加强应急救援资金、物资的管理,提高使用效率。

任何单位和个人不得截留、挪用、私分或者变相私分应急救援资金、物资。

第五十五条 国家发展保险事业,建立政府支持、社会力量参与、市场化运作的巨灾风险保险体系,并鼓励单位和个人参加保险。

第五十六条 国家加强应急管理基础科学、重点行业领域关键核心技术的研究,加强互联网、云计算、大数据、人工智能等现代技术手段在突发事件应对工作中的应用,鼓励、扶持有条件的教学科研机构、企业培养应急管理人才和科技人才,研发、推广新技术、新材料、新设备和新工具,提高突发事件应对能力。

第五十七条 县级以上人民政府及其有关部门应当建立健全突发事件专家咨询论证制度,发挥专业人员在突发事件应对工作中的作用。

第四章 监测与预警

第五十八条 国家建立健全突发事件监测制度。

县级以上人民政府及其有关部门应当根据自然灾害、事故灾难和公共卫生事件的种类和特点,建立健全基础信息数据库,完善监测网络,划分监测区域,确定监测点,明确监测项目,提供必要的设备、设施,配备专职或者兼职人员,对可能发生的突发事件进行监测。

第五十九条 国务院建立全国统一的突发事件信息系统。

县级以上地方人民政府应当建立或者确定本地区统一的突发事件信息系统,汇集、储存、分析、传输有关突发事件的信息,并与上级人民政府及其有关部门、下级人民政府及其有关部门、专业机构、监测网点和重点企业的突发事件信息系统实现互联互通,加强跨部门、跨地区的信息共享与情报合作。

第六十条 县级以上人民政府及其有关部门、专业机构应当通过多种途径收集突发事件信息。

县级人民政府应当在居民委员会、村民委员会和有关单位建立专职或者兼职信息报告员制度。

公民、法人或者其他组织发现发生突发事件,或者发现可能发生突发事件的异常情况,应当立即向所在地人民政府、有关主管部门或者指定的专业机构报告。接到报告的单位应当按照规定立即核实处理,对于不属于其职责的,应当立即移送相关单位核实处理。

第六十一条 地方各级人民政府应当按照国家有关规定向上级人民政府报送突发事件信息。县级以上人民政府有关主管部门应当向本级人民政府相关部门通报突发事件信息,并报告上级人民政府主管部门。专业机构、监测网点和信息报告员应当及时向所在地人民政府及其有关主管部门报告突发事件信息。

有关单位和人员报送、报告突发事件信息,应当做到及时、客观、真实,不得迟报、谎报、瞒报、漏报,不得授意他人迟报、谎报、瞒报,不得阻碍他人报告。

第六十二条 县级以上地方人民政府应当及时汇总分析突发事件隐患和监测信息,必要时组织相关部门、专业技术人员、专家学者进行会商,对发生突发事件的可能性及其可能造成的影响进行评估;认为可能发生重大或者特别重大突发事件的,应当立即向上级人民政府报告,并向上级人民政府有关部门、当地驻军和可能受到危害的毗邻或者相关地区的人民政府通报,及时采取预防措施。

第六十三条　国家建立健全突发事件预警制度。

可以预警的自然灾害、事故灾难和公共卫生事件的预警级别,按照突发事件发生的紧急程度、发展势态和可能造成的危害程度分为一级、二级、三级和四级,分别用红色、橙色、黄色和蓝色标示,一级为最高级别。

预警级别的划分标准由国务院或者国务院确定的部门制定。

第六十四条　可以预警的自然灾害、事故灾难或者公共卫生事件即将发生或者发生的可能性增大时,县级以上地方人民政府应当根据有关法律、行政法规和国务院规定的权限和程序,发布相应级别的警报,决定并宣布有关地区进入预警期,同时向上一级人民政府报告,必要时可以越级上报;具备条件的,应当进行网络直报或者自动速报;同时向当地驻军和可能受到危害的毗邻或者相关地区的人民政府通报。

发布警报应当明确预警类别、级别、起始时间、可能影响的范围、警示事项、应当采取的措施、发布单位和发布时间等。

第六十五条　国家建立健全突发事件预警发布平台,按照有关规定及时、准确向社会发布突发事件预警信息。

广播、电视、报刊以及网络服务提供者、电信运营商应当按照国家有关规定,建立突发事件预警信息快速发布通道,及时、准确、无偿播发或者刊载突发事件预警信息。

公共场所和其他人员密集场所,应当指定专门人员负责突发事件预警信息接收和传播工作,做好相关设备、设施维护,确保突发事件预警信息及时、准确接收和传播。

第六十六条　发布三级、四级警报,宣布进入预警期后,县级以上地方人民政府应当根据即将发生的突发事件的特点和可能造成的危害,采取下列措施:

(一)启动应急预案;

(二)责令有关部门、专业机构、监测网点和负有特定职责的人员及时收集、报告有关信息,向社会公布反映突发事件信息的渠道,加强对突发事件发生、发展情况的监测、预报和预警工作;

(三)组织有关部门和机构、专业技术人员、有关专家学者,随时对突发事

件信息进行分析评估,预测发生突发事件可能性的大小、影响范围和强度以及可能发生的突发事件的级别;

(四)定时向社会发布与公众有关的突发事件预测信息和分析评估结果,并对相关信息的报道工作进行管理;

(五)及时按照有关规定向社会发布可能受到突发事件危害的警告,宣传避免、减轻危害的常识,公布咨询或者求助电话等联络方式和渠道。

第六十七条　发布一级、二级警报,宣布进入预警期后,县级以上地方人民政府除采取本法第六十六条规定的措施外,还应当针对即将发生的突发事件的特点和可能造成的危害,采取下列一项或者多项措施:

(一)责令应急救援队伍、负有特定职责的人员进入待命状态,并动员后备人员做好参加应急救援和处置工作的准备;

(二)调集应急救援所需物资、设备、工具,准备应急设施和应急避难、封闭隔离、紧急医疗救治等场所,并确保其处于良好状态,随时可以投入正常使用;

(三)加强对重点单位、重要部位和重要基础设施的安全保卫,维护社会治安秩序;

(四)采取必要措施,确保交通、通信、供水、排水、供电、供气、供热、医疗卫生、广播电视、气象等公共设施的安全和正常运行;

(五)及时向社会发布有关采取特定措施避免或者减轻危害的建议、劝告;

(六)转移、疏散或者撤离易受突发事件危害的人员并予以妥善安置,转移重要财产;

(七)关闭或者限制使用易受突发事件危害的场所,控制或者限制容易导致危害扩大的公共场所的活动;

(八)法律、法规、规章规定的其他必要的防范性、保护性措施。

第六十八条　发布警报,宣布进入预警期后,县级以上人民政府应当对重要商品和服务市场情况加强监测,根据实际需要及时保障供应、稳定市场。必要时,国务院和省、自治区、直辖市人民政府可以按照《中华人民共和国价格法》等有关法律规定采取相应措施。

第六十九条　对即将发生或者已经发生的社会安全事件,县级以上地方人民政府及其有关主管部门应当按照规定向上一级人民政府及其有关主管部门报告,必要时可以越级上报,具备条件的,应当进行网络直报或者自动速报。

第七十条　发布突发事件警报的人民政府应当根据事态的发展,按照有关规定适时调整预警级别并重新发布。

有事实证明不可能发生突发事件或者危险已经解除的,发布警报的人民政府应当立即宣布解除警报,终止预警期,并解除已经采取的有关措施。

第五章 应急处置与救援

第七十一条 国家建立健全突发事件应急响应制度。

突发事件的应急响应级别,按照突发事件的性质、特点、可能造成的危害程度和影响范围等因素分为一级、二级、三级和四级,一级为最高级别。

突发事件应急响应级别划分标准由国务院或者国务院确定的部门制定。县级以上人民政府及其有关部门应当在突发事件应急预案中确定应急响应级别。

第七十二条 突发事件发生后,履行统一领导职责或者组织处置突发事件的人民政府应当针对其性质、特点、危害程度和影响范围等,立即启动应急响应,组织有关部门,调动应急救援队伍和社会力量,依照法律、法规、规章和应急预案的规定,采取应急处置措施,并向上级人民政府报告;必要时,可以设立现场指挥部,负责现场应急处置与救援,统一指挥进入突发事件现场的单位和个人。

启动应急响应,应当明确响应事项、级别、预计期限、应急处置措施等。

履行统一领导职责或者组织处置突发事件的人民政府,应当建立协调机制,提供需求信息,引导志愿服务组织和志愿者等社会力量及时有序参与应急处置与救援工作。

第七十三条 自然灾害、事故灾难或者公共卫生事件发生后,履行统一领导职责的人民政府应当采取下列一项或者多项应急处置措施:

(一)组织营救和救治受害人员,转移、疏散、撤离并妥善安置受到威胁的人员以及采取其他救助措施;

(二)迅速控制危险源,标明危险区域,封锁危险场所,划定警戒区,实行交通管制、限制人员流动、封闭管理以及其他控制措施;

(三)立即抢修被损坏的交通、通信、供水、排水、供电、供气、供热、医疗卫生、广播电视、气象等公共设施,向受到危害的人员提供避难场所和生活必需品,实施医疗救护和卫生防疫以及其他保障措施;

(四)禁止或者限制使用有关设备、设施,关闭或者限制使用有关场所,中止人员密集的活动或者可能导致危害扩大的生产经营活动以及采取其他保护措施;

(五)启用本级人民政府设置的财政预备费和储备的应急救援物资,必要时调用其他急需物资、设备、设施、工具；

（六）组织公民、法人和其他组织参加应急救援和处置工作，要求具有特定专长的人员提供服务；

（七）保障食品、饮用水、药品、燃料等基本生活必需品的供应；

（八）依法从严惩处囤积居奇、哄抬价格、牟取暴利、制假售假等扰乱市场秩序的行为，维护市场秩序；

（九）依法从严惩处哄抢财物、干扰破坏应急处置工作等扰乱社会秩序的行为，维护社会治安；

（十）开展生态环境应急监测，保护集中式饮用水水源地等环境敏感目标，控制和处置污染物；

（十一）采取防止发生次生、衍生事件的必要措施。

第七十四条 社会安全事件发生后，组织处置工作的人民政府应当立即启动应急响应，组织有关部门针对事件的性质和特点，依照有关法律、行政法规和国家其他有关规定，采取下列一项或者多项应急处置措施：

（一）强制隔离使用器械相互对抗或者以暴力行为参与冲突的当事人，妥善解决现场纠纷和争端，控制事态发展；

（二）对特定区域内的建筑物、交通工具、设备、设施以及燃料、燃气、电力、水的供应进行控制；

（三）封锁有关场所、道路，查验现场人员的身份证件，限制有关公共场所内的活动；

（四）加强对易受冲击的核心机关和单位的警卫，在国家机关、军事机关、国家通讯社、广播电台、电视台、外国驻华使领馆等单位附近设置临时警戒线；

（五）法律、行政法规和国务院规定的其他必要措施。

第七十五条 发生突发事件，严重影响国民经济正常运行时，国务院或者国务院授权的有关主管部门可以采取保障、控制等必要的应急措施，保障人民群众的基本生活需要，最大限度地减轻突发事件的影响。

第七十六条 履行统一领导职责或者组织处置突发事件的人民政府及其有关部门，必要时可以向单位和个人征用应急救援所需设备、设施、场地、交通工具和其他物资，请求其他地方人民政府及其有关部门提供人力、物力、财力或者技术支援，要求生产、供应生活必需品和应急救援物资的企业组织生产、保证供给，要求提供医疗、交通等公共服务的组织提供相应的服务。

履行统一领导职责或者组织处置突发事件的人民政府和有关主管部门，

应当组织协调运输经营单位,优先运送处置突发事件所需物资、设备、工具、应急救援人员和受到突发事件危害的人员。

履行统一领导职责或者组织处置突发事件的人民政府及其有关部门,应当为受突发事件影响无人照料的无民事行为能力人、限制民事行为能力人提供及时有效帮助;建立健全联系帮扶应急救援人员家庭制度,帮助解决实际困难。

第七十七条 突发事件发生地的居民委员会、村民委员会和其他组织应当按照当地人民政府的决定、命令,进行宣传动员,组织群众开展自救与互救,协助维护社会秩序;情况紧急的,应当立即组织群众开展自救与互救等先期处置工作。

第七十八条 受到自然灾害危害或者发生事故灾难、公共卫生事件的单位,应当立即组织本单位应急救援队伍和工作人员营救受害人员,疏散、撤离、安置受到威胁的人员,控制危险源,标明危险区域,封锁危险场所,并采取其他防止危害扩大的必要措施,同时向所在地县级人民政府报告;对因本单位的问题引发的或者主体是本单位人员的社会安全事件,有关单位应当按照规定上报情况,并迅速派出负责人赶赴现场开展劝解、疏导工作。

突发事件发生地的其他单位应当服从人民政府发布的决定、命令,配合人民政府采取的应急处置措施,做好本单位的应急救援工作,并积极组织人员参加所在地的应急救援和处置工作。

第七十九条 突发事件发生地的个人应当依法服从人民政府、居民委员会、村民委员会或者所属单位的指挥和安排,配合人民政府采取的应急处置措施,积极参加应急救援工作,协助维护社会秩序。

第八十条 国家支持城乡社区组织健全应急工作机制,强化城乡社区综合服务设施和信息平台应急功能,加强与突发事件信息系统数据共享,增强突发事件应急处置中保障群众基本生活和服务群众能力。

第八十一条 国家采取措施,加强心理健康服务体系和人才队伍建设,支持引导心理健康服务人员和社会工作者对受突发事件影响的各类人群开展心理健康教育、心理评估、心理疏导、心理危机干预、心理行为问题诊治等心理援助工作。

第八十二条 对于突发事件遇难人员的遗体,应当按照法律和国家有关规定,科学规范处置,加强卫生防疫,维护逝者尊严。对于逝者的遗物应当妥善保管。

第八十三条 县级以上人民政府及其有关部门根据突发事件应对工作需要,在履行法定职责所必需的范围和限度内,可以要求公民、法人和其他组织提供应急处置与救援需要的信息。公民、法人和其他组织应当予以提供,法律另有规定的除外。县级以上人民政府及其有关部门对获取的相关信息,应当严格保密,并依法保护公民的通信自由和通信秘密。

第八十四条 在突发事件应急处置中,有关单位和个人因依照本法规定配合突发事件应对工作或者履行相关义务,需要获取他人个人信息的,应当依照法律规定的程序和方式取得并确保信息安全,不得非法收集、使用、加工、传输他人个人信息,不得非法买卖、提供或者公开他人个人信息。

第八十五条 因依法履行突发事件应对工作职责或者义务获取的个人信息,只能用于突发事件应对,并在突发事件应对工作结束后予以销毁。确因依法作为证据使用或者调查评估需要留存或者延期销毁的,应当按照规定进行合法性、必要性、安全性评估,并采取相应保护和处理措施,严格依法使用。

第六章 事后恢复与重建

第八十六条 突发事件的威胁和危害得到控制或者消除后,履行统一领导职责或者组织处置突发事件的人民政府应当宣布解除应急响应,停止执行依照本法规定采取的应急处置措施,同时采取或者继续实施必要措施,防止发生自然灾害、事故灾难、公共卫生事件的次生、衍生事件或者重新引发社会安全事件,组织受影响地区尽快恢复社会秩序。

第八十七条 突发事件应急处置工作结束后,履行统一领导职责的人民政府应当立即组织对突发事件造成的影响和损失进行调查评估,制定恢复重建计划,并向上一级人民政府报告。

受突发事件影响地区的人民政府应当及时组织和协调应急管理、卫生健康、公安、交通、铁路、民航、邮政、电信、建设、生态环境、水利、能源、广播电视等有关部门恢复社会秩序,尽快修复被损坏的交通、通信、供水、排水、供电、供气、供热、医疗卫生、水利、广播电视等公共设施。

第八十八条 受突发事件影响地区的人民政府开展恢复重建工作需要上一级人民政府支持的,可以向上一级人民政府提出请求。上一级人民政府应当根据受影响地区遭受的损失和实际情况,提供资金、物资支持和技术指导,组织协调其他地区和有关方面提供资金、物资和人力支援。

第八十九条　国务院根据受突发事件影响地区遭受损失的情况,制定扶持该地区有关行业发展的优惠政策。

受突发事件影响地区的人民政府应当根据本地区遭受的损失和采取应急处置措施的情况,制定救助、补偿、抚慰、抚恤、安置等善后工作计划并组织实施,妥善解决因处置突发事件引发的矛盾纠纷。

第九十条　公民参加应急救援工作或者协助维护社会秩序期间,其所在单位应当保证其工资待遇和福利不变,并可以按照规定给予相应补助。

第九十一条　县级以上人民政府对在应急救援工作中伤亡的人员依法落实工伤待遇、抚恤或者其他保障政策,并组织做好应急救援工作中致病人员的医疗救治工作。

第九十二条　履行统一领导职责的人民政府在突发事件应对工作结束后,应当及时查明突发事件的发生经过和原因,总结突发事件应急处置工作的经验教训,制定改进措施,并向上一级人民政府提出报告。

第九十三条　突发事件应对工作中有关资金、物资的筹集、管理、分配、拨付和使用等情况,应当依法接受审计机关的审计监督。

第九十四条　国家档案主管部门应当建立健全突发事件应对工作相关档案收集、整理、保护、利用工作机制。突发事件应对工作中形成的材料,应当按照国家规定归档,并向相关档案馆移交。

第七章　法律责任

第九十五条　地方各级人民政府和县级以上人民政府有关部门违反本法规定,不履行或者不正确履行法定职责的,由其上级行政机关责令改正;有下列情形之一,由有关机关综合考虑突发事件发生的原因、后果、应对处置情况、行为人过错等因素,对负有责任的领导人员和直接责任人员依法给予处分:

(一)未按照规定采取预防措施,导致发生突发事件,或者未采取必要的防范措施,导致发生次生、衍生事件的;

(二)迟报、谎报、瞒报、漏报或者授意他人迟报、谎报、瞒报以及阻碍他人报告有关突发事件的信息,或者通报、报送、公布虚假信息,造成后果的;

(三)未按照规定及时发布突发事件警报、采取预警期的措施,导致损害发生的;

(四)未按照规定及时采取措施处置突发事件或者处置不当,造成后果的;

(五)违反法律规定采取应对措施,侵犯公民生命健康权益的;

（六）不服从上级人民政府对突发事件应急处置工作的统一领导、指挥和协调的；

（七）未及时组织开展生产自救、恢复重建等善后工作的；

（八）截留、挪用、私分或者变相私分应急救援资金、物资的；

（九）不及时归还征用的单位和个人的财产，或者对被征用财产的单位和个人不按照规定给予补偿的。

第九十六条　有关单位有下列情形之一，由所在地履行统一领导职责的人民政府有关部门责令停产停业，暂扣或者吊销许可证件，并处五万元以上二十万元以下的罚款；情节特别严重的，并处二十万元以上一百万元以下的罚款：

（一）未按照规定采取预防措施，导致发生较大以上突发事件的；

（二）未及时消除已发现的可能引发突发事件的隐患，导致发生较大以上突发事件的；

（三）未做好应急物资储备和应急设备、设施日常维护、检测工作，导致发生较大以上突发事件或者突发事件危害扩大的；

（四）突发事件发生后，不及时组织开展应急救援工作，造成严重后果的。

其他法律对前款行为规定了处罚的，依照较重的规定处罚。

第九十七条　违反本法规定，编造并传播有关突发事件的虚假信息，或者明知是有关突发事件的虚假信息而进行传播的，责令改正，给予警告；造成严重后果的，依法暂停其业务活动或者吊销其许可证件；负有直接责任的人员是公职人员的，还应当依法给予处分。

第九十八条　单位或者个人违反本法规定，不服从所在地人民政府及其有关部门依法发布的决定、命令或者不配合其依法采取的措施的，责令改正；造成严重后果的，依法给予行政处罚；负有直接责任的人员是公职人员的，还应当依法给予处分。

第九十九条　单位或者个人违反本法第八十四条、第八十五条关于个人信息保护规定的，由主管部门依照有关法律规定给予处罚。

第一百条　单位或者个人违反本法规定，导致突发事件发生或者危害扩大，造成人身、财产或者其他损害的，应当依法承担民事责任。

第一百零一条　为了使本人或者他人的人身、财产免受正在发生的危险而采取避险措施的，依照《中华人民共和国民法典》、《中华人民共和国刑法》等法律关于紧急避险的规定处理。

第一百零二条 违反本法规定,构成违反治安管理行为的,依法给予治安管理处罚;构成犯罪的,依法追究刑事责任。

第八章 附 则

第一百零三条 发生特别重大突发事件,对人民生命财产安全、国家安全、公共安全、生态环境安全或者社会秩序构成重大威胁,采取本法和其他有关法律、法规、规章规定的应急处置措施不能消除或者有效控制、减轻其严重社会危害,需要进入紧急状态的,由全国人民代表大会常务委员会或者国务院依照宪法和其他有关法律规定的权限和程序决定。

紧急状态期间采取的非常措施,依照有关法律规定执行或者由全国人民代表大会常务委员会另行规定。

第一百零四条 中华人民共和国领域外发生突发事件,造成或者可能造成中华人民共和国公民、法人和其他组织人身伤亡、财产损失的,由国务院外交部门会同国务院其他有关部门、有关地方人民政府,按照国家有关规定做好应对工作。

第一百零五条 在中华人民共和国境内的外国人、无国籍人应当遵守本法,服从所在地人民政府及其有关部门依法发布的决定、命令,并配合其依法采取的措施。

第一百零六条 本法自2024年11月1日起施行。

突发事件应急预案管理办法

(2024年1月31日 国办发〔2024〕5号)

第一章 总 则

第一条 为加强突发事件应急预案(以下简称应急预案)体系建设,规范应急预案管理,增强应急预案的针对性、实用性和可操作性,依据《中华人民共和国突发事件应对法》等法律、行政法规,制定本办法。

第二条 本办法所称应急预案,是指各级人民政府及其部门、基层组织、企事业单位和社会组织等为依法、迅速、科学、有序应对突发事件,最大程度减少突发事件及其造成的损害而预先制定的方案。

第三条　应急预案的规划、编制、审批、发布、备案、培训、宣传、演练、评估、修订等工作,适用本办法。

第四条　应急预案管理遵循统一规划、综合协调、分类指导、分级负责、动态管理的原则。

第五条　国务院统一领导全国应急预案体系建设和管理工作,县级以上地方人民政府负责领导本行政区域内应急预案体系建设和管理工作。

突发事件应对有关部门在各自职责范围内,负责本部门(行业、领域)应急预案管理工作;县级以上人民政府应急管理部门负责指导应急预案管理工作,综合协调应急预案衔接工作。

第六条　国务院应急管理部门统筹协调各地区各部门应急预案数据库管理,推动实现应急预案数据共享共用。各地区各部门负责本行政区域、本部门(行业、领域)应急预案数据管理。

县级以上人民政府及其有关部门要注重运用信息化数字化智能化技术,推进应急预案管理理念、模式、手段、方法等创新,充分发挥应急预案牵引应急准备、指导处置救援的作用。

第二章　分类与内容

第七条　按照制定主体划分,应急预案分为政府及其部门应急预案、单位和基层组织应急预案两大类。

政府及其部门应急预案包括总体应急预案、专项应急预案、部门应急预案等。

单位和基层组织应急预案包括企事业单位、村民委员会、居民委员会、社会组织等编制的应急预案。

第八条　总体应急预案是人民政府组织应对突发事件的总体制度安排。

总体应急预案围绕突发事件事前、事中、事后全过程,主要明确应对工作的总体要求、事件分类分级、预案体系构成、组织指挥体系与职责,以及风险防控、监测预警、处置救援、应急保障、恢复重建、预案管理等内容。

第九条　专项应急预案是人民政府为应对某一类型或某几种类型突发事件,或者针对重要目标保护、重大活动保障、应急保障等重要专项工作而预先制定的涉及多个部门职责的方案。

部门应急预案是人民政府有关部门根据总体应急预案、专项应急预案和部门职责,为应对本部门(行业、领域)突发事件,或者针对重要目标保护、重大活动保障、应急保障等涉及部门工作而预先制定的方案。

第十条　针对突发事件应对的专项和部门应急预案,主要规定县级以上人民政府或有关部门相关突发事件应对工作的组织指挥体系和专项工作安排,不同层级预案内容各有侧重,涉及相邻或相关地方人民政府、部门、单位任务的应当沟通一致后明确。

国家层面专项和部门应急预案侧重明确突发事件的应对原则、组织指挥机制、预警分级和事件分级标准、响应分级、信息报告要求、应急保障措施等,重点规范国家层面应对行动,同时体现政策性和指导性。

省级专项和部门应急预案侧重明确突发事件的组织指挥机制、监测预警、分级响应及响应行动、队伍物资保障及市县级人民政府职责等,重点规范省级层面应对行动,同时体现指导性和实用性。

市县级专项和部门应急预案侧重明确突发事件的组织指挥机制、风险管控、监测预警、信息报告、组织自救互救、应急处置措施、现场管控、队伍物资保障等内容,重点规范市(地)级和县级层面应对行动,落实相关任务,细化工作流程,体现应急处置的主体职责和针对性、可操作性。

第十一条　为突发事件应对工作提供通信、交通运输、医学救援、物资装备、能源、资金以及新闻宣传、秩序维护、慈善捐赠、灾害救助等保障功能的专项和部门应急预案侧重明确组织指挥机制、主要任务、资源布局、资源调用或应急响应程序、具体措施等内容。

针对重要基础设施、生命线工程等重要目标保护的专项和部门应急预案,侧重明确关键功能和部位、风险隐患及防范措施、监测预警、信息报告、应急处置和紧急恢复、应急联动等内容。

第十二条　重大活动主办或承办机构应当结合实际情况组织编制重大活动保障应急预案,侧重明确组织指挥体系、主要任务、安全风险及防范措施、应急联动、监测预警、信息报告、应急处置、人员疏散撤离组织和路线等内容。

第十三条　相邻或相关地方人民政府及其有关部门可以联合制定应对区域性、流域性突发事件的联合应急预案,侧重明确地方人民政府及其部门间信息通报、组织指挥体系对接、处置措施衔接、应急资源保障等内容。

第十四条　国家有关部门和超大特大城市人民政府可以结合行业(地区)风险评估实际,制定巨灾应急预案,统筹本部门(行业、领域)、本地区巨灾应对工作。

第十五条　乡镇(街道)应急预案重点规范乡镇(街道)层面应对行动,侧重明确突发事件的预警信息传播、任务分工、处置措施、信息收集报告、现场管理、人员疏散与安置等内容。

村(社区)应急预案侧重明确风险点位、应急响应责任人、预警信息传播与响应、人员转移避险、应急处置措施、应急资源调用等内容。

乡镇(街道)、村(社区)应急预案的形式、要素和内容等,可结合实际灵活确定,力求简明实用,突出人员转移避险,体现先期处置特点。

第十六条 单位应急预案侧重明确应急响应责任人、风险隐患监测、主要任务、信息报告、预警和应急响应、应急处置措施、人员疏散转移、应急资源调用等内容。

大型企业集团可根据相关标准规范和实际工作需要,建立本集团应急预案体系。

安全风险单一、危险性小的生产经营单位,可结合实际简化应急预案要素和内容。

第十七条 应急预案涉及的有关部门、单位等可以结合实际编制应急工作手册,内容一般包括应急响应措施、处置工作程序、应急救援队伍、物资装备、联络人员和电话等。

应急救援队伍、保障力量等应当结合实际情况,针对需要参与突发事件应对的具体任务编制行动方案,侧重明确应急响应、指挥协同、力量编成、行动设想、综合保障、其他有关措施等具体内容。

第三章 规划与编制

第十八条 国务院应急管理部门会同有关部门编制应急预案制修订工作计划,报国务院批准后实施。县级以上地方人民政府应急管理部门应当会同有关部门,针对本行政区域多发易发突发事件、主要风险等,编制本行政区域应急预案制修订工作计划,报本级人民政府批准后实施,并抄送上一级人民政府应急管理部门。

县级以上人民政府有关部门可以结合实际制定本部门(行业、领域)应急预案编制计划,并抄送同级应急管理部门。县级以上地方人民政府有关部门应急预案编制计划同时抄送上一级相应部门。

应急预案编制计划应当根据国民经济和社会发展规划、突发事件应对工作实际,适时予以调整。

第十九条 县级以上人民政府总体应急预案由本级人民政府应急管理部门组织编制,专项应急预案由本级人民政府相关类别突发事件应对牵头部门组织编制。县级以上人民政府部门应急预案,乡级人民政府、单位和基层组织等应急预案由有关制定单位组织编制。

第二十条　应急预案编制部门和单位根据需要组成应急预案编制工作小组,吸收有关部门和单位人员、有关专家及有应急处置工作经验的人员参加。编制工作小组组长由应急预案编制部门或单位有关负责人担任。

第二十一条　编制应急预案应当依据有关法律、法规、规章和标准,紧密结合实际,在开展风险评估、资源调查、案例分析的基础上进行。

风险评估主要是识别突发事件风险及其可能产生的后果和次生(衍生)灾害事件,评估可能造成的危害程度和影响范围等。

资源调查主要是全面调查本地区、本单位应对突发事件可用的应急救援队伍、物资装备、场所和通过改造可以利用的应急资源状况,合作区域内可以请求援助的应急资源状况,重要基础设施容灾保障及备用状况,以及可以通过潜力转换提供应急资源的状况,为制定应急响应措施提供依据。必要时,也可根据突发事件应对需要,对本地区相关单位和居民所掌握的应急资源情况进行调查。

案例分析主要是对典型突发事件的发生演化规律、造成的后果和处置救援等情况进行复盘研究,必要时构建突发事件情景,总结经验教训,明确应对流程、职责任务和应对措施,为制定应急预案提供参考借鉴。

第二十二条　政府及其有关部门在应急预案编制过程中,应当广泛听取意见,组织专家论证,做好与相关应急预案及国防动员实施预案的衔接。涉及其他单位职责的,应当书面征求意见。必要时,向社会公开征求意见。

单位和基层组织在应急预案编制过程中,应根据法律法规要求或实际需要,征求相关公民、法人或其他组织的意见。

第四章　审批、发布、备案

第二十三条　应急预案编制工作小组或牵头单位应当将应急预案送审稿、征求意见情况、编制说明等有关材料报送应急预案审批单位。因保密等原因需要发布应急预案简本的,应当将应急预案简本一并报送审批。

第二十四条　应急预案审核内容主要包括:

(一)预案是否符合有关法律、法规、规章和标准等规定;

(二)预案是否符合上位预案要求并与有关预案有效衔接;

(三)框架结构是否清晰合理,主体内容是否完备;

(四)组织指挥体系与责任分工是否合理明确,应急响应级别设计是否合理,应对措施是否具体简明、管用可行;

（五）各方面意见是否一致；

（六）其他需要审核的内容。

第二十五条　国家总体应急预案按程序报党中央、国务院审批，以党中央、国务院名义印发。专项应急预案由预案编制牵头部门送应急管理部衔接协调后，报国务院审批，以国务院办公厅或者有关应急指挥机构名义印发。部门应急预案由部门会议审议决定，以部门名义印发，涉及其他部门职责的可与有关部门联合印发；必要时，可以由国务院办公厅转发。

地方各级人民政府总体应急预案按程序报本级党委和政府审批，以本级党委和政府名义印发。专项应急预案按程序送本级应急管理部门衔接协调，报本级人民政府审批，以本级人民政府办公厅（室）或者有关应急指挥机构名义印发。部门应急预案审批印发程序按照本级人民政府和上级有关部门的应急预案管理规定执行。

重大活动保障应急预案、巨灾应急预案由本级人民政府或其部门审批，跨行政区域联合应急预案审批由相关人民政府或其授权的部门协商确定，并参照专项应急预案或部门应急预案管理。

单位和基层组织应急预案须经本单位或基层组织主要负责人签发，以本单位或基层组织名义印发，审批方式根据所在地人民政府及有关行业管理部门规定和实际情况确定。

第二十六条　应急预案审批单位应当在应急预案印发后的20个工作日内，将应急预案正式印发文本（含电子文本）及编制说明，依照下列规定向有关单位备案并抄送有关部门：

（一）县级以上地方人民政府总体应急预案报上一级人民政府备案，径送上一级人民政府应急管理部门，同时抄送上一级人民政府有关部门；

（二）县级以上地方人民政府专项应急预案报上一级人民政府相应牵头部门备案，同时抄送上一级人民政府应急管理部门和有关部门；

（三）部门应急预案报本级人民政府备案，径送本级应急管理部门，同时抄送本级有关部门；

（四）联合应急预案按所涉及区域，依据专项应急预案或部门应急预案有关规定备案，同时抄送本地区上一级或共同上一级人民政府应急管理部门和有关部门；

（五）涉及需要与所在地人民政府联合应急处置的中央单位应急预案，应当报所在地县级人民政府备案，同时抄送本级应急管理部门和突发事件应对牵头部门；

（六）乡镇（街道）应急预案报上一级人民政府备案，径送上一级人民政府应急管理部门，同时抄送上一级人民政府有关部门。村（社区）应急预案报乡镇（街道）备案；

（七）中央企业集团总体应急预案报应急管理部备案，抄送企业主管机构、行业主管部门、监管部门；有关专项应急预案向国家突发事件应对牵头部门备案，抄送应急管理部、企业主管机构、行业主管部门、监管部门等有关单位。中央企业集团所属单位、权属企业的总体应急预案按管理权限报所在地人民政府应急管理部门备案，抄送企业主管机构、行业主管部门、监管部门；专项应急预案按管理权限报所在地行业监管部门备案，抄送应急管理部门和有关企业主管机构、行业主管部门。

第二十七条　国务院履行应急预案备案管理职责的部门和省级人民政府应当建立应急预案备案管理制度。县级以上地方人民政府有关部门落实有关规定，指导、督促有关单位做好应急预案备案工作。

第二十八条　政府及其部门应急预案应当在正式印发后 20 个工作日内向社会公开。单位和基层组织应急预案应当在正式印发后 20 个工作日内向本单位以及可能受影响的其他单位和地区公开。

第五章　培训、宣传、演练

第二十九条　应急预案发布后，其编制单位应做好组织实施和解读工作，并跟踪应急预案落实情况，了解有关方面和社会公众的意见建议。

第三十条　应急预案编制单位应当通过编发培训材料、举办培训班、开展工作研讨等方式，对与应急预案实施密切相关的管理人员、专业救援人员等进行培训。

各级人民政府及其有关部门应将应急预案培训作为有关业务培训的重要内容，纳入领导干部、公务员等日常培训内容。

第三十一条　对需要公众广泛参与的非涉密的应急预案，编制单位应当充分利用互联网、广播、电视、报刊等多种媒体广泛宣传，制作通俗易懂、好记管用的宣传普及材料，向公众免费发放。

第三十二条　应急预案编制单位应当建立应急预案演练制度，通过采取形式多样的方式方法，对应急预案所涉及的单位、人员、装备、设施等组织演练。通过演练发现问题、解决问题，进一步修改完善应急预案。

专项应急预案、部门应急预案每3年至少进行一次演练。

地震、台风、风暴潮、洪涝、山洪、滑坡、泥石流、森林草原火灾等自然灾害易发区域所在地人民政府，重要基础设施和城市供水、供电、供气、供油、供热等生命线工程经营管理单位，矿山、金属冶炼、建筑施工单位和易燃易爆物品、化学品、放射性物品等危险物品生产、经营、使用、储存、运输、废弃处置单位，公共交通工具、公共场所和医院、学校等人员密集场所的经营单位或者管理单位等，应当有针对性地组织开展应急预案演练。

第三十三条 应急预案演练组织单位应当加强演练评估，主要内容包括：演练的执行情况，应急预案的实用性和可操作性，指挥协调和应急联动机制运行情况，应急人员的处置情况，演练所用设备装备的适用性，对完善应急预案、应急准备、应急机制、应急措施等方面的意见和建议等。

各地区各有关部门加强对本行政区域、本部门（行业、领域）应急预案演练的评估指导。根据需要，应急管理部门会同有关部门组织对下级人民政府及其有关部门组织的应急预案演练情况进行评估指导。

鼓励委托第三方专业机构进行应急预案演练评估。

第六章 评估与修订

第三十四条 应急预案编制单位应当建立应急预案定期评估制度，分析应急预案内容的针对性、实用性和可操作性等，实现应急预案的动态优化和科学规范管理。

县级以上地方人民政府及其有关部门应急预案原则上每3年评估一次。应急预案的评估工作，可以委托第三方专业机构组织实施。

第三十五条 有下列情形之一的，应当及时修订应急预案：

（一）有关法律、法规、规章、标准、上位预案中的有关规定发生重大变化的；

（二）应急指挥机构及其职责发生重大调整的；

（三）面临的风险发生重大变化的；

（四）重要应急资源发生重大变化的；

（五）在突发事件实际应对和应急演练中发现问题需要作出重大调整的；

（六）应急预案制定单位认为应当修订的其他情况。

第三十六条 应急预案修订涉及组织指挥体系与职责、应急处置程序、主要处置措施、突发事件分级标准等重要内容的，修订工作应参照本办法规定的应急预案编制、审批、备案、发布程序组织进行。仅涉及其他内容的，修订程序可根据情况适当简化。

第三十七条　各级人民政府及其部门、企事业单位、社会组织、公民等,可以向有关应急预案编制单位提出修订建议。

第七章　保障措施

第三十八条　各级人民政府及其有关部门、各有关单位要指定专门机构和人员负责相关具体工作,将应急预案规划、编制、审批、发布、备案、培训、宣传、演练、评估、修订等所需经费纳入预算统筹安排。

第三十九条　国务院有关部门应加强对本部门(行业、领域)应急预案管理工作的指导和监督,并根据需要编写应急预案编制指南。县级以上地方人民政府及其有关部门应对本行政区域、本部门(行业、领域)应急预案管理工作加强指导和监督。

第八章　附　则

第四十条　国务院有关部门、地方各级人民政府及其有关部门、大型企业集团等可根据实际情况,制定相关应急预案管理实施办法。

第四十一条　法律、法规、规章另有规定的从其规定,确需保密的应急预案按有关规定执行。

第四十二条　本办法由国务院应急管理部门负责解释。

第四十三条　本办法自印发之日起施行。

大型群众性活动安全管理条例

(2007年8月29日国务院第190次常务会议通过　2007年9月14日中华人民共和国国务院令第505号公布　自2007年10月1日起施行)

第一章　总　则

第一条　为了加强对大型群众性活动的安全管理,保护公民生命和财产安全,维护社会治安秩序和公共安全,制定本条例。

第二条　本条例所称大型群众性活动,是指法人或者其他组织面向社会公众举办的每场次预计参加人数达到1000人以上的下列活动：

（一）体育比赛活动；

（二）演唱会、音乐会等文艺演出活动；

（三）展览、展销等活动；

（四）游园、灯会、庙会、花会、焰火晚会等活动；

（五）人才招聘会、现场开奖的彩票销售等活动。

影剧院、音乐厅、公园、娱乐场所等在其日常业务范围内举办的活动，不适用本条例的规定。

第三条 大型群众性活动的安全管理应当遵循安全第一、预防为主的方针，坚持承办者负责、政府监管的原则。

第四条 县级以上人民政府公安机关负责大型群众性活动的安全管理工作。

县级以上人民政府其他有关主管部门按照各自的职责，负责大型群众性活动的有关安全工作。

第二章 安全责任

第五条 大型群众性活动的承办者（以下简称承办者）对其承办活动的安全负责，承办者的主要负责人为大型群众性活动的安全责任人。

第六条 举办大型群众性活动，承办者应当制订大型群众性活动安全工作方案。

大型群众性活动安全工作方案包括下列内容：

（一）活动的时间、地点、内容及组织方式；

（二）安全工作人员的数量、任务分配和识别标志；

（三）活动场所消防安全措施；

（四）活动场所可容纳的人员数量以及活动预计参加人数；

（五）治安缓冲区域的设定及其标识；

（六）入场人员的票证查验和安全检查措施；

（七）车辆停放、疏导措施；

（八）现场秩序维护、人员疏导措施；

（九）应急救援预案。

第七条 承办者具体负责下列安全事项：

（一）落实大型群众性活动安全工作方案和安全责任制度，明确安全措施、

安全工作人员岗位职责,开展大型群众性活动安全宣传教育;

(二)保障临时搭建的设施、建筑物的安全,消除安全隐患;

(三)按照负责许可的公安机关的要求,配备必要的安全检查设备,对参加大型群众性活动的人员进行安全检查,对拒不接受安全检查的,承办者有权拒绝其进入;

(四)按照核准的活动场所容纳人员数量、划定的区域发放或者出售门票;

(五)落实医疗救护、灭火、应急疏散等应急救援措施并组织演练;

(六)对妨碍大型群众性活动安全的行为及时予以制止,发现违法犯罪行为及时向公安机关报告;

(七)配备与大型群众性活动安全工作需要相适应的专业保安人员以及其他安全工作人员;

(八)为大型群众性活动的安全工作提供必要的保障。

第八条 大型群众性活动的场所管理者具体负责下列安全事项:

(一)保障活动场所、设施符合国家安全标准和安全规定;

(二)保障疏散通道、安全出口、消防车通道、应急广播、应急照明、疏散指示标志符合法律、法规、技术标准的规定;

(三)保障监控设备和消防设施、器材配置齐全、完好有效;

(四)提供必要的停车场地,并维护安全秩序。

第九条 参加大型群众性活动的人员应当遵守下列规定:

(一)遵守法律、法规和社会公德,不得妨碍社会治安,影响社会秩序;

(二)遵守大型群众性活动场所治安、消防等管理制度,接受安全检查,不得携带爆炸性、易燃性、放射性、毒害性、腐蚀性等危险物质或者非法携带枪支、弹药、管制器具;

(三)服从安全管理,不得展示侮辱性标语、条幅等物品,不得围攻裁判员、运动员或者其他工作人员,不得投掷杂物。

第十条 公安机关应当履行下列职责:

(一)审核承办者提交的大型群众性活动申请材料,实施安全许可;

(二)制订大型群众性活动安全监督方案和突发事件处置预案;

(三)指导对安全工作人员的教育培训;

(四)在大型群众性活动举办前,对活动场所组织安全检查,发现安全隐患及时责令改正;

(五)在大型群众性活动举办过程中,对安全工作的落实情况实施监督检

查,发现安全隐患及时责令改正;

(六)依法查处大型群众性活动中的违法犯罪行为,处置危害公共安全的突发事件。

第三章　安全管理

第十一条　公安机关对大型群众性活动实行安全许可制度。《营业性演出管理条例》对演出活动的安全管理另有规定的,从其规定。

举办大型群众性活动应当符合下列条件:

(一)承办者是依照法定程序成立的法人或者其他组织;

(二)大型群众性活动的内容不得违反宪法、法律、法规的规定,不得违反社会公德;

(三)具有符合本条例规定的安全工作方案,安全责任明确、措施有效;

(四)活动场所、设施符合安全要求。

第十二条　大型群众性活动的预计参加人数在1000人以上5000人以下的,由活动所在地县级人民政府公安机关实施安全许可;预计参加人数在5000人以上的,由活动所在地设区的市级人民政府公安机关或者直辖市人民政府公安机关实施安全许可;跨省、自治区、直辖市举办大型群众性活动的,由国务院公安部门实施安全许可。

第十三条　承办者应当在活动举办日的20日前提出安全许可申请,申请时,应当提交下列材料:

(一)承办者合法成立的证明以及安全责任人的身份证明;

(二)大型群众性活动方案及其说明,2个或者2个以上承办者共同承办大型群众性活动的,还应当提交联合承办的协议;

(三)大型群众性活动安全工作方案;

(四)活动场所管理者同意提供活动场所的证明。

依照法律、行政法规的规定,有关主管部门对大型群众性活动的承办者有资质、资格要求的,还应当提交有关资质、资格证明。

第十四条　公安机关收到申请材料应当依法做出受理或者不予受理的决定。对受理的申请,应当自受理之日起7日内进行审查,对活动场所进行查验,对符合安全条件的,做出许可的决定;对不符合安全条件的,做出不予许可的决定,并书面说明理由。

第十五条　对经安全许可的大型群众性活动,承办者不得擅自变更活动的时间、地点、内容或者扩大大型群众性活动的举办规模。

承办者变更大型群众性活动时间的,应当在原定举办活动时间之前向做出许可决定的公安机关申请变更,经公安机关同意方可变更。

承办者变更大型群众性活动地点、内容以及扩大大型群众性活动举办规模的,应当依照本条例的规定重新申请安全许可。

承办者取消举办大型群众性活动的,应当在原定举办活动时间之前书面告知做出安全许可决定的公安机关,并交回公安机关颁发的准予举办大型群众性活动的安全许可证件。

第十六条 对经安全许可的大型群众性活动,公安机关根据安全需要组织相应警力,维持活动现场周边的治安、交通秩序,预防和处置突发治安事件,查处违法犯罪活动。

第十七条 在大型群众性活动现场负责执行安全管理任务的公安机关工作人员,凭值勤证件进入大型群众性活动现场,依法履行安全管理职责。

公安机关和其他有关主管部门及其工作人员不得向承办者索取门票。

第十八条 承办者发现进入活动场所的人员达到核准数量时,应当立即停止验票;发现持有划定区域以外的门票或者持假票的人员,应当拒绝其入场并向活动现场的公安机关工作人员报告。

第十九条 在大型群众性活动举办过程中发生公共安全事故、治安案件的,安全责任人应当立即启动应急救援预案,并立即报告公安机关。

第四章　法律责任

第二十条 承办者擅自变更大型群众性活动的时间、地点、内容或者擅自扩大大型群众性活动的举办规模的,由公安机关处1万元以上5万元以下罚款;有违法所得的,没收违法所得。

未经公安机关安全许可的大型群众性活动由公安机关予以取缔,对承办者处10万元以上30万元以下罚款。

第二十一条 承办者或者大型群众性活动场所管理者违反本条例规定致使发生重大伤亡事故、治安案件或者造成其他严重后果构成犯罪的,依法追究刑事责任;尚不构成犯罪的,对安全责任人和其他直接责任人员依法给予处分、治安管理处罚,对单位处1万元以上5万元以下罚款。

第二十二条 在大型群众性活动举办过程中发生公共安全事故,安全责任人不立即启动应急救援预案或者不立即向公安机关报告的,由公安机关对安全责任人和其他直接责任人员处5000元以上5万元以下罚款。

第二十三条 参加大型群众性活动的人员有违反本条例第九条规定行为的,由公安机关给予批评教育;有危害社会治安秩序、威胁公共安全行为的,公安机关可以将其强行带离现场,依法给予治安管理处罚;构成犯罪的,依法追究刑事责任。

第二十四条 有关主管部门的工作人员和直接负责的主管人员在履行大型群众性活动安全管理职责中,有滥用职权、玩忽职守、徇私舞弊行为的,依法给予处分;构成犯罪的,依法追究刑事责任。

第五章 附 则

第二十五条 县级以上各级人民政府、国务院部门直接举办的大型群众性活动的安全保卫工作,由举办活动的人民政府、国务院部门负责,不实行安全许可制度,但应当按照本条例的有关规定,责成或者会同有关公安机关制订更加严格的安全保卫工作方案,并组织实施。

第二十六条 本条例自2007年10月1日起施行。

危险化学品安全管理条例

(2002年1月26日中华人民共和国国务院令第344号公布 2011年2月16日国务院第144次常务会议修订通过 根据2013年12月7日《国务院关于修改部分行政法规的决定》修订)

第一章 总 则

第一条 为了加强危险化学品的安全管理,预防和减少危险化学品事故,保障人民群众生命财产安全,保护环境,制定本条例。

第二条 危险化学品生产、储存、使用、经营和运输的安全管理,适用本条例。

废弃危险化学品的处置,依照有关环境保护的法律、行政法规和国家有关规定执行。

第三条 本条例所称危险化学品,是指具有毒害、腐蚀、爆炸、燃烧、助燃等性质,对人体、设施、环境具有危害的剧毒化学品和其他化学品。

危险化学品目录,由国务院安全生产监督管理部门会同国务院工业和信息化、公安、环境保护、卫生、质量监督检验检疫、交通运输、铁路、民用航空、农业主管部门,根据化学品危险特性的鉴别和分类标准确定、公布,并适时调整。

第四条 危险化学品安全管理,应当坚持安全第一、预防为主、综合治理的方针,强化和落实企业的主体责任。

生产、储存、使用、经营、运输危险化学品的单位(以下统称危险化学品单位)的主要负责人对本单位的危险化学品安全管理工作全面负责。

危险化学品单位应当具备法律、行政法规规定和国家标准、行业标准要求的安全条件,建立、健全安全管理规章制度和岗位安全责任制度,对从业人员进行安全教育、法制教育和岗位技术培训。从业人员应当接受教育和培训,考核合格后上岗作业;对有资格要求的岗位,应当配备依法取得相应资格的人员。

第五条 任何单位和个人不得生产、经营、使用国家禁止生产、经营、使用的危险化学品。

国家对危险化学品的使用有限制性规定的,任何单位和个人不得违反限制性规定使用危险化学品。

第六条 对危险化学品的生产、储存、使用、经营、运输实施安全监督管理的有关部门(以下统称负有危险化学品安全监督管理职责的部门),依照下列规定履行职责:

(一)安全生产监督管理部门负责危险化学品安全监督管理综合工作,组织确定、公布、调整危险化学品目录,对新建、改建、扩建生产、储存危险化学品(包括使用长输管道输送危险化学品,下同)的建设项目进行安全条件审查,核发危险化学品安全生产许可证、危险化学品安全使用许可证和危险化学品经营许可证,并负责危险化学品登记工作。

(二)公安机关负责危险化学品的公共安全管理,核发剧毒化学品购买许可证、剧毒化学品道路运输通行证,并负责危险化学品运输车辆的道路交通安全管理。

(三)质量监督检验检疫部门负责核发危险化学品及其包装物、容器(不包括储存危险化学品的固定式大型储罐,下同)生产企业的工业产品生产许可证,并依法对其产品质量实施监督,负责对进出口危险化学品及其包装实施检验。

(四)环境保护主管部门负责废弃危险化学品处置的监督管理,组织危险化学品的环境危害性鉴定和环境风险程度评估,确定实施重点环境管理的危险化学品,负责危险化学品环境管理登记和新化学物质环境管理登记;依照职责分工调查相关危险化学品环境污染事故和生态破坏事件,负责危险化学品事故现场的应急环境监测。

(五)交通运输主管部门负责危险化学品道路运输、水路运输的许可以及运输工具的安全管理,对危险化学品水路运输安全实施监督,负责危险化学品道路运输企业、水路运输企业驾驶人员、船员、装卸管理人员、押运人员、申报人员、集装箱装箱现场检查员的资格认定。铁路监管部门负责危险化学品铁路运输及其运输工具的安全管理。民用航空主管部门负责危险化学品航空运输以及航空运输企业及其运输工具的安全管理。

(六)卫生主管部门负责危险化学品毒性鉴定的管理,负责组织、协调危险化学品事故受伤人员的医疗卫生救援工作。

(七)工商行政管理部门依据有关部门的许可证件,核发危险化学品生产、储存、经营、运输企业营业执照,查处危险化学品经营企业违法采购危险化学品的行为。

(八)邮政管理部门负责依法查处寄递危险化学品的行为。

第七条 负有危险化学品安全监督管理职责的部门依法进行监督检查,可以采取下列措施:

(一)进入危险化学品作业场所实施现场检查,向有关单位和人员了解情况,查阅、复制有关文件、资料;

(二)发现危险化学品事故隐患,责令立即消除或者限期消除;

(三)对不符合法律、行政法规、规章规定或者国家标准、行业标准要求的设施、设备、装置、器材、运输工具,责令立即停止使用;

(四)经本部门主要负责人批准,查封违法生产、储存、使用、经营危险化学品的场所,扣押违法生产、储存、使用、经营、运输的危险化学品以及用于违法生产、使用、运输危险化学品的原材料、设备、运输工具;

(五)发现影响危险化学品安全的违法行为,当场予以纠正或者责令限期改正。

负有危险化学品安全监督管理职责的部门依法进行监督检查,监督检查人员不得少于2人,并应当出示执法证件;有关单位和个人对依法进行的监督检查应当予以配合,不得拒绝、阻碍。

第八条 县级以上人民政府应当建立危险化学品安全监督管理工作协调机制,支持、督促负有危险化学品安全监督管理职责的部门依法履行职责,协调、解决危险化学品安全监督管理工作中的重大问题。

负有危险化学品安全监督管理职责的部门应当相互配合、密切协作,依法加强对危险化学品的安全监督管理。

第九条 任何单位和个人对违反本条例规定的行为,有权向负有危险化学品安全监督管理职责的部门举报。负有危险化学品安全监督管理职责的部门接到举报,应当及时依法处理;对不属于本部门职责的,应当及时移送有关部门处理。

第十条 国家鼓励危险化学品生产企业和使用危险化学品从事生产的企业采用有利于提高安全保障水平的先进技术、工艺、设备以及自动控制系统,鼓励对危险化学品实行专门储存、统一配送、集中销售。

第二章 生产、储存安全

第十一条 国家对危险化学品的生产、储存实行统筹规划、合理布局。

国务院工业和信息化主管部门以及国务院其他有关部门依据各自职责,负责危险化学品生产、储存的行业规划和布局。

地方人民政府组织编制城乡规划,应当根据本地区的实际情况,按照确保安全的原则,规划适当区域专门用于危险化学品的生产、储存。

第十二条 新建、改建、扩建生产、储存危险化学品的建设项目(以下简称建设项目),应当由安全生产监督管理部门进行安全条件审查。

建设单位应当对建设项目进行安全条件论证,委托具备国家规定的资质条件的机构对建设项目进行安全评价,并将安全条件论证和安全评价的情况报告报建设项目所在地设区的市级以上人民政府安全生产监督管理部门;安全生产监督管理部门应当自收到报告之日起45日内作出审查决定,并书面通知建设单位。具体办法由国务院安全生产监督管理部门制定。

新建、改建、扩建储存、装卸危险化学品的港口建设项目,由港口行政管理部门按照国务院交通运输主管部门的规定进行安全条件审查。

第十三条 生产、储存危险化学品的单位,应当对其铺设的危险化学品管道设置明显标志,并对危险化学品管道定期检查、检测。

进行可能危及危险化学品管道安全的施工作业,施工单位应当在开工的7日前书面通知管道所属单位,并与管道所属单位共同制定应急预案,采取相应的安全防护措施。管道所属单位应当指派专门人员到现场进行管道安全保护指导。

第十四条 危险化学品生产企业进行生产前,应当依照《安全生产许可证条例》的规定,取得危险化学品安全生产许可证。

生产列入国家实行生产许可证制度的工业产品目录的危险化学品的企业,应当依照《中华人民共和国工业产品生产许可证管理条例》的规定,取得工业产品生产许可证。

负责颁发危险化学品安全生产许可证、工业产品生产许可证的部门,应当将其颁发许可证的情况及时向同级工业和信息化主管部门、环境保护主管部门和公安机关通报。

第十五条 危险化学品生产企业应当提供与其生产的危险化学品相符的化学品安全技术说明书,并在危险化学品包装(包括外包装件)上粘贴或者拴挂与包装内危险化学品相符的化学品安全标签。化学品安全技术说明书和化学品安全标签所载明的内容应当符合国家标准的要求。

危险化学品生产企业发现其生产的危险化学品有新的危险特性的,应当立即公告,并及时修订其化学品安全技术说明书和化学品安全标签。

第十六条 生产实施重点环境管理的危险化学品的企业,应当按照国务院环境保护主管部门的规定,将该危险化学品向环境中释放等相关信息向环境保护主管部门报告。环境保护主管部门可以根据情况采取相应的环境风险控制措施。

第十七条 危险化学品的包装应当符合法律、行政法规、规章的规定以及国家标准、行业标准的要求。

危险化学品包装物、容器的材质以及危险化学品包装的型式、规格、方法和单件质量(重量),应当与所包装的危险化学品的性质和用途相适应。

第十八条 生产列入国家实行生产许可证制度的工业产品目录的危险化学品包装物、容器的企业,应当依照《中华人民共和国工业产品生产许可证管理条例》的规定,取得工业产品生产许可证;其生产的危险化学品包装物、容器经国务院质量监督检验检疫部门认定的检验机构检验合格,方可出厂销售。

运输危险化学品的船舶及其配载的容器,应当按照国家船舶检验规范进行生产,并经海事管理机构认定的船舶检验机构检验合格,方可投入使用。

对重复使用的危险化学品包装物、容器,使用单位在重复使用前应当进行检查;发现存在安全隐患的,应当维修或者更换。使用单位应当对检查情况作出记录,记录的保存期限不得少于2年。

第十九条 危险化学品生产装置或者储存数量构成重大危险源的危险化

学品储存设施(运输工具加油站、加气站除外),与下列场所、设施、区域的距离应当符合国家有关规定:

(一)居住区以及商业中心、公园等人员密集场所;

(二)学校、医院、影剧院、体育场(馆)等公共设施;

(三)饮用水源、水厂以及水源保护区;

(四)车站、码头(依法经许可从事危险化学品装卸作业的除外)、机场以及通信干线、通信枢纽、铁路线路、道路交通干线、水路交通干线、地铁风亭以及地铁站出入口;

(五)基本农田保护区、基本草原、畜禽遗传资源保护区、畜禽规模化养殖场(养殖小区)、渔业水域以及种子、种畜禽、水产苗种生产基地;

(六)河流、湖泊、风景名胜区、自然保护区;

(七)军事禁区、军事管理区;

(八)法律、行政法规规定的其他场所、设施、区域。

已建的危险化学品生产装置或者储存数量构成重大危险源的危险化学品储存设施不符合前款规定的,由所在地设区的市级人民政府安全生产监督管理部门会同有关部门监督其所属单位在规定期限内进行整改;需要转产、停产、搬迁、关闭的,由本级人民政府决定并组织实施。

储存数量构成重大危险源的危险化学品储存设施的选址,应当避开地震活动断层和容易发生洪灾、地质灾害的区域。

本条例所称重大危险源,是指生产、储存、使用或者搬运危险化学品,且危险化学品的数量等于或者超过临界量的单元(包括场所和设施)。

第二十条 生产、储存危险化学品的单位,应当根据其生产、储存的危险化学品的种类和危险特性,在作业场所设置相应的监测、监控、通风、防晒、调温、防火、灭火、防爆、泄压、防毒、中和、防潮、防雷、防静电、防腐、防泄漏以及防护围堤或者隔离操作等安全设施、设备,并按照国家标准、行业标准或者国家有关规定对安全设施、设备进行经常性维护、保养,保证安全设施、设备的正常使用。

生产、储存危险化学品的单位,应当在其作业场所和安全设施、设备上设置明显的安全警示标志。

第二十一条 生产、储存危险化学品的单位,应当在其作业场所设置通信、报警装置,并保证处于适用状态。

第二十二条 生产、储存危险化学品的企业,应当委托具备国家规定的资质条件的机构,对本企业的安全生产条件每3年进行一次安全评价,提出安全评价报告。安全评价报告的内容应当包括对安全生产条件存在的问题进行整改的方案。

生产、储存危险化学品的企业,应当将安全评价报告以及整改方案的落实情况报所在地县级人民政府安全生产监督管理部门备案。在港区内储存危险化学品的企业,应当将安全评价报告以及整改方案的落实情况报港口行政管理部门备案。

第二十三条 生产、储存剧毒化学品或者国务院公安部门规定的可用于制造爆炸物品的危险化学品(以下简称易制爆危险化学品)的单位,应当如实记录其生产、储存的剧毒化学品、易制爆危险化学品的数量、流向,并采取必要的安全防范措施,防止剧毒化学品、易制爆危险化学品丢失或者被盗;发现剧毒化学品、易制爆危险化学品丢失或者被盗的,应当立即向当地公安机关报告。

生产、储存剧毒化学品、易制爆危险化学品的单位,应当设置治安保卫机构,配备专职治安保卫人员。

第二十四条 危险化学品应当储存在专用仓库、专用场地或者专用储存室(以下统称专用仓库)内,并由专人负责管理;剧毒化学品以及储存数量构成重大危险源的其他危险化学品,应当在专用仓库内单独存放,并实行双人收发、双人保管制度。

危险化学品的储存方式、方法以及储存数量应当符合国家标准或者国家有关规定。

第二十五条 储存危险化学品的单位应当建立危险化学品出入库核查、登记制度。

对剧毒化学品以及储存数量构成重大危险源的其他危险化学品,储存单位应当将其储存数量、储存地点以及管理人员的情况,报所在地县级人民政府安全生产监督管理部门(在港区内储存的,报港口行政管理部门)和公安机关备案。

第二十六条 危险化学品专用仓库应当符合国家标准、行业标准的要求,并设置明显的标志。储存剧毒化学品、易制爆危险化学品的专用仓库,应当按照国家有关规定设置相应的技术防范设施。

储存危险化学品的单位应当对其危险化学品专用仓库的安全设施、设备定期进行检测、检验。

第二十七条 生产、储存危险化学品的单位转产、停产、停业或者解散的,应当采取有效措施,及时、妥善处置其危险化学品生产装置、储存设施以及库存的危险化学品,不得丢弃危险化学品;处置方案应当报所在地县级人民政府安全生产监督管理部门、工业和信息化主管部门、环境保护主管部门和公安机关备案。安全生产监督管理部门应当会同环境保护主管部门和公安机关对处置情况进行监督检查,发现未依照规定处置的,应当责令其立即处置。

第三章 使用安全

第二十八条 使用危险化学品的单位,其使用条件(包括工艺)应当符合法律、行政法规的规定和国家标准、行业标准的要求,并根据所使用的危险化学品的种类、危险特性以及使用量和使用方式,建立、健全使用危险化学品的安全管理规章制度和安全操作规程,保证危险化学品的安全使用。

第二十九条 使用危险化学品从事生产并且使用量达到规定数量的化工企业(属于危险化学品生产企业的除外,下同),应当依照本条例的规定取得危险化学品安全使用许可证。

前款规定的危险化学品使用量的数量标准,由国务院安全生产监督管理部门会同国务院公安部门、农业主管部门确定并公布。

第三十条 申请危险化学品安全使用许可证的化工企业,除应当符合本条例第二十八条的规定外,还应当具备下列条件:

(一)有与所使用的危险化学品相适应的专业技术人员;

(二)有安全管理机构和专职安全管理人员;

(三)有符合国家规定的危险化学品事故应急预案和必要的应急救援器材、设备;

(四)依法进行了安全评价。

第三十一条 申请危险化学品安全使用许可证的化工企业,应当向所在地设区的市级人民政府安全生产监督管理部门提出申请,并提交其符合本条例第三十条规定条件的证明材料。设区的市级人民政府安全生产监督管理部门应当依法进行审查,自收到证明材料之日起45日内作出批准或者不予批准的决定。予以批准的,颁发危险化学品安全使用许可证;不予批准的,书面通知申请人并说明理由。

安全生产监督管理部门应当将其颁发危险化学品安全使用许可证的情况及时向同级环境保护主管部门和公安机关通报。

第三十二条 本条例第十六条关于生产实施重点环境管理的危险化学品

的企业的规定,适用于使用实施重点环境管理的危险化学品从事生产的企业;第二十条、第二十一条、第二十三条第一款、第二十七条关于生产、储存危险化学品的单位的规定,适用于使用危险化学品的单位;第二十二条关于生产、储存危险化学品的企业的规定,适用于使用危险化学品从事生产的企业。

第四章　经营安全

第三十三条　国家对危险化学品经营(包括仓储经营,下同)实行许可制度。未经许可,任何单位和个人不得经营危险化学品。

依法设立的危险化学品生产企业在其厂区范围内销售本企业生产的危险化学品,不需要取得危险化学品经营许可。

依照《中华人民共和国港口法》的规定取得港口经营许可证的港口经营人,在港区内从事危险化学品仓储经营,不需要取得危险化学品经营许可。

第三十四条　从事危险化学品经营的企业应当具备下列条件:

(一)有符合国家标准、行业标准的经营场所,储存危险化学品的,还应当有符合国家标准、行业标准的储存设施;

(二)从业人员经过专业技术培训并经考核合格;

(三)有健全的安全管理规章制度;

(四)有专职安全管理人员;

(五)有符合国家规定的危险化学品事故应急预案和必要的应急救援器材、设备;

(六)法律、法规规定的其他条件。

第三十五条　从事剧毒化学品、易制爆危险化学品经营的企业,应当向所在地设区的市级人民政府安全生产监督管理部门提出申请,从事其他危险化学品经营的企业,应当向所在地县级人民政府安全生产监督管理部门提出申请(有储存设施的,应当向所在地设区的市级人民政府安全生产监督管理部门提出申请)。申请人应当提交其符合本条例第三十四条规定条件的证明材料。设区的市级人民政府安全生产监督管理部门或者县级人民政府安全生产监督管理部门应当依法进行审查,并对申请人的经营场所、储存设施进行现场核查,自收到证明材料之日起30日内作出批准或者不予批准的决定。予以批准的,颁发危险化学品经营许可证;不予批准的,书面通知申请人并说明理由。

设区的市级人民政府安全生产监督管理部门和县级人民政府安全生产监督管理部门应当将其颁发危险化学品经营许可证的情况及时向同级环境保

主管部门和公安机关通报。

申请人持危险化学品经营许可证向工商行政管理部门办理登记手续后,方可从事危险化学品经营活动。法律、行政法规或者国务院规定经营危险化学品还需要经其他有关部门许可的,申请人向工商行政管理部门办理登记手续时还应当持相应的许可证件。

第三十六条 危险化学品经营企业储存危险化学品的,应当遵守本条例第二章关于储存危险化学品的规定。危险化学品商店内只能存放民用小包装的危险化学品。

第三十七条 危险化学品经营企业不得向未经许可从事危险化学品生产、经营活动的企业采购危险化学品,不得经营没有化学品安全技术说明书或者化学品安全标签的危险化学品。

第三十八条 依法取得危险化学品安全生产许可证、危险化学品安全使用许可证、危险化学品经营许可证的企业,凭相应的许可证件购买剧毒化学品、易制爆危险化学品。民用爆炸物品生产企业凭民用爆炸物品生产许可证购买易制爆危险化学品。

前款规定以外的单位购买剧毒化学品的,应当向所在地县级人民政府公安机关申请取得剧毒化学品购买许可证;购买易制爆危险化学品的,应当持本单位出具的合法用途说明。

个人不得购买剧毒化学品(属于剧毒化学品的农药除外)和易制爆危险化学品。

第三十九条 申请取得剧毒化学品购买许可证,申请人应当向所在地县级人民政府公安机关提交下列材料:

(一)营业执照或者法人证书(登记证书)的复印件;

(二)拟购买的剧毒化学品品种、数量的说明;

(三)购买剧毒化学品用途的说明;

(四)经办人的身份证明。

县级人民政府公安机关应当自收到前款规定的材料之日起3日内,作出批准或者不予批准的决定。予以批准的,颁发剧毒化学品购买许可证;不予批准的,书面通知申请人并说明理由。

剧毒化学品购买许可证管理办法由国务院公安部门制定。

第四十条 危险化学品生产企业、经营企业销售剧毒化学品、易制爆危险化学品,应当查验本条例第三十八条第一款、第二款规定的相关许可证件或者证明文件,不得向不具有相关许可证件或者证明文件的单位销售剧毒化学品、易制爆危险化学品。对持剧毒化学品购买许可证购买剧毒化学品的,应当按照许可证载明的品种、数量销售。

禁止向个人销售剧毒化学品(属于剧毒化学品的农药除外)和易制爆危险化学品。

第四十一条 危险化学品生产企业、经营企业销售剧毒化学品、易制爆危险化学品,应当如实记录购买单位的名称、地址、经办人的姓名、身份证号码以及所购买的剧毒化学品、易制爆危险化学品的品种、数量、用途。销售记录以及经办人的身份证明复印件、相关许可证件复印件或者证明文件的保存期限不得少于1年。

剧毒化学品、易制爆危险化学品的销售企业、购买单位应当在销售、购买后5日内,将所销售、购买的剧毒化学品、易制爆危险化学品的品种、数量以及流向信息报所在地县级人民政府公安机关备案,并输入计算机系统。

第四十二条 使用剧毒化学品、易制爆危险化学品的单位不得出借、转让其购买的剧毒化学品、易制爆危险化学品;因转产、停产、搬迁、关闭等确需转让的,应当向具有本条例第三十八条第一款、第二款规定的相关许可证件或者证明文件的单位转让,并在转让后将有关情况及时向所在地县级人民政府公安机关报告。

第五章 运输安全

第四十三条 从事危险化学品道路运输、水路运输的,应当分别依照有关道路运输、水路运输的法律、行政法规的规定,取得危险货物道路运输许可、危险货物水路运输许可,并向工商行政管理部门办理登记手续。

危险化学品道路运输企业、水路运输企业应当配备专职安全管理人员。

第四十四条 危险化学品道路运输企业、水路运输企业的驾驶人员、船员、装卸管理人员、押运人员、申报人员、集装箱装箱现场检查员应当经交通运输主管部门考核合格,取得从业资格。具体办法由国务院交通运输主管部门制定。

危险化学品的装卸作业应当遵守安全作业标准、规程和制度,并在装卸管理人员的现场指挥或者监控下进行。水路运输危险化学品的集装箱装箱作业应当在集装箱装箱现场检查员的指挥或者监控下进行,并符合积载、隔离的规范和要求;装箱作业完毕后,集装箱装箱现场检查员应当签署装箱证明书。

第四十五条 运输危险化学品,应当根据危险化学品的危险特性采取相应的安全防护措施,并配备必要的防护用品和应急救援器材。

用于运输危险化学品的槽罐以及其他容器应当封口严密,能够防止危险化学品在运输过程中因温度、湿度或者压力的变化发生渗漏、洒漏;槽罐以及其他容器的溢流和泄压装置应当设置准确、起闭灵活。

运输危险化学品的驾驶人员、船员、装卸管理人员、押运人员、申报人员、集装箱装箱现场检查员,应当了解所运输的危险化学品的危险特性及其包装物、容器的使用要求和出现危险情况时的应急处置方法。

第四十六条 通过道路运输危险化学品的,托运人应当委托依法取得危险货物道路运输许可的企业承运。

第四十七条 通过道路运输危险化学品的,应当按照运输车辆的核定载质量装载危险化学品,不得超载。

危险化学品运输车辆应当符合国家标准要求的安全技术条件,并按照国家有关规定定期进行安全技术检验。

危险化学品运输车辆应当悬挂或者喷涂符合国家标准要求的警示标志。

第四十八条 通过道路运输危险化学品的,应当配备押运人员,并保证所运输的危险化学品处于押运人员的监控之下。

运输危险化学品途中因住宿或者发生影响正常运输的情况,需要较长时间停车的,驾驶人员、押运人员应当采取相应的安全防范措施;运输剧毒化学品或者易制爆危险化学品的,还应当向当地公安机关报告。

第四十九条 未经公安机关批准,运输危险化学品的车辆不得进入危险化学品运输车辆限制通行的区域。危险化学品运输车辆限制通行的区域由县级人民政府公安机关划定,并设置明显的标志。

第五十条 通过道路运输剧毒化学品的,托运人应当向运输始发地或者目的地县级人民政府公安机关申请剧毒化学品道路运输通行证。

申请剧毒化学品道路运输通行证,托运人应当向县级人民政府公安机关提交下列材料:

(一)拟运输的剧毒化学品品种、数量的说明;

(二)运输始发地、目的地、运输时间和运输路线的说明;

(三)承运人取得危险货物道路运输许可、运输车辆取得营运证以及驾驶人员、押运人员取得上岗资格的证明文件;

(四)本条例第三十八条第一款、第二款规定的购买剧毒化学品的相关许可证件,或者海关出具的进出口证明文件。

县级人民政府公安机关应当自收到前款规定的材料之日起7日内,作出批准或者不予批准的决定。予以批准的,颁发剧毒化学品道路运输通行证;不予批准的,书面通知申请人并说明理由。

剧毒化学品道路运输通行证管理办法由国务院公安部门制定。

第五十一条 剧毒化学品、易制爆危险化学品在道路运输途中丢失、被盗、被抢或者出现流散、泄漏等情况的,驾驶人员、押运人员应当立即采取相应的警示措施和安全措施,并向当地公安机关报告。公安机关接到报告后,应当根据实际情况立即向安全生产监督管理部门、环境保护主管部门、卫生主管部门通报。有关部门应当采取必要的应急处置措施。

第五十二条 通过水路运输危险化学品的,应当遵守法律、行政法规以及国务院交通运输主管部门关于危险货物水路运输安全的规定。

第五十三条 海事管理机构应当根据危险化学品的种类和危险特性,确定船舶运输危险化学品的相关安全运输条件。

拟交付船舶运输的化学品的相关安全运输条件不明确的,货物所有人或者代理人应当委托相关技术机构进行评估,明确相关安全运输条件并经海事管理机构确认后,方可交付船舶运输。

第五十四条 禁止通过内河封闭水域运输剧毒化学品以及国家规定禁止通过内河运输的其他危险化学品。

前款规定以外的内河水域,禁止运输国家规定禁止通过内河运输的剧毒化学品以及其他危险化学品。

禁止通过内河运输的剧毒化学品以及其他危险化学品的范围,由国务院交通运输主管部门会同国务院环境保护主管部门、工业和信息化主管部门、安全生产监督管理部门,根据危险化学品的危险特性、危险化学品对人体和水环境的危害程度以及消除危害后果的难易程度等因素规定并公布。

第五十五条 国务院交通运输主管部门应当根据危险化学品的危险特性,对通过内河运输本条例第五十四条规定以外的危险化学品(以下简称通过内河运输危险化学品)实行分类管理,对各类危险化学品的运输方式、包装规范和安全防护措施等分别作出规定并监督实施。

第五十六条 通过内河运输危险化学品,应当由依法取得危险货物水路运输许可的水路运输企业承运,其他单位和个人不得承运。托运人应当委托依法取得危险货物水路运输许可的水路运输企业承运,不得委托其他单位和个人承运。

第五十七条　通过内河运输危险化学品,应当使用依法取得危险货物适装证书的运输船舶。水路运输企业应当针对所运输的危险化学品的危险特性,制定运输船舶危险化学品事故应急救援预案,并为运输船舶配备充足、有效的应急救援器材和设备。

通过内河运输危险化学品的船舶,其所有人或者经营人应当取得船舶污染损害责任保险证书或者财务担保证明。船舶污染损害责任保险证书或者财务担保证明的副本应当随船携带。

第五十八条　通过内河运输危险化学品,危险化学品包装物的材质、型式、强度以及包装方法应当符合水路运输危险化学品包装规范的要求。国务院交通运输主管部门对单船运输的危险化学品数量有限制性规定的,承运人应当按照规定安排运输数量。

第五十九条　用于危险化学品运输作业的内河码头、泊位应当符合国家有关安全规范,与饮用水取水口保持国家规定的距离。有关管理单位应当制定码头、泊位危险化学品事故应急预案,并为码头、泊位配备充足、有效的应急救援器材和设备。

用于危险化学品运输作业的内河码头、泊位,经交通运输主管部门按照国家有关规定验收合格后方可投入使用。

第六十条　船舶载运危险化学品进出内河港口,应当将危险化学品的名称、危险特性、包装以及进出港时间等事项,事先报告海事管理机构。海事管理机构接到报告后,应当在国务院交通运输主管部门规定的时间内作出是否同意的决定,通知报告人,同时通报港口行政管理部门。定船舶、定航线、定货种的船舶可以定期报告。

在内河港口内进行危险化学品的装卸、过驳作业,应当将危险化学品的名称、危险特性、包装和作业的时间、地点等事项报告港口行政管理部门。港口行政管理部门接到报告后,应当在国务院交通运输主管部门规定的时间内作出是否同意的决定,通知报告人,同时通报海事管理机构。

载运危险化学品的船舶在内河航行,通过过船建筑物的,应当提前向交通运输主管部门申报,并接受交通运输主管部门的管理。

第六十一条　载运危险化学品的船舶在内河航行、装卸或者停泊,应当悬挂专用的警示标志,按照规定显示专用信号。

载运危险化学品的船舶在内河航行,按照国务院交通运输主管部门的规定需要引航的,应当申请引航。

第六十二条　载运危险化学品的船舶在内河航行,应当遵守法律、行政法规和国家其他有关饮用水水源保护的规定。内河航道发展规划应当与依法经批准的饮用水水源保护区划定方案相协调。

第六十三条　托运危险化学品的,托运人应当向承运人说明所托运的危险化学品的种类、数量、危险特性以及发生危险情况的应急处置措施,并按照国家有关规定对所托运的危险化学品妥善包装,在外包装上设置相应的标志。

运输危险化学品需要添加抑制剂或者稳定剂的,托运人应当添加,并将有关情况告知承运人。

第六十四条　托运人不得在托运的普通货物中夹带危险化学品,不得将危险化学品匿报或者谎报为普通货物托运。

任何单位和个人不得交寄危险化学品或者在邮件、快件内夹带危险化学品,不得将危险化学品匿报或者谎报为普通物品交寄。邮政企业、快递企业不得收寄危险化学品。

对涉嫌违反本条第一款、第二款规定的,交通运输主管部门、邮政管理部门可以依法开拆查验。

第六十五条　通过铁路、航空运输危险化学品的安全管理,依照有关铁路、航空运输的法律、行政法规、规章的规定执行。

第六章　危险化学品登记与事故应急救援

第六十六条　国家实行危险化学品登记制度,为危险化学品安全管理以及危险化学品事故预防和应急救援提供技术、信息支持。

第六十七条　危险化学品生产企业、进口企业,应当向国务院安全生产监督管理部门负责危险化学品登记的机构(以下简称危险化学品登记机构)办理危险化学品登记。

危险化学品登记包括下列内容:

(一)分类和标签信息;

(二)物理、化学性质;

(三)主要用途;

(四)危险特性;

(五)储存、使用、运输的安全要求;

(六)出现危险情况的应急处置措施。

对同一企业生产、进口的同一品种的危险化学品,不进行重复登记。危险化学品生产企业、进口企业发现其生产、进口的危险化学品有新的危险特性的,应当及时向危险化学品登记机构办理登记内容变更手续。

危险化学品登记的具体办法由国务院安全生产监督管理部门制定。

第六十八条　危险化学品登记机构应当定期向工业和信息化、环境保护、公安、卫生、交通运输、铁路、质量监督检验检疫等部门提供危险化学品登记的有关信息和资料。

第六十九条　县级以上地方人民政府安全生产监督管理部门应当会同工业和信息化、环境保护、公安、卫生、交通运输、铁路、质量监督检验检疫等部门,根据本地区实际情况,制定危险化学品事故应急预案,报本级人民政府批准。

第七十条　危险化学品单位应当制定本单位危险化学品事故应急预案,配备应急救援人员和必要的应急救援器材、设备,并定期组织应急救援演练。

危险化学品单位应当将其危险化学品事故应急预案报所在地设区的市级人民政府安全生产监督管理部门备案。

第七十一条　发生危险化学品事故,事故单位主要负责人应当立即按照本单位危险化学品应急预案组织救援,并向当地安全生产监督管理部门和环境保护、公安、卫生主管部门报告;道路运输、水路运输过程中发生危险化学品事故的,驾驶人员、船员或者押运人员还应当向事故发生地交通运输主管部门报告。

第七十二条　发生危险化学品事故,有关地方人民政府应当立即组织安全生产监督管理、环境保护、公安、卫生、交通运输等有关部门,按照本地区危险化学品事故应急预案组织实施救援,不得拖延、推诿。

有关地方人民政府及其有关部门应当按照下列规定,采取必要的应急处置措施,减少事故损失,防止事故蔓延、扩大:

(一)立即组织营救和救治受害人员,疏散、撤离或者采取其他措施保护危害区域内的其他人员;

(二)迅速控制危害源,测定危险化学品的性质、事故的危害区域及危害程度;

(三)针对事故对人体、动植物、土壤、水源、大气造成的现实危害和可能产生的危害,迅速采取封闭、隔离、洗消等措施;

(四)对危险化学品事故造成的环境污染和生态破坏状况进行监测、评估,并采取相应的环境污染治理和生态修复措施。

第七十三条　有关危险化学品单位应当为危险化学品事故应急救援提供技术指导和必要的协助。

第七十四条　危险化学品事故造成环境污染的,由设区的市级以上人民政府环境保护主管部门统一发布有关信息。

第七章　法律责任

第七十五条　生产、经营、使用国家禁止生产、经营、使用的危险化学品的,由安全生产监督管理部门责令停止生产、经营、使用活动,处20万元以上50万元以下的罚款,有违法所得的,没收违法所得;构成犯罪的,依法追究刑事责任。

有前款规定行为的,安全生产监督管理部门还应当责令其对所生产、经营、使用的危险化学品进行无害化处理。

违反国家关于危险化学品使用的限制性规定使用危险化学品的,依照本条第一款的规定处理。

第七十六条　未经安全条件审查,新建、改建、扩建生产、储存危险化学品的建设项目的,由安全生产监督管理部门责令停止建设,限期改正;逾期不改正的,处50万元以上100万元以下的罚款;构成犯罪的,依法追究刑事责任。

未经安全条件审查,新建、改建、扩建储存、装卸危险化学品的港口建设项目的,由港口行政管理部门依照前款规定予以处罚。

第七十七条　未依法取得危险化学品安全生产许可证从事危险化学品生产,或者未依法取得工业产品生产许可证从事危险化学品及其包装物、容器生产的,分别依照《安全生产许可证条例》、《中华人民共和国工业产品生产许可证管理条例》的规定处罚。

违反本条例规定,化工企业未取得危险化学品安全使用许可证,使用危险化学品从事生产的,由安全生产监督管理部门责令限期改正,处10万元以上20万元以下的罚款;逾期不改正的,责令停产整顿。

违反本条例规定,未取得危险化学品经营许可证从事危险化学品经营的,由安全生产监督管理部门责令停止经营活动,没收违法经营的危险化学品以及违法所得,并处10万元以上20万元以下的罚款;构成犯罪的,依法追究刑事责任。

第七十八条　有下列情形之一的,由安全生产监督管理部门责令改正,可以处5万元以下的罚款;拒不改正的,处5万元以上10万元以下的罚款;情节

严重的,责令停产停业整顿:

（一）生产、储存危险化学品的单位未对其铺设的危险化学品管道设置明显的标志,或者未对危险化学品管道定期检查、检测的;

（二）进行可能危及危险化学品管道安全的施工作业,施工单位未按照规定书面通知管道所属单位,或者未与管道所属单位共同制定应急预案、采取相应的安全防护措施,或者管道所属单位未指派专门人员到现场进行管道安全保护指导的;

（三）危险化学品生产企业未提供化学品安全技术说明书,或者未在包装（包括外包装件）上粘贴、拴挂化学品安全标签的;

（四）危险化学品生产企业提供的化学品安全技术说明书与其生产的危险化学品不相符,或者在包装（包括外包装件）粘贴、拴挂的化学品安全标签与包装内危险化学品不相符,或者化学品安全技术说明书、化学品安全标签所载明的内容不符合国家标准要求的;

（五）危险化学品生产企业发现其生产的危险化学品有新的危险特性不立即公告,或者不及时修订其化学品安全技术说明书和化学品安全标签的;

（六）危险化学品经营企业经营没有化学品安全技术说明书和化学品安全标签的危险化学品的;

（七）危险化学品包装物、容器的材质以及包装的型式、规格、方法和单件质量（重量）与所包装的危险化学品的性质和用途不相适应的;

（八）生产、储存危险化学品的单位未在作业场所和安全设施、设备上设置明显的安全警示标志,或者未在作业场所设置通信、报警装置的;

（九）危险化学品专用仓库未设专人负责管理,或者对储存的剧毒化学品以及储存数量构成重大危险源的其他危险化学品未实行双人收发、双人保管制度的;

（十）储存危险化学品的单位未建立危险化学品出入库核查、登记制度的;

（十一）危险化学品专用仓库未设置明显标志的;

（十二）危险化学品生产企业、进口企业不办理危险化学品登记,或者发现其生产、进口的危险化学品有新的危险特性不办理危险化学品登记内容变更手续的。

从事危险化学品仓储经营的港口经营人有前款规定情形的,由港口行政管理部门依照前款规定予以处罚。储存剧毒化学品、易制爆危险化学品的专用仓库未按照国家有关规定设置相应的技术防范设施的,由公安机关依照前款规定予以处罚。

生产、储存剧毒化学品、易制爆危险化学品的单位未设置治安保卫机构、配备专职治安保卫人员的,依照《企业事业单位内部治安保卫条例》的规定处罚。

第七十九条 危险化学品包装物、容器生产企业销售未经检验或者经检验不合格的危险化学品包装物、容器的,由质量监督检验检疫部门责令改正,处10万元以上20万元以下的罚款,有违法所得的,没收违法所得;拒不改正的,责令停产停业整顿;构成犯罪的,依法追究刑事责任。

将未经检验合格的运输危险化学品的船舶及其配载的容器投入使用的,由海事管理机构依照前款规定予以处罚。

第八十条 生产、储存、使用危险化学品的单位有下列情形之一的,由安全生产监督管理部门责令改正,处5万元以上10万元以下的罚款;拒不改正的,责令停产停业整顿直至由原发证机关吊销其相关许可证件,并由工商行政管理部门责令其办理经营范围变更登记或者吊销其营业执照;有关责任人员构成犯罪的,依法追究刑事责任:

(一)对重复使用的危险化学品包装物、容器,在重复使用前不进行检查的;

(二)未根据其生产、储存的危险化学品的种类和危险特性,在作业场所设置相关安全设施、设备,或者未按照国家标准、行业标准或者国家有关规定对安全设施、设备进行经常性维护、保养的;

(三)未依照本条例规定对其安全生产条件定期进行安全评价的;

(四)未将危险化学品储存在专用仓库内,或者未将剧毒化学品以及储存数量构成重大危险源的其他危险化学品在专用仓库内单独存放的;

(五)危险化学品的储存方式、方法或者储存数量不符合国家标准或者国家有关规定的;

(六)危险化学品专用仓库不符合国家标准、行业标准的要求的;

(七)未对危险化学品专用仓库的安全设施、设备定期进行检测、检验的。

从事危险化学品仓储经营的港口经营人有前款规定情形的,由港口行政管理部门依照前款规定予以处罚。

第八十一条 有下列情形之一的,由公安机关责令改正,可以处1万元以下的罚款;拒不改正的,处1万元以上5万元以下的罚款:

(一)生产、储存、使用剧毒化学品、易制爆危险化学品的单位不如实记录生产、储存、使用的剧毒化学品、易制爆危险化学品的数量、流向的;

(二)生产、储存、使用剧毒化学品、易制爆危险化学品的单位发现剧毒化学品、易制爆危险化学品丢失或者被盗，不立即向公安机关报告的；

（三）储存剧毒化学品的单位未将剧毒化学品的储存数量、储存地点以及管理人员的情况报所在地县级人民政府公安机关备案的；

（四）危险化学品生产企业、经营企业不如实记录剧毒化学品、易制爆危险化学品购买单位的名称、地址、经办人的姓名、身份证号码以及所购买的剧毒化学品、易制爆危险化学品的品种、数量、用途，或者保存销售记录和相关材料的时间少于1年的；

（五）剧毒化学品、易制爆危险化学品的销售企业、购买单位未在规定的时限内将所销售、购买的剧毒化学品、易制爆危险化学品的品种、数量以及流向信息报所在地县级人民政府公安机关备案的；

（六）使用剧毒化学品、易制爆危险化学品的单位依照本条例规定转让其购买的剧毒化学品、易制爆危险化学品，未将有关情况向所在地县级人民政府公安机关报告的。

生产、储存危险化学品的企业或者使用危险化学品从事生产的企业未按照本条例规定将安全评价报告以及整改方案的落实情况报安全生产监督管理部门或者港口行政管理部门备案，或者储存危险化学品的单位未将其剧毒化学品以及储存数量构成重大危险源的其他危险化学品的储存数量、储存地点以及管理人员的情况报安全生产监督管理部门或者港口行政管理部门备案的，分别由安全生产监督管理部门或者港口行政管理部门依照前款规定予以处罚。

生产实施重点环境管理的危险化学品的企业或者使用实施重点环境管理的危险化学品从事生产的企业未按照规定将相关信息向环境保护主管部门报告的，由环境保护主管部门依照本条第一款的规定予以处罚。

第八十二条　生产、储存、使用危险化学品的单位转产、停产、停业或者解散，未采取有效措施及时、妥善处置其危险化学品生产装置、储存设施以及库存的危险化学品，或者丢弃危险化学品的，由安全生产监督管理部门责令改正，处5万元以上10万元以下的罚款；构成犯罪的，依法追究刑事责任。

生产、储存、使用危险化学品的单位转产、停产、停业或者解散，未依照本条例规定将其危险化学品生产装置、储存设施以及库存危险化学品的处置方案报有关部门备案的，分别由有关部门责令改正，可以处1万元以下的罚款；拒不改正的，处1万元以上5万元以下的罚款。

第八十三条　危险化学品经营企业向未经许可违法从事危险化学品生产、经营活动的企业采购危险化学品的，由工商行政管理部门责令改正，处10

万元以上20万元以下的罚款;拒不改正的,责令停业整顿直至由原发证机关吊销其危险化学品经营许可证,并由工商行政管理部门责令其办理经营范围变更登记或者吊销其营业执照。

第八十四条 危险化学品生产企业、经营企业有下列情形之一的,由安全生产监督管理部门责令改正,没收违法所得,并处10万元以上20万元以下的罚款;拒不改正的,责令停产停业整顿直至吊销其危险化学品安全生产许可证、危险化学品经营许可证,并由工商行政管理部门责令其办理经营范围变更登记或者吊销其营业执照:

(一)向不具有本条例第三十八条第一款、第二款规定的相关许可证件或者证明文件的单位销售剧毒化学品、易制爆危险化学品的;

(二)不按照剧毒化学品购买许可证载明的品种、数量销售剧毒化学品的;

(三)向个人销售剧毒化学品(属于剧毒化学品的农药除外)、易制爆危险化学品的。

不具有本条例第三十八条第一款、第二款规定的相关许可证件或者证明文件的单位购买剧毒化学品、易制爆危险化学品,或者个人购买剧毒化学品(属于剧毒化学品的农药除外)、易制爆危险化学品的,由公安机关没收所购买的剧毒化学品、易制爆危险化学品,可以并处5000元以下的罚款。

使用剧毒化学品、易制爆危险化学品的单位出借或者向不具有本条例第三十八条第一款、第二款规定的相关许可证件的单位转让其购买的剧毒化学品、易制爆危险化学品,或者向个人转让其购买的剧毒化学品(属于剧毒化学品的农药除外)、易制爆危险化学品的,由公安机关责令改正,处10万元以上20万元以下的罚款;拒不改正的,责令停产停业整顿。

第八十五条 未依法取得危险货物道路运输许可、危险货物水路运输许可,从事危险化学品道路运输、水路运输的,分别依照有关道路运输、水路运输的法律、行政法规的规定处罚。

第八十六条 有下列情形之一的,由交通运输主管部门责令改正,处5万元以上10万元以下的罚款;拒不改正的,责令停产停业整顿;构成犯罪的,依法追究刑事责任:

(一)危险化学品道路运输企业、水路运输企业的驾驶人员、船员、装卸管理人员、押运人员、申报人员、集装箱装箱现场检查员未取得从业资格上岗作业的;

(二)运输危险化学品,未根据危险化学品的危险特性采取相应的安全防护措施,或者未配备必要的防护用品和应急救援器材的;

（三）使用未依法取得危险货物适装证书的船舶,通过内河运输危险化学品的;

（四）通过内河运输危险化学品的承运人违反国务院交通运输主管部门对单船运输的危险化学品数量的限制性规定运输危险化学品的;

（五）用于危险化学品运输作业的内河码头、泊位不符合国家有关安全规范,或者未与饮用水取水口保持国家规定的安全距离,或者未经交通运输主管部门验收合格投入使用的;

（六）托运人不向承运人说明所托运的危险化学品的种类、数量、危险特性以及发生危险情况的应急处置措施,或者未按照国家有关规定对所托运的危险化学品妥善包装并在外包装上设置相应标志的;

（七）运输危险化学品需要添加抑制剂或者稳定剂,托运人未添加或者未将有关情况告知承运人的。

第八十七条 有下列情形之一的,由交通运输主管部门责令改正,处10万元以上20万元以下的罚款,有违法所得的,没收违法所得;拒不改正的,责令停产停业整顿;构成犯罪的,依法追究刑事责任:

（一）委托未依法取得危险货物道路运输许可、危险货物水路运输许可的企业承运危险化学品的;

（二）通过内河封闭水域运输剧毒化学品以及国家规定禁止通过内河运输的其他危险化学品的;

（三）通过内河运输国家规定禁止通过内河运输的剧毒化学品以及其他危险化学品的;

（四）在托运的普通货物中夹带危险化学品,或者将危险化学品谎报或者匿报为普通货物托运的。

在邮件、快件内夹带危险化学品,或者将危险化学品谎报为普通物品交寄的,依法给予治安管理处罚;构成犯罪的,依法追究刑事责任。

邮政企业、快递企业收寄危险化学品的,依照《中华人民共和国邮政法》的规定处罚。

第八十八条 有下列情形之一的,由公安机关责令改正,处5万元以上10万元以下的罚款;构成违反治安管理行为的,依法给予治安管理处罚;构成犯罪的,依法追究刑事责任:

（一）超过运输车辆的核定载质量装载危险化学品的;

（二）使用安全技术条件不符合国家标准要求的车辆运输危险化学品的;

（三）运输危险化学品的车辆未经公安机关批准进入危险化学品运输车辆限制通行的区域的；

（四）未取得剧毒化学品道路运输通行证，通过道路运输剧毒化学品的。

第八十九条 有下列情形之一的，由公安机关责令改正，处1万元以上5万元以下的罚款；构成违反治安管理行为的，依法给予治安管理处罚：

（一）危险化学品运输车辆未悬挂或者喷涂警示标志，或者悬挂或者喷涂的警示标志不符合国家标准要求的；

（二）通过道路运输危险化学品，不配备押运人员的；

（三）运输剧毒化学品或者易制爆危险化学品途中需要较长时间停车，驾驶人员、押运人员不向当地公安机关报告的；

（四）剧毒化学品、易制爆危险化学品在道路运输途中丢失、被盗、被抢或者发生流散、泄露等情况，驾驶人员、押运人员不采取必要的警示措施和安全措施，或者不向当地公安机关报告的。

第九十条 对发生交通事故负有全部责任或者主要责任的危险化学品道路运输企业，由公安机关责令消除安全隐患，未消除安全隐患的危险化学品运输车辆，禁止上道路行驶。

第九十一条 有下列情形之一的，由交通运输主管部门责令改正，可以处1万元以下的罚款；拒不改正的，处1万元以上5万元以下的罚款：

（一）危险化学品道路运输企业、水路运输企业未配备专职安全管理人员的；

（二）用于危险化学品运输作业的内河码头、泊位的管理单位未制定码头、泊位危险化学品事故应急救援预案，或者未为码头、泊位配备充足、有效的应急救援器材和设备的。

第九十二条 有下列情形之一的，依照《中华人民共和国内河交通安全管理条例》的规定处罚：

（一）通过内河运输危险化学品的水路运输企业未制定运输船舶危险化学品事故应急救援预案，或者未为运输船舶配备充足、有效的应急救援器材和设备的；

（二）通过内河运输危险化学品的船舶的所有人或者经营人未取得船舶污染损害责任保险证书或者财务担保证明的；

（三）船舶载运危险化学品进出内河港口，未将有关事项事先报告海事管理机构并经其同意的；

（四）载运危险化学品的船舶在内河航行、装卸或者停泊，未悬挂专用的警示标志,或者未按照规定显示专用信号,或者未按照规定申请引航的。

未向港口行政管理部门报告并经其同意,在港口内进行危险化学品的装卸、过驳作业的,依照《中华人民共和国港口法》的规定处罚。

第九十三条 伪造、变造或者出租、出借、转让危险化学品安全生产许可证、工业产品生产许可证,或者使用伪造、变造的危险化学品安全生产许可证、工业产品生产许可证的,分别依照《安全生产许可证条例》《中华人民共和国工业产品生产许可证管理条例》的规定处罚。

伪造、变造或者出租、出借、转让本条例规定的其他许可证,或者使用伪造、变造的本条例规定的其他许可证的,分别由相关许可证的颁发管理机关处10万元以上20万元以下的罚款,有违法所得的,没收违法所得;构成违反治安管理行为的,依法给予治安管理处罚;构成犯罪的,依法追究刑事责任。

第九十四条 危险化学品单位发生危险化学品事故,其主要负责人不立即组织救援或者不立即向有关部门报告的,依照《生产安全事故报告和调查处理条例》的规定处罚。

危险化学品单位发生危险化学品事故,造成他人人身伤害或者财产损失的,依法承担赔偿责任。

第九十五条 发生危险化学品事故,有关地方人民政府及其有关部门不立即组织实施救援,或者不采取必要的应急处置措施减少事故损失,防止事故蔓延、扩大的,对直接负责的主管人员和其他直接责任人员依法给予处分;构成犯罪的,依法追究刑事责任。

第九十六条 负有危险化学品安全监督管理职责的部门的工作人员,在危险化学品安全监督管理工作中滥用职权、玩忽职守、徇私舞弊,构成犯罪的,依法追究刑事责任;尚不构成犯罪的,依法给予处分。

第八章 附 则

第九十七条 监控化学品、属于危险化学品的药品和农药的安全管理,依照本条例的规定执行;法律、行政法规另有规定的,依照其规定。

民用爆炸物品、烟花爆竹、放射性物品、核能物质以及用于国防科研生产的危险化学品的安全管理,不适用本条例。

法律、行政法规对燃气的安全管理另有规定的,依照其规定。

危险化学品容器属于特种设备的,其安全管理依照有关特种设备安全的法律、行政法规的规定执行。

第九十八条 危险化学品的进出口管理,依照有关对外贸易的法律、行政法规、规章的规定执行;进口的危险化学品的储存、使用、经营、运输的安全管理,依照本条例的规定执行。

危险化学品环境管理登记和新化学物质环境管理登记,依照有关环境保护的法律、行政法规、规章的规定执行。危险化学品环境管理登记,按照国家有关规定收取费用。

第九十九条 公众发现、捡拾的无主危险化学品,由公安机关接收。公安机关接收或者有关部门依法没收的危险化学品,需要进行无害化处理的,交由环境保护主管部门组织其认定的专业单位进行处理,或者交由有关危险化学品生产企业进行处理。处理所需费用由国家财政负担。

第一百条 化学品的危险特性尚未确定的,由国务院安全生产监督管理部门、国务院环境保护主管部门、国务院卫生主管部门分别负责组织对该化学品的物理危险性、环境危害性、毒理特性进行鉴定。根据鉴定结果,需要调整危险化学品目录的,依照本条例第三条第二款的规定办理。

第一百零一条 本条例施行前已经使用危险化学品从事生产的化工企业,依照本条例规定需要取得危险化学品安全使用许可证的,应当在国务院安全生产监督管理部门规定的期限内,申请取得危险化学品安全使用许可证。

第一百零二条 本条例自 2011 年 12 月 1 日起施行。

易制毒化学品管理条例

(2005 年 8 月 26 日中华人民共和国国务院令第 445 号公布 根据 2014 年 7 月 29 日《国务院关于修改部分行政法规的决定》第一次修订 根据 2016 年 2 月 6 日《国务院关于修改部分行政法规的决定》第二次修订 根据 2018 年 9 月 18 日《国务院关于修改部分行政法规的决定》第三次修订)

第一章 总 则

第一条 为了加强易制毒化学品管理,规范易制毒化学品的生产、经营、购买、运输和进口、出口行为,防止易制毒化学品被用于制造毒品,维护经济和社会秩序,制定本条例。

第二条 国家对易制毒化学品的生产、经营、购买、运输和进口、出口实行分类管理和许可制度。

易制毒化学品分为三类。第一类是可以用于制毒的主要原料,第二类、第三类是可以用于制毒的化学配剂。易制毒化学品的具体分类和品种,由本条例附表列示。

易制毒化学品的分类和品种需要调整的,由国务院公安部门会同国务院药品监督管理部门、安全生产监督管理部门、商务主管部门、卫生主管部门和海关总署提出方案,报国务院批准。

省、自治区、直辖市人民政府认为有必要在本行政区域内调整分类或者增加本条例规定以外的品种的,应当向国务院公安部门提出,由国务院公安部门会同国务院有关行政主管部门提出方案,报国务院批准。

第三条 国务院公安部门、药品监督管理部门、安全生产监督管理部门、商务主管部门、卫生主管部门、海关总署、价格主管部门、铁路主管部门、交通主管部门、市场监督管理部门、生态环境主管部门在各自的职责范围内,负责全国的易制毒化学品有关管理工作;县级以上地方各级人民政府有关行政主管部门在各自的职责范围内,负责本行政区域内的易制毒化学品有关管理工作。

县级以上地方各级人民政府应当加强对易制毒化学品管理工作的领导,及时协调解决易制毒化学品管理工作中的问题。

第四条 易制毒化学品的产品包装和使用说明书,应当标明产品的名称(含学名和通用名)、化学分子式和成分。

第五条 易制毒化学品的生产、经营、购买、运输和进口、出口,除应当遵守本条例的规定外,属于药品和危险化学品的,还应当遵守法律、其他行政法规对药品和危险化学品的有关规定。

禁止走私或者非法生产、经营、购买、转让、运输易制毒化学品。

禁止使用现金或者实物进行易制毒化学品交易。但是,个人合法购买第一类中的药品类易制毒化学品药品制剂和第三类易制毒化学品的除外。

生产、经营、购买、运输和进口、出口易制毒化学品的单位,应当建立单位内部易制毒化学品管理制度。

第六条 国家鼓励向公安机关等有关行政主管部门举报涉及易制毒化学品的违法行为。接到举报的部门应当为举报者保密。对举报属实的,县级以上人民政府及有关行政主管部门应当给予奖励。

第二章 生产、经营管理

第七条 申请生产第一类易制毒化学品,应当具备下列条件,并经本条例第八条规定的行政主管部门审批,取得生产许可证后,方可进行生产:

(一)属依法登记的化工产品生产企业或者药品生产企业;

(二)有符合国家标准的生产设备、仓储设施和污染物处理设施;

(三)有严格的安全生产管理制度和环境突发事件应急预案;

(四)企业法定代表人和技术、管理人员具有安全生产和易制毒化学品的有关知识,无毒品犯罪记录;

(五)法律、法规、规章规定的其他条件。

申请生产第一类中的药品类易制毒化学品,还应当在仓储场所等重点区域设置电视监控设施以及与公安机关联网的报警装置。

第八条 申请生产第一类中的药品类易制毒化学品的,由省、自治区、直辖市人民政府药品监督管理部门审批;申请生产第一类中的非药品类易制毒化学品的,由省、自治区、直辖市人民政府安全生产监督管理部门审批。

前款规定的行政主管部门应当自收到申请之日起60日内,对申请人提交的申请材料进行审查。对符合规定的,发给生产许可证,或者在企业已经取得的有关生产许可证件上标注;不予许可的,应当书面说明理由。

审查第一类易制毒化学品生产许可申请材料时,根据需要,可以进行实地核查和专家评审。

第九条 申请经营第一类易制毒化学品,应当具备下列条件,并经本条例第十条规定的行政主管部门审批,取得经营许可证后,方可进行经营:

(一)属依法登记的化工产品经营企业或者药品经营企业;

(二)有符合国家规定的经营场所,需要储存、保管易制毒化学品的,还应当有符合国家技术标准的仓储设施;

(三)有易制毒化学品的经营管理制度和健全的销售网络;

(四)企业法定代表人和销售、管理人员具有易制毒化学品的有关知识,无毒品犯罪记录;

(五)法律、法规、规章规定的其他条件。

第十条 申请经营第一类中的药品类易制毒化学品的,由省、自治区、直辖市人民政府药品监督管理部门审批;申请经营第一类中的非药品类易制毒化学品的,由省、自治区、直辖市人民政府安全生产监督管理部门审批。

前款规定的行政主管部门应当自收到申请之日起30日内,对申请人提交的申请材料进行审查。对符合规定的,发给经营许可证,或者在企业已经取得的有关经营许可证件上标注;不予许可的,应当书面说明理由。

审查第一类易制毒化学品经营许可申请材料时,根据需要,可以进行实地核查。

第十一条 取得第一类易制毒化学品生产许可或者依照本条例第十三条第一款规定已经履行第二类、第三类易制毒化学品备案手续的生产企业,可以经销自产的易制毒化学品。但是,在厂外设立销售网点经销第一类易制毒化学品的,应当依照本条例的规定取得经营许可。

第一类中的药品类易制毒化学品药品单方制剂,由麻醉药品定点经营企业经销,且不得零售。

第十二条 取得第一类易制毒化学品生产、经营许可的企业,应当凭生产、经营许可证到市场监督管理部门办理经营范围变更登记。未经变更登记,不得进行第一类易制毒化学品的生产、经营。

第一类易制毒化学品生产、经营许可证被依法吊销的,行政主管部门应当自作出吊销决定之日起5日内通知市场监督管理部门;被吊销许可证的企业,应当及时到市场监督管理部门办理经营范围变更或者企业注销登记。

第十三条 生产第二类、第三类易制毒化学品的,应当自生产之日起30日内,将生产的品种、数量等情况,向所在地的设区的市级人民政府安全生产监督管理部门备案。

经营第二类易制毒化学品的,应当自经营之日起30日内,将经营的品种、数量、主要流向等情况,向所在地的设区的市级人民政府安全生产监督管理部门备案;经营第三类易制毒化学品的,应当自经营之日起30日内,将经营的品种、数量、主要流向等情况,向所在地的县级人民政府安全生产监督管理部门备案。

前两款规定的行政主管部门应当于收到备案材料的当日发给备案证明。

第三章 购买管理

第十四条 申请购买第一类易制毒化学品,应当提交下列证件,经本条例第十五条规定的行政主管部门审批,取得购买许可证:

(一)经营企业提交企业营业执照和合法使用需要证明;

(二)其他组织提交登记证书(成立批准文件)和合法使用需要证明。

第十五条　申请购买第一类中的药品类易制毒化学品的,由所在地的省、自治区、直辖市人民政府药品监督管理部门审批;申请购买第一类中的非药品类易制毒化学品的,由所在地的省、自治区、直辖市人民政府公安机关审批。

前款规定的行政主管部门应当自收到申请之日起 10 日内,对申请人提交的申请材料和证件进行审查。对符合规定的,发给购买许可证;不予许可的,应当书面说明理由。

审查第一类易制毒化学品购买许可申请材料时,根据需要,可以进行实地核查。

第十六条　持有麻醉药品、第一类精神药品购买印鉴卡的医疗机构购买第一类中的药品类易制毒化学品的,无须申请第一类易制毒化学品购买许可证。

个人不得购买第一类、第二类易制毒化学品。

第十七条　购买第二类、第三类易制毒化学品的,应当在购买前将所需购买的品种、数量,向所在地的县级人民政府公安机关备案。个人自用购买少量高锰酸钾的,无须备案。

第十八条　经营单位销售第一类易制毒化学品时,应当查验购买许可证和经办人的身份证明。对委托代购的,还应当查验购买人持有的委托文书。

经营单位在查验无误、留存上述证明材料的复印件后,方可出售第一类易制毒化学品;发现可疑情况的,应当立即向当地公安机关报告。

第十九条　经营单位应当建立易制毒化学品销售台账,如实记录销售的品种、数量、日期、购买方等情况。销售台账和证明材料复印件应当保存 2 年备查。

第一类易制毒化学品的销售情况,应当自销售之日起 5 日内报当地公安机关备案;第一类易制毒化学品的使用单位,应当建立使用台账,并保存 2 年备查。

第二类、第三类易制毒化学品的销售情况,应当自销售之日起 30 日内报当地公安机关备案。

第四章　运输管理

第二十条　跨设区的市级行政区域(直辖市为跨市界)或者在国务院公安部门确定的禁毒形势严峻的重点地区跨县级行政区域运输第一类易制毒化学品的,由运出地的设区的市级人民政府公安机关审批;运输第二类易制毒化学品的,由运出地的县级人民政府公安机关审批。经审批取得易制毒化学品运输许可证后,方可运输。

运输第三类易制毒化学品的,应当在运输前向运出地的县级人民政府公安机关备案。公安机关应当于收到备案材料的当日发给备案证明。

第二十一条　申请易制毒化学品运输许可,应当提交易制毒化学品的购销合同,货主是企业的,应当提交营业执照;货主是其他组织的,应当提交登记证书(成立批准文件);货主是个人的,应当提交其个人身份证明。经办人还应当提交本人的身份证明。

公安机关应当自收到第一类易制毒化学品运输许可申请之日起10日内,收到第二类易制毒化学品运输许可申请之日起3日内,对申请人提交的申请材料进行审查。对符合规定的,发给运输许可证;不予许可的,应当书面说明理由。

审查第一类易制毒化学品运输许可申请材料时,根据需要,可以进行实地核查。

第二十二条　对许可运输第一类易制毒化学品的,发给一次有效的运输许可证。

对许可运输第二类易制毒化学品的,发给3个月有效的运输许可证;6个月内运输安全状况良好的,发给12个月有效的运输许可证。

易制毒化学品运输许可证应当载明拟运输的易制毒化学品的品种、数量、运入地、货主及收货人、承运人情况以及运输许可证种类。

第二十三条　运输供教学、科研使用的100克以下的麻黄素样品和供医疗机构制剂配方使用的小包装麻黄素以及医疗机构或者麻醉药品经营企业购买麻黄素片剂6万片以下、注射剂1.5万支以下,货主或者承运人持有依法取得的购买许可证明或者麻醉药品调拨单的,无须申请易制毒化学品运输许可。

第二十四条　接受货主委托运输的,承运人应当查验货主提供的运输许可证或者备案证明,并查验所运货物与运输许可证或者备案证明载明的易制毒化学品品种等情况是否相符;不相符的,不得承运。

运输易制毒化学品,运输人员应当自启运起全程携带运输许可证或者备案证明。公安机关应当在易制毒化学品的运输过程中进行检查。

运输易制毒化学品,应当遵守国家有关货物运输的规定。

第二十五条　因治疗疾病需要,患者、患者近亲属或者患者委托的人凭医疗机构出具的医疗诊断书和本人的身份证明,可以随身携带第一类中的药品类易制毒化学品药品制剂,但是不得超过医用单张处方的最大剂量。

医用单张处方最大剂量,由国务院卫生主管部门规定、公布。

第五章 进口、出口管理

第二十六条 申请进口或者出口易制毒化学品,应当提交下列材料,经国务院商务主管部门或者其委托的省、自治区、直辖市人民政府商务主管部门审批,取得进口或者出口许可证后,方可从事进口、出口活动:

(一)对外贸易经营者备案登记证明复印件;

(二)营业执照副本;

(三)易制毒化学品生产、经营、购买许可证或者备案证明;

(四)进口或者出口合同(协议)副本;

(五)经办人的身份证明。

申请易制毒化学品出口许可的,还应当提交进口方政府主管部门出具的合法使用易制毒化学品的证明或者进口方合法使用的保证文件。

第二十七条 受理易制毒化学品进口、出口申请的商务主管部门应当自收到申请材料之日起20日内,对申请材料进行审查,必要时可以进行实地核查。对符合规定的,发给进口或者出口许可证;不予许可的,应当书面说明理由。

对进口第一类中的药品类易制毒化学品的,有关的商务主管部门在作出许可决定前,应当征得国务院药品监督管理部门的同意。

第二十八条 麻黄素等属于重点监控物品范围的易制毒化学品,由国务院商务主管部门会同国务院有关部门核定的企业进口、出口。

第二十九条 国家对易制毒化学品的进口、出口实行国际核查制度。易制毒化学品国际核查目录及核查的具体办法,由国务院商务主管部门会同国务院公安部门规定、公布。

国际核查所用时间不计算在许可期限之内。

对向毒品制造、贩运情形严重的国家或者地区出口易制毒化学品以及本条例规定品种以外的化学品的,可以在国际核查措施以外实施其他管制措施,具体办法由国务院商务主管部门会同国务院公安部门、海关总署等有关部门规定、公布。

第三十条 进口、出口或者过境、转运、通运易制毒化学品的,应当如实向海关申报,并提交进口或者出口许可证。海关凭许可证办理通关手续。

易制毒化学品在境外与保税区、出口加工区等海关特殊监管区域、保税场所之间进出的,适用前款规定。

易制毒化学品在境内与保税区、出口加工区等海关特殊监管区域、保税场所之间进出的,或者在上述海关特殊监管区域、保税场所之间进出的,无须申请易制毒化学品进口或者出口许可证。

进口第一类中的药品类易制毒化学品,还应当提交药品监督管理部门出具的进口药品通关单。

第三十一条 进出境人员随身携带第一类中的药品类易制毒化学品药品制剂和高锰酸钾,应当以自用且数量合理为限,并接受海关监管。

进出境人员不得随身携带前款规定以外的易制毒化学品。

第六章 监督检查

第三十二条 县级以上人民政府公安机关、负责药品监督管理的部门、安全生产监督管理部门、商务主管部门、卫生主管部门、价格主管部门、铁路主管部门、交通主管部门、市场监督管理部门、生态环境主管部门和海关,应当依照本条例和有关法律、行政法规的规定,在各自的职责范围内,加强对易制毒化学品生产、经营、购买、运输、价格以及进口、出口的监督检查;对非法生产、经营、购买、运输易制毒化学品,或者走私易制毒化学品的行为,依法予以查处。

前款规定的行政主管部门在进行易制毒化学品监督检查时,可以依法查看现场、查阅和复制有关资料、记录有关情况、扣押相关的证据材料和违法物品;必要时,可以临时查封有关场所。

被检查的单位或者个人应当如实提供有关情况和材料、物品,不得拒绝或者隐匿。

第三十三条 对依法收缴、查获的易制毒化学品,应当在省、自治区、直辖市或者设区的市级人民政府公安机关、海关或者生态环境主管部门的监督下,区别易制毒化学品的不同情况进行保管、回收,或者依照环境保护法律、行政法规的有关规定,由有资质的单位在生态环境主管部门的监督下销毁。其中,对收缴、查获的第一类中的药品类易制毒化学品,一律销毁。

易制毒化学品违法单位或者个人无力提供保管、回收或者销毁费用的,保管、回收或者销毁的费用在回收所得中开支,或者在有关行政主管部门的禁毒经费中列支。

第三十四条 易制毒化学品丢失、被盗、被抢的,发案单位应当立即向当地公安机关报告,并同时报告当地的县级人民政府负责药品监督管理的部门、安全生产监督管理部门、商务主管部门或者卫生主管部门。接到报案的公安机关应当及时立案查处,并向上级公安机关报告;有关行政主管部门应当逐级上报并配合公安机关的查处。

第三十五条 有关行政主管部门应当将易制毒化学品许可以及依法吊销许可的情况通报有关公安机关和市场监督管理部门;市场监督管理部门应当将生产、经营易制毒化学品企业依法变更或者注销登记的情况通报有关公安机关和行政主管部门。

第三十六条 生产、经营、购买、运输或者进口、出口易制毒化学品的单位,应当于每年3月31日前向许可或者备案的行政主管部门和公安机关报告本单位上年度易制毒化学品的生产、经营、购买、运输或者进口、出口情况;有条件的生产、经营、购买、运输或者进口、出口单位,可以与有关行政主管部门建立计算机联网,及时通报有关经营情况。

第三十七条 县级以上人民政府有关行政主管部门应当加强协调合作,建立易制毒化学品管理情况、监督检查情况以及案件处理情况的通报、交流机制。

第七章 法律责任

第三十八条 违反本条例规定,未经许可或者备案擅自生产、经营、购买、运输易制毒化学品,伪造申请材料骗取易制毒化学品生产、经营、购买或者运输许可证,使用他人的或者伪造、变造、失效的许可证生产、经营、购买、运输易制毒化学品的,由公安机关没收非法生产、经营、购买或者运输的易制毒化学品、用于非法生产易制毒化学品的原料以及非法生产、经营、购买或者运输易制毒化学品的设备、工具,处非法生产、经营、购买或者运输的易制毒化学品货值10倍以上20倍以下的罚款,货值的20倍不足1万元的,按1万元罚款;有违法所得的,没收违法所得;有营业执照的,由市场监督管理部门吊销营业执照;构成犯罪的,依法追究刑事责任。

对有前款规定违法行为的单位或者个人,有关行政主管部门可以自作出行政处罚决定之日起3年内,停止受理其易制毒化学品生产、经营、购买、运输或者进口、出口许可申请。

第三十九条 违反本条例规定,走私易制毒化学品的,由海关没收走私的易制毒化学品;有违法所得的,没收违法所得,并依照海关法律、行政法规给予行政处罚;构成犯罪的,依法追究刑事责任。

第四十条 违反本条例规定,有下列行为之一的,由负有监督管理职责的行政主管部门给予警告,责令限期改正,处 1 万元以上 5 万元以下的罚款;对违反规定生产、经营、购买的易制毒化学品可以予以没收;逾期不改正的,责令限期停产停业整顿;逾期整顿不合格的,吊销相应的许可证:

(一)易制毒化学品生产、经营、购买、运输或者进口、出口单位未按规定建立安全管理制度的;

(二)将许可证或者备案证明转借他人使用的;

(三)超出许可的品种、数量生产、经营、购买易制毒化学品的;

(四)生产、经营、购买单位不记录或者不如实记录交易情况、不按规定保存交易记录或者不如实、不及时向公安机关和有关行政主管部门备案销售情况的;

(五)易制毒化学品丢失、被盗、被抢后未及时报告,造成严重后果的;

(六)除个人合法购买第一类中的药品类易制毒化学品药品制剂以及第三类易制毒化学品外,使用现金或者实物进行易制毒化学品交易的;

(七)易制毒化学品的产品包装和使用说明书不符合本条例规定要求的;

(八)生产、经营易制毒化学品的单位不如实或者不按时向有关行政主管部门和公安机关报告年度生产、经销和库存等情况的。

企业的易制毒化学品生产经营许可被依法吊销后,未及时到市场监督管理部门办理经营范围变更或者企业注销登记的,依照前款规定,对易制毒化学品予以没收,并处罚款。

第四十一条 运输的易制毒化学品与易制毒化学品运输许可证或者备案证明载明的品种、数量、运入地、货主及收货人、承运人等情况不符,运输许可证种类不当,或者运输人员未全程携带运输许可证或者备案证明的,由公安机关责令停运整改,处 5000 元以上 5 万元以下的罚款;有危险物品运输资质的,运输主管部门可以依法吊销其运输资质。

个人携带易制毒化学品不符合品种、数量规定的,没收易制毒化学品,处 1000 元以上 5000 元以下的罚款。

第四十二条 生产、经营、购买、运输或者进口、出口易制毒化学品的单位或者个人拒不接受有关行政主管部门监督检查的,由负有监督管理职责的行政主管部门责令改正,对直接负责的主管人员以及其他直接责任人员给予警告;情节严重的,对单位处 1 万元以上 5 万元以下的罚款,对直接负责的主管人员以及其他直接责任人员处1000元以上5000元以下的罚款;有违反治安管理行为的,依法给予治安管理处罚;构成犯罪的,依法追究刑事责任。

第四十三条 易制毒化学品行政主管部门工作人员在管理工作中有应当许可而不许可、不应当许可而滥许可,不依法受理备案,以及其他滥用职权、玩忽职守、徇私舞弊行为的,依法给予行政处分;构成犯罪的,依法追究刑事责任。

第八章 附 则

第四十四条 易制毒化学品生产、经营、购买、运输和进口、出口许可证,由国务院有关行政主管部门根据各自的职责规定式样并监制。

第四十五条 本条例自2005年11月1日起施行。

本条例施行前已经从事易制毒化学品生产、经营、购买、运输或者进口、出口业务的,应当自本条例施行之日起6个月内,依照本条例的规定重新申请许可。

附表:

易制毒化学品的分类和品种目录

第一类

1. 1-苯基-2-丙酮

2. 3,4-亚甲基二氧苯基-2-丙酮

3. 胡椒醛

4. 黄樟素

5. 黄樟油

6. 异黄樟素

7. N-乙酰邻氨基苯酸

8. 邻氨基苯甲酸

9. 麦角酸*

10. 麦角胺*

11. 麦角新碱*

12. 麻黄素、伪麻黄素、消旋麻黄素、去甲麻黄素、甲基麻黄素、麻黄浸膏、麻黄浸膏粉等麻黄素类物质*

第二类

1. 苯乙酸
2. 醋酸酐
3. 三氯甲烷
4. 乙醚
5. 哌啶

第三类

1. 甲苯
2. 丙酮
3. 甲基乙基酮
4. 高锰酸钾
5. 硫酸
6. 盐酸

说明：
一、第一类、第二类所列物质可能存在的盐类，也纳入管制。
二、带有＊标记的品种为第一类中的药品类易制毒化学品，第一类中的药品类易制毒化学品包括原料药及其单方制剂。

易制爆危险化学品治安管理办法

（2019年7月6日公安部令第154号公布 自2019年8月10日起施行）

第一章 总　则

第一条 为加强易制爆危险化学品的治安管理，有效防范易制爆危险化学品治安风险，保障人民群众生命财产安全和公共安全，根据《中华人民共和国反恐怖主义法》《危险化学品安全管理条例》《企业事业单位内部治安保卫条例》等有关法律法规的规定,制定本办法。

第二条　易制爆危险化学品生产、经营、储存、使用、运输和处置的治安管理,适用本办法。

第三条　本办法所称易制爆危险化学品,是指列入公安部确定、公布的易制爆危险化学品名录,可用于制造爆炸物品的化学品。

第四条　本办法所称易制爆危险化学品从业单位,是指生产、经营、储存、使用、运输及处置易制爆危险化学品的单位。

第五条　易制爆危险化学品治安管理,应当坚持安全第一、预防为主、依法治理、系统治理的原则,强化和落实从业单位的主体责任。

易制爆危险化学品从业单位的主要负责人是治安管理第一责任人,对本单位易制爆危险化学品治安管理工作全面负责。

第六条　易制爆危险化学品从业单位应当建立易制爆危险化学品信息系统,并实现与公安机关的信息系统互联互通。

公安机关和易制爆危险化学品从业单位应当对易制爆危险化学品实行电子追踪标识管理,监控记录易制爆危险化学品流向、流量。

第七条　任何单位和个人都有权举报违反易制爆危险化学品治安管理规定的行为;接到举报的公安机关应当依法及时查处,并为举报人员保密,对举报有功人员给予奖励。

第八条　易制爆危险化学品从业单位应当加强对治安管理工作的检查、考核和奖惩,及时发现、整改治安隐患,并保存检查、整改记录。

第二章　销售、购买和流向登记

第九条　公安机关接收同级应急管理部门通报的颁发危险化学品安全生产许可证、危险化学品安全使用许可证、危险化学品经营许可证、烟花爆竹安全生产许可证情况后,对属于易制爆危险化学品从业单位的,应当督促其建立信息系统。

第十条　依法取得危险化学品安全生产许可证、危险化学品安全使用许可证、危险化学品经营许可证的企业,凭相应的许可证件购买易制爆危险化学品。民用爆炸物品生产企业凭民用爆炸物品生产许可证购买易制爆危险化学品。

第十一条　本办法第十条以外的其他单位购买易制爆危险化学品的,应当向销售单位出具以下材料：

（一）本单位《工商营业执照》《事业单位法人证书》等合法证明复印件、经办人身份证明复印件；

（二）易制爆危险化学品合法用途说明，说明应当包含具体用途、品种、数量等内容。

严禁个人购买易制爆危险化学品。

第十二条 危险化学品生产企业、经营企业销售易制爆危险化学品，应当查验本办法第十条或者第十一条规定的相关许可证件或者证明文件，不得向不具有相关许可证件或者证明文件的单位及任何个人销售易制爆危险化学品。

第十三条 销售、购买、转让易制爆危险化学品应当通过本企业银行账户或者电子账户进行交易，不得使用现金或者实物进行交易。

第十四条 危险化学品生产企业、经营企业销售易制爆危险化学品，应当如实记录购买单位的名称、地址、经办人姓名、身份证号码以及所购买的易制爆危险化学品的品种、数量、用途。销售记录以及相关许可证件复印件或者证明文件、经办人的身份证明复印件的保存期限不得少于一年。

易制爆危险化学品销售、购买单位应当在销售、购买后五日内，通过易制爆危险化学品信息系统，将所销售、购买的易制爆危险化学品的品种、数量以及流向信息报所在地县级公安机关备案。

第十五条 易制爆危险化学品生产、进口和分装单位应当按照国家有关标准和规范要求，对易制爆危险化学品作出电子追踪标识，识读电子追踪标识可显示相应易制爆危险化学品品种、数量以及流向信息。

第十六条 易制爆危险化学品从业单位应当如实登记易制爆危险化学品销售、购买、出入库、领取、使用、归还、处置等信息，并录入易制爆危险化学品信息系统。

第三章　处置、使用、运输和信息发布

第十七条 易制爆危险化学品从业单位转产、停产、停业或者解散的，应当将生产装置、储存设施以及库存易制爆危险化学品的处置方案报主管部门和所在地县级公安机关备案。

第十八条 易制爆危险化学品使用单位不得出借、转让其购买的易制爆危险化学品；因转产、停产、搬迁、关闭等确需转让的，应当向具有本办法第十条或者第十一条规定的相关许可证件或者证明文件的单位转让。

双方应当在转让后五日内,将有关情况报告所在地县级公安机关。

第十九条　运输易制爆危险化学品途中因住宿或者发生影响正常运输的情况,需要较长时间停车的,驾驶人员、押运人员应当采取相应的安全防范措施,并向公安机关报告。

第二十条　易制爆危险化学品在道路运输途中丢失、被盗、被抢或者出现流散、泄漏等情况的,驾驶人员、押运人员应当立即采取相应的警示措施和安全措施,并向公安机关报告。公安机关接到报告后,应当根据实际情况立即向同级应急管理、生态环境、卫生健康等部门通报,采取必要的应急处置措施。

第二十一条　任何单位和个人不得交寄易制爆危险化学品或者在邮件、快递内夹带易制爆危险化学品,不得将易制爆危险化学品匿报或者谎报为普通物品交寄,不得将易制爆危险化学品交给不具有相应危险货物运输资质的企业托运。邮政企业、快递企业不得收寄易制爆危险化学品。运输企业、物流企业不得违反危险货物运输管理规定承运易制爆危险化学品。邮政企业、快递企业、运输企业、物流企业发现违反规定交寄或者托运易制爆危险化学品的,应当立即将有关情况报告公安机关和主管部门。

第二十二条　易制爆危险化学品从业单位依法办理非经营性互联网信息服务备案手续后,可以在本单位网站发布易制爆危险化学品信息。

易制爆危险化学品从业单位应当在本单位网站主页显著位置标明可供查询的互联网信息服务备案编号。

第二十三条　易制爆危险化学品从业单位不得在本单位网站以外的互联网应用服务中发布易制爆危险化学品信息及建立相关链接。

禁止易制爆危险化学品从业单位以外的其他单位在互联网发布易制爆危险化学品信息及建立相关链接。

第二十四条　禁止个人在互联网上发布易制爆危险化学品生产、买卖、储存、使用信息。

禁止任何单位和个人在互联网上发布利用易制爆危险化学品制造爆炸物品方法的信息。

第四章　治安防范

第二十五条　易制爆危险化学品从业单位应当设置治安保卫机构,建立健全治安保卫制度,配备专职治安保卫人员负责易制爆危险化学品治安保卫工作,并将治安保卫机构的设置和人员的配备情况报所在地县级公安机关备案。治安保卫人员应当符合国家有关标准和规范要求,经培训后上岗。

第二十六条 易制爆危险化学品应当按照国家有关标准和规范要求,储存在封闭式、半封闭式或者露天式危险化学品专用储存场所内,并根据危险品性能分区、分类、分库储存。

教学、科研、医疗、测试等易制爆危险化学品使用单位,可使用储存室或者储存柜储存易制爆危险化学品,单个储存室或者储存柜储存量应当在 50 公斤以下。

第二十七条 易制爆危险化学品储存场所应当按照国家有关标准和规范要求,设置相应的人力防范、实体防范、技术防范等治安防范设施,防止易制爆危险化学品丢失、被盗、被抢。

第二十八条 易制爆危险化学品从业单位应当建立易制爆危险化学品出入库检查、登记制度,定期核对易制爆危险化学品存放情况。

易制爆危险化学品丢失、被盗、被抢的,应当立即报告公安机关。

第二十九条 易制爆危险化学品储存场所(储存室、储存柜除外)治安防范状况应纳入单位安全评价的内容,经安全评价合格后方可使用。

第三十条 构成重大危险源的易制爆危险化学品,应当在专用仓库内单独存放,并实行双人收发、双人保管制度。

第五章 监督检查

第三十一条 公安机关根据本地区工作实际,定期组织易制爆危险化学品从业单位监督检查;在重大节日、重大活动前或者期间组织监督抽查。

公安机关人民警察进行监督检查时应当出示人民警察证,表明执法身份,不得从事与职务无关的活动。

第三十二条 监督检查内容包括:

(一)易制爆危险化学品从业单位持有相关许可证件情况;

(二)销售、购买、处置、使用、运输易制爆危险化学品是否符合有关规定;

(三)易制爆危险化学品信息发布是否符合有关规定;

(四)易制爆危险化学品流向登记是否符合有关规定;

(五)易制爆危险化学品从业单位治安保卫机构、制度建设是否符合有关规定;

(六)易制爆危险化学品从业单位及其储存场所治安防范设施是否符合有关规定;

(七)法律、法规、规范和标准规定的其他内容。

第三十三条 监督检查应当记录在案,归档管理。监督检查记录包括:

(一)执行监督检查任务的人员姓名、单位、职务、警号;

(二)监督检查的时间、地点、单位名称、检查事项;

(三)发现的隐患问题及处理结果。

第三十四条 监督检查记录一式两份,由监督检查人员、被检查单位管理人员签字确认;被检查单位管理人员对检查记录有异议或者拒绝签名的,检查人员应当在检查记录中注明。

第三十五条 公安机关应当建立易制爆危险化学品从业单位风险评估、分级预警机制和与有关部门信息共享通报机制。

第六章 法律责任

第三十六条 违反本办法第六条第一款规定的,由公安机关责令限期改正,可以处一万元以下罚款;逾期不改正的,处违法所得三倍以下且不超过三万元罚款,没有违法所得的,处一万元以下罚款。

第三十七条 违反本办法第十条、第十一条、第十八条第一款规定的,由公安机关依照《危险化学品安全管理条例》第八十四条第二款、第三款的规定处罚。

第三十八条 违反本办法第十三条、第十五条规定的,由公安机关依照《中华人民共和国反恐怖主义法》第八十七条的规定处罚。

第三十九条 违反本办法第十四条、第十六条、第十八条第二款、第二十八条第二款规定的,由公安机关依照《危险化学品安全管理条例》第八十一条的规定处罚。

第四十条 违反本办法第十七条规定的,由公安机关依照《危险化学品安全管理条例》第八十二条第二款的规定处罚。

第四十一条 违反本办法第十九条、第二十条规定的,由公安机关依照《危险化学品安全管理条例》第八十九条第三项、第四项的规定处罚。

第四十二条 违反本办法第二十三条、第二十四条规定的,由公安机关责令改正,给予警告,对非经营活动处一千元以下罚款,对经营活动处违法所得三倍以下且不超过三万元罚款,没有违法所得的,处一万元以下罚款。

第四十三条 违反本办法第二十五条、第二十七条关于人力防范、实体防范规定,存在治安隐患的,由公安机关依照《企业事业单位内部治安保卫条例》

第十九条的规定处罚。

第四十四条 违反本办法第二十七条关于技术防范设施设置要求规定的,由公安机关依照《危险化学品安全管理条例》第七十八条第二款的规定处罚。

第四十五条 任何单位和个人违反本办法规定,构成违反治安管理行为的,依照《中华人民共和国治安管理处罚法》的规定予以处罚;构成犯罪的,依法追究刑事责任。

第四十六条 公安机关发现涉及其他主管部门的易制爆危险化学品违法违规行为,应当书面通报其他主管部门依法查处。

第四十七条 公安机关人民警察在易制爆危险化学品治安管理中滥用职权、玩忽职守或者徇私舞弊,构成犯罪的,依法追究刑事责任;尚不构成犯罪的,依法给予行政处分。

第七章 附 则

第四十八条 含有易制爆危险化学品的食品添加剂、药品、兽药、消毒剂等生活用品,其生产单位按照易制爆危险化学品使用单位管理,其成品的生产、销售、购买(含个人购买)、储存、使用、运输和处置等不适用本办法,分别执行《中华人民共和国食品安全法》《中华人民共和国药品管理法》《兽药管理条例》《消毒管理办法》等有关规定。

第四十九条 易制爆危险化学品从业单位和相关场所、活动、设施等确定为防范恐怖袭击重点目标的,应当执行《中华人民共和国反恐怖主义法》的有关规定。

第五十条 易制爆危险化学品的进出口管理,依照有关对外贸易的法律、行政法规、规章的规定执行;进口的易制爆危险化学品的储存、使用、经营、运输、处置的安全管理,依照本办法的规定执行。

第五十一条 本办法所称"以下"均包括本数。

第五十二条 本办法自 2019 年 8 月 10 日起施行。

民用爆炸物品安全管理条例

(2006年5月10日中华人民共和国国务院令第466号公布 根据2014年7月29日《国务院关于修改部分行政法规的决定》修订)

第一章 总 则

第一条 为了加强对民用爆炸物品的安全管理,预防爆炸事故发生,保障公民生命、财产安全和公共安全,制定本条例。

第二条 民用爆炸物品的生产、销售、购买、进出口、运输、爆破作业和储存以及硝酸铵的销售、购买,适用本条例。

本条例所称民用爆炸物品,是指用于非军事目的、列入民用爆炸物品品名表的各类火药、炸药及其制品和雷管、导火索等点火、起爆器材。

民用爆炸物品品名表,由国务院民用爆炸物品行业主管部门会同国务院公安部门制订、公布。

第三条 国家对民用爆炸物品的生产、销售、购买、运输和爆破作业实行许可证制度。

未经许可,任何单位或者个人不得生产、销售、购买、运输民用爆炸物品,不得从事爆破作业。

严禁转让、出借、转借、抵押、赠送、私藏或者非法持有民用爆炸物品。

第四条 民用爆炸物品行业主管部门负责民用爆炸物品生产、销售的安全监督管理。

公安机关负责民用爆炸物品公共安全管理和民用爆炸物品购买、运输、爆破作业的安全监督管理,监控民用爆炸物品流向。

安全生产监督、铁路、交通、民用航空主管部门依照法律、行政法规的规定,负责做好民用爆炸物品的有关安全监督管理工作。

民用爆炸物品行业主管部门、公安机关、工商行政管理部门按照职责分工,负责组织查处非法生产、销售、购买、储存、运输、邮寄、使用民用爆炸物品的行为。

第五条 民用爆炸物品生产、销售、购买、运输和爆破作业单位(以下称民用爆炸物品从业单位)的主要负责人是本单位民用爆炸物品安全管理责任人,对本单位的民用爆炸物品安全管理工作全面负责。

民用爆炸物品从业单位是治安保卫工作的重点单位,应当依法设置治安保卫机构或者配备治安保卫人员,设置技术防范设施,防止民用爆炸物品丢失、被盗、被抢。

民用爆炸物品从业单位应当建立安全管理制度、岗位安全责任制度,制订安全防范措施和事故应急预案,设置安全管理机构或者配备专职安全管理人员。

第六条 无民事行为能力人、限制民事行为能力人或者曾因犯罪受过刑事处罚的人,不得从事民用爆炸物品的生产、销售、购买、运输和爆破作业。

民用爆炸物品从业单位应当加强对本单位从业人员的安全教育、法制教育和岗位技术培训,从业人员经考核合格的,方可上岗作业;对有资格要求的岗位,应当配备具有相应资格的人员。

第七条 国家建立民用爆炸物品信息管理系统,对民用爆炸物品实行标识管理,监控民用爆炸物品流向。

民用爆炸物品生产企业、销售企业和爆破作业单位应当建立民用爆炸物品登记制度,如实将本单位生产、销售、购买、运输、储存、使用民用爆炸物品的品种、数量和流向信息输入计算机系统。

第八条 任何单位或者个人都有权举报违反民用爆炸物品安全管理规定的行为;接到举报的主管部门、公安机关应当立即查处,并为举报人员保密,对举报有功人员给予奖励。

第九条 国家鼓励民用爆炸物品从业单位采用提高民用爆炸物品安全性能的新技术,鼓励发展民用爆炸物品生产、配送、爆破作业一体化的经营模式。

第二章 生 产

第十条 设立民用爆炸物品生产企业,应当遵循统筹规划、合理布局的原则。

第十一条 申请从事民用爆炸物品生产的企业,应当具备下列条件:

(一)符合国家产业结构规划和产业技术标准;

(二)厂房和专用仓库的设计、结构、建筑材料、安全距离以及防火、防爆、防雷、防静电等安全设备、设施符合国家有关标准和规范;

(三)生产设备、工艺符合有关安全生产的技术标准和规程;

(四)有具备相应资格的专业技术人员、安全生产管理人员和生产岗位人员;

（五）有健全的安全管理制度、岗位安全责任制度；
（六）法律、行政法规规定的其他条件。

第十二条　申请从事民用爆炸物品生产的企业，应当向国务院民用爆炸物品行业主管部门提交申请书、可行性研究报告以及能够证明其符合本条例第十一条规定条件的有关材料。国务院民用爆炸物品行业主管部门应当自受理申请之日起45日内进行审查，对符合条件的，核发《民用爆炸物品生产许可证》；对不符合条件的，不予核发《民用爆炸物品生产许可证》，书面向申请人说明理由。

民用爆炸物品生产企业为调整生产能力及品种进行改建、扩建的，应当依照前款规定申请办理《民用爆炸物品生产许可证》。

民用爆炸物品生产企业持《民用爆炸物品生产许可证》到工商行政管理部门办理工商登记，并在办理工商登记后3日内，向所在地县级人民政府公安机关备案。

第十三条　取得《民用爆炸物品生产许可证》的企业应当在基本建设完成后，向省、自治区、直辖市人民政府民用爆炸物品行业主管部门申请安全生产许可。省、自治区、直辖市人民政府民用爆炸物品行业主管部门应当依照《安全生产许可证条例》的规定对其进行查验，对符合条件的，核发《民用爆炸物品安全生产许可证》。民用爆炸物品生产企业取得《民用爆炸物品安全生产许可证》后，方可生产民用爆炸物品。

第十四条　民用爆炸物品生产企业应当严格按照《民用爆炸物品生产许可证》核定的品种和产量进行生产，生产作业应当严格执行安全技术规程的规定。

第十五条　民用爆炸物品生产企业应当对民用爆炸物品做出警示标识、登记标识，对雷管编码打号。民用爆炸物品警示标识、登记标识和雷管编码规则，由国务院公安部门会同国务院民用爆炸物品行业主管部门规定。

第十六条　民用爆炸物品生产企业应当建立健全产品检验制度，保证民用爆炸物品的质量符合相关标准。民用爆炸物品的包装，应当符合法律、行政法规的规定以及相关标准。

第十七条　试验或者试制民用爆炸物品，必须在专门场地或者专门的试验室进行。严禁在生产车间或者仓库内试验或者试制民用爆炸物品。

第三章　销售和购买

第十八条　申请从事民用爆炸物品销售的企业，应当具备下列条件：

(一)符合对民用爆炸物品销售企业规划的要求;
(二)销售场所和专用仓库符合国家有关标准和规范;
(三)有具备相应资格的安全管理人员、仓库管理人员;
(四)有健全的安全管理制度、岗位安全责任制度;
(五)法律、行政法规规定的其他条件。

第十九条 申请从事民用爆炸物品销售的企业,应当向所在地省、自治区、直辖市人民政府民用爆炸物品行业主管部门提交申请书、可行性研究报告以及能够证明其符合本条例第十八条规定条件的有关材料。省、自治区、直辖市人民政府民用爆炸物品行业主管部门应当自受理申请之日起30日内进行审查,并对申请单位的销售场所和专用仓库等经营设施进行查验,对符合条件的,核发《民用爆炸物品销售许可证》;对不符合条件的,不予核发《民用爆炸物品销售许可证》,书面向申请人说明理由。

民用爆炸物品销售企业持《民用爆炸物品销售许可证》到工商行政管理部门办理工商登记后,方可销售民用爆炸物品。

民用爆炸物品销售企业应当在办理工商登记后3日内,向所在地县级人民政府公安机关备案。

第二十条 民用爆炸物品生产企业凭《民用爆炸物品生产许可证》,可以销售本企业生产的民用爆炸物品。

民用爆炸物品生产企业销售本企业生产的民用爆炸物品,不得超出核定的品种、产量。

第二十一条 民用爆炸物品使用单位申请购买民用爆炸物品的,应当向所在地县级人民政府公安机关提出购买申请,并提交下列有关材料:
(一)工商营业执照或者事业单位法人证书;
(二)《爆破作业单位许可证》或者其他合法使用的证明;
(三)购买单位的名称、地址、银行账户;
(四)购买的品种、数量和用途说明。

受理申请的公安机关应当自受理申请之日起5日内对提交的有关材料进行审查,对符合条件的,核发《民用爆炸物品购买许可证》;对不符合条件的,不予核发《民用爆炸物品购买许可证》,书面向申请人说明理由。

《民用爆炸物品购买许可证》应当载明许可购买的品种、数量、购买单位以及许可的有效期限。

第二十二条 民用爆炸物品生产企业凭《民用爆炸物品生产许可证》购买

属于民用爆炸物品的原料,民用爆炸物品销售企业凭《民用爆炸物品销售许可证》向民用爆炸物品生产企业购买民用爆炸物品,民用爆炸物品使用单位凭《民用爆炸物品购买许可证》购买民用爆炸物品,还应当提供经办人的身份证明。

销售民用爆炸物品的企业,应当查验前款规定的许可证和经办人的身份证明;对持《民用爆炸物品购买许可证》购买的,应当按照许可的品种、数量销售。

第二十三条　销售、购买民用爆炸物品,应当通过银行账户进行交易,不得使用现金或者实物进行交易。

销售民用爆炸物品的企业,应当将购买单位的许可证、银行账户转账凭证、经办人的身份证明复印件保存2年备查。

第二十四条　销售民用爆炸物品的企业,应当自民用爆炸物品买卖成交之日起3日内,将销售的品种、数量和购买单位向所在地省、自治区、直辖市人民政府民用爆炸物品行业主管部门和所在地县级人民政府公安机关备案。

购买民用爆炸物品的单位,应当自民用爆炸物品买卖成交之日起3日内,将购买的品种、数量向所在地县级人民政府公安机关备案。

第二十五条　进出口民用爆炸物品,应当经国务院民用爆炸物品行业主管部门审批。进出口民用爆炸物品审批办法,由国务院民用爆炸物品行业主管部门会同国务院公安部门、海关总署规定。

进出口单位应当将进出口的民用爆炸物品的品种、数量向收货地或者出境口岸所在地县级人民政府公安机关备案。

第四章　运　输

第二十六条　运输民用爆炸物品,收货单位应当向运达地县级人民政府公安机关提出申请,并提交包括下列内容的材料:

(一)民用爆炸物品生产企业、销售企业、使用单位以及进出口单位分别提供的《民用爆炸物品生产许可证》、《民用爆炸物品销售许可证》、《民用爆炸物品购买许可证》或者进出口批准证明;

(二)运输民用爆炸物品的品种、数量、包装材料和包装方式;

(三)运输民用爆炸物品的特性、出现险情的应急处置方法;

(四)运输时间、起始地点、运输路线、经停地点。

受理申请的公安机关应当自受理申请之日起3日内对提交的有关材料进

行审查,对符合条件的,核发《民用爆炸物品运输许可证》;对不符合条件的,不予核发《民用爆炸物品运输许可证》,书面向申请人说明理由。

《民用爆炸物品运输许可证》应当载明收货单位、销售企业、承运人,一次性运输有效期限、起始地点、运输路线、经停地点,民用爆炸物品的品种、数量。

第二十七条　运输民用爆炸物品的,应当凭《民用爆炸物品运输许可证》,按照许可的品种、数量运输。

第二十八条　经由道路运输民用爆炸物品的,应当遵守下列规定:

(一)携带《民用爆炸物品运输许可证》;

(二)民用爆炸物品的装载符合国家有关标准和规范,车厢内不得载人;

(三)运输车辆安全技术状况应当符合国家有关安全技术标准的要求,并按照规定悬挂或者安装符合国家标准的易燃易爆危险物品警示标志;

(四)运输民用爆炸物品的车辆应当保持安全车速;

(五)按照规定的路线行驶,途中经停应当有专人看守,并远离建筑设施和人口稠密的地方,不得在许可以外的地点经停;

(六)按照安全操作规程装卸民用爆炸物品,并在装卸现场设置警戒,禁止无关人员进入;

(七)出现危险情况立即采取必要的应急处置措施,并报告当地公安机关。

第二十九条　民用爆炸物品运达目的地,收货单位应当进行验收后在《民用爆炸物品运输许可证》上签注,并在3日内将《民用爆炸物品运输许可证》交回发证机关核销。

第三十条　禁止携带民用爆炸物品搭乘公共交通工具或者进入公共场所。

禁止邮寄民用爆炸物品,禁止在托运的货物、行李、包裹、邮件中夹带民用爆炸物品。

第五章　爆破作业

第三十一条　申请从事爆破作业的单位,应当具备下列条件:

(一)爆破作业属于合法的生产活动;

(二)有符合国家有关标准和规范的民用爆炸物品专用仓库;

(三)有具备相应资格的安全管理人员、仓库管理人员和具备国家规定执业资格的爆破作业人员;

(四)有健全的安全管理制度、岗位安全责任制度;

（五）有符合国家标准、行业标准的爆破作业专用设备；
（六）法律、行政法规规定的其他条件。

第三十二条 申请从事爆破作业的单位，应当按照国务院公安部门的规定，向有关人民政府公安机关提出申请，并提供能够证明其符合本条例第三十一条规定条件的有关材料。受理申请的公安机关应当自受理申请之日起20日内进行审查，对符合条件的，核发《爆破作业单位许可证》；对不符合条件的，不予核发《爆破作业单位许可证》，书面向申请人说明理由。

营业性爆破作业单位持《爆破作业单位许可证》到工商行政管理部门办理工商登记后，方可从事营业性爆破作业活动。

爆破作业单位应当在办理工商登记后3日内，向所在地县级人民政府公安机关备案。

第三十三条 爆破作业单位应当对本单位的爆破作业人员、安全管理人员、仓库管理人员进行专业技术培训。爆破作业人员应当经设区的市级人民政府公安机关考核合格，取得《爆破作业人员许可证》后，方可从事爆破作业。

第三十四条 爆破作业单位应当按照其资质等级承接爆破作业项目，爆破作业人员应当按照其资格等级从事爆破作业。爆破作业的分级管理办法由国务院公安部门规定。

第三十五条 在城市、风景名胜区和重要工程设施附近实施爆破作业的，应当向爆破作业所在地设区的市级人民政府公安机关提出申请，提交《爆破作业单位许可证》和具有相应资质的安全评估企业出具的爆破设计、施工方案评估报告。受理申请的公安机关应当自受理申请之日起20日内对提交的有关材料进行审查，对符合条件的，作出批准的决定；对不符合条件的，作出不予批准的决定，并书面向申请人说明理由。

实施前款规定的爆破作业，应当由具有相应资质的安全监理企业进行监理，由爆破作业所在地县级人民政府公安机关负责组织实施安全警戒。

第三十六条 爆破作业单位跨省、自治区、直辖市行政区域从事爆破作业的，应当事先将爆破作业项目的有关情况向爆破作业所在地县级人民政府公安机关报告。

第三十七条 爆破作业单位应当如实记载领取、发放民用爆炸物品的品种、数量、编号以及领取、发放人员姓名。领取民用爆炸物品的数量不得超过当班用量，作业后剩余的民用爆炸物品必须当班清退回库。

爆破作业单位应当将领取、发放民用爆炸物品的原始记录保存2年备查。

第三十八条 实施爆破作业,应当遵守国家有关标准和规范,在安全距离以外设置警示标志并安排警戒人员,防止无关人员进入;爆破作业结束后应当及时检查、排除未引爆的民用爆炸物品。

第三十九条 爆破作业单位不再使用民用爆炸物品时,应当将剩余的民用爆炸物品登记造册,报所在地县级人民政府公安机关组织监督销毁。

发现、拣拾无主民用爆炸物品的,应当立即报告当地公安机关。

第六章 储 存

第四十条 民用爆炸物品应当储存在专用仓库内,并按照国家规定设置技术防范设施。

第四十一条 储存民用爆炸物品应当遵守下列规定:

(一)建立出入库检查、登记制度,收存和发放民用爆炸物品必须进行登记,做到账目清楚,账物相符;

(二)储存的民用爆炸物品数量不得超过储存设计容量,对性质相抵触的民用爆炸物品必须分库储存,严禁在库房内存放其他物品;

(三)专用仓库应当指定专人管理、看护,严禁无关人员进入仓库区内,严禁在仓库区内吸烟和用火,严禁把其他容易引起燃烧、爆炸的物品带入仓库区内,严禁在库房内住宿和进行其他活动;

(四)民用爆炸物品丢失、被盗、被抢,应当立即报告当地公安机关。

第四十二条 在爆破作业现场临时存放民用爆炸物品的,应当具备临时存放民用爆炸物品的条件,并设专人管理、看护,不得在不具备安全存放条件的场所存放民用爆炸物品。

第四十三条 民用爆炸物品变质和过期失效的,应当及时清理出库,并予以销毁。销毁前应当登记造册,提出销毁实施方案,报省、自治区、直辖市人民政府民用爆炸物品行业主管部门、所在地县级人民政府公安机关组织监督销毁。

第七章 法律责任

第四十四条 非法制造、买卖、运输、储存民用爆炸物品,构成犯罪的,依法追究刑事责任;尚不构成犯罪,有违反治安管理行为的,依法给予治安管理处罚。

违反本条例规定,在生产、储存、运输、使用民用爆炸物品中发生重大事故,造成严重后果或者后果特别严重,构成犯罪的,依法追究刑事责任。

违反本条例规定,未经许可生产、销售民用爆炸物品的,由民用爆炸物品行业主管部门责令停止非法生产、销售活动,处10万元以上50万元以下的罚款,并没收非法生产、销售的民用爆炸物品及其违法所得。

违反本条例规定,未经许可购买、运输民用爆炸物品或者从事爆破作业的,由公安机关责令停止非法购买、运输、爆破作业活动,处5万元以上20万元以下的罚款,并没收非法购买、运输以及从事爆破作业使用的民用爆炸物品及其违法所得。

民用爆炸物品行业主管部门、公安机关对没收的非法民用爆炸物品,应当组织销毁。

第四十五条 违反本条例规定,生产、销售民用爆炸物品的企业有下列行为之一的,由民用爆炸物品行业主管部门责令限期改正,处10万元以上50万元以下的罚款;逾期不改正的,责令停产停业整顿;情节严重的,吊销《民用爆炸物品生产许可证》或者《民用爆炸物品销售许可证》:

(一)超出生产许可的品种、产量进行生产、销售的;

(二)违反安全技术规程生产作业的;

(三)民用爆炸物品的质量不符合相关标准的;

(四)民用爆炸物品的包装不符合法律、行政法规的规定以及相关标准的;

(五)超出购买许可的品种、数量销售民用爆炸物品的;

(六)向没有《民用爆炸物品生产许可证》、《民用爆炸物品销售许可证》、《民用爆炸物品购买许可证》的单位销售民用爆炸物品的;

(七)民用爆炸物品生产企业销售本企业生产的民用爆炸物品未按照规定向民用爆炸物品行业主管部门备案的;

(八)未经审批进出口民用爆炸物品的。

第四十六条 违反本条例规定,有下列情形之一的,由公安机关责令限期改正,处5万元以上20万元以下的罚款;逾期不改正的,责令停产停业整顿:

(一)未按照规定对民用爆炸物品做出警示标识、登记标识或者未对雷管编码打号的;

(二)超出购买许可的品种、数量购买民用爆炸物品的;

(三)使用现金或者实物进行民用爆炸物品交易的;

(四)未按照规定保存购买单位的许可证、银行账户转账凭证、经办人的身份证明复印件的；

（五）销售、购买、进出口民用爆炸物品，未按照规定向公安机关备案的；

（六）未按照规定建立民用爆炸物品登记制度，如实将本单位生产、销售、购买、运输、储存、使用民用爆炸物品的品种、数量和流向信息输入计算机系统的；

（七）未按照规定将《民用爆炸物品运输许可证》交回发证机关核销的。

第四十七条 违反本条例规定，经由道路运输民用爆炸物品，有下列情形之一的，由公安机关责令改正，处5万元以上20万元以下的罚款：

（一）违反运输许可事项的；

（二）未携带《民用爆炸物品运输许可证》的；

（三）违反有关标准和规范混装民用爆炸物品的；

（四）运输车辆未按照规定悬挂或者安装符合国家标准的易燃易爆危险物品警示标志的；

（五）未按照规定的路线行驶，途中经停没有专人看守或者在许可以外的地点经停的；

（六）装载民用爆炸物品的车厢载人的；

（七）出现危险情况未立即采取必要的应急处置措施、报告当地公安机关的。

第四十八条 违反本条例规定，从事爆破作业的单位有下列情形之一的，由公安机关责令停止违法行为或者限期改正，处10万元以上50万元以下的罚款；逾期不改正的，责令停产停业整顿；情节严重的，吊销《爆破作业单位许可证》：

（一）爆破作业单位未按照其资质等级从事爆破作业的；

（二）营业性爆破作业单位跨省、自治区、直辖市行政区域实施爆破作业，未按照规定事先向爆破作业所在地的县级人民政府公安机关报告的；

（三）爆破作业单位未按照规定建立民用爆炸物品领取登记制度、保存领取登记记录的；

（四）违反国家有关标准和规范实施爆破作业的。

爆破作业人员违反国家有关标准和规范的规定实施爆破作业的，由公安机关责令限期改正，情节严重的，吊销《爆破作业人员许可证》。

第四十九条 违反本条例规定，有下列情形之一的，由民用爆炸物品行业主管部门、公安机关按照职责责令限期改正，可以并处5万元以上20万元以

下的罚款;逾期不改正的,责令停产停业整顿;情节严重的,吊销许可证:

(一)未按照规定在专用仓库设置技术防范设施的;

(二)未按照规定建立出入库检查、登记制度或者收存和发放民用爆炸物品,致使账物不符的;

(三)超量储存、在非专用仓库储存或者违反储存标准和规范储存民用爆炸物品的;

(四)有本条例规定的其他违反民用爆炸物品储存管理规定行为的。

第五十条 违反本条例规定,民用爆炸物品从业单位有下列情形之一的,由公安机关处2万元以上10万元以下的罚款;情节严重的,吊销其许可证;有违反治安管理行为的,依法给予治安管理处罚:

(一)违反安全管理制度,致使民用爆炸物品丢失、被盗、被抢的;

(二)民用爆炸物品丢失、被盗、被抢,未按照规定向当地公安机关报告或者故意隐瞒不报的;

(三)转让、出借、转借、抵押、赠送民用爆炸物品的。

第五十一条 违反本条例规定,携带民用爆炸物品搭乘公共交通工具或者进入公共场所,邮寄或者在托运的货物、行李、包裹、邮件中夹带民用爆炸物品,构成犯罪的,依法追究刑事责任;尚不构成犯罪的,由公安机关依法给予治安管理处罚,没收非法的民用爆炸物品,处1000元以上1万元以下的罚款。

第五十二条 民用爆炸物品从业单位的主要负责人未履行本条例规定的安全管理责任,导致发生重大伤亡事故或者造成其他严重后果,构成犯罪的,依法追究刑事责任;尚不构成犯罪的,对主要负责人给予撤职处分,对个人经营的投资人处2万元以上20万元以下的罚款。

第五十三条 民用爆炸物品行业主管部门、公安机关、工商行政管理部门的工作人员,在民用爆炸物品安全监督管理工作中滥用职权、玩忽职守或者徇私舞弊,构成犯罪的,依法追究刑事责任;尚不构成犯罪的,依法给予行政处分。

第八章 附 则

第五十四条 《民用爆炸物品生产许可证》、《民用爆炸物品销售许可证》,由国务院民用爆炸物品行业主管部门规定式样;《民用爆炸物品购买许可证》、《民用爆炸物品运输许可证》、《爆破作业单位许可证》、《爆破作业人员许可证》,由国务院公安部门规定式样。

第五十五条 本条例自 2006 年 9 月 1 日起施行。1984 年 1 月 6 日国务院发布的《中华人民共和国民用爆炸物品管理条例》同时废止。

烟花爆竹安全管理条例

(2006 年 1 月 21 日中华人民共和国国务院令第 455 号公布　根据 2016 年 2 月 6 日《国务院关于修改部分行政法规的决定》修订)

第一章　总　则

第一条 为了加强烟花爆竹安全管理,预防爆炸事故发生,保障公共安全和人身、财产的安全,制定本条例。

第二条 烟花爆竹的生产、经营、运输和燃放,适用本条例。

本条例所称烟花爆竹,是指烟花爆竹制品和用于生产烟花爆竹的民用黑火药、烟火药、引火线等物品。

第三条 国家对烟花爆竹的生产、经营、运输和举办焰火晚会以及其他大型焰火燃放活动,实行许可证制度。

未经许可,任何单位或者个人不得生产、经营、运输烟花爆竹,不得举办焰火晚会以及其他大型焰火燃放活动。

第四条 安全生产监督管理部门负责烟花爆竹的安全生产监督管理;公安部门负责烟花爆竹的公共安全管理;质量监督检验部门负责烟花爆竹的质量监督和进出口检验。

第五条 公安部门、安全生产监督管理部门、质量监督检验部门、工商行政管理部门应当按照职责分工,组织查处非法生产、经营、储存、运输、邮寄烟花爆竹以及非法燃放烟花爆竹的行为。

第六条 烟花爆竹生产、经营、运输企业和焰火晚会以及其他大型焰火燃放活动主办单位的主要负责人,对本单位的烟花爆竹安全工作负责。

烟花爆竹生产、经营、运输企业和焰火晚会以及其他大型焰火燃放活动主办单位应当建立健全安全责任制,制定各项安全管理制度和操作规程,并对从业人员定期进行安全教育、法制教育和岗位技术培训。

中华全国供销合作总社应当加强对本系统企业烟花爆竹经营活动的管理。

第七条 国家鼓励烟花爆竹生产企业采用提高安全程度和提升行业整体水平的新工艺、新配方和新技术。

第二章 生产安全

第八条 生产烟花爆竹的企业,应当具备下列条件:

(一)符合当地产业结构规划;

(二)基本建设项目经过批准;

(三)选址符合城乡规划,并与周边建筑、设施保持必要的安全距离;

(四)厂房和仓库的设计、结构和材料以及防火、防爆、防雷、防静电等安全设备、设施符合国家有关标准和规范;

(五)生产设备、工艺符合安全标准;

(六)产品品种、规格、质量符合国家标准;

(七)有健全的安全生产责任制;

(八)有安全生产管理机构和专职安全生产管理人员;

(九)依法进行了安全评价;

(十)有事故应急救援预案、应急救援组织和人员,并配备必要的应急救援器材、设备;

(十一)法律、法规规定的其他条件。

第九条 生产烟花爆竹的企业,应当在投入生产前向所在地设区的市人民政府安全生产监督管理部门提出安全审查申请,并提交能够证明符合本条例第八条规定条件的有关材料。设区的市人民政府安全生产监督管理部门应当自收到材料之日起20日内提出安全审查初步意见,报省、自治区、直辖市人民政府安全生产监督管理部门审查。省、自治区、直辖市人民政府安全生产监督管理部门应当自受理申请之日起45日内进行安全审查,对符合条件的,核发《烟花爆竹安全生产许可证》;对不符合条件的,应当说明理由。

第十条 生产烟花爆竹的企业为扩大生产能力进行基本建设或者技术改造的,应当依照本条例的规定申请办理安全生产许可证。

生产烟花爆竹的企业,持《烟花爆竹安全生产许可证》到工商行政管理部门办理登记手续后,方可从事烟花爆竹生产活动。

第十一条 生产烟花爆竹的企业,应当按照安全生产许可证核定的产品种类进行生产,生产工序和生产作业应当执行有关国家标准和行业标准。

第十二条 生产烟花爆竹的企业,应当对生产作业人员进行安全生产知识教育,对从事药物混合、造粒、筛选、装药、筑药、压药、切引、搬运等危险工序的作业人员进行专业技术培训。从事危险工序的作业人员经设区的市人民政府安全生产监督管理部门考核合格,方可上岗作业。

第十三条 生产烟花爆竹使用的原料,应当符合国家标准的规定。生产烟花爆竹使用的原料,国家标准有用量限制的,不得超过规定的用量。不得使用国家标准规定禁止使用或者禁忌配伍的物质生产烟花爆竹。

第十四条 生产烟花爆竹的企业,应当按照国家标准的规定,在烟花爆竹产品上标注燃放说明,并在烟花爆竹包装物上印制易燃易爆危险物品警示标志。

第十五条 生产烟花爆竹的企业,应当对黑火药、烟火药、引火线的保管采取必要的安全技术措施,建立购买、领用、销售登记制度,防止黑火药、烟火药、引火线丢失。黑火药、烟火药、引火线丢失的,企业应当立即向当地安全生产监督管理部门和公安部门报告。

第三章 经营安全

第十六条 烟花爆竹的经营分为批发和零售。

从事烟花爆竹批发的企业和零售经营者的经营布点,应当经安全生产监督管理部门审批。

禁止在城市市区布设烟花爆竹批发场所;城市市区的烟花爆竹零售网点,应当按照严格控制的原则合理布设。

第十七条 从事烟花爆竹批发的企业,应当具备下列条件:

(一)具有企业法人条件;
(二)经营场所与周边建筑、设施保持必要的安全距离;
(三)有符合国家标准的经营场所和储存仓库;
(四)有保管员、仓库守护员;
(五)依法进行了安全评价;
(六)有事故应急救援预案、应急救援组织和人员,并配备必要的应急救援器材、设备;
(七)法律、法规规定的其他条件。

第十八条 烟花爆竹零售经营者,应当具备下列条件:

(一)主要负责人经过安全知识教育;
(二)实行专店或者专柜销售,设专人负责安全管理;

(三)经营场所配备必要的消防器材,张贴明显的安全警示标志;

(四)法律、法规规定的其他条件。

第十九条　申请从事烟花爆竹批发的企业,应当向所在地设区的市人民政府安全生产监督管理部门提出申请,并提供能够证明符合本条例第十七条规定条件的有关材料。受理申请的安全生产监督管理部门应当自受理申请之日起30日内对提交的有关材料和经营场所进行审查,对符合条件的,核发《烟花爆竹经营(批发)许可证》;对不符合条件的,应当说明理由。

申请从事烟花爆竹零售的经营者,应当向所在地县级人民政府安全生产监督管理部门提出申请,并提供能够证明符合本条例第十八条规定条件的有关材料。受理申请的安全生产监督管理部门应当自受理申请之日起20日内对提交的有关材料和经营场所进行审查,对符合条件的,核发《烟花爆竹经营(零售)许可证》;对不符合条件的,应当说明理由。

《烟花爆竹经营(零售)许可证》,应当载明经营负责人、经营场所地址、经营期限、烟花爆竹种类和限制存放量。

第二十条　从事烟花爆竹批发的企业,应当向生产烟花爆竹的企业采购烟花爆竹,向从事烟花爆竹零售的经营者供应烟花爆竹。从事烟花爆竹零售的经营者,应当向从事烟花爆竹批发的企业采购烟花爆竹。

从事烟花爆竹批发的企业、零售经营者不得采购和销售非法生产、经营的烟花爆竹。

从事烟花爆竹批发的企业,不得向从事烟花爆竹零售的经营者供应按照国家标准规定应由专业燃放人员燃放的烟花爆竹。从事烟花爆竹零售的经营者,不得销售按照国家标准规定应由专业燃放人员燃放的烟花爆竹。

第二十一条　生产、经营黑火药、烟火药、引火线的企业,不得向未取得烟花爆竹安全生产许可的任何单位或者个人销售黑火药、烟火药和引火线。

第四章　运输安全

第二十二条　经由道路运输烟花爆竹的,应当经公安部门许可。

经由铁路、水路、航空运输烟花爆竹的,依照铁路、水路、航空运输安全管理的有关法律、法规、规章的规定执行。

第二十三条　经由道路运输烟花爆竹的,托运人应当向运达地县级人民政府公安部门提出申请,并提交下列有关材料:

(一)承运人从事危险货物运输的资质证明;

(二)驾驶员、押运员从事危险货物运输的资格证明;
(三)危险货物运输车辆的道路运输证明;
(四)托运人从事烟花爆竹生产、经营的资质证明;
(五)烟花爆竹的购销合同及运输烟花爆竹的种类、规格、数量;
(六)烟花爆竹的产品质量和包装合格证明;
(七)运输车辆牌号、运输时间、起始地点、行驶路线、经停地点。

第二十四条 受理申请的公安部门应当自受理申请之日起3日内对提交的有关材料进行审查,对符合条件的,核发《烟花爆竹道路运输许可证》;对不符合条件的,应当说明理由。

《烟花爆竹道路运输许可证》应当载明托运人、承运人、一次性运输有效期限、起始地点、行驶路线、经停地点、烟花爆竹的种类、规格和数量。

第二十五条 经由道路运输烟花爆竹的,除应当遵守《中华人民共和国道路交通安全法》外,还应当遵守下列规定:
(一)随车携带《烟花爆竹道路运输许可证》;
(二)不得违反运输许可事项;
(三)运输车辆悬挂或者安装符合国家标准的易燃易爆危险物品警示标志;
(四)烟花爆竹的装载符合国家有关标准和规范;
(五)装载烟花爆竹的车厢不得载人;
(六)运输车辆限速行驶,途中经停必须有专人看守;
(七)出现危险情况立即采取必要的措施,并报告当地公安部门。

第二十六条 烟花爆竹运达目的地后,收货人应当在3日内将《烟花爆竹道路运输许可证》交回发证机关核销。

第二十七条 禁止携带烟花爆竹搭乘公共交通工具。

禁止邮寄烟花爆竹,禁止在托运的行李、包裹、邮件中夹带烟花爆竹。

第五章 燃放安全

第二十八条 燃放烟花爆竹,应当遵守有关法律、法规和规章的规定。县级以上地方人民政府可以根据本行政区域的实际情况,确定限制或者禁止燃放烟花爆竹的时间、地点和种类。

第二十九条 各级人民政府和政府有关部门应当开展社会宣传活动,教育公民遵守有关法律、法规和规章,安全燃放烟花爆竹。

广播、电视、报刊等新闻媒体,应当做好安全燃放烟花爆竹的宣传、教育工作。

未成年人的监护人应当对未成年人进行安全燃放烟花爆竹的教育。

第三十条 禁止在下列地点燃放烟花爆竹:

(一)文物保护单位;

(二)车站、码头、飞机场等交通枢纽以及铁路线路安全保护区内;

(三)易燃易爆物品生产、储存单位;

(四)输变电设施安全保护区内;

(五)医疗机构、幼儿园、中小学校、敬老院;

(六)山林、草原等重点防火区;

(七)县级以上地方人民政府规定的禁止燃放烟花爆竹的其他地点。

第三十一条 燃放烟花爆竹,应当按照燃放说明燃放,不得以危害公共安全和人身、财产安全的方式燃放烟花爆竹。

第三十二条 举办焰火晚会以及其他大型焰火燃放活动,应当按照举办的时间、地点、环境、活动性质、规模以及燃放烟花爆竹的种类、规格和数量,确定危险等级,实行分级管理。分级管理的具体办法,由国务院公安部门规定。

第三十三条 申请举办焰火晚会以及其他大型焰火燃放活动,主办单位应当按照分级管理的规定,向有关人民政府公安部门提出申请,并提交下列有关材料:

(一)举办焰火晚会以及其他大型焰火燃放活动的时间、地点、环境、活动性质、规模;

(二)燃放烟花爆竹的种类、规格、数量;

(三)燃放作业方案;

(四)燃放作业单位、作业人员符合行业标准规定条件的证明。

受理申请的公安部门应当自受理申请之日起 20 日内对提交的有关材料进行审查,对符合条件的,核发《焰火燃放许可证》;对不符合条件的,应当说明理由。

第三十四条 焰火晚会以及其他大型焰火燃放活动燃放作业单位和作业人员,应当按照焰火燃放安全规程和经许可的燃放作业方案进行燃放作业。

第三十五条 公安部门应当加强对危险等级较高的焰火晚会以及其他大型焰火燃放活动的监督检查。

第六章 法律责任

第三十六条 对未经许可生产、经营烟花爆竹制品，或者向未取得烟花爆竹安全生产许可的单位或者个人销售黑火药、烟火药、引火线的，由安全生产监督管理部门责令停止非法生产、经营活动，处2万元以上10万元以下的罚款，并没收非法生产、经营的物品及违法所得。

对未经许可经由道路运输烟花爆竹的，由公安部门责令停止非法运输活动，处1万元以上5万元以下的罚款，并没收非法运输的物品及违法所得。

非法生产、经营、运输烟花爆竹，构成违反治安管理行为的，依法给予治安管理处罚；构成犯罪的，依法追究刑事责任。

第三十七条 生产烟花爆竹的企业有下列行为之一的，由安全生产监督管理部门责令限期改正，处1万元以上5万元以下的罚款；逾期不改正的，责令停产停业整顿，情节严重的，吊销安全生产许可证：

（一）未按照安全生产许可证核定的产品种类进行生产的；

（二）生产工序或者生产作业不符合有关国家标准、行业标准的；

（三）雇佣未经设区的市人民政府安全生产监督管理部门考核合格的人员从事危险工序作业的；

（四）生产烟花爆竹使用的原料不符合国家标准规定的，或者使用的原料超过国家标准规定的用量限制的；

（五）使用按照国家标准规定禁止使用或者禁忌配伍的物质生产烟花爆竹的；

（六）未按照国家标准的规定在烟花爆竹产品上标注燃放说明，或者未在烟花爆竹的包装物上印制易燃易爆危险物品警示标志的。

第三十八条 从事烟花爆竹批发的企业向从事烟花爆竹零售的经营者供应非法生产、经营的烟花爆竹，或者供应按照国家标准规定应由专业燃放人员燃放的烟花爆竹的，由安全生产监督管理部门责令停止违法行为，处2万元以上10万元以下的罚款，并没收非法经营的物品及违法所得；情节严重的，吊销烟花爆竹经营许可证。

从事烟花爆竹零售的经营者销售非法生产、经营的烟花爆竹，或者销售按照国家标准规定应由专业燃放人员燃放的烟花爆竹的，由安全生产监督管理部门责令停止违法行为，处1000元以上5000元以下的罚款，并没收非法经营的物品及违法所得；情节严重的，吊销烟花爆竹经营许可证。

第三十九条 生产、经营、使用黑火药、烟火药、引火线的企业,丢失黑火药、烟火药、引火线未及时向当地安全生产监督管理部门和公安部门报告的,由公安部门对企业主要负责人处5000元以上2万元以下的罚款,对丢失的物品予以追缴。

第四十条 经由道路运输烟花爆竹,有下列行为之一的,由公安部门责令改正,处200元以上2000元以下的罚款:

(一)违反运输许可事项的;

(二)未随车携带《烟花爆竹道路运输许可证》的;

(三)运输车辆没有悬挂或者安装符合国家标准的易燃易爆危险物品警示标志的;

(四)烟花爆竹的装载不符合国家有关标准和规范的;

(五)装载烟花爆竹的车厢载人的;

(六)超过危险物品运输车辆规定时速行驶的;

(七)运输车辆途中经停没有专人看守的;

(八)运达目的地后,未按规定时间将《烟花爆竹道路运输许可证》交回发证机关核销的。

第四十一条 对携带烟花爆竹搭乘公共交通工具,或者邮寄烟花爆竹以及在托运的行李、包裹、邮件中夹带烟花爆竹的,由公安部门没收非法携带、邮寄、夹带的烟花爆竹,可以并处200元以上1000元以下的罚款。

第四十二条 对未经许可举办焰火晚会以及其他大型焰火燃放活动,或者焰火晚会以及其他大型焰火燃放活动燃放作业单位和作业人员违反焰火燃放安全规程、燃放作业方案进行燃放作业的,由公安部门责令停止燃放,对责任单位处1万元以上5万元以下的罚款。

在禁止燃放烟花爆竹的时间、地点燃放烟花爆竹,或者以危害公共安全和人身、财产安全的方式燃放烟花爆竹的,由公安部门责令停止燃放,处100元以上500元以下的罚款;构成违反治安管理行为的,依法给予治安管理处罚。

第四十三条 对没收的非法烟花爆竹以及生产、经营企业弃置的废旧烟花爆竹,应当就地封存,并由公安部门组织销毁、处置。

第四十四条 安全生产监督管理部门、公安部门、质量监督检验部门、工商行政管理部门的工作人员,在烟花爆竹安全监管工作中滥用职权、玩忽职守、徇私舞弊,构成犯罪的,依法追究刑事责任;尚不构成犯罪的,依法给予行政处分。

第七章 附　则

第四十五条　《烟花爆竹安全生产许可证》、《烟花爆竹经营(批发)许可证》、《烟花爆竹经营(零售)许可证》,由国务院安全生产监督管理部门规定式样;《烟花爆竹道路运输许可证》、《焰火燃放许可证》,由国务院公安部门规定式样。

第四十六条　本条例自公布之日起施行。

中华人民共和国枪支管理法(节录)

(1996年7月5日第八届全国人民代表大会常务委员会第二十次会议通过　根据2009年8月27日第十一届全国人民代表大会常务委员会第十次会议《关于修改部分法律的决定》第一次修正　根据2015年4月24日第十二届全国人民代表大会常务委员会第十四次会议《关于修改〈中华人民共和国港口法〉等七部法律的决定》第二次修正)

……

第四十条　依法被指定、确定的枪支制造企业、销售企业,违反本法规定,有下列行为之一的,对单位判处罚金,并对其直接负责的主管人员和其他直接责任人员依照刑法有关规定追究刑事责任;公安机关可以责令其停业整顿或者吊销其枪支制造许可证件、枪支配售许可证件:

(一)超过限额或者不按照规定的品种制造、配售枪支的;

(二)制造无号、重号、假号的枪支的;

(三)私自销售枪支或者在境内销售为出口制造的枪支的。

……

第四十二条　违反本法规定,运输枪支未使用安全可靠的运输设备、不设专人押运、枪支弹药未分开运输或者运输途中停留住宿不报告公安机关,情节严重的,依照刑法有关规定追究刑事责任;未构成犯罪的,由公安机关对直接责任人员处十五日以下拘留。

第四十三条　违反枪支管理规定,出租、出借公务用枪的,依照刑法有关规定处罚。

单位有前款行为的,对其直接负责的主管人员和其他直接责任人员依照前款规定处罚。

配置民用枪支的单位,违反枪支管理规定,出租、出借枪支,造成严重后果或者有其他严重情节的,对其直接负责的主管人员和其他直接责任人员依照刑法有关规定处罚。

配置民用枪支的个人,违反枪支管理规定,出租、出借枪支,造成严重后果的,依照刑法有关规定处罚。

违反枪支管理规定,出租、出借枪支,情节轻微未构成犯罪的,由公安机关对个人或者单位负有直接责任的主管人员和其他直接责任人员处十五日以下拘留,可以并处五千元以下罚款;对出租、出借的枪支,应当予以没收。

第四十四条 违反本法规定,有下列行为之一的,由公安机关对个人或者单位负有直接责任的主管人员和其他直接责任人员处警告或者十五日以下拘留;构成犯罪的,依法追究刑事责任:

(一)未按照规定的技术标准制造民用枪支的;
(二)在禁止携带枪支的区域、场所携带枪支的;
(三)不上缴报废枪支的;
(四)枪支被盗、被抢或者丢失,不及时报告的;
(五)制造、销售仿真枪的。

有前款第(一)项至第(三)项所列行为的,没收其枪支,可以并处五千元以下罚款;有前款第(五)项所列行为的,由公安机关、工商行政管理部门按照各自职责范围没收其仿真枪,可以并处制造、销售金额五倍以下的罚款,情节严重的,由工商行政管理部门吊销营业执照。

……

三、社会管理

中华人民共和国居民身份证法

(2003年6月28日第十届全国人民代表大会常务委员会第三次会议通过 根据2011年10月29日第十一届全国人民代表大会常务委员会第二十三次会议《关于修改〈中华人民共和国居民身份证法〉的决定》修正)

第一章 总 则

第一条 为了证明居住在中华人民共和国境内的公民的身份,保障公民的合法权益,便利公民进行社会活动,维护社会秩序,制定本法。

第二条 居住在中华人民共和国境内的年满十六周岁的中国公民,应当依照本法的规定申请领取居民身份证;未满十六周岁的中国公民,可以依照本法的规定申请领取居民身份证。

第三条 居民身份证登记的项目包括:姓名、性别、民族、出生日期、常住户口所在地住址、公民身份号码、本人相片、指纹信息、证件的有效期和签发机关。

公民身份号码是每个公民唯一的、终身不变的身份代码,由公安机关按照公民身份号码国家标准编制。

公民申请领取、换领、补领居民身份证,应当登记指纹信息。

第四条 居民身份证使用规范汉字和符合国家标准的数字符号填写。

民族自治地方的自治机关根据本地区的实际情况,对居民身份证用汉字登记的内容,可以决定同时使用实行区域自治的民族的文字或者选用一种当地通用的文字。

第五条 十六周岁以上公民的居民身份证的有效期为十年、二十年、长期。十六周岁至二十五周岁的,发给有效期十年的居民身份证;二十六周岁至四十五周岁的,发给有效期二十年的居民身份证;四十六周岁以上的,发给长期有效的居民身份证。

未满十六周岁的公民,自愿申请领取居民身份证的,发给有效期五年的居民身份证。

第六条 居民身份证式样由国务院公安部门制定。居民身份证由公安机关统一制作、发放。

居民身份证具备视读与机读两种功能,视读、机读的内容限于本法第三条第一款规定的项目。

公安机关及其人民警察对因制作、发放、查验、扣押居民身份证而知悉的公民的个人信息,应当予以保密。

第二章　申领和发放

第七条 公民应当自年满十六周岁之日起三个月内,向常住户口所在地的公安机关申请领取居民身份证。

未满十六周岁的公民,由监护人代为申请领取居民身份证。

第八条 居民身份证由居民常住户口所在地的县级人民政府公安机关签发。

第九条 香港同胞、澳门同胞、台湾同胞迁入内地定居的,华侨回国定居的,以及外国人、无国籍人在中华人民共和国境内定居并被批准加入或者恢复中华人民共和国国籍的,在办理常住户口登记时,应当依照本法规定申请领取居民身份证。

第十条 申请领取居民身份证,应当填写《居民身份证申领登记表》,交验居民户口簿。

第十一条 国家决定换发新一代居民身份证、居民身份证有效期满、公民姓名变更或者证件严重损坏不能辨认的,公民应当换领新证;居民身份证登记项目出现错误的,公安机关应当及时更正,换发新证;领取新证时,必须交回原证。居民身份证丢失的,应当申请补领。

未满十六周岁公民的居民身份证有前款情形的,可以申请换领、换发或者补领新证。

公民办理常住户口迁移手续时,公安机关应当在居民身份证的机读项目中记载公民常住户口所在地住址变动的情况,并告知本人。

第十二条 公民申请领取、换领、补领居民身份证,公安机关应当按照规定及时予以办理。公安机关应当自公民提交《居民身份证申领登记表》之日起六十日内发放居民身份证;交通不便的地区,办理时间可以适当延长,但延长的时间不得超过三十日。

公民在申请领取、换领、补领居民身份证期间,急需使用居民身份证的,可以申请领取临时居民身份证,公安机关应当按照规定及时予以办理。具体办法由国务院公安部门规定。

第三章 使用和查验

第十三条 公民从事有关活动,需要证明身份的,有权使用居民身份证证明身份,有关单位及其工作人员不得拒绝。

有关单位及其工作人员对履行职责或者提供服务过程中获得的居民身份证记载的公民个人信息,应当予以保密。

第十四条 有下列情形之一的,公民应当出示居民身份证证明身份:

(一)常住户口登记项目变更;

(二)兵役登记;

(三)婚姻登记、收养登记;

(四)申请办理出境手续;

(五)法律、行政法规规定需要用居民身份证证明身份的其他情形。

依照本法规定未取得居民身份证的公民,从事前款规定的有关活动,可以使用符合国家规定的其他证明方式证明身份。

第十五条 人民警察依法执行职务,遇有下列情形之一的,经出示执法证件,可以查验居民身份证:

(一)对有违法犯罪嫌疑的人员,需要查明身份的;

(二)依法实施现场管制时,需要查明有关人员身份的;

(三)发生严重危害社会治安突发事件时,需要查明现场有关人员身份的;

(四)在火车站、长途汽车站、港口、码头、机场或者在重大活动期间设区的市级人民政府规定的场所,需要查明有关人员身份的;

(五)法律规定需要查明身份的其他情形。

有前款所列情形之一,拒绝人民警察查验居民身份证的,依照有关法律规定,分别不同情形,采取措施予以处理。

任何组织或者个人不得扣押居民身份证。但是,公安机关依照《中华人民共和国刑事诉讼法》执行监视居住强制措施的情形除外。

第四章　法律责任

第十六条　有下列行为之一的,由公安机关给予警告,并处二百元以下罚款,有违法所得的,没收违法所得:

(一)使用虚假证明材料骗领居民身份证的;

(二)出租、出借、转让居民身份证的;

(三)非法扣押他人居民身份证的。

第十七条　有下列行为之一的,由公安机关处二百元以上一千元以下罚款,或者处十日以下拘留,有违法所得的,没收违法所得:

(一)冒用他人居民身份证或者使用骗领的居民身份证的;

(二)购买、出售、使用伪造、变造的居民身份证的。

伪造、变造的居民身份证和骗领的居民身份证,由公安机关予以收缴。

第十八条　伪造、变造居民身份证的,依法追究刑事责任。

有本法第十六条、第十七条所列行为之一,从事犯罪活动的,依法追究刑事责任。

第十九条　国家机关或者金融、电信、交通、教育、医疗等单位的工作人员泄露在履行职责或者提供服务过程中获得的居民身份证记载的公民个人信息,构成犯罪的,依法追究刑事责任;尚不构成犯罪的,由公安机关处十日以上十五日以下拘留,并处五千元罚款,有违法所得的,没收违法所得。

单位有前款行为,构成犯罪的,依法追究刑事责任;尚不构成犯罪的,由公安机关对其直接负责的主管人员和其他直接责任人员,处十日以上十五日以下拘留,并处十万元以上五十万元以下罚款,有违法所得的,没收违法所得。

有前两款行为,对他人造成损害的,依法承担民事责任。

第二十条　人民警察有下列行为之一的,根据情节轻重,依法给予行政处分;构成犯罪的,依法追究刑事责任:

(一)利用制作、发放、查验居民身份证的便利,收受他人财物或者谋取其他利益的;

(二)非法变更公民身份号码,或者在居民身份证上登载本法第三条第一款规定项目以外的信息或者故意登载虚假信息的;

(三)无正当理由不在法定期限内发放居民身份证的;

(四)违反规定查验、扣押居民身份证,侵害公民合法权益的;

(五)泄露因制作、发放、查验、扣押居民身份证而知悉的公民个人信息,侵害公民合法权益的。

第五章 附 则

第二十一条 公民申请领取、换领、补领居民身份证,应当缴纳证件工本费。居民身份证工本费标准,由国务院价格主管部门会同国务院财政部门核定。

对城市中领取最低生活保障金的居民、农村中有特殊生活困难的居民,在其初次申请领取和换领居民身份证时,免收工本费。对其他生活确有困难的居民,在其初次申请领取和换领居民身份证时,可以减收工本费。免收和减收工本费的具体办法,由国务院财政部门会同国务院价格主管部门规定。

公安机关收取的居民身份证工本费,全部上缴国库。

第二十二条 现役的人民解放军军人、人民武装警察申请领取和发放居民身份证的具体办法,由国务院和中央军事委员会另行规定。

第二十三条 本法自 2004 年 1 月 1 日起施行,《中华人民共和国居民身份证条例》同时废止。

依照《中华人民共和国居民身份证条例》领取的居民身份证,自 2013 年 1 月 1 日起停止使用。依照本法在 2012 年 1 月 1 日以前领取的居民身份证,在其有效期内,继续有效。

国家决定换发新一代居民身份证后,原居民身份证的停止使用日期由国务院决定。

居住证暂行条例

(2015 年 10 月 21 日国务院第 109 次常务会议通过 2015 年 11 月 26 日中华人民共和国国务院令第 663 号公布 自 2016 年 1 月 1 日起施行)

第一条 为了促进新型城镇化的健康发展,推进城镇基本公共服务和便利常住人口全覆盖,保障公民合法权益,促进社会公平正义,制定本条例。

第二条 公民离开常住户口所在地,到其他城市居住半年以上,符合有合法稳定就业、合法稳定住所、连续就读条件之一的,可以依照本条例的规定申领居住证。

第三条　居住证是持证人在居住地居住、作为常住人口享受基本公共服务和便利、申请登记常住户口的证明。

第四条　居住证登载的内容包括:姓名、性别、民族、出生日期、公民身份号码、本人相片、常住户口所在地住址、居住地住址、证件的签发机关和签发日期。

第五条　县级以上人民政府应当建立健全为居住证持有人提供基本公共服务和便利的机制。县级以上人民政府发展改革、教育、公安、民政、司法行政、人力资源社会保障、住房城乡建设、卫生计生等有关部门应当根据各自职责,做好居住证持有人的权益保障、服务和管理工作。

第六条　县级以上人民政府应当将为居住证持有人提供基本公共服务和便利的工作纳入国民经济和社会发展规划,完善财政转移支付制度,将提供基本公共服务和便利所需费用纳入财政预算。

第七条　县级以上人民政府有关部门应当建立和完善人口信息库,分类完善劳动就业、教育、社会保障、房产、信用、卫生计生、婚姻等信息系统以及居住证持有人信息的采集、登记工作,加强部门之间、地区之间居住证持有人信息的共享,为推进社会保险、住房公积金等转移接续制度,实现基本公共服务常住人口全覆盖提供信息支持,为居住证持有人在居住地居住提供便利。

第八条　公安机关负责居住证的申领受理、制作、发放、签注等证件管理工作。

居民委员会、村民委员会、用人单位、就读学校以及房屋出租人应当协助做好居住证的申领受理、发放等工作。

第九条　申领居住证,应当向居住地公安派出所或者受公安机关委托的社区服务机构提交本人居民身份证、本人相片以及居住地住址、就业、就读等证明材料。

居住地住址证明包括房屋租赁合同、房屋产权证明文件、购房合同或者房屋出租人、用人单位、就读学校出具的住宿证明等;就业证明包括工商营业执照、劳动合同、用人单位出具的劳动关系证明或者其他能够证明有合法稳定就业的材料等;就读证明包括学生证、就读学校出具的其他能够证明连续就读的材料等。

未满16周岁的未成年人和行动不便的老年人、残疾人等,可以由其监护人、近亲属代为申领居住证。监护人、近亲属代为办理的,应当提供委托人、代办人的合法有效身份证件。

申请人及相关证明材料出具人应当对本条规定的证明材料的真实性、合法性负责。

对申请材料不全的,公安派出所或者受公安机关委托的社区服务机构应当一次性告知申领人需要补充的材料。

对符合居住证办理条件的,公安机关应当自受理之日起 15 日内制作发放居住证;在偏远地区、交通不便的地区或者因特殊情况,不能按期制作发放居住证的,设区的市级以上地方人民政府在实施办法中可以对制作发放时限作出延长规定,但延长后最长不得超过 30 日。

第十条 居住证由县级人民政府公安机关签发,每年签注 1 次。

居住证持有人在居住地连续居住的,应当在居住每满 1 年之日前 1 个月内,到居住地公安派出所或者受公安机关委托的社区服务机构办理签注手续。

逾期未办理签注手续的,居住证使用功能中止;补办签注手续的,居住证的使用功能恢复,居住证持有人在居住地的居住年限自补办签注手续之日起连续计算。

第十一条 居住证损坏难以辨认或者丢失的,居住证持有人应当到居住地公安派出所或者受公安机关委托的社区服务机构办理换领、补领手续。

居住证持有人换领新证时,应当交回原证。

第十二条 居住证持有人在居住地依法享受劳动就业,参加社会保险,缴存、提取和使用住房公积金的权利。县级以上人民政府及其有关部门应当为居住证持有人提供下列基本公共服务:

(一)义务教育;

(二)基本公共就业服务;

(三)基本公共卫生服务和计划生育服务;

(四)公共文化体育服务;

(五)法律援助和其他法律服务;

(六)国家规定的其他基本公共服务。

第十三条 居住证持有人在居住地享受下列便利:

(一)按照国家有关规定办理出入境证件;

(二)按照国家有关规定换领、补领居民身份证;

(三)机动车登记;

(四)申领机动车驾驶证;

(五)报名参加职业资格考试、申请授予职业资格;

（六）办理生育服务登记和其他计划生育证明材料；
（七）国家规定的其他便利。

第十四条 国务院有关部门、地方各级人民政府及其有关部门应当积极创造条件，逐步扩大为居住证持有人提供公共服务和便利的范围，提高服务标准，并定期向社会公布居住证持有人享受的公共服务和便利的范围。

第十五条 居住证持有人符合居住地人民政府规定的落户条件的，可以根据本人意愿，将常住户口由原户口所在地迁入居住地。

第十六条 居住地人民政府应当根据下列规定确定落户条件：

（一）建制镇和城区人口50万以下的小城市的落户条件为在城市市区、县人民政府驻地镇或者其他建制镇有合法稳定住所。

（二）城区人口50万至100万的中等城市的落户条件为在城市有合法稳定就业并有合法稳定住所，同时按照国家规定参加城镇社会保险达到一定年限。其中，城市综合承载能力压力小的地方，可以参照建制镇和小城市标准，全面放开落户限制；城市综合承载能力压力大的地方，可以对合法稳定就业的范围、年限和合法稳定住所的范围、条件等作出规定，但对合法稳定住所不得设置住房面积、金额等要求，对参加城镇社会保险年限的要求不得超过3年。

（三）城区人口100万至500万的大城市的落户条件为在城市有合法稳定就业达到一定年限并有合法稳定住所，同时按照国家规定参加城镇社会保险达到一定年限，但对参加城镇社会保险年限的要求不得超过5年。其中，城区人口300万至500万的大城市可以对合法稳定就业的范围、年限和合法稳定住所的范围、条件等作出规定，也可结合本地实际，建立积分落户制度。

（四）城区人口500万以上的特大城市和超大城市应当根据城市综合承载能力和经济社会发展需要，以具有合法稳定就业和合法稳定住所、参加城镇社会保险年限、连续居住年限等为主要指标，建立完善积分落户制度。

第十七条 国家机关及其工作人员对在工作过程中知悉的居住证持有人个人信息，应当予以保密。

第十八条 有下列行为之一的，由公安机关给予警告、责令改正，处200元以下罚款，有违法所得的，没收违法所得：

（一）使用虚假证明材料骗领居住证；
（二）出租、出借、转让居住证；
（三）非法扣押他人居住证。

第十九条 有下列行为之一的，由公安机关处200元以上1000元以下罚

款,有违法所得的,没收违法所得:

(一)冒用他人居住证或者使用骗领的居住证;

(二)购买、出售、使用伪造、变造的居住证。

伪造、变造的居住证和骗领的居住证,由公安机关予以收缴。

第二十条 国家机关及其工作人员有下列行为之一的,依法给予处分;构成犯罪的,依法追究刑事责任:

(一)符合居住证申领条件但拒绝受理、发放的;

(二)违反有关规定收取费用;

(三)利用制作、发放居住证的便利,收受他人财物或者谋取其他利益;

(四)将在工作中知悉的居住证持有人个人信息出售或者非法提供给他人;

(五)篡改居住证信息。

第二十一条 首次申领居住证,免收证件工本费。换领、补领居住证,应当缴纳证件工本费。办理签注手续不得收取费用。

具体收费办法由国务院财政部门、价格主管部门制定。

第二十二条 设区的市级以上地方人民政府应当结合本行政区域经济社会发展需要及落户条件等因素,根据本条例制定实施办法。

第二十三条 本条例自 2016 年 1 月 1 日起施行。本条例施行前各地已发放的居住证,在有效期内继续有效。

营业性演出管理条例

(2005 年 7 月 7 日中华人民共和国国务院令第 439 号公布 根据 2008 年 7 月 22 日《国务院关于修改〈营业性演出管理条例〉的决定》第一次修订 根据 2013 年 7 月 18 日《国务院关于废止和修改部分行政法规的决定》第二次修订 根据 2016 年 2 月 6 日《国务院关于修改部分行政法规的决定》第三次修订 根据 2020 年 11 月 29 日《国务院关于修改和废止部分行政法规的决定》第四次修订)

第一章 总 则

第一条 为了加强对营业性演出的管理,促进文化产业的发展,繁荣社会主义文艺事业,满足人民群众文化生活的需要,促进社会主义精神文明建设,制定本条例。

第二条 本条例所称营业性演出,是指以营利为目的为公众举办的现场文艺表演活动。

第三条 营业性演出必须坚持为人民服务、为社会主义服务的方向,把社会效益放在首位、实现社会效益和经济效益的统一,丰富人民群众的文化生活。

第四条 国家鼓励文艺表演团体、演员创作和演出思想性艺术性统一、体现民族优秀文化传统、受人民群众欢迎的优秀节目,鼓励到农村、工矿企业演出和为少年儿童提供免费或者优惠的演出。

第五条 国务院文化主管部门主管全国营业性演出的监督管理工作。国务院公安部门、工商行政管理部门在各自职责范围内,主管营业性演出的监督管理工作。

县级以上地方人民政府文化主管部门负责本行政区域内营业性演出的监督管理工作。县级以上地方人民政府公安部门、工商行政管理部门在各自职责范围内,负责本行政区域内营业性演出的监督管理工作。

第二章 营业性演出经营主体的设立

第六条 文艺表演团体申请从事营业性演出活动,应当有与其业务相适应的专职演员和器材设备,并向县级人民政府文化主管部门提出申请;演出经纪机构申请从事营业性演出经营活动,应当有 3 名以上专职演出经纪人员和与其业务相适应的资金,并向省、自治区、直辖市人民政府文化主管部门提出申请。文化主管部门应当自受理申请之日起 20 日内作出决定。批准的,颁发营业性演出许可证;不批准的,应当书面通知申请人并说明理由。

第七条 设立演出场所经营单位,应当依法到工商行政管理部门办理注册登记,领取营业执照,并依照有关消防、卫生管理等法律、行政法规的规定办理审批手续。

演出场所经营单位应当自领取营业执照之日起 20 日内向所在地县级人民政府文化主管部门备案。

第八条 文艺表演团体变更名称、住所、法定代表人或者主要负责人、营业性演出经营项目,应当向原发证机关申请换发营业性演出许可证,并依法到工商行政管理部门办理变更登记。

演出场所经营单位变更名称、住所、法定代表人或者主要负责人,应当依法到工商行政管理部门办理变更登记,并向原备案机关重新备案。

第九条 以从事营业性演出为职业的个体演员(以下简称个体演员)和以从事营业性演出的居间、代理活动为职业的个体演出经纪人(以下简称个体演出经纪人),应当依法到工商行政管理部门办理注册登记,领取营业执照。

个体演员、个体演出经纪人应当自领取营业执照之日起20日内向所在地县级人民政府文化主管部门备案。

第十条 外国投资者可以依法在中国境内设立演出经纪机构、演出场所经营单位;不得设立文艺表演团体。

外商投资的演出经纪机构申请从事营业性演出经营活动、外商投资的演出场所经营单位申请从事演出场所经营活动,应当向国务院文化主管部门提出申请。国务院文化主管部门应当自收到申请之日起20日内作出决定。批准的,颁发营业性演出许可证;不批准的,应当书面通知申请人并说明理由。

第十一条 香港特别行政区、澳门特别行政区的投资者可以在内地投资设立演出经纪机构、演出场所经营单位以及由内地方控股的文艺表演团体;香港特别行政区、澳门特别行政区的演出经纪机构可以在内地设立分支机构。

台湾地区的投资者可以在大陆投资设立演出经纪机构、演出场所经营单位,不得设立文艺表演团体。

依照本条规定设立的演出经纪机构、文艺表演团体申请从事营业性演出经营活动,依照本条规定设立的演出场所经营单位申请从事演出场所经营活动,应当向省、自治区、直辖市人民政府文化主管部门提出申请。省、自治区、直辖市人民政府文化主管部门应当自收到申请之日起20日内作出决定。批准的,颁发营业性演出许可证;不批准的,应当书面通知申请人并说明理由。

依照本条规定设立演出经纪机构、演出场所经营单位的,还应当遵守我国其他法律、法规的规定。

第三章 营业性演出规范

第十二条 文艺表演团体、个体演员可以自行举办营业性演出,也可以参加营业性组台演出。

营业性组台演出应当由演出经纪机构举办;但是,演出场所经营单位可以在本单位经营的场所内举办营业性组台演出。

演出经纪机构可以从事营业性演出的居间、代理、行纪活动;个体演出经纪人只能从事营业性演出的居间、代理活动。

第十三条 举办营业性演出,应当向演出所在地县级人民政府文化主管部门提出申请。县级人民政府文化主管部门应当自受理申请之日起3日内作出决定。对符合本条例第二十五条规定的,发给批准文件;对不符合本条例第二十五条规定的,不予批准,书面通知申请人并说明理由。

第十四条 除演出经纪机构外,其他任何单位或者个人不得举办外国的或者香港特别行政区、澳门特别行政区、台湾地区的文艺表演团体、个人参加的营业性演出。但是,文艺表演团体自行举办营业性演出,可以邀请外国的或者香港特别行政区、澳门特别行政区、台湾地区的文艺表演团体、个人参加。

举办外国的或者香港特别行政区、澳门特别行政区、台湾地区的文艺表演团体、个人参加的营业性演出,应当符合下列条件:

(一)有与其举办的营业性演出相适应的资金;
(二)有2年以上举办营业性演出的经历;
(三)举办营业性演出前2年内无违反本条例规定的记录。

第十五条 举办外国的文艺表演团体、个人参加的营业性演出,演出举办单位应当向演出所在地省、自治区、直辖市人民政府文化主管部门提出申请。

举办香港特别行政区、澳门特别行政区的文艺表演团体、个人参加的营业性演出,演出举办单位应当向演出所在地省、自治区、直辖市人民政府文化主管部门提出申请;举办台湾地区的文艺表演团体、个人参加的营业性演出,演出举办单位应当向国务院文化主管部门会同国务院有关部门规定的审批机关提出申请。

国务院文化主管部门或者省、自治区、直辖市人民政府文化主管部门应当自受理申请之日起20日内作出决定。对符合本条例第二十五条规定的,发给批准文件;对不符合本条例第二十五条规定的,不予批准,书面通知申请人并说明理由。

第十六条 申请举办营业性演出,提交的申请材料应当包括下列内容:

(一)演出名称、演出举办单位和参加演出的文艺表演团体、演员;
(二)演出时间、地点、场次;
(三)节目及其视听资料。

申请举办营业性组台演出,还应当提交文艺表演团体、演员同意参加演出的书面函件。

营业性演出需要变更申请材料所列事项的,应当分别依照本条例第十三条、第十五条规定重新报批。

第十七条　演出场所经营单位提供演出场地,应当核验演出举办单位取得的批准文件;不得为未经批准的营业性演出提供演出场地。

第十八条　演出场所经营单位应当确保演出场所的建筑、设施符合国家安全标准和消防安全规范,定期检查消防安全设施状况,并及时维护、更新。

演出场所经营单位应当制定安全保卫工作方案和灭火、应急疏散预案。

演出举办单位在演出场所进行营业性演出,应当核验演出场所经营单位的消防安全设施检查记录、安全保卫工作方案和灭火、应急疏散预案,并与演出场所经营单位就演出活动中突发安全事件的防范、处理等事项签订安全责任协议。

第十九条　在公共场所举办营业性演出,演出举办单位应当依照有关安全、消防的法律、行政法规和国家有关规定办理审批手续,并制定安全保卫工作方案和灭火、应急疏散预案。演出场所应当配备应急广播、照明设施,在安全出入口设置明显标识,保证安全出入口畅通;需要临时搭建舞台、看台的,演出举办单位应当按照国家有关安全标准搭建舞台、看台,确保安全。

第二十条　审批临时搭建舞台、看台的营业性演出时,文化主管部门应当核验演出举办单位的下列文件:

(一)依法验收后取得的演出场所合格证明;

(二)安全保卫工作方案和灭火、应急疏散预案;

(三)依法取得的安全、消防批准文件。

第二十一条　演出场所容纳的观众数量应当报公安部门核准;观众区域与缓冲区域应当由公安部门划定,缓冲区域应当有明显标识。

演出举办单位应当按照公安部门核准的观众数量、划定的观众区域印制和出售门票。

验票时,发现进入演出场所的观众达到核准数量仍有观众等待入场的,应当立即终止验票并同时向演出所在地县级人民政府公安部门报告;发现观众持有观众区域以外的门票或者假票的,应当拒绝其入场并同时向演出所在地县级人民政府公安部门报告。

第二十二条　任何人不得携带传染病病原体和爆炸性、易燃性、放射性、腐蚀性等危险物质或者非法携带枪支、弹药、管制器具进入营业性演出现场。

演出场所经营单位应当根据公安部门的要求,配备安全检查设施,并对进入营业性演出现场的观众进行必要的安全检查;观众不接受安全检查或者有前款禁止行为的,演出场所经营单位有权拒绝其进入。

第二十三条 演出举办单位应当组织人员落实营业性演出时的安全、消防措施,维护营业性演出现场秩序。

演出举办单位和演出场所经营单位发现营业性演出现场秩序混乱,应当立即采取措施并同时向演出所在地县级人民政府公安部门报告。

第二十四条 演出举办单位不得以政府或者政府部门的名义举办营业性演出。

营业性演出不得冠以"中国"、"中华"、"全国"、"国际"等字样。

营业性演出广告内容必须真实、合法,不得误导、欺骗公众。

第二十五条 营业性演出不得有下列情形:

(一)反对宪法确定的基本原则的;

(二)危害国家统一、主权和领土完整,危害国家安全,或者损害国家荣誉和利益的;

(三)煽动民族仇恨、民族歧视,侵害民族风俗习惯,伤害民族感情,破坏民族团结,违反宗教政策的;

(四)扰乱社会秩序,破坏社会稳定的;

(五)危害社会公德或者民族优秀文化传统的;

(六)宣扬淫秽、色情、邪教、迷信或者渲染暴力的;

(七)侮辱或者诽谤他人,侵害他人合法权益的;

(八)表演方式恐怖、残忍,摧残演员身心健康的;

(九)利用人体缺陷或者以展示人体变异等方式招徕观众的;

(十)法律、行政法规禁止的其他情形。

第二十六条 演出场所经营单位、演出举办单位发现营业性演出有本条例第二十五条禁止情形的,应当立即采取措施予以制止并同时向演出所在地县级人民政府文化主管部门、公安部门报告。

第二十七条 参加营业性演出的文艺表演团体、主要演员或者主要节目内容等发生变更的,演出举办单位应当及时告知观众并说明理由。观众有权退票。

演出过程中,除因不可抗力不能演出的外,演出举办单位不得中止或者停止演出,演员不得退出演出。

第二十八条 演员不得以假唱欺骗观众,演出举办单位不得组织演员假唱。任何单位或者个人不得为假唱提供条件。

演出举办单位应当派专人对演出进行监督,防止假唱行为的发生。

第二十九条 营业性演出经营主体应当对其营业性演出的经营收入依法纳税。

演出举办单位在支付演员、职员的演出报酬时应当依法履行税款代扣代缴义务。

第三十条 募捐义演的演出收入,除必要的成本开支外,必须全部交付受捐单位;演出举办单位、参加演出的文艺表演团体和演员、职员,不得获取经济利益。

第三十一条 任何单位或者个人不得伪造、变造、出租、出借或者买卖营业性演出许可证、批准文件或者营业执照,不得伪造、变造营业性演出门票或者倒卖伪造、变造的营业性演出门票。

第四章　监督管理

第三十二条 除文化主管部门依照国家有关规定对体现民族特色和国家水准的演出给予补助外,各级人民政府和政府部门不得资助、赞助或者变相资助、赞助营业性演出,不得用公款购买营业性演出门票用于个人消费。

第三十三条 文化主管部门应当加强对营业性演出的监督管理。

演出所在地县级人民政府文化主管部门对外国的或者香港特别行政区、澳门特别行政区、台湾地区的文艺表演团体、个人参加的营业性演出和临时搭建舞台、看台的营业性演出,应当进行实地检查;对其他营业性演出,应当进行实地抽样检查。

第三十四条 县级以上地方人民政府文化主管部门应当充分发挥文化执法机构的作用,并可以聘请社会义务监督员对营业性演出进行监督。

任何单位或者个人可以采取电话、手机短信等方式举报违反本条例规定的行为。县级以上地方人民政府文化主管部门应当向社会公布举报电话,并保证随时有人接听。

县级以上地方人民政府文化主管部门接到社会义务监督员的报告或者公众的举报,应当作出记录,立即赶赴现场进行调查、处理,并自处理完毕之日起7日内公布结果。

县级以上地方人民政府文化主管部门对作出突出贡献的社会义务监督员应当给予表彰;公众举报经调查核实的,应当对举报人给予奖励。

第三十五条 文化主管部门应当建立营业性演出经营主体的经营活动信用监管制度,建立健全信用约束机制,并及时公布行政处罚信息。

第三十六条 公安部门对其依照有关法律、行政法规和国家有关规定批准的营业性演出,应当在演出举办前对营业性演出现场的安全状况进行实地检查;发现安全隐患的,在消除安全隐患后方可允许进行营业性演出。

公安部门可以对进入营业性演出现场的观众进行必要的安全检查;发现观众有本条例第二十二条第一款禁止行为的,在消除安全隐患后方可允许其进入。

公安部门可以组织警力协助演出举办单位维持营业性演出现场秩序。

第三十七条 公安部门接到观众达到核准数量仍有观众等待入场或者演出秩序混乱的报告后,应当立即组织采取措施消除安全隐患。

第三十八条 承担现场管理检查任务的公安部门和文化主管部门的工作人员进入营业性演出现场,应当出示值勤证件。

第三十九条 文化主管部门依法对营业性演出进行监督检查时,应当将监督检查的情况和处理结果予以记录,由监督检查人员签字后归档。公众有权查阅监督检查记录。

第四十条 文化主管部门、公安部门和其他有关部门及其工作人员不得向演出举办单位、演出场所经营单位索取演出门票。

第四十一条 国务院文化主管部门和省、自治区、直辖市人民政府文化主管部门,对在农村、工矿企业进行演出以及为少年儿童提供免费或者优惠演出表现突出的文艺表演团体、演员,应当给予表彰,并采取多种形式予以宣传。

国务院文化主管部门对适合在农村、工矿企业演出的节目,可以在依法取得著作权人许可后,提供给文艺表演团体、演员在农村、工矿企业演出时使用。

文化主管部门实施文艺评奖,应当适当考虑参评对象在农村、工矿企业的演出场次。

县级以上地方人民政府应当对在农村、工矿企业演出的文艺表演团体、演员给予支持。

第四十二条 演出行业协会应当依照章程的规定,制定行业自律规范,指导、监督会员的经营活动,促进公平竞争。

第五章 法律责任

第四十三条 有下列行为之一的,由县级人民政府文化主管部门予以取缔,没收演出器材和违法所得,并处违法所得8倍以上10倍以下的罚款;没有违法所得或者违法所得不足1万元的,并处5万元以上10万元以下的罚款;构

成犯罪的,依法追究刑事责任:

(一)违反本条例第六条、第十条、第十一条规定,擅自从事营业性演出经营活动的;

(二)违反本条例第十二条、第十四条规定,超范围从事营业性演出经营活动的;

(三)违反本条例第八条第一款规定,变更营业性演出经营项目未向原发证机关申请换发营业性演出许可证的。

违反本条例第七条、第九条规定,擅自设立演出场所经营单位或者擅自从事营业性演出经营活动的,由工商行政管理部门依法予以取缔、处罚;构成犯罪的,依法追究刑事责任。

第四十四条 违反本条例第十三条、第十五条规定,未经批准举办营业性演出的,由县级人民政府文化主管部门责令停止演出,没收违法所得,并处违法所得8倍以上10倍以下的罚款;没有违法所得或者违法所得不足1万元的,并处5万元以上10万元以下的罚款;情节严重的,由原发证机关吊销营业性演出许可证。

违反本条例第十六条第三款规定,变更演出举办单位、参加演出的文艺表演团体、演员或者节目未重新报批的,依照前款规定处罚;变更演出的名称、时间、地点、场次未重新报批的,由县级人民政府文化主管部门责令改正,给予警告,可以并处3万元以下的罚款。

演出场所经营单位为未经批准的营业性演出提供场地的,由县级人民政府文化主管部门责令改正,没收违法所得,并处违法所得3倍以上5倍以下的罚款;没有违法所得或者违法所得不足1万元的,并处3万元以上5万元以下的罚款。

第四十五条 违反本条例第三十一条规定,伪造、变造、出租、出借、买卖营业性演出许可证、批准文件,或者以非法手段取得营业性演出许可证、批准文件的,由县级人民政府文化主管部门没收违法所得,并处违法所得8倍以上10倍以下的罚款;没有违法所得或者违法所得不足1万元的,并处5万元以上10万元以下的罚款;对原取得的营业性演出许可证、批准文件,予以吊销、撤销;构成犯罪的,依法追究刑事责任。

第四十六条 营业性演出有本条例第二十五条禁止情形的,由县级人民政府文化主管部门责令停止演出,没收违法所得,并处违法所得8倍以上10倍以下的罚款;没有违法所得或者违法所得不足1万元的,并处5万元以上10

万元以下的罚款;情节严重的,由原发证机关吊销营业性演出许可证;违反治安管理规定的,由公安部门依法予以处罚;构成犯罪的,依法追究刑事责任。

演出场所经营单位、演出举办单位发现营业性演出有本条例第二十五条禁止情形未采取措施予以制止的,由县级人民政府文化主管部门、公安部门依据法定职权给予警告,并处5万元以上10万元以下的罚款;未依照本条例第二十六条规定报告的,由县级人民政府文化主管部门、公安部门依据法定职权给予警告,并处5000元以上1万元以下的罚款。

第四十七条 有下列行为之一的,对演出举办单位、文艺表演团体、演员,由国务院文化主管部门或者省、自治区、直辖市人民政府文化主管部门向社会公布;演出举办单位、文艺表演团体在2年内再次被公布的,由原发证机关吊销营业性演出许可证;个体演员在2年内再次被公布的,由工商行政管理部门吊销营业执照:

(一)非因不可抗力中止、停止或者退出演出的;

(二)文艺表演团体、主要演员或者主要节目内容等发生变更未及时告知观众的;

(三)以假唱欺骗观众的;

(四)为演员假唱提供条件的。

有前款第(一)项、第(二)项和第(三)项所列行为之一的,观众有权在退场后依照有关消费者权益保护的法律规定要求演出举办单位赔偿损失;演出举办单位可以依法向负有责任的文艺表演团体、演员追偿。

有本条第一款第(一)项、第(二)项和第(三)项所列行为之一的,由县级人民政府文化主管部门处5万元以上10万元以下的罚款;有本条第一款第(四)项所列行为的,由县级人民政府文化主管部门处5000元以上1万元以下的罚款。

第四十八条 以政府或者政府部门的名义举办营业性演出,或者营业性演出冠以"中国"、"中华"、"全国"、"国际"等字样的,由县级人民政府文化主管部门责令改正,没收违法所得,并处违法所得3倍以上5倍以下的罚款;没有违法所得或者违法所得不足1万元的,并处3万元以上5万元以下的罚款;拒不改正或者造成严重后果的,由原发证机关吊销营业性演出许可证。

营业性演出广告的内容误导、欺骗公众或者含有其他违法内容的,由工商行政管理部门责令停止发布,并依法予以处罚。

第四十九条 演出举办单位或者其法定代表人、主要负责人及其他直接责任人员在募捐义演中获取经济利益的,由县级以上人民政府文化主管部门依据各自职权责令其退回并交付受捐单位;构成犯罪的,依法追究刑事责任;尚不构成犯罪的,由县级以上人民政府文化主管部门依据各自职权处违法所得3倍以上5倍以下的罚款,并由国务院文化主管部门或者省、自治区、直辖市人民政府文化主管部门向社会公布违法行为人的名称或者姓名,直至由原发证机关吊销演出举办单位的营业性演出许可证。

文艺表演团体或者演员、职员在募捐义演中获取经济利益的,由县级以上人民政府文化主管部门依据各自职权责令其退回并交付受捐单位。

第五十条 违反本条例第八条第一款规定,变更名称、住所、法定代表人或者主要负责人未向原发证机关申请换发营业性演出许可证的,由县级人民政府文化主管部门责令改正,给予警告,并处1万元以上3万元以下的罚款。

违反本条例第七条第二款、第八条第二款、第九条第二款规定,未办理备案手续的,由县级人民政府文化主管部门责令改正,给予警告,并处5000元以上1万元以下的罚款。

第五十一条 有下列行为之一的,由公安部门或者公安消防机构依据法定职权依法予以处罚;构成犯罪的,依法追究刑事责任:

(一)违反本条例安全、消防管理规定的;

(二)伪造、变造营业性演出门票或者倒卖伪造、变造的营业性演出门票的。

演出举办单位印制、出售超过核准观众数量的或者观众区域以外的营业性演出门票的,由县级以上人民政府公安部门依据各自职权责令改正,没收违法所得,并处违法所得3倍以上5倍以下的罚款;没有违法所得或者违法所得不足1万元的,并处3万元以上5万元以下的罚款;造成严重后果的,由原发证机关吊销营业性演出许可证;构成犯罪的,依法追究刑事责任。

第五十二条 演出场所经营单位、个体演出经纪人、个体演员违反本条例规定,情节严重的,由县级以上人民政府文化主管部门依据各自职权责令其停止营业性演出经营活动,并通知工商行政管理部门,由工商行政管理部门依法吊销营业执照。其中,演出场所经营单位有其他经营业务的,由工商行政管理部门责令其办理变更登记,逾期不办理的,吊销营业执照。

第五十三条 因违反本条例规定被文化主管部门吊销营业性演出许可证,或者被工商行政管理部门吊销营业执照或者责令变更登记的,自受到行政处罚之日起,当事人为单位的,其法定代表人、主要负责人5年内不得担任文艺表演团体、演出经纪机构或者演出场所经营单位的法定代表人、主要负责人;当事人为个人的,个体演员1年内不得从事营业性演出,个体演出经纪人5年内不得从事营业性演出的居间、代理活动。

因营业性演出有本条例第二十五条禁止情形被文化主管部门吊销营业性演出许可证,或者被工商行政管理部门吊销营业执照或者责令变更登记的,不得再次从事营业性演出或者营业性演出的居间、代理、行纪活动。

因违反本条例规定2年内2次受到行政处罚又有应受本条例处罚的违法行为的,应当从重处罚。

第五十四条 各级人民政府或者政府部门非法资助、赞助,或者非法变相资助、赞助营业性演出,或者用公款购买营业性演出门票用于个人消费的,依照有关财政违法行为处罚处分的行政法规的规定责令改正。对单位给予警告或者通报批评。对直接负责的主管人员和其他直接责任人员给予记大过处分;情节较重的,给予降级或者撤职处分;情节严重的,给予开除处分。

第五十五条 文化主管部门、公安部门、工商行政管理部门的工作人员滥用职权、玩忽职守、徇私舞弊或者未依照本条例规定履行职责的,依法给予行政处分;构成犯罪的,依法追究刑事责任。

第六章 附 则

第五十六条 民间游散艺人的营业性演出,省、自治区、直辖市人民政府可以参照本条例的规定制定具体管理办法。

第五十七条 本条例自2005年9月1日起施行。1997年8月11日国务院发布的《营业性演出管理条例》同时废止。

文化和旅游部、公安部关于进一步加强大型营业性演出活动规范管理促进演出市场健康有序发展的通知

(2023年9月12日 文旅市场发〔2023〕96号)

各省、自治区、直辖市文化和旅游厅(局)、公安厅(局)、新疆生产建设兵团文化体育广电和旅游局、公安局:

当前,演出市场快速恢复发展,演唱会、音乐节等大型营业性演出活动大

量增加,在满足人民群众精神文化需求的同时,个别演出活动中炒票倒票、非理性追星、不文明观演等问题也较为突出。为加强观众人数在5000人以上的大型营业性演出活动(以下简称"大型演出活动")的规范管理,促进演出市场健康有序发展,现就有关事项通知如下。

一、明确工作原则

(一)大型演出活动必须坚持为人民服务、为社会主义服务的方向,坚持把社会效益放在首位、实现社会效益和经济效益相统一,更好满足人民群众精神文化需求。

(二)按照"谁举办谁负责"的原则,演出举办单位应当严格落实安全主体责任,严格建立并落实安全管理制度,明确安全责任人,建立并完善风险评估和应急处置工作机制。演出举办单位应当依法办理演出审批手续,安排演出节目内容,负责演出票务和现场管理,加强消费者个人信息保护,做好现场观众引导,掌握舆情动态,及时报告有关情况,接受主管部门指导监督,主动承担法定责任和义务。

(三)文化和旅游行政部门、公安机关要严格落实属地责任,强化协作配合,加强大型演出活动规范管理,确保大型演出活动平稳有序举办。

二、严格审批管理

(四)省级文化和旅游行政部门、公安机关要加强对本行政区域内大型演出活动的统筹指导,大型演出活动审批前,应当经过省级文化和旅游行政部门、属地公安机关风险评估和综合研判。

(五)文化和旅游行政部门要督促演出举办单位在申请举办大型演出活动前,对可能出现的票务销售、现场管理、网络舆情等方面的风险开展自评,形成书面报告并在申请举办时提交。

(六)省级文化和旅游行政部门、属地公安机关开展风险评估,演出举办单位开展风险自评时,应当在传统的人、事、物、场等评估要素基础上,将网上热度、舆情反应、网民评价等网络特征纳入评估范畴,建立网上网下风险综合评估体系。

(七)省级文化和旅游行政部门、属地公安机关要对风险较高的演出活动加强行政指导,督促做好现场监管。对不符合安全条件的演出活动,要求受理审批的文化和旅游行政部门、公安机关不予批准。

三、加强票务管理

(八)大型演出活动实行实名购票和实名入场制度,每场演出每个身份证件只能购买一张门票,购票人与入场人身份信息保持一致。演出举办单位、演出票务销售平台应当加强消费者个人信息保护,防止未经授权的访问以及个人信息泄露、篡改、丢失。

(九)演出举办单位应当建立大型演出活动退票机制,设定合理的梯次退票收费标准,保障购票人的正当退票权利。

(十)进一步提高大型演出活动门票销售比例,演出举办单位面向市场公开销售的门票数量不得低于核准观众数量的85%。对其余15%的门票,应当在演出前24小时进行个人信息绑定,做到"实名绑定、实名入场"。

(十一)演出举办单位应当明示其授权的票务代理机构,引导消费者从合法渠道购买门票。应当履行告知义务,告知消费者购票、入场和退票规则。

(十二)文化和旅游行政部门要督促演出举办单位、演出票务销售平台将大型演出活动的票务信息(包括但不限于演出项目的名称、演出时间、演出场次、门票数量、票务销售方案、票房收入等信息)实时传输至全国文化市场技术监管与服务平台,进一步加强大型演出活动票务信息管理。

(十三)文化和旅游行政部门、公安机关要加强对大型演出活动举办方和场地方工作票证的管理,严格控制发放范围,防止工作票证流入市场被非法买卖。

四、加强演出现场管理

(十四)文化和旅游市场管理部门、综合执法机构要加强对大型演出活动的实地检查,现场核验演员信息及演出节目内容,严禁擅自变更演员及演出内容,严禁假唱、假演奏等违法违规行为。

(十五)公安机关要加强大型演出活动现场安全监管,指导演出举办单位强化事前安全评估,制定安全工作方案,落实安保措施,配备安检设备,严格对进入现场的人员、车辆、物品进行安全检查,配备足够安保人员,落实应急处置措施。公安机关依法对安全工作落实情况实施监督检查,发现安全隐患责令改正,依法查处违法犯罪行为,处置突发事件。

(十六)演出举办单位应当积极配合文化和旅游行政部门、公安机关监督管理,根据工作需要,采取必要的管控措施,提升演出现场管理水平。

五、加大违法行为打击力度

(十七)文化和旅游行政部门要加强对演出票务销售平台的管理,依法处置未履行核验票务经营单位资质及演出批准文件义务、为倒卖门票提供服务等违规行为。

(十八)公安机关要加大对倒卖演出票证的打击整治力度,全面收集网上网下倒卖炒作票证信息,及时发现加价、变相加价销售票证的线索,严打网上网下倒票和诈骗等违法犯罪活动。

(十九)公安机关要依法打击流量造假、造谣传谣、侵犯隐私,以及聚众闹事、滋事斗殴等网上网下各类违法犯罪活动。适时公布典型案例,及时警示震慑,以正视听。

(二十)公安机关要加强对大型演出活动安全监管,对演出举办单位、场所管理者举办大型群众性演出活动违反安全管理规定,以及扰乱活动秩序的行为,要按照《大型群众性活动安全管理条例》《中华人民共和国治安管理处罚法》《中华人民共和国刑法》有关规定依法予以处罚。

六、引导观众文明观演

(二十一)公安机关指导演出举办单位做好入场安检,禁止观众携带影响正常观演的物品入场,倡导观众文明观演。演出举办单位要加强现场巡查,及时制止不文明观演行为,维护观演秩序。

(二十二)演员经纪公司及相关演艺经纪从业人员应当加强对演员的教育、提醒,积极引导演员时刻敬畏法律红线,严守道德底线。鼓励演员主动发声,引导观众遵守演出现场管理规定,共同维护演出秩序。

七、强化信用监管

(二十三)文化和旅游行政部门要依照《文化和旅游市场信用管理规定》,对大型演出活动中存在面向公众销售门票数量低于核准数量的85%或者为倒卖门票、买卖演出工作票证提供便利等情形的演出举办单位及票务代理机构,依法认定为文化和旅游市场失信主体。

(二十四)文化和旅游行政部门、公安机关要对失信主体加大日常监管力度,对其申请营业性演出、大型群众性活动等行政许可事项予以重点关注,在行政奖励、授予称号等方面予以重点审查。

特此通知。

娱乐场所管理条例

（2006年1月29日中华人民共和国国务院令第458号公布　根据2016年2月6日《国务院关于修改部分行政法规的决定》第一次修订　根据2020年11月29日《国务院关于修改和废止部分行政法规的决定》第二次修订）

第一章　总　则

第一条　为了加强对娱乐场所的管理，保障娱乐场所的健康发展，制定本条例。

第二条　本条例所称娱乐场所，是指以营利为目的，并向公众开放、消费者自娱自乐的歌舞、游艺等场所。

第三条　县级以上人民政府文化主管部门负责对娱乐场所日常经营活动的监督管理；县级以上公安部门负责对娱乐场所消防、治安状况的监督管理。

第四条　国家机关及其工作人员不得开办娱乐场所，不得参与或者变相参与娱乐场所的经营活动。

与文化主管部门、公安部门的工作人员有夫妻关系、直系血亲关系、三代以内旁系血亲关系以及近姻亲关系的亲属，不得开办娱乐场所，不得参与或者变相参与娱乐场所的经营活动。

第二章　设　立

第五条　有下列情形之一的人员，不得开办娱乐场所或者在娱乐场所内从业：

（一）曾犯有组织、强迫、引诱、容留、介绍卖淫罪，制作、贩卖、传播淫秽物品罪，走私、贩卖、运输、制造毒品罪，强奸罪，强制猥亵、侮辱妇女罪，赌博罪，洗钱罪，组织、领导、参加黑社会性质组织罪的；

（二）因犯罪曾被剥夺政治权利的；

（三）因吸食、注射毒品曾被强制戒毒的；

（四）因卖淫、嫖娼曾被处以行政拘留的。

第六条　外国投资者可以依法在中国境内设立娱乐场所。

第七条　娱乐场所不得设在下列地点：

（一）居民楼、博物馆、图书馆和被核定为文物保护单位的建筑物内；

（二）居民住宅区和学校、医院、机关周围；

（三）车站、机场等人群密集的场所；

（四）建筑物地下一层以下；

（五）与危险化学品仓库毗连的区域。

娱乐场所的边界噪声，应当符合国家规定的环境噪声标准。

第八条　娱乐场所的使用面积，不得低于国务院文化主管部门规定的最低标准；设立含有电子游戏机的游艺娱乐场所，应当符合国务院文化主管部门关于总量和布局的要求。

第九条　娱乐场所申请从事娱乐场所经营活动，应当向所在地县级人民政府文化主管部门提出申请；外商投资的娱乐场所申请从事娱乐场所经营活动，应当向所在地省、自治区、直辖市人民政府文化主管部门提出申请。

娱乐场所申请从事娱乐场所经营活动，应当提交投资人员、拟任的法定代表人和其他负责人没有本条例第五条规定情形的书面声明。申请人应当对书面声明内容的真实性负责。

受理申请的文化主管部门应当就书面声明向公安部门或者其他有关单位核查，公安部门或者其他有关单位应当予以配合；经核查属实的，文化主管部门应当依据本条例第七条、第八条的规定进行实地检查，作出决定。予以批准的，颁发娱乐经营许可证，并根据国务院文化主管部门的规定核定娱乐场所容纳的消费者数量；不予批准的，应当书面通知申请人并说明理由。

有关法律、行政法规规定需要办理消防、卫生、环境保护等审批手续的，从其规定。

第十条　文化主管部门审批娱乐场所应当举行听证。有关听证的程序，依照《中华人民共和国行政许可法》的规定执行。

第十一条　娱乐场所依法取得营业执照和相关批准文件、许可证后，应当在15日内向所在地县级公安部门备案。

第十二条　娱乐场所改建、扩建营业场所或者变更场地、主要设施设备、投资人员，或者变更娱乐经营许可证载明的事项的，应当向原发证机关申请重新核发娱乐经营许可证，并向公安部门备案；需要办理变更登记的，应当依法向工商行政管理部门办理变更登记。

第三章 经 营

第十三条 国家倡导弘扬民族优秀文化,禁止娱乐场所内的娱乐活动含有下列内容:
(一)违反宪法确定的基本原则的;
(二)危害国家统一、主权或者领土完整的;
(三)危害国家安全,或者损害国家荣誉、利益的;
(四)煽动民族仇恨、民族歧视,伤害民族感情或者侵害民族风俗、习惯,破坏民族团结的;
(五)违反国家宗教政策,宣扬邪教、迷信的;
(六)宣扬淫秽、赌博、暴力以及与毒品有关的违法犯罪活动,或者教唆犯罪的;
(七)违背社会公德或者民族优秀文化传统的;
(八)侮辱、诽谤他人,侵害他人合法权益的;
(九)法律、行政法规禁止的其他内容。

第十四条 娱乐场所及其从业人员不得实施下列行为,不得为进入娱乐场所的人员实施下列行为提供条件:
(一)贩卖、提供毒品,或者组织、强迫、教唆、引诱、欺骗、容留他人吸食、注射毒品;
(二)组织、强迫、引诱、容留、介绍他人卖淫、嫖娼;
(三)制作、贩卖、传播淫秽物品;
(四)提供或者从事以营利为目的的陪侍;
(五)赌博;
(六)从事邪教、迷信活动;
(七)其他违法犯罪行为。

娱乐场所的从业人员不得吸食、注射毒品,不得卖淫、嫖娼;娱乐场所及其从业人员不得为进入娱乐场所的人员实施上述行为提供条件。

第十五条 歌舞娱乐场所应当按照国务院公安部门的规定在营业场所的出入口、主要通道安装闭路电视监控设备,并应当保证闭路电视监控设备在营业期间正常运行,不得中断。

歌舞娱乐场所应当将闭路电视监控录像资料留存 30 日备查,不得删改或者挪作他用。

第十六条 歌舞娱乐场所的包厢、包间内不得设置隔断,并应当安装展现室内整体环境的透明门窗。包厢、包间的门不得有内锁装置。

第十七条 营业期间,歌舞娱乐场所内亮度不得低于国家规定的标准。

第十八条 娱乐场所使用的音像制品或者电子游戏应当是依法出版、生产或者进口的产品。

歌舞娱乐场所播放的曲目和屏幕画面以及游艺娱乐场所的电子游戏机内的游戏项目,不得含有本条例第十三条禁止的内容;歌舞娱乐场所使用的歌曲点播系统不得与境外的曲库联接。

第十九条 游艺娱乐场所不得设置具有赌博功能的电子游戏机机型、机种、电路板等游戏设施设备,不得以现金或者有价证券作为奖品,不得回购奖品。

第二十条 娱乐场所的法定代表人或者主要负责人应当对娱乐场所的消防安全和其他安全负责。

娱乐场所应当确保其建筑、设施符合国家安全标准和消防技术规范,定期检查消防设施状况,并及时维护、更新。

娱乐场所应当制定安全工作方案和应急疏散预案。

第二十一条 营业期间,娱乐场所应当保证疏散通道和安全出口畅通,不得封堵、锁闭疏散通道和安全出口,不得在疏散通道和安全出口设置栅栏等影响疏散的障碍物。

娱乐场所应当在疏散通道和安全出口设置明显指示标志,不得遮挡、覆盖指示标志。

第二十二条 任何人不得非法携带枪支、弹药、管制器具或者携带爆炸性、易燃性、毒害性、放射性、腐蚀性等危险物品和传染病病原体进入娱乐场所。

迪斯科舞厅应当配备安全检查设备,对进入营业场所的人员进行安全检查。

第二十三条 歌舞娱乐场所不得接纳未成年人。除国家法定节假日外,游艺娱乐场所设置的电子游戏机不得向未成年人提供。

第二十四条 娱乐场所不得招用未成年人;招用外国人的,应当按照国家有关规定为其办理外国人就业许可证。

第二十五条 娱乐场所应当与从业人员签订文明服务责任书,并建立从业人员名簿;从业人员名簿应当包括从业人员的真实姓名、居民身份证复印件、外国人就业许可证复印件等内容。

娱乐场所应当建立营业日志,记载营业期间从业人员的工作职责、工作时间、工作地点;营业日志不得删改,并应当留存60日备查。

第二十六条　娱乐场所应当与保安服务企业签订保安服务合同,配备专业保安人员;不得聘用其他人员从事保安工作。

第二十七条　营业期间,娱乐场所的从业人员应当统一着工作服,佩带工作标志并携带居民身份证或者外国人就业许可证。

从业人员应当遵守职业道德和卫生规范,诚实守信,礼貌待人,不得侵害消费者的人身和财产权利。

第二十八条　每日凌晨2时至上午8时,娱乐场所不得营业。

第二十九条　娱乐场所提供娱乐服务项目和出售商品,应当明码标价,并向消费者出示价目表;不得强迫、欺骗消费者接受服务、购买商品。

第三十条　娱乐场所应当在营业场所的大厅、包厢、包间内的显著位置悬挂含有禁毒、禁赌、禁止卖淫嫖娼等内容的警示标志,未成年人禁入或者限入标志。标志应当注明公安部门、文化主管部门的举报电话。

第三十一条　娱乐场所应当建立巡查制度,发现娱乐场所内有违法犯罪活动的,应当立即向所在地县级公安部门、县级人民政府文化主管部门报告。

第四章　监督管理

第三十二条　文化主管部门、公安部门和其他有关部门的工作人员依法履行监督检查职责时,有权进入娱乐场所。娱乐场所应当予以配合,不得拒绝、阻挠。

文化主管部门、公安部门和其他有关部门的工作人员依法履行监督检查职责时,需要查阅闭路电视监控录像资料、从业人员名簿、营业日志等资料的,娱乐场所应当及时提供。

第三十三条　文化主管部门、公安部门和其他有关部门应当记录监督检查的情况和处理结果。监督检查记录由监督检查人员签字归档。公众有权查阅监督检查记录。

第三十四条　文化主管部门、公安部门和其他有关部门应当建立娱乐场所违法行为警示记录系统;对列入警示记录的娱乐场所,应当及时向社会公布,并加大监督检查力度。

第三十五条　文化主管部门应当建立娱乐场所的经营活动信用监管制

度,建立健全信用约束机制,并及时公布行政处罚信息。

第三十六条　文化主管部门、公安部门和其他有关部门应当建立相互间的信息通报制度,及时通报监督检查情况和处理结果。

第三十七条　任何单位或者个人发现娱乐场所内有违反本条例行为的,有权向文化主管部门、公安部门等有关部门举报。

文化主管部门、公安部门等有关部门接到举报,应当记录,并及时依法调查、处理;对不属于本部门职责范围的,应当及时移送有关部门。

第三十八条　上级人民政府文化主管部门、公安部门在必要时,可以依照本条例的规定调查、处理由下级人民政府文化主管部门、公安部门调查、处理的案件。

下级人民政府文化主管部门、公安部门认为案件重大、复杂的,可以请求移送上级人民政府文化主管部门、公安部门调查、处理。

第三十九条　文化主管部门、公安部门和其他有关部门及其工作人员违反本条例规定的,任何单位或者个人可以向依法有权处理的本级或者上一级机关举报。接到举报的机关应当依法及时调查、处理。

第四十条　娱乐场所行业协会应当依照章程的规定,制定行业自律规范,加强对会员经营活动的指导、监督。

第五章　法律责任

第四十一条　违反本条例规定,擅自从事娱乐场所经营活动的,由文化主管部门依法予以取缔;公安部门在查处治安、刑事案件时,发现擅自从事娱乐场所经营活动的,应当依法予以取缔。

第四十二条　违反本条例规定,以欺骗等不正当手段取得娱乐经营许可证的,由原发证机关撤销娱乐经营许可证。

第四十三条　娱乐场所实施本条例第十四条禁止行为的,由县级公安部门没收违法所得和非法财物,责令停业整顿3个月至6个月;情节严重的,由原发证机关吊销娱乐经营许可证,对直接负责的主管人员和其他直接责任人员处1万元以上2万元以下的罚款。

第四十四条　娱乐场所违反本条例规定,有下列情形之一的,由县级公安部门责令改正,给予警告;情节严重的,责令停业整顿1个月至3个月:

(一)照明设施、包厢、包间的设置以及门窗的使用不符合本条例规定的;

(二)未按照本条例规定安装闭路电视监控设备或者中断使用的;

(三)未按照本条例规定留存监控录像资料或者删改监控录像资料的;

(四)未按照本条例规定配备安全检查设备或者未对进入营业场所的人员进行安全检查的;

(五)未按照本条例规定配备保安人员的。

第四十五条 娱乐场所违反本条例规定,有下列情形之一的,由县级公安部门没收违法所得和非法财物,并处违法所得2倍以上5倍以下的罚款;没有违法所得或者违法所得不足1万元的,并处2万元以上5万元以下的罚款;情节严重的,责令停业整顿1个月至3个月:

(一)设置具有赌博功能的电子游戏机机型、机种、电路板等游戏设施设备的;

(二)以现金、有价证券作为奖品,或者回购奖品的。

第四十六条 娱乐场所指使、纵容从业人员侵害消费者人身权利的,应当依法承担民事责任,并由县级公安部门责令停业整顿1个月至3个月;造成严重后果的,由原发证机关吊销娱乐经营许可证。

第四十七条 娱乐场所取得营业执照后,未按照本条例规定向公安部门备案的,由县级公安部门责令改正,给予警告。

第四十八条 违反本条例规定,有下列情形之一的,由县级人民政府文化主管部门没收违法所得和非法财物,并处违法所得1倍以上3倍以下的罚款;没有违法所得或者违法所得不足1万元的,并处1万元以上3万元以下的罚款;情节严重的,责令停业整顿1个月至6个月:

(一)歌舞娱乐场所的歌曲点播系统与境外的曲库联接的;

(二)歌舞娱乐场所播放的曲目、屏幕画面或者游艺娱乐场所电子游戏机内的游戏项目含有本条例第十三条禁止内容的;

(三)歌舞娱乐场所接纳未成年人的;

(四)游艺娱乐场所设置的电子游戏机在国家法定节假日外向未成年人提供的;

(五)娱乐场所容纳的消费者超过核定人数的。

第四十九条 娱乐场所违反本条例规定,有下列情形之一的,由县级人民政府文化主管部门责令改正,给予警告;情节严重的,责令停业整顿1个月至3个月:

(一)变更有关事项,未按照本条例规定申请重新核发娱乐经营许可证的;

(二)在本条例规定的禁止营业时间内营业的;

(三)从业人员在营业期间未统一着装并佩带工作标志的。

第五十条　娱乐场所未按照本条例规定建立从业人员名簿、营业日志,或者发现违法犯罪行为未按照本条例规定报告的,由县级人民政府文化主管部门、县级公安部门依据法定职权责令改正,给予警告;情节严重的,责令停业整顿1个月至3个月。

第五十一条　娱乐场所未按照本条例规定悬挂警示标志、未成年人禁入或者限入标志的,由县级人民政府文化主管部门、县级公安部门依据法定职权责令改正,给予警告。

第五十二条　娱乐场所招用未成年人的,由劳动保障行政部门责令改正,并按照每招用一名未成年人每月处5000元罚款的标准给予处罚。

第五十三条　因擅自从事娱乐场所经营活动被依法取缔的,其投资人员和负责人终身不得投资开办娱乐场所或者担任娱乐场所的法定代表人、负责人。

娱乐场所因违反本条例规定,被吊销或者撤销娱乐经营许可证的,自被吊销或者撤销之日起,其法定代表人、负责人5年内不得担任娱乐场所的法定代表人、负责人。

娱乐场所因违反本条例规定,2年内被处以3次警告或者罚款又有违反本条例的行为应受行政处罚的,由县级人民政府文化主管部门、县级公安部门依据法定职权责令停业整顿3个月至6个月;2年内被2次责令停业整顿又有违反本条例的行为应受行政处罚的,由原发证机关吊销娱乐经营许可证。

第五十四条　娱乐场所违反有关治安管理或者消防管理法律、行政法规规定的,由公安部门依法予以处罚;构成犯罪的,依法追究刑事责任。

娱乐场所违反有关卫生、环境保护、价格、劳动等法律、行政法规规定的,由有关部门依法予以处罚;构成犯罪的,依法追究刑事责任。

娱乐场所及其从业人员与消费者发生争议的,应当依照消费者权益保护的法律规定解决;造成消费者人身、财产损害的,由娱乐场所依法予以赔偿。

第五十五条　国家机关及其工作人员开办娱乐场所,参与或者变相参与娱乐场所经营活动的,对直接负责的主管人员和其他直接责任人员依法给予撤职或者开除的行政处分。

文化主管部门、公安部门的工作人员明知其亲属开办娱乐场所或者发现其亲属参与、变相参与娱乐场所的经营活动,不予制止或者制止不力的,依法给予行政处分;情节严重的,依法给予撤职或者开除的行政处分。

第五十六条　文化主管部门、公安部门、工商行政管理部门和其他有关部

门的工作人员有下列行为之一的,对直接负责的主管人员和其他直接责任人员依法给予行政处分;构成犯罪的,依法追究刑事责任:

(一)向不符合法定设立条件的单位颁发许可证、批准文件、营业执照的;

(二)不履行监督管理职责,或者发现擅自从事娱乐场所经营活动不依法取缔,或者发现违法行为不依法查处的;

(三)接到对违法行为的举报、通报后不依法查处的;

(四)利用职务之便,索取、收受他人财物或者谋取其他利益的;

(五)利用职务之便,参与、包庇违法行为,或者向有关单位、个人通风报信的;

(六)有其他滥用职权、玩忽职守、徇私舞弊行为的。

第六章 附 则

第五十七条 本条例所称从业人员,包括娱乐场所的管理人员、服务人员、保安人员和在娱乐场所工作的其他人员。

第五十八条 本条例自2006年3月1日起施行。1999年3月26日国务院发布的《娱乐场所管理条例》同时废止。

娱乐场所治安管理办法

(2008年6月3日公安部令第103号公布 自2008年10月1日起施行)

第一章 总 则

第一条 为加强娱乐场所治安管理,维护娱乐场所经营者、消费者和从业人员的合法权益,维护社会治安秩序,保障公共安全,根据《中华人民共和国治安管理处罚法》、《娱乐场所管理条例》等法律、法规的规定,制定本办法。

第二条 娱乐场所治安管理应当遵循公安机关治安部门归口管理和辖区公安派出所属地管理相结合,属地管理为主的原则。

公安机关对娱乐场所进行治安管理,应当严格、公正、文明、规范。

第三条 娱乐场所法定代表人、主要负责人是维护本场所治安秩序的第一责任人。

第二章　娱乐场所向公安机关备案

第四条　娱乐场所领取营业执照后,应当在 15 日内向所在地县(市)公安局、城市公安分局治安部门备案;县(市)公安局、城市公安分局治安部门受理备案后,应当在 5 日内将备案资料通报娱乐场所所在辖区公安派出所。

县(市)公安局、城市公安分局治安部门对备案的娱乐场所应当统一建立管理档案。

第五条　娱乐场所备案项目包括:

(一)名称;

(二)经营地址、面积、范围;

(三)地理位置图和内部结构平面示意图;

(四)法定代表人和主要负责人姓名、身份证号码、联系方式;

(五)与保安服务企业签订的保安服务合同及保安人员配备情况;

(六)核定的消费人数;

(七)娱乐经营许可证号、营业执照号及登记日期;

(八)监控、安检设备安装部位平面图及检测验收报告。

设有电子游戏机的游艺娱乐场所备案时,除符合前款要求外,还应当提供电子游戏机机型及数量情况。

第六条　娱乐场所备案时,应当提供娱乐经营许可证、营业执照及消防、卫生、环保等部门批准文件的复印件。

第七条　娱乐场所备案项目发生变更的,应当自变更之日起 15 日内向原备案公安机关备案。

第三章　安全设施

第八条　歌舞娱乐场所包厢、包间内不得设置阻碍展现室内整体环境的屏风、隔扇、板壁等隔断,不得以任何名义设立任何形式的房中房(卫生间除外)。

第九条　歌舞娱乐场所的包厢、包间内的吧台、餐桌等物品不得高于 1.2 米。

包厢、包间的门窗,距地面 1.2 米以上应当部分使用透明材质。透明材质的高度不小于 0.4 米,宽度不小于 0.2 米,能够展示室内消费者娱乐区域整体环境。

营业时间内,歌舞娱乐场所包厢、包间门窗透明部分不得遮挡。

第十条 歌舞娱乐场所包厢、包间内不得安装门锁、插销等阻碍他人自由进出包厢、包间的装置。

第十一条 歌舞娱乐场所营业大厅、包厢、包间内禁止设置可调试亮度的照明灯。照明灯在营业时间内不得关闭。

第十二条 歌舞娱乐场所应当在营业场所出入口、消防安全疏散出入口、营业大厅通道、收款台前安装闭路电视监控设备。

第十三条 歌舞娱乐场所安装的闭路电视监控设备应当符合视频安防监控系统相关国家或者行业标准要求。

闭路电视监控设备的压缩格式为 H.264 或者 MPEG-4,录像图像分辨率不低于 4CIF(704×576)或者 D1(720×576);保障视频录像实时(每秒不少于 25 帧),支持视频移动侦测功能;图像回放效果要求清晰、稳定、逼真,能够通过 LAN、WAN 或者互联网与计算机相连,实现远程监视、放像、备份及升级,回放图像水平分辨力不少于 300TVL。

第十四条 歌舞娱乐场所应当设置闭路电视监控设备监控室,由专人负责值守,保障设备在营业时间内正常运行,不得中断、删改或者挪作他用。

第十五条 营业面积 1000 平方米以下的迪斯科舞厅应当配备手持式金属探测器,营业面积超过 1000 平方米以上的应当配备通过式金属探测门和微剂量 X 射线安全检查设备等安全检查设备。

手持式金属探测器、通过式金属探测门、微剂量 X 射线安全检查设备应当符合国家或者行业标准要求。

第十六条 迪斯科舞厅应当配备专职安全检查人员,安全检查人员不得少于 2 名,其中女性安全检查人员不得少于 1 名。

第十七条 娱乐场所应当在营业场所大厅、包厢、包间内的显著位置悬挂含有禁毒、禁赌、禁止卖淫嫖娼等内容的警示标志。标志应当注明公安机关的举报电话。

警示标志式样、规格、尺寸由省、自治区、直辖市公安厅、局统一制定。

第十八条 娱乐场所不得设置具有赌博功能的电子游戏机机型、机种、电路板等游戏设施设备,不得从事带有赌博性质的游戏机经营活动。

第四章 经营活动规范

第十九条 娱乐场所对从业人员应当实行实名登记制度,建立从业人员名簿,统一建档管理。

第二十条 从业人员名簿应当记录以下内容:

(一)从业人员姓名、年龄、性别、出生日期及有效身份证件号码;

(二)从业人员户籍所在地和暂住地地址;

(三)从业人员具体工作岗位、职责。

外国人就业的,应当留存外国人就业许可证复印件。

第二十一条 营业期间,娱乐场所从业人员应当统一着装,统一佩带工作标志。

着装应当大方得体,不得有伤风化。

工作标志应当载有从业人员照片、姓名、职务、统一编号等基本信息。

第二十二条 娱乐场所应当建立营业日志,由各岗位负责人及时登记填写并签名,专人负责保管。

营业日志应当详细记载从业人员的工作职责、工作内容、工作时间、工作地点及遇到的治安问题。

第二十三条 娱乐场所营业日志应当留存60日备查,不得删改。对确因记录错误需要删改的,应当写出说明,由经手人签字,加盖娱乐场所印章。

第二十四条 娱乐场所应当安排保安人员负责安全巡查,营业时间内每2小时巡查一次,巡查区域应当涵盖整个娱乐场所,巡查情况应当写入营业日志。

第二十五条 娱乐场所对发生在场所内的违法犯罪活动,应当立即向公安机关报告。

第二十六条 娱乐场所应当按照国家有关信息化标准规定,配合公安机关建立娱乐场所治安管理信息系统,实时、如实将从业人员、营业日志、安全巡查等信息录入系统,传输报送公安机关。

本办法规定娱乐场所配合公安机关在治安管理方面所作的工作,能够通过娱乐场所治安管理信息系统录入传输完成的,应当通过系统完成。

第五章 保安员配备

第二十七条 娱乐场所应当与经公安机关批准设立的保安服务企业签订服务合同,配备已取得资格证书的专业保安人员,并通报娱乐场所所在辖区公安派出所。

娱乐场所不得自行招录人员从事保安工作。

第二十八条　娱乐场所保安人员应当履行下列职责：

（一）维护娱乐场所治安秩序；

（二）协助娱乐场所做好各项安全防范和巡查工作；

（三）及时排查、发现并报告娱乐场所治安、安全隐患；

（四）协助公安机关调查、处置娱乐场所内发生的违法犯罪活动。

第二十九条　娱乐场所应当加强对保安人员的教育管理，不得要求保安人员从事与其职责无关的工作。对保安人员工作情况逐月通报辖区公安派出所和保安服务企业。

第三十条　娱乐场所营业面积在200平方米以下的，配备的保安人员不得少于2名；营业面积每增加200平方米，应当相应增加保安人员1名。

迪斯科舞厅保安人员应当按照场所核定人数的5%配备。

第三十一条　在娱乐场所执勤的保安人员应当统一着制式服装，佩带徽章、标记。

保安人员执勤时，应当仪表整洁、行为规范、举止文明。

第三十二条　保安服务企业应当加强对派驻娱乐场所保安人员的教育培训，开展经常性督查，确保服务质量。

第六章　治安监督检查

第三十三条　公安机关及其工作人员对娱乐场所进行监督检查时应当出示人民警察证件，表明执法身份，不得从事与职务无关的活动。

公安机关及其工作人员对娱乐场所进行监督检查，应当记录在案，归档管理。

第三十四条　监督检查记录应当以书面形式为主，必要时可以辅以录音、录像等形式。

第三十五条　监督检查记录应当包括：

（一）执行监督检查任务的人员姓名、单位、职务；

（二）监督检查的时间、地点、场所名称、检查事项；

（三）发现的问题及处理结果。

第三十六条　监督检查记录一式两份，由监督检查人员签字，并经娱乐场所负责人签字确认。

娱乐场所负责人拒绝签字的，监督检查人员应当在记录中注明情况。

第三十七条　公众有权查阅娱乐场所监督检查记录，公安机关应当为公众查阅提供便利。

第三十八条　公安机关应当建立娱乐场所违法行为警示记录系统,并依据娱乐场所治安秩序状况进行分级管理。

娱乐场所分级管理标准,由各省、自治区、直辖市公安厅、局结合本地实际自行制定。

第三十九条　公安机关对娱乐场所进行分级管理,应当按照公开、公平、公正的原则,定期考核,动态升降。

第四十条　公安机关建立娱乐场所治安管理信息系统,对娱乐场所及其从业人员实行信息化监督管理。

第七章　罚　则

第四十一条　娱乐场所未按照本办法规定项目备案的,由受理备案的公安机关告知补齐;拒不补齐的,由受理备案的公安机关责令改正,给予警告。

违反本办法第七条规定的,由原备案公安机关责令改正,给予警告。

第四十二条　娱乐场所违反本办法第八条至第十六条、第三十条规定的,由县级公安机关依照《娱乐场所管理条例》第四十三条的规定予以处罚。

第四十三条　娱乐场所违反本办法第二十九条规定的,由县级公安机关责令改正,给予警告。

娱乐场所保安人员违反本办法第二十八条、三十一条规定的,依照有关规定予以处理。

第四十四条　娱乐场所违反本办法第二十六条规定的,由县级公安机关责令改正,给予警告;经警告不予改正的,处5000元以上1万元以下罚款。

第四十五条　公安机关工作人员违反本办法第三十三条规定或者有其他失职、渎职行为的,对直接负责的主管人员和其他直接责任人员依法予以行政处分;构成犯罪的,依法追究刑事责任。

第四十六条　娱乐场所及其从业人员违反本办法规定的其他行为,《娱乐场所管理条例》已有处罚规定的,依照规定处罚;违反治安管理的,依照《中华人民共和国治安管理处罚法》处罚;构成犯罪的,依法追究刑事责任。

第八章　附　则

第四十七条　非娱乐场所经营单位兼营歌舞、游艺项目的,依照本办法执行。

第四十八条　本办法自2008年10月1日起施行。

互联网上网服务营业场所管理条例

（2002年9月29日中华人民共和国国务院令第363号公布　根据2011年1月8日《国务院关于废止和修改部分行政法规的决定》第一次修订　根据2016年2月6日《国务院关于修改部分行政法规的决定》第二次修订　根据2019年3月24日《国务院关于修改部分行政法规的决定》第三次修订　根据2022年3月29日《国务院关于修改和废止部分行政法规的决定》第四次修订　根据2024年12月6日《国务院关于修改和废止部分行政法规的决定》第五次修订）

第一章　总　则

第一条　为了加强对互联网上网服务营业场所的管理，规范经营者的经营行为，维护公众和经营者的合法权益，保障互联网上网服务经营活动健康发展，促进社会主义精神文明建设，制定本条例。

第二条　本条例所称互联网上网服务营业场所，是指通过计算机等装置向公众提供互联网上网服务的网吧、电脑休闲室等营业性场所。

学校、图书馆等单位内部附设的为特定对象获取资料、信息提供上网服务的场所，应当遵守有关法律、法规，不适用本条例。

第三条　互联网上网服务营业场所经营单位应当遵守有关法律、法规的规定，加强行业自律，自觉接受政府有关部门依法实施的监督管理，为上网消费者提供良好的服务。

互联网上网服务营业场所的上网消费者，应当遵守有关法律、法规的规定，遵守社会公德，开展文明、健康的上网活动。

第四条　县级以上人民政府文化行政部门负责互联网上网服务营业场所经营单位的设立审批，并负责对依法设立的互联网上网服务营业场所经营单位经营活动的监督管理；公安机关负责对互联网上网服务营业场所经营单位的信息网络安全、治安及消防安全的监督管理；工商行政管理部门负责对互联网上网服务营业场所经营单位登记注册和营业执照的管理，并依法查处无照经营活动；电信管理等其他有关部门在各自职责范围内，依照本条例和有关法律、行政法规的规定，对互联网上网服务营业场所经营单位分别实施有关监督管理。

第五条 文化行政部门、公安机关、工商行政管理部门和其他有关部门及其工作人员不得从事或者变相从事互联网上网服务经营活动，也不得参与或者变相参与互联网上网服务营业场所经营单位的经营活动。

第六条 国家鼓励公民、法人和其他组织对互联网上网服务营业场所经营单位的经营活动进行监督，并对有突出贡献的给予奖励。

第二章 设 立

第七条 国家对互联网上网服务营业场所经营单位的经营活动实行许可制度。未经许可，任何组织和个人不得从事互联网上网服务经营活动。

第八条 互联网上网服务营业场所经营单位从事互联网上网服务经营活动，应当具备下列条件：

（一）有企业的名称、住所、组织机构和章程；

（二）有与其经营活动相适应的资金；

（三）有与其经营活动相适应并符合国家规定的消防安全条件的营业场所；

（四）有健全、完善的信息网络安全管理制度和安全技术措施；

（五）有固定的网络地址和与其经营活动相适应的计算机等装置及附属设备；

（六）有与其经营活动相适应并取得从业资格的安全管理人员、经营管理人员、专业技术人员；

（七）法律、行政法规和国务院有关部门规定的其他条件。

互联网上网服务营业场所的最低营业面积、计算机等装置及附属设备数量、单机面积的标准，由国务院文化行政部门规定。

审批从事互联网上网服务经营活动，除依照本条第一款、第二款规定的条件外，还应当符合国务院文化行政部门和省、自治区、直辖市人民政府文化行政部门规定的互联网上网服务营业场所经营单位的总量和布局要求。

第九条 中学、小学校园周围 200 米范围内和居民住宅楼（院）内不得设立互联网上网服务营业场所。

第十条 互联网上网服务营业场所经营单位申请从事互联网上网服务经营活动，应当向县级以上地方人民政府文化行政部门提出申请，并提交下列文件：

（一）企业营业执照和章程；

(二)法定代表人或者主要负责人的身份证明材料;
(三)资金信用证明;
(四)营业场所产权证明或者租赁意向书;
(五)依法需要提交的其他文件。

第十一条 文化行政部门应当自收到申请之日起 20 个工作日内作出决定;经审查,符合条件的,发给同意筹建的批准文件。

申请人还应当依照有关消防管理法律法规的规定办理审批手续。

申请人取得消防安全批准文件后,向文化行政部门申请最终审核。文化行政部门应当自收到申请之日起 15 个工作日内依据本条例第八条的规定作出决定;经实地检查并审核合格的,发给《网络文化经营许可证》。

对申请人的申请,有关部门经审查不符合条件的,或者经审核不合格的,应当分别向申请人书面说明理由。

文化行政部门发放《网络文化经营许可证》的情况或互联网上网服务营业场所经营单位拟开展经营活动的情况,应当及时向同级公安机关通报或备案。

第十二条 互联网上网服务营业场所经营单位不得涂改、出租、出借或者以其他方式转让《网络文化经营许可证》。

第十三条 互联网上网服务营业场所经营单位变更营业场所地址或者对营业场所进行改建、扩建,变更计算机数量或者其他重要事项的,应当经原审核机关同意。

互联网上网服务营业场所经营单位变更名称、住所、法定代表人或者主要负责人、注册资本、网络地址或者终止经营活动的,应当依法到工商行政管理部门办理变更登记或者注销登记,并到文化行政部门、公安机关办理有关手续或者备案。

第三章 经 营

第十四条 互联网上网服务营业场所经营单位和上网消费者不得利用互联网上网服务营业场所制作、下载、复制、查阅、发布、传播或者以其他方式使用含有下列内容的信息:

(一)反对宪法确定的基本原则的;
(二)危害国家统一、主权和领土完整的;
(三)泄露国家秘密,危害国家安全或者损害国家荣誉和利益的;
(四)煽动民族仇恨、民族歧视,破坏民族团结,或者侵害民族风俗、习惯的;

（五）破坏国家宗教政策,宣扬邪教、迷信的;
（六）散布谣言,扰乱社会秩序,破坏社会稳定的;
（七）宣传淫秽、赌博、暴力或者教唆犯罪的;
（八）侮辱或者诽谤他人,侵害他人合法权益的;
（九）危害社会公德或者民族优秀文化传统的;
（十）含有法律、行政法规禁止的其他内容的。

第十五条 互联网上网服务营业场所经营单位和上网消费者不得进行下列危害信息网络安全的活动:
（一）故意制作或者传播计算机病毒以及其他破坏性程序的;
（二）非法侵入计算机信息系统或者破坏计算机信息系统功能、数据和应用程序的;
（三）进行法律、行政法规禁止的其他活动的。

第十六条 互联网上网服务营业场所经营单位应当通过依法取得经营许可证的互联网接入服务提供者接入互联网,不得采取其他方式接入互联网。

互联网上网服务营业场所经营单位提供上网消费者使用的计算机必须通过局域网的方式接入互联网,不得直接接入互联网。

第十七条 互联网上网服务营业场所经营单位不得经营非网络游戏。

第十八条 互联网上网服务营业场所经营单位和上网消费者不得利用网络游戏或者其他方式进行赌博或者变相赌博活动。

第十九条 互联网上网服务营业场所经营单位应当实施经营管理技术措施,建立场内巡查制度,发现上网消费者有本条例第十四条、第十五条、第十八条所列行为或者有其他违法行为的,应当立即予以制止并向文化行政部门、公安机关举报。

第二十条 互联网上网服务营业场所经营单位应当在营业场所的显著位置悬挂《网络文化经营许可证》和营业执照。

第二十一条 互联网上网服务营业场所经营单位不得接纳未成年人进入营业场所。

互联网上网服务营业场所经营单位应当在营业场所入口处的显著位置悬挂未成年人禁入标志。

第二十二条 互联网上网服务营业场所每日营业时间限于8时至24时。

第二十三条 互联网上网服务营业场所经营单位应当对上网消费者的身份证等有效证件进行核对、登记,并记录有关上网信息。登记内容和记录备份保存时间不得少于60日,并在文化行政部门、公安机关依法查询时予以提供。登记内容和记录备份在保存期内不得修改或者删除。

第二十四条 互联网上网服务营业场所经营单位应当依法履行信息网络安全、治安和消防安全职责,并遵守下列规定:

(一)禁止明火照明和吸烟并悬挂禁止吸烟标志;

(二)禁止带入和存放易燃、易爆物品;

(三)不得安装固定的封闭门窗栅栏;

(四)营业期间禁止封堵或者锁闭门窗、安全疏散通道和安全出口;

(五)不得擅自停止实施安全技术措施。

第四章 罚 则

第二十五条 文化行政部门、公安机关、工商行政管理部门或者其他有关部门及其工作人员,利用职务上的便利收受他人财物或者其他好处,违法批准不符合法定设立条件的互联网上网服务营业场所经营单位,或者不依法履行监督职责,或者发现违法行为不予依法查处,触犯刑律的,对直接负责的主管人员和其他直接责任人员依照刑法关于受贿罪、滥用职权罪、玩忽职守罪或者其他罪的规定,依法追究刑事责任;尚不够刑事处罚的,依法给予降级、撤职或者开除的行政处分。

第二十六条 文化行政部门、公安机关、工商行政管理部门或者其他有关部门的工作人员,从事或者变相从事互联网上网服务经营活动的,参与或者变相参与互联网上网服务营业场所经营单位的经营活动的,依法给予降级、撤职或者开除的行政处分。

文化行政部门、公安机关、工商行政管理部门或者其他有关部门有前款所列行为的,对直接负责的主管人员和其他直接责任人员依照前款规定依法给予行政处分。

第二十七条 违反本条例的规定,擅自从事互联网上网服务经营活动的,由文化行政部门或者由文化行政部门会同公安机关依法予以取缔,查封其从事违法经营活动的场所,扣押从事违法经营活动的专用工具、设备;触犯刑律的,依照刑法关于非法经营罪的规定,依法追究刑事责任;尚不够刑事处罚的,由文化行政部门没收违法所得及其从事违法经营活动的专用工具、设备;违法经营额1万元以上的,并处违法经营额5倍以上10倍以下的罚款;违法经营额不足1万元的,并处1万元以上5万元以下的罚款。

第二十八条　文化行政部门应当建立互联网上网服务营业场所经营单位的经营活动信用监管制度,建立健全信用约束机制,并及时公布行政处罚信息。

第二十九条　互联网上网服务营业场所经营单位违反本条例的规定,涂改、出租、出借或者以其他方式转让《网络文化经营许可证》,触犯刑律的,依照刑法关于伪造、变造、买卖国家机关公文、证件、印章罪的规定,依法追究刑事责任;尚不够刑事处罚的,由文化行政部门吊销《网络文化经营许可证》,没收违法所得;违法经营额5000元以上的,并处违法经营额2倍以上5倍以下的罚款;违法经营额不足5000元的,并处5000元以上1万元以下的罚款。

第三十条　互联网上网服务营业场所经营单位违反本条例的规定,利用营业场所制作、下载、复制、查阅、发布、传播或者以其他方式使用含有本条例第十四条规定禁止含有的内容的信息,触犯刑律的,依法追究刑事责任;尚不够刑事处罚的,由公安机关给予警告,没收违法所得;违法经营额1万元以上的,并处违法经营额2倍以上5倍以下的罚款;违法经营额不足1万元的,并处1万元以上2万元以下的罚款;情节严重的,责令停业整顿,直至由文化行政部门吊销《网络文化经营许可证》。

上网消费者有前款违法行为,触犯刑律的,依法追究刑事责任;尚不够刑事处罚的,由公安机关依照治安管理处罚法的规定给予处罚。

第三十一条　互联网上网服务营业场所经营单位违反本条例的规定,有下列行为之一的,由文化行政部门给予警告,可以并处15000元以下的罚款;情节严重的,责令停业整顿,直至吊销《网络文化经营许可证》:

(一)在规定的营业时间以外营业的;

(二)接纳未成年人进入营业场所的;

(三)经营非网络游戏的;

(四)擅自停止实施经营管理技术措施的;

(五)未悬挂《网络文化经营许可证》或者未成年人禁入标志的。

第三十二条　公安机关应当自互联网上网服务营业场所经营单位正式开展经营活动20个工作日内,对其依法履行信息网络安全职责情况进行实地检查。检查发现互联网上网服务营业场所经营单位未履行信息网络安全责任的,由公安机关给予警告,可以并处15000元以下罚款;情节严重的,责令停业整顿,直至由文化行政部门吊销《网络文化经营许可证》。

第三十三条　互联网上网服务营业场所经营单位违反本条例的规定,有下列行为之一的,由文化行政部门、公安机关依据各自职权给予警告,可以并处 15000 元以下的罚款;情节严重的,责令停业整顿,直至由文化行政部门吊销《网络文化经营许可证》:

(一)向上网消费者提供的计算机未通过局域网的方式接入互联网的;

(二)未建立场内巡查制度,或者发现上网消费者的违法行为未予制止并向文化行政部门、公安机关举报的;

(三)未按规定核对、登记上网消费者的有效身份证件或者记录有关上网信息的;

(四)未按规定时间保存登记内容、记录备份,或者在保存期内修改、删除登记内容、记录备份的;

(五)变更名称、住所、法定代表人或者主要负责人、注册资本、网络地址或者终止经营活动,未向文化行政部门、公安机关办理有关手续或者备案的。

第三十四条　互联网上网服务营业场所经营单位违反本条例的规定,有下列行为之一的,由公安机关给予警告,可以并处 15000 元以下的罚款;情节严重的,责令停业整顿,直至由文化行政部门吊销《网络文化经营许可证》:

(一)利用明火照明或者发现吸烟不予制止,或者未悬挂禁止吸烟标志的;

(二)允许带入或者存放易燃、易爆物品的;

(三)在营业场所安装固定的封闭门窗栅栏的;

(四)营业期间封堵或者锁闭门窗、安全疏散通道或者安全出口的;

(五)擅自停止实施安全技术措施的。

第三十五条　违反国家有关信息网络安全、治安管理、消防管理、工商行政管理、电信管理等规定,触犯刑律的,依法追究刑事责任;尚不够刑事处罚的,由公安机关、工商行政管理部门、电信管理机构依法给予处罚;情节严重的,由原发证机关吊销许可证件。

第三十六条　互联网上网服务营业场所经营单位违反本条例的规定,被吊销《网络文化经营许可证》的,自被吊销《网络文化经营许可证》之日起 5 年内,其法定代表人或者主要负责人不得担任互联网上网服务营业场所经营单位的法定代表人或者主要负责人。

擅自设立的互联网上网服务营业场所经营单位被依法取缔的,自被取缔之日起 5 年内,其主要负责人不得担任互联网上网服务营业场所经营单位的法定代表人或者主要负责人。

第三十七条　依照本条例的规定实施罚款的行政处罚,应当依照有关法律、行政法规的规定,实行罚款决定与罚款收缴分离;收缴的罚款和违法所得必须全部上缴国库。

第五章 附 则

第三十八条 本条例自 2002 年 11 月 15 日起施行。2001 年 4 月 3 日信息产业部、公安部、文化部、国家工商行政管理局发布的《互联网上网服务营业场所管理办法》同时废止。

废旧金属收购业治安管理办法

(1994 年 1 月 5 日国务院批准 1994 年 1 月 25 日公安部令第 16 号发布 根据 2023 年 7 月 20 日《国务院关于修改和废止部分行政法规的决定》修订)

第一条 为了加强对废旧金属收购业的治安管理,保护合法经营,预防和打击违法犯罪活动,制定本办法。

第二条 本办法所称废旧金属,是指生产性废旧金属和非生产性废旧金属。生产性废旧金属和非生产性废旧金属的具体分类由公安部会同有关部门规定。

第三条 生产性废旧金属,按照国务院有关规定由有权经营生产性废旧金属收购业的企业收购。收购废旧金属的其他企业和个体工商户只能收购非生产性废旧金属,不得收购生产性废旧金属。

第四条 收购废旧金属的企业和个体工商户,应当在取得营业执照后 15 日内向所在地县级人民政府公安机关备案。

备案事项发生变更的,收购废旧金属的企业和个体工商户应当自变更之日起 15 日内(属于工商登记事项的自工商登记变更之日起 15 日内)向县级人民政府公安机关办理变更手续。

公安机关可以通过网络等方式,便利企业和个体工商户备案。

第五条 收购废旧金属的企业应当有固定的经营场所。收购废旧金属的个体工商户应当有所在地常住户口或者暂住户口。

第六条 在铁路、矿区、油田、港口、机场、施工工地、军事禁区和金属冶炼加工企业附近,不得设点收购废旧金属。

第七条 收购废旧金属的企业在收购生产性废旧金属时,应当查验出售单位开具的证明,对出售单位的名称和经办人的姓名、住址、身份证号码以及物品的名称、数量、规格、新旧程度等如实进行登记。

第八条 收购废旧金属的企业和个体工商户不得收购下列金属物品:

(一)枪支、弹药和爆炸物品;

(二)剧毒、放射性物品及其容器;

(三)铁路、油田、供电、电信通讯、矿山、水利、测量和城市公用设施等专用器材;

(四)公安机关通报寻查的赃物或者有赃物嫌疑的物品。

第九条 收购废旧金属的企业和个体工商户发现有出售公安机关通报寻查的赃物或者有赃物嫌疑的物品的,应当立即报告公安机关。

公安机关对赃物或者有赃物嫌疑的物品应当予以扣留,并开付收据。有赃物嫌疑的物品经查明不是赃物的,应当及时退还;赃物或者有赃物嫌疑的物品经查明确属赃物的,依照国家有关规定处理。

第十条 公安机关应当对收购废旧金属的企业和个体工商户进行治安业务指导和检查。收购企业和个体工商户应当协助公安人员查处违法犯罪分子,据实反映情况,不得知情不报或者隐瞒包庇。

第十一条 有下列情形之一的,由公安机关给予相应处罚:

(一)违反本办法第四条第一款规定,未履行备案手续收购生产性废旧金属的,予以警告,责令限期改正,逾期拒不改正的,视情节轻重,处以500元以上2000元以下的罚款;未履行备案手续收购非生产性废旧金属的,予以警告或者处以500元以下的罚款;

(二)违反本办法第四条第二款规定,未向公安机关办理变更手续的,予以警告或者处以200元以下的罚款;

(三)违反本办法第六条规定,非法设点收购废旧金属的,予以取缔,没收非法收购的物品及非法所得,可以并处5000元以上10000元以下的罚款;

(四)违反本办法第七条规定,收购生产性废旧金属时未如实登记的,视情节轻重,处以2000元以上5000元以下的罚款或者责令停业整顿;

(五)违反本办法第八条规定,收购禁止收购的金属物品的,视情节轻重,处以2000元以上10000元以下的罚款或者责令停业整顿。

有前款所列第(一)、(三)、(四)、(五)项情形之一,构成犯罪的,依法追究刑事责任。

第十二条 当事人对公安机关作出的具体行政行为不服的,可以自得知该具体行政行为之日起15日内向上一级公安机关申请复议;对复议决定不服的,可以自接到复议决定通知之日起15日内向人民法院提起诉讼。

第十三条 对严格执行本办法,协助公安机关查获违法犯罪分子,作出显著成绩的单位和个人,由公安机关给予表彰或者奖励。

第十四条 本办法自发布之日起施行。

旅馆业治安管理办法

(1987年9月23日国务院批准 1987年11月10日公安部发布 根据2011年1月8日《国务院关于废止和修改部分行政法规的决定》第一次修订 根据2020年11月29日《国务院关于修改和废止部分行政法规的决定》第二次修订 根据2022年3月29日《国务院关于修改和废止部分行政法规的决定》第三次修订)

第一条 为了保障旅馆业的正常经营和旅客的生命财产安全,维护社会治安,制定本办法。

第二条 凡经营接待旅客住宿的旅馆、饭店、宾馆、招待所、客货栈、车马店、浴池等(以下统称旅馆),不论是国营、集体经营,还是合伙经营、个体经营、外商投资经营,不论是专营还是兼营,不论是常年经营,还是季节性经营,都必须遵守本办法。

第三条 开办旅馆,要具备必要的防盗等安全设施。

第四条 申请开办旅馆,应取得市场监管部门核发的营业执照,向当地公安机关申领特种行业许可证后,方准开业。

经批准开业的旅馆,如有歇业、转业、合并、迁移、改变名称等情况,应当在市场监管部门办理变更登记后3日内,向当地的县、市公安局、公安分局备案。

第五条 经营旅馆,必须遵守国家的法律,建立各项安全管理制度,设置治安保卫组织或者指定安全保卫人员。

第六条 旅馆接待旅客住宿必须登记。登记时,应当查验旅客的身份证件,按规定的项目如实登记。

接待境外旅客住宿,还应当在 24 小时内向当地公安机关报送住宿登记表。

第七条 旅馆应当设置旅客财物保管箱、柜或者保管室、保险柜,指定专人负责保管工作。对旅客寄存的财物,要建立登记、领取和交接制度。

第八条 旅馆对旅客遗留的物品,应当妥为保管,设法归还原主或揭示招领;经招领 3 个月后无人认领的,要登记造册,送当地公安机关按拾遗物品处理。对违禁物品和可疑物品,应当及时报告公安机关处理。

第九条 旅馆工作人员发现违法犯罪分子,行迹可疑的人员和被公安机关通缉的罪犯,应当立即向当地公安机关报告,不得知情不报或隐瞒包庇。

第十条 在旅馆内开办舞厅、音乐茶座等娱乐、服务场所的,除执行本办法有关规定外,还应当按照国家和当地政府的有关规定管理。

第十一条 严禁旅客将易燃、易爆、剧毒、腐蚀性和放射性等危险物品带入旅馆。

第十二条 旅馆内,严禁卖淫、嫖宿、赌博、吸毒、传播淫秽物品等违法犯罪活动。

第十三条 旅馆内,不得酗酒滋事、大声喧哗,影响他人休息,旅客不得私自留客住宿或者转让床位。

第十四条 公安机关对旅馆治安管理的职责是,指导、监督旅馆建立各项安全管理制度和落实安全防范措施,协助旅馆对工作人员进行安全业务知识的培训,依法惩办侵犯旅馆和旅客合法权益的违法犯罪分子。

公安人员到旅馆执行公务时,应当出示证件,严格依法办事,要文明礼貌待人,维护旅馆的正常经营和旅客的合法权益。旅馆工作人员和旅客应当予以协助。

第十五条 违反本办法第四条规定开办旅馆的,公安机关可以酌情给予警告或者处以 200 元以下罚款;未经登记,私自开业的,公安机关应当协助工商行政管理部门依法处理。

第十六条 旅馆工作人员违反本办法第九条规定的,公安机关可以酌情给予警告或者处以 200 元以下罚款;情节严重构成犯罪的,依法追究刑事责任。

旅馆负责人参与违法犯罪活动,其所经营的旅馆已成为犯罪活动场所的,公安机关除依法追究其责任外,对该旅馆还应当会同工商行政管理部门依法处理。

第十七条 违反本办法第六、十一、十二条规定的,依照《中华人民共和国治安管理处罚法》有关条款的规定,处罚有关人员;发生重大事故、造成严重后果构成犯罪的,依法追究刑事责任。

第十八条 当事人对公安机关的行政处罚决定不服的,按照《中华人民共和国治安管理处罚法》第一百零二条的规定办理。

第十九条 省、自治区、直辖市公安厅(局)可根据本办法制定实施细则,报请当地人民政府批准后施行,并报公安部备案。

第二十条 本办法自公布之日起施行。1951年8月15日公布的《城市旅栈业暂行管理规则》同时废止。

全国人民代表大会常务委员会关于严禁卖淫嫖娼的决定

(1991年9月4日第七届全国人民代表大会常务委员会第二十一次会议通过 根据2009年8月27日第十一届全国人民代表大会常务委员会第十次会议《关于修改部分法律的决定》修正)

为了严禁卖淫、嫖娼,严惩组织、强迫、引诱、容留、介绍他人卖淫的犯罪分子,维护社会治安秩序和良好的社会风气,对刑法有关规定作如下补充修改:

一、组织他人卖淫的,处十年以上有期徒刑或者无期徒刑,并处一万元以下罚金或者没收财产;情节特别严重的,处死刑,并处没收财产。

协助组织他人卖淫的,处三年以上十年以下有期徒刑,并处一万元以下罚金;情节严重的,处十年以上有期徒刑,并处一万元以下罚金或者没收财产。

二、强迫他人卖淫的,处五年以上十年以下有期徒刑,并处一万元以下罚金;有下列情形之一的,处十年以上有期徒刑或者无期徒刑,并处一万元以下罚金或者没收财产;情节特别严重的,处死刑,并处没收财产:

(一)强迫不满十四岁的幼女卖淫的;

(二)强迫多人卖淫或者多次强迫他人卖淫的;

(三)强奸后迫使卖淫的;

(四)造成被强迫卖淫的人重伤、死亡或者其他严重后果的。

三、引诱、容留、介绍他人卖淫的,处五年以下有期徒刑或者拘役,并处五千元以下罚金;情节严重的,处五年以上有期徒刑,并处一万元以下罚金;情节较轻的,依照《中华人民共和国治安管理处罚法》的规定处罚。

引诱不满十四岁的幼女卖淫的,依照本决定第二条关于强迫不满十四岁的幼女卖淫的规定处罚。

四、卖淫、嫖娼的,依照《中华人民共和国治安管理处罚法》的规定处罚。

对卖淫、嫖娼的,可以由公安机关会同有关部门强制集中进行法律、道德教育和生产劳动,使之改掉恶习。期限为六个月至二年。具体办法由国务院规定。

因卖淫、嫖娼被公安机关处理后又卖淫、嫖娼的,实行劳动教养,并由公安机关处五千元以下罚款。

对卖淫、嫖娼的,一律强制进行性病检查。对患有性病的,进行强制治疗。[*]

五、明知自己患有梅毒、淋病等严重性病卖淫、嫖娼的,处五年以下有期徒刑、拘役或者管制,并处五千元以下罚金。

嫖宿不满十四岁的幼女的,依照刑法关于强奸罪的规定处罚。

六、旅馆业、饮食服务业、文化娱乐业、出租汽车业等单位的人员,利用本单位的条件,组织、强迫、引诱、容留、介绍他人卖淫的,依照本决定第一条、第二条、第三条的规定处罚。

前款所列单位的主要负责人,有前款规定的行为的,从重处罚。

七、旅馆业、饮食服务业、文化娱乐业、出租汽车业等单位,对发生在本单位的卖淫、嫖娼活动,放任不管、不采取措施制止的,由公安机关处一万元以上十万元以下罚款,并可以责令其限期整顿、停业整顿,经整顿仍不改正的,由工商行政主管部门吊销营业执照;对直接负责的主管人员和其他直接责任人员,由本单位或者上级主管部门予以行政处分,由公安机关处一千元以下罚款。

八、旅馆业、饮食服务业、文化娱乐业、出租汽车业等单位的负责人和职工,在公安机关查处卖淫、嫖娼活动时,隐瞒情况或者为违法犯罪分子通风报信的,依照刑法第一百六十二条的规定处罚。

九、有查禁卖淫、嫖娼活动职责的国家工作人员,为使违法犯罪分子逃避处罚,向其通风报信、提供便利的,依照刑法第一百八十八条的规定处罚。

犯前款罪,事前与犯罪分子通谋的,以共同犯罪论处。

十、组织、强迫、引诱、容留、介绍他人卖淫以及卖淫的非法所得予以没收。

---

[*] 该条第二款、第四款,以及据此实行的收容教育制度已被《全国人民代表大会常务委员会关于废止有关收容教育法律规定和制度的决定》(2019年12月28日)废止。

罚没收入一律上缴国库。

十一、本决定自公布之日起施行。

公安部关于对同性之间以钱财为媒介的性行为定性处理问题的批复

(2001年2月28日　公复字〔2001〕4号)

广西壮族自治区公安厅：

你厅《关于对以金钱为媒介的同性之间性行为如何定性的请示》(桂公传发〔2001〕325号)收悉。现批复如下：

根据《中华人民共和国治安管理处罚条例》和全国人大常委会《关于严禁卖淫嫖娼的决定》的规定，不特定的异性之间或者同性之间以金钱、财物为媒介发生不正当性关系的行为，包括口淫、手淫、鸡奸等行为，都属于卖淫嫖娼行为，对行为人应当依法处理。

自本批复下发之日起，《公安部关于对以营利为目的的手淫、口淫等行为定性处理问题的批复》(公复字〔1995〕6号)同时废止。

公安部关于以钱财为媒介尚未发生性行为或发生性行为尚未给付钱财如何定性问题的批复

(2003年9月24日　公复字〔2003〕5号)

山东省公安厅：

你厅《关于对以钱财为媒介尚未发生性行为应如何处理的请示》(鲁公发〔2003〕114号)收悉。现批复如下：

卖淫嫖娼是指不特定的异性之间或同性之间以金钱、财物为媒介发生性关系的行为。行为主体之间主观上已经就卖淫嫖娼达成一致，已经谈好价格或者已经给付金钱、财物，并且已经着手实施，但由于其本人主观意志以外的原因，尚未发生性关系的；或者已经发生性关系，但尚未给付金钱、财物的，都可以按卖淫嫖娼行为依法处理。对前一种行为，应当从轻处罚。

公安部关于对出售带有淫秽内容的文物的行为可否予以治安管理处罚问题的批复

(2010年5月22日 公复字〔2010〕3号)

北京市公安局:

你局《关于对出售带有淫秽内容的文物的行为可否予以治安处罚的请示》(京公法字〔2010〕500号)收悉。现批复如下:

公安机关查获的带有淫秽内容的物品可能是文物的,应当依照《中华人民共和国文物保护法》等有关规定进行文物认定。经文物行政部门认定为文物的,不得对合法出售文物的行为予以治安管理处罚。

最高人民法院、最高人民检察院、公安部关于办理网络赌博犯罪案件适用法律若干问题的意见

(2010年8月31日 公通字〔2010〕40号)

各省、自治区、直辖市高级人民法院、人民检察院、公安厅、局,新疆维吾尔自治区高级人民法院生产建设兵团分院、新疆生产建设兵团人民检察院、公安局:

为依法惩治网络赌博犯罪活动,根据《中华人民共和国刑法》、《中华人民共和国刑事诉讼法》和《最高人民法院、最高人民检察院关于办理赌博刑事案件具体应用法律若干问题的解释》等有关规定,结合司法实践,现就办理网络赌博犯罪案件适用法律的若干问题,提出如下意见:

一、关于网上开设赌场犯罪的定罪量刑标准

利用互联网、移动通讯终端等传输赌博视频、数据,组织赌博活动,具有下列情形之一的,属于刑法第三百零三条第二款规定的"开设赌场"行为:

(一)建立赌博网站并接受投注的;
(二)建立赌博网站并提供给他人组织赌博的;
(三)为赌博网站担任代理并接受投注的;

(四)参与赌博网站利润分成的。

实施前款规定的行为,具有下列情形之一的,应当认定为刑法第三百零三条第二款规定的"情节严重":

(一)抽头渔利数额累计达到3万元以上的;

(二)赌资数额累计达到30万元以上的;

(三)参赌人数累计达到120人以上的;

(四)建立赌博网站后通过提供给他人组织赌博,违法所得数额在3万元以上的;

(五)参与赌博网站利润分成,违法所得数额在3万元以上的;

(六)为赌博网站招募下级代理,由下级代理接受投注的;

(七)招揽未成年人参与网络赌博的;

(八)其他情节严重的情形。

二、关于网上开设赌场共同犯罪的认定和处罚

明知是赌博网站,而为其提供下列服务或者帮助的,属于开设赌场罪的共同犯罪,依照刑法第三百零三条第二款的规定处罚:

(一)为赌博网站提供互联网接入、服务器托管、网络存储空间、通讯传输通道、投放广告、发展会员、软件开发、技术支持等服务,收取服务费数额在2万元以上的;

(二)为赌博网站提供资金支付结算服务,收取服务费数额在1万元以上或者帮助收取赌资20万元以上的;

(三)为10个以上赌博网站投放与网址、赔率等信息有关的广告或者为赌博网站投放广告累计100条以上的。

实施前款规定的行为,数量或者数额达到前款规定标准5倍以上的,应当认定为刑法第三百零三条第二款规定的"情节严重"。

实施本条第一款规定的行为,具有下列情形之一的,应当认定行为人"明知",但是有证据证明确实不知道的除外:

(一)收到行政主管机关书面等方式的告知后,仍然实施上述行为的;

(二)为赌博网站提供互联网接入、服务器托管、网络存储空间、通讯传输通道、投放广告、软件开发、技术支持、资金支付结算等服务,收取服务费明显异常的;

(三)在执法人员调查时,通过销毁、修改数据、账本等方式故意规避调查或者向犯罪嫌疑人通风报信的;

(四)其他有证据证明行为人明知的。

如果有开设赌场的犯罪嫌疑人尚未到案,但是不影响对已到案共同犯罪嫌疑人、被告人的犯罪事实认定的,可以依法对已到案者定罪处罚。

三、关于网络赌博犯罪的参赌人数、赌资数额和网站代理的认定

赌博网站的会员账号数可以认定为参赌人数,如果查实一个账号多人使用或者多个账号一人使用的,应当按照实际使用的人数计算参赌人数。

赌资数额可以按照在网络上投注或者赢取的点数乘以每一点实际代表的金额认定。

对于将资金直接或间接兑换为虚拟货币、游戏道具等虚拟物品,并用其作为筹码投注的,赌资数额按照购买该虚拟物品所需资金数额或者实际支付资金数额认定。

对于开设赌场犯罪中用于接收、流转赌资的银行账户内的资金,犯罪嫌疑人、被告人不能说明合法来源的,可以认定为赌资。向该银行账户转入、转出资金的银行账户数量可以认定为参赌人数。如果查实一个账户多人使用或多个账户一人使用的,应当按照实际使用的人数计算参赌人数。

有证据证明犯罪嫌疑人在赌博网站上的账号设置有下级账号的,应当认定其为赌博网站的代理。

四、关于网络赌博犯罪案件的管辖

网络赌博犯罪案件的地域管辖,应当坚持以犯罪地管辖为主、被告人居住地管辖为辅的原则。

"犯罪地"包括赌博网站服务器所在地、网络接入地,赌博网站建立者、管理者所在地,以及赌博网站代理人、参赌人实施网络赌博行为地等。

公安机关对侦办跨区域网络赌博犯罪案件的管辖权有争议的,应本着有利于查清犯罪事实、有利于诉讼的原则,认真协商解决。经协商无法达成一致的,报共同的上级公安机关指定管辖。对即将侦查终结的跨省(自治区、直辖市)重大网络赌博案件,必要时可由公安部商最高人民法院和最高人民检察院指定管辖。

为保证及时结案,避免超期羁押,人民检察院对于公安机关提请审查逮捕、移送审查起诉的案件,人民法院对于已进入审判程序的案件,犯罪嫌疑人、被告人及其辩护人提出管辖异议或者办案单位发现没有管辖权的,受案人民检察院、人民法院经审查可以依法报请上级人民检察院、人民法院指定管辖,不再自行移送有管辖权的人民检察院、人民法院。

五、关于电子证据的收集与保全

侦查机关对于能够证明赌博犯罪案件真实情况的网站页面、上网记录、电子邮件、电子合同、电子交易记录、电子账册等电子数据,应当作为刑事证据予以提取、复制、固定。

侦查人员应当对提取、复制、固定电子数据的过程制作相关文字说明,记录案由、对象、内容以及提取、复制、固定的时间、地点、方法,电子数据的规格、类别、文件格式等,并由提取、复制、固定电子数据的制作人、电子数据的持有人签名或者盖章,附所提取、复制、固定的电子数据一并随案移送。

对于电子数据存储在境外的计算机上的,或者侦查机关从赌博网站提取电子数据时犯罪嫌疑人未到案的,或者电子数据的持有人无法签字或者拒绝签字的,应当由能够证明提取、复制、固定过程的见证人签名或者盖章,记明有关情况。必要时,可对提取、复制、固定有关电子数据的过程拍照或者录像。

公安部关于办理赌博违法案件适用法律若干问题的通知

(2005年5月25日 公通字〔2005〕30号)

各省、自治区、直辖市公安厅、局,新疆生产建设兵团公安局:

为依法有效打击赌博违法活动,规范公安机关查禁赌博违法活动的行为,根据《中华人民共和国治安管理处罚条例》等有关法律、法规的规定,现就公安机关办理赌博违法案件适用法律的若干问题通知如下:

一、具有下列情形之一的,应当依照《中华人民共和国治安管理处罚条例》第三十二条的规定,予以处罚:

(一)以营利为目的,聚众赌博、开设赌场或者以赌博为业,尚不够刑事处罚的;

(二)参与以营利为目的的聚众赌博、计算机网络赌博、电子游戏机赌博,或者到赌场赌博的;

(三)采取不报经国家批准,擅自发行、销售彩票的方式,为赌博提供条件,尚不够刑事处罚的;

(四)明知他人实施赌博违法犯罪活动,而为其提供资金、场所、交通工具、通讯工具、赌博工具、经营管理、网络接入、服务器托管、网络存储空间、通讯传

输通道、费用结算等条件,或者为赌博场所、赌博人员充当保镖,为赌博放哨、通风报信,尚不够刑事处罚的;

(五)明知他人从事赌博活动而向其销售具有赌博功能的游戏机,尚不够刑事处罚的。

二、在中华人民共和国境内通过计算机网络、电话、手机短信等方式参与境外赌场赌博活动,或者中华人民共和国公民赴境外赌场赌博,赌博输赢结算地在境内的,应当依照《中华人民共和国治安管理处罚条例》的有关规定予以处罚。

三、赌博或者为赌博提供条件,并具有下列情形之一的,依照《中华人民共和国治安管理处罚条例》第三十二条的规定,可以从重处罚:

(一)在工作场所、公共场所或者公共交通工具上赌博的;
(二)一年内曾因赌博或者为赌博提供条件受过治安处罚的;
(三)国家工作人员赌博或者为赌博提供条件的;
(四)引诱、教唆未成年人赌博的;
(五)组织、招引中华人民共和国公民赴境外赌博的;
(六)其他可以依法从重处罚的情形。

四、赌博或者为赌博提供条件,并具有下列情形之一的,依照《中华人民共和国治安管理处罚条例》第三十二条的规定,可以从轻或者免予处罚:

(一)主动交代,表示悔改的;
(二)检举、揭发他人赌博或为赌博提供条件的行为,并经查证属实的;
(三)被胁迫、诱骗赌博或者为赌博提供条件的;
(四)未成年人赌博的;
(五)协助查禁赌博活动,有立功表现的;
(六)其他可以依法从轻或者免予处罚的情形。

对免予处罚的,由公安机关给予批评教育,并责令具结悔过。未成年人有赌博违法行为的,应当责令其父母或者其他监护人严加管教。

五、赌博活动中用作赌注的款物、换取筹码的款物和通过赌博赢取的款物属于赌资。

在利用计算机网络进行的赌博活动中,分赌场、下级庄家或者赌博参与者在组织或者参与赌博前向赌博组织者、上级庄家或者赌博公司交付的押金,应当视为赌资。

六、赌博现场没有赌资,而是以筹码或者事先约定事后交割等方式代替的,赌资数额经调查属实后予以认定。个人投注的财物数额无法确定时,按照参赌财物的价值总额除以参赌人数的平均值计算。

通过计算机网络实施赌博活动的赌资数额,可以按照在计算机网络上投注或者赢取的总点数乘以每个点数实际代表的金额认定。赌博的次数,可以按照在计算机网络上投注的总次数认定。

七、对查获的赌资、赌博违法所得,应当依法没收,上缴国库,并按照规定出具法律手续。对查缴的赌具和销售的具有赌博功能的游戏机,一律依法予以销毁。严禁截留、私分或者以其他方式侵吞赌资、赌具、赌博违法所得以及违法行为人的其他财物。违者,对相关责任人员依法予以行政处分;构成犯罪的,依法追究刑事责任。

对参与赌博人员使用的交通、通讯工具未作为赌注的,不得没收。在以营利为目的,聚众赌博、开设赌场,或者采取不报经国家批准,擅自发行、销售彩票的方式为赌博提供条件,尚不够刑事处罚的案件中,违法行为人本人所有的用于纠集、联络、运送参赌人员以及用于望风护赌的交通、通讯工具,应当依法没收。

八、对赌博或者为赌博提供条件的处罚,应当与其违法事实、情节、社会危害程度相适应。严禁不分情节轻重,一律顶格处罚;违者,对审批人、审核人、承办人依法予以行政处分。

九、不以营利为目的,亲属之间进行带有财物输赢的打麻将、玩扑克等娱乐活动,不予处罚;亲属之外的其他人之间进行带有少量财物输赢的打麻将、玩扑克等娱乐活动,不予处罚。

十、本通知自下发之日起施行。公安部原来制定的有关规定与本通知不一致的,以本通知为准。

各地在执行中遇到的问题,请及时报公安部。

四、特定领域治安管理

中华人民共和国网络安全法(节录)

(2016年11月7日第十二届全国人民代表大会常务委员会第二十四次会议通过 2016年11月7日中华人民共和国主席令第53号公布 自2017年6月1日起施行)

……

第三章 网络运行安全

第一节 一般规定

第二十一条 国家实行网络安全等级保护制度。网络运营者应当按照网络安全等级保护制度的要求,履行下列安全保护义务,保障网络免受干扰、破坏或者未经授权的访问,防止网络数据泄露或者被窃取、篡改:

(一)制定内部安全管理制度和操作规程,确定网络安全负责人,落实网络安全保护责任;

(二)采取防范计算机病毒和网络攻击、网络侵入等危害网络安全行为的技术措施;

(三)采取监测、记录网络运行状态、网络安全事件的技术措施,并按照规定留存相关的网络日志不少于六个月;

(四)采取数据分类、重要数据备份和加密等措施;

(五)法律、行政法规规定的其他义务。

第二十二条 网络产品、服务应当符合相关国家标准的强制性要求。网络产品、服务的提供者不得设置恶意程序;发现其网络产品、服务存在安全缺陷、漏洞等风险时,应当立即采取补救措施,按照规定及时告知用户并向有关主管部门报告。

网络产品、服务的提供者应当为其产品、服务持续提供安全维护;在规定或者当事人约定的期限内,不得终止提供安全维护。

网络产品、服务具有收集用户信息功能的,其提供者应当向用户明示并取得同意;涉及用户个人信息的,还应当遵守本法和有关法律、行政法规关于个人信息保护的规定。

第二十三条 网络关键设备和网络安全专用产品应当按照相关国家标准的强制性要求,由具备资格的机构安全认证合格或者安全检测符合要求后,方可销售或者提供。国家网信部门会同国务院有关部门制定、公布网络关键设备和网络安全专用产品目录,并推动安全认证和安全检测结果互认,避免重复认证、检测。

第二十四条 网络运营者为用户办理网络接入、域名注册服务,办理固定电话、移动电话等入网手续,或者为用户提供信息发布、即时通讯等服务,在与用户签订协议或者确认提供服务时,应当要求用户提供真实身份信息。用户不提供真实身份信息的,网络运营者不得为其提供相关服务。

国家实施网络可信身份战略,支持研究开发安全、方便的电子身份认证技术,推动不同电子身份认证之间的互认。

第二十五条 网络运营者应当制定网络安全事件应急预案,及时处置系统漏洞、计算机病毒、网络攻击、网络侵入等安全风险;在发生危害网络安全的事件时,立即启动应急预案,采取相应的补救措施,并按照规定向有关主管部门报告。

第二十六条 开展网络安全认证、检测、风险评估等活动,向社会发布系统漏洞、计算机病毒、网络攻击、网络侵入等网络安全信息,应当遵守国家有关规定。

第二十七条 任何个人和组织不得从事非法侵入他人网络、干扰他人网络正常功能、窃取网络数据等危害网络安全的活动;不得提供专门用于从事侵入网络、干扰网络正常功能及防护措施、窃取网络数据等危害网络安全活动的程序、工具;明知他人从事危害网络安全的活动的,不得为其提供技术支持、广告推广、支付结算等帮助。

第二十八条 网络运营者应当为公安机关、国家安全机关依法维护国家安全和侦查犯罪的活动提供技术支持和协助。

第二十九条 国家支持网络运营者之间在网络安全信息收集、分析、通报和应急处置等方面进行合作,提高网络运营者的安全保障能力。

有关行业组织建立健全本行业的网络安全保护规范和协作机制,加强对网络安全风险的分析评估,定期向会员进行风险警示,支持、协助会员应对网络安全风险。

第三十条 网信部门和有关部门在履行网络安全保护职责中获取的信息,只能用于维护网络安全的需要,不得用于其他用途。

……

第四章 网络信息安全

第四十条 网络运营者应当对其收集的用户信息严格保密,并建立健全用户信息保护制度。

第四十一条 网络运营者收集、使用个人信息,应当遵循合法、正当、必要的原则,公开收集、使用规则,明示收集、使用信息的目的、方式和范围,并经被收集者同意。

网络运营者不得收集与其提供的服务无关的个人信息,不得违反法律、行政法规的规定和双方的约定收集、使用个人信息,并应当依照法律、行政法规的规定和与用户的约定,处理其保存的个人信息。

第四十二条 网络运营者不得泄露、篡改、毁损其收集的个人信息;未经被收集者同意,不得向他人提供个人信息。但是,经过处理无法识别特定个人且不能复原的除外。

网络运营者应当采取技术措施和其他必要措施,确保其收集的个人信息安全,防止信息泄露、毁损、丢失。在发生或者可能发生个人信息泄露、毁损、丢失的情况时,应当立即采取补救措施,按照规定及时告知用户并向有关主管部门报告。

第四十三条 个人发现网络运营者违反法律、行政法规的规定或者双方的约定收集、使用其个人信息的,有权要求网络运营者删除其个人信息;发现网络运营者收集、存储的其个人信息有错误的,有权要求网络运营者予以更正。网络运营者应当采取措施予以删除或者更正。

第四十四条 任何个人和组织不得窃取或者以其他非法方式获取个人信息,不得非法出售或者非法向他人提供个人信息。

第四十五条 依法负有网络安全监督管理职责的部门及其工作人员,必须对在履行职责中知悉的个人信息、隐私和商业秘密严格保密,不得泄露、出售或者非法向他人提供。

第四十六条　任何个人和组织应当对其使用网络的行为负责,不得设立用于实施诈骗,传授犯罪方法,制作或者销售违禁物品、管制物品等违法犯罪活动的网站、通讯群组,不得利用网络发布涉及实施诈骗,制作或者销售违禁物品、管制物品以及其他违法犯罪活动的信息。

第四十七条　网络运营者应当加强对其用户发布的信息的管理,发现法律、行政法规禁止发布或者传输的信息的,应当立即停止传输该信息,采取消除等处置措施,防止信息扩散,保存有关记录,并向有关主管部门报告。

第四十八条　任何个人和组织发送的电子信息、提供的应用软件,不得设置恶意程序,不得含有法律、行政法规禁止发布或者传输的信息。

电子信息发送服务提供者和应用软件下载服务提供者,应当履行安全管理义务,知道其用户有前款规定行为的,应当停止提供服务,采取消除等处置措施,保存有关记录,并向有关主管部门报告。

第四十九条　网络运营者应当建立网络信息安全投诉、举报制度,公布投诉、举报方式等信息,及时受理并处理有关网络信息安全的投诉和举报。

网络运营者对网信部门和有关部门依法实施的监督检查,应当予以配合。

第五十条　国家网信部门和有关部门依法履行网络信息安全监督管理职责,发现法律、行政法规禁止发布或者传输的信息的,应当要求网络运营者停止传输,采取消除等处置措施,保存有关记录;对来源于中华人民共和国境外的上述信息,应当通知有关机构采取技术措施和其他必要措施阻断传播。

……

中华人民共和国反电信网络诈骗法

(2022年9月2日第十三届全国人民代表大会常务委员会第三十六次会议通过　2022年9月2日中华人民共和国主席令第119号公布　自2022年12月1日起施行)

第一章　总　则

第一条　为了预防、遏制和惩治电信网络诈骗活动,加强反电信网络诈骗工作,保护公民和组织的合法权益,维护社会稳定和国家安全,根据宪法,制定本法。

第二条 本法所称电信网络诈骗,是指以非法占有为目的,利用电信网络技术手段,通过远程、非接触等方式,诈骗公私财物的行为。

第三条 打击治理在中华人民共和国境内实施的电信网络诈骗活动或者中华人民共和国公民在境外实施的电信网络诈骗活动,适用本法。

境外的组织、个人针对中华人民共和国境内实施电信网络诈骗活动的,或者为他人针对境内实施电信网络诈骗活动提供产品、服务等帮助的,依照本法有关规定处理和追究责任。

第四条 反电信网络诈骗工作坚持以人民为中心,统筹发展和安全;坚持系统观念、法治思维,注重源头治理、综合治理;坚持齐抓共管、群防群治,全面落实打防管控各项措施,加强社会宣传教育防范;坚持精准防治,保障正常生产经营活动和群众生活便利。

第五条 反电信网络诈骗工作应当依法进行,维护公民和组织的合法权益。

有关部门和单位、个人应当对在反电信网络诈骗工作过程中知悉的国家秘密、商业秘密和个人隐私、个人信息予以保密。

第六条 国务院建立反电信网络诈骗工作机制,统筹协调打击治理工作。

地方各级人民政府组织领导本行政区域内反电信网络诈骗工作,确定反电信网络诈骗目标任务和工作机制,开展综合治理。

公安机关牵头负责反电信网络诈骗工作,金融、电信、网信、市场监管等有关部门依照职责履行监管主体责任,负责本行业领域反电信网络诈骗工作。

人民法院、人民检察院发挥审判、检察职能作用,依法防范、惩治电信网络诈骗活动。

电信业务经营者、银行业金融机构、非银行支付机构、互联网服务提供者承担风险防控责任,建立反电信网络诈骗内部控制机制和安全责任制度,加强新业务涉诈风险安全评估。

第七条 有关部门、单位在反电信网络诈骗工作中应当密切协作,实现跨行业、跨地域协同配合、快速联动,加强专业队伍建设,有效打击治理电信网络诈骗活动。

第八条 各级人民政府和有关部门应当加强反电信网络诈骗宣传,普及相关法律和知识,提高公众对各类电信网络诈骗方式的防骗意识和识骗能力。

教育行政、市场监管、民政等有关部门和村民委员会、居民委员会,应当结合电信网络诈骗受害群体的分布等特征,加强对老年人、青少年等群体的宣传教育,增强反电信网络诈骗宣传教育的针对性、精准性,开展反电信网络诈骗宣传教育进学校、进企业、进社区、进农村、进家庭等活动。

各单位应当加强内部防范电信网络诈骗工作,对工作人员开展防范电信网络诈骗教育;个人应当加强电信网络诈骗防范意识。单位、个人应当协助、配合有关部门依照本法规定开展反电信网络诈骗工作。

第二章 电信治理

第九条 电信业务经营者应当依法全面落实电话用户真实身份信息登记制度。

基础电信企业和移动通信转售企业应当承担对代理商落实电话用户实名制管理责任,在协议中明确代理商实名制登记的责任和有关违约处置措施。

第十条 办理电话卡不得超出国家有关规定限制的数量。

对经识别存在异常办卡情形的,电信业务经营者有权加强核查或者拒绝办卡。具体识别办法由国务院电信主管部门制定。

国务院电信主管部门组织建立电话用户开卡数量核验机制和风险信息共享机制,并为用户查询名下电话卡信息提供便捷渠道。

第十一条 电信业务经营者对监测识别的涉诈异常电话卡用户应当重新进行实名核验,根据风险等级采取有区别的、相应的核验措施。对未按规定核验或者核验未通过的,电信业务经营者可以限制、暂停有关电话卡功能。

第十二条 电信业务经营者建立物联网卡用户风险评估制度,评估未通过的,不得向其销售物联网卡;严格登记物联网卡用户身份信息;采取有效技术措施限定物联网卡开通功能、使用场景和适用设备。

单位用户从电信业务经营者购买物联网卡再将载有物联网卡的设备销售给其他用户的,应当核验和登记用户身份信息,并将销量、存量及用户实名信息传送给号码归属的电信业务经营者。

电信业务经营者对物联网卡的使用建立监测预警机制。对存在异常使用情形的,应当采取暂停服务、重新核验身份和使用场景或者其他合同约定的处置措施。

第十三条 电信业务经营者应当规范真实主叫号码传送和电信线路出租,对改号电话进行封堵拦截和溯源核查。

电信业务经营者应当严格规范国际通信业务出入口局主叫号码传送,真实、准确向用户提示来电号码所属国家或者地区,对网内和网间虚假主叫、不规范主叫进行识别、拦截。

第十四条 任何单位和个人不得非法制造、买卖、提供或者使用下列设备、软件：

（一）电话卡批量插入设备；

（二）具有改变主叫号码、虚拟拨号、互联网电话违规接入公用电信网络等功能的设备、软件；

（三）批量账号、网络地址自动切换系统，批量接收提供短信验证、语音验证的平台；

（四）其他用于实施电信网络诈骗等违法犯罪的设备、软件。

电信业务经营者、互联网服务提供者应当采取技术措施，及时识别、阻断前款规定的非法设备、软件接入网络，并向公安机关和相关行业主管部门报告。

第三章　金融治理

第十五条 银行业金融机构、非银行支付机构为客户开立银行账户、支付账户及提供支付结算服务，和与客户业务关系存续期间，应当建立客户尽职调查制度，依法识别受益所有人，采取相应风险管理措施，防范银行账户、支付账户等被用于电信网络诈骗活动。

第十六条 开立银行账户、支付账户不得超出国家有关规定限制的数量。

对经识别存在异常开户情形的，银行业金融机构、非银行支付机构有权加强核查或者拒绝开户。

中国人民银行、国务院银行业监督管理机构组织有关清算机构建立跨机构开户数量核验机制和风险信息共享机制，并为客户提供查询名下银行账户、支付账户的便捷渠道。银行业金融机构、非银行支付机构应当按照国家有关规定提供开户情况和有关风险信息。相关信息不得用于反电信网络诈骗以外的其他用途。

第十七条 银行业金融机构、非银行支付机构应当建立开立企业账户异常情形的风险防控机制。金融、电信、市场监管、税务等有关部门建立开立企业账户相关信息共享查询系统，提供联网核查服务。

市场主体登记机关应当依法对企业实名登记履行身份信息核验职责；依照规定对登记事项进行监督检查，对可能存在虚假登记、涉诈异常的企业重点监督检查，依法撤销登记的，依照前款的规定及时共享信息；为银行业金融机构、非银行支付机构进行客户尽职调查和依法识别受益所有人提供便利。

第十八条 银行业金融机构、非银行支付机构应当对银行账户、支付账户及支付结算服务加强监测,建立完善符合电信网络诈骗活动特征的异常账户和可疑交易监测机制。

中国人民银行统筹建立跨银行业金融机构、非银行支付机构的反洗钱统一监测系统,会同国务院公安部门完善与电信网络诈骗犯罪资金流转特点相适应的反洗钱可疑交易报告制度。

对监测识别的异常账户和可疑交易,银行业金融机构、非银行支付机构应当根据风险情况,采取核实交易情况、重新核验身份、延迟支付结算、限制或者中止有关业务等必要的防范措施。

银行业金融机构、非银行支付机构依照第一款规定开展异常账户和可疑交易监测时,可以收集异常客户互联网协议地址、网卡地址、支付受理终端信息等必要的交易信息、设备位置信息。上述信息未经客户授权,不得用于反电信网络诈骗以外的其他用途。

第十九条 银行业金融机构、非银行支付机构应当按照国家有关规定,完整、准确传输直接提供商品或者服务的商户名称、收付款客户名称及账号等交易信息,保证交易信息的真实、完整和支付全流程中的一致性。

第二十条 国务院公安部门会同有关部门建立完善电信网络诈骗涉案资金即时查询、紧急止付、快速冻结、及时解冻和资金返还制度,明确有关条件、程序和救济措施。

公安机关依法决定采取上述措施的,银行业金融机构、非银行支付机构应当予以配合。

第四章 互联网治理

第二十一条 电信业务经营者、互联网服务提供者为用户提供下列服务,在与用户签订协议或者确认提供服务时,应当依法要求用户提供真实身份信息,用户不提供真实身份信息的,不得提供服务:

(一)提供互联网接入服务;

(二)提供网络代理等网络地址转换服务;

(三)提供互联网域名注册、服务器托管、空间租用、云服务、内容分发服务;

(四)提供信息、软件发布服务,或者提供即时通讯、网络交易、网络游戏、网络直播发布、广告推广服务。

第二十二条 互联网服务提供者对监测识别的涉诈异常账号应当重新核

验,根据国家有关规定采取限制功能、暂停服务等处置措施。

互联网服务提供者应当根据公安机关、电信主管部门要求,对涉案电话卡、涉诈异常电话卡所关联注册的有关互联网账号进行核验,根据风险情况,采取限期改正、限制功能、暂停使用、关闭账号、禁止重新注册等处置措施。

第二十三条 设立移动互联网应用程序应当按照国家有关规定向电信主管部门办理许可或者备案手续。

为应用程序提供封装、分发服务的,应当登记并核验应用程序开发运营者的真实身份信息,核验应用程序的功能、用途。

公安、电信、网信等部门和电信业务经营者、互联网服务提供者应当加强对分发平台以外途径下载传播的涉诈应用程序重点监测、及时处置。

第二十四条 提供域名解析、域名跳转、网址链接转换服务的,应当按照国家有关规定,核验域名注册、解析信息和互联网协议地址的真实性、准确性,规范域名跳转,记录并留存所提供相应服务的日志信息,支持实现对解析、跳转、转换记录的溯源。

第二十五条 任何单位和个人不得为他人实施电信网络诈骗活动提供下列支持或者帮助:

(一)出售、提供个人信息;

(二)帮助他人通过虚拟货币交易等方式洗钱;

(三)其他为电信网络诈骗活动提供支持或者帮助的行为。

电信业务经营者、互联网服务提供者应当依照国家有关规定,履行合理注意义务,对利用下列业务从事涉诈支持、帮助活动进行监测识别和处置:

(一)提供互联网接入、服务器托管、网络存储、通讯传输、线路出租、域名解析等网络资源服务;

(二)提供信息发布或者搜索、广告推广、引流推广等网络推广服务;

(三)提供应用程序、网站等网络技术、产品的制作、维护服务;

(四)提供支付结算服务。

第二十六条 公安机关办理电信网络诈骗案件依法调取证据的,互联网服务提供者应当及时提供技术支持和协助。

互联网服务提供者依照本法规定对有关涉诈信息、活动进行监测时,发现涉诈违法犯罪线索、风险信息的,应当依照国家有关规定,根据涉诈风险类型、程度情况移送公安、金融、电信、网信等部门。有关部门应当建立完善反馈机制,将相关情况及时告知移送单位。

第五章　综合措施

第二十七条　公安机关应当建立完善打击治理电信网络诈骗工作机制,加强专门队伍和专业技术建设,各警种、各地公安机关应当密切配合,依法有效惩处电信网络诈骗活动。

公安机关接到电信网络诈骗活动的报案或者发现电信网络诈骗活动,应当依照《中华人民共和国刑事诉讼法》的规定立案侦查。

第二十八条　金融、电信、网信部门依照职责对银行业金融机构、非银行支付机构、电信业务经营者、互联网服务提供者落实本法规定情况进行监督检查。有关监督检查活动应当依法规范开展。

第二十九条　个人信息处理者应当依照《中华人民共和国个人信息保护法》等法律规定,规范个人信息处理,加强个人信息保护,建立个人信息被用于电信网络诈骗的防范机制。

履行个人信息保护职责的部门、单位对可能被电信网络诈骗利用的物流信息、交易信息、贷款信息、医疗信息、婚介信息等实施重点保护。公安机关办理电信网络诈骗案件,应当同时查证犯罪所利用的个人信息来源,依法追究相关人员和单位责任。

第三十条　电信业务经营者、银行业金融机构、非银行支付机构、互联网服务提供者应当对从业人员和用户开展反电信网络诈骗宣传,在有关业务活动中对防范电信网络诈骗作出提示,对本领域新出现的电信网络诈骗手段及时向用户作出提醒,对非法买卖、出租、出借本人有关卡、账户、账号等被用于电信网络诈骗的法律责任作出警示。

新闻、广播、电视、文化、互联网信息服务等单位,应当面向社会有针对性地开展反电信网络诈骗宣传教育。

任何单位和个人有权举报电信网络诈骗活动,有关部门应当依法及时处理,对提供有效信息的举报人依照规定给予奖励和保护。

第三十一条　任何单位和个人不得非法买卖、出租、出借电话卡、物联网卡、电信线路、短信端口、银行账户、支付账户、互联网账号等,不得提供实名核验帮助;不得假冒他人身份或者虚构代理关系开立上述卡、账户、账号等。

对经设区的市级以上公安机关认定的实施前款行为的单位、个人和相关组织者,以及因从事电信网络诈骗活动或者关联犯罪受过刑事处罚的人员,可以按照国家有关规定记入信用记录,采取限制其有关卡、账户、账号等功能和停止非柜面业务、暂停新业务、限制入网等措施。对上述认定和措施有异议的,可以提出申诉,有关部门应当建立健全申诉渠道、信用修复和救济制度。具体办法由国务院公安部门会同有关主管部门规定。

第三十二条 国家支持电信业务经营者、银行业金融机构、非银行支付机构、互联网服务提供者研究开发有关电信网络诈骗反制技术,用于监测识别、动态封堵和处置涉诈异常信息、活动。

国务院公安部门、金融管理部门、电信主管部门和国家网信部门等应当统筹负责本行业领域反制技术措施建设,推进涉电信网络诈骗样本信息数据共享,加强涉诈用户信息交叉核验,建立有关涉诈异常信息、活动的监测识别、动态封堵和处置机制。

依据本法第十一条、第十二条、第十八条、第二十二条和前款规定,对涉诈异常情形采取限制、暂停服务等处置措施的,应当告知处置原因、救济渠道及需要提交的资料等事项,被处置对象可以向作出决定或者采取措施的部门、单位提出申诉。作出决定的部门、单位应当建立完善申诉渠道,及时受理申诉并核查,核查通过的,应当即时解除有关措施。

第三十三条 国家推进网络身份认证公共服务建设,支持个人、企业自愿使用,电信业务经营者、银行业金融机构、非银行支付机构、互联网服务提供者对存在涉诈异常的电话卡、银行账户、支付账户、互联网账号,可以通过国家网络身份认证公共服务对用户身份重新进行核验。

第三十四条 公安机关应当会同金融、电信、网信部门组织银行业金融机构、非银行支付机构、电信业务经营者、互联网服务提供者等建立预警劝阻系统,对预警发现的潜在被害人,根据情况及时采取相应劝阻措施。对电信网络诈骗案件应当加强追赃挽损,完善涉案资金处置制度,及时返还被害人的合法财产。对遭受重大生活困难的被害人,符合国家有关救助条件的,有关方面依照规定给予救助。

第三十五条 经国务院反电信网络诈骗工作机制决定或者批准,公安、金融、电信等部门对电信网络诈骗活动严重的特定地区,可以依照国家有关规定采取必要的临时风险防范措施。

第三十六条 对前往电信网络诈骗活动严重地区的人员,出境活动存在重大涉电信网络诈骗活动嫌疑的,移民管理机构可以决定不准其出境。

因从事电信网络诈骗活动受过刑事处罚的人员,设区的市级以上公安机关可以根据犯罪情况和预防再犯罪的需要,决定自处罚完毕之日起六个月至三年以内不准其出境,并通知移民管理机构执行。

第三十七条　国务院公安部门等会同外交部门加强国际执法司法合作,与有关国家、地区、国际组织建立有效合作机制,通过开展国际警务合作等方式,提升在信息交流、调查取证、侦查抓捕、追赃挽损等方面的合作水平,有效打击遏制跨境电信网络诈骗活动。

第六章　法律责任

第三十八条　组织、策划、实施、参与电信网络诈骗活动或者为电信网络诈骗活动提供帮助,构成犯罪的,依法追究刑事责任。

前款行为尚不构成犯罪的,由公安机关处十日以上十五日以下拘留;没收违法所得,处违法所得一倍以上十倍以下罚款,没有违法所得或者违法所得不足一万元的,处十万元以下罚款。

第三十九条　电信业务经营者违反本法规定,有下列情形之一的,由有关主管部门责令改正,情节较轻的,给予警告、通报批评,或者处五万元以上五十万元以下罚款;情节严重的,处五十万元以上五百万元以下罚款,并可以由有关主管部门责令暂停相关业务、停业整顿、吊销相关业务许可证或者吊销营业执照,对其直接负责的主管人员和其他直接责任人员,处一万元以上二十万元以下罚款:

(一)未落实国家有关规定确定的反电信网络诈骗内部控制机制的;

(二)未履行电话卡、物联网卡实名制登记职责的;

(三)未履行对电话卡、物联网卡的监测识别、监测预警和相关处置职责的;

(四)未对物联网卡用户进行风险评估,或者未限定物联网卡的开通功能、使用场景和适用设备的;

(五)未采取措施对改号电话、虚假主叫或者具有相应功能的非法设备进行监测处置的。

第四十条　银行业金融机构、非银行支付机构违反本法规定,有下列情形之一的,由有关主管部门责令改正,情节较轻的,给予警告、通报批评,或者处五万元以上五十万元以下罚款;情节严重的,处五十万元以上五百万元以下罚款,并可以由有关主管部门责令停止新增业务、缩减业务类型或者业务范围、暂停相关业务、停业整顿、吊销相关业务许可证或者吊销营业执照,对其直接负责的主管人员和其他直接责任人员,处一万元以上二十万元以下罚款:

（一）未落实国家有关规定确定的反电信网络诈骗内部控制机制的；

（二）未履行尽职调查义务和有关风险管理措施的；

（三）未履行对异常账户、可疑交易的风险监测和相关处置义务的；

（四）未按照规定完整、准确传输有关交易信息的。

第四十一条　电信业务经营者、互联网服务提供者违反本法规定，有下列情形之一的，由有关主管部门责令改正，情节较轻的，给予警告、通报批评，或者处五万元以上五十万元以下罚款；情节严重的，处五十万元以上五百万元以下罚款，并可以由有关主管部门责令暂停相关业务、停业整顿、关闭网站或者应用程序、吊销相关业务许可证或者吊销营业执照，对其直接负责的主管人员和其他直接责任人员，处一万元以上二十万元以下罚款：

（一）未落实国家有关规定确定的反电信网络诈骗内部控制机制的；

（二）未履行网络服务实名制职责，或者未对涉案、涉诈电话卡关联注册互联网账号进行核验的；

（三）未按照国家有关规定，核验域名注册、解析信息和互联网协议地址的真实性、准确性，规范域名跳转，或者记录并留存所提供相应服务的日志信息的；

（四）未登记核验移动互联网应用程序开发运营者的真实身份信息或者未核验应用程序的功能、用途，为其提供应用程序封装、分发服务的；

（五）未履行对涉诈互联网账号和应用程序，以及其他电信网络诈骗信息、活动的监测识别和处置义务的；

（六）拒不依法为查处电信网络诈骗犯罪提供技术支持和协助，或者未按规定移送有关违法犯罪线索、风险信息的。

第四十二条　违反本法第十四条、第二十五条第一款规定的，没收违法所得，由公安机关或者有关主管部门处违法所得一倍以上十倍以下罚款，没有违法所得或者违法所得不足五万元的，处五十万元以下罚款；情节严重的，由公安机关并处十五日以下拘留。

第四十三条　违反本法第二十五条第二款规定，由有关主管部门责令改正，情节较轻的，给予警告、通报批评，或者处五万元以上五十万元以下罚款；情节严重的，处五十万元以上五百万元以下罚款，并可以由有关主管部门责令暂停相关业务、停业整顿、关闭网站或者应用程序，对其直接负责的主管人员和其他直接责任人员，处一万元以上二十万元以下罚款。

第四十四条　违反本法第三十一条第一款规定的，没收违法所得，由公安机关处违法所得一倍以上十倍以下罚款，没有违法所得或者违法所得不足二万元的,处二十万元以下罚款;情节严重的,并处十五日以下拘留。

第四十五条 反电信网络诈骗工作有关部门、单位的工作人员滥用职权、玩忽职守、徇私舞弊,或者有其他违反本法规定行为,构成犯罪的,依法追究刑事责任。

第四十六条 组织、策划、实施、参与电信网络诈骗活动或者为电信网络诈骗活动提供相关帮助的违法犯罪人员,除依法承担刑事责任、行政责任以外,造成他人损害的,依照《中华人民共和国民法典》等法律的规定承担民事责任。

电信业务经营者、银行业金融机构、非银行支付机构、互联网服务提供者等违反本法规定,造成他人损害的,依照《中华人民共和国民法典》等法律的规定承担民事责任。

第四十七条 人民检察院在履行反电信网络诈骗职责中,对于侵害国家利益和社会公共利益的行为,可以依法向人民法院提起公益诉讼。

第四十八条 有关单位和个人对依照本法作出的行政处罚和行政强制措施决定不服的,可以依法申请行政复议或者提起行政诉讼。

第七章 附 则

第四十九条 反电信网络诈骗工作涉及的有关管理和责任制度,本法没有规定的,适用《中华人民共和国网络安全法》、《中华人民共和国个人信息保护法》、《中华人民共和国反洗钱法》等相关法律规定。

第五十条 本法自 2022 年 12 月 1 日起施行。

中华人民共和国禁毒法

(2007 年 12 月 29 日第十届全国人民代表大会常务委员会第三十一次会议通过 2007 年 12 月 29 日中华人民共和国主席令第 79 号公布 自 2008 年 6 月 1 日起施行)

第一章 总 则

第一条 为了预防和惩治毒品违法犯罪行为,保护公民身心健康,维护社会秩序,制定本法。

第二条 本法所称毒品,是指鸦片、海洛因、甲基苯丙胺(冰毒)、吗啡、大麻、可卡因,以及国家规定管制的其他能够使人形成瘾癖的麻醉药品和精神药品。

根据医疗、教学、科研的需要,依法可以生产、经营、使用、储存、运输麻醉药品和精神药品。

第三条 禁毒是全社会的共同责任。国家机关、社会团体、企业事业单位以及其他组织和公民,应当依照本法和有关法律的规定,履行禁毒职责或者义务。

第四条 禁毒工作实行预防为主,综合治理,禁种、禁制、禁贩、禁吸并举的方针。

禁毒工作实行政府统一领导,有关部门各负其责,社会广泛参与的工作机制。

第五条 国务院设立国家禁毒委员会,负责组织、协调、指导全国的禁毒工作。

县级以上地方各级人民政府根据禁毒工作的需要,可以设立禁毒委员会,负责组织、协调、指导本行政区域内的禁毒工作。

第六条 县级以上各级人民政府应当将禁毒工作纳入国民经济和社会发展规划,并将禁毒经费列入本级财政预算。

第七条 国家鼓励对禁毒工作的社会捐赠,并依法给予税收优惠。

第八条 国家鼓励开展禁毒科学技术研究,推广先进的缉毒技术、装备和戒毒方法。

第九条 国家鼓励公民举报毒品违法犯罪行为。各级人民政府和有关部门应当对举报人予以保护,对举报有功人员以及在禁毒工作中有突出贡献的单位和个人,给予表彰和奖励。

第十条 国家鼓励志愿人员参与禁毒宣传教育和戒毒社会服务工作。地方各级人民政府应当对志愿人员进行指导、培训,并提供必要的工作条件。

第二章 禁毒宣传教育

第十一条 国家采取各种形式开展全民禁毒宣传教育,普及毒品预防知识,增强公民的禁毒意识,提高公民自觉抵制毒品的能力。

国家鼓励公民、组织开展公益性的禁毒宣传活动。

第十二条 各级人民政府应当经常组织开展多种形式的禁毒宣传教育。

工会、共产主义青年团、妇女联合会应当结合各自工作对象的特点,组织开展禁毒宣传教育。

第十三条 教育行政部门、学校应当将禁毒知识纳入教育、教学内容,对学生进行禁毒宣传教育。公安机关、司法行政部门和卫生行政部门应当予以协助。

第十四条 新闻、出版、文化、广播、电影、电视等有关单位,应当有针对性地面向社会进行禁毒宣传教育。

第十五条 飞机场、火车站、长途汽车站、码头以及旅店、娱乐场所等公共场所的经营者、管理者,负责本场所的禁毒宣传教育,落实禁毒防范措施,预防毒品违法犯罪行为在本场所内发生。

第十六条 国家机关、社会团体、企业事业单位以及其他组织,应当加强对本单位人员的禁毒宣传教育。

第十七条 居民委员会、村民委员会应当协助人民政府以及公安机关等部门,加强禁毒宣传教育,落实禁毒防范措施。

第十八条 未成年人的父母或者其他监护人应当对未成年人进行毒品危害的教育,防止其吸食、注射毒品或者进行其他毒品违法犯罪活动。

第三章 毒品管制

第十九条 国家对麻醉药品药用原植物种植实行管制。禁止非法种植罂粟、古柯植物、大麻植物以及国家规定管制的可以用于提炼加工毒品的其他原植物。禁止走私或者非法买卖、运输、携带、持有未经灭活的毒品原植物种子或者幼苗。

地方各级人民政府发现非法种植毒品原植物的,应当立即采取措施予以制止、铲除。村民委员会、居民委员会发现非法种植毒品原植物的,应当及时予以制止、铲除,并向当地公安机关报告。

第二十条 国家确定的麻醉药品药用原植物种植企业,必须按照国家有关规定种植麻醉药品药用原植物。

国家确定的麻醉药品药用原植物种植企业的提取加工场所,以及国家设立的麻醉药品储存仓库,列为国家重点警戒目标。

未经许可,擅自进入国家确定的麻醉药品药用原植物种植企业的提取加工场所或者国家设立的麻醉药品储存仓库等警戒区域的,由警戒人员责令其立即离开;拒不离开的,强行带离现场。

第二十一条 国家对麻醉药品和精神药品实行管制,对麻醉药品和精神药品的实验研究、生产、经营、使用、储存、运输实行许可和查验制度。

国家对易制毒化学品的生产、经营、购买、运输实行许可制度。

禁止非法生产、买卖、运输、储存、提供、持有、使用麻醉药品、精神药品和易制毒化学品。

第二十二条　国家对麻醉药品、精神药品和易制毒化学品的进口、出口实行许可制度。国务院有关部门应当按照规定的职责,对进口、出口麻醉药品、精神药品和易制毒化学品依法进行管理。禁止走私麻醉药品、精神药品和易制毒化学品。

第二十三条　发生麻醉药品、精神药品和易制毒化学品被盗、被抢、丢失或者其他流入非法渠道的情形,案发单位应当立即采取必要的控制措施,并立即向公安机关报告,同时依照规定向有关主管部门报告。

公安机关接到报告后,或者有证据证明麻醉药品、精神药品和易制毒化学品可能流入非法渠道的,应当及时开展调查,并可以对相关单位采取必要的控制措施。药品监督管理部门、卫生行政部门以及其他有关部门应当配合公安机关开展工作。

第二十四条　禁止非法传授麻醉药品、精神药品和易制毒化学品的制造方法。公安机关接到举报或者发现非法传授麻醉药品、精神药品和易制毒化学品制造方法的,应当及时依法查处。

第二十五条　麻醉药品、精神药品和易制毒化学品管理的具体办法,由国务院规定。

第二十六条　公安机关根据查缉毒品的需要,可以在边境地区、交通要道、口岸以及飞机场、火车站、长途汽车站、码头对来往人员、物品、货物以及交通工具进行毒品和易制毒化学品检查,民航、铁路、交通部门应予以配合。

海关应当依法加强对进出口岸的人员、物品、货物和运输工具的检查,防止走私毒品和易制毒化学品。

邮政企业应当依法加强对邮件的检查,防止邮寄毒品和非法邮寄易制毒化学品。

第二十七条　娱乐场所应当建立巡查制度,发现娱乐场所内有毒品违法犯罪活动的,应当立即向公安机关报告。

第二十八条　对依法查获的毒品,吸食、注射毒品的用具,毒品违法犯罪的非法所得及其收益,以及直接用于实施毒品违法犯罪行为的本人所有的工具、设备、资金,应当收缴,依照规定处理。

第二十九条　反洗钱行政主管部门应当依法加强对可疑毒品犯罪资金的监测。反洗钱行政主管部门和其他依法负有反洗钱监督管理职责的部门、机构发现涉嫌毒品犯罪的资金流动情况,应当及时向侦查机关报告,并配合侦查机关做好侦查、调查工作。

第三十条 国家建立健全毒品监测和禁毒信息系统,开展毒品监测和禁毒信息的收集、分析、使用、交流工作。

第四章 戒毒措施

第三十一条 国家采取各种措施帮助吸毒人员戒除毒瘾,教育和挽救吸毒人员。

吸毒成瘾人员应当进行戒毒治疗。

吸毒成瘾的认定办法,由国务院卫生行政部门、药品监督管理部门、公安部门规定。

第三十二条 公安机关可以对涉嫌吸毒的人员进行必要的检测,被检测人员应当予以配合;对拒绝接受检测的,经县级以上人民政府公安机关或者其派出机构负责人批准,可以强制检测。

公安机关应当对吸毒人员进行登记。

第三十三条 对吸毒成瘾人员,公安机关可以责令其接受社区戒毒,同时通知吸毒人员户籍所在地或者现居住地的城市街道办事处、乡镇人民政府。社区戒毒的期限为三年。

戒毒人员应当在户籍所在地接受社区戒毒;在户籍所在地以外的现居住地有固定住所的,可以在现居住地接受社区戒毒。

第三十四条 城市街道办事处、乡镇人民政府负责社区戒毒工作。城市街道办事处、乡镇人民政府可以指定有关基层组织,根据戒毒人员本人和家庭情况,与戒毒人员签订社区戒毒协议,落实有针对性的社区戒毒措施。公安机关和司法行政、卫生行政、民政等部门应当对社区戒毒工作提供指导和协助。

城市街道办事处、乡镇人民政府,以及县级人民政府劳动行政部门对无职业且缺乏就业能力的戒毒人员,应当提供必要的职业技能培训、就业指导和就业援助。

第三十五条 接受社区戒毒的戒毒人员应当遵守法律、法规,自觉履行社区戒毒协议,并根据公安机关的要求,定期接受检测。

对违反社区戒毒协议的戒毒人员,参与社区戒毒的工作人员应当进行批评、教育;对严重违反社区戒毒协议或者在社区戒毒期间又吸食、注射毒品的,应当及时向公安机关报告。

第三十六条　吸毒人员可以自行到具有戒毒治疗资质的医疗机构接受戒毒治疗。

设置戒毒医疗机构或者医疗机构从事戒毒治疗业务的,应当符合国务院卫生行政部门规定的条件,报所在地的省、自治区、直辖市人民政府卫生行政部门批准,并报同级公安机关备案。戒毒治疗应当遵守国务院卫生行政部门制定的戒毒治疗规范,接受卫生行政部门的监督检查。

戒毒治疗不得以营利为目的。戒毒治疗的药品、医疗器械和治疗方法不得做广告。戒毒治疗收取费用的,应当按照省、自治区、直辖市人民政府价格主管部门会同卫生行政部门制定的收费标准执行。

第三十七条　医疗机构根据戒毒治疗的需要,可以对接受戒毒治疗的戒毒人员进行身体和所携带物品的检查;对在治疗期间有人身危险的,可以采取必要的临时保护性约束措施。

发现接受戒毒治疗的戒毒人员在治疗期间吸食、注射毒品的,医疗机构应当及时向公安机关报告。

第三十八条　吸毒成瘾人员有下列情形之一的,由县级以上人民政府公安机关作出强制隔离戒毒的决定:

(一)拒绝接受社区戒毒的;

(二)在社区戒毒期间吸食、注射毒品的;

(三)严重违反社区戒毒协议的;

(四)经社区戒毒、强制隔离戒毒后再次吸食、注射毒品的。

对于吸毒成瘾严重,通过社区戒毒难以戒除毒瘾的人员,公安机关可以直接作出强制隔离戒毒的决定。

吸毒成瘾人员自愿接受强制隔离戒毒的,经公安机关同意,可以进入强制隔离戒毒场所戒毒。

第三十九条　怀孕或者正在哺乳自己不满一周岁婴儿的妇女吸毒成瘾的,不适用强制隔离戒毒。不满十六周岁的未成年人吸毒成瘾的,可以不适用强制隔离戒毒。

对依照前款规定不适用强制隔离戒毒的吸毒成瘾人员,依照本法规定进行社区戒毒,由负责社区戒毒工作的城市街道办事处、乡镇人民政府加强帮助、教育和监督,督促落实社区戒毒措施。

第四十条　公安机关对吸毒成瘾人员决定予以强制隔离戒毒的,应当制作强制隔离戒毒决定书,在执行强制隔离戒毒前送达被决定人,并在送达后二十四小时以内通知被决定人的家属、所在单位和户籍所在地公安派出所;被决定人不讲真实姓名、住址,身份不明的,公安机关应当自查清其身份后通知。

被决定人对公安机关作出的强制隔离戒毒决定不服的,可以依法申请行政复议或者提起行政诉讼。

第四十一条 对被决定予以强制隔离戒毒的人员,由作出决定的公安机关送强制隔离戒毒场所执行。

强制隔离戒毒场所的设置、管理体制和经费保障,由国务院规定。

第四十二条 戒毒人员进入强制隔离戒毒场所戒毒时,应当接受对其身体和所携带物品的检查。

第四十三条 强制隔离戒毒场所应当根据戒毒人员吸食、注射毒品的种类及成瘾程度等,对戒毒人员进行有针对性的生理、心理治疗和身体康复训练。

根据戒毒的需要,强制隔离戒毒场所可以组织戒毒人员参加必要的生产劳动,对戒毒人员进行职业技能培训。组织戒毒人员参加生产劳动的,应当支付劳动报酬。

第四十四条 强制隔离戒毒场所应当根据戒毒人员的性别、年龄、患病等情况,对戒毒人员实行分别管理。

强制隔离戒毒场所对有严重残疾或者疾病的戒毒人员,应当给予必要的看护和治疗;对患有传染病的戒毒人员,应当依法采取必要的隔离、治疗措施;对可能发生自伤、自残等情形的戒毒人员,可以采取相应的保护性约束措施。

强制隔离戒毒场所管理人员不得体罚、虐待或者侮辱戒毒人员。

第四十五条 强制隔离戒毒场所应当根据戒毒治疗的需要配备执业医师。强制隔离戒毒场所的执业医师具有麻醉药品和精神药品处方权的,可以按照有关技术规范对戒毒人员使用麻醉药品、精神药品。

卫生行政部门应当加强对强制隔离戒毒场所执业医师的业务指导和监督管理。

第四十六条 戒毒人员的亲属和所在单位或者就读学校的工作人员,可以按照有关规定探访戒毒人员。戒毒人员经强制隔离戒毒场所批准,可以外出探视配偶、直系亲属。

强制隔离戒毒场所管理人员应当对强制隔离戒毒场所以外的人员交给戒毒人员的物品和邮件进行检查,防止夹带毒品。在检查邮件时,应当依法保护戒毒人员的通信自由和通信秘密。

第四十七条　强制隔离戒毒的期限为二年。

执行强制隔离戒毒一年后，经诊断评估，对于戒毒情况良好的戒毒人员，强制隔离戒毒场所可以提出提前解除强制隔离戒毒的意见，报强制隔离戒毒的决定机关批准。

强制隔离戒毒期满前，经诊断评估，对于需要延长戒毒期限的戒毒人员，由强制隔离戒毒场所提出延长戒毒期限的意见，报强制隔离戒毒的决定机关批准。强制隔离戒毒的期限最长可以延长一年。

第四十八条　对于被解除强制隔离戒毒的人员，强制隔离戒毒的决定机关可以责令其接受不超过三年的社区康复。

社区康复参照本法关于社区戒毒的规定实施。

第四十九条　县级以上地方各级人民政府根据戒毒工作的需要，可以开办戒毒康复场所；对社会力量依法开办的公益性戒毒康复场所应当给予扶持，提供必要的便利和帮助。

戒毒人员可以自愿在戒毒康复场所生活、劳动。戒毒康复场所组织戒毒人员参加生产劳动的，应当参照国家劳动用工制度的规定支付劳动报酬。

第五十条　公安机关、司法行政部门对被依法拘留、逮捕、收监执行刑罚以及被依法采取强制性教育措施的吸毒人员，应当给予必要的戒毒治疗。

第五十一条　省、自治区、直辖市人民政府卫生行政部门会同公安机关、药品监督管理部门依照国家有关规定，根据巩固戒毒成果的需要和本行政区域艾滋病流行情况，可以组织开展戒毒药物维持治疗工作。

第五十二条　戒毒人员在入学、就业、享受社会保障等方面不受歧视。有关部门、组织和人员应当在入学、就业、享受社会保障等方面对戒毒人员给予必要的指导和帮助。

第五章　禁毒国际合作

第五十三条　中华人民共和国根据缔结或者参加的国际条约或者按照对等原则，开展禁毒国际合作。

第五十四条　国家禁毒委员会根据国务院授权，负责组织开展禁毒国际合作，履行国际禁毒公约义务。

第五十五条　涉及追究毒品犯罪的司法协助，由司法机关依照有关法律的规定办理。

第五十六条　国务院有关部门应当按照各自职责，加强与有关国家或者地区执法机关以及国际组织的禁毒情报信息交流,依法开展禁毒执法合作。

经国务院公安部门批准,边境地区县级以上人民政府公安机关可以与有关国家或者地区的执法机关开展执法合作。

第五十七条 通过禁毒国际合作破获毒品犯罪案件的,中华人民共和国政府可以与有关国家分享查获的非法所得、由非法所得获得的收益以及供毒品犯罪使用的财物或者财物变卖所得的款项。

第五十八条 国务院有关部门根据国务院授权,可以通过对外援助等渠道,支持有关国家实施毒品原植物替代种植、发展替代产业。

第六章　法律责任

第五十九条 有下列行为之一,构成犯罪的,依法追究刑事责任;尚不构成犯罪的,依法给予治安管理处罚:

(一)走私、贩卖、运输、制造毒品的;
(二)非法持有毒品的;
(三)非法种植毒品原植物的;
(四)非法买卖、运输、携带、持有未经灭活的毒品原植物种子或者幼苗的;
(五)非法传授麻醉药品、精神药品或者易制毒化学品制造方法的;
(六)强迫、引诱、教唆、欺骗他人吸食、注射毒品的;
(七)向他人提供毒品的。

第六十条 有下列行为之一,构成犯罪的,依法追究刑事责任;尚不构成犯罪的,依法给予治安管理处罚:

(一)包庇走私、贩卖、运输、制造毒品的犯罪分子,以及为犯罪分子窝藏、转移、隐瞒毒品或者犯罪所得财物的;
(二)在公安机关查处毒品违法犯罪活动时为违法犯罪行为人通风报信的;
(三)阻碍依法进行毒品检查的;
(四)隐藏、转移、变卖或者损毁司法机关、行政执法机关依法扣押、查封、冻结的涉及毒品违法犯罪活动的财物的。

第六十一条 容留他人吸食、注射毒品或者介绍买卖毒品,构成犯罪的,依法追究刑事责任;尚不构成犯罪的,由公安机关处十日以上十五日以下拘留,可以并处三千元以下罚款;情节较轻的,处五日以下拘留或者五百元以下罚款。

第六十二条　吸食、注射毒品的,依法给予治安管理处罚。吸毒人员主动到公安机关登记或者到有资质的医疗机构接受戒毒治疗的,不予处罚。

第六十三条　在麻醉药品、精神药品的实验研究、生产、经营、使用、储存、运输、进口、出口以及麻醉药品药用原植物种植活动中,违反国家规定,致使麻醉药品、精神药品或者麻醉药品药用原植物流入非法渠道,构成犯罪的,依法追究刑事责任;尚不构成犯罪的,依照有关法律、行政法规的规定给予处罚。

第六十四条　在易制毒化学品的生产、经营、购买、运输或者进口、出口活动中,违反国家规定,致使易制毒化学品流入非法渠道,构成犯罪的,依法追究刑事责任;尚不构成犯罪的,依照有关法律、行政法规的规定给予处罚。

第六十五条　娱乐场所及其从业人员实施毒品违法犯罪行为,或者为进入娱乐场所的人员实施毒品违法犯罪行为提供条件,构成犯罪的,依法追究刑事责任;尚不构成犯罪的,依照有关法律、行政法规的规定给予处罚。

娱乐场所经营管理人员明知场所内发生聚众吸食、注射毒品或者贩毒活动,不向公安机关报告的,依照前款的规定给予处罚。

第六十六条　未经批准,擅自从事戒毒治疗业务的,由卫生行政部门责令停止违法业务活动,没收违法所得和使用的药品、医疗器械等物品;构成犯罪的,依法追究刑事责任。

第六十七条　戒毒医疗机构发现接受戒毒治疗的戒毒人员在治疗期间吸食、注射毒品,不向公安机关报告的,由卫生行政部门责令改正;情节严重的,责令停业整顿。

第六十八条　强制隔离戒毒场所、医疗机构、医师违反规定使用麻醉药品、精神药品,构成犯罪的,依法追究刑事责任;尚不构成犯罪的,依照有关法律、行政法规的规定给予处罚。

第六十九条　公安机关、司法行政部门或者其他有关主管部门的工作人员在禁毒工作中有下列行为之一,构成犯罪的,依法追究刑事责任;尚不构成犯罪的,依法给予处分:

(一)包庇、纵容毒品违法犯罪人员的;

(二)对戒毒人员有体罚、虐待、侮辱等行为的;

(三)挪用、截留、克扣禁毒经费的;

(四)擅自处分查获的毒品和扣押、查封、冻结的涉及毒品违法犯罪活动的财物的。

第七十条　有关单位及其工作人员在入学、就业、享受社会保障等方面歧视戒毒人员的,由教育行政部门、劳动行政部门责令改正;给当事人造成损失的,依法承担赔偿责任。

第七章 附 则

第七十一条 本法自 2008 年 6 月 1 日起施行。《全国人民代表大会常务委员会关于禁毒的决定》同时废止。

戒毒条例

(2011 年 6 月 26 日中华人民共和国国务院令第 597 号公布 根据 2018 年 9 月 18 日《国务院关于修改部分行政法规的决定》修订)

第一章 总 则

第一条 为了规范戒毒工作,帮助吸毒成瘾人员戒除毒瘾,维护社会秩序,根据《中华人民共和国禁毒法》,制定本条例。

第二条 县级以上人民政府应当建立政府统一领导,禁毒委员会组织、协调、指导,有关部门各负其责,社会力量广泛参与的戒毒工作体制。

戒毒工作坚持以人为本、科学戒毒、综合矫治、关怀救助的原则,采取自愿戒毒、社区戒毒、强制隔离戒毒、社区康复等多种措施,建立戒毒治疗、康复指导、救助服务兼备的工作体系。

第三条 县级以上人民政府应当按照国家有关规定将戒毒工作所需经费列入本级财政预算。

第四条 县级以上地方人民政府设立的禁毒委员会可以组织公安机关、卫生行政和负责药品监督管理的部门开展吸毒监测、调查,并向社会公开监测、调查结果。

县级以上地方人民政府公安机关负责对涉嫌吸毒人员进行检测,对吸毒人员进行登记并依法实行动态管控,依法责令社区戒毒、决定强制隔离戒毒、责令社区康复,管理公安机关的强制隔离戒毒场所、戒毒康复场所,对社区戒毒、社区康复工作提供指导和支持。

设区的市级以上地方人民政府司法行政部门负责管理司法行政部门的强制隔离戒毒场所、戒毒康复场所,对社区戒毒、社区康复工作提供指导和支持。

县级以上地方人民政府卫生行政部门负责戒毒医疗机构的监督管理,会同公安机关、司法行政等部门制定戒毒医疗机构设置规划,对戒毒医疗服务提供指导和支持。

县级以上地方人民政府民政、人力资源社会保障、教育等部门依据各自的职责,对社区戒毒、社区康复工作提供康复和职业技能培训等指导和支持。

第五条 乡(镇)人民政府、城市街道办事处负责社区戒毒、社区康复工作。

第六条 县级、设区的市级人民政府需要设置强制隔离戒毒场所、戒毒康复场所的,应当合理布局,报省、自治区、直辖市人民政府批准,并纳入当地国民经济和社会发展规划。

强制隔离戒毒场所、戒毒康复场所的建设标准,由国务院建设部门、发展改革部门会同国务院公安部门、司法行政部门制定。

第七条 戒毒人员在入学、就业、享受社会保障等方面不受歧视。

对戒毒人员戒毒的个人信息应当依法予以保密。对戒断3年未复吸的人员,不再实行动态管控。

第八条 国家鼓励、扶持社会组织、企业、事业单位和个人参与戒毒科研、戒毒社会服务和戒毒社会公益事业。

对在戒毒工作中有显著成绩和突出贡献的,按照国家有关规定给予表彰、奖励。

第二章 自愿戒毒

第九条 国家鼓励吸毒成瘾人员自行戒除毒瘾。吸毒人员可以自行到戒毒医疗机构接受戒毒治疗。对自愿接受戒毒治疗的吸毒人员,公安机关对其原吸毒行为不予处罚。

第十条 戒毒医疗机构应当与自愿戒毒人员或者其监护人签订自愿戒毒协议,就戒毒方法、戒毒期限、戒毒的个人信息保密、戒毒人员应当遵守的规章制度、终止戒毒治疗的情形等作出约定,并应当载明戒毒疗效、戒毒治疗风险。

第十一条 戒毒医疗机构应当履行下列义务:

(一)对自愿戒毒人员开展艾滋病等传染病的预防、咨询教育;

(二)对自愿戒毒人员采取脱毒治疗、心理康复、行为矫治等多种治疗措施,并应当符合国务院卫生行政部门制定的戒毒治疗规范;

(三)采用科学、规范的诊疗技术和方法,使用的药物、医院制剂、医疗器械

应当符合国家有关规定;

(四)依法加强药品管理,防止麻醉药品、精神药品流失滥用。

第十二条 符合参加戒毒药物维持治疗条件的戒毒人员,由本人申请,并经登记,可以参加戒毒药物维持治疗。登记参加戒毒药物维持治疗的戒毒人员的信息应当及时报公安机关备案。

戒毒药物维持治疗的管理办法,由国务院卫生行政部门会同国务院公安部门、药品监督管理部门制定。

第三章 社区戒毒

第十三条 对吸毒成瘾人员,县级、设区的市级人民政府公安机关可以责令其接受社区戒毒,并出具责令社区戒毒决定书,送达本人及其家属,通知本人户籍所在地或者现居住地乡(镇)人民政府、城市街道办事处。

第十四条 社区戒毒人员应当自收到责令社区戒毒决定书之日起15日内到社区戒毒执行地乡(镇)人民政府、城市街道办事处报到,无正当理由逾期不报到的,视为拒绝接受社区戒毒。

社区戒毒的期限为3年,自报到之日起计算。

第十五条 乡(镇)人民政府、城市街道办事处应当根据工作需要成立社区戒毒工作领导小组,配备社区戒毒专职工作人员,制定社区戒毒工作计划,落实社区戒毒措施。

第十六条 乡(镇)人民政府、城市街道办事处,应当在社区戒毒人员报到后及时与其签订社区戒毒协议,明确社区戒毒的具体措施、社区戒毒人员应当遵守的规定以及违反社区戒毒协议应承担的责任。

第十七条 社区戒毒专职工作人员、社区民警、社区医务人员、社区戒毒人员的家庭成员以及禁毒志愿者共同组成社区戒毒工作小组具体实施社区戒毒。

第十八条 乡(镇)人民政府、城市街道办事处和社区戒毒工作小组应当采取下列措施管理、帮助社区戒毒人员:

(一)戒毒知识辅导;

(二)教育、劝诫;

(三)职业技能培训,职业指导,就学、就业、就医援助;

(四)帮助戒毒人员戒除毒瘾的其他措施。

第十九条 社区戒毒人员应当遵守下列规定:

(一)履行社区戒毒协议;
(二)根据公安机关的要求,定期接受检测;
(三)离开社区戒毒执行地所在县(市、区)3日以上的,须书面报告。

第二十条 社区戒毒人员在社区戒毒期间,逃避或者拒绝接受检测3次以上,擅自离开社区戒毒执行地所在县(市、区)3次以上或者累计超过30日的,属于《中华人民共和国禁毒法》规定的"严重违反社区戒毒协议"。

第二十一条 社区戒毒人员拒绝接受社区戒毒,在社区戒毒期间又吸食、注射毒品,以及严重违反社区戒毒协议的,社区戒毒专职工作人员应当及时向当地公安机关报告。

第二十二条 社区戒毒人员的户籍所在地或者现居住地发生变化,需要变更社区戒毒执行地的,社区戒毒执行地乡(镇)人民政府、城市街道办事处应当将有关材料转送至变更后的乡(镇)人民政府、城市街道办事处。

社区戒毒人员应当自社区戒毒执行地变更之日起15日内前往变更后的乡(镇)人民政府、城市街道办事处报到,社区戒毒时间自报到之日起连续计算。

变更后的乡(镇)人民政府、城市街道办事处,应当按照本条例第十六条的规定,与社区戒毒人员签订新的社区戒毒协议,继续执行社区戒毒。

第二十三条 社区戒毒自期满之日起解除。社区戒毒执行地公安机关应当出具解除社区戒毒通知书送达社区戒毒人员本人及其家属,并在7日内通知社区戒毒执行地乡(镇)人民政府、城市街道办事处。

第二十四条 社区戒毒人员被依法收监执行刑罚、采取强制性教育措施的,社区戒毒终止。

社区戒毒人员被依法拘留、逮捕的,社区戒毒中止,由羁押场所给予必要的戒毒治疗,释放后继续接受社区戒毒。

第四章 强制隔离戒毒

第二十五条 吸毒成瘾人员有《中华人民共和国禁毒法》第三十八条第一款所列情形之一的,由县级、设区的市级人民政府公安机关作出强制隔离戒毒的决定。

对于吸毒成瘾严重,通过社区戒毒难以戒除毒瘾的人员,县级、设区的市级人民政府公安机关可以直接作出强制隔离戒毒的决定。

吸毒成瘾人员自愿接受强制隔离戒毒的,经强制隔离戒毒场所所在地县级、设区的市级人民政府公安机关同意,可以进入强制隔离戒毒场所戒毒。强制隔离戒毒场所应当与其就戒毒治疗期限、戒毒治疗措施等作出约定。

第二十六条 对依照《中华人民共和国禁毒法》第三十九条第一款规定不适用强制隔离戒毒的吸毒成瘾人员,县级、设区的市级人民政府公安机关应当作出社区戒毒的决定,依照本条例第三章的规定进行社区戒毒。

第二十七条 强制隔离戒毒的期限为2年,自作出强制隔离戒毒决定之日起计算。

被强制隔离戒毒的人员在公安机关的强制隔离戒毒场所执行强制隔离戒毒3个月至6个月后,转至司法行政部门的强制隔离戒毒场所继续执行强制隔离戒毒。

执行前款规定不具备条件的省、自治区、直辖市,由公安机关和司法行政部门共同提出意见报省、自治区、直辖市人民政府决定具体执行方案,但在公安机关的强制隔离戒毒场所执行强制隔离戒毒的时间不得超过12个月。

第二十八条 强制隔离戒毒场所对强制隔离戒毒人员的身体和携带物品进行检查时发现的毒品等违禁品,应当依法处理;对生活必需品以外的其他物品,由强制隔离戒毒场所代为保管。

女性强制隔离戒毒人员的身体检查,应当由女性工作人员进行。

第二十九条 强制隔离戒毒场所设立戒毒医疗机构应当经所在地省、自治区、直辖市人民政府卫生行政部门批准。强制隔离戒毒场所应当配备设施设备及必要的管理人员,依法为强制隔离戒毒人员提供科学规范的戒毒治疗、心理治疗、身体康复训练和卫生、道德、法制教育,开展职业技能培训。

第三十条 强制隔离戒毒场所应当根据强制隔离戒毒人员的性别、年龄、患病等情况对强制隔离戒毒人员实行分别管理;对吸食不同种类毒品的,应当有针对性地采取必要的治疗措施;根据戒毒治疗的不同阶段和强制隔离戒毒人员的表现,实行逐步适应社会的分级管理。

第三十一条 强制隔离戒毒人员患严重疾病,不出所治疗可能危及生命的,经强制隔离戒毒场所主管机关批准,并报强制隔离戒毒决定机关备案,强制隔离戒毒场所可以允许其所外就医。所外就医的费用由强制隔离戒毒人员本人承担。

所外就医期间,强制隔离戒毒期限连续计算。对于健康状况不再适宜回所执行强制隔离戒毒的,强制隔离戒毒场所应当向强制隔离戒毒决定机关提出变更为社区戒毒的建议,强制隔离戒毒决定机关应当自收到建议之日起7

日内,作出是否批准的决定。经批准变更为社区戒毒的,已执行的强制隔离戒毒期限折抵社区戒毒期限。

第三十二条 强制隔离戒毒人员脱逃的,强制隔离戒毒场所应当立即通知所在地县级人民政府公安机关,并配合公安机关追回脱逃人员。被追回的强制隔离戒毒人员应当继续执行强制隔离戒毒,脱逃期间不计入强制隔离戒毒期限。被追回的强制隔离戒毒人员不得提前解除强制隔离戒毒。

第三十三条 对强制隔离戒毒场所依照《中华人民共和国禁毒法》第四十七条第二款、第三款规定提出的提前解除强制隔离戒毒、延长戒毒期限的意见,强制隔离戒毒决定机关应当自收到意见之日起7日内,作出是否批准的决定。对提前解除强制隔离戒毒或者延长强制隔离戒毒期限的,批准机关应当出具提前解除强制隔离戒毒决定书或者延长强制隔离戒毒期限决定书,送达被决定人,并在送达后24小时以内通知被决定人的家属、所在单位以及其户籍所在地或者现居住地公安派出所。

第三十四条 解除强制隔离戒毒的,强制隔离戒毒场所应当在解除强制隔离戒毒3日前通知强制隔离戒毒决定机关,出具解除强制隔离戒毒证明书送达戒毒人员本人,并通知其家属、所在单位、其户籍所在地或者现居住地公安派出所将其领回。

第三十五条 强制隔离戒毒诊断评估办法由国务院公安部门、司法行政部门会同国务院卫生行政部门制定。

第三十六条 强制隔离戒毒人员被依法收监执行刑罚、采取强制性教育措施或者被依法拘留、逮捕的,由监管场所、羁押场所给予必要的戒毒治疗,强制隔离戒毒的时间连续计算;刑罚执行完毕时、解除强制性教育措施时或者释放时强制隔离戒毒尚未期满的,继续执行强制隔离戒毒。

第五章 社区康复

第三十七条 对解除强制隔离戒毒的人员,强制隔离戒毒的决定机关可以责令其接受不超过3年的社区康复。

社区康复在当事人户籍所在地或者现居住地乡(镇)人民政府、城市街道办事处执行,经当事人同意,也可以在戒毒康复场所中执行。

第三十八条 被责令接受社区康复的人员,应当自收到责令社区康复决定书之日起15日内到户籍所在地或者现居住地乡(镇)人民政府、城市街道办事处报到,签订社区康复协议。

被责令接受社区康复的人员拒绝接受社区康复或者严重违反社区康复协议,并再次吸食、注射毒品被决定强制隔离戒毒的,强制隔离戒毒不得提前解除。

第三十九条　负责社区康复工作的人员应当为社区康复人员提供必要的心理治疗和辅导、职业技能培训、职业指导以及就学、就业、就医援助。

第四十条　社区康复自期满之日起解除。社区康复执行地公安机关出具解除社区康复通知书送达社区康复人员本人及其家属,并在7日内通知社区康复执行地乡(镇)人民政府、城市街道办事处。

第四十一条　自愿戒毒人员、社区戒毒、社区康复的人员可以自愿与戒毒康复场所签订协议,到戒毒康复场所戒毒康复、生活和劳动。

戒毒康复场所应当配备必要的管理人员和医务人员,为戒毒人员提供戒毒康复、职业技能培训和生产劳动条件。

第四十二条　戒毒康复场所应当加强管理,严禁毒品流入,并建立戒毒康复人员自我管理、自我教育、自我服务的机制。

戒毒康复场所组织戒毒人员参加生产劳动,应当参照国家劳动用工制度的规定支付劳动报酬。

第六章　法律责任

第四十三条　公安、司法行政、卫生行政等有关部门工作人员泄露戒毒人员个人信息的,依法给予处分;构成犯罪的,依法追究刑事责任。

第四十四条　乡(镇)人民政府、城市街道办事处负责社区戒毒、社区康复工作的人员有下列行为之一的,依法给予处分:

(一)未与社区戒毒、社区康复人员签订社区戒毒、社区康复协议,不落实社区戒毒、社区康复措施的;

(二)不履行本条例第二十一条规定的报告义务的;

(三)其他不履行社区戒毒、社区康复监督职责的行为。

第四十五条　强制隔离戒毒场所的工作人员有下列行为之一的,依法给予处分;构成犯罪的,依法追究刑事责任:

(一)侮辱、虐待、体罚强制隔离戒毒人员的;

(二)收受、索要财物的;

(三)擅自使用、损毁、处理没收或者代为保管的财物的;

(四)为强制隔离戒毒人员提供麻醉药品、精神药品或者违反规定传递其他物品的；

（五）在强制隔离戒毒诊断评估工作中弄虚作假的；

（六）私放强制隔离戒毒人员的；

（七）其他徇私舞弊、玩忽职守、不履行法定职责的行为。

第七章 附 则

第四十六条 本条例自公布之日起施行。1995年1月12日国务院发布的《强制戒毒办法》同时废止。

保安服务管理条例

（2009年10月13日中华人民共和国国务院令第564号公布 根据2020年11月29日《国务院关于修改和废止部分行政法规的决定》第一次修订 根据2022年3月29日《国务院关于修改和废止部分行政法规的决定》第二次修订）

第一章 总 则

第一条 为了规范保安服务活动，加强对从事保安服务的单位和保安员的管理，保护人身安全和财产安全，维护社会治安，制定本条例。

第二条 本条例所称保安服务是指：

（一）保安服务公司根据保安服务合同，派出保安员为客户单位提供的门卫、巡逻、守护、押运、随身护卫、安全检查以及安全技术防范、安全风险评估等服务；

（二）机关、团体、企业、事业单位招用人员从事的本单位门卫、巡逻、守护等安全防范工作；

（三）物业服务企业招用人员在物业管理区域内开展的门卫、巡逻、秩序维护等服务。

前款第（二）项、第（三）项中的机关、团体、企业、事业单位和物业服务企业，统称自行招用保安员的单位。

第三条 国务院公安部门负责全国保安服务活动的监督管理工作。县级以上地方人民政府公安机关负责本行政区域内保安服务活动的监督管理工作。

保安服务行业协会在公安机关的指导下,依法开展保安服务行业自律活动。

第四条 保安服务公司和自行招用保安员的单位(以下统称保安从业单位)应当建立健全保安服务管理制度、岗位责任制度和保安员管理制度,加强对保安员的管理、教育和培训,提高保安员的职业道德水平、业务素质和责任意识。

第五条 保安从业单位应当依法保障保安员在社会保险、劳动用工、劳动保护、工资福利、教育培训等方面的合法权益。

第六条 保安服务活动应当文明、合法,不得损害社会公共利益或者侵犯他人合法权益。

保安员依法从事保安服务活动,受法律保护。

第七条 对在保护公共财产和人民群众生命财产安全、预防和制止违法犯罪活动中有突出贡献的保安从业单位和保安员,公安机关和其他有关部门应当给予表彰、奖励。

第二章 保安服务公司

第八条 保安服务公司应当具备下列条件:

(一)有不低于人民币100万元的注册资本;

(二)拟任的保安服务公司法定代表人和主要管理人员应当具备任职所需的专业知识和有关业务工作经验,无被刑事处罚、劳动教养、收容教育、强制隔离戒毒或者被开除公职、开除军籍等不良记录;

(三)有与所提供的保安服务相适应的专业技术人员,其中法律、行政法规有资格要求的专业技术人员,应当取得相应的资格;

(四)有住所和提供保安服务所需的设施、装备;

(五)有健全的组织机构和保安服务管理制度、岗位责任制度、保安员管理制度。

第九条 申请设立保安服务公司,应当向所在地设区的市级人民政府公安机关提交申请书以及能够证明其符合本条例第八条规定条件的材料。

受理的公安机关应当自收到申请材料之日起15日内进行审核,并将审核意见报所在地的省、自治区、直辖市人民政府公安机关。省、自治区、直辖市人民政府公安机关应当自收到审核意见之日起15日内作出决定,对符合条件的,核发保安服务许可证;对不符合条件的,书面通知申请人并说明理由。

第十条　从事武装守护押运服务的保安服务公司,应当符合国务院公安部门对武装守护押运服务的规划、布局要求,具备本条例第八条规定的条件,并符合下列条件:

（一）有不低于人民币1000万元的注册资本;

（二）国有独资或者国有资本占注册资本总额的51%以上;

（三）有符合《专职守护押运人员枪支使用管理条例》规定条件的守护押运人员;

（四）有符合国家标准或者行业标准的专用运输车辆以及通信、报警设备。

第十一条　申请设立从事武装守护押运服务的保安服务公司,应当向所在地设区的市级人民政府公安机关提交申请书以及能够证明其符合本条例第八条、第十条规定条件的材料。保安服务公司申请增设武装守护押运业务的,无需再次提交证明其符合本条例第八条规定条件的材料。

受理的公安机关应当自收到申请材料之日起15日内进行审核,并将审核意见报所在地的省、自治区、直辖市人民政府公安机关。省、自治区、直辖市人民政府公安机关应当自收到审核意见之日起15日内作出决定,对符合条件的,核发从事武装守护押运业务的保安服务许可证或者在已有的保安服务许可证上增注武装守护押运服务;对不符合条件的,书面通知申请人并说明理由。

第十二条　取得保安服务许可证的申请人,凭保安服务许可证到工商行政管理机关办理工商登记。取得保安服务许可证后超过6个月未办理工商登记的,取得的保安服务许可证失效。

保安服务公司设立分公司的,应当向分公司所在地设区的市级人民政府公安机关备案。备案应当提供总公司的保安服务许可证和工商营业执照,总公司法定代表人、分公司负责人和保安员的基本情况。

保安服务公司的法定代表人变更的,应当经原审批公安机关审核,持审核文件到工商行政管理机关办理变更登记。

第三章　自行招用保安员的单位

第十三条　自行招用保安员的单位应当具有法人资格,有符合本条例规定条件的保安员,有健全的保安服务管理制度、岗位责任制度和保安员管理制度。

娱乐场所应当依照《娱乐场所管理条例》的规定,从保安服务公司聘用保安员,不得自行招用保安员。

第十四条 自行招用保安员的单位,应当自开始保安服务之日起30日内向所在地设区的市级人民政府公安机关备案,备案应当提供下列材料:

(一)法人资格证明;

(二)法定代表人(主要负责人)、分管负责人和保安员的基本情况;

(三)保安服务区域的基本情况;

(四)建立保安服务管理制度、岗位责任制度、保安员管理制度的情况。

自行招用保安员的单位不再招用保安员进行保安服务的,应当自停止保安服务之日起30日内到备案的公安机关撤销备案。

第十五条 自行招用保安员的单位不得在本单位以外或者物业管理区域以外提供保安服务。

第四章 保安员

第十六条 年满18周岁,身体健康,品行良好,具有初中以上学历的中国公民可以申领保安员证,从事保安服务工作。申请人经设区的市级人民政府公安机关考试、审查合格并留存指纹等人体生物信息的,发给保安员证。

提取、留存保安员指纹等人体生物信息的具体办法,由国务院公安部门规定。

第十七条 有下列情形之一的,不得担任保安员:

(一)曾被收容教育、强制隔离戒毒、劳动教养或者3次以上行政拘留的;

(二)曾因故意犯罪被刑事处罚的;

(三)被吊销保安员证未满3年的;

(四)曾两次被吊销保安员证的。

第十八条 保安从业单位应当招用符合保安员条件的人员担任保安员,并与被招用的保安员依法签订劳动合同。保安从业单位及其保安员应当依法参加社会保险。

保安从业单位应当根据保安服务岗位需要定期对保安员进行法律、保安专业知识和技能培训。

第十九条 保安从业单位应当定期对保安员进行考核,发现保安员不合格或者严重违反管理制度,需要解除劳动合同的,应当依法办理。

第二十条 保安从业单位应当根据保安服务岗位的风险程度为保安员投保意外伤害保险。

保安员因工伤亡的,依照国家有关工伤保险的规定享受工伤保险待遇;保安员牺牲被批准为烈士的,依照国家有关烈士褒扬的规定享受抚恤优待。

第五章 保安服务

第二十一条 保安服务公司提供保安服务应当与客户单位签订保安服务合同,明确规定服务的项目、内容以及双方的权利义务。保安服务合同终止后,保安服务公司应当将保安服务合同至少留存2年备查。

保安服务公司应当对客户单位要求提供的保安服务的合法性进行核查,对违法的保安服务要求应当拒绝,并向公安机关报告。

第二十二条 设区的市级以上地方人民政府确定的关系国家安全、涉及国家秘密等治安保卫重点单位不得聘请外商投资的保安服务公司提供保安服务。

第二十三条 保安服务公司派出保安员跨省、自治区、直辖市为客户单位提供保安服务的,应当向服务所在地设区的市级人民政府公安机关备案。备案应当提供保安服务公司的保安服务许可证和工商营业执照、保安服务合同、服务项目负责人和保安员的基本情况。

第二十四条 保安服务公司应当按照保安服务业服务标准提供规范的保安服务,保安服务公司派出的保安员应当遵守客户单位的有关规章制度。客户单位应当为保安员从事保安服务提供必要的条件和保障。

第二十五条 保安服务中使用的技术防范产品,应当符合有关的产品质量要求。保安服务中安装监控设备应当遵守国家有关技术规范,使用监控设备不得侵犯他人合法权益或者个人隐私。

保安服务中形成的监控影像资料、报警记录,应当至少留存30日备查,保安从业单位和客户单位不得删改或者扩散。

第二十六条 保安从业单位对保安服务中获知的国家秘密、商业秘密以及客户单位明确要求保密的信息,应当予以保密。

保安从业单位不得指使、纵容保安员阻碍依法执行公务、参与追索债务、采用暴力或者以暴力相威胁的手段处置纠纷。

第二十七条 保安员上岗应当着保安员服装,佩带全国统一的保安服务标志。保安员服装和保安服务标志应当与人民解放军、人民武装警察和人民警察、工商税务等行政执法机关以及人民法院、人民检察院工作人员的制式服装、标志服饰有明显区别。

保安员服装由全国保安服务行业协会推荐式样,由保安服务从业单位在推荐式样范围内选用。保安服务标志式样由全国保安服务行业协会确定。

第二十八条　保安从业单位应当根据保安服务岗位的需要为保安员配备所需的装备。保安服务岗位装备配备标准由国务院公安部门规定。

第二十九条　在保安服务中,为履行保安服务职责,保安员可以采取下列措施:

(一)查验出入服务区域的人员的证件,登记出入的车辆和物品;

(二)在服务区域内进行巡逻、守护、安全检查、报警监控;

(三)在机场、车站、码头等公共场所对人员及其所携带的物品进行安全检查,维护公共秩序;

(四)执行武装守护押运任务,可以根据任务需要设立临时隔离区,但应当尽可能减少对公民正常活动的妨碍。

保安员应当及时制止发生在服务区域内的违法犯罪行为,对制止无效的违法犯罪行为应当立即报警,同时采取措施保护现场。

从事武装守护押运服务的保安员执行武装守护押运任务使用枪支,依照《专职守护押运人员枪支使用管理条例》的规定执行。

第三十条　保安员不得有下列行为:

(一)限制他人人身自由、搜查他人身体或者侮辱、殴打他人;

(二)扣押、没收他人证件、财物;

(三)阻碍依法执行公务;

(四)参与追索债务、采用暴力或者以暴力相威胁的手段处置纠纷;

(五)删改或者扩散保安服务中形成的监控影像资料、报警记录;

(六)侵犯个人隐私或者泄露在保安服务中获知的国家秘密、商业秘密以及客户单位明确要求保密的信息;

(七)违反法律、行政法规的其他行为。

第三十一条　保安员有权拒绝执行保安从业单位或者客户单位的违法指令。保安从业单位不得因保安员不执行违法指令而解除与保安员的劳动合同,降低其劳动报酬和其他待遇,或者停缴、少缴依法应当为其缴纳的社会保险费。

第六章　保安培训单位

第三十二条　保安培训单位应当具备下列条件:

(一)是依法设立的具有法人资格的学校、职业培训机构;
(二)有保安培训所需的专兼职师资力量;
(三)有保安培训所需的场所、设施等教学条件。

第三十三条 从事保安培训的单位,应当自开展保安培训之日起30日内向所在地设区的市级人民政府公安机关备案,提交能够证明其符合本条例第三十二条规定条件的材料。

保安培训单位出资人、法定代表人(主要负责人)、住所、名称发生变化的,应当到原备案公安机关办理变更。

保安培训单位终止培训的,应当自终止培训之日起30日内到原备案公安机关撤销备案。

第三十四条 从事武装守护押运服务的保安员的枪支使用培训,应当由人民警察院校、人民警察培训机构负责。承担培训工作的人民警察院校、人民警察培训机构应当向所在地的省、自治区、直辖市人民政府公安机关备案。

第三十五条 保安培训单位应当按照保安员培训教学大纲制订教学计划,对接受培训的人员进行法律、保安专业知识和技能培训以及职业道德教育。

保安员培训教学大纲由国务院公安部门审定。

第七章 监督管理

第三十六条 公安机关应当指导保安从业单位建立健全保安服务管理制度、岗位责任制度、保安员管理制度和紧急情况应急预案,督促保安从业单位落实相关管理制度。

保安从业单位、保安培训单位和保安员应当接受公安机关的监督检查。

第三十七条 公安机关建立保安服务监督管理信息系统,记录保安从业单位、保安培训单位和保安员的相关信息。

公安机关应当对提取、留存的保安员指纹等人体生物信息予以保密。

第三十八条 公安机关的人民警察对保安从业单位、保安培训单位实施监督检查应当出示证件,对监督检查中发现的问题,应当督促其整改。监督检查的情况和处理结果应当如实记录,并由公安机关的监督检查人员和保安从业单位、保安培训单位的有关负责人签字。

第三十九条 县级以上人民政府公安机关应当公布投诉方式,受理社会公众对保安从业单位、保安培训单位和保安员的投诉。接到投诉的公安机关应当及时调查处理,并反馈查处结果。

第四十条 国家机关及其工作人员不得设立保安服务公司,不得参与或者变相参与保安服务公司的经营活动。

第八章 法律责任

第四十一条 任何组织或者个人未经许可,擅自从事保安服务的,依法给予治安管理处罚,并没收违法所得;构成犯罪的,依法追究刑事责任。

第四十二条 保安从业单位有下列情形之一的,责令限期改正,给予警告;情节严重的,并处1万元以上5万元以下的罚款;有违法所得的,没收违法所得:

(一)保安服务公司法定代表人变更未经公安机关审核的;

(二)未按照本条例的规定进行备案或者撤销备案的;

(三)自行招用保安员的单位在本单位以外或者物业管理区域以外开展保安服务的;

(四)招用不符合本条例规定条件的人员担任保安员的;

(五)保安服务公司未对客户单位要求提供的保安服务的合法性进行核查的,或者未将违法的保安服务要求向公安机关报告的;

(六)保安服务公司未按照本条例的规定签订、留存保安服务合同的;

(七)未按照本条例的规定留存保安服务中形成的监控影像资料、报警记录的。

客户单位未按照本条例的规定留存保安服务中形成的监控影像资料、报警记录的,依照前款规定处罚。

第四十三条 保安从业单位有下列情形之一的,责令限期改正,处2万元以上10万元以下的罚款;违反治安管理的,依法给予治安管理处罚;构成犯罪的,依法追究直接负责的主管人员和其他直接责任人员的刑事责任:

(一)泄露在保安服务中获知的国家秘密、商业秘密以及客户单位明确要求保密的信息的;

(二)使用监控设备侵犯他人合法权益或者个人隐私的;

(三)删改或者扩散保安服务中形成的监控影像资料、报警记录的;

(四)指使、纵容保安员阻碍依法执行公务、参与追索债务、采用暴力或者以暴力相威胁的手段处置纠纷的;

(五)对保安员疏于管理、教育和培训,发生保安员违法犯罪案件,造成严重后果的。

客户单位删改或者扩散保安服务中形成的监控影像资料、报警记录的,依照前款规定处罚。

第四十四条 保安从业单位因保安员不执行违法指令而解除与保安员的劳动合同,降低其劳动报酬和其他待遇,或者停缴、少缴依法应当为其缴纳的社会保险费的,对保安从业单位的处罚和对保安员的赔偿依照有关劳动合同和社会保险的法律、行政法规的规定执行。

第四十五条 保安员有下列行为之一的,由公安机关予以训诫;情节严重的,吊销其保安员证;违反治安管理的,依法给予治安管理处罚;构成犯罪的,依法追究刑事责任:

(一)限制他人人身自由、搜查他人身体或者侮辱、殴打他人的;

(二)扣押、没收他人证件、财物的;

(三)阻碍依法执行公务的;

(四)参与追索债务、采用暴力或者以暴力相威胁的手段处置纠纷的;

(五)删改或者扩散保安服务中形成的监控影像资料、报警记录的;

(六)侵犯个人隐私或者泄露在保安服务中获知的国家秘密、商业秘密以及客户单位明确要求保密的信息的;

(七)有违反法律、行政法规的其他行为的。

从事武装守护押运的保安员违反规定使用枪支的,依照《专职守护押运人员枪支使用管理条例》的规定处罚。

第四十六条 保安员在保安服务中造成他人人身伤亡、财产损失的,由保安从业单位赔付;保安员有故意或者重大过失的,保安从业单位可以依法向保安员追偿。

第四十七条 从事保安培训的单位有下列情形之一的,责令限期改正,给予警告;情节严重的,并处1万元以上5万元以下的罚款:

(一)未按照本条例的规定进行备案或者办理变更的;

(二)不符合本条例规定条件的;

(三)隐瞒有关情况、提供虚假材料或者拒绝提供反映其活动情况的真实材料的;

(四)未按照本条例规定开展保安培训的。

以保安培训为名进行诈骗活动的,依法给予治安管理处罚;构成犯罪的,依法追究刑事责任。

第四十八条　国家机关及其工作人员设立保安服务公司,参与或者变相参与保安服务公司经营活动的,对直接负责的主管人员和其他直接责任人员依法给予处分。

第四十九条　公安机关的人民警察在保安服务活动监督管理工作中滥用职权、玩忽职守、徇私舞弊的,依法给予处分;构成犯罪的,依法追究刑事责任。

第九章　附　则

第五十条　保安服务许可证、保安员证的式样由国务院公安部门规定。

第五十一条　本条例施行前已经设立的保安服务公司,应当自本条例施行之日起6个月内重新申请保安服务许可证。本条例施行前自行招用保安员的单位,应当自本条例施行之日起3个月内向公安机关备案。

本条例施行前已经从事保安服务的保安员,自本条例施行之日起1年内由保安员所在单位组织培训,经设区的市级人民政府公安机关考试、审查合格并留存指纹等人体生物信息的,发给保安员证。

第五十二条　本条例自2010年1月1日起施行。

公安机关实施保安服务管理条例办法

(2010年2月3日公安部令第112号公布　根据2016年1月14日《公安部关于修改部分部门规章的决定》修正)

第一章　总　则

第一条　为了规范公安机关对保安服务的监督管理工作,根据《保安服务管理条例》(以下简称《条例》)和有关法律、行政法规规定,制定本办法。

第二条　公安部负责全国保安服务活动的监督管理工作。地方各级公安机关应当按照属地管理、分级负责的原则,对保安服务活动依法进行监督管理。

第三条　省级公安机关负责下列保安服务监督管理工作:

(一)指导本省(自治区)公安机关对保安从业单位、保安培训单位、保安员和保安服务活动进行监督管理;

(二)核发、吊销保安服务公司的保安服务许可证、保安培训单位的保安培

训许可证;

(三)审核保安服务公司法定代表人的变更情况;

(四)接受承担保安员枪支使用培训工作的人民警察院校、人民警察培训机构的备案;

(五)依法进行其他保安服务监督管理工作。

直辖市公安机关除行使省级公安机关的保安服务监督管理职能外,还可以直接受理设立保安服务公司或者保安培训单位的申请,核发保安员证,接受保安服务公司跨省、自治区、直辖市提供保安服务的备案。

第四条 设区市的公安机关负责下列保安服务监督管理工作:

(一)受理、审核设立保安服务公司、保安培训单位的申请材料;

(二)接受保安服务公司设立分公司和跨省、自治区、直辖市开展保安服务活动,以及自行招用保安员单位的备案;

(三)组织开展保安员考试,核发、吊销保安员证;

(四)对保安服务活动进行监督检查;

(五)依法进行其他保安服务监督管理工作。

第五条 县级公安机关负责下列保安服务监督管理工作:

(一)对保安服务活动进行监督检查;

(二)协助进行自行招用保安员单位备案管理工作;

(三)受理保安员考试报名、采集保安员指纹;

(四)依法进行其他保安服务监督管理工作。

公安派出所负责对自行招用保安员单位保安服务活动的日常监督检查。

第六条 各级公安机关应当明确保安服务主管机构,归口负责保安服务监督管理工作。

铁路、交通、民航公安机关和森林公安机关负责对其管辖范围内的保安服务进行日常监督检查。

新疆生产建设兵团公安机关负责对其管辖范围内的保安服务进行监督管理。

第七条 保安服务行业协会在公安机关指导下依法开展提供服务、规范行为、反映诉求等保安服务行业自律工作。

全国性保安服务行业协会在公安部指导下开展推荐保安员服装式样、设计全国统一的保安服务标志、制定保安服务标准、开展保安服务企业资质认证以及协助组织保安员考试等工作。

第八条　公安机关对在保护公共财产和人民群众生命财产安全、预防和制止违法犯罪活动中有突出贡献的保安从业单位和保安员,应当按照国家有关规定给予表彰奖励。

保安员因工伤亡的,依照国家有关工伤保险的规定享受工伤保险待遇,公安机关应当协助落实工伤保险待遇;保安员因公牺牲的,公安机关应当按照国家有关规定,做好烈士推荐工作。

第二章　保安从业单位许可与备案

第九条　申请设立保安服务公司,应当向设区市的公安机关提交下列材料:

(一)设立申请书(应当载明拟设立保安服务公司的名称、住所、注册资本、股东及出资额、经营范围等内容);

(二)拟任的保安服务公司法定代表人和总经理、副总经理等主要管理人员的有效身份证件、简历,保安师资格证书复印件,5年以上军队、公安、安全、审判、检察、司法行政或者治安保卫、保安经营管理工作经验证明,县级公安机关开具的无被刑事处罚、劳动教养、收容教育、强制隔离戒毒证明;

(三)拟设保安服务公司住所的所有权或者使用权的有效证明文件和提供保安服务所需的有关设备、交通工具等材料;

(四)专业技术人员名单和法律、行政法规有资格要求的资格证明;

(五)组织机构和保安服务管理制度、岗位责任制度、保安员管理制度材料;

(六)工商行政管理部门核发的企业名称预先核准通知书。

第十条　申请设立提供武装守护押运服务的保安服务公司,除向设区市的公安机关提交本办法第九条规定的材料外,还应当提交下列材料:

(一)出资属国有独资或者国有资本占注册资本总额51%以上的有效证明文件;

(二)符合《专职守护押运人员枪支使用管理条例》规定条件的守护押运人员的材料;

(三)符合国家或者行业标准的专用运输车辆以及通信、报警设备的材料;

(四)枪支安全管理制度和保管设施情况的材料。

保安服务公司申请增设武装守护押运业务的,无需提交本办法第九条规定的材料。

第十一条　申请设立中外合资经营、中外合作经营或者外资独资经营的保安服务公司(以下统称外资保安服务公司),除了向公安机关提交本办法第九条、第十条规定的材料外,还应当提交下列材料:

(一)中外合资、中外合作合同;

(二)外方的资信证明和注册登记文件;

(三)拟任的保安服务公司法定代表人和总经理、副总经理等主要管理人员为外国人的,须提供在所属国家或者地区无被刑事处罚记录证明(原居住地警察机构出具并经公证机关公证)、5年以上保安经营管理工作经验证明、在华取得的保安师资格证书复印件。

本办法施行前已经设立的保安服务公司重新申请保安服务许可证,拟任的法定代表人和总经理、副总经理等主要管理人员为外国人的,除需提交前款第三项规定的材料外,还应当提交外国人就业证复印件。

第十二条　省级公安机关应当按照严格控制、防止垄断、适度竞争、确保安全的原则,提出武装守护押运服务公司的规划、布局方案,报公安部批准。

第十三条　设区市的公安机关应当自收到设立保安服务公司申请材料之日起15个工作日内,对申请人提交的材料的真实性进行审核,确认是否属实,并将审核意见报所在地省级公安机关。对设立提供武装守护押运和安全技术防范报警监控运营服务的申请,应当对经营场所、设施建设等情况进行现场考察。

省级公安机关收到设立保安服务公司的申请材料和设区市的公安机关的审核意见后,应当在15个工作日内作出决定:

(一)符合《条例》第八条、第十条和本办法第十二条规定的,决定核发保安服务许可证,或者在已有的保安服务许可证上增注武装守护押运服务;

(二)不符合《条例》第八条、第十条和本办法第十二条规定的,应当作出不予许可的决定,书面通知申请人并说明理由。

第十四条　取得保安服务许可证的申请人应当在办理工商登记后30个工作日内将工商营业执照复印件报送核发保安服务许可证的省级公安机关。

取得保安服务许可证后超过6个月未办理工商登记的,保安服务许可证失效,发证公安机关应当收回保安服务许可证。

第十五条　保安服务公司设立分公司的,应当自分公司设立之日起15个工作日内,向分公司所在地设区市的公安机关备案,并接受备案地公安机关监督管理。备案应当提交下列材料:

（一）保安服务许可证、工商营业执照复印件；
（二）保安服务公司法定代表人、分公司负责人和保安员基本情况；
（三）拟开展的保安服务项目。

第十六条　保安服务公司拟变更法定代表人的，应当向所在地设区市的公安机关提出申请。设区市的公安机关应当在收到申请后15个工作日内进行审核并报所在地省级公安机关。省级公安机关应当在收到申报材料后15个工作日内审核并予以回复。

第十七条　省级公安机关许可设立提供武装守护押运服务的保安服务公司以及中外合资、中外合作或者外商独资经营的保安服务公司的，应当报公安部备案。

第十八条　自行招用保安员从事本单位安全防范工作的机关、团体、企业、事业单位以及在物业管理区域内开展秩序维护等服务的物业服务企业，应当自开始保安服务之日起30个工作日内向所在地设区市的公安机关备案。备案应当提交下列材料：
（一）单位法人资格证明；
（二）法定代表人（主要负责人）、保安服务分管负责人和保安员的基本情况；
（三）保安服务区域的基本情况；
（四）建立保安服务管理制度、岗位责任制度、保安员管理制度的情况；
（五）保安员在岗培训法律、保安专业知识和技能的情况。

第三章　保安员证申领与保安员招用

第十九条　申领保安员证应当符合下列条件：
（一）年满18周岁的中国公民；
（二）身体健康，品行良好；
（三）初中以上学历；
（四）参加保安员考试，成绩合格；
（五）没有《条例》第十七条规定的情形。

第二十条　参加保安员考试，由本人或者保安从业单位、保安培训单位组织到现住地县级公安机关报名，填报报名表（可以到当地公安机关政府网站上下载），并按照国家有关规定交纳考试费。报名应当提交下列材料：
（一）有效身份证件；

(二)县级以上医院出具的体检证明;

(三)初中以上学历证明。

县级公安机关应当在接受报名时留取考试申请人的指纹,采集数码照片,并现场告知领取准考证时间。

第二十一条 县级公安机关对申请人的报名材料进行审核,符合本办法第十九条第一项、第二项、第三项、第五项规定的,上报设区市的公安机关发给准考证,通知申请人领取。

第二十二条 设区市的公安机关应当根据本地报考人数和保安服务市场需要,合理规划设置考点,提前公布考试方式(机考或者卷考)和时间,每年考试不得少于2次。

考试题目从公安部保安员考试题库中随机抽取。考生凭准考证和有效身份证件参加考试。

第二十三条 申请人考试成绩合格的,设区市的公安机关核发保安员证,由县级公安机关通知申请人领取。

第二十四条 保安从业单位直接从事保安服务的人员应当持有保安员证。

保安从业单位应当招用持有保安员证的人员从事保安服务工作,并与被招用的保安员依法签订劳动合同。

第四章 保安服务

第二十五条 保安服务公司签订保安服务合同前,应当按照《条例》第二十一条的规定,对下列事项进行核查:

(一)客户单位是否依法设立;

(二)被保护财物是否合法;

(三)被保护人员的活动是否合法;

(四)要求提供保安服务的活动依法需经批准的,是否已经批准;

(五)维护秩序的区域是否经业主或者所属单位明确授权;

(六)其他应当核查的事项。

第二十六条 保安服务公司派出保安员提供保安服务,保安服务合同履行地与保安服务公司所在地不在同一省、自治区、直辖市的,应当依照《条例》第二十三条的规定,在开始提供保安服务之前30个工作日内向保安服务合同履行地设区市的公安机关备案,并接受备案地公安机关监督管理。备案应当提交下列材料：

（一）保安服务许可证和工商营业执照复印件；

（二）保安服务公司法定代表人、服务项目负责人有效身份证件和保安员的基本情况；

（三）跨区域经营服务的保安服务合同；

（四）其他需要提供的材料。

第二十七条 经设区的市级以上地方人民政府确定的关系国家安全、涉及国家秘密等治安保卫重点单位不得聘请外资保安服务公司提供保安服务。

为上述单位提供保安服务的保安服务公司不得招用境外人员。

第二十八条 保安服务中使用的技术防范产品，应当符合国家或者行业质量标准。

保安服务中安装报警监控设备应当遵守国家有关安全技术规范。

第二十九条 保安员上岗服务应当穿着全国性保安服务行业协会推荐式样的保安员服装，佩带全国统一的保安服务标志。

提供随身护卫、安全技术防范和安全风险评估服务的保安员上岗服务可以穿着便服，但应当佩带全国统一的保安服务标志。

第三十条 保安从业单位应当根据保安服务和保安员安全需要，为保安员配备保安服务岗位所需的防护、救生等器材和交通、通讯等装备。

保安服务岗位装备配备标准由公安部另行制定。

第五章 保安培训单位许可与备案

第三十一条 申请设立保安培训单位，应当向设区市的公安机关提交下列材料：

（一）设立申请书（应当载明申请人基本情况、拟设立培训单位名称、培训目标、培训规模、培训内容、培训条件和内部管理制度等）；

（二）符合《条例》第三十二条规定条件的证明文件；

（三）申请人、法定代表人的有效身份证件，主要管理人员和师资人员的相关资格证明文件。

第三十二条 公安机关应当自收到申请材料之日起15个工作日内，对申请人提交的材料的真实性进行审核，对培训所需场所、设施等教学条件进行现场考察，并将审核意见报所在地省级公安机关。

省级公安机关收到申请材料和设区市的公安机关的审核意见后，应当在

15个工作日内作出决定：

（一）符合《条例》第三十二条规定的，核发保安培训许可证；

（二）不符合《条例》第三十二条规定的，应当作出不予许可的决定，书面通知申请人并说明理由。

第三十三条 人民警察院校、人民警察培训机构对从事武装守护押运服务保安员进行枪支使用培训的，应当在开展培训工作前30个工作日内，向所在地省级公安机关备案。备案应当提交下列材料：

（一）法人资格证明或者批准成立文件；

（二）法定代表人、分管负责人的基本情况；

（三）与培训规模相适应的师资和教学设施情况；

（四）枪支安全管理制度和保管设施建设情况。

第三十四条 保安培训单位应当按照公安部审定的保安员培训教学大纲进行培训。

保安培训单位不得对外提供或者变相提供保安服务。

第六章 监督检查

第三十五条 公安机关应当加强对保安从业单位、保安培训单位的日常监督检查，督促落实各项管理制度。

第三十六条 公安机关应当根据《条例》规定，建立保安服务监督管理信息系统和保安员指纹等人体生物信息管理制度。

保安服务监督管理信息系统建设标准由公安部另行制定。

第三十七条 公安机关对保安服务公司应当检查下列内容：

（一）保安服务公司基本情况；

（二）设立分公司和跨省、自治区、直辖市开展保安服务经营活动情况；

（三）保安服务合同和监控影像资料、报警记录留存制度落实情况；

（四）保安服务中涉及的安全技术防范产品、设备安装、变更、使用情况；

（五）保安服务管理制度、岗位责任制度、保安员管理制度和紧急情况应急预案建立落实情况；

（六）从事武装守护押运服务的保安服务公司公务用枪安全管理制度和保管设施建设情况；

（七）保安员及其服装、保安服务标志与装备管理情况；

（八）保安员在岗培训和权益保障工作落实情况；

（九）被投诉举报事项纠正情况；

（十）其他需要检查的事项。

第三十八条 公安机关对自行招用保安员单位应当检查下列内容：

（一）备案情况；

（二）监控影像资料、报警记录留存制度落实情况；

（三）保安服务中涉及的安全技术防范产品、设备安装、变更、使用情况；

（四）保安服务管理制度、岗位责任制度、保安员管理制度和紧急情况应急预案建立落实情况；

（五）依法配备的公务用枪安全管理制度和保管设施建设情况；

（六）自行招用的保安员及其服装、保安服务标志与装备管理情况；

（七）保安员在岗培训和权益保障工作落实情况；

（八）被投诉举报事项纠正情况；

（九）其他需要检查的事项。

第三十九条 公安机关对保安培训单位应当检查下列内容：

（一）保安培训单位基本情况；

（二）保安培训教学情况；

（三）枪支使用培训单位备案情况和枪支安全管理制度与保管设施建设管理情况；

（四）其他需要检查的事项。

第四十条 公安机关有关工作人员对保安从业单位和保安培训单位实施监督检查时不得少于2人，并应当出示执法身份证件。

对监督检查情况和处理意见应当如实记录，并由公安机关检查人员和被检查单位的有关负责人签字；被检查单位负责人不在场或者拒绝签字的，公安机关工作人员应当在检查记录上注明。

第四十一条 公安机关在监督检查时，发现依法应当责令限期改正的违法行为，应当制作责令限期改正通知书，送达被检查单位。责令限期改正通知书中应当注明改正期限。

公安机关应当在责令改正期限届满或者收到当事人的复查申请之日起3个工作日内进行复查。对逾期不改正的，依法予以行政处罚。

第四十二条 公安机关应当在办公场所和政府网站上公布下列信息：

（一）保安服务监督管理有关法律、行政法规、部门规章和地方性法规、政府规章等规范性文件；

（二）保安服务许可证、保安培训许可证、保安员证的申领条件和程序；

（三）保安服务公司设立分公司与跨省、自治区、直辖市经营服务、自行招用保安员单位、从事武装守护押运服务保安员枪支使用培训单位的备案材料和程序；

（四）保安服务监督检查工作要求和程序；

（五）举报投诉方式；

（六）其他应当公开的信息。

第四十三条 以欺骗、贿赂等不正当手段取得保安服务或者保安培训许可，公安机关及其工作人员滥用职权、玩忽职守、违反法定程序准予保安服务或者保安培训许可，或者对不具备申请资格、不符合法定条件的申请人准予保安服务或者保安培训许可的，发证公安机关经查证属实，应当撤销行政许可。撤销保安服务、保安培训许可的，应当按照下列程序实施：

（一）经省、自治区、直辖市人民政府公安机关批准，制作撤销决定书送达当事人；

（二）收缴许可证书；

（三）公告许可证书作废。

第四十四条 保安服务公司、保安培训单位依法破产、解散、终止的，发证公安机关应当依法及时办理许可注销手续，收回许可证件。

第七章 法律责任

第四十五条 保安服务公司有下列情形之一，造成严重后果的，除依照《条例》第四十三条规定处罚外，发证公安机关可以依据《中华人民共和国治安管理处罚法》第五十四条第三款的规定，吊销保安服务许可证：

（一）泄露在保安服务中获知的国家秘密；

（二）指使、纵容保安员阻碍依法执行公务、参与追索债务、采用暴力或者以暴力相威胁的手段处置纠纷；

（三）其他严重违法犯罪行为。

保安培训单位以培训为名进行诈骗等违法犯罪活动，情节严重的，公安机关可以依前款规定，吊销保安培训许可证。

第四十六条 设区的市级以上人民政府确定的关系国家安全、涉及国家秘密等治安保卫重点单位违反《条例》第二十二条规定的，依照《企业事业单位内部治安保卫条例》第十九条的规定处罚。

保安服务公司违反本办法第二十七条第二款规定的,依照前款规定处罚。

第四十七条 保安培训单位以实习为名,派出学员变相开展保安服务的,依照《条例》第四十一条规定,依法给予治安管理处罚,并没收违法所得;构成犯罪的,依法追究刑事责任。

第四十八条 公安机关工作人员在保安服务监督管理中有下列情形的,对直接负责的主管人员和其他直接责任人员依法给予处分;构成犯罪的,依法追究刑事责任:

(一)明知不符合设立保安服务公司、保安培训单位的设立条件却许可的;符合《条例》和本办法规定,应当许可却不予许可的;

(二)违反《条例》规定,应当接受保安从业单位、保安培训单位的备案而拒绝接受的;

(三)接到举报投诉,不依法查处的;

(四)发现保安从业单位和保安培训单位违反《条例》规定,不依法查处的;

(五)利用职权指定安全技术防范产品的生产厂家、销售单位或者指定保安服务提供企业的;

(六)接受被检查单位、个人财物或者其他不正当利益的;

(七)参与或者变相参与保安服务公司经营活动的;

(八)其他滥用职权、玩忽职守、徇私舞弊的行为。

第八章 附 则

第四十九条 保安服务许可证和保安培训许可证包括正本和副本,正本应当悬挂在保安服务公司或者保安培训单位主要办公场所的醒目位置。

保安服务许可证、保安培训许可证、保安员证式样由公安部规定,省级公安机关制作;其他文书式样由省级公安机关自行制定。

第五十条 对香港特别行政区、澳门特别行政区和台湾地区投资者设立合资、合作或者独资经营的保安服务公司的管理,参照适用外资保安服务公司的相关规定。

第五十一条 本办法自发布之日起施行。

公安机关执行保安服务管理条例若干问题的解释

(2010年9月16日 公通字〔2010〕43号)

根据《保安服务管理条例》(以下简称《条例》)和《公安机关实施保安服务管理条例办法》(以下简称《办法》)规定及保安服务监管工作需要,现对公安机关执行《保安服务管理条例》的若干问题解释如下。

一、关于保安服务公司主要管理人员范围问题。《条例》第八条第二项规定,拟任的保安服务公司法定代表人和主要管理人员应当具备任职所需的专业知识和有关业务工作经验。这里的"主要管理人员"是指拟任的保安服务公司总经理、副总经理。

二、关于保安服务公司法定代表人和主要管理人员保安师资格证问题。《条例》第八条第二项规定,拟任保安服务公司法定代表人和主要管理人员应当具备任职所需的专业知识。《办法》第九条进一步明确规定,拟任保安服务公司法定代表人和总经理、副总经理等主要管理人员应当具有保安师资格。在全国保安职业技能鉴定工作开始后,将对在任的保安服务公司的法定代表人和总经理、副总经理等主要管理人员进行全国统一的职业技能鉴定,核发保安师资格证书。

三、关于拟任保安服务公司法定代表人和主要管理人员治安保卫或者保安经营管理经验问题。《条例》第八条第二项规定,拟任的保安服务公司法定代表人和主要管理人员应当具备有关业务工作经验。《办法》第九条规定,拟任的保安服务公司法定代表人和主要管理人员应当具有5年以上军队、公安、安全、审判、检察、司法行政或者治安保卫、保安经营管理工作经验。这里的"治安保卫"工作经验是指曾在县级以上人民政府确定的治安保卫重点单位从事治安保卫管理工作经历;"保安经营管理"工作经验是指在保安服务公司中曾担任经营管理领导职务的工作经历。

四、关于直辖市公安机关直接受理设立保安服务公司或者保安培训单位申请的审核审批时间问题。根据《行政许可法》第四十二条、《条例》第九条和《办法》第三条规定,直辖市公安机关直接受理设立保安服务公司或者保安培训单位申请的,应当在20日内审核完毕并作出决定;在20日内不能作出决定的,经本行政机关负责人批准,可以延长10日,并应将延长期限的理由告知申请人。

五、关于提供武装守护押运服务的保安服务公司国有投资主体数量问题。《条例》第十条规定,提供武装守护押运服务的保安服务公司应当由国有资本独资设立,或者国有资本占注册资本总额51%以上。这里所称的国有资本可以由多个国有投资主体持有,但其中一个国有投资主体持有的股份应当占该公司注册资本总额的51%以上。

六、关于公安机关所属院校、社团和现役部队设立保安服务公司问题。根据1998年中央对军队、武警和政法机关进行清商的文件精神和公安部有关规定要求,公安机关所属院校、社团和现役部队不得设立保安服务公司,不得参与或者变相参与保安服务公司的经营活动。

七、关于自行招用保安员单位跨区域开展保安服务活动的备案问题。《条例》第十四条第一款规定,自行招用保安员的单位,应当向所在地设区的市级人民政府公安机关备案。自行招用保安员的单位因本单位生产经营工作的需要而跨市(地、州、盟)开展保安服务活动的,应当将保安服务情况向当地市(地、州、盟)公安机关备案,当地公安机关应当接受备案,并纳入监管。

八、关于单位自行招用保安员的备案范围问题。根据《条例》第十四条规定,对具有法人资格的单位自行招用的直接从事本单位门卫、巡逻、守护和秩序维护等安全防范工作并与本单位签订劳动合同或用工协议的人员,应当纳入公安机关备案范围。

九、关于达到法定退休年龄人员申领保安员证问题。根据《劳动法》等法律、法规规定和保安服务工作要求,对于达到法定退休年龄的人员不再发给保安员证。

十、关于安全技术防范服务认定问题。根据《条例》第二条规定,保安服务包括安全技术防范服务。这里的"安全技术防范服务"主要是指利用安全技术防范设备和技术手段,为公民、法人和其他组织提供入侵报警、视频监控,以及报警运营等服务。

企业事业单位内部治安保卫条例

(2004年9月13日国务院第64次常务会议通过 2004年9月27日中华人民共和国国务院令第421号公布 自2004年12月1日起施行)

第一条 为了规范企业、事业单位(以下简称单位)内部治安保卫工作,保护公民人身、财产安全和公共财产安全,维护单位的工作、生产、经营、教学和科研秩序,制定本条例。

第二条 单位内部治安保卫工作贯彻预防为主、单位负责、突出重点、保障安全的方针。

单位内部治安保卫工作应当突出保护单位内人员的人身安全,单位不得以经济效益、财产安全或者其他任何借口忽视人身安全。

第三条 国务院公安部门指导、监督全国的单位内部治安保卫工作,对行业、系统有监管职责的国务院有关部门指导、检查本行业、本系统的单位内部治安保卫工作;县级以上地方各级人民政府公安机关指导、监督本行政区域内的单位内部治安保卫工作,对行业、系统有监管职责的县级以上地方各级人民政府有关部门指导、检查本行政区域内的本行业、本系统的单位内部治安保卫工作,及时解决单位内部治安保卫工作中的突出问题。

第四条 县级以上地方各级人民政府应当加强对本行政区域内的单位内部治安保卫工作的领导,督促公安机关和有关部门依法履行职责,并及时协调解决单位内部治安保卫工作中的重大问题。

第五条 单位的主要负责人对本单位的内部治安保卫工作负责。

第六条 单位应当根据内部治安保卫工作需要,设置治安保卫机构或者配备专职、兼职治安保卫人员。

治安保卫重点单位应当设置与治安保卫任务相适应的治安保卫机构,配备专职治安保卫人员,并将治安保卫机构的设置和人员的配备情况报主管公安机关备案。

第七条 单位内部治安保卫工作的要求是:

(一)有适应单位具体情况的内部治安保卫制度、措施和必要的治安防范设施;

（二）单位范围内的治安保卫情况有人检查，重要部位得到重点保护，治安隐患及时得到排查；

（三）单位范围内的治安隐患和问题及时得到处理，发生治安案件、涉嫌刑事犯罪的案件及时得到处置。

第八条　单位制定的内部治安保卫制度应当包括下列内容：

（一）门卫、值班、巡查制度；

（二）工作、生产、经营、教学、科研等场所的安全管理制度；

（三）现金、票据、印鉴、有价证券等重要物品使用、保管、储存、运输的安全管理制度；

（四）单位内部的消防、交通安全管理制度；

（五）治安防范教育培训制度；

（六）单位内部发生治安案件、涉嫌刑事犯罪案件的报告制度；

（七）治安保卫工作检查、考核及奖惩制度；

（八）存放有爆炸性、易燃性、放射性、毒害性、传染性、腐蚀性等危险物品和传染性菌种、毒种以及武器弹药的单位，还应当有相应的安全管理制度；

（九）其他有关的治安保卫制度。

单位制定的内部治安保卫制度不得与法律、法规、规章的规定相抵触。

第九条　单位内部治安保卫人员应当接受有关法律知识和治安保卫业务、技能以及相关专业知识的培训、考核。

第十条　单位内部治安保卫人员应当依法、文明履行职责，不得侵犯他人合法权益。治安保卫人员依法履行职责的行为受法律保护。

第十一条　单位内部治安保卫机构、治安保卫人员应当履行下列职责：

（一）开展治安防范宣传教育，并落实本单位的内部治安保卫制度和治安防范措施；

（二）根据需要，检查进入本单位人员的证件，登记出入的物品和车辆；

（三）在单位范围内进行治安防范巡逻和检查，建立巡逻、检查和治安隐患整改记录；

（四）维护单位内部的治安秩序，制止发生在本单位的违法行为，对难以制止的违法行为以及发生的治安案件、涉嫌刑事犯罪案件应当立即报警，并采取措施保护现场，配合公安机关的侦查、处置工作；

（五）督促落实单位内部治安防范设施的建设和维护。

第十二条　在单位管理范围内的人员，应当遵守单位的内部治安保卫制度。

第十三条 关系全国或者所在地区国计民生、国家安全和公共安全的单位是治安保卫重点单位。治安保卫重点单位由县级以上地方各级人民政府公安机关按照下列范围提出，报本级人民政府确定：

（一）广播电台、电视台、通讯社等重要新闻单位；

（二）机场、港口、大型车站等重要交通枢纽；

（三）国防科技工业重要产品的研制、生产单位；

（四）电信、邮政、金融单位；

（五）大型能源动力设施、水利设施和城市水、电、燃气、热力供应设施；

（六）大型物资储备单位和大型商贸中心；

（七）教育、科研、医疗单位和大型文化、体育场所；

（八）博物馆、档案馆和重点文物保护单位；

（九）研制、生产、销售、储存危险物品或者实验、保藏传染性菌种、毒种的单位；

（十）国家重点建设工程单位；

（十一）其他需要列为治安保卫重点的单位。

治安保卫重点单位应当遵守本条例对单位治安保卫工作的一般规定和对治安保卫重点单位的特别规定。

第十四条 治安保卫重点单位应当确定本单位的治安保卫重要部位，按照有关国家标准对重要部位设置必要的技术防范设施，并实施重点保护。

第十五条 治安保卫重点单位应当在公安机关指导下制定单位内部治安突发事件处置预案，并定期演练。

第十六条 公安机关对本行政区域内的单位内部治安保卫工作履行下列职责：

（一）指导单位制定、完善内部治安保卫制度，落实治安防范措施，指导治安保卫人员队伍建设和治安保卫重点单位的治安保卫机构建设；

（二）检查、指导单位的内部治安保卫工作，发现单位有违反本条例规定的行为或者治安隐患，及时下达整改通知书，责令限期整改；

（三）接到单位内部发生治安案件、涉嫌刑事犯罪案件的报警，及时出警，依法处置。

第十七条 对认真落实治安防范措施，严格执行治安保卫工作制度，在单位内部治安保卫工作中取得显著成绩的单位和个人，有关人民政府、公安机关和有关部门应当给予表彰、奖励。

第十八条 单位治安保卫人员因履行治安保卫职责伤残或者死亡的,依照国家有关工伤保险、评定伤残、批准烈士的规定给予相应的待遇。

第十九条 单位违反本条例的规定,存在治安隐患的,公安机关应当责令限期整改,并处警告;单位逾期不整改,造成公民人身伤害、公私财产损失,或者严重威胁公民人身安全、公私财产安全或者公共安全的,对单位处1万元以上10万元以下的罚款,对单位主要负责人和其他直接责任人员处500元以上5000元以下的罚款,并可以建议有关组织对单位主要负责人和其他直接责任人员依法给予处分;情节严重,构成犯罪的,依法追究刑事责任。

第二十条 单位治安保卫人员在履行职责时侵害他人合法权益的,应当赔礼道歉,给他人造成损害的,单位应当承担赔偿责任。单位赔偿后,有权责令因故意或者重大过失造成侵权的治安保卫人员承担部分或者全部赔偿的费用;对故意或者重大过失造成侵权的治安保卫人员,单位应当依法给予处分。治安保卫人员侵害他人合法权益的行为属于受单位负责人指使、胁迫的,对单位负责人依法给予处分,并由其承担赔偿责任;情节严重,构成犯罪的,依法追究刑事责任。

第二十一条 公安机关接到单位报警后不依法履行职责,致使公民人身、财产和公共财产遭受损失,或者有其他玩忽职守、滥用职权行为的,对直接负责的主管人员和其他直接责任人员依法给予行政处分;情节严重,构成犯罪的,依法追究刑事责任。

对行业、系统有监管职责的人民政府有关部门在指导、检查本行业、本系统的单位内部治安保卫工作过程中有玩忽职守、滥用职权行为的,参照前款规定处罚。

第二十二条 机关、团体的内部治安保卫工作参照本条例的有关规定执行。

高等学校治安保卫工作的具体规定由国务院另行制定。

第二十三条 本条例自2004年12月1日起施行。

公安机关监督检查企业事业单位内部治安保卫工作规定

(2007年6月16日公安部令第93号发布 自2007年10月1日起施行)

第一条 为规范公安机关监督检查企业事业单位(以下简称单位)内部治安保卫工作行为,依据《企业事业单位内部治安保卫条例》(以下简称《条例》),制定本规定。

第二条 县级以上公安机关单位内部治安保卫工作主管部门和单位所在地公安派出所按照分工履行监督检查单位内部治安保卫工作职责。

铁路、交通、民航公安机关和国有林区森林公安机关负责监督检查本行业、本系统所属单位内部治安保卫工作。公安消防、交通管理部门依照有关规定,对单位内部消防、交通安全管理进行监督检查。

第三条 公安机关监督检查单位内部治安保卫工作应当严格执行国家有关规定。对监督检查中涉及的国家秘密、商业秘密,应当予以保密。

第四条 公安机关对单位内部治安保卫工作的下列事项进行监督检查:

(一)单位按照《条例》规定制定和落实内部治安保卫制度情况;

(二)单位主要负责人落实内部治安保卫工作责任制情况;

(三)单位设置治安保卫机构和配备专职、兼职治安保卫人员情况;

(四)单位落实出入登记、守卫看护、巡逻检查、重要部位重点保护、治安隐患排查处理等内部治安保卫措施情况;

(五)单位治安防范设施的建设、使用和维护情况;

(六)单位内部治安保卫机构、治安保卫人员依法履行职责情况;

(七)单位管理范围内的人员遵守单位内部治安保卫制度情况;

(八)单位内部治安保卫人员接受有关法律知识和治安保卫业务、技能以及相关专业知识培训、考核情况;

(九)其他依法应当监督检查的内容。

第五条 公安机关监督检查治安保卫重点单位,除执行本规定第四条规定外,还应当对下列事项进行监督检查:

(一)治安保卫机构设置和人员配备报主管公安机关备案情况;

(二)治安保卫重要部位确定情况;

(三)按照国家有关标准对治安保卫重要部位设置必要的安全技术防范设施,并实施重点保护情况;

(四)制定单位内部治安突发事件处置预案及组织演练情况;

(五)其他依法应当监督检查的内容。

第六条 公安机关监督检查单位内部治安保卫工作,可以采取以下方法:

(一)要求单位治安保卫工作负责人和其他工作人员对检查事项作出说明;

(二)查阅、调取、复制与治安保卫工作有关的文件、资料;

(三)实地查看单位治安保卫制度、措施的制定和落实情况,查看单位物防、技防等治安防范设施的设置和运行情况;

(四)利用监控设备检查单位内部治安保卫工作的落实情况;

(五)根据需要采取的其他监督检查方法。

监督检查可以采取定期检查、临时检查、专项检查、随机抽查等方式进行,检查民警不得少于两人,并应当向被检查单位负责人或者其他有关人员出示工作证件。

第七条 监督检查应当制作《检查笔录》,如实记录监督检查情况和发现的治安隐患,并交被检查单位负责人或者陪同检查人员核对签名。被检查单位负责人或者陪同检查人员对记录有异议的,应当允许其说明;拒绝签名的,检查民警应当在《检查笔录》上注明。

第八条 单位违反《条例》规定,存在治安隐患的,公安机关应当责令限期整改,并处警告。

责令单位限期整改治安隐患时,应当制作《责令限期整改治安隐患通知书》,详细列明具体隐患及相应整改期限,整改期限最长不超过二个月。《责令限期整改治安隐患通知书》应当自检查完毕之日起三个工作日内送达被检查单位。

单位在整改治安隐患期间应当采取必要的防范措施,确保安全。

第九条 单位认为有正当理由不能在整改期限内将治安隐患整改完毕的,应当在整改期限届满前向发出《责令限期整改治安隐患通知书》的公安机关提出书面延期整改申请。

公安机关应当自受理申请之日起三个工作日内对延期申请进行审查,作出是否同意延期的决定并送达《同意/不同意延期整改治安隐患通知书》。延期整改期限最长不超过一个月。

第十条 对责令限期整改或者同意延期整改治安隐患的,公安机关应当自责令整改期限或者延期整改期限届满次日起三个工作日内对治安隐患整改情况进行复查,自复查之日起三个工作日内制作并送达《复查意见告知书》。

单位在规定整改期限届满前,认为已将公安机关责令限期整改或者同意延期整改的治安隐患提前整改完毕的,可以向公安机关提出提前复查治安隐患整改情况的申请,公安机关应当自收到单位申请次日起三个工作日内对整改情况进行复查,自复查之日起三个工作日内制作并送达《复查意见告知书》。

经复查,由于客观原因致使治安隐患整改情况难以达到规定要求,并严重威胁公民人身安全、公私财产安全或者公共安全的,公安机关应当及时报告当地人民政府或者通报单位上一级主管部门协调解决。对无正当理由致使整改情况未达到规定要求的,公安机关应当按逾期不整改治安隐患依法处理,并可根据需要在一定范围内予以通报,督促单位落实整改措施。

第十一条 单位违反《条例》规定,存在下列治安隐患情形之一,经公安机关责令限期整改后逾期不整改,严重威胁公民人身安全、公私财产安全或者公共安全的,公安机关应当依据《条例》第十九条的规定,对单位处一万元以上二万元以下罚款,对单位主要负责人和其他直接责任人员分别处五百元以上一千元以下罚款;造成公民人身伤害、公私财产损失的,对单位处二万元以上五万元以下罚款,对单位主要负责人和其他直接责任人员分别处一千元以上三千元以下罚款:

(一)未建立和落实主要负责人治安保卫工作责任制的;
(二)未制定和落实内部治安保卫制度的;
(三)未设置必要的治安防范设施的;
(四)未根据单位内部治安保卫工作需要配备专职或者兼职治安保卫人员的;
(五)内部治安保卫人员未接受有关法律知识和治安保卫业务、技能以及相关专业知识培训、考核的;
(六)内部治安保卫机构、治安保卫人员未履行《条例》第十一条规定职责的。

第十二条 单位违反《条例》规定,存在下列治安隐患情形之一,经公安机关责令限期整改后逾期不整改,严重威胁公民人身安全、公私财产安全或者公共安全的,公安机关应当依据《条例》第十九条的规定,对单位处二万元以上五万元以下罚款,对单位主要负责人和其他直接责任人员分别处一千元以上三千元以下罚款;造成公民人身伤害、公私财产损失的,对单位处五万元以上十

万元以下罚款,对单位主要负责人和其他直接责任人员分别处三千元以上五千元以下罚款:

(一)未制定和落实内部治安保卫措施的;

(二)治安保卫重点单位未设置与治安保卫任务相适应的治安保卫机构,未配备专职治安保卫人员的;

(三)治安保卫重点单位未确定本单位治安保卫重要部位,未按照国家有关标准对治安保卫重要部位设置必要的技术防范设施并实施重点保护的;

(四)治安保卫重点单位未制定单位内部治安突发事件处置预案或者未定期组织演练的;

(五)管理措施不落实,致使在单位管理范围内的人员违反内部治安保卫制度情况严重,治安问题突出的。

第十三条 单位违反《条例》规定,存在本规定第十一条、第十二条所列治安隐患情形之一,经公安机关责令限期整改后逾期不整改,造成公民人身伤害、公私财产损失,或者严重威胁公民人身安全、公私财产安全或者公共安全的,除依据各该条规定给予处罚外,还可建议有关组织对单位主要负责人和其他直接责任人员依法给予行政处分;情节严重,构成犯罪的,依法追究刑事责任。

第十四条 公安机关及其人民警察在监督检查工作中,有下列行为之一的,对直接负责的主管人员和其他直接责任人员,依法给予处分;情节严重,构成犯罪的,依法追究刑事责任:

(一)不按规定制作、送达法律文书,超过规定的时限复查单位整改情况和核查群众举报、投诉,或者有其他不依法履行监督检查职责的行为,经指出不改正,造成严重后果的;

(二)对责令限期整改治安隐患的单位,未经复查或者经复查治安隐患未整改,作出复查合格决定,造成公民人身伤害、公私财产损失的;

(三)对单位或者当事人故意刁难的;

(四)在监督检查工作中弄虚作假的;

(五)违法违规实施处罚的;

(六)故意泄漏监督检查中涉及的国家秘密和单位商业秘密的;

(七)有其他渎职行为的。

第十五条 公安机关对机关、团体内部治安保工作的监督检查,参照本规定执行。

第十六条 本规定自 2007 年 10 月 1 日起施行。

五、办案程序

公安机关办理刑事案件程序规定

(2012年12月13日公安部令第127号修订发布 根据2020年7月20日《公安部关于修改〈公安机关办理刑事案件程序规定〉的决定》修订)

第一章 任务和基本原则

第一条 为了保障《中华人民共和国刑事诉讼法》的贯彻实施,保证公安机关在刑事诉讼中正确履行职权,规范办案程序,确保办案质量,提高办案效率,制定本规定。

第二条 公安机关在刑事诉讼中的任务,是保证准确、及时地查明犯罪事实,正确应用法律,惩罚犯罪分子,保障无罪的人不受刑事追究,教育公民自觉遵守法律,积极同犯罪行为作斗争,维护社会主义法制,尊重和保障人权,保护公民的人身权利、财产权利、民主权利和其他权利,保障社会主义建设事业的顺利进行。

第三条 公安机关在刑事诉讼中的基本职权,是依照法律对刑事案件立案、侦查、预审;决定、执行强制措施;对依法不追究刑事责任的不予立案,已经追究的撤销案件;对侦查终结应当起诉的案件,移送人民检察院审查决定;对不够刑事处罚的犯罪嫌疑人需要行政处理的,依法予以处理或者移送有关部门;对被判处有期徒刑的罪犯,在被交付执行刑罚前,剩余刑期在三个月以下的,代为执行刑罚;执行拘役、剥夺政治权利、驱逐出境。

第四条 公安机关进行刑事诉讼,必须依靠群众,以事实为根据,以法律为准绳。对于一切公民,在适用法律上一律平等,在法律面前,不允许有任何特权。

第五条 公安机关进行刑事诉讼,同人民法院、人民检察院分工负责,互相配合,互相制约,以保证准确有效地执行法律。

第六条 公安机关进行刑事诉讼,依法接受人民检察院的法律监督。

第七条 公安机关进行刑事诉讼,应当建立、完善和严格执行办案责任制度、执法过错责任追究制度等内部执法监督制度。

在刑事诉讼中,上级公安机关发现下级公安机关作出的决定或者办理的案件有错误的,有权予以撤销或者变更,也可以指令下级公安机关予以纠正。

下级公安机关对上级公安机关的决定必须执行,如果认为有错误,可以在执行的同时向上级公安机关报告。

第八条 公安机关办理刑事案件,应当重证据,重调查研究,不轻信口供。严禁刑讯逼供和以威胁、引诱、欺骗以及其他非法方法收集证据,不得强迫任何人证实自己有罪。

第九条 公安机关在刑事诉讼中,应当保障犯罪嫌疑人、被告人和其他诉讼参与人依法享有的辩护权和其他诉讼权利。

第十条 公安机关办理刑事案件,应当向同级人民检察院提请批准逮捕、移送审查起诉。

第十一条 公安机关办理刑事案件,对不通晓当地通用的语言文字的诉讼参与人,应当为他们翻译。

在少数民族聚居或者多民族杂居的地区,应当使用当地通用的语言进行讯问。对外公布的诉讼文书,应当使用当地通用的文字。

第十二条 公安机关办理刑事案件,各地区、各部门之间应当加强协作和配合,依法履行协查、协办职责。

上级公安机关应当加强监督、协调和指导。

第十三条 根据《中华人民共和国引渡法》《中华人民共和国国际刑事司法协助法》,中华人民共和国缔结或者参加的国际条约和公安部签订的双边、多边合作协议,或者按照互惠原则,我国公安机关可以和外国警察机关开展刑事司法协助和警务合作。

第二章 管 辖

第十四条 根据刑事诉讼法的规定,除下列情形外,刑事案件由公安机关管辖:

(一)监察机关管辖的职务犯罪案件;

(二)人民检察院管辖的在对诉讼活动实行法律监督中发现的司法工作人员利用职权实施的非法拘禁、刑讯逼供、非法搜查等侵犯公民权利、损害司法

公正的犯罪,以及经省级以上人民检察院决定立案侦查的公安机关管辖的国家机关工作人员利用职权实施的重大犯罪案件;

(三)人民法院管辖的自诉案件。对于人民法院直接受理的被害人有证据证明的轻微刑事案件,因证据不足驳回起诉,人民法院移送公安机关或者被害人向公安机关控告的,公安机关应当受理;被害人直接向公安机关控告的,公安机关应当受理;

(四)军队保卫部门管辖的军人违反职责的犯罪和军队内部发生的刑事案件;

(五)监狱管辖的罪犯在监狱内犯罪的刑事案件;

(六)海警部门管辖的海(岛屿)岸线以外我国管辖海域内发生的刑事案件。对于发生在沿海港岙口、码头、滩涂、台轮停泊点等区域的,由公安机关管辖;

(七)其他依照法律和规定应当由其他机关管辖的刑事案件。

第十五条 刑事案件由犯罪地的公安机关管辖。如果由犯罪嫌疑人居住地的公安机关管辖更为适宜的,可以由犯罪嫌疑人居住地的公安机关管辖。

法律、司法解释或者其他规范性文件对有关犯罪案件的管辖作出特别规定的,从其规定。

第十六条 犯罪地包括犯罪行为发生地和犯罪结果发生地。犯罪行为发生地,包括犯罪行为的实施地以及预备地、开始地、途经地、结束地等与犯罪行为有关的地点;犯罪行为有连续、持续或者继续状态的,犯罪行为连续、持续或者继续实施的地方都属于犯罪行为发生地。犯罪结果发生地,包括犯罪对象被侵害地、犯罪所得的实际取得地、藏匿地、转移地、使用地、销售地。

居住地包括户籍所在地、经常居住地。经常居住地是指公民离开户籍所在地最后连续居住一年以上的地方,但住院就医的除外。单位登记的住所地为其居住地。主要营业地或者主要办事机构所在地与登记的住所地不一致的,主要营业地或者主要办事机构所在地为其居住地。

第十七条 针对或者主要利用计算机网络实施的犯罪,用于实施犯罪行为的网络服务使用的服务器所在地,网络服务提供者所在地,被侵害的网络信息系统及其管理者所在地,以及犯罪过程中犯罪嫌疑人、被害人使用的网络信息系统所在地,被害人被侵害时所在地和被害人财产遭受损失地公安机关可以管辖。

第十八条 行驶中的交通工具上发生的刑事案件,由交通工具最初停靠地公安机关管辖;必要时,交通工具始发地、途经地、目的地公安机关也可以管辖。

第十九条 在中华人民共和国领域外的中国航空器内发生的刑事案件,由该航空器在中国最初降落地的公安机关管辖。

第二十条 中国公民在中国驻外使、领馆内的犯罪,由其主管单位所在地或者原户籍地的公安机关管辖。

中国公民在中华人民共和国领域外的犯罪,由其入境地、离境前居住地或者现居住地的公安机关管辖;被害人是中国公民的,也可由被害人离境前居住地或者现居住地的公安机关管辖。

第二十一条 几个公安机关都有权管辖的刑事案件,由最初受理的公安机关管辖。必要时,可以由主要犯罪地的公安机关管辖。

具有下列情形之一的,公安机关可以在职责范围内并案侦查:

(一)一人犯数罪的;

(二)共同犯罪的;

(三)共同犯罪的犯罪嫌疑人还实施其他犯罪的;

(四)多个犯罪嫌疑人实施的犯罪存在关联,并案处理有利于查明犯罪事实的。

第二十二条 对管辖不明确或者有争议的刑事案件,可以由有关公安机关协商。协商不成的,由共同的上级公安机关指定管辖。

对情况特殊的刑事案件,可以由共同的上级公安机关指定管辖。

提请上级公安机关指定管辖时,应当在有关材料中列明犯罪嫌疑人基本情况、涉嫌罪名、案件基本事实、管辖争议情况、协商情况和指定管辖理由,经公安机关负责人批准后,层报有权指定管辖的上级公安机关。

第二十三条 上级公安机关指定管辖的,应当将指定管辖决定书分别送达被指定管辖的公安机关和其他有关的公安机关,并根据办案需要抄送同级人民法院、人民检察院。

原受理案件的公安机关,在收到上级公安机关指定其他公安机关管辖的决定书后,不再行使管辖权,同时应当将犯罪嫌疑人、涉案财物以及案卷材料等移送被指定管辖的公安机关。

对指定管辖的案件,需要逮捕犯罪嫌疑人的,由被指定管辖的公安机关提请同级人民检察院审查批准;需要提起公诉的,由该公安机关移送同级人民检察院审查决定。

第二十四条 县级公安机关负责侦查发生在本辖区内的刑事案件。

设区的市一级以上公安机关负责下列犯罪中重大案件的侦查：

（一）危害国家安全犯罪；

（二）恐怖活动犯罪；

（三）涉外犯罪；

（四）经济犯罪；

（五）集团犯罪；

（六）跨区域犯罪。

上级公安机关认为有必要的，可以侦查下级公安机关管辖的刑事案件；下级公安机关认为案情重大需要上级公安机关侦查的刑事案件，可以请求上一级公安机关管辖。

第二十五条 公安机关内部对刑事案件的管辖，按照刑事侦查机构的设置及其职责分工确定。

第二十六条 铁路公安机关管辖铁路系统的机关、厂、段、院、校、所、队、工区等单位发生的刑事案件，车站工作区域内、列车内发生的刑事案件，铁路沿线发生的盗窃或者破坏铁路、通信、电力线路和其他重要设施的刑事案件，以及内部职工在铁路线上工作时发生的刑事案件。

铁路系统的计算机信息系统延伸到地方涉及铁路业务的网点，其计算机信息系统发生的刑事案件由铁路公安机关管辖。

对倒卖、伪造、变造火车票的刑事案件，由最初受理案件的铁路公安机关或者地方公安机关管辖。必要时，可以移送主要犯罪地的铁路公安机关或者地方公安机关管辖。

在列车上发生的刑事案件，犯罪嫌疑人在列车运行途中被抓获的，由前方停靠站所在地的铁路公安机关管辖；必要时，也可以由列车始发站、终点站所在地的铁路公安机关管辖。犯罪嫌疑人不是在列车运行途中被抓获的，由负责该列车乘务的铁路公安机关管辖；但在列车运行途经的车站被抓获的，也可以由该车站所在地的铁路公安机关管辖。

在国际列车上发生的刑事案件，根据我国与相关国家签订的协定确定管辖；没有协定的，由该列车始发或者前方停靠的中国车站所在地的铁路公安机关管辖。

铁路建设施工工地发生的刑事案件由地方公安机关管辖。

第二十七条 民航公安机关管辖民航系统的机关、厂、段、院、校、所、队、工区等单位、机场工作区域内、民航飞机内发生的刑事案件。

重大飞行事故刑事案件由犯罪结果发生地机场公安机关管辖。犯罪结果发生地未设机场公安机关或者不在机场公安机关管辖范围内的,由地方公安机关管辖,有关机场公安机关予以协助。

第二十八条 海关走私犯罪侦查机构管辖中华人民共和国海关关境内发生的涉税走私犯罪和发生在海关监管区内的非涉税走私犯罪等刑事案件。

第二十九条 公安机关侦查的刑事案件的犯罪嫌疑人涉及监察机关管辖的案件时,应当及时与同级监察机关协商,一般应当由监察机关为主调查,公安机关予以协助。

第三十条 公安机关侦查的刑事案件涉及人民检察院管辖的案件时,应当将属于人民检察院管辖的刑事案件移送人民检察院。涉嫌主罪属于公安机关管辖的,由公安机关为主侦查;涉嫌主罪属于人民检察院管辖的,公安机关予以配合。

公安机关侦查的刑事案件涉及其他侦查机关管辖的案件时,参照前款规定办理。

第三十一条 公安机关和军队互涉刑事案件的管辖分工按照有关规定办理。

公安机关和武装警察部队互涉刑事案件的管辖分工依照公安机关和军队互涉刑事案件的管辖分工的原则办理。

第三章 回 避

第三十二条 公安机关负责人、侦查人员有下列情形之一的,应当自行提出回避申请,没有自行提出回避申请的,应当责令其回避,当事人及其法定代理人也有权要求他们回避:

(一)是本案的当事人或者是当事人的近亲属的;
(二)本人或者他的近亲属和本案有利害关系的;
(三)担任过本案的证人、鉴定人、辩护人、诉讼代理人的;
(四)与本案当事人有其他关系,可能影响公正处理案件的。

第三十三条 公安机关负责人、侦查人员不得有下列行为:

(一)违反规定会见本案当事人及其委托人;
(二)索取、接受本案当事人及其委托人的财物或者其他利益;
(三)接受本案当事人及其委托人的宴请,或者参加由其支付费用的活动;

(四)其他可能影响案件公正办理的不正当行为。

违反前款规定的,应当责令其回避并依法追究法律责任。当事人及其法定代理人有权要求其回避。

第三十四条 公安机关负责人、侦查人员自行提出回避申请的,应当说明回避的理由;口头提出申请的,公安机关应当记录在案。

当事人及其法定代理人要求公安机关负责人、侦查人员回避,应当提出申请,并说明理由;口头提出申请的,公安机关应当记录在案。

第三十五条 侦查人员的回避,由县级以上公安机关负责人决定;县级以上公安机关负责人的回避,由同级人民检察院检察委员会决定。

第三十六条 当事人及其法定代理人对侦查人员提出回避申请的,公安机关应当在收到回避申请后二日以内作出决定并通知申请人;情况复杂的,经县级以上公安机关负责人批准,可以在收到回避申请后五日以内作出决定。

当事人及其法定代理人对县级以上公安机关负责人提出回避申请的,公安机关应当及时将申请移送同级人民检察院。

第三十七条 当事人及其法定代理人对驳回申请回避的决定不服的,可以在收到驳回申请回避决定书后五日以内向作出决定的公安机关申请复议。

公安机关应当在收到复议申请后五日以内作出复议决定并书面通知申请人。

第三十八条 在作出回避决定前,申请或者被申请回避的公安机关负责人、侦查人员不得停止对案件的侦查。

作出回避决定后,申请或者被申请回避的公安机关负责人、侦查人员不得再参与本案的侦查工作。

第三十九条 被决定回避的公安机关负责人、侦查人员在回避决定作出以前所进行的诉讼活动是否有效,由作出决定的机关根据案件情况决定。

第四十条 本章关于回避的规定适用于记录人、翻译人员和鉴定人。

记录人、翻译人员和鉴定人需要回避的,由县级以上公安机关负责人决定。

第四十一条 辩护人、诉讼代理人可以依照本章的规定要求回避、申请复议。

第四章 律师参与刑事诉讼

第四十二条 公安机关应当保障辩护律师在侦查阶段依法从事下列执业活动:

(一)向公安机关了解犯罪嫌疑人涉嫌的罪名和案件有关情况,提出意见;
(二)与犯罪嫌疑人会见和通信,向犯罪嫌疑人了解案件有关情况;
(三)为犯罪嫌疑人提供法律帮助、代理申诉、控告;
(四)为犯罪嫌疑人申请变更强制措施。

第四十三条 公安机关在第一次讯问犯罪嫌疑人或者对犯罪嫌疑人采取强制措施的时候,应当告知犯罪嫌疑人有权委托律师作为辩护人,并告知其如果因经济困难或者其他原因没有委托辩护律师的,可以向法律援助机构申请法律援助。告知的情形应当记录在案。

对于同案的犯罪嫌疑人委托同一名辩护律师的,或者两名以上未同案处理但实施的犯罪存在关联的犯罪嫌疑人委托同一名辩护律师的,公安机关应当要求其更换辩护律师。

第四十四条 犯罪嫌疑人可以自己委托辩护律师。犯罪嫌疑人在押的,也可以由其监护人、近亲属代为委托辩护律师。

犯罪嫌疑人委托辩护律师的请求可以书面提出,也可以口头提出。口头提出的,公安机关应当制作笔录,由犯罪嫌疑人签名、捺指印。

第四十五条 在押的犯罪嫌疑人向看守所提出委托辩护律师要求的,看守所应当及时将其请求转达给办案部门,办案部门应当及时向犯罪嫌疑人委托的辩护律师或者律师事务所转达该项请求。

在押的犯罪嫌疑人仅提出委托辩护律师的要求,但提不出具体对象的,办案部门应当及时通知犯罪嫌疑人的监护人、近亲属代为委托辩护律师。犯罪嫌疑人无监护人或者近亲属的,办案部门应当及时通知当地律师协会或者司法行政机关为其推荐辩护律师。

第四十六条 符合下列情形之一,犯罪嫌疑人没有委托辩护人的,公安机关应当自发现该情形之日起三日以内通知法律援助机构为犯罪嫌疑人指派辩护律师:

(一)犯罪嫌疑人是盲、聋、哑人,或者是尚未完全丧失辨认或者控制自己行为能力的精神病人;
(二)犯罪嫌疑人可能被判处无期徒刑、死刑。

第四十七条 公安机关收到在押的犯罪嫌疑人提出的法律援助申请后,应当在二十四小时以内将其申请转交所在地的法律援助机构,并在三日以内通知申请人的法定代理人、近亲属或者其委托的其他人员协助提供有关证件、证明等相关材料。犯罪嫌疑人的法定代理人、近亲属或者其委托的其他人员地址不详无法通知的,应当在转交申请时一并告知法律援助机构。

犯罪嫌疑人拒绝法律援助机构指派的律师作为辩护人或者自行委托辩护人的,公安机关应当在三日以内通知法律援助机构。

第四十八条 辩护律师接受犯罪嫌疑人委托或者法律援助机构的指派后,应当及时告知公安机关并出示律师执业证书、律师事务所证明和委托书或者法律援助公函。

第四十九条 犯罪嫌疑人、被告人入所羁押时没有委托辩护人,法律援助机构也没有指派律师提供辩护的,看守所应当告知其有权约见值班律师,获得法律咨询、程序选择建议、申请变更强制措施、对案件处理提出意见等法律帮助,并为犯罪嫌疑人、被告人约见值班律师提供便利。

没有委托辩护人、法律援助机构没有指派律师提供辩护的犯罪嫌疑人、被告人,向看守所申请由值班律师提供法律帮助的,看守所应当在二十四小时内通知值班律师。

第五十条 辩护律师向公安机关了解案件有关情况的,公安机关应当依法将犯罪嫌疑人涉嫌的罪名以及当时已查明的该罪的主要事实,犯罪嫌疑人被采取、变更、解除强制措施,延长侦查羁押期限等案件有关情况,告知接受委托或者指派的辩护律师,并记录在案。

第五十一条 辩护律师可以同在押或者被监视居住的犯罪嫌疑人会见、通信。

第五十二条 对危害国家安全犯罪案件、恐怖活动犯罪案件,办案部门应当在将犯罪嫌疑人送看守所羁押时书面通知看守所;犯罪嫌疑人被监视居住的,应当在送交执行时书面通知执行机关。

辩护律师在侦查期间要求会见前款规定案件的在押或者被监视居住的犯罪嫌疑人,应当向办案部门提出申请。

对辩护律师提出的会见申请,办案部门应当在收到申请后三日以内,报经县级以上公安机关负责人批准,作出许可或者不许可的决定,书面通知辩护律师,并及时通知看守所或者执行监视居住的部门。除有碍侦查或者可能泄露国家秘密的情形外,应当作出许可的决定。

公安机关不许可会见的,应当说明理由。有碍侦查或者可能泄露国家秘密的情形消失后,公安机关应当许可会见。

有下列情形之一的,属于本条规定的"有碍侦查":

(一)可能毁灭、伪造证据,干扰证人作证或者串供的;

(二)可能引起犯罪嫌疑人自残、自杀或者逃跑的;
(三)可能引起同案犯逃避、妨碍侦查的;
(四)犯罪嫌疑人的家属与犯罪有牵连的。

第五十三条 辩护律师要求会见在押的犯罪嫌疑人,看守所应当在查验其律师执业证书、律师事务所证明和委托书或者法律援助公函后,在四十八小时以内安排律师会见到犯罪嫌疑人,同时通知办案部门。

侦查期间,辩护律师会见危害国家安全犯罪案件、恐怖活动犯罪案件在押或者被监视居住的犯罪嫌疑人时,看守所或者监视居住执行机关还应当查验侦查机关的许可决定文书。

第五十四条 辩护律师会见在押或者被监视居住的犯罪嫌疑人需要聘请翻译人员的,应当向办案部门提出申请。办案部门应当在收到申请后三日以内,报经县级以上公安机关负责人批准,作出许可或者不许可的决定,书面通知辩护律师。对于具有本规定第三十二条所列情形之一的,作出不予许可的决定,并通知其更换;不具有相关情形的,应当许可。

翻译人员参与会见的,看守所或者监视居住执行机关应当查验公安机关的许可决定文书。

第五十五条 辩护律师会见在押或者被监视居住的犯罪嫌疑人时,看守所或者监视居住执行机关应当采取必要的管理措施,保障会见顺利进行,并告知其遵守会见的有关规定。辩护律师会见犯罪嫌疑人时,公安机关不得监听,不得派员在场。

辩护律师会见在押或者被监视居住的犯罪嫌疑人时,违反法律规定或者会见的规定的,看守所或者监视居住执行机关应当制止。对于严重违反规定或者不听劝阻的,可以决定停止本次会见,并及时通报其所在的律师事务所、所属的律师协会以及司法行政机关。

第五十六条 辩护人或者其他任何人在刑事诉讼中,违反法律规定,实施干扰诉讼活动行为的,应当依法追究法律责任。

辩护人实施干扰诉讼活动行为,涉嫌犯罪,属于公安机关管辖的,应当由办理辩护人所承办案件的公安机关报请上一级公安机关指定其他公安机关立案侦查,或者由上一级公安机关立案侦查。不得指定原承办案件公安机关的下级公安机关立案侦查。辩护人是律师的,立案侦查的公安机关应当及时通知其所在的律师事务所、所属的律师协会以及司法行政机关。

第五十七条 辩护律师对在执业活动中知悉的委托人的有关情况和信

息,有权予以保密。但是,辩护律师在执业活动中知悉委托人或者其他人,准备或者正在实施危害国家安全、公共安全以及严重危害他人人身安全的犯罪的,应当及时告知司法机关。

第五十八条 案件侦查终结前,辩护律师提出要求的,公安机关应当听取辩护律师的意见,根据情况进行核实,并记录在案。辩护律师提出书面意见的,应当附卷。

对辩护律师收集的犯罪嫌疑人不在犯罪现场、未达到刑事责任年龄、属于依法不负刑事责任的精神病人的证据,公安机关应当进行核实并将有关情况记录在案,有关证据应当附卷。

第五章 证 据

第五十九条 可以用于证明案件事实的材料,都是证据。
证据包括:
(一)物证;
(二)书证;
(三)证人证言;
(四)被害人陈述;
(五)犯罪嫌疑人供述和辩解;
(六)鉴定意见;
(七)勘验、检查、侦查实验、搜查、查封、扣押、提取、辨认等笔录;
(八)视听资料、电子数据。
证据必须经过查证属实,才能作为认定案件事实的根据。

第六十条 公安机关必须依照法定程序,收集、调取能够证实犯罪嫌疑人有罪或者无罪、犯罪情节轻重的各种证据。必须保证一切与案件有关或者了解案情的公民,有客观地充分地提供证据的条件,除特殊情况外,可以吸收他们协助调查。

第六十一条 公安机关向有关单位和个人收集、调取证据时,应当告知其必须如实提供证据。
对涉及国家秘密、商业秘密、个人隐私的证据,应当保密。
对于伪造证据、隐匿证据或者毁灭证据的,应当追究其法律责任。

第六十二条 公安机关向有关单位和个人调取证据,应当经办案部门负责人批准,开具调取证据通知书,明确调取的证据和提供时限。被调取单位及其经办人、持有证据的个人应当在通知书上盖章或者签名,拒绝盖章或者签名的,公安机关应当注明。必要时,应当采用录音录像方式固定证据内容及取证过程。

第六十三条　公安机关接受或者依法调取的行政机关在行政执法和查办案件过程中收集的物证、书证、视听资料、电子数据、鉴定意见、勘验笔录、检查笔录等证据材料,经公安机关审查符合法定要求的,可以作为证据使用。

第六十四条　收集、调取的物证应当是原物。只有在原物不便搬运、不易保存或者依法应当由有关部门保管、处理或者依法应当返还时,才可以拍摄或者制作足以反映原物外形或者内容的照片、录像或者复制品。

物证的照片、录像或者复制品经与原物核实无误或者经鉴定证明为真实的,或者以其他方式确能证明其真实的,可以作为证据使用。原物的照片、录像或者复制品,不能反映原物的外形和特征的,不能作为证据使用。

第六十五条　收集、调取的书证应当是原件。只有在取得原件确有困难时,才可以使用副本或者复制件。

书证的副本、复制件,经与原件核实无误或者经鉴定证明为真实的,或者以其他方式确能证明其真实的,可以作为证据使用。书证有更改或者更改迹象不能作出合理解释的,或者书证的副本、复制件不能反映书证原件及其内容的,不能作为证据使用。

第六十六条　收集、调取电子数据,能够扣押电子数据原始存储介质的,应当扣押原始存储介质,并制作笔录,予以封存。

确因客观原因无法扣押原始存储介质的,可以现场提取或者网络在线提取电子数据。无法扣押原始存储介质,也无法现场提取或者网络在线提取的,可以采取打印、拍照或者录音录像等方式固定相关证据,并在笔录中注明原因。

收集、调取的电子数据,足以保证完整性,无删除、修改、增加等情形的,可以作为证据使用。经审查无法确定真伪,或者制作、取得的时间、地点、方式等有疑问,不能提供必要证明或者作出合理解释的,不能作为证据使用。

第六十七条　物证的照片、录像或者复制品,书证的副本、复制件,视听资料、电子数据的复制件,应当附有关制作过程及原件、原物存放处的文字说明,并由制作人和物品持有人或者物品持有单位有关人员签名。

第六十八条　公安机关提请批准逮捕书、起诉意见书必须忠实于事实真象。故意隐瞒事实真象的,应当依法追究责任。

第六十九条 需要查明的案件事实包括：

（一）犯罪行为是否存在；

（二）实施犯罪行为的时间、地点、手段、后果以及其他情节；

（三）犯罪行为是否为犯罪嫌疑人实施；

（四）犯罪嫌疑人的身份；

（五）犯罪嫌疑人实施犯罪行为的动机、目的；

（六）犯罪嫌疑人的责任以及与其他同案人的关系；

（七）犯罪嫌疑人有无法定从重、从轻、减轻处罚以及免除处罚的情节；

（八）其他与案件有关的事实。

第七十条 公安机关移送审查起诉的案件，应当做到犯罪事实清楚，证据确实、充分。

证据确实、充分，应当符合以下条件：

（一）认定的案件事实都有证据证明；

（二）认定案件事实的证据均经法定程序查证属实；

（三）综合全案证据，对所认定事实已排除合理怀疑。

对证据的审查，应当结合案件的具体情况，从各证据与待证事实的关联程度、各证据之间的联系等方面进行审查判断。

只有犯罪嫌疑人供述，没有其他证据的，不能认定案件事实；没有犯罪嫌疑人供述，证据确实、充分的，可以认定案件事实。

第七十一条 采用刑讯逼供等非法方法收集的犯罪嫌疑人供述和采用暴力、威胁等非法方法收集的证人证言、被害人陈述，应当予以排除。

收集物证、书证、视听资料、电子数据违反法定程序，可能严重影响司法公正的，应当予以补正或者作出合理解释；不能补正或者作出合理解释的，对该证据应当予以排除。

在侦查阶段发现有应当排除的证据的，经县级以上公安机关负责人批准，应当依法予以排除，不得作为提请批准逮捕、移送审查起诉的依据。

人民检察院认为可能存在以非法方法收集证据情形，要求公安机关进行说明的，公安机关应当及时进行调查，并向人民检察院作出书面说明。

第七十二条 人民法院认为现有证据材料不能证明证据收集的合法性，通知有关侦查人员或者公安机关其他人员出庭说明情况的，有关侦查人员或者其他人员应当出庭。必要时，有关侦查人员或者其他人员也可以要求出庭说明情况。侦查人员或者其他人员出庭，应当向法庭说明证据收集过程，并就相关情况接受发问。

经人民法院通知,人民警察应当就其执行职务时目击的犯罪情况出庭作证。

第七十三条 凡是知道案件情况的人,都有作证的义务。

生理上、精神上有缺陷或者年幼,不能辨别是非,不能正确表达的人,不能作证人。

对于证人能否辨别是非,能否正确表达,必要时可以进行审查或者鉴别。

第七十四条 公安机关应当保障证人及其近亲属的安全。

对证人及其近亲属进行威胁、侮辱、殴打或者打击报复,构成犯罪的,依法追究刑事责任;尚不够刑事处罚的,依法给予治安管理处罚。

第七十五条 对危害国家安全犯罪、恐怖活动犯罪、黑社会性质的组织犯罪、毒品犯罪等案件,证人、鉴定人、被害人因在侦查过程中作证,本人或者其近亲属的人身安全面临危险的,公安机关应当采取以下一项或者多项保护措施:

(一)不公开真实姓名、住址、通讯方式和工作单位等个人信息;

(二)禁止特定的人员接触被保护人;

(三)对被保护人的人身和住宅采取专门性保护措施;

(四)将被保护人带到安全场所保护;

(五)变更被保护人的住所和姓名;

(六)其他必要的保护措施。

证人、鉴定人、被害人认为因在侦查过程中作证,本人或者其近亲属的人身安全面临危险,向公安机关请求予以保护,公安机关经审查认为符合前款规定的条件,确有必要采取保护措施的,应当采取上述一项或者多项保护措施。

公安机关依法采取保护措施,可以要求有关单位和个人配合。

案件移送审查起诉时,应当将采取保护措施的相关情况一并移交人民检察院。

第七十六条 公安机关依法决定不公开证人、鉴定人、被害人的真实姓名、住址、通讯方式和工作单位等个人信息的,可以在起诉意见书、询问笔录等法律文书、证据材料中使用化名等代替证人、鉴定人、被害人的个人信息。但是,应当另行书面说明使用化名的情况并标明密级,单独成卷。

第七十七条 证人保护工作所必需的人员、经费、装备等,应当予以保障。

证人因履行作证义务而支出的交通、住宿、就餐等费用,应当给予补助。证人作证的补助列入公安机关业务经费。

第六章　强制措施

第一节　拘　传

第七十八条　公安机关根据案件情况对需要拘传的犯罪嫌疑人，或者经过传唤没有正当理由不到案的犯罪嫌疑人，可以拘传到其所在市、县公安机关执法办案场所进行讯问。

需要拘传的，应当填写呈请拘传报告书，并附有关材料，报县级以上公安机关负责人批准。

第七十九条　公安机关拘传犯罪嫌疑人应当出示拘传证，并责令其在拘传证上签名、捺指印。

犯罪嫌疑人到案后，应当责令其在拘传证上填写到案时间；拘传结束后，应当由其在拘传证上填写拘传结束时间。犯罪嫌疑人拒绝填写的，侦查人员应当在拘传证上注明。

第八十条　拘传持续的时间不得超过十二小时；案情特别重大、复杂，需要采取拘留、逮捕措施的，经县级以上公安机关负责人批准，拘传持续的时间不得超过二十四小时。不得以连续拘传的形式变相拘禁犯罪嫌疑人。

拘传期限届满，未作出采取其他强制措施决定的，应当立即结束拘传。

第二节　取保候审

第八十一条　公安机关对具有下列情形之一的犯罪嫌疑人，可以取保候审：

（一）可能判处管制、拘役或者独立适用附加刑的；

（二）可能判处有期徒刑以上刑罚，采取取保候审不致发生社会危险性的；

（三）患有严重疾病、生活不能自理，怀孕或者正在哺乳自己婴儿的妇女，采取取保候审不致发生社会危险性的；

（四）羁押期限届满，案件尚未办结，需要继续侦查的。

对拘留的犯罪嫌疑人，证据不符合逮捕条件，以及提请逮捕后，人民检察院不批准逮捕，需要继续侦查，并且符合取保候审条件的，可以依法取保候审。

第八十二条　对累犯，犯罪集团的主犯，以自伤、自残办法逃避侦查的犯罪嫌疑人，严重暴力犯罪以及其他严重犯罪的犯罪嫌疑人不得取保候审，但犯罪嫌疑人具有本规定第八十一条第一款第三项、第四项规定情形的除外。

第八十三条 需要对犯罪嫌疑人取保候审的,应当制作呈请取保候审报告书,说明取保候审的理由、采取的保证方式以及应当遵守的规定,经县级以上公安机关负责人批准,制作取保候审决定书。取保候审决定书应当向犯罪嫌疑人宣读,由犯罪嫌疑人签名、捺指印。

第八十四条 公安机关决定对犯罪嫌疑人取保候审的,应当责令犯罪嫌疑人提出保证人或者交纳保证金。

对同一犯罪嫌疑人,不得同时责令其提出保证人和交纳保证金。对未成年人取保候审,应当优先适用保证人保证。

第八十五条 采取保证人保证的,保证人必须符合以下条件,并经公安机关审查同意:

(一)与本案无牵连;

(二)有能力履行保证义务;

(三)享有政治权利,人身自由未受到限制;

(四)有固定的住处和收入。

第八十六条 保证人应当履行以下义务:

(一)监督被保证人遵守本规定第八十九条、第九十条的规定;

(二)发现被保证人可能发生或者已经发生违反本规定第八十九条、第九十条规定的行为的,应当及时向执行机关报告。

保证人应当填写保证书,并在保证书上签名、捺指印。

第八十七条 犯罪嫌疑人的保证金起点数额为人民币一千元。犯罪嫌疑人为未成年人的,保证金起点数额为人民币五百元。具体数额应当综合考虑保证诉讼活动正常进行的需要、犯罪嫌疑人的社会危险性、案件的性质、情节、可能判处刑罚的轻重以及犯罪嫌疑人的经济状况等情况确定。

第八十八条 县级以上公安机关应当在其指定的银行设立取保候审保证金专门账户,委托银行代为收取和保管保证金。

提供保证金的人,应当一次性将保证金存入取保候审保证金专门账户。保证金应当以人民币交纳。

保证金应当由办案部门以外的部门管理。严禁截留、坐支、挪用或者以其他任何形式侵吞保证金。

第八十九条 公安机关在宣布取保候审决定时,应当告知被取保候审人遵守以下规定:

（一）未经执行机关批准不得离开所居住的市、县；

（二）住址、工作单位和联系方式发生变动的，在二十四小时以内向执行机关报告；

（三）在传讯的时候及时到案；

（四）不得以任何形式干扰证人作证；

（五）不得毁灭、伪造证据或者串供。

第九十条　公安机关在决定取保候审时，还可以根据案件情况，责令被取保候审人遵守以下一项或者多项规定：

（一）不得进入与其犯罪活动等相关联的特定场所；

（二）不得与证人、被害人及其近亲属、同案犯以及与案件有关联的其他特定人员会见或者以任何方式通信；

（三）不得从事与其犯罪行为等相关联的特定活动；

（四）将护照等出入境证件、驾驶证件交执行机关保存。

公安机关应当综合考虑案件的性质、情节、社会影响、犯罪嫌疑人的社会关系等因素，确定特定场所、特定人员和特定活动的范围。

第九十一条　公安机关决定取保候审的，应当及时通知被取保候审人居住地的派出所执行。必要时，办案部门可以协助执行。

采取保证人担保形式的，应当同时送交有关法律文书、被取保候审人基本情况、保证人基本情况等材料。采取保证金担保形式的，应当同时送交有关法律文书、被取保候审人基本情况和保证金交纳情况等材料。

第九十二条　人民法院、人民检察院决定取保候审的，负责执行的县级公安机关应当在收到法律文书和有关材料后二十四小时以内，指定被取保候审人居住地派出所核实情况后执行。

第九十三条　执行取保候审的派出所应当履行下列职责：

（一）告知被取保候审人必须遵守的规定，及其违反规定或者在取保候审期间重新犯罪应当承担的法律后果；

（二）监督、考察被取保候审人遵守有关规定，及时掌握其活动、住址、工作单位、联系方式及变动情况；

（三）监督保证人履行保证义务；

（四）被取保候审人违反应当遵守的规定以及保证人未履行保证义务的，应当及时制止、采取紧急措施，同时告知决定机关。

第九十四条　执行取保候审的派出所应当定期了解被取保候审人遵守取

保候审规定的有关情况,并制作笔录。

第九十五条 被取保候审人无正当理由不得离开所居住的市、县。有正当理由需要离开所居住的市、县的,应当经负责执行的派出所负责人批准。

人民法院、人民检察院决定取保候审的,负责执行的派出所在批准被取保候审人离开所居住的市、县前,应当征得决定取保候审的机关同意。

第九十六条 被取保候审人在取保候审期间违反本规定第八十九条、第九十条规定,已交纳保证金的,公安机关应当根据其违反规定的情节,决定没收部分或者全部保证金,并且区别情形,责令其具结悔过、重新交纳保证金、提出保证人,变更强制措施或者给予治安管理处罚;需要予以逮捕的,可以对其先行拘留。

人民法院、人民检察院决定取保候审的,被取保候审人违反应当遵守的规定,负责执行的派出所应当及时通知决定取保候审的机关。

第九十七条 需要没收保证金的,应当经过严格审核后,报县级以上公安机关负责人批准,制作没收保证金决定书。

决定没收五万元以上保证金的,应当经设区的市一级以上公安机关负责人批准。

第九十八条 没收保证金的决定,公安机关应当在三日以内向被取保候审人宣读,并责令其在没收保证金决定书上签名、捺指印;被取保候审人在逃或者具有其他情形不能到场的,应当向其成年家属、法定代理人、辩护人或者单位、居住地的居民委员会、村民委员会宣布,由其成年家属、法定代理人、辩护人或者单位、居住地的居民委员会或者村民委员会的负责人在没收保证金决定书上签名。

被取保候审人或者其成年家属、法定代理人、辩护人或者单位、居民委员会、村民委员会负责人拒绝签名的,公安机关应当在没收保证金决定书上注明。

第九十九条 公安机关在宣读没收保证金决定书时,应当告知如果对没收保证金的决定不服,被取保候审人或者其法定代理人可以在五日以内向作出决定的公安机关申请复议。公安机关应当在收到复议申请后七日以内作出决定。

被取保候审人或者其法定代理人对复议决定不服的,可以在收到复议决定书后五日以内向上一级公安机关申请复核一次。上一级公安机关应当在收到复核申请后七日以内作出决定。对上级公安机关撤销或者变更没收保证金决定的,下级公安机关应当执行。

第一百条 没收保证金的决定已过复议期限,或者复议、复核后维持原决定或者变更没收保证金数额的,公安机关应当及时通知指定的银行将没收的保证金按照国家的有关规定上缴国库。人民法院、人民检察院决定取保候审的,还应当在三日以内通知决定取保候审的机关。

第一百零一条 被取保候审人在取保候审期间,没有违反本规定第八十九条、第九十条有关规定,也没有重新故意犯罪的,或者具有本规定第一百八十六条规定的情形之一的,在解除取保候审、变更强制措施的同时,公安机关应当制作退还保证金决定书,通知银行如数退还保证金。

被取保候审人可以凭退还保证金决定书到银行领取退还的保证金。被取保候审人委托他人领取的,应当出具委托书。

第一百零二条 被取保候审人没有违反本规定第八十九条、第九十条规定,但在取保候审期间涉嫌重新故意犯罪被立案侦查的,负责执行的公安机关应当暂扣其交纳的保证金,待人民法院判决生效后,根据有关判决作出处理。

第一百零三条 被保证人违反应当遵守的规定,保证人未履行保证义务的,查证属实后,经县级以上公安机关负责人批准,对保证人处一千元以上二万元以下罚款;构成犯罪的,依法追究刑事责任。

第一百零四条 决定对保证人罚款的,应当报经县级以上公安机关负责人批准,制作对保证人罚款决定书,在三日以内送达保证人,告知其如果对罚款决定不服,可以在收到决定书之日起五日以内向作出决定的公安机关申请复议。公安机关应当在收到复议申请后七日以内作出决定。

保证人对复议决定不服的,可以在收到复议决定书后五日以内向上一级公安机关申请复核一次。上一级公安机关应当在收到复核申请后七日以内作出决定。对上级公安机关撤销或者变更罚款决定的,下级公安机关应当执行。

第一百零五条 对于保证人罚款的决定已过复议期限,或者复议、复核后维持原决定或者变更罚款数额的,公安机关应当及时通知指定的银行将保证人罚款按照国家的有关规定上缴国库。人民法院、人民检察院决定取保候审的,还应当在三日以内通知决定取保候审的机关。

第一百零六条 对于犯罪嫌疑人采取保证人保证的,如果保证人在取保候审期间情况发生变化,不愿继续担保或者丧失担保条件,公安机关应当责令被取保候审人重新提出保证人或者交纳保证金,或者作出变更强制措施的决定。

人民法院、人民检察院决定取保候审的,负责执行的派出所应当自发现保证人不愿继续担保或者丧失担保条件之日起三日以内通知决定取保候审的机关。

第一百零七条 公安机关在取保候审期间不得中断对案件的侦查,对取保候审的犯罪嫌疑人,根据案情变化,应当及时变更强制措施或者解除取保候审。

取保候审最长不得超过十二个月。

第一百零八条 需要解除取保候审的,应当经县级以上公安机关负责人批准,制作解除取保候审决定书、通知书,并及时通知负责执行的派出所、被取保候审人、保证人和有关单位。

人民法院、人民检察院作出解除取保候审决定的,负责执行的公安机关应当根据决定书及时解除取保候审,并通知被取保候审人、保证人和有关单位。

第三节 监视居住

第一百零九条 公安机关对符合逮捕条件,有下列情形之一的犯罪嫌疑人,可以监视居住:

(一)患有严重疾病、生活不能自理的;

(二)怀孕或者正在哺乳自己婴儿的妇女;

(三)系生活不能自理的人的唯一扶养人;

(四)因案件的特殊情况或者办理案件的需要,采取监视居住措施更为适宜的;

(五)羁押期限届满,案件尚未办结,需要采取监视居住措施的。

对人民检察院决定不批准逮捕的犯罪嫌疑人,需要继续侦查,并且符合监视居住条件的,可以监视居住。

对于符合取保候审条件,但犯罪嫌疑人不能提出保证人,也不交纳保证金的,可以监视居住。

对于被取保候审人违反本规定第八十九条、第九十条规定的,可以监视居住。

第一百一十条 对犯罪嫌疑人监视居住,应当制作呈请监视居住报告书,说明监视居住的理由、采取监视居住的方式以及应当遵守的规定,经县级以上公安机关负责人批准,制作监视居住决定书。监视居住决定书应当向犯罪嫌疑人宣读,由犯罪嫌疑人签名、捺指印。

第一百一十一条　监视居住应当在犯罪嫌疑人、被告人住处执行；无固定住处的，可以在指定的居所执行。对于涉嫌危害国家安全犯罪、恐怖活动犯罪，在住处执行可能有碍侦查的，经上一级公安机关批准，也可以在指定的居所执行。

有下列情形之一的，属于本条规定的"有碍侦查"：

（一）可能毁灭、伪造证据，干扰证人作证或者串供的；

（二）可能引起犯罪嫌疑人自残、自杀或者逃跑的；

（三）可能引起同案犯逃避、妨碍侦查的；

（四）犯罪嫌疑人、被告人在住处执行监视居住有人身危险的；

（五）犯罪嫌疑人、被告人的家属或者所在单位人员与犯罪有牵连。

指定居所监视居住的，不得要求被监视居住人支付费用。

第一百一十二条　固定住处，是指被监视居住人在办案机关所在的市、县内生活的合法住处；指定的居所，是指公安机关根据案件情况，在办案机关所在的市、县内为被监视居住人指定的生活居所。

指定的居所应当符合下列条件：

（一）具备正常的生活、休息条件；

（二）便于监视、管理；

（三）保证安全。

公安机关不得在羁押场所、专门的办案场所或者办公场所执行监视居住。

第一百一十三条　指定居所监视居住的，除无法通知的以外，应当制作监视居住通知书，在执行监视居住后二十四小时以内，由决定机关通知被监视居住人的家属。

有下列情形之一的，属于本条规定的"无法通知"：

（一）不讲真实姓名、住址、身份不明的；

（二）没有家属的；

（三）提供的家属联系方式无法取得联系的；

（四）因自然灾害等不可抗力导致无法通知的。

无法通知的情形消失以后，应当立即通知被监视居住人的家属。

无法通知家属的，应当在监视居住通知书中注明原因。

第一百一十四条　被监视居住人委托辩护律师，适用本规定第四十三条、第四十四条、第四十五条规定。

第一百一十五条　公安机关在宣布监视居住决定时，应当告知被监视居住人必须遵守以下规定：

(一)未经执行机关批准不得离开执行监视居住的处所；

(二)未经执行机关批准不得会见他人或者以任何方式通信；

(三)在传讯的时候及时到案；

(四)不得以任何形式干扰证人作证；

(五)不得毁灭、伪造证据或者串供；

(六)将护照等出入境证件、身份证件、驾驶证件交执行机关保存。

第一百一十六条 公安机关对被监视居住人，可以采取电子监控、不定期检查等监视方法对其遵守监视居住规定的情况进行监督；在侦查期间，可以对被监视居住的犯罪嫌疑人的电话、传真、信函、邮件、网络等通信进行监控。

第一百一十七条 公安机关决定监视居住的，由被监视居住人住处或者指定居所所在地的派出所执行，办案部门可以协助执行。必要时，也可以由办案部门负责执行，派出所或者其他部门协助执行。

第一百一十八条 人民法院、人民检察院决定监视居住的，负责执行的县级公安机关应当在收到法律文书和有关材料后二十四小时以内，通知被监视居住人住处或者指定居所所在地的派出所，核实被监视居住人身份、住处或者居所等情况后执行。必要时，可以由人民法院、人民检察院协助执行。

负责执行的派出所应当及时将执行情况通知决定监视居住的机关。

第一百一十九条 负责执行监视居住的派出所或者办案部门应当严格对被监视居住人进行监督考察，确保安全。

第一百二十条 被监视居住人有正当理由要求离开住处或者指定的居所以及要求会见他人或者通信的，应当经负责执行的派出所或者办案部门负责人批准。

人民法院、人民检察院决定监视居住的，负责执行的派出所在批准被监视居住人离开住处或者指定的居所以及与他人会见或者通信前，应当征得决定监视居住的机关同意。

第一百二十一条 被监视居住人违反应当遵守的规定，公安机关应当区分情形责令被监视居住人具结悔过或者给予治安管理处罚。情节严重的，可以予以逮捕；需要予以逮捕的，可以对其先行拘留。

人民法院、人民检察院决定监视居住的，被监视居住人违反应当遵守的规定，负责执行的派出所应当及时通知决定监视居住的机关。

第一百二十二条 在监视居住期间，公安机关不得中断案件的侦查，对被监视居住的犯罪嫌疑人,应当根据案情变化,及时解除监视居住或者变更强制措施。

监视居住最长不得超过六个月。

第一百二十三条 需要解除监视居住的,应当经县级以上公安机关负责人批准,制作解除监视居住决定书,并及时通知负责执行的派出所、被监视居住人和有关单位。

人民法院、人民检察院作出解除、变更监视居住决定的,负责执行的公安机关应当及时解除并通知被监视居住人和有关单位。

第四节 拘 留

第一百二十四条 公安机关对于现行犯或者重大嫌疑分子,有下列情形之一的,可以先行拘留:

(一)正在预备犯罪、实行犯罪或者在犯罪后即时被发觉的;
(二)被害人或者在场亲眼看见的人指认他犯罪的;
(三)在身边或者住处发现有犯罪证据的;
(四)犯罪后企图自杀、逃跑或者在逃的;
(五)有毁灭、伪造证据或者串供可能的;
(六)不讲真实姓名、住址,身份不明的;
(七)有流窜作案、多次作案、结伙作案重大嫌疑的。

第一百二十五条 拘留犯罪嫌疑人,应当填写呈请拘留报告书,经县级以上公安机关负责人批准,制作拘留证。执行拘留时,必须出示拘留证,并责令被拘留人在拘留证上签名、捺指印,拒绝签名、捺指印的,侦查人员应当注明。

紧急情况下,对于符合本规定第一百二十四条所列情形之一的,经出示人民警察证,可以将犯罪嫌疑人口头传唤至公安机关后立即审查,办理法律手续。

第一百二十六条 拘留后,应当立即将被拘留人送看守所羁押,至迟不得超过二十四小时。

异地执行拘留,无法及时将犯罪嫌疑人押解回管辖地的,应当在宣布拘留后立即将其送抓获地看守所羁押,至迟不得超过二十四小时。到达管辖地后,应当立即将犯罪嫌疑人送看守所羁押。

第一百二十七条 除无法通知或者涉嫌危害国家安全犯罪、恐怖活动犯罪通知可能有碍侦查的情形以外,应当在拘留后二十四小时以内制作拘留通知书,通知被拘留人的家属。拘留通知书应当写明拘留原因和羁押处所。

本条规定的"无法通知"的情形适用本规定第一百一十三条第二款的规定。

有下列情形之一的,属于本条规定的"有碍侦查":

(一)可能毁灭、伪造证据,干扰证人作证或者串供的;

(二)可能引起同案犯逃避、妨碍侦查的;

(三)犯罪嫌疑人的家属与犯罪有牵连的。

无法通知、有碍侦查的情形消失以后,应当立即通知被拘留人的家属。

对于没有在二十四小时以内通知家属的,应当在拘留通知书中注明原因。

第一百二十八条　对被拘留的人,应当在拘留后二十四小时以内进行讯问。发现不应当拘留的,应当经县级以上公安机关负责人批准,制作释放通知书,看守所凭释放通知书发给被拘留人释放证明书,将其立即释放。

第一百二十九条　对被拘留的犯罪嫌疑人,经过审查认为需要逮捕的,应当在拘留后的三日以内,提请人民检察院审查批准。在特殊情况下,经县级以上公安机关负责人批准,提请审查批准逮捕的时间可以延长一日至四日。

对流窜作案、多次作案、结伙作案的重大嫌疑分子,经县级以上公安机关负责人批准,提请审查批准逮捕的时间可以延长至三十日。

本条规定的"流窜作案",是指跨市、县管辖范围连续作案,或者在居住地作案后逃跑到外市、县继续作案;"多次作案",是指三次以上作案;"结伙作案",是指二人以上共同作案。

第一百三十条　犯罪嫌疑人不讲真实姓名、住址,身份不明的,应当对其身份进行调查。对符合逮捕条件的犯罪嫌疑人,也可以按其自报的姓名提请批准逮捕。

第一百三十一条　对被拘留的犯罪嫌疑人审查后,根据案件情况报经县级以上公安机关负责人批准,分别作出如下处理:

(一)需要逮捕的,在拘留期限内,依法办理提请批准逮捕手续;

(二)应当追究刑事责任,但不需要逮捕的,依法直接向人民检察院移送审查起诉,或者依法办理取保候审或者监视居住手续后,向人民检察院移送审查起诉;

(三)拘留期限届满,案件尚未办结,需要继续侦查的,依法办理取保候审或者监视居住手续;

(四)具有本规定第一百八十六条规定情形之一的,释放被拘留人,发给释放证明书;需要行政处理的,依法予以处理或者移送有关部门。

第一百三十二条　人民检察院决定拘留犯罪嫌疑人的,由县级以上公安机关凭人民检察院送达的决定拘留的法律文书制作拘留证并立即执行。必要时,可以请人民检察院协助。拘留后,应当及时通知人民检察院。

公安机关未能抓获犯罪嫌疑人的,应当将执行情况和未能抓获犯罪嫌疑人的原因通知作出拘留决定的人民检察院。对于犯罪嫌疑人在逃的,在人民检察院撤销拘留决定之前,公安机关应当组织力量继续执行。

第五节　逮　捕

第一百三十三条　对有证据证明有犯罪事实,可能判处徒刑以上刑罚的犯罪嫌疑人,采取取保候审尚不足以防止发生下列社会危险性的,应当提请批准逮捕:

(一)可能实施新的犯罪的;
(二)有危害国家安全、公共安全或者社会秩序的现实危险的;
(三)可能毁灭、伪造证据,干扰证人作证或者串供的;
(四)可能对被害人、举报人、控告人实施打击报复的;
(五)企图自杀或者逃跑的。

对于有证据证明有犯罪事实,可能判处十年有期徒刑以上刑罚的,或者有证据证明有犯罪事实,可能判处徒刑以上刑罚,曾经故意犯罪或者身份不明的,应当提请批准逮捕。

公安机关在根据第一款的规定提请人民检察院审查批准逮捕时,应当对犯罪嫌疑人具有社会危险性说明理由。

第一百三十四条　有证据证明有犯罪事实,是指同时具备下列情形:
(一)有证据证明发生了犯罪事实;
(二)有证据证明该犯罪事实是犯罪嫌疑人实施的;
(三)证明犯罪嫌疑人实施犯罪行为的证据已有查证属实的。

前款规定的"犯罪事实"既可以是单一犯罪行为的事实,也可以是数个犯罪行为中任何一个犯罪行为的事实。

第一百三十五条　被取保候审人违反取保候审规定,具有下列情形之一的,可以提请批准逮捕:
(一)涉嫌故意实施新的犯罪行为的;
(二)有危害国家安全、公共安全或者社会秩序的现实危险的;

（三）实施毁灭、伪造证据或者干扰证人作证、串供行为，足以影响侦查工作正常进行的；

（四）对被害人、举报人、控告人实施打击报复的；

（五）企图自杀、逃跑，逃避侦查的；

（六）未经批准，擅自离开所居住的市、县，情节严重的，或者两次以上未经批准，擅自离开所居住的市、县的；

（七）经传讯无正当理由不到案，情节严重的，或者经两次以上传讯不到案的；

（八）违反规定进入特定场所、从事特定活动或者与特定人员会见、通信两次以上的。

第一百三十六条　被监视居住人违反监视居住规定，具有下列情形之一的，可以提请批准逮捕：

（一）涉嫌故意实施新的犯罪行为的；

（二）实施毁灭、伪造证据或者干扰证人作证、串供行为，足以影响侦查工作正常进行的；

（三）对被害人、举报人、控告人实施打击报复的；

（四）企图自杀、逃跑，逃避侦查的；

（五）未经批准，擅自离开执行监视居住的处所，情节严重的，或者两次以上未经批准，擅自离开执行监视居住的处所的；

（六）未经批准，擅自会见他人或者通信，情节严重的，或者两次以上未经批准，擅自会见他人或者通信的；

（七）经传讯无正当理由不到案，情节严重的，或者经两次以上传讯不到案的。

第一百三十七条　需要提请批准逮捕犯罪嫌疑人的，应当经县级以上公安机关负责人批准，制作提请批准逮捕书，连同案卷材料、证据，一并移送同级人民检察院审查批准。

犯罪嫌疑人自愿认罪认罚的，应当记录在案，并在提请批准逮捕书中写明有关情况。

第一百三十八条　对于人民检察院不批准逮捕并通知补充侦查的，公安机关应当按照人民检察院的补充侦查提纲补充侦查。

公安机关补充侦查完毕，认为符合逮捕条件的，应当重新提请批准逮捕。

第一百三十九条　对于人民检察院不批准逮捕而未说明理由的，公安机关可以要求人民检察院说明理由。

第一百四十条 对于人民检察院决定不批准逮捕的,公安机关在收到不批准逮捕决定书后,如果犯罪嫌疑人已被拘留的,应当立即释放,发给释放证明书,并在执行完毕后三日以内将执行回执送达作出不批准逮捕决定的人民检察院。

第一百四十一条 对人民检察院不批准逮捕的决定,认为有错误需要复议的,应当在收到不批准逮捕决定书后五日以内制作要求复议意见书,报经县级以上公安机关负责人批准后,送交同级人民检察院复议。

如果意见不被接受,认为需要复核的,应当在收到人民检察院的复议决定书后五日以内制作提请复核意见书,报经县级以上公安机关负责人批准后,连同人民检察院的复议决定书,一并提请上一级人民检察院复核。

第一百四十二条 接到人民检察院批准逮捕决定书后,应当由县级以上公安机关负责人签发逮捕证,立即执行,并在执行完毕后三日以内将执行回执送达作出批准逮捕决定的人民检察院。如果未能执行,也应当将回执送达人民检察院,并写明未能执行的原因。

第一百四十三条 执行逮捕时,必须出示逮捕证,并责令被逮捕人在逮捕证上签名、捺指印,拒绝签名、捺指印的,侦查人员应当注明。逮捕后,应当立即将被逮捕人送看守所羁押。

执行逮捕的侦查人员不得少于二人。

第一百四十四条 对被逮捕的人,必须在逮捕后的二十四小时以内进行讯问。发现不应当逮捕的,经县级以上公安机关负责人批准,制作释放通知书,送看守所和原批准逮捕的人民检察院。看守所凭释放通知书立即释放被逮捕人,并发给释放证明书。

第一百四十五条 对犯罪嫌疑人执行逮捕后,除无法通知的情形以外,应当在逮捕后二十四小时以内,制作逮捕通知书,通知被逮捕人的家属。逮捕通知书应当写明逮捕原因和羁押处所。

本条规定的"无法通知"的情形适用本规定第一百一十三条第二款的规定。

无法通知的情形消除后,应当立即通知被逮捕人的家属。

对于没有在二十四小时以内通知家属的,应当在逮捕通知书中注明原因。

第一百四十六条 人民法院、人民检察院决定逮捕犯罪嫌疑人、被告人的,由县级以上公安机关凭人民法院、人民检察院决定逮捕的法律文书制作逮捕证并立即执行。必要时,可以请人民法院、人民检察院协助执行。执行逮捕后,应当及时通知决定机关。

公安机关未能抓获犯罪嫌疑人、被告人的,应当将执行情况和未能抓获的原因通知决定逮捕的人民检察院、人民法院。对于犯罪嫌疑人、被告人在逃的,在人民检察院、人民法院撤销逮捕决定之前,公安机关应当组织力量继续执行。

第一百四十七条 人民检察院在审查批准逮捕工作中发现公安机关的侦查活动存在违法情况,通知公安机关予以纠正的,公安机关应当调查核实,对于发现的违法情况应当及时纠正,并将纠正情况书面通知人民检察院。

第六节 羁 押

第一百四十八条 对犯罪嫌疑人逮捕后的侦查羁押期限不得超过二个月。案情复杂、期限届满不能侦查终结的案件,应当制作提请批准延长侦查羁押期限意见书,经县级以上公安机关负责人批准后,在期限届满七日前送请同级人民检察院转报上一级人民检察院批准延长一个月。

第一百四十九条 下列案件在本规定第一百四十八条规定的期限届满不能侦查终结的,应当制作提请批准延长侦查羁押期限意见书,经县级以上公安机关负责人批准,在期限届满七日前送请同级人民检察院层报省、自治区、直辖市人民检察院批准,延长二个月:

(一)交通十分不便的边远地区的重大复杂案件;
(二)重大的犯罪集团案件;
(三)流窜作案的重大复杂案件;
(四)犯罪涉及面广,取证困难的重大复杂案件。

第一百五十条 对犯罪嫌疑人可能判处十年有期徒刑以上刑罚,依照本规定第一百四十九条规定的延长期限届满,仍不能侦查终结的,应当制作提请批准延长侦查羁押期限意见书,经县级以上公安机关负责人批准,在期限届满七日前送请同级人民检察院层报省、自治区、直辖市人民检察院批准,再延长二个月。

第一百五十一条 在侦查期间,发现犯罪嫌疑人另有重要罪行的,应当自发现之日起五日以内报县级以上公安机关负责人批准后,重新计算侦查羁押期限,制作变更羁押期限通知书,送达看守所,并报批准逮捕的人民检察院备案。

前款规定的"另有重要罪行",是指与逮捕时的罪行不同种的重大犯罪以及同种犯罪并将影响罪名认定、量刑档次的重大犯罪。

第一百五十二条 犯罪嫌疑人不讲真实姓名、住址,身份不明的,应当对其身份进行调查。经县级以上公安机关负责人批准,侦查羁押期限自查清其身份之日起计算,但不得停止对其犯罪行为的侦查取证。

对于犯罪事实清楚,证据确实、充分,确实无法查明其身份的,按其自报的姓名移送人民检察院审查起诉。

第一百五十三条 看守所应当凭公安机关签发的拘留证、逮捕证收押被拘留、逮捕的犯罪嫌疑人、被告人。犯罪嫌疑人、被告人被送至看守所羁押时,看守所应当在拘留证、逮捕证上注明犯罪嫌疑人、被告人到达看守所的时间。

查获被通缉、脱逃的犯罪嫌疑人以及执行追捕、押解任务需要临时寄押的,应当持通缉令或者其他有关法律文书并经寄押地县级以上公安机关负责人批准,送看守所寄押。

临时寄押的犯罪嫌疑人出所时,看守所应当出具羁押该犯罪嫌疑人的证明,载明该犯罪嫌疑人基本情况、羁押原因、入所和出所时间。

第一百五十四条 看守所收押犯罪嫌疑人、被告人和罪犯,应当进行健康和体表检查,并予以记录。

第一百五十五条 看守所收押犯罪嫌疑人、被告人和罪犯,应当对其人身和携带的物品进行安全检查。发现违禁物品、犯罪证据和可疑物品,应当制作笔录,由被羁押人签名、捺指印后,送办案机关处理。

对女性的人身检查,应当由女工作人员进行。

第七节 其他规定

第一百五十六条 继续盘问期间发现需要对犯罪嫌疑人拘留、逮捕、取保候审或者监视居住的,应当立即办理法律手续。

第一百五十七条 对犯罪嫌疑人执行拘传、拘留、逮捕、押解过程中,应当依法使用约束性警械。遇有暴力性对抗或者暴力犯罪行为,可以依法使用制服性警械或者武器。

第一百五十八条 公安机关发现对犯罪嫌疑人采取强制措施不当的,应当及时撤销或者变更。犯罪嫌疑人在押的,应当及时释放。公安机关释放被逮捕的人或者变更逮捕措施的,应当通知批准逮捕的人民检察院。

第一百五十九条 犯罪嫌疑人被逮捕后,人民检察院经审查认为不需要继续羁押,建议予以释放或者变更强制措施的,公安机关应当予以调查核实。认为不需要继续羁押的,应当予以释放或者变更强制措施;认为需要继续羁押的,应当说明理由。

公安机关应当在十日以内将处理情况通知人民检察院。

第一百六十条 犯罪嫌疑人及其法定代理人、近亲属或者辩护人有权申请变更强制措施。公安机关应当在收到申请后三日以内作出决定;不同意变更强制措施的,应当告知申请人,并说明理由。

第一百六十一条 公安机关对被采取强制措施法定期限届满的犯罪嫌疑人,应当予以释放,解除取保候审、监视居住或者依法变更强制措施。

犯罪嫌疑人及其法定代理人、近亲属或者辩护人对于公安机关采取强制措施法定期限届满的,有权要求公安机关解除强制措施。公安机关应当进行审查,对于情况属实的,应当立即解除或者变更强制措施。

对于犯罪嫌疑人、被告人羁押期限即将届满的,看守所应当立即通知办案机关。

第一百六十二条 取保候审变更为监视居住的,取保候审、监视居住变更为拘留、逮捕的,对原强制措施不再办理解除法律手续。

第一百六十三条 案件在取保候审、监视居住期间移送审查起诉后,人民检察院决定重新取保候审、监视居住或者变更强制措施的,对原强制措施不再办理解除法律手续。

第一百六十四条 公安机关依法对县级以上各级人民代表大会代表拘传、取保候审、监视居住、拘留或者提请批准逮捕的,应当书面报请该代表所属的人民代表大会主席团或者常务委员会许可。

第一百六十五条 公安机关对现行犯拘留的时候,发现其是县级以上人民代表大会代表的,应当立即向其所属的人民代表大会主席团或者常务委员会报告。

公安机关在依法执行拘传、取保候审、监视居住、拘留或者逮捕中,发现被执行人是县级以上人民代表大会代表的,应当暂缓执行,并报告决定或者批准机关。如果在执行后发现被执行人是县级以上人民代表大会代表的,应当立即解除,并报告决定或者批准机关。

第一百六十六条 公安机关依法对乡、民族乡、镇的人民代表大会代表拘传、取保候审、监视居住、拘留或者执行逮捕的,应当在执行后立即报告其所属的人民代表大会。

第一百六十七条　公安机关依法对政治协商委员会委员拘传、取保候审、监视居住的,应当将有关情况通报给该委员所属的政协组织。

第一百六十八条　公安机关依法对政治协商委员会委员执行拘留、逮捕前,应当向该委员所属的政协组织通报情况;情况紧急的,可在执行的同时或者执行以后及时通报。

第七章　立案、撤案

第一节　受　案

第一百六十九条　公安机关对于公民扭送、报案、控告、举报或者犯罪嫌疑人自动投案的,都应当立即接受,问明情况,并制作笔录,经核对无误后,由扭送人、报案人、控告人、举报人、投案人签名、捺指印。必要时,应当对接受过程录音录像。

第一百七十条　公安机关对扭送人、报案人、控告人、举报人、投案人提供的有关证据材料等应当登记,制作接受证据材料清单,由扭送人、报案人、控告人、举报人、投案人签名,并妥善保管。必要时,应当拍照或者录音录像。

第一百七十一条　公安机关接受案件时,应当制作受案登记表和受案回执,并将受案回执交扭送人、报案人、控告人、举报人。扭送人、报案人、控告人、举报人无法取得联系或者拒绝接受回执的,应当在回执中注明。

第一百七十二条　公安机关接受控告、举报的工作人员,应当向控告人、举报人说明诬告应负的法律责任。但是,只要不是捏造事实、伪造证据,即使控告、举报的事实有出入,甚至是错误的,也要和诬告严格加以区别。

第一百七十三条　公安机关应当保障扭送人、报案人、控告人、举报人及其近亲属的安全。

扭送人、报案人、控告人、举报人如果不愿意公开自己的身份,应当为其保守秘密,并在材料中注明。

第一百七十四条　对接受的案件,或者发现的犯罪线索,公安机关应当迅速进行审查。发现案件事实或者线索不明的,必要时,经办案部门负责人批准,可以进行调查核实。

调查核实过程中,公安机关可以依照有关法律和规定采取询问、查询、勘验、鉴定和调取证据材料等不限制被调查对象人身、财产权利的措施。但是,不得对被调查对象采取强制措施,不得查封、扣押、冻结被调查对象的财产,不得采取技术侦查措施。

第一百七十五条 经过审查,认为有犯罪事实,但不属于自己管辖的案件,应当立即报经县级以上公安机关负责人批准,制作移送案件通知书,在二十四小时以内移送有管辖权的机关处理,并告知扭送人、报案人、控告人、举报人。对于不属于自己管辖而又必须采取紧急措施的,应当先采取紧急措施,然后办理手续,移送主管机关。

对不属于公安机关职责范围的事项,在接报案时能够当场判断的,应当立即口头告知扭送人、报案人、控告人、举报人向其他主管机关报案。

对于重复报案、案件正在办理或者已经办结的,应当向扭送人、报案人、控告人、举报人作出解释,不再登记,但有新的事实或者证据的除外。

第一百七十六条 经过审查,对告诉才处理的案件,公安机关应当告知当事人向人民法院起诉。

对被害人有证据证明的轻微刑事案件,公安机关应当告知被害人可以向人民法院起诉;被害人要求公安机关处理的,公安机关应当依法受理。

人民法院审理自诉案件,依法调取公安机关已经收集的案件材料和有关证据的,公安机关应当及时移交。

第一百七十七条 经过审查,对于不够刑事处罚需要给予行政处理的,依法予以处理或者移送有关部门。

第二节 立 案

第一百七十八条 公安机关接受案件后,经审查,认为有犯罪事实需要追究刑事责任,且属于自己管辖的,经县级以上公安机关负责人批准,予以立案;认为没有犯罪事实,或者犯罪事实显著轻微不需要追究刑事责任,或者具有其他依法不追究刑事责任情形的,经县级以上公安机关负责人批准,不予立案。

对有控告人的案件,决定不予立案的,公安机关应当制作不予立案通知书,并在三日以内送达控告人。

决定不予立案后又发现新的事实或者证据,或者发现原认定事实错误,需要追究刑事责任的,应当及时立案处理。

第一百七十九条 控告人对不予立案决定不服的,可以在收到不予立案通知书后七日以内向作出决定的公安机关申请复议;公安机关应当在收到复议申请后三十日以内作出决定,并将决定书送达控告人。

控告人对不予立案的复议决定不服的,可以在收到复议决定书后七日以内向上一级公安机关申请复核;上一级公安机关应当在收到复核申请后三十日以内作出决定。对上级公安机关撤销不予立案决定的,下级公安机关应当执行。

案情重大、复杂的,公安机关可以延长复议、复核时限,但是延长时限不得超过三十日,并书面告知申请人。

第一百八十条 对行政执法机关移送的案件,公安机关应当自接受案件之日起三日以内进行审查,认为有犯罪事实,需要追究刑事责任,依法决定立案的,应当书面通知移送案件的行政执法机关;认为没有犯罪事实,或者犯罪事实显著轻微,不需要追究刑事责任,依法不予立案的,应当说明理由,并将不予立案通知书送达移送案件的行政执法机关,相应退回案件材料。

公安机关认为行政执法机关移送的案件材料不全的,应当在接受案件后二十四小时以内通知移送案件的行政执法机关在三日以内补正,但不得以材料不全为由不接受移送案件。

公安机关认为行政执法机关移送的案件不属于公安机关职责范围的,应当书面通知移送案件的行政执法机关向其他主管机关移送案件,并说明理由。

第一百八十一条 移送案件的行政执法机关对不予立案决定不服的,可以在收到不予立案通知书后三日以内向作出决定的公安机关申请复议;公安机关应当在收到行政执法机关的复议申请后三日以内作出决定,并书面通知移送案件的行政执法机关。

第一百八十二条 对人民检察院要求说明不立案理由的案件,公安机关应当在收到通知书后七日以内,对不立案的情况、依据和理由作出书面说明,回复人民检察院。公安机关作出立案决定的,应当将立案决定书复印件送达人民检察院。

人民检察院通知公安机关立案的,公安机关应当在收到通知书后十五日以内立案,并将立案决定书复印件送达人民检察院。

第一百八十三条 人民检察院认为公安机关不应当立案而立案,提出纠正意见的,公安机关应当进行调查核实,并将有关情况回复人民检察院。

第一百八十四条 经立案侦查,认为有犯罪事实需要追究刑事责任,但不属于自己管辖或者需要由其他公安机关并案侦查的案件,经县级以上公安机关负责人批准,制作移送案件通知书,移送有管辖权的机关或者并案侦查的公安机关,并在移送案件后三日以内书面通知扭送人、报案人、控告人、举报人或者移送案件的行政执法机关;犯罪嫌疑人已经到案的,应当依照本规定的有关规定通知其家属。

第一百八十五条 案件变更管辖或者移送其他公安机关并案侦查时,与案件有关的法律文书、证据、财物及其孳息等应当随案移交。

移交时,由接收人、移交人当面查点清楚,并在交接单据上共同签名。

第三节 撤 案

第一百八十六条 经过侦查,发现具有下列情形之一的,应当撤销案件:

(一)没有犯罪事实的;
(二)情节显著轻微、危害不大,不认为是犯罪的;
(三)犯罪已过追诉时效期限的;
(四)经特赦令免除刑罚的;
(五)犯罪嫌疑人死亡的;
(六)其他依法不追究刑事责任的。

对于经过侦查,发现有犯罪事实需要追究刑事责任,但不是被立案侦查的犯罪嫌疑人实施的,或者共同犯罪案件中部分犯罪嫌疑人不够刑事处罚的,应当对有关犯罪嫌疑人终止侦查,并对该案件继续侦查。

第一百八十七条 需要撤销案件或者对犯罪嫌疑人终止侦查的,办案部门应当制作撤销案件或者终止侦查报告书,报县级以上公安机关负责人批准。

公安机关决定撤销案件或者对犯罪嫌疑人终止侦查时,原犯罪嫌疑人在押的,应当立即释放,发给释放证明书。原犯罪嫌疑人被逮捕的,应当通知原批准逮捕的人民检察院。对原犯罪嫌疑人采取其他强制措施的,应当立即解除强制措施;需要行政处理的,依法予以处理或者移交有关部门。

对查封、扣押的财物及其孳息、文件,或者冻结的财产,除按照法律和有关规定另行处理的以外,应当解除查封、扣押、冻结,并及时返还或者通知当事人。

第一百八十八条 犯罪嫌疑人自愿如实供述涉嫌犯罪的事实,有重大立功或者案件涉及国家重大利益,需要撤销案件的,应当层报公安部,由公安部商请最高人民检察院核准后撤销案件。报请撤销案件的公安机关应当同时将相关情况通报同级人民检察院。

公安机关根据前款规定撤销案件的,应当对查封、扣押、冻结的财物及其孳息作出处理。

第一百八十九条 公安机关作出撤销案件决定后,应当在三日以内告知原犯罪嫌疑人、被害人或者其近亲属、法定代理人以及案件移送机关。

公安机关作出终止侦查决定后,应当在三日以内告知原犯罪嫌疑人。

第一百九十条 公安机关撤销案件以后又发现新的事实或者证据,或者发现原认定事实错误,认为有犯罪事实需要追究刑事责任的,应当重新立案侦查。

对犯罪嫌疑人终止侦查后又发现新的事实或者证据,或者发现原认定事实错误,需要对其追究刑事责任的,应当继续侦查。

第八章 侦 查

第一节 一般规定

第一百九十一条 公安机关对已经立案的刑事案件,应当及时进行侦查,全面、客观地收集、调取犯罪嫌疑人有罪或者无罪、罪轻或者罪重的证据材料。

第一百九十二条 公安机关经过侦查,对有证据证明有犯罪事实的案件,应当进行预审,对收集、调取的证据材料的真实性、合法性、关联性及证明力予以审查、核实。

第一百九十三条 公安机关侦查犯罪,应当严格依照法律规定的条件和程序采取强制措施和侦查措施,严禁在没有证据的情况下,仅凭怀疑就对犯罪嫌疑人采取强制措施和侦查措施。

第一百九十四条 公安机关开展勘验、检查、搜查、辨认、查封、扣押等侦查活动,应当邀请有关公民作为见证人。

下列人员不得担任侦查活动的见证人:

(一)生理上、精神上有缺陷或者年幼,不具有相应辨别能力或者不能正确表达的人;

(二)与案件有利害关系,可能影响案件公正处理的人;

(三)公安机关的工作人员或者其聘用的人员。

确因客观原因无法由符合条件的人员担任见证人的,应当对有关侦查活动进行全程录音录像,并在笔录中注明有关情况。

第一百九十五条 公安机关侦查犯罪,涉及国家秘密、商业秘密、个人隐私的,应当保密。

第一百九十六条 当事人和辩护人、诉讼代理人、利害关系人对于公安机关及其侦查人员有下列行为之一的,有权向该机关申诉或者控告:

(一)采取强制措施法定期限届满,不予以释放、解除或者变更的;

(二)应当退还取保候审保证金不退还的;

(三)对与案件无关的财物采取查封、扣押、冻结措施的;

(四)应当解除查封、扣押、冻结不解除的;

(五)贪污、挪用、私分、调换、违反规定使用查封、扣押、冻结的财物的。

受理申诉或者控告的公安机关应当及时进行调查核实,并在收到申诉、控告之日起三十日以内作出处理决定,书面回复申诉人、控告人。发现公安机关及其侦查人员有上述行为之一的,应当立即纠正。

第一百九十七条 上级公安机关发现下级公安机关存在本规定第一百九十六条第一款规定的违法行为或者对申诉、控告事项不按照规定处理的,应当责令下级公安机关限期纠正,下级公安机关应当立即执行。必要时,上级公安机关可以就申诉、控告事项直接作出处理决定。

第二节 讯问犯罪嫌疑人

第一百九十八条 讯问犯罪嫌疑人,除下列情形以外,应当在公安机关执法办案场所的讯问室进行:

(一)紧急情况下在现场进行讯问的;

(二)对有严重伤病或者残疾、行动不便的,以及正在怀孕的犯罪嫌疑人,在其住处或者就诊的医疗机构进行讯问的。

对于已送交看守所羁押的犯罪嫌疑人,应当在看守所讯问室进行讯问。

对于正在被执行行政拘留、强制隔离戒毒的人员以及正在监狱服刑的罪犯,可以在其执行场所进行讯问。

对于不需要拘留、逮捕的犯罪嫌疑人,经办案部门负责人批准,可以传唤到犯罪嫌疑人所在市、县公安机关执法办案场所或者到他的住处进行讯问。

第一百九十九条 传唤犯罪嫌疑人时,应当出示传唤证和侦查人员的人民警察证,并责令其在传唤证上签名、捺指印。

犯罪嫌疑人到案后,应当由其在传唤证上填写到案时间。传唤结束时,应当由其在传唤证上填写传唤结束时间。犯罪嫌疑人拒绝填写的,侦查人员应当在传唤证上注明。

对在现场发现的犯罪嫌疑人,侦查人员经出示人民警察证,可以口头传唤,并将传唤的原因和依据告知被传唤人。在讯问笔录中应当注明犯罪嫌疑人到案方式,并由犯罪嫌疑人注明到案时间和传唤结束时间。

对自动投案或者群众扭送到公安机关的犯罪嫌疑人,可以依法传唤。

第二百条 传唤持续的时间不得超过十二小时。案情特别重大、复杂,需要采取拘留、逮捕措施的,经办案部门负责人批准,传唤持续的时间不得超过二十四小时。不得以连续传唤的形式变相拘禁犯罪嫌疑人。

传唤期限届满,未作出采取其他强制措施决定的,应当立即结束传唤。

第二百零一条 传唤、拘传、讯问犯罪嫌疑人,应当保证犯罪嫌疑人的饮食和必要的休息时间,并记录在案。

第二百零二条 讯问犯罪嫌疑人,必须由侦查人员进行。讯问的时候,侦查人员不得少于二人。

讯问同案的犯罪嫌疑人,应当个别进行。

第二百零三条 侦查人员讯问犯罪嫌疑人时,应当首先讯问犯罪嫌疑人是否有犯罪行为,并告知犯罪嫌疑人享有的诉讼权利,如实供述自己罪行可以从宽处理以及认罪认罚的法律规定,让他陈述有罪的情节或者无罪的辩解,然后向他提出问题。

犯罪嫌疑人对侦查人员的提问,应当如实回答。但是对与本案无关的问题,有拒绝回答的权利。

第一次讯问,应当问明犯罪嫌疑人的姓名、别名、曾用名、出生年月日、户籍所在地、现住地、籍贯、出生地、民族、职业、文化程度、政治面貌、工作单位、家庭情况、社会经历,是否属于人大代表、政协委员,是否受过刑事处罚或者行政处理等情况。

第二百零四条 讯问聋、哑的犯罪嫌疑人,应当有通晓聋、哑手势的人参加,并在讯问笔录上注明犯罪嫌疑人的聋、哑情况,以及翻译人员的姓名、工作单位和职业。

讯问不通晓当地语言文字的犯罪嫌疑人,应当配备翻译人员。

第二百零五条 侦查人员应当将问话和犯罪嫌疑人的供述或者辩解如实地记录清楚。制作讯问笔录应当使用能够长期保持字迹的材料。

第二百零六条 讯问笔录应当交犯罪嫌疑人核对;对于没有阅读能力的,应当向他宣读。如果记录有遗漏或者差错,应当允许犯罪嫌疑人补充或者更正,并捺指印。笔录经犯罪嫌疑人核对无误后,应当由其在笔录上逐页签名、捺指印,并在末页写明"以上笔录我看过(或向我宣读过),和我说的相符"。

拒绝签名、捺指印的,侦查人员应当在笔录上注明。

讯问笔录上所列项目,应当按照规定填写齐全。侦查人员、翻译人员应当在讯问笔录上签名。

第二百零七条 犯罪嫌疑人请求自行书写供述的,应当准许;必要时,侦查人员也可以要求犯罪嫌疑人亲笔书写供词。犯罪嫌疑人应当在亲笔供词上逐页签名、捺指印。侦查人员收到后,应当在首页右上方写明"于某年某月某日收到",并签名。

第二百零八条 讯问犯罪嫌疑人,在文字记录的同时,可以对讯问过程进行录音录像。对于可能判处无期徒刑、死刑的案件或者其他重大犯罪案件,应当对讯问过程进行录音录像。

前款规定的"可能判处无期徒刑、死刑的案件",是指应当适用的法定刑或者量刑档次包含无期徒刑、死刑的案件。"其他重大犯罪案件",是指致人重伤、死亡的严重危害公共安全犯罪、严重侵犯公民人身权利犯罪,以及黑社会性质组织犯罪、严重毒品犯罪等重大故意犯罪案件。

对讯问过程录音录像的,应当对每一次讯问全程不间断进行,保持完整性。不得选择性地录制,不得剪接、删改。

第二百零九条 对犯罪嫌疑人供述的犯罪事实、无罪或者罪轻的事实、申辩和反证,以及犯罪嫌疑人提供的证明自己无罪、罪轻的证据,公安机关应当认真核查;对有关证据,无论是否采信,都应当如实记录、妥善保管,并连同核查情况附卷。

第三节 询问证人、被害人

第二百一十条 询问证人、被害人,可以在现场进行,也可以到证人、被害人所在单位、住处或者证人、被害人提出的地点进行。在必要的时候,可以书面、电话或者当场通知证人、被害人到公安机关提供证言。

询问证人、被害人应当个别进行。

在现场询问证人、被害人,侦查人员应当出示人民警察证。到证人、被害人所在单位、住处或者证人、被害人提出的地点询问证人、被害人,应当经办案部门负责人批准,制作询问通知书。询问前,侦查人员应当出示询问通知书和人民警察证。

第二百一十一条 询问前,应当了解证人、被害人的身份,证人、被害人、犯罪嫌疑人之间的关系。询问时,应当告知证人、被害人必须如实地提供证据、证言和有意作伪证或者隐匿罪证应负的法律责任。

侦查人员不得向证人、被害人泄露案情或者表示对案件的看法,严禁采用暴力、威胁等非法方法询问证人、被害人。

第二百一十二条 本规定第二百零六条、第二百零七条的规定,也适用于询问证人、被害人。

第四节 勘验、检查

第二百一十三条 侦查人员对于与犯罪有关的场所、物品、人身、尸体应当进行勘验或者检查,及时提取、采集与案件有关的痕迹、物证、生物样本等。在必要的时候,可以指派或者聘请具有专门知识的人,在侦查人员的主持下进行勘验、检查。

第二百一十四条 发案地派出所、巡警等部门应当妥善保护犯罪现场和证据,控制犯罪嫌疑人,并立即报告公安机关主管部门。

执行勘查的侦查人员接到通知后,应当立即赶赴现场;勘查现场,应当持有刑事犯罪现场勘查证。

第二百一十五条 公安机关对案件现场进行勘查,侦查人员不得少于二人。

第二百一十六条 勘查现场,应当拍摄现场照片、绘制现场图,制作笔录,由参加勘查的人和见证人签名。对重大案件的现场勘查,应当录音录像。

第二百一十七条 为了确定被害人、犯罪嫌疑人的某些特征、伤害情况或者生理状态,可以对人身进行检查,依法提取、采集肖像、指纹等人体生物识别信息,采集血液、尿液等生物样本。被害人死亡的,应当通过被害人近亲属辨认、提取生物样本鉴定等方式确定被害人身份。

犯罪嫌疑人拒绝检查、提取、采集的,侦查人员认为必要的时候,经办案部门负责人批准,可以强制检查、提取、采集。

检查妇女的身体,应当由女工作人员或者医师进行。

检查的情况应当制作笔录,由参加检查的侦查人员、检查人员、被检查人员和见证人签名。被检查人员拒绝签名的,侦查人员应当在笔录中注明。

第二百一十八条 为了确定死因,经县级以上公安机关负责人批准,可以解剖尸体,并且通知死者家属到场,让其在解剖尸体通知书上签名。

死者家属无正当理由拒不到场或者拒绝签名的,侦查人员应当在解剖尸体通知书上注明。对身份不明的尸体,无法通知死者家属的,应当在笔录中注明。

第二百一十九条 对已查明死因,没有继续保存必要的尸体,应当通知家属领回处理,对于无法通知或者通知后家属拒绝领回的,经县级以上公安机关负责人批准,可以及时处理。

第二百二十条 公安机关进行勘验、检查后,人民检察院要求复验、复查的,公安机关应当进行复验、复查,并可以通知人民检察院派员参加。

第二百二十一条 为了查明案情,在必要的时候,经县级以上公安机关负责人批准,可以进行侦查实验。

进行侦查实验,应当全程录音录像,并制作侦查实验笔录,由参加实验的人签名。

进行侦查实验,禁止一切足以造成危险、侮辱人格或者有伤风化的行为。

第五节 搜 查

第二百二十二条 为了收集犯罪证据、查获犯罪人,经县级以上公安机关负责人批准,侦查人员可以对犯罪嫌疑人以及可能隐藏罪犯或者犯罪证据的人的身体、物品、住处和其他有关的地方进行搜查。

第二百二十三条 进行搜查,必须向被搜查人出示搜查证,执行搜查的侦查人员不得少于二人。

第二百二十四条 执行拘留、逮捕的时候,遇有下列紧急情况之一的,不用搜查证也可以进行搜查:

(一)可能随身携带凶器的;
(二)可能隐藏爆炸、剧毒等危险物品的;
(三)可能隐匿、毁弃、转移犯罪证据的;
(四)可能隐匿其他犯罪嫌疑人的;
(五)其他突然发生的紧急情况。

第二百二十五条 进行搜查时,应当有被搜查人或者他的家属、邻居或者其他见证人在场。

公安机关可以要求有关单位和个人交出可以证明犯罪嫌疑人有罪或者无罪的物证、书证、视听资料等证据。遇到阻碍搜查的,侦查人员可以强制搜查。

搜查妇女的身体,应当由女工作人员进行。

第二百二十六条 搜查的情况应当制作笔录,由侦查人员和被搜查人或者他的家属,邻居或者其他见证人签名。

如果被搜查人拒绝签名,或者被搜查人在逃,他的家属拒绝签名或者不在场的,侦查人员应当在笔录中注明。

第六节 查封、扣押

第二百二十七条 在侦查活动中发现的可用以证明犯罪嫌疑人有罪或者无罪的各种财物、文件,应当查封、扣押;但与案件无关的财物、文件,不得查封、扣押。

持有人拒绝交出应当查封、扣押的财物、文件的,公安机关可以强制查封、扣押。

第二百二十八条 在侦查过程中需要扣押财物、文件的,应当经办案部门负责人批准,制作扣押决定书;在现场勘查或者搜查中需要扣押财物、文件的,由现场指挥人员决定;但扣押财物、文件价值较高或者可能严重影响正常生产经营的,应当经县级以上公安机关负责人批准,制作扣押决定书。

在侦查过程中需要查封土地、房屋等不动产,或者船舶、航空器以及其他不宜移动的大型机器、设备等特定动产的,应当经县级以上公安机关负责人批准并制作查封决定书。

第二百二十九条 执行查封、扣押的侦查人员不得少于二人,并出示本规定第二百二十八条规定的有关法律文书。

查封、扣押的情况应当制作笔录,由侦查人员、持有人和见证人签名。对于无法确定持有人或者持有人拒绝签名的,侦查人员应当在笔录中注明。

第二百三十条 对查封、扣押的财物和文件,应当会同在场见证人和被查封、扣押财物、文件的持有人查点清楚,当场开列查封、扣押清单一式三份,写明财物或者文件的名称、编号、数量、特征及其来源等,由侦查人员、持有人和见证人签名,一份交给持有人,一份交给公安机关保管人员,一份附卷备查。

对于财物、文件的持有人无法确定,以及持有人不在现场或者拒绝签名的,侦查人员应当在清单中注明。

依法扣押文物、贵金属、珠宝、字画等贵重财物的,应当拍照或者录音录像,并及时鉴定、估价。

执行查封、扣押时,应当为犯罪嫌疑人及其所扶养的亲属保留必需的生活费用和物品。能够保证侦查活动正常进行的,可以允许有关当事人继续合理使用有关涉案财物,但应当采取必要的保值、保管措施。

第二百三十一条 对作为犯罪证据但不便提取或者没有必要提取的财物、文件,经登记、拍照或者录音录像、估价后,可以交财物、文件持有人保管或者封存,并且开具登记保存清单一式两份,由侦查人员、持有人和见证人签名,一份交给财物、文件持有人,另一份连同照片或者录音录像资料附卷备查。财物、文件持有人应当妥善保管,不得转移、变卖、毁损。

第二百三十二条 扣押犯罪嫌疑人的邮件、电子邮件、电报,应当经县级以上公安机关负责人批准,制作扣押邮件、电报通知书,通知邮电部门或者网络服务单位检交扣押。

不需要继续扣押的时候,应当经县级以上公安机关负责人批准,制作解除扣押邮件、电报通知书,立即通知邮电部门或者网络服务单位。

第二百三十三条 对查封、扣押的财物、文件、邮件、电子邮件、电报,经查明确实与案件无关的,应当在三日以内解除查封、扣押,退还原主或者原邮电部门、网络服务单位;原主不明确的,应当采取公告方式告知原主认领。在通知原主或者公告后六个月以内,无人认领的,按照无主财物处理,登记后上缴国库。

第二百三十四条 有关犯罪事实查证属实后,对于有证据证明权属明确且无争议的被害人合法财产及其孳息,且返还不损害其他被害人或者利害关系人的利益,不影响案件正常办理的,应当在登记、拍照或者录音录像和估价后,报经县级以上公安机关负责人批准,开具发还清单返还,并在案卷材料中注明返还的理由,将原物照片、发还清单和被害人的领取手续存卷备查。

领取人应当是涉案财物的合法权利人或者其委托的人;委托他人领取的,应当出具委托书。侦查人员或者公安机关其他工作人员不得代为领取。

查找不到被害人,或者通知被害人后,无人领取的,应当将有关财产及其孳息随案移送。

第二百三十五条 对查封、扣押的财物及其孳息、文件,公安机关应当妥善保管,以供核查。任何单位和个人不得违规使用、调换、损毁或者自行处理。

县级以上公安机关应当指定一个内设部门作为涉案财物管理部门,负责对涉案财物实行统一管理,并设立或者指定专门保管场所,对涉案财物进行集中保管。

对价值较低、易于保管,或者需要作为证据继续使用,以及需要先行返还被害人的涉案财物,可以由办案部门设置专门的场所进行保管。办案部门应当指定不承担办案工作的民警负责本部门涉案财物的接收、保管、移交等管理工作;严禁由侦查人员自行保管涉案财物。

第二百三十六条 在侦查期间,对于易损毁、灭失、腐烂、变质而不宜长期保存,或者难以保管的物品,经县级以上公安机关主要负责人批准,可以在拍照或者录音录像后委托有关部门变卖、拍卖,变卖、拍卖的价款暂予保存,待诉讼终结后一并处理。

对于违禁品,应当依照国家有关规定处理;需要作为证据使用的,应当在诉讼终结后处理。

第七节 查询、冻结

第二百三十七条 公安机关根据侦查犯罪的需要,可以依照规定查询、冻结犯罪嫌疑人的存款、汇款、证券交易结算资金、期货保证金等资金,债券、股票、基金份额和其他证券,以及股权、保单权益和其他投资权益等财产,并可以要求有关单位和个人配合。

对于前款规定的财产,不得划转、转账或者以其他方式变相扣押。

第二百三十八条 向金融机构等单位查询犯罪嫌疑人的存款、汇款、证券交易结算资金、期货保证金等资金,债券、股票、基金份额和其他证券,以及股权、保单权益和其他投资权益等财产,应当经县级以上公安机关负责人批准,制作协助查询财产通知书,通知金融机构等单位协助办理。

第二百三十九条 需要冻结犯罪嫌疑人财产的,应当经县级以上公安机关负责人批准,制作协助冻结财产通知书,明确冻结财产的账户名称、账户号码、冻结数额、冻结期限、冻结范围以及是否及于孳息等事项,通知金融机构等单位协助办理。

冻结股权、保单权益的,应当经设区的市一级以上公安机关负责人批准。

冻结上市公司股权的,应当经省级以上公安机关负责人批准。

第二百四十条 需要延长冻结期限的,应当按照原批准权限和程序,在冻结期限届满前办理继续冻结手续。逾期不办理继续冻结手续的,视为自动解除冻结。

第二百四十一条 不需要继续冻结犯罪嫌疑人财产时,应当经原批准冻结的公安机关负责人批准,制作协助解除冻结财产通知书,通知金融机构等单位协助办理。

第二百四十二条 犯罪嫌疑人的财产已被冻结的,不得重复冻结,但可以轮候冻结。

第二百四十三条 冻结存款、汇款、证券交易结算资金、期货保证金等财产的期限为六个月。每次续冻期限最长不得超过六个月。

对于重大、复杂案件,经设区的市一级以上公安机关负责人批准,冻结存款、汇款、证券交易结算资金、期货保证金等财产的期限可以为一年。每次续冻期限最长不得超过一年。

第二百四十四条 冻结债券、股票、基金份额等证券的期限为二年。每次续冻期限最长不得超过二年。

第二百四十五条 冻结股权、保单权益或者投资权益的期限为六个月。每次续冻期限最长不得超过六个月。

第二百四十六条 对冻结的债券、股票、基金份额等财产,应当告知当事人或者其法定代理人、委托代理人有权申请出售。

权利人书面申请出售被冻结的债券、股票、基金份额等财产,不损害国家利益、被害人、其他权利人利益,不影响诉讼正常进行的,以及冻结的汇票、本票、支票的有效期即将届满的,经县级以上公安机关负责人批准,可以依法出售或者变现,所得价款应当继续冻结在其对应的银行账户中;没有对应的银行账户的,所得价款由公安机关在银行指定专门账户保管,并及时告知当事人或者其近亲属。

第二百四十七条 对冻结的财产,经查明确实与案件无关的,应当在三日以内通知金融机构等单位解除冻结,并通知被冻结财产的所有人。

第八节 鉴　定

第二百四十八条 为了查明案情,解决案件中某些专门性问题,应当指派、聘请有专门知识的人进行鉴定。

需要聘请有专门知识的人进行鉴定,应当经县级以上公安机关负责人批准后,制作鉴定聘请书。

第二百四十九条 公安机关应当为鉴定人进行鉴定提供必要的条件,及时向鉴定人送交有关检材和对比样本等原始材料,介绍与鉴定有关的情况,并且明确提出要求鉴定解决的问题。

禁止暗示或者强迫鉴定人作出某种鉴定意见。

第二百五十条 侦查人员应当做好检材的保管和送检工作,并注明检材送检环节的责任人,确保检材在流转环节中的同一性和不被污染。

第二百五十一条 鉴定人应当按照鉴定规则,运用科学方法独立进行鉴定。鉴定后,应当出具鉴定意见,并在鉴定意见书上签名,同时附上鉴定机构和鉴定人的资质证明或者其他证明文件。

多人参加鉴定,鉴定人有不同意见的,应当注明。

第二百五十二条 对鉴定意见,侦查人员应当进行审查。

对经审查作为证据使用的鉴定意见,公安机关应当及时告知犯罪嫌疑人、被害人或者其法定代理人。

第二百五十三条 犯罪嫌疑人、被害人对鉴定意见有异议提出申请,以及办案部门或者侦查人员对鉴定意见有疑义的,可以将鉴定意见送交其他有专门知识的人员提出意见。必要时,询问鉴定人并制作笔录附卷。

第二百五十四条 经审查,发现有下列情形之一的,经县级以上公安机关负责人批准,应当补充鉴定:

(一)鉴定内容有明显遗漏的;
(二)发现新的有鉴定意义的证物的;
(三)对鉴定证物有新的鉴定要求的;
(四)鉴定意见不完整,委托事项无法确定的;
(五)其他需要补充鉴定的情形。

经审查,不符合上述情形的,经县级以上公安机关负责人批准,作出不准予补充鉴定的决定,并在作出决定后三日以内书面通知申请人。

第二百五十五条 经审查,发现有下列情形之一的,经县级以上公安机关负责人批准,应当重新鉴定:

(一)鉴定程序违法或者违反相关专业技术要求的;
(二)鉴定机构、鉴定人不具备鉴定资质和条件的;
(三)鉴定人故意作虚假鉴定或者违反回避规定的;
(四)鉴定意见依据明显不足的;
(五)检材虚假或者被损坏的;
(六)其他应当重新鉴定的情形。

重新鉴定,应当另行指派或者聘请鉴定人。

经审查,不符合上述情形的,经县级以上公安机关负责人批准,作出不准予重新鉴定的决定,并在作出决定后三日以内书面通知申请人。

第二百五十六条 公诉人、当事人或者辩护人、诉讼代理人对鉴定意见有异议,经人民法院依法通知的,公安机关鉴定人应当出庭作证。

鉴定人故意作虚假鉴定的,应当依法追究其法律责任。

第二百五十七条 对犯罪嫌疑人作精神病鉴定的时间不计入办案期限,其他鉴定时间都应当计入办案期限。

第九节　辨　认

第二百五十八条 为了查明案情,在必要的时候,侦查人员可以让被害人、证人或者犯罪嫌疑人对与犯罪有关的物品、文件、尸体、场所或者犯罪嫌疑人进行辨认。

第二百五十九条　辨认应当在侦查人员的主持下进行。主持辨认的侦查人员不得少于二人。

几名辨认人对同一辨认对象进行辨认时,应当由辨认人个别进行。

第二百六十条　辨认时,应当将辨认对象混杂在特征相类似的其他对象中,不得在辨认前向辨认人展示辨认对象及其影像资料,不得给辨认人任何暗示。

辨认犯罪嫌疑人时,被辨认的人数不得少于七人;对犯罪嫌疑人照片进行辨认的,不得少于十人的照片。

辨认物品时,混杂的同类物品不得少于五件;对物品的照片进行辨认的,不得少于十个物品的照片。

对场所、尸体等特定辨认对象进行辨认,或者辨认人能够准确描述物品独有特征的,陪衬物不受数量的限制。

第二百六十一条　对犯罪嫌疑人的辨认,辨认人不愿意公开进行时,可以在不暴露辨认人的情况下进行,并应当为其保守秘密。

第二百六十二条　对辨认经过和结果,应当制作辨认笔录,由侦查人员、辨认人、见证人签名。必要时,应当对辨认过程进行录音录像。

第十节　技术侦查

第二百六十三条　公安机关在立案后,根据侦查犯罪的需要,可以对下列严重危害社会的犯罪案件采取技术侦查措施:

(一)危害国家安全犯罪、恐怖活动犯罪、黑社会性质的组织犯罪、重大毒品犯罪案件;

(二)故意杀人、故意伤害致人重伤或者死亡、强奸、抢劫、绑架、放火、爆炸、投放危险物质等严重暴力犯罪案件;

(三)集团性、系列性、跨区域性重大犯罪案件;

(四)利用电信、计算机网络、寄递渠道等实施的重大犯罪案件,以及针对计算机网络实施的重大犯罪案件;

(五)其他严重危害社会的犯罪案件,依法可能判处七年以上有期徒刑的。

公安机关追捕被通缉或者批准、决定逮捕的在逃的犯罪嫌疑人、被告人,可以采取追捕所必需的技术侦查措施。

第二百六十四条　技术侦查措施是指由设区的市一级以上公安机关负责技术侦查的部门实施的记录监控、行踪监控、通信监控、场所监控等措施。

技术侦查措施的适用对象是犯罪嫌疑人、被告人以及与犯罪活动直接关联的人员。

第二百六十五条　需要采取技术侦查措施的，应当制作呈请采取技术侦查措施报告书，报设区的市一级以上公安机关负责人批准，制作采取技术侦查措施决定书。

人民检察院等部门决定采取技术侦查措施，交公安机关执行的，由设区的市一级以上公安机关按照规定办理相关手续后，交负责技术侦查的部门执行，并将执行情况通知人民检察院等部门。

第二百六十六条　批准采取技术侦查措施的决定自签发之日起三个月以内有效。

在有效期限内，对不需要继续采取技术侦查措施的，办案部门应当立即书面通知负责技术侦查的部门解除技术侦查措施；负责技术侦查的部门认为需要解除技术侦查措施的，报批准机关负责人批准，制作解除技术侦查措施决定书，并及时通知办案部门。

对复杂、疑难案件，采取技术侦查措施的有效期限届满仍需要继续采取技术侦查措施的，经负责技术侦查的部门审核后，报批准机关负责人批准，制作延长技术侦查措施期限决定书。批准延长期限，每次不得超过三个月。

有效期限届满，负责技术侦查的部门应当立即解除技术侦查措施。

第二百六十七条　采取技术侦查措施，必须严格按照批准的措施种类、适用对象和期限执行。

在有效期限内，需要变更技术侦查措施种类或者适用对象的，应当按照本规定第二百六十五条规定重新办理批准手续。

第二百六十八条　采取技术侦查措施收集的材料在刑事诉讼中可以作为证据使用。使用技术侦查措施收集的材料作为证据时，可能危及有关人员的人身安全，或者可能产生其他严重后果的，应当采取不暴露有关人员身份和使用的技术设备、侦查方法等保护措施。

采取技术侦查措施收集的材料作为证据使用的，采取技术侦查措施决定书应当附卷。

第二百六十九条　采取技术侦查措施收集的材料，应当严格依照有关规定存放，只能用于对犯罪的侦查、起诉和审判，不得用于其他用途。

采取技术侦查措施收集的与案件无关的材料,必须及时销毁,并制作销毁记录。

第二百七十条　侦查人员对采取技术侦查措施过程中知悉的国家秘密、商业秘密和个人隐私,应当保密。

公安机关依法采取技术侦查措施,有关单位和个人应当配合,并对有关情况予以保密。

第二百七十一条　为了查明案情,在必要的时候,经县级以上公安机关负责人决定,可以由侦查人员或者公安机关指定的其他人员隐匿身份实施侦查。

隐匿身份实施侦查时,不得使用促使他人产生犯罪意图的方法诱使他人犯罪,不得采用可能危害公共安全或者发生重大人身危险的方法。

第二百七十二条　对涉及给付毒品等违禁品或者财物的犯罪活动,为查明参与该项犯罪的人员和犯罪事实,根据侦查需要,经县级以上公安机关负责人决定,可以实施控制下交付。

第二百七十三条　公安机关依照本节规定实施隐匿身份侦查和控制下交付收集的材料在刑事诉讼中可以作为证据使用。

使用隐匿身份侦查和控制下交付收集的材料作为证据时,可能危及隐匿身份人员的人身安全,或者可能产生其他严重后果的,应当采取不暴露有关人员身份等保护措施。

第十一节　通　缉

第二百七十四条　应当逮捕的犯罪嫌疑人在逃的,经县级以上公安机关负责人批准,可以发布通缉令,采取有效措施,追捕归案。

县级以上公安机关在自己管辖的地区内,可以直接发布通缉令;超出自己管辖的地区,应当报请有权决定的上级公安机关发布。

通缉令的发送范围,由签发通缉令的公安机关负责人决定。

第二百七十五条　通缉令中应当尽可能写明被通缉人的姓名、别名、曾用名、绰号、性别、年龄、民族、籍贯、出生地、户籍所在地、居住地、职业、身份证号码、衣着和体貌特征、口音、行为习惯,并附被通缉人近期照片,可以附指纹及其他物证的照片。除了必须保密的事项以外,应当写明发案的时间、地点和简要案情。

第二百七十六条　通缉令发出后,如果发现新的重要情况可以补发通报。通报必须注明原通缉令的编号和日期。

第二百七十七条　公安机关接到通缉令后,应当及时布置查缉。抓获犯罪嫌疑人后,报经县级以上公安机关负责人批准,凭通缉令或者相关法律文书羁押,并通知通缉令发布机关进行核实,办理交接手续。

第二百七十八条　需要对犯罪嫌疑人在口岸采取边控措施的,应当按照有关规定制作边控对象通知书,并附有关法律文书,经县级以上公安机关负责人审核后,层报省级公安机关批准,办理全国范围内的边控措施。需要限制犯罪嫌疑人人身自由的,应当附有关限制人身自由的法律文书。

紧急情况下,需要采取边控措施的,县级以上公安机关可以出具公函,先向有关口岸所在地出入境边防检查机关交控,但应当在七日以内按照规定程序办理全国范围内的边控措施。

第二百七十九条　为发现重大犯罪线索,追缴涉案财物、证据,查获犯罪嫌疑人,必要时,经县级以上公安机关负责人批准,可以发布悬赏通告。

悬赏通告应当写明悬赏对象的基本情况和赏金的具体数额。

第二百八十条　通缉令、悬赏通告应当广泛张贴,并可以通过广播、电视、报刊、计算机网络等方式发布。

第二百八十一条　经核实,犯罪嫌疑人已经自动投案、被击毙或者被抓获,以及发现有其他不需要采取通缉、边控、悬赏通告的情形的,发布机关应当在原通缉、通知、通告范围内,撤销通缉令、边控通知、悬赏通告。

第二百八十二条　通缉越狱逃跑的犯罪嫌疑人、被告人或者罪犯,适用本节的有关规定。

第十二节　侦查终结

第二百八十三条　侦查终结的案件,应当同时符合以下条件:
(一)案件事实清楚;
(二)证据确实、充分;
(三)犯罪性质和罪名认定正确;
(四)法律手续完备;
(五)依法应当追究刑事责任。

第二百八十四条　对侦查终结的案件,公安机关应当全面审查证明证据收集合法性的证据材料,依法排除非法证据。排除非法证据后证据不足的,不得移送审查起诉。

公安机关发现侦查人员非法取证的,应当依法作出处理,并可另行指派侦查人员重新调查取证。

第二百八十五条　侦查终结的案件,侦查人员应当制作结案报告。

结案报告应当包括以下内容:

(一)犯罪嫌疑人的基本情况;

(二)是否采取了强制措施及其理由;

(三)案件的事实和证据;

(四)法律依据和处理意见。

第二百八十六条　侦查终结案件的处理,由县级以上公安机关负责人批准;重大、复杂、疑难的案件应当经过集体讨论。

第二百八十七条　侦查终结后,应当将全部案卷材料按照要求装订立卷。向人民检察院移送案件时,只移送诉讼卷,侦查卷由公安机关存档备查。

第二百八十八条　对查封、扣押的犯罪嫌疑人的财物及其孳息、文件或者冻结的财产,作为证据使用的,应当随案移送,并制作随案移送清单一式两份,一份留存,一份交人民检察院。制作清单时,应当根据已经查明的案情,写明对涉案财物的处理建议。

对于实物不宜移送的,应当将其清单、照片或者其他证明文件随案移送。待人民法院作出生效判决后,按照人民法院送达的生效判决书、裁定书依法作出处理,并向人民法院送交回执。人民法院在判决、裁定中未对涉案财物作出处理的,公安机关应当征求人民法院意见,并根据人民法院的决定依法作出处理。

第二百八十九条　对侦查终结的案件,应当制作起诉意见书,经县级以上公安机关负责人批准后,连同全部案卷材料、证据,以及辩护律师提出的意见,一并移送同级人民检察院审查决定;同时将案件移送情况告知犯罪嫌疑人及其辩护律师。

犯罪嫌疑人自愿认罪的,应当记录在案,随案移送,并在起诉意见书中写明有关情况;认为案件符合速裁程序适用条件的,可以向人民检察院提出适用速裁程序的建议。

第二百九十条　对于犯罪嫌疑人在境外,需要及时进行审判的严重危害国家安全犯罪、恐怖活动犯罪案件,应当在侦查终结后层报公安部批准,移送同级人民检察院审查起诉。

在审查起诉或者缺席审理过程中,犯罪嫌疑人、被告人向公安机关自动投案或者被公安机关抓获的,公安机关应当立即通知人民检察院、人民法院。

第二百九十一条　共同犯罪案件的起诉意见书,应当写明每个犯罪嫌疑人在共同犯罪中的地位、作用、具体罪责和认罪态度,并分别提出处理意见。

第二百九十二条 被害人提出附带民事诉讼的,应当记录在案;移送审查起诉时,应当在起诉意见书末页注明。

第二百九十三条 人民检察院作出不起诉决定的,如果被不起诉人在押,公安机关应当立即办理释放手续。除依法转为行政案件办理外,应当根据人民检察院解除查封、扣押、冻结财物的书面通知,及时解除查封、扣押、冻结。

人民检察院提出对被不起诉人给予行政处罚、处分或者没收其违法所得的检察意见,移送公安机关处理的,公安机关应当将处理结果及时通知人民检察院。

第二百九十四条 认为人民检察院作出的不起诉决定有错误的,应当在收到不起诉决定书后七日以内制作要求复议意见书,经县级以上公安机关负责人批准后,移送人民检察院复议。

要求复议的意见不被接受的,可以在收到人民检察院的复议决定书后七日以内制作提请复核意见书,经县级以上公安机关负责人批准后,连同人民检察院的复议决定书,一并提请上一级人民检察院复核。

第十三节 补充侦查

第二百九十五条 侦查终结,移送人民检察院审查起诉的案件,人民检察院退回公安机关补充侦查的,公安机关接到人民检察院退回补充侦查的法律文书后,应当按照补充侦查提纲在一个月以内补充侦查完毕。

补充侦查以二次为限。

第二百九十六条 对人民检察院退回补充侦查的案件,根据不同情况,报县级以上公安机关负责人批准,分别作如下处理:

(一)原认定犯罪事实不清或者证据不够充分的,应当在查清事实、补充证据后,制作补充侦查报告书,移送人民检察院审查;对确实无法查明的事项或者无法补充的证据,应当书面向人民检察院说明情况;

(二)在补充侦查过程中,发现新的同案犯或者新的罪行,需要追究刑事责任的,应当重新制作起诉意见书,移送人民检察院审查;

(三)发现原认定的犯罪事实有重大变化,不应当追究刑事责任的,应当撤销案件或者对犯罪嫌疑人终止侦查,并将有关情况通知退查的人民检察院;

(四)原认定犯罪事实清楚,证据确实、充分,人民检察院退回补充侦查不当的,应当说明理由,移送人民检察院审查。

第二百九十七条 对于人民检察院在审查起诉过程中以及在人民法院作出生效判决前,要求公安机关提供法庭审判所必需的证据材料的,应当及时收集和提供。

第九章 执行刑罚

第一节 罪犯的交付

第二百九十八条 对被依法判处刑罚的罪犯,如果罪犯已被采取强制措施的,公安机关应当依据人民法院生效的判决书、裁定书以及执行通知书,将罪犯交付执行。

对人民法院作出无罪或者免除刑事处罚的判决,如果被告人在押,公安机关在收到相应的法律文书后应当立即办理释放手续;对人民法院建议给予行政处理的,应当依照有关规定处理或者移送有关部门。

第二百九十九条 对被判处死刑的罪犯,公安机关应当依据人民法院执行死刑的命令,将罪犯交由人民法院执行。

第三百条 公安机关接到人民法院生效的判处死刑缓期二年执行、无期徒刑、有期徒刑的判决书、裁定书以及执行通知书后,应当在一个月以内将罪犯送交监狱执行。

对未成年犯应当送交未成年犯管教所执行刑罚。

第三百零一条 对被判处有期徒刑的罪犯,在被交付执行刑罚前,剩余刑期在三个月以下的,由看守所根据人民法院的判决代为执行。

对被判处拘役的罪犯,由看守所执行。

第三百零二条 对被判处管制、宣告缓刑、假释或者暂予监外执行的罪犯,已被羁押的,由看守所将其交付社区矫正机构执行。

对被判处剥夺政治权利的罪犯,由罪犯居住地的派出所负责执行。

第三百零三条 对被判处有期徒刑由看守所代为执行和被判处拘役的罪犯,执行期间如果没有再犯新罪,执行期满,看守所应当发给刑满释放证明书。

第三百零四条 公安机关在执行刑罚中,如果认为判决有错误或者罪犯提出申诉,应当转请人民检察院或者原判人民法院处理。

第二节 减刑、假释、暂予监外执行

第三百零五条 对依法留看守所执行刑罚的罪犯,符合减刑条件的,由看

守所制作减刑建议书,经设区的市一级以上公安机关审查同意后,报请所在地中级以上人民法院审核裁定。

第三百零六条 对依法留看守所执行刑罚的罪犯,符合假释条件的,由看守所制作假释建议书,经设区的市一级以上公安机关审查同意后,报请所在地中级以上人民法院审核裁定。

第三百零七条 对依法留所执行刑罚的罪犯,有下列情形之一的,可以暂予监外执行:

(一)有严重疾病需要保外就医的;

(二)怀孕或者正在哺乳自己婴儿的妇女;

(三)生活不能自理,适用暂予监外执行不致危害社会的。

对罪犯暂予监外执行的,看守所应当提出书面意见,报设区的市一级以上公安机关批准,同时将书面意见抄送同级人民检察院。

对适用保外就医可能有社会危险性的罪犯,或者自伤自残的罪犯,不得保外就医。

对罪犯确有严重疾病,必须保外就医的,由省级人民政府指定的医院诊断并开具证明文件。

第三百零八条 公安机关决定对罪犯暂予监外执行的,应当将暂予监外执行决定书交被暂予监外执行的罪犯和负责监外执行的社区矫正机构,同时抄送同级人民检察院。

第三百零九条 批准暂予监外执行的公安机关接到人民检察院认为暂予监外执行不当的意见后,应当立即对暂予监外执行的决定进行重新核查。

第三百一十条 对暂予监外执行的罪犯,有下列情形之一的,批准暂予监外执行的公安机关应当作出收监执行决定:

(一)发现不符合暂予监外执行条件的;

(二)严重违反有关暂予监外执行监督管理规定的;

(三)暂予监外执行的情形消失后,罪犯刑期未满的。

对暂予监外执行的罪犯决定收监执行的,由暂予监外执行地看守所将罪犯收监执行。

不符合暂予监外执行条件的罪犯通过贿赂等非法手段被暂予监外执行的,或者罪犯在暂予监外执行期间脱逃的,罪犯被收监执行后,所在看守所应当提出不计入执行刑期的建议,经设区的市一级以上公安机关审查同意后,报请所在地中级以上人民法院审核裁定。

第三节 剥夺政治权利

第三百一十一条 负责执行剥夺政治权利的派出所应当按照人民法院的判决,向罪犯及其所在单位、居住地基层组织宣布其犯罪事实、被剥夺政治权利的期限,以及罪犯在执行期间应当遵守的规定。

第三百一十二条 被剥夺政治权利的罪犯在执行期间应当遵守下列规定:

(一)遵守国家法律、行政法规和公安部制定的有关规定,服从监督管理;

(二)不得享有选举权和被选举权;

(三)不得组织或者参加集会、游行、示威、结社活动;

(四)不得出版、制作、发行书籍、音像制品;

(五)不得接受采访,发表演说;

(六)不得在境内外发表有损国家荣誉、利益或者其他具有社会危害性的言论;

(七)不得担任国家机关职务;

(八)不得担任国有公司、企业、事业单位和人民团体的领导职务。

第三百一十三条 被剥夺政治权利的罪犯违反本规定第三百一十二条的规定,尚未构成新的犯罪的,公安机关依法可以给予治安管理处罚。

第三百一十四条 被剥夺政治权利的罪犯,执行期满,公安机关应当书面通知本人及其所在单位、居住地基层组织。

第四节 对又犯新罪罪犯的处理

第三百一十五条 对留看守所执行刑罚的罪犯,在暂予监外执行期间又犯新罪的,由犯罪地公安机关立案侦查,并通知批准机关。批准机关作出收监执行决定后,应当根据侦查、审判需要,由犯罪地看守所或者暂予监外执行地看守所收监执行。

第三百一十六条 被剥夺政治权利、管制、宣告缓刑和假释的罪犯在执行期间又犯新罪的,由犯罪地公安机关立案侦查。

对留看守所执行刑罚的罪犯,因犯新罪被撤销假释的,应当根据侦查、审判需要,由犯罪地看守所或者原执行看守所收监执行。

第十章　特别程序

第一节　未成年人刑事案件诉讼程序

第三百一十七条　公安机关办理未成年人刑事案件,实行教育、感化、挽救的方针,坚持教育为主、惩罚为辅的原则。

第三百一十八条　公安机关办理未成年人刑事案件,应当保障未成年人行使其诉讼权利并得到法律帮助,依法保护未成年人的名誉和隐私,尊重其人格尊严。

第三百一十九条　公安机关应当设置专门机构或者配备专职人员办理未成年人刑事案件。

未成年人刑事案件应当由熟悉未成年人身心特点,善于做未成年人思想教育工作,具有一定办案经验的人员办理。

第三百二十条　未成年犯罪嫌疑人没有委托辩护人的,公安机关应当通知法律援助机构指派律师为其提供辩护。

第三百二十一条　公安机关办理未成年人刑事案件时,应当重点查清未成年犯罪嫌疑人实施犯罪行为时是否已满十四周岁、十六周岁、十八周岁的临界年龄。

第三百二十二条　公安机关办理未成年人刑事案件,根据情况可以对未成年犯罪嫌疑人的成长经历、犯罪原因、监护教育等情况进行调查并制作调查报告。

作出调查报告的,在提请批准逮捕、移送审查起诉时,应当结合案情综合考虑,并将调查报告与案卷材料一并移送人民检察院。

第三百二十三条　讯问未成年犯罪嫌疑人,应当通知未成年犯罪嫌疑人的法定代理人到场。无法通知、法定代理人不能到场或者法定代理人是共犯的,也可以通知未成年犯罪嫌疑人的其他成年亲属,所在学校、单位、居住地或者办案单位所在地基层组织或者未成年人保护组织的代表到场,并将有关情况记录在案。到场的法定代理人可以代为行使未成年犯罪嫌疑人的诉讼权利。

到场的法定代理人或者其他人员提出侦查人员在讯问中侵犯未成年人合法权益的,公安机关应当认真核查,依法处理。

第三百二十四条　讯问未成年犯罪嫌疑人应当采取适合未成年人的方式,耐心细致地听取其供述或者辩解,认真审核、查证与案件有关的证据和线索,并针对其思想顾虑、恐惧心理、抵触情绪进行疏导和教育。

讯问女性未成年犯罪嫌疑人,应当有女工作人员在场。

第三百二十五条　讯问笔录应当交未成年犯罪嫌疑人、到场的法定代理人或者其他人员阅读或者向其宣读;对笔录内容有异议的,应当核实清楚,准予更正或者补充。

第三百二十六条　询问未成年被害人、证人,适用本规定第三百二十三条、第三百二十四条、第三百二十五条的规定。

询问未成年被害人、证人,应当以适当的方式进行,注意保护其隐私和名誉,尽可能减少询问频次,避免造成二次伤害。必要时,可以聘请熟悉未成年人身心特点的专业人员协助。

第三百二十七条　对未成年犯罪嫌疑人应当严格限制和尽量减少使用逮捕措施。

未成年犯罪嫌疑人被拘留、逮捕后服从管理、依法变更强制措施不致发生社会危险性,能够保证诉讼正常进行的,公安机关应当依法及时变更强制措施;人民检察院批准逮捕的案件,公安机关应当将变更强制措施情况及时通知人民检察院。

第三百二十八条　对被羁押的未成年人应当与成年人分别关押、分别管理、分别教育,并根据其生理和心理特点在生活和学习方面给予照顾。

第三百二十九条　人民检察院在对未成年人作出附条件不起诉的决定前,听取公安机关意见时,公安机关应当提出书面意见,经县级以上公安机关负责人批准,移送同级人民检察院。

第三百三十条　认为人民检察院作出的附条件不起诉决定有错误的,应当在收到不起诉决定书后七日以内制作要求复议意见书,经县级以上公安机关负责人批准,移送同级人民检察院复议。

要求复议的意见不被接受的,可以在收到人民检察院的复议决定书后七日以内制作提请复核意见书,经县级以上公安机关负责人批准后,连同人民检察院的复议决定书,一并提请上一级人民检察院复核。

第三百三十一条　未成年人犯罪的时候不满十八周岁,被判处五年有期徒刑以下刑罚的,公安机关应当依据人民法院已经生效的判决书,将该未成年人的犯罪记录予以封存。

犯罪记录被封存的,除司法机关为办案需要或者有关单位根据国家规定进行查询外,公安机关不得向其他任何单位和个人提供。

被封存犯罪记录的未成年人,如果发现漏罪,合并被判处五年有期徒刑以上刑罚的,应当对其犯罪记录解除封存。

第三百三十二条 办理未成年人刑事案件,除本节已有规定的以外,按照本规定的其他规定进行。

第二节 当事人和解的公诉案件诉讼程序

第三百三十三条 下列公诉案件,犯罪嫌疑人真诚悔罪,通过向被害人赔偿损失、赔礼道歉等方式获得被害人谅解,被害人自愿和解的,经县级以上公安机关负责人批准,可以依法作为当事人和解的公诉案件办理:

(一)因民间纠纷引起,涉嫌刑法分则第四章、第五章规定的犯罪案件,可能判处三年有期徒刑以下刑罚的;

(二)除渎职犯罪以外的可能判处七年有期徒刑以下刑罚的过失犯罪案件。

犯罪嫌疑人在五年以内曾经故意犯罪的,不得作为当事人和解的公诉案件办理。

第三百三十四条 有下列情形之一的,不属于因民间纠纷引起的犯罪案件:

(一)雇凶伤害他人的;
(二)涉及黑社会性质组织犯罪的;
(三)涉及寻衅滋事的;
(四)涉及聚众斗殴的;
(五)多次故意伤害他人身体的;
(六)其他不宜和解的。

第三百三十五条 双方当事人和解的,公安机关应当审查案件事实是否清楚,被害人是否自愿和解,是否符合规定的条件。

公安机关审查时,应当听取双方当事人的意见,并记录在案;必要时,可以听取双方当事人亲属、当地居民委员会或者村民委员会人员以及其他了解案件情况的相关人员的意见。

第三百三十六条 达成和解的,公安机关应当主持制作和解协议书,并由双方当事人及其他参加人员签名。

当事人中有未成年人的,未成年当事人的法定代理人或者其他成年亲属应当在场。

第三百三十七条 和解协议书应当包括以下内容:

(一)案件的基本事实和主要证据;

(二)犯罪嫌疑人承认自己所犯罪行,对指控的犯罪事实没有异议,真诚悔罪;

(三)犯罪嫌疑人通过向被害人赔礼道歉、赔偿损失等方式获得被害人谅解;涉及赔偿损失的,应当写明赔偿的数额、方式等;提起附带民事诉讼的,由附带民事诉讼原告人撤回附带民事诉讼;

(四)被害人自愿和解,请求或者同意对犯罪嫌疑人依法从宽处罚。

和解协议应当及时履行。

第三百三十八条 对达成和解协议的案件,经县级以上公安机关负责人批准,公安机关将案件移送人民检察院审查起诉时,可以提出从宽处理的建议。

第三节 犯罪嫌疑人逃匿、死亡案件违法所得的没收程序

第三百三十九条 有下列情形之一,依照刑法规定应当追缴其违法所得及其他涉案财产的,经县级以上公安机关负责人批准,公安机关应当写出没收违法所得意见书,连同相关证据材料一并移送同级人民检察院:

(一)恐怖活动犯罪等重大犯罪案件,犯罪嫌疑人逃匿,在通缉一年后不能到案的;

(二)犯罪嫌疑人死亡的。

犯罪嫌疑人死亡,现有证据证明其存在违法所得及其他涉案财产应当予以没收的,公安机关可以进行调查。公安机关进行调查,可以依法进行查封、扣押、查询、冻结。

第三百四十条 没收违法所得意见书应当包括以下内容:

(一)犯罪嫌疑人的基本情况;

(二)犯罪事实和相关的证据材料;

(三)犯罪嫌疑人逃匿、被通缉或者死亡的情况;

(四)犯罪嫌疑人的违法所得及其他涉案财产的种类、数量、所在地;

(五)查封、扣押、冻结的情况等。

第三百四十一条 公安机关将没收违法所得意见书移送人民检察院后,

在逃的犯罪嫌疑人自动投案或者被抓获的,公安机关应当及时通知同级人民检察院。

第四节 依法不负刑事责任的精神病人的强制医疗程序

第三百四十二条 公安机关发现实施暴力行为,危害公共安全或者严重危害公民人身安全的犯罪嫌疑人,可能属于依法不负刑事责任的精神病人的,应当对其进行精神病鉴定。

第三百四十三条 对经法定程序鉴定依法不负刑事责任的精神病人,有继续危害社会可能,符合强制医疗条件的,公安机关应当在七日以内写出强制医疗意见书,经县级以上公安机关负责人批准,连同相关证据材料和鉴定意见一并移送同级人民检察院。

第三百四十四条 对实施暴力行为的精神病人,在人民法院决定强制医疗前,经县级以上公安机关负责人批准,公安机关可以采取临时的保护性约束措施。必要时,可以将其送精神病医院接受治疗。

第三百四十五条 采取临时的保护性约束措施时,应当对精神病人严加看管,并注意约束的方式、方法和力度,以避免和防止危害他人和精神病人的自身安全为限度。

对于精神病人已没有继续危害社会可能,解除约束后不致发生社会危险性的,公安机关应当及时解除保护性约束措施。

第十一章 办案协作

第三百四十六条 公安机关在异地执行传唤、拘传、拘留、逮捕,开展勘验、检查、搜查、查封、扣押、冻结、讯问等侦查活动,应当向当地公安机关提出办案协作请求,并在当地公安机关协助下进行,或者委托当地公安机关代为执行。

开展查询、询问、辨认等侦查活动或者送达法律文书的,也可以向当地公安机关提出办案协作请求,并按照有关规定进行通报。

第三百四十七条 需要异地公安机关协助的,办案地公安机关应当制作办案协作函件,连同有关法律文书和人民警察证复印件一并提供给协作地公安机关。必要时,可以将前述法律手续传真或者通过公安机关有关信息系统传输至协作地公安机关。

请求协助执行传唤、拘传、拘留、逮捕的，应当提供传唤证、拘传证、拘留证、逮捕证；请求协助开展搜查、查封、扣押、查询、冻结等侦查活动的，应当提供搜查证、查封决定书、扣押决定书、协助查询财产通知书、协助冻结财产通知书；请求协助开展勘验、检查、讯问、询问等侦查活动的，应当提供立案决定书。

第三百四十八条　公安机关应当指定一个部门归口接收协作请求，并进行审核。对符合本规定第三百四十七条规定的协作请求，应当及时交主管业务部门办理。

异地公安机关提出协作请求的，只要法律手续完备，协作地公安机关就应当及时无条件予以配合，不得收取任何形式的费用或者设置其他条件。

第三百四十九条　对协作过程中获取的犯罪线索，不属于自己管辖的，应当及时移交有管辖权的公安机关或者其他有关部门。

第三百五十条　异地执行传唤、拘传的，协作地公安机关应当协助将犯罪嫌疑人传唤、拘传到本市、县公安机关执法办案场所或者到他的住处进行讯问。

异地执行拘留、逮捕的，协作地公安机关应当派员协助执行。

第三百五十一条　已被决定拘留、逮捕的犯罪嫌疑人在逃的，可以通过网上工作平台发布犯罪嫌疑人相关信息、拘留证或者逮捕证。各地公安机关发现网上逃犯的，应当立即组织抓捕。

协作地公安机关抓获犯罪嫌疑人后，应当立即通知办案地公安机关。办案地公安机关应当立即携带法律文书及时提解，提解的侦查人员不得少于二人。

办案地公安机关不能及时到达协作地的，应当委托协作地公安机关在拘留、逮捕后二十四小时以内进行讯问。

第三百五十二条　办案地公安机关请求代为讯问、询问、辨认的，协作地公安机关应当制作讯问、询问、辨认笔录，交被讯问、询问人和辨认人签名、捺指印后，提供给办案地公安机关。

办案地公安机关可以委托协作地公安机关协助进行远程视频讯问、询问，讯问、询问过程应当全程录音录像。

第三百五十三条　办案地公安机关请求协查犯罪嫌疑人的身份、年龄、违法犯罪经历等情况的，协作地公安机关应当在接到请求后七日以内将协查结果通知办案地公安机关；交通十分不便的边远地区，应当在十五日以内将协查结果通知办案地公安机关。

办案地公安机关请求协助调查取证或者查询犯罪信息、资料的,协作地公安机关应当及时协查并反馈。

第三百五十四条 对不履行办案协作程序或者协作职责造成严重后果的,对直接负责的主管人员和其他直接责任人员,应当给予处分;构成犯罪的,依法追究刑事责任。

第三百五十五条 协作地公安机关依照办案地公安机关的协作请求履行办案协作职责所产生的法律责任,由办案地公安机关承担。但是,协作行为超出协作请求范围,造成执法过错的,由协作地公安机关承担相应法律责任。

第三百五十六条 办案地和协作地公安机关对于案件管辖、定性处理等发生争议的,可以进行协商。协商不成的,提请共同的上级公安机关决定。

第十二章 外国人犯罪案件的办理

第三百五十七条 办理外国人犯罪案件,应当严格依照我国法律、法规、规章,维护国家主权和利益,并在对等互惠原则的基础上,履行我国所承担的国际条约义务。

第三百五十八条 外国籍犯罪嫌疑人在刑事诉讼中,享有我国法律规定的诉讼权利,并承担相应的义务。

第三百五十九条 外国籍犯罪嫌疑人的国籍,以其在入境时持用的有效证件予以确认;国籍不明的,由出入境管理部门协助予以查明。国籍确实无法查明的,以无国籍人对待。

第三百六十条 确认外国籍犯罪嫌疑人身份,可以依照有关国际条约或者通过国际刑事警察组织、警务合作渠道办理。确实无法查明的,可以按其自报的姓名移送人民检察院审查起诉。

第三百六十一条 犯罪嫌疑人为享有外交或者领事特权和豁免权的外国人的,应当层报公安部,同时通报同级人民政府外事办公室,由公安部商请外交部通过外交途径办理。

第三百六十二条 公安机关办理外国人犯罪案件,使用中华人民共和国通用的语言文字。犯罪嫌疑人不通晓我国语言文字的,公安机关应当为他翻译;犯罪嫌疑人通晓我国语言文字,不需要他人翻译的,应当出具书面声明。

第三百六十三条 外国人犯罪案件,由犯罪地的县级以上公安机关立案侦查。

第三百六十四条 外国人犯中华人民共和国缔结或者参加的国际条约规

定的罪行后进入我国领域内的,由该外国人被抓获地的设区的市一级以上公安机关立案侦查。

第三百六十五条　外国人在中华人民共和国领域外对中华人民共和国国家或者公民犯罪,应当受刑罚处罚的,由该外国人入境地或者入境后居住地的县级以上公安机关立案侦查;该外国人未入境的,由被害人居住地的县级以上公安机关立案侦查;没有被害人或者是对中华人民共和国国家犯罪的,由公安部指定管辖。

第三百六十六条　发生重大或者可能引起外交交涉的外国人犯罪案件的,有关省级公安机关应当及时将案件办理情况报告公安部,同时通报同级人民政府外事办公室。必要时,由公安部商外交部将案件情况通知我国驻外使馆、领事馆。

第三百六十七条　对外国籍犯罪嫌疑人依法作出取保候审、监视居住决定或者执行拘留、逮捕后,应当在四十八小时以内层报省级公安机关,同时通报同级人民政府外事办公室。

重大涉外案件应当在四十八小时以内层报公安部,同时通报同级人民政府外事办公室。

第三百六十八条　对外国籍犯罪嫌疑人依法作出取保候审、监视居住决定或者执行拘留、逮捕后,由省级公安机关根据有关规定,将其姓名、性别、入境时间、护照或者证件号码、案件发生的时间、地点、涉嫌犯罪的主要事实、已采取的强制措施及其法律依据等,通知该外国人所属国家的驻华使馆、领事馆,同时报告公安部。经省级公安机关批准,领事通报任务较重的副省级城市公安局可以直接行使领事通报职能。

外国人在公安机关侦查或者执行刑罚期间死亡的,有关省级公安机关应当通知该外国人国籍国的驻华使馆、领事馆,同时报告公安部。

未在华设立使馆、领事馆的国家,可以通知其代管国家的驻华使馆、领事馆;无代管国家或者代管国家不明的,可以不予通知。

第三百六十九条　外国籍犯罪嫌疑人委托辩护人的,应当委托在中华人民共和国的律师事务所执业的律师。

第三百七十条　公安机关侦查终结前,外国驻华外交、领事官员要求探视被监视居住、拘留、逮捕或者正在看守所服刑的本国公民的,应当及时安排有关探视事宜。犯罪嫌疑人拒绝其国籍国驻华外交、领事官员探视的,公安机关可以不予安排,但应当由其本人提出书面声明。

在公安机关侦查羁押期间,经公安机关批准,外国籍犯罪嫌疑人可以与其近亲属、监护人会见、与外界通信。

第三百七十一条 对判处独立适用驱逐出境刑罚的外国人,省级公安机关在收到人民法院的刑事判决书、执行通知书的副本后,应当指定该外国人所在地的设区的市一级公安机关执行。

被判处徒刑的外国人,主刑执行期满后应当执行驱逐出境附加刑的,省级公安机关在收到执行监狱的上级主管部门转交的刑事判决书、执行通知书副本或者复印件后,应当通知该外国人所在地的设区的市一级公安机关或者指定有关公安机关执行。

我国政府已按照国际条约或者《中华人民共和国外交特权与豁免条例》的规定,对实施犯罪,但享有外交或者领事特权和豁免权的外国人宣布为不受欢迎的人,或者不可接受并拒绝承认其外交或者领事人员身份,责令限期出境的人,无正当理由逾期不自动出境的,由公安部凭外交部公文指定该外国人所在地的省级公安机关负责执行或者监督执行。

第三百七十二条 办理外国人犯罪案件,本章未规定的,适用本规定其他各章的有关规定。

第三百七十三条 办理无国籍人犯罪案件,适用本章的规定。

第十三章 刑事司法协助和警务合作

第三百七十四条 公安部是公安机关进行刑事司法协助和警务合作的中央主管机关,通过有关法律、国际条约、协议规定的联系途径、外交途径或者国际刑事警察组织渠道,接收或者向外国提出刑事司法协助或者警务合作请求。

地方各级公安机关依照职责权限办理刑事司法协助事务和警务合作事务。

其他司法机关在办理刑事案件中,需要外国警方协助的,由其中央主管机关与公安部联系办理。

第三百七十五条 公安机关进行刑事司法协助和警务合作的范围,主要包括犯罪情报信息的交流与合作,调查取证,安排证人作证或者协助调查,查封、扣押、冻结涉案财物,没收、返还违法所得及其他涉案财物,送达刑事诉讼文书,引渡、缉捕和递解犯罪嫌疑人、被告人或者罪犯,以及国际条约、协议规定的其他刑事司法协助和警务合作事宜。

第三百七十六条 在不违背我国法律和有关国际条约、协议的前提下,我国边境地区设区的市一级公安机关和县级公安机关与相邻国家的警察机关，可以按照惯例相互开展执法会晤、人员往来、边境管控、情报信息交流等警务合作，但应当报省级公安机关批准，并报公安部备案；开展其他警务合作的，应当报公安部批准。

第三百七十七条　公安部收到外国的刑事司法协助或者警务合作请求后，应当依据我国法律和国际条约、协议的规定进行审查。对于符合规定的，交有关省级公安机关办理，或者移交其他有关中央主管机关；对于不符合条约或者协议规定的，通过接收请求的途径退回请求方。

对于请求书的签署机关、请求书及所附材料的语言文字、有关办理期限和具体程序等事项，在不违反我国法律基本原则的情况下，可以按照刑事司法协助条约、警务合作协议规定或者双方协商办理。

第三百七十八条　负责执行刑事司法协助或者警务合作的公安机关收到请求书和所附材料后，应当按照我国法律和有关国际条约、协议的规定安排执行，并将执行结果及其有关材料报经省级公安机关审核后报送公安部。

在执行过程中，需要采取查询、查封、扣押、冻结等措施或者返还涉案财物，且符合法律规定的条件的，可以根据我国有关法律和公安部的执行通知办理有关法律手续。

请求书提供的信息不准确或者材料不齐全难以执行的，应当立即通过省级公安机关报请公安部要求请求方补充材料；因其他原因无法执行或者具有应当拒绝协助、合作的情形等不能执行的，应当将请求书和所附材料，连同不能执行的理由通过省级公安机关报送公安部。

第三百七十九条　执行刑事司法协助和警务合作，请求书中附有办理期限的，应当按期完成。未附办理期限的，调查取证应当在三个月以内完成；送达刑事诉讼文书，应当在十日以内完成。不能按期完成的，应当说明情况和理由，层报公安部。

第三百八十条　需要请求外国警方提供刑事司法协助或者警务合作的，应当按照我国有关法律、国际条约、协议的规定提出刑事司法协助或者警务合作请求书，所附文件及相应译文，经省级公安机关审核后报送公安部。

第三百八十一条　需要通过国际刑事警察组织查找或者缉捕犯罪嫌疑人、被告人或者罪犯，查询资料、调查取证的，应当提出申请层报国际刑事警察组织中国国家中心局。

第三百八十二条　公安机关需要外国协助安排证人、鉴定人来中华人民共和国作证或者通过视频、音频作证，或者协助调查的，应当制作刑事司法协助请求书并附相关材料，经公安部审核同意后，由对外联系机关及时向外国提出请求。

来中华人民共和国作证或者协助调查的证人、鉴定人离境前，公安机关不得就其入境前实施的犯罪进行追究；除因入境后实施违法犯罪而被采取强制措施的以外，其人身自由不受限制。

证人、鉴定人在条约规定的期限内或者被通知无需继续停留后十五日内没有离境的，前款规定不再适用，但是由于不可抗力或者其他特殊原因未能离境的除外。

第三百八十三条 公安机关提供或者请求外国提供刑事司法协助或者警务合作，应当收取或者支付费用的，根据有关国际条约、协议的规定，或者按照对等互惠的原则协商办理。

第三百八十四条 办理引渡案件，依照《中华人民共和国引渡法》等法律规定和有关条约执行。

第十四章 附 则

第三百八十五条 本规定所称"危害国家安全犯罪"，包括刑法分则第一章规定的危害国家安全罪以及危害国家安全的其他犯罪；"恐怖活动犯罪"，包括以制造社会恐慌、危害公共安全或者胁迫国家机关、国际组织为目的，采取暴力、破坏、恐吓等手段，造成或者意图造成人员伤亡、重大财产损失、公共设施损坏、社会秩序混乱等严重社会危害的犯罪，以及煽动、资助或者以其他方式协助实施上述活动的犯罪。

第三百八十六条 当事人及其法定代理人、诉讼代理人、辩护律师提出的复议复核请求，由公安机关法制部门办理。

办理刑事复议、复核案件的具体程序，适用《公安机关办理刑事复议复核案件程序规定》。

第三百八十七条 公安机关可以使用电子签名、电子指纹捺印技术制作电子笔录等材料，可以使用电子印章制作法律文书。对案件当事人进行电子签名、电子指纹捺印的过程，公安机关应当同步录音录像。

第三百八十八条 本规定自2013年1月1日起施行。1998年5月14日发布的《公安机关办理刑事案件程序规定》(公安部令第35号)和2007年10月25日发布的《公安机关办理刑事案件程序规定修正案》(公安部令第95号)同时废止。

公安机关办理行政案件程序规定

(2012年12月19日公安部令第125号修订发布 根据2014年6月29日公安部令第132号《公安部关于修改部分部门规章的决定》第一次修正 根据2018年11月25日公安部令第149号《公安部关于修改〈公安机关办理行政案件程序规定〉的决定》第二次修正 根据2020年8月6日公安部令第160号《公安部关于废止和修改部分规章的决定》第三次修正)

第一章 总 则

第一条 为了规范公安机关办理行政案件程序,保障公安机关在办理行政案件中正确履行职责,保护公民、法人和其他组织的合法权益,根据《中华人民共和国行政处罚法》《中华人民共和国行政强制法》《中华人民共和国治安管理处罚法》等有关法律、行政法规,制定本规定。

第二条 本规定所称行政案件,是指公安机关依照法律、法规和规章的规定对违法行为人决定行政处罚以及强制隔离戒毒等处理措施的案件。

本规定所称公安机关,是指县级以上公安机关、公安派出所、依法具有独立执法主体资格的公安机关业务部门以及出入境边防检查站。

第三条 办理行政案件应当以事实为根据,以法律为准绳。

第四条 办理行政案件应当遵循合法、公正、公开、及时的原则,尊重和保障人权,保护公民的人格尊严。

第五条 办理行政案件应当坚持教育与处罚相结合的原则,教育公民、法人和其他组织自觉守法。

第六条 办理未成年人的行政案件,应当根据未成年人的身心特点,保障其合法权益。

第七条 办理行政案件,在少数民族聚居或者多民族共同居住的地区,应当使用当地通用的语言进行询问。对不通晓当地通用语言文字的当事人,应当为他们提供翻译。

第八条 公安机关及其人民警察在办理行政案件时,对涉及的国家秘密、商业秘密或者个人隐私,应当保密。

第九条　公安机关人民警察在办案中玩忽职守、徇私舞弊、滥用职权、索取或者收受他人财物的，依法给予处分；构成犯罪的，依法追究刑事责任。

第二章　管　辖

第十条　行政案件由违法行为地的公安机关管辖。由违法行为人居住地公安机关管辖更为适宜的，可以由违法行为人居住地公安机关管辖，但是涉及卖淫、嫖娼、赌博、毒品的案件除外。

违法行为地包括违法行为发生地和违法结果发生地。违法行为发生地，包括违法行为的实施地以及开始地、途经地、结束地等与违法行为有关的地点；违法行为有连续、持续或者继续状态的，违法行为连续、持续或者继续实施的地方都属于违法行为发生地。违法结果发生地，包括违法对象被侵害地、违法所得的实际取得地、藏匿地、转移地、使用地、销售地。

居住地包括户籍所在地、经常居住地。经常居住地是指公民离开户籍所在地最后连续居住一年以上的地方，但在医院住院就医的除外。

移交违法行为人居住地公安机关管辖的行政案件，违法行为地公安机关在移交前应当及时收集证据，并配合违法行为人居住地公安机关开展调查取证工作。

第十一条　针对或者利用网络实施的违法行为，用于实施违法行为的网站服务器所在地、网络接入地以及网站建立者或者管理者所在地，被侵害的网络及其运营者所在地，违法过程中违法行为人、被侵害人使用的网络及其运营者所在地，被侵害人被侵害时所在地，以及被侵害人财产遭受损失地公安机关可以管辖。

第十二条　行驶中的客车上发生的行政案件，由案发后客车最初停靠地公安机关管辖；必要时，始发地、途经地、到达地公安机关也可以管辖。

第十三条　行政案件由县级公安机关及其公安派出所、依法具有独立执法主体资格的公安机关业务部门以及出入境边防检查站按照法律、行政法规、规章授权和管辖分工办理，但法律、行政法规、规章规定由设区的市级以上公安机关办理的除外。

第十四条　几个公安机关都有权管辖的行政案件，由最初受理的公安机关管辖。必要时，可以由主要违法行为地公安机关管辖。

第十五条　对管辖权发生争议的，报请共同的上级公安机关指定管辖。

对于重大、复杂的案件，上级公安机关可以直接办理或者指定管辖。

上级公安机关直接办理或者指定管辖的,应当书面通知被指定管辖的公安机关和其他有关的公安机关。

原受理案件的公安机关自收到上级公安机关书面通知之日起不再行使管辖权,并立即将案卷材料移送被指定管辖的公安机关或者办理的上级公安机关,及时书面通知当事人。

第十六条 铁路公安机关管辖列车上、火车站工作区域内、铁路系统的机关、厂、段、所、队等单位内发生的行政案件,以及在铁路线上放置障碍物或者损毁、移动铁路设施等可能影响铁路运输安全、盗窃铁路设施的行政案件。对倒卖、伪造、变造火车票案件,由最初受理的铁路或者地方公安机关管辖。必要时,可以移送主要违法行为发生地的铁路或者地方公安机关管辖。

交通公安机关管辖港航管理机构管理的轮船上、港口、码头工作区域内和港航系统的机关、厂、所、队等单位内发生的行政案件。

民航公安机关管辖民航管理机构管理的机场工作区域以及民航系统的机关、厂、所、队等单位内和民航飞机上发生的行政案件。

国有林区的森林公安机关管辖林区内发生的行政案件。

海关缉私机构管辖阻碍海关缉私警察依法执行职务的治安案件。

第三章 回 避

第十七条 公安机关负责人、办案人民警察有下列情形之一的,应当自行提出回避申请,案件当事人及其法定代理人有权要求他们回避:

(一)是本案的当事人或者当事人近亲属的;

(二)本人或者其近亲属与本案有利害关系的;

(三)与本案当事人有其他关系,可能影响案件公正处理的。

第十八条 公安机关负责人、办案人民警察提出回避申请的,应当说明理由。

第十九条 办案人民警察的回避,由其所属的公安机关决定;公安机关负责人的回避,由上一级公安机关决定。

第二十条 当事人及其法定代理人要求公安机关负责人、办案人民警察回避的,应当提出申请,并说明理由。口头提出申请的,公安机关应当记录在案。

第二十一条 对当事人及其法定代理人提出的回避申请,公安机关应当在收到申请之日起二日内作出决定并通知申请人。

第二十二条 公安机关负责人、办案人民警察具有应当回避的情形之一,本人没有申请回避,当事人及其法定代理人也没有申请其回避的,有权决定其回避的公安机关可以指令其回避。

第二十三条 在行政案件调查过程中,鉴定人和翻译人员需要回避的,适用本章的规定。

鉴定人、翻译人员的回避,由指派或者聘请的公安机关决定。

第二十四条 在公安机关作出回避决定前,办案人民警察不得停止对行政案件的调查。

作出回避决定后,公安机关负责人、办案人民警察不得再参与该行政案件的调查和审核、审批工作。

第二十五条 被决定回避的公安机关负责人、办案人民警察、鉴定人和翻译人员,在回避决定作出前所进行的与案件有关的活动是否有效,由作出回避决定的公安机关根据是否影响案件依法公正处理等情况决定。

第四章 证 据

第二十六条 可以用于证明案件事实的材料,都是证据。公安机关办理行政案件的证据包括:

(一)物证;

(二)书证;

(三)被侵害人陈述和其他证人证言;

(四)违法嫌疑人的陈述和申辩;

(五)鉴定意见;

(六)勘验、检查、辨认笔录,现场笔录;

(七)视听资料、电子数据。

证据必须经过查证属实,才能作为定案的根据。

第二十七条 公安机关必须依照法定程序,收集能够证实违法嫌疑人是否违法、违法情节轻重的证据。

严禁刑讯逼供和以威胁、欺骗等非法方法收集证据。采用刑讯逼供等非法方法收集的违法嫌疑人的陈述和申辩以及采用暴力、威胁等非法方法收集的被侵害人陈述、其他证人证言,不能作为定案的根据。收集物证、书证不符合法定程序,可能严重影响执法公正的,应当予以补正或者作出合理解释;不能补正或者作出合理解释的,不能作为定案的根据。

第二十八条 公安机关向有关单位和个人收集、调取证据时,应当告知其必须如实提供证据,并告知其伪造、隐匿、毁灭证据,提供虚假证词应当承担的法律责任。

需要向有关单位和个人调取证据的,经公安机关办案部门负责人批准,开具调取证据通知书,明确调取的证据和提供时限。被调取人应当在通知书上盖章或者签名,被调取人拒绝的,公安机关应当注明。必要时,公安机关应当采用录音、录像等方式固定证据内容及取证过程。

需要向有关单位紧急调取证据的,公安机关可以在电话告知人民警察身份的同时,将调取证据通知书连同办案人民警察的人民警察证复印件通过传真、互联网通讯工具等方式送达有关单位。

第二十九条 收集调取的物证应当是原物。在原物不便搬运、不易保存或者依法应当由有关部门保管、处理或者依法应当返还时,可以拍摄或者制作足以反映原物外形或者内容的照片、录像。

物证的照片、录像,经与原物核实无误或者经鉴定证明为真实的,可以作为证据使用。

第三十条 收集、调取的书证应当是原件。在取得原件确有困难时,可以使用副本或者复制件。

书证的副本、复制件,经与原件核实无误或者经鉴定证明为真实的,可以作为证据使用。书证有更改或者更改迹象不能作出合理解释的,或者书证的副本、复制件不能反映书证原件及其内容的,不能作为证据使用。

第三十一条 物证的照片、录像,书证的副本、复制件,视听资料的复制件,应当附有关制作过程及原件、原物存放处的文字说明,并由制作人和物品持有人或者持有单位有关人员签名。

第三十二条 收集电子数据,能够扣押电子数据原始存储介质的,应当扣押。

无法扣押原始存储介质的,可以提取电子数据。提取电子数据,应当制作笔录,并附电子数据清单,由办案人民警察、电子数据持有人签名。持有人无法或者拒绝签名的,应当在笔录中注明。

由于客观原因无法或者不宜依照前两款规定收集电子数据的,可以采取打印、拍照或者录像等方式固定相关证据,并附有关原因、过程等情况的文字说明,由办案人民警察、电子数据持有人签名。持有人无法或者拒绝签名的,应当注明情况。

第三十三条 刑事案件转为行政案件办理的,刑事案件办理过程中收集的证据材料,可以作为行政案件的证据使用。

第三十四条 凡知道案件情况的人,都有作证的义务。

生理上、精神上有缺陷或者年幼,不能辨别是非、不能正确表达的人,不能作为证人。

第五章 期间与送达

第三十五条 期间以时、日、月、年计算,期间开始之时或者日不计算在内。法律文书送达的期间不包括路途上的时间。期间的最后一日是节假日的,以节假日后的第一日为期满日期,但违法行为人被限制人身自由的期间,应当至期满之日为止,不得因节假日而延长。

第三十六条 送达法律文书,应当遵守下列规定:

(一)依照简易程序作出当场处罚决定的,应当将决定书当场交付被处罚人,并由被处罚人在备案的决定书上签名或者捺指印;被处罚人拒绝的,由办案人民警察在备案的决定书上注明;

(二)除本款第一项规定外,作出行政处罚决定和其他行政处理决定,应当在宣告后将决定书当场交付被处理人,并由被处理人在附卷的决定书上签名或者捺指印,即为送达;被处理人拒绝的,由办案人民警察在附卷的决定书上注明;被处理人不在场的,公安机关应当在作出决定的七日内将决定书送达被处理人,治安管理处罚决定应当在二日内送达。

送达法律文书应当首先采取直接送达方式,交给受送达人本人;受送达人不在的,可以交付其成年家属、所在单位的负责人员或者其居住地居(村)民委员会代收。受送达人本人或者代收人拒绝接收或者拒绝签名和捺指印的,送达人可以邀请其邻居或者其他见证人到场,说明情况,也可以对拒收情况进行录音录像,把文书留在受送达人处,在附卷的法律文书上注明拒绝的事由、送达日期,由送达人、见证人签名或者捺指印,即视为送达。

无法直接送达的,委托其他公安机关代为送达,或者邮寄送达。经受送达人同意,可以采用传真、互联网通讯工具等能够确认其收悉的方式送达。

经采取上述送达方式仍无法送达的,可以公告送达。公告的范围和方式应当便于公民知晓,公告期限不得少于六十日。

第六章　简易程序和快速办理

第一节　简易程序

第三十七条　违法事实确凿,且具有下列情形之一的,人民警察可以当场作出处罚决定,有违禁品的,可以当场收缴:

(一)对违反治安管理行为人或者道路交通违法行为人处二百元以下罚款或者警告的;

(二)出入境边防检查机关对违反出境入境管理行为人处五百元以下罚款或者警告的;

(三)对有其他违法行为的个人处五十元以下罚款或者警告、对单位处一千元以下罚款或者警告的;

(四)法律规定可以当场处罚的其他情形。

涉及卖淫、嫖娼、赌博、毒品的案件,不适用当场处罚。

第三十八条　当场处罚,应当按照下列程序实施:

(一)向违法行为人表明执法身份;

(二)收集证据;

(三)口头告知违法行为人拟作出行政处罚决定的事实、理由和依据,并告知违法行为人依法享有的陈述权和申辩权;

(四)充分听取违法行为人的陈述和申辩。违法行为人提出的事实、理由或者证据成立的,应当采纳;

(五)填写当场处罚决定书并当场交付被处罚人;

(六)当场收缴罚款的,同时填写罚款收据,交付被处罚人;未当场收缴罚款的,应当告知被处罚人在规定期限内到指定的银行缴纳罚款。

第三十九条　适用简易程序处罚的,可以由人民警察一人作出行政处罚决定。

人民警察当场作出行政处罚决定的,应当于作出决定后的二十四小时内将当场处罚决定书报所属公安机关备案,交通警察应当于作出决定后的二日内报所属公安机关交通管理部门备案。在旅客列车、民航飞机、水上作出行政处罚决定的,应当在返回后的二十四小时内报所属公安机关备案。

第二节 快速办理

第四十条 对不适用简易程序,但事实清楚,违法嫌疑人自愿认错认罚,且对违法事实和法律适用没有异议的行政案件,公安机关可以通过简化取证方式和审核审批手续等措施快速办理。

第四十一条 行政案件具有下列情形之一的,不适用快速办理:
(一)违法嫌疑人系盲、聋、哑人,未成年人或者疑似精神病人的;
(二)依法应当适用听证程序的;
(三)可能作出十日以上行政拘留处罚的;
(四)其他不宜快速办理的。

第四十二条 快速办理行政案件前,公安机关应当书面告知违法嫌疑人快速办理的相关规定,征得其同意,并由其签名确认。

第四十三条 对符合快速办理条件的行政案件,违法嫌疑人在自行书写材料或者询问笔录中承认违法事实、认错认罚,并有视音频记录、电子数据、检查笔录等关键证据能够相互印证的,公安机关可以不再开展其他调查取证工作。

第四十四条 对适用快速办理的行政案件,可以由专兼职法制员或者办案部门负责人审核后,报公安机关负责人审批。

第四十五条 对快速办理的行政案件,公安机关可以根据不同案件类型,使用简明扼要的格式询问笔录,尽量减少需要文字记录的内容。

被询问人自行书写材料的,办案单位可以提供样式供其参考。

使用执法记录仪等设备对询问过程录音录像的,可以替代书面询问笔录,必要时,对视听资料的关键内容和相应时间段等作文字说明。

第四十六条 对快速办理的行政案件,公安机关可以根据违法行为人认错悔改、纠正违法行为、赔偿损失以及被侵害人谅解情况等情节,依法对违法行为人从轻、减轻处罚或者不予行政处罚。

对快速办理的行政案件,公安机关可以采用口头方式履行处罚前告知程序,由办案人民警察在案卷材料中注明告知情况,并由被告知人签名确认。

第四十七条 对快速办理的行政案件,公安机关应当在违法嫌疑人到案后四十八小时内作出处理决定。

第四十八条 公安机关快速办理行政案件时,发现不适宜快速办理的,转为一般案件办理。快速办理阶段依法收集的证据,可以作为定案的根据。

第七章 调查取证

第一节 一般规定

第四十九条 对行政案件进行调查时,应当合法、及时、客观、全面地收集、调取证据材料,并予以审查、核实。

第五十条 需要调查的案件事实包括:

(一)违法嫌疑人的基本情况;

(二)违法行为是否存在;

(三)违法行为是否为违法嫌疑人实施;

(四)实施违法行为的时间、地点、手段、后果以及其他情节;

(五)违法嫌疑人有无法定从重、从轻、减轻以及不予行政处罚的情形;

(六)与案件有关的其他事实。

第五十一条 公安机关调查取证时,应当防止泄露工作秘密。

第五十二条 公安机关进行询问、辨认、检查、勘验,实施行政强制措施等调查取证工作时,人民警察不得少于二人,并表明执法身份。

接报案、受案登记、接受证据、信息采集、调解、送达文书等工作,可以由一名人民警察带领警务辅助人员进行,但应当全程录音录像。

第五十三条 对查获或者到案的违法嫌疑人应当进行安全检查,发现违禁品或者管制器具、武器、易燃易爆等危险品以及与案件有关的需要作为证据的物品的,应当立即扣押;对违法嫌疑人随身携带的与案件无关的物品,应当按照有关规定予以登记、保管、退还。安全检查不需要开具检查证。

前款规定的扣押适用本规定第五十五条和第五十六条以及本章第七节的规定。

第五十四条 办理行政案件时,可以依法采取下列行政强制措施:

(一)对物品、设施、场所采取扣押、扣留、查封、先行登记保存、抽样取证、封存文件资料等强制措施,对恐怖活动嫌疑人的存款、汇款、债券、股票、基金份额等财产还可以采取冻结措施;

(二)对违法嫌疑人采取保护性约束措施、继续盘问、强制传唤、强制检测、拘留审查、限制活动范围,对恐怖活动嫌疑人采取约束措施等强制措施。

第五十五条 实施行政强制措施应当遵守下列规定:

(一)实施前须依法向公安机关负责人报告并经批准;

(二)通知当事人到场,当场告知当事人采取行政强制措施的理由、依据以及当事人依法享有的权利、救济途径。当事人不到场的,邀请见证人到场,并在现场笔录中注明;

(三)听取当事人的陈述和申辩;

(四)制作现场笔录,由当事人和办案人民警察签名或者盖章,当事人拒绝的,在笔录中注明。当事人不在场的,由见证人和办案人民警察在笔录上签名或者盖章;

(五)实施限制公民人身自由的行政强制措施的,应当当场告知当事人家属实施强制措施的公安机关、理由、地点和期限;无法当场告知的,应当在实施强制措施后立即通过电话、短信、传真等方式通知;身份不明、拒不提供家属联系方式或者因自然灾害等不可抗力导致无法通知的,可以不予通知。告知、通知家属情况或者无法通知家属的原因应当在询问笔录中注明。

(六)法律、法规规定的其他程序。

勘验、检查时实施行政强制措施,制作勘验、检查笔录的,不再制作现场笔录。

实施行政强制措施的全程录音录像,已经具备本条第一款第二项、第三项规定的实质要素的,可以替代书面现场笔录,但应当对视听资料的关键内容和相应时间段等作文字说明。

第五十六条 情况紧急,当场实施行政强制措施的,办案人民警察应当在二十四小时内依法向其所属的公安机关负责人报告,并补办批准手续。当场实施限制公民人身自由的行政强制措施的,办案人民警察应当在返回单位后立即报告,并补办批准手续。公安机关负责人认为不应当采取行政强制措施的,应当立即解除。

第五十七条 为维护社会秩序,人民警察对有违法嫌疑的人员,经表明执法身份后,可以当场盘问、检查。对当场盘问、检查后,不能排除其违法嫌疑,依法可以适用继续盘问的,可以将其带至公安机关,经公安派出所负责人批准,对其继续盘问。对违反出境入境管理的嫌疑人依法适用继续盘问的,应当经县级以上公安机关或者出入境边防检查机关负责人批准。

继续盘问的时限一般为十二小时;对在十二小时以内确实难以证实或者排除其违法犯罪嫌疑的,可以延长至二十四小时;对不讲真实姓名、住址、身份,且在二十四小时以内仍不能证实或者排除其违法犯罪嫌疑的,可以延长至四十八小时。

第五十八条 违法嫌疑人在醉酒状态中,对本人有危险或者对他人的人身、财产或者公共安全有威胁的,可以对其采取保护性措施约束至酒醒,也可以通知其家属、亲友或者所属单位将其领回看管,必要时,应当送医院醒酒。对行为举止失控的醉酒人,可以使用约束带或者警绳等进行约束,但是不得使用手铐、脚镣等警械。

约束过程中,应当指定专人严加看护。确认醉酒人酒醒后,应当立即解除约束,并进行询问。约束时间不计算在询问查证时间内。

第五十九条 对恐怖活动嫌疑人实施约束措施,应当遵守下列规定:

(一)实施前须经县级以上公安机关负责人批准;

(二)告知嫌疑人采取约束措施的理由、依据以及其依法享有的权利、救济途径;

(三)听取嫌疑人的陈述和申辩;

(四)出具决定书。

公安机关可以采取电子监控、不定期检查等方式对被约束人遵守约束措施的情况进行监督。

约束措施的期限不得超过三个月。对不需要继续采取约束措施的,应当及时解除并通知被约束人。

第二节 受 案

第六十条 县级公安机关及其公安派出所、依法具有独立执法主体资格的公安机关业务部门以及出入境边防检查站对报案、控告、举报、群众扭送或者违法嫌疑人投案,以及其他国家机关移送的案件,应当及时受理并按照规定进行网上接报案登记。对重复报案、案件正在办理或者已经办结的,应当向报案人、控告人、举报人、扭送人、投案人作出解释,不再登记。

第六十一条 公安机关应当对报案、控告、举报、群众扭送或者违法嫌疑人投案分别作出下列处理,并将处理情况在接报案登记中注明:

(一)对属于本单位管辖范围内的案件,应当立即调查处理,制作受案登记表和受案回执,并将受案回执交报案人、控告人、举报人、扭送人;

(二)对属于公安机关职责范围,但不属于本单位管辖的,应当在二十四小时内移送有管辖权的单位处理,并告知报案人、控告人、举报人、扭送人、投案人;

(三)对不属于公安机关职责范围的事项,在接报案时能够当场判断的,应当立即口头告知报案人、控告人、举报人、扭送人、投案人向其他主管机关报案或者投案,报案人、控告人、举报人、扭送人、投案人对口头告知内容有异议或者不能当场判断的,应当书面告知,但因没有联系方式、身份不明等客观原因无法书面告知的除外。

在日常执法执勤中发现的违法行为,适用前款规定。

第六十二条 属于公安机关职责范围但不属于本单位管辖的案件,具有下列情形之一的,受理案件或者发现案件的公安机关及其人民警察应当依法先行采取必要的强制措施或者其他处置措施,再移送有管辖权的单位处理:

(一)违法嫌疑人正在实施危害行为的;

(二)正在实施违法行为或者违法后即时被发现的现行犯被扭送至公安机关的;

(三)在逃的违法嫌疑人已被抓获或者被发现的;

(四)有人员伤亡,需要立即采取救治措施的;

(五)其他应当采取紧急措施的情形。

行政案件移送管辖的,询问查证时间和扣押等措施的期限重新计算。

第六十三条 报案人不愿意公开自己的姓名和报案行为的,公安机关应当在受案登记时注明,并为其保密。

第六十四条 对报案人、控告人、举报人、扭送人、投案人提供的有关证据材料、物品等应当登记,出具接受证据清单,并妥善保管。必要时,应当拍照、录音、录像。移送案件时,应当将有关证据材料和物品一并移交。

第六十五条 对发现或者受理的案件暂时无法确定为刑事案件或者行政案件的,可以按照行政案件的程序办理。在办理过程中,认为涉嫌构成犯罪的,应当按照《公安机关办理刑事案件程序规定》办理。

第三节 询 问

第六十六条 询问违法嫌疑人,可以到违法嫌疑人住处或者单位进行,也可以将违法嫌疑人传唤到其所在市、县内的指定地点进行。

第六十七条 需要传唤违法嫌疑人接受调查的,经公安派出所、县级以上公安机关办案部门或者出入境边防检查机关负责人批准,使用传唤证传唤。对现场发现的违法嫌疑人,人民警察经出示人民警察证,可以口头传唤,并在询问笔录中注明违法嫌疑人到案经过、到案时间和离开时间。

单位违反公安行政管理规定,需要传唤其直接负责的主管人员和其他直接责任人员的,适用前款规定。

对无正当理由不接受传唤或者逃避传唤的违反治安管理、出境入境管理的嫌疑人以及法律规定可以强制传唤的其他违法嫌疑人,经公安派出所、县级以上公安机关办案部门或者出入境边防检查机关负责人批准,可以强制传唤。强制传唤时,可以依法使用手铐、警绳等约束性警械。

公安机关应当将传唤的原因和依据告知被传唤人,并通知其家属。公安机关通知被传唤人家属适用本规定第五十五条第一款第五项的规定。

第六十八条 使用传唤证传唤的,违法嫌疑人被传唤到案后和询问查证结束后,应当由其在传唤证上填写到案和离开时间并签名。拒绝填写或者签名的,办案人民警察应当在传唤证上注明。

第六十九条 对被传唤的违法嫌疑人,应当及时询问查证,询问查证的时间不得超过八小时;案情复杂,违法行为依法可能适用行政拘留处罚的,询问查证的时间不得超过二十四小时。

不得以连续传唤的形式变相拘禁违法嫌疑人。

第七十条 对于投案自首或者群众扭送的违法嫌疑人,公安机关应当立即进行询问查证,并在询问笔录中记明违法嫌疑人到案经过、到案和离开时间。询问查证时间适用本规定第六十九条第一款的规定。

对于投案自首或者群众扭送的违法嫌疑人,公安机关应当适用本规定第五十五条第一款第五项的规定通知其家属。

第七十一条 在公安机关询问违法嫌疑人,应当在办案场所进行。

询问查证期间应当保证违法嫌疑人的饮食和必要的休息时间,并在询问笔录中注明。

在询问查证的间隙期间,可以将违法嫌疑人送入候问室,并按照候问室的管理规定执行。

第七十二条 询问违法嫌疑人、被侵害人或者其他证人,应当个别进行。

第七十三条 首次询问违法嫌疑人时,应当问明违法嫌疑人的姓名、出生日期、户籍所在地、现住址、身份证件种类及号码,是否为各级人民代表大会代表,是否受过刑事处罚或者行政拘留、强制隔离戒毒、社区戒毒、收容教养等情况。必要时,还应当问明其家庭主要成员、工作单位、文化程度、民族、身体状况等情况。

违法嫌疑人为外国人的,首次询问时还应当问明其国籍、出入境证件种类及号码、签证种类、入境时间、入境事由等情况。必要时,还应当问明其在华关系人等情况。

第七十四条 询问时,应当告知被询问人必须如实提供证据、证言和故意作伪证或者隐匿证据应负的法律责任,对与本案无关的问题有拒绝回答的权利。

第七十五条 询问未成年人时,应当通知其父母或者其他监护人到场,其父母或者其他监护人不能到场的,也可以通知未成年人的其他成年亲属,所在学校、单位、居住地基层组织或者未成年人保护组织的代表到场,并将有关情况记录在案。确实无法通知或者通知后未到场的,应当在询问笔录中注明。

第七十六条 询问聋哑人,应当有通晓手语的人提供帮助,并在询问笔录中注明被询问人的聋哑情况以及翻译人员的姓名、住址、工作单位和联系方式。

对不通晓当地通用的语言文字的被询问人,应当为其配备翻译人员,并在询问笔录中注明翻译人员的姓名、住址、工作单位和联系方式。

第七十七条 询问笔录应当交被询问人核对,对没有阅读能力的,应当向其宣读。记录有误或者遗漏的,应当允许被询问人更正或者补充,并要求其在修改处捺指印。被询问人确认笔录无误后,应当在询问笔录上逐页签名或者捺指印。拒绝签名和捺指印的,办案人民警察应当在询问笔录中注明。

办案人民警察应当在询问笔录上签名,翻译人员应当在询问笔录的结尾处签名。

询问时,可以全程录音、录像,并保持录音、录像资料的完整性。

第七十八条 询问违法嫌疑人时,应当听取违法嫌疑人的陈述和申辩。对违法嫌疑人的陈述和申辩,应当核查。

第七十九条 询问被侵害人或者其他证人,可以在现场进行,也可以到其单位、学校、住所、其居住地居(村)民委员会或者其提出的地点进行。必要时,也可以书面、电话或者当场通知其到公安机关提供证言。

在现场询问的,办案人民警察应当出示人民警察证。

询问前,应当了解被询问人的身份以及其与被侵害人、其他证人、违法嫌疑人之间的关系。

第八十条 违法嫌疑人、被侵害人或者其他证人请求自行提供书面材料的,应当准许。必要时,办案人民警察也可以要求违法嫌疑人、被侵害人或者其他证人自行书写。违法嫌疑人、被侵害人或者其他证人应当在其提供的书面材料的结尾处签名或者捺指印。对打印的书面材料,违法嫌疑人、被侵害人或者其他证人应当逐页签名或者捺指印。办案人民警察收到书面材料后,应当在首页注明收到日期,并签名。

第四节 勘验、检查

第八十一条 对于违法行为案发现场,必要时应当进行勘验,提取与案件有关的证据材料,判断案件性质,确定调查方向和范围。

现场勘验参照刑事案件现场勘验的有关规定执行。

第八十二条 对与违法行为有关的场所、物品、人身可以进行检查。检查时,人民警察不得少于二人,并应当出示人民警察证和县级以上公安机关开具的检查证。对确有必要立即进行检查的,人民警察经出示人民警察证,可以当场检查;但检查公民住所的,必须有证据表明或者有群众报警公民住所内正在发生危害公共安全或者公民人身安全的案(事)件,或者违法存放危险物质,不立即检查可能会对公共安全或者公民人身、财产安全造成重大危害。

对机关、团体、企业、事业单位或者公共场所进行日常执法监督检查,依照有关法律、法规和规章执行,不适用前款规定。

第八十三条 对违法嫌疑人,可以依法提取或者采集肖像、指纹等人体生物识别信息;涉嫌酒后驾驶机动车、吸毒、从事恐怖活动等违法行为的,可以依照《中华人民共和国道路交通安全法》《中华人民共和国禁毒法》《中华人民共和国反恐怖主义法》等规定提取或者采集血液、尿液、毛发、脱落细胞等生物样本。人身安全检查和当场检查时已经提取、采集的信息,不再提取、采集。

第八十四条 对违法嫌疑人进行检查时,应当尊重被检查人的人格尊严,不得以有损人格尊严的方式进行检查。

检查妇女的身体,应当由女性工作人员进行。

依法对卖淫、嫖娼人员进行性病检查,应当由医生进行。

第八十五条 检查场所或者物品时,应当注意避免对物品造成不必要的损坏。

检查场所时,应当有被检查人或者见证人在场。

第八十六条 检查情况应当制作检查笔录。检查笔录由检查人员、被检查人或者见证人签名;被检查人不在场或者拒绝签名的,办案人民警察应当在检查笔录中注明。

检查时的全程录音录像可以替代书面检查笔录,但应当对视听资料的关键内容和相应时间段等作文字说明。

第五节 鉴 定

第八十七条 为了查明案情,需要对专门性技术问题进行鉴定的,应当指派或者聘请具有专门知识的人员进行。

需要聘请本公安机关以外的人进行鉴定的,应当经公安机关办案部门负责人批准后,制作鉴定聘请书。

第八十八条 公安机关应当为鉴定提供必要的条件,及时送交有关检材和比对样本等原始材料,介绍与鉴定有关的情况,并且明确提出要求鉴定解决的问题。

办案人民警察应当做好检材的保管和送检工作,并注明检材送检环节的责任人,确保检材在流转环节中的同一性和不被污染。

禁止强迫或者暗示鉴定人作出某种鉴定意见。

第八十九条 对人身伤害的鉴定由法医进行。

卫生行政主管部门许可的医疗机构具有执业资格的医生出具的诊断证明,可以作为公安机关认定人身伤害程度的依据,但具有本规定第九十条规定情形的除外。

对精神病的鉴定,由有精神病鉴定资格的鉴定机构进行。

第九十条 人身伤害案件具有下列情形之一的,公安机关应当进行伤情鉴定:

(一)受伤程度较重,可能构成轻伤以上伤害程度的;

(二)被侵害人要求作伤情鉴定的;

(三)违法嫌疑人、被侵害人对伤害程度有争议的。

第九十一条 对需要进行伤情鉴定的案件,被侵害人拒绝提供诊断证明或者拒绝进行伤情鉴定的,公安机关应当将有关情况记录在案,并可以根据已认定的事实作出处理决定。

经公安机关通知,被侵害人无正当理由未在公安机关确定的时间内作伤情鉴定的,视为拒绝鉴定。

第九十二条 对电子数据涉及的专门性问题难以确定的,由司法鉴定机构出具鉴定意见,或者由公安部指定的机构出具报告。

第九十三条 涉案物品价值不明或者难以确定的,公安机关应当委托价格鉴证机构估价。

根据当事人提供的购买发票等票据能够认定价值的涉案物品,或者价值明显不够刑事立案标准的涉案物品,公安机关可以不进行价格鉴证。

第九十四条　对涉嫌吸毒的人员,应当进行吸毒检测,被检测人员应当配合;对拒绝接受检测的,经县级以上公安机关或者其派出机构负责人批准,可以强制检测。采集女性被检测人检测样本,应当由女性工作人员进行。

对涉嫌服用国家管制的精神药品、麻醉药品驾驶机动车的人员,可以对其进行体内国家管制的精神药品、麻醉药品含量检验。

第九十五条　对有酒后驾驶机动车嫌疑的人,应当对其进行呼气酒精测试,对具有下列情形之一的,应当立即提取血样,检验血液酒精含量:

(一)当事人对呼气酒精测试结果有异议的;

(二)当事人拒绝配合呼气酒精测试的;

(三)涉嫌醉酒驾驶机动车的;

(四)涉嫌饮酒后驾驶机动车发生交通事故的。

当事人对呼气酒精测试结果无异议的,应当签字确认。事后提出异议的,不予采纳。

第九十六条　鉴定人鉴定后,应当出具鉴定意见。鉴定意见应当载明委托人、委托鉴定的事项、提交鉴定的相关材料、鉴定的时间、依据和结论性意见等内容,并由鉴定人签名或者盖章。通过分析得出鉴定意见的,应当有分析过程的说明。鉴定意见应当附有鉴定机构和鉴定人的资质证明或者其他证明文件。

鉴定人对鉴定意见负责,不受任何机关、团体、企业、事业单位和个人的干涉。多人参加鉴定,对鉴定意见有不同意见的,应当注明。

鉴定人故意作虚假鉴定的,应当承担法律责任。

第九十七条　办案人民警察应当对鉴定意见进行审查。

对经审查作为证据使用的鉴定意见,公安机关应当在收到鉴定意见之日起五日内将鉴定意见复印件送达违法嫌疑人和被侵害人。

医疗机构出具的诊断证明作为公安机关认定人身伤害程度的依据的,应当将诊断证明结论书面告知违法嫌疑人和被侵害人。

违法嫌疑人或者被侵害人对鉴定意见有异议的,可以在收到鉴定意见复印件之日起三日内提出重新鉴定的申请,经县级以上公安机关批准后,进行重新鉴定。同一行政案件的同一事项重新鉴定以一次为限。

当事人是否申请重新鉴定,不影响案件的正常办理。

公安机关认为必要时,也可以直接决定重新鉴定。

第九十八条　具有下列情形之一的,应当进行重新鉴定:

(一)鉴定程序违法或者违反相关专业技术要求,可能影响鉴定意见正确性的;

(二)鉴定机构、鉴定人不具备鉴定资质和条件的;

(三)鉴定意见明显依据不足的;

(四)鉴定人故意作虚假鉴定的;

(五)鉴定人应当回避而没有回避的;

(六)检材虚假或者被损坏的;

(七)其他应当重新鉴定的。

不符合前款规定情形的,经县级以上公安机关负责人批准,作出不准予重新鉴定的决定,并在作出决定之日起的三日以内书面通知申请人。

第九十九条 重新鉴定,公安机关应当另行指派或者聘请鉴定人。

第一百条 鉴定费用由公安机关承担,但当事人自行鉴定的除外。

第六节 辨 认

第一百零一条 为了查明案情,办案人民警察可以让违法嫌疑人、被侵害人或者其他证人对与违法行为有关的物品、场所或者违法嫌疑人进行辨认。

第一百零二条 辨认由二名以上办案人民警察主持。

组织辨认前,应当向辨认人详细询问辨认对象的具体特征,并避免辨认人见到辨认对象。

第一百零三条 多名辨认人对同一辨认对象或者一名辨认人对多名辨认对象进行辨认时,应当个别进行。

第一百零四条 辨认时,应当将辨认对象混杂在特征相类似的其他对象中,不得给辨认人任何暗示。

辨认违法嫌疑人时,被辨认的人数不得少于七人;对违法嫌疑人照片进行辨认的,不得少于十人的照片。

辨认每一件物品时,混杂的同类物品不得少于五件。

同一辨认人对与同一案件有关的辨认对象进行多组辨认的,不得重复使用陪衬照片或者陪衬人。

第一百零五条 辨认人不愿意暴露身份的,对违法嫌疑人的辨认可以在不暴露辨认人的情况下进行,公安机关及其人民警察应当为其保守秘密。

第一百零六条 辨认经过和结果,应当制作辨认笔录,由办案人民警察和辨认人签名或者捺指印。必要时,应当对辨认过程进行录音、录像。

第七节 证据保全

第一百零七条 对下列物品,经公安机关负责人批准,可以依法扣押或者扣留:

(一)与治安案件、违反出境入境管理的案件有关的需要作为证据的物品;

(二)道路交通安全法律、法规规定适用扣留的车辆、机动车驾驶证;

(三)《中华人民共和国反恐怖主义法》等法律、法规规定适用扣押或者扣留的物品。

对下列物品,不得扣押或者扣留:

(一)与案件无关的物品;

(二)公民个人及其所扶养家属的生活必需品;

(三)被侵害人或者善意第三人合法占有的财产。

对具有本条第二款第二项、第三项情形的,应当予以登记,写明登记财物的名称、规格、数量、特征,并由占有人签名或者捺指印。必要时,可以进行拍照。但是,与案件有关必须鉴定的,可以依法扣押,结束后应当立即解除。

第一百零八条 办理下列行政案件时,对专门用于从事无证经营活动的场所、设施、物品,经公安机关负责人批准,可以依法查封。但对与违法行为无关的场所、设施,公民个人及其扶养家属的生活必需品不得查封:

(一)擅自经营按照国家规定需要由公安机关许可的行业的;

(二)依照《娱乐场所管理条例》可以由公安机关采取取缔措施的;

(三)《中华人民共和国反恐怖主义法》等法律、法规规定适用查封的其他公安行政案件。

场所、设施、物品已被其他国家机关依法查封的,不得重复查封。

第一百零九条 收集证据时,经公安机关办案部门负责人批准,可以采取抽样取证的方法。

抽样取证应当采取随机的方式,抽取样品的数量以能够认定本品的品质特征为限。

抽样取证时,应当对抽样取证的现场、被抽样物品及被抽取的样品进行拍照或者对抽样过程进行录像。

对抽取的样品应当及时进行检验。经检验,能够作为证据使用的,应当依法扣押、先行登记保存或者登记;不属于证据的,应当及时返还样品。样品有减损的,应当予以补偿。

第一百一十条 在证据可能灭失或者以后难以取得的情况下,经公安机关办案部门负责人批准,可以先行登记保存。

先行登记保存期间,证据持有人及其他人员不得损毁或者转移证据。

对先行登记保存的证据,应当在七日内作出处理决定。逾期不作出处理决定的,视为自动解除。

第一百一十一条 实施扣押、扣留、查封、抽样取证、先行登记保存等证据保全措施时,应当会同当事人查点清楚,制作并当场交付证据保全决定书。必要时,应当对采取证据保全措施的证据进行拍照或者对采取证据保全的过程进行录像。证据保全决定书应当载明下列事项:

(一)当事人的姓名或者名称、地址;

(二)抽样取证、先行登记保存、扣押、扣留、查封的理由、依据和期限;

(三)申请行政复议或者提起行政诉讼的途径和期限;

(四)作出决定的公安机关的名称、印章和日期。

证据保全决定书应当附清单,载明被采取证据保全措施的场所、设施、物品的名称、规格、数量、特征等,由办案人民警察和当事人签名后,一份交当事人,一份附卷。有见证人的,还应当由见证人签名。当事人或者见证人拒绝签名的,办案人民警察应当在证据保全清单上注明。

对可以作为证据使用的录音带、录像带,在扣押时应当予以检查,记明案由、内容以及录取和复制的时间、地点等,并妥为保管。

对扣押的电子数据原始存储介质,应当封存,保证在不解除封存状态的情况下,无法增加、删除、修改电子数据,并在证据保全清单中记录封存状态。

第一百一十二条 扣押、扣留、查封期限为三十日,情况复杂的,经县级以上公安机关负责人批准,可以延长三十日;法律、行政法规另有规定的除外。延长扣押、扣留、查封期限的,应当及时书面告知当事人,并说明理由。

对物品需要进行鉴定的,鉴定期间不计入扣押、扣留、查封期间,但应当将鉴定的期间书面告知当事人。

第一百一十三条 公安机关对恐怖活动嫌疑人的存款、汇款、债券、股票、基金份额等财产采取冻结措施的,应当经县级以上公安机关负责人批准,向金融机构交付冻结通知书。

作出冻结决定的公安机关应当在三日内向恐怖活动嫌疑人交付冻结决定书。冻结决定书应当载明下列事项:

(一)恐怖活动嫌疑人的姓名或者名称、地址;

（二）冻结的理由、依据和期限；

（三）冻结的账号和数额；

（四）申请行政复议或者提起行政诉讼的途径和期限；

（五）公安机关的名称、印章和日期。

第一百一十四条　自被冻结之日起二个月内，公安机关应当作出处理决定或者解除冻结；情况复杂的，经上一级公安机关负责人批准，可以延长一个月。

延长冻结的决定应当及时书面告知恐怖活动嫌疑人，并说明理由。

第一百一十五条　有下列情形之一的，公安机关应当立即退还财物，并由当事人签名确认；不涉及财物退还的，应当书面通知当事人解除证据保全：

（一）当事人没有违法行为的；

（二）被采取证据保全的场所、设施、物品、财产与违法行为无关的；

（三）已经作出处理决定，不再需要采取证据保全措施的；

（四）采取证据保全措施的期限已经届满的；

（五）其他不再需要采取证据保全措施的。

作出解除冻结决定的，应当及时通知金融机构。

第一百一十六条　行政案件变更管辖时，与案件有关的财物及其孳息应当随案移交，并书面告知当事人。移交时，由接收人、移交人当面查点清楚，并在交接单据上共同签名。

第八节　办案协作

第一百一十七条　办理行政案件需要异地公安机关协作的，应当制作办案协作函件。负责协作的公安机关接到请求协作的函件后，应当办理。

第一百一十八条　需要到异地执行传唤的，办案人民警察应当持传唤证、办案协作函件和人民警察证，与协作地公安机关联系，在协作地公安机关的协作下进行传唤。协作地公安机关应当协助将违法嫌疑人传唤到其所在市、县内的指定地点或者到其住处、单位进行询问。

第一百一十九条　需要异地办理检查、查询，查封、扣押或者冻结与案件有关的财物、文件的，应当持相关的法律文书、办案协作函件和人民警察证，与协作地公安机关联系，协作地公安机关应当协助执行。

在紧急情况下，可以将办案协作函件和相关的法律文书传真或者通过执法办案信息系统发送至协作地公安机关，协作地公安机关应当及时采取措施。

办案地公安机关应当立即派员前往协作地办理。

第一百二十条 需要进行远程视频询问、处罚前告知的,应当由协作地公安机关事先核实被询问、告知人的身份。办案地公安机关应当制作询问、告知笔录并传输至协作地公安机关。询问、告知笔录经被询问、告知人确认并逐页签名或者捺指印后,由协作地公安机关协作人员签名或者盖章,并将原件或者电子签名笔录提供给办案地公安机关。办案地公安机关负责询问、告知的人民警察应当在首页注明收到日期,并签名或者盖章。询问、告知过程应当全程录音录像。

第一百二十一条 办案地公安机关可以委托异地公安机关代为询问、向有关单位和个人调取电子数据、接收自行书写材料、进行辨认、履行处罚前告知程序、送达法律文书等工作。

委托代为询问、辨认、处罚前告知的,办案地公安机关应当列出明确具体的询问、辨认、告知提纲,提供被辨认对象的照片和陪衬照片。

委托代为向有关单位和个人调取电子数据的,办案地公安机关应当将办案协作函件和相关法律文书传真或者通过执法办案信息系统发送至协作地公安机关,由协作地公安机关办案部门审核确认后办理。

第一百二十二条 协作地公安机关依照办案地公安机关的要求,依法履行办案协作职责所产生的法律责任,由办案地公安机关承担。

第八章 听证程序

第一节 一般规定

第一百二十三条 在作出下列行政处罚决定之前,应当告知违法嫌疑人有要求举行听证的权利:

(一)责令停产停业;

(二)吊销许可证或者执照;

(三)较大数额罚款;

(四)法律、法规和规章规定违法嫌疑人可以要求举行听证的其他情形。

前款第三项所称"较大数额罚款",是指对个人处以二千元以上罚款,对单位处以一万元以上罚款,对违反边防出境入境管理法律、法规和规章的个人处以六千元以上罚款。对依据地方性法规或者地方政府规章作出的罚款处罚,适用听证的罚款数额按照地方规定执行。

第一百二十四条 听证由公安机关法制部门组织实施。

依法具有独立执法主体资格的公安机关业务部门以及出入境边防检查站依法作出行政处罚决定的,由其非本案调查人员组织听证。

第一百二十五条 公安机关不得因违法嫌疑人提出听证要求而加重处罚。

第一百二十六条 听证人员应当就行政案件的事实、证据、程序、适用法律等方面全面听取当事人陈述和申辩。

第二节 听证人员和听证参加人

第一百二十七条 听证设听证主持人一名,负责组织听证;记录员一名,负责制作听证笔录。必要时,可以设听证员一至二名,协助听证主持人进行听证。

本案调查人员不得担任听证主持人、听证员或者记录员。

第一百二十八条 听证主持人决定或者开展下列事项:

(一)举行听证的时间、地点;

(二)听证是否公开举行;

(三)要求听证参加人到场参加听证,提供或者补充证据;

(四)听证的延期、中止或者终止;

(五)主持听证,就案件的事实、理由、证据、程序、适用法律等组织质证和辩论;

(六)维持听证秩序,对违反听证纪律的行为予以制止;

(七)听证员、记录员的回避;

(八)其他有关事项。

第一百二十九条 听证参加人包括:

(一)当事人及其代理人;

(二)本案办案人民警察;

(三)证人、鉴定人、翻译人员;

(四)其他有关人员。

第一百三十条 当事人在听证活动中享有下列权利:

(一)申请回避;

(二)委托一至二人代理参加听证;

(三)进行陈述、申辩和质证;
(四)核对、补正听证笔录;
(五)依法享有的其他权利。

第一百三十一条 与听证案件处理结果有直接利害关系的其他公民、法人或者其他组织,作为第三人申请参加听证的,应当允许。为查明案情,必要时,听证主持人也可以通知其参加听证。

第三节 听证的告知、申请和受理

第一百三十二条 对适用听证程序的行政案件,办案部门在提出处罚意见后,应当告知违法嫌疑人拟作出的行政处罚和有要求举行听证的权利。

第一百三十三条 违法嫌疑人要求听证的,应当在公安机关告知后三日内提出申请。

第一百三十四条 违法嫌疑人放弃听证或者撤回听证要求后,处罚决定作出前,又提出听证要求的,只要在听证申请有效期限内,应当允许。

第一百三十五条 公安机关收到听证申请后,应当在二日内决定是否受理。认为听证申请人的要求不符合听证条件,决定不予受理的,应当制作不予受理听证通知书,告知听证申请人。逾期不通知听证申请人的,视为受理。

第一百三十六条 公安机关受理听证后,应当在举行听证的七日前将举行听证通知书送达听证申请人,并将举行听证的时间、地点通知其他听证参加人。

第四节 听证的举行

第一百三十七条 听证应当在公安机关收到听证申请之日起十日内举行。

除涉及国家秘密、商业秘密、个人隐私的行政案件外,听证应当公开举行。

第一百三十八条 听证申请人不能按期参加听证的,可以申请延期,是否准许,由听证主持人决定。

第一百三十九条 二个以上违法嫌疑人分别对同一行政案件提出听证要求的,可以合并举行。

第一百四十条 同一行政案件中有二个以上违法嫌疑人,其中部分违法嫌疑人提出听证申请的,应当在听证举行后一并作出处理决定。

第一百四十一条 听证开始时,听证主持人核对听证参加人;宣布案由;宣布听证员、记录员和翻译人员名单;告知当事人在听证中的权利和义务;询问当事人是否提出回避申请;对不公开听证的行政案件,宣布不公开听证的理由。

第一百四十二条 听证开始后,首先由办案人民警察提出听证申请人违法的事实、证据和法律依据及行政处罚意见。

第一百四十三条 办案人民警察提出证据时,应当向听证会出示。对证人证言、鉴定意见、勘验笔录和其他作为证据的文书,应当当场宣读。

第一百四十四条 听证申请人可以就办案人民警察提出的违法事实、证据和法律依据以及行政处罚意见进行陈述、申辩和质证,并可以提出新的证据。

第三人可以陈述事实,提出新的证据。

第一百四十五条 听证过程中,当事人及其代理人有权申请通知新的证人到会作证,调取新的证据。对上述申请,听证主持人应当当场作出是否同意的决定;申请重新鉴定的,按照本规定第七章第五节有关规定办理。

第一百四十六条 听证申请人、第三人和办案人民警察可以围绕案件的事实、证据、程序、适用法律、处罚种类和幅度等问题进行辩论。

第一百四十七条 辩论结束后,听证主持人应当听取听证申请人、第三人、办案人民警察各方最后陈述意见。

第一百四十八条 听证过程中,遇有下列情形之一,听证主持人可以中止听证:

(一)需要通知新的证人到会、调取新的证据或者需要重新鉴定或者勘验的;

(二)因回避致使听证不能继续进行的;

(三)其他需要中止听证的。

中止听证的情形消除后,听证主持人应当及时恢复听证。

第一百四十九条 听证过程中,遇有下列情形之一,应当终止听证:

(一)听证申请人撤回听证申请的;

(二)听证申请人及其代理人无正当理由拒不出席或者未经听证主持人许可中途退出听证的;

(三)听证申请人死亡或者作为听证申请人的法人或者其他组织被撤销、解散的;

(四)听证过程中,听证申请人或者其代理人扰乱听证秩序,不听劝阻,致使听证无法正常进行的；

（五）其他需要终止听证的。

第一百五十条 听证参加人和旁听人员应当遵守听证会场纪律。对违反听证会场纪律的，听证主持人应当警告制止；对不听制止、干扰听证正常进行的旁听人员，责令其退场。

第一百五十一条 记录员应当将举行听证的情况记入听证笔录。听证笔录应当载明下列内容：

（一）案由；

（二）听证的时间、地点和方式；

（三）听证人员和听证参加人的身份情况；

（四）办案人民警察陈述的事实、证据和法律依据以及行政处罚意见；

（五）听证申请人或者其代理人的陈述和申辩；

（六）第三人陈述的事实和理由；

（七）办案人民警察、听证申请人或者其代理人、第三人质证、辩论的内容；

（八）证人陈述的事实；

（九）听证申请人、第三人、办案人民警察的最后陈述意见；

（十）其他事项。

第一百五十二条 听证笔录应当交听证申请人阅读或者向其宣读。听证笔录中的证人陈述部分，应当交证人阅读或者向其宣读。听证申请人或者证人认为听证笔录有误的，可以请求补充或者改正。听证申请人或者证人审核无误后签名或者捺指印。听证申请人或者证人拒绝的，由记录员在听证笔录中记明情况。

听证笔录经听证主持人审阅后，由听证主持人、听证员和记录员签名。

第一百五十三条 听证结束后，听证主持人应当写出听证报告书，连同听证笔录一并报送公安机关负责人。

听证报告书应当包括下列内容：

（一）案由；

（二）听证人员和听证参加人的基本情况；

（三）听证的时间、地点和方式；

（四）听证会的基本情况；

（五）案件事实；

（六）处理意见和建议。

第九章 行政处理决定

第一节 行政处罚的适用

第一百五十四条 违反治安管理行为在六个月内没有被公安机关发现,其他违法行为在二年内没有被公安机关发现的,不再给予行政处罚。

前款规定的期限,从违法行为发生之日起计算,违法行为有连续、继续或者持续状态的,从行为终了之日起计算。

被侵害人在违法行为追究时效内向公安机关控告,公安机关应当受理而不受理的,不受本条第一款追究时效的限制。

第一百五十五条 实施行政处罚时,应当责令违法行为人当场或者限期改正违法行为。

第一百五十六条 对违法行为人的同一个违法行为,不得给予两次以上罚款的行政处罚。

第一百五十七条 不满十四周岁的人有违法行为的,不予行政处罚,但是应当责令其监护人严加管教,并在不予行政处罚决定书中载明。已满十四周岁不满十八周岁的人有违法行为的,从轻或者减轻行政处罚。

第一百五十八条 精神病人在不能辨认或者不能控制自己行为时有违法行为的,不予行政处罚,但应当责令其监护人严加看管和治疗,并在不予行政处罚决定书中载明。间歇性精神病人在精神正常时有违法行为的,应当给予行政处罚。尚未完全丧失辨认或者控制自己行为能力的精神病人有违法行为的,应当予以行政处罚,但可以从轻或者减轻行政处罚。

第一百五十九条 违法行为人有下列情形之一的,应当从轻、减轻处罚或者不予行政处罚:

(一)主动消除或者减轻违法行为危害后果,并取得被侵害人谅解的;
(二)受他人胁迫或者诱骗的;
(三)有立功表现的;
(四)主动投案,向公安机关如实陈述自己的违法行为的;
(五)其他依法应当从轻、减轻或者不予行政处罚的。

违法行为轻微并及时纠正,没有造成危害后果的,不予行政处罚。

盲人或者又聋又哑的人违反治安管理的,可以从轻、减轻或者不予行政处罚;醉酒的人违反治安管理的,应当给予处罚。

第一百六十条　违法行为人有下列情形之一的,应当从重处罚:

(一)有较严重后果的;

(二)教唆、胁迫、诱骗他人实施违法行为的;

(三)对报案人、控告人、举报人、证人等打击报复的;

(四)六个月内曾受过治安管理处罚或者一年内因同类违法行为受到两次以上公安行政处罚的;

(五)刑罚执行完毕三年内,或者在缓刑期间,违反治安管理的。

第一百六十一条　一人有两种以上违法行为的,分别决定,合并执行,可以制作一份决定书,分别写明对每种违法行为的处理内容和合并执行的内容。

一个案件有多个违法行为人的,分别决定,可以制作一式多份决定书,写明给予每个人的处理决定,分别送达每一个违法行为人。

第一百六十二条　行政拘留处罚合并执行的,最长不超过二十日。

行政拘留处罚执行完毕前,发现违法行为人有其他违法行为,公安机关依法作出行政拘留决定的,与正在执行的行政拘留合并执行。

第一百六十三条　对决定给予行政拘留处罚的人,在处罚前因同一行为已经被采取强制措施限制人身自由的时间应当折抵。限制人身自由一日,折抵执行行政拘留一日。询问查证、继续盘问和采取约束措施的时间不予折抵。

被采取强制措施限制人身自由的时间超过决定的行政拘留期限的,行政拘留决定不再执行。

第一百六十四条　违法行为人具有下列情形之一,依法应当给予行政拘留处罚的,应当作出处罚决定,但不送拘留所执行:

(一)已满十四周岁不满十六周岁的;

(二)已满十六周岁不满十八周岁,初次违反治安管理或者其他公安行政管理的。但是,曾被收容教养、被行政拘留依法不执行行政拘留或者曾因实施扰乱公共秩序、妨害公共安全、侵犯人身权利、财产权利,妨害社会管理的行为被人民法院判决有罪的除外;

(三)七十周岁以上的;

(四)孕妇或者正在哺乳自己婴儿的妇女。

第二节　行政处理的决定

第一百六十五条　公安机关办理治安案件的期限,自受理之日起不得超过三十日;案情重大、复杂的,经上一级公安机关批准,可以延长三十日。办理其他行政案件,有法定办案期限的,按照相关法律规定办理。

为了查明案情进行鉴定的期间,不计入办案期限。

对因违反治安管理行为人不明或者逃跑等客观原因造成案件在法定期限内无法作出行政处理决定的,公安机关应当继续进行调查取证,并向被侵害人说明情况,及时依法作出处理决定。

第一百六十六条 违法嫌疑人不讲真实姓名、住址,身份不明,但只要违法事实清楚、证据确实充分的,可以按其自报的姓名并贴附照片作出处理决定,并在相关法律文书中注明。

第一百六十七条 在作出行政处罚决定前,应当告知违法嫌疑人拟作出行政处罚决定的事实、理由及依据,并告知违法嫌疑人依法享有陈述权和申辩权。单位违法的,应当告知其法定代表人、主要负责人或者其授权的人员。

适用一般程序作出行政处罚决定的,采用书面形式或者笔录形式告知。

依照本规定第一百七十二条第一款第三项作出不予行政处罚决定的,可以不履行本条第一款规定的告知程序。

第一百六十八条 对违法行为事实清楚,证据确实充分,依法应当予以行政处罚,因违法行为人逃跑等原因无法履行告知义务的,公安机关可以采取公告方式予以告知。自公告之日起七日内,违法嫌疑人未提出申辩的,可以依法作出行政处罚决定。

第一百六十九条 违法嫌疑人有权进行陈述和申辩。对违法嫌疑人提出的新的事实、理由和证据,公安机关应当进行复核。

公安机关不得因违法嫌疑人申辩而加重处罚。

第一百七十条 对行政案件进行审核、审批时,应当审查下列内容:

(一)违法嫌疑人的基本情况;

(二)案件事实是否清楚,证据是否确实充分;

(三)案件定性是否准确;

(四)适用法律、法规和规章是否正确;

(五)办案程序是否合法;

(六)拟作出的处理决定是否适当。

第一百七十一条 法制员或者办案部门指定的人员、办案部门负责人、法制部门的人员可以作为行政案件审核人员。

初次从事行政处罚决定审核的人员,应当通过国家统一法律职业资格考试取得法律职业资格。

第一百七十二条 公安机关根据行政案件的不同情况分别作出下列处理决定：

（一）确有违法行为，应当给予行政处罚的，根据其情节和危害后果的轻重，作出行政处罚决定；

（二）确有违法行为，但有依法不予行政处罚情形的，作出不予行政处罚决定；有违法所得和非法财物、违禁品、管制器具的，应当予以追缴或者收缴；

（三）违法事实不能成立的，作出不予行政处罚决定；

（四）对需要给予社区戒毒、强制隔离戒毒、收容教养等处理的，依法作出决定；

（五）违法行为涉嫌构成犯罪的，转为刑事案件办理或者移送有权处理的主管机关、部门办理，无需撤销行政案件。公安机关已经作出行政处理决定的，应当附卷；

（六）发现违法行为人有其他违法行为的，在依法作出行政处理决定的同时，通知有关行政主管部门处理。

对已经依照前款第三项作出不予行政处罚决定的案件，又发现新的证据的，应当依法及时调查；违法行为能够认定的，依法重新作出处理决定，并撤销原不予行政处罚决定。

治安案件有被侵害人的，公安机关应当在作出不予行政处罚或者处罚决定之日起二日内将决定书复印件送达被侵害人。无法送达的，应当注明。

第一百七十三条 行政拘留处罚由县级以上公安机关或者出入境边防检查机关决定。依法应当对违法行为人予以行政拘留的，公安派出所、依法具有独立执法主体资格的公安机关业务部门应当报其所属的县级以上公安机关决定。

第一百七十四条 对县级以上的各级人民代表大会代表予以行政拘留的，作出处罚决定前应当经该级人民代表大会主席团或者人民代表大会常务委员会许可。

对乡、民族乡、镇的人民代表大会代表予以行政拘留的，作出决定的公安机关应当立即报告乡、民族乡、镇的人民代表大会。

第一百七十五条 作出行政处罚决定的，应当制作行政处罚决定书。决定书应当载明下列内容：

（一）被处罚人的姓名、性别、出生日期、身份证件种类及号码、户籍所在

地、现住址、工作单位、违法经历以及被处罚单位的名称、地址和法定代表人;
（二）违法事实和证据以及从重、从轻、减轻等情节;
（三）处罚的种类、幅度和法律依据;
（四）处罚的执行方式和期限;
（五）对涉案财物的处理结果及对被处罚人的其他处理情况;
（六）对处罚决定不服,申请行政复议、提起行政诉讼的途径和期限;
（七）作出决定的公安机关的名称、印章和日期。

作出罚款处罚的,行政处罚决定书应当载明逾期不缴纳罚款依法加处罚款的标准和最高限额;对涉案财物作出处理的,行政处罚决定书应当附没收、收缴、追缴物品清单。

第一百七十六条 作出行政拘留处罚决定的,应当及时将处罚情况和执行场所或者依法不执行的情况通知被处罚人家属。

作出社区戒毒决定的,应当通知被决定人户籍所在地或者现居住地的城市街道办事处、乡镇人民政府。作出强制隔离戒毒、收容教养决定的,应当在法定期限内通知被决定人的家属、所在单位、户籍所在地公安派出所。

被处理人拒不提供家属联系方式或者不讲真实姓名、住址,身份不明的,可以不予通知,但应当在附卷的决定书中注明。

第一百七十七条 公安机关办理的刑事案件,尚不够刑事处罚,依法应当给予公安行政处理的,经县级以上公安机关负责人批准,依照本章规定作出处理决定。

第十章　治安调解

第一百七十八条 对于因民间纠纷引起的殴打他人、故意伤害、侮辱、诽谤、诬告陷害、故意损毁财物、干扰他人正常生活、侵犯隐私、非法侵入住宅等违反治安管理行为,情节较轻,且具有下列情形之一的,可以调解处理:
（一）亲友、邻里、同事、在校学生之间因琐事发生纠纷引起的;
（二）行为人的侵害行为系由被侵害人事前的过错行为引起的;
（三）其他适用调解处理更易化解矛盾的。

对不构成违反治安管理行为的民间纠纷,应当告知当事人向人民法院或者人民调解组织申请处理。

对情节轻微、事实清楚、因果关系明确,不涉及医疗费用、物品损失或者双方当事人对医疗费用和物品损失的赔付无争议,符合治安调解条件,双方当事人同意当场调解并当场履行的治安案件,可以当场调解,并制作调解协议书。当事人基本情况、主要违法事实和协议内容在现场录音录像中明确记录的,不再制作调解协议书。

第一百七十九条 具有下列情形之一的,不适用调解处理:

(一)雇凶伤害他人的;

(二)结伙斗殴或者其他寻衅滋事的;

(三)多次实施违反治安管理行为的;

(四)当事人明确表示不愿意调解处理的;

(五)当事人在治安调解过程中又针对对方实施违反治安管理行为的;

(六)调解过程中,违法嫌疑人逃跑的;

(七)其他不宜调解处理的。

第一百八十条 调解处理案件,应当查明事实,收集证据,并遵循合法、公正、自愿、及时的原则,注重教育和疏导,化解矛盾。

第一百八十一条 当事人中有未成年人的,调解时应当通知其父母或者其他监护人到场。但是,当事人为年满十六周岁以上的未成年人,以自己的劳动收入为主要生活来源,本人同意不通知的,可以不通知。

被侵害人委托其他人参加调解的,应当向公安机关提交委托书,并写明委托权限。违法嫌疑人不得委托他人参加调解。

第一百八十二条 对因邻里纠纷引起的治安案件进行调解时,可以邀请当事人居住地的居(村)民委员会的人员或者双方当事人熟悉的人员参加帮助调解。

第一百八十三条 调解一般为一次。对一次调解不成,公安机关认为有必要或者当事人申请的,可以再次调解,并应当在第一次调解后的七个工作日内完成。

第一百八十四条 调解达成协议的,在公安机关主持下制作调解协议书,双方当事人应当在调解协议书上签名,并履行调解协议。

调解协议书应当包括调解机关名称、主持人、双方当事人和其他在场人员的基本情况,案件发生时间、地点、人员、起因、经过、情节、结果等情况、协议内容、履行期限和方式等内容。

对调解达成协议的,应当保存案件证据材料,与其他文书材料和调解协议书一并归入案卷。

第一百八十五条 调解达成协议并履行的,公安机关不再处罚。对调解未达成协议或者达成协议后不履行的,应当对违反治安管理行为人依法予以处罚;对违法行为造成的损害赔偿纠纷,公安机关可以进行调解,调解不成的,应当告知当事人向人民法院提起民事诉讼。

调解案件的办案期限从调解未达成协议或者调解达成协议不履行之日起开始计算。

第一百八十六条 对符合本规定第一百七十八条规定的治安案件,当事人申请人民调解或者自行和解,达成协议并履行后,双方当事人书面申请并经公安机关认可的,公安机关不予治安管理处罚,但公安机关已依法作出处理决定的除外。

第十一章 涉案财物的管理和处理

第一百八十七条 对于依法扣押、扣留、查封、抽样取证、追缴、收缴的财物以及由公安机关负责保管的先行登记保存的财物,公安机关应当妥善保管,不得使用、挪用、调换或者损毁。造成损失的,应当承担赔偿责任。

涉案财物的保管费用由作出决定的公安机关承担。

第一百八十八条 县级以上公安机关应当指定一个内设部门作为涉案财物管理部门,负责对涉案财物实行统一管理,并设立或者指定专门保管场所,对涉案财物进行集中保管。涉案财物集中保管的范围,由地方公安机关根据本地区实际情况确定。

对价值较低、易于保管,或者需要作为证据继续使用,以及需要先行返还被侵害人的涉案财物,可以由办案部门设置专门的场所进行保管。办案部门应当指定不承担办案工作的民警负责本部门涉案财物的接收、保管、移交等管理工作;严禁由办案人员自行保管涉案财物。

对查封的场所、设施、财物,可以委托第三人保管,第三人不得损毁或者擅自转移、处置。因第三人的原因造成的损失,公安机关先行赔付后,有权向第三人追偿。

第一百八十九条 公安机关涉案财物管理部门和办案部门应当建立电子台账,对涉案财物逐一编号登记,载明案由、来源、保管状态、场所和去向。

第一百九十条 办案人民警察应当在依法提取涉案财物后的二十四小时内将财物移交涉案财物管理人员,并办理移交手续。对查封、冻结、先行登记保存的涉案财物,应当在采取措施后的二十四小时内,将法律文书复印件及涉案财物的情况送交涉案财物管理人员予以登记。

在异地或者在偏远、交通不便地区提取涉案财物的,办案人民警察应当在返回单位后的二十四小时内移交。

对情况紧急,需要在提取涉案财物后的二十四小时内进行鉴定、辨认、检验、检查等工作的,经办案部门负责人批准,可以在完成上述工作后的二十四小时内移交。

在提取涉案财物后的二十四小时内已将涉案财物处理完毕的,不再移交,但应当将处理涉案财物的相关手续附卷保存。

因询问、鉴定、辨认、检验、检查等办案需要,经办案部门负责人批准,办案人民警察可以调用涉案财物,并及时归还。

第一百九十一条 对容易腐烂变质及其他不易保管的物品、危险物品,经公安机关负责人批准,在拍照或者录像后依法变卖或者拍卖,变卖或者拍卖的价款暂予保存,待结案后按有关规定处理。

对易燃、易爆、毒害性、放射性等危险物品应当存放在符合危险物品存放条件的专门场所。

对属于被侵害人或者善意第三人合法占有的财物,应当在登记、拍照或者录像、估价后及时返还,并在案卷中注明返还的理由,将原物照片、清单和领取手续存卷备查。

对不宜入卷的物证,应当拍照入卷,原物在结案后按照有关规定处理。

第一百九十二条 有关违法行为查证属实后,对有证据证明权属明确且无争议的被侵害人合法财物及其孳息,凡返还不损害其他被侵害人或者利害关系人的利益,不影响案件正常办理的,应当在登记、拍照或者录像和估价后,及时发还被侵害人。办案人民警察应当在案卷材料中注明返还的理由,并将原物照片、清单和被侵害人的领取手续附卷。

第一百九十三条 在作出行政处理决定时,应当对涉案财物一并作出处理。

第一百九十四条 对在办理行政案件中查获的下列物品应当依法收缴:

(一)毒品、淫秽物品等违禁品;

(二)赌具和赌资;

(三)吸食、注射毒品的用具;

(四)伪造、变造的公文、证件、证明文件、票证、印章等;

(五)倒卖的车船票、文艺演出票、体育比赛入场券等有价票证;

(六)主要用于实施违法行为的本人所有的工具以及直接用于实施毒品违

法行为的资金；

（七）法律、法规规定可以收缴的其他非法财物。

前款第六项所列的工具，除非有证据表明属于他人合法所有，可以直接认定为违法行为人本人所有。对明显无价值的，可以不作出收缴决定，但应当在证据保全文书中注明处理情况。

违法所得应当依法予以追缴或者没收。

多名违法行为人共同实施违法行为，违法所得或者非法财物无法分清所有人的，作为共同违法所得或者非法财物予以处理。

第一百九十五条　收缴由县级以上公安机关决定。但是，违禁品、管制器具、吸食、注射毒品的用具以及非法财物价值在五百元以下且当事人对财物价值无异议的，公安派出所可以收缴。

追缴由县级以上公安机关决定。但是，追缴的财物应当退还被侵害人的，公安派出所可以追缴。

第一百九十六条　对收缴和追缴的财物，经原决定机关负责人批准，按照下列规定分别处理：

（一）属于被侵害人或者善意第三人的合法财物，应当及时返还；

（二）没有被侵害人的，登记造册，按照规定上缴国库或者依法变卖、拍卖后，将所得款项上缴国库；

（三）违禁品、没有价值的物品，或者价值轻微、无法变卖、拍卖的物品，统一登记造册后销毁；

（四）对无法变卖或者拍卖的危险物品，由县级以上公安机关主管部门组织销毁或者交有关厂家回收。

第一百九十七条　对应当退还原主或者当事人的财物，通知原主或者当事人在六个月内来领取；原主不明确的，应当采取公告方式告知原主认领。在通知原主、当事人或者公告后六个月内，无人认领的，按无主财物处理，登记后上缴国库，或者依法变卖或者拍卖后，将所得款项上缴国库。遇有特殊情况的，可酌情延期处理，延长期限最长不超过三个月。

第十二章　执　行

第一节　一般规定

第一百九十八条　公安机关依法作出行政处理决定后，被处理人应当在行政处理决定的期限内予以履行。逾期不履行的,作出行政处理决定的公安机关可以依法强制执行或者申请人民法院强制执行。

第一百九十九条 被处理人对行政处理决定不服申请行政复议或者提起行政诉讼的,行政处理决定不停止执行,但法律另有规定的除外。

第二百条 公安机关在依法作出强制执行决定或者申请人民法院强制执行前,应当事先催告被处理人履行行政处理决定。催告以书面形式作出,并直接送达被处理人。被处理人拒绝接受或者无法直接送达被处理人的,依照本规定第五章的有关规定送达。

催告书应当载明下列事项:

(一)履行行政处理决定的期限和方式;

(二)涉及金钱给付的,应当有明确的金额和给付方式;

(三)被处理人依法享有的陈述权和申辩权。

第二百零一条 被处理人收到催告书后有权进行陈述和申辩。公安机关应当充分听取并记录、复核。被处理人提出的事实、理由或者证据成立的,公安机关应当采纳。

第二百零二条 经催告,被处理人无正当理由逾期仍不履行行政处理决定,法律规定由公安机关强制执行的,公安机关可以依法作出强制执行决定。

在催告期间,对有证据证明有转移或者隐匿财物迹象的,公安机关可以作出立即强制执行决定。

强制执行决定应当以书面形式作出,并载明下列事项:

(一)被处理人的姓名或者名称、地址;

(二)强制执行的理由和依据;

(三)强制执行的方式和时间;

(四)申请行政复议或者提起行政诉讼的途径和期限;

(五)作出决定的公安机关名称、印章和日期。

第二百零三条 依法作出要求被处理人履行排除妨碍、恢复原状等义务的行政处理决定,被处理人逾期不履行,经催告仍不履行,其后果已经或者将危害交通安全的,公安机关可以代履行,或者委托没有利害关系的第三人代履行。

代履行应当遵守下列规定:

(一)代履行前送达决定书,代履行决定书应当载明当事人的姓名或者名称、地址,代履行的理由和依据、方式和时间、标的、费用预算及代履行人;

(二)代履行三日前,催告当事人履行,当事人履行的,停止代履行;
(三)代履行时,作出决定的公安机关应当派员到场监督;
(四)代履行完毕,公安机关到场监督人员、代履行人和当事人或者见证人应当在执行文书上签名或者盖章。

代履行的费用由当事人承担。但是,法律另有规定的除外。

第二百零四条 需要立即清理道路的障碍物,当事人不能清除的,或者有其他紧急情况需要立即履行的,公安机关可以决定立即实施代履行。当事人不在场的,公安机关应当在事后立即通知当事人,并依法作出处理。

第二百零五条 实施行政强制执行,公安机关可以在不损害公共利益和他人合法权益的情况下,与当事人达成执行协议。执行协议可以约定分阶段履行;当事人采取补救措施的,可以减免加处的罚款。

执行协议应当履行。被处罚人不履行执行协议的,公安机关应当恢复强制执行。

第二百零六条 当事人在法定期限内不申请行政复议或者提起行政诉讼,又不履行行政处理决定的,法律没有规定公安机关强制执行的,作出行政处理决定的公安机关可以自期限届满之日起三个月内,向所在地有管辖权的人民法院申请强制执行。因情况紧急,为保障公共安全,公安机关可以申请人民法院立即执行。

强制执行的费用由被执行人承担。

第二百零七条 申请人民法院强制执行前,公安机关应当催告被处理人履行义务,催告书送达十日后被处理人仍未履行义务的,公安机关可以向人民法院申请强制执行。

第二百零八条 公安机关向人民法院申请强制执行,应当提供下列材料:
(一)强制执行申请书;
(二)行政处理决定书及作出决定的事实、理由和依据;
(三)当事人的意见及公安机关催告情况;
(四)申请强制执行标的情况;
(五)法律、法规规定的其他材料。

强制执行申请书应当由作出处理决定的公安机关负责人签名,加盖公安机关印章,并注明日期。

第二百零九条 公安机关对人民法院不予受理强制执行申请、不予强制执行的裁定有异议的,可以在十五日内向上一级人民法院申请复议。

第二百一十条 具有下列情形之一的,中止强制执行:
(一)当事人暂无履行能力的;
(二)第三人对执行标的主张权利,确有理由的;
(三)执行可能对他人或者公共利益造成难以弥补的重大损失的;
(四)其他需要中止执行的。
中止执行的情形消失后,公安机关应当恢复执行。对没有明显社会危害,当事人确无能力履行,中止执行满三年未恢复执行的,不再执行。

第二百一十一条 具有下列情形之一的,终结强制执行:
(一)公民死亡,无遗产可供执行,又无义务承受人的;
(二)法人或者其他组织终止,无财产可供执行,又无义务承受人的;
(三)执行标的灭失的;
(四)据以执行的行政处理决定被撤销的;
(五)其他需要终结执行的。

第二百一十二条 在执行中或者执行完毕后,据以执行的行政处理决定被撤销、变更,或者执行错误,应当恢复原状或者退还财物;不能恢复原状或者退还财物的,依法给予赔偿。

第二百一十三条 除依法应当销毁的物品外,公安机关依法没收或者收缴、追缴的违法所得和非法财物,必须按照国家有关规定处理或者上缴国库。

罚款、没收或者收缴的违法所得和非法财物拍卖或者变卖的款项和没收的保证金,必须全部上缴国库,不得以任何形式截留、私分或者变相私分。

第二节 罚款的执行

第二百一十四条 公安机关作出罚款决定,被处罚人应当自收到行政处罚决定书之日起十五日内,到指定的银行缴纳罚款。具有下列情形之一的,公安机关及其办案人民警察可以当场收缴罚款,法律另有规定的,从其规定:
(一)对违反治安管理行为人处五十元以下罚款和对违反交通管理的行人、乘车人和非机动车驾驶人处罚款,被处罚人没有异议的;
(二)对违反治安管理、交通管理以外的违法行为人当场处二十元以下罚款的;
(三)在边远、水上、交通不便地区、旅客列车上或者口岸,被处罚人向指定银行缴纳罚款确有困难,经被处罚人提出的;

(四）被处罚人在当地没有固定住所，不当场收缴事后难以执行的。

对具有前款第一项和第三项情形之一的，办案人民警察应当要求被处罚人签名确认。

第二百一十五条 公安机关及其人民警察当场收缴罚款的，应当出具省级或者国家财政部门统一制发的罚款收据。对不出具省级或者国家财政部门统一制发的罚款收据的，被处罚人有权拒绝缴纳罚款。

第二百一十六条 人民警察应当自收缴罚款之日起二日内，将当场收缴的罚款交至其所属公安机关；在水上当场收缴的罚款，应当自抵岸之日起二日内将当场收缴的罚款交至其所属公安机关；在旅客列车上当场收缴的罚款，应当自返回之日起二日内将当场收缴的罚款交至其所属公安机关。

公安机关应当自收到罚款之日起二日内将罚款缴付指定的银行。

第二百一十七条 被处罚人确有经济困难，经被处罚人申请和作出处罚决定的公安机关批准，可以暂缓或者分期缴纳罚款。

第二百一十八条 被处罚人未在本规定第二百一十四条规定的期限内缴纳罚款的，作出行政处罚决定的公安机关可以采取下列措施：

（一）将依法查封、扣押的被处罚人的财物拍卖或者变卖抵缴罚款。拍卖或者变卖的价款超过罚款数额的，余额部分应当及时退还被处罚人；

（二）不能采取第一项措施的，每日按罚款数额的百分之三加处罚款，加处罚款总额不得超出罚款数额。

拍卖财物，由公安机关委托拍卖机构依法办理。

第二百一十九条 依法加处罚款超过三十日，经催告被处罚人仍不履行的，作出行政处罚决定的公安机关可以按照本规定第二百零六条的规定向所在地有管辖权的人民法院申请强制执行。

第三节 行政拘留的执行

第二百二十条 对被决定行政拘留的人，由作出决定的公安机关送达拘留所执行。对抗拒执行的，可以使用约束性警械。

对被决定行政拘留的人，在异地被抓获或者具有其他有必要在异地拘留所执行情形的，经异地拘留所主管公安机关批准，可以在异地执行。

第二百二十一条 对同时被决定行政拘留和社区戒毒或者强制隔离戒毒的人员，应当先执行行政拘留，由拘留所给予必要的戒毒治疗，强制隔离戒毒期限连续计算。

拘留所不具备戒毒治疗条件的,行政拘留决定机关可以直接将被行政拘留人送公安机关管理的强制隔离戒毒所代为执行行政拘留,强制隔离戒毒期限连续计算。

第二百二十二条 被处罚人不服行政拘留处罚决定,申请行政复议或者提起行政诉讼的,可以向作出行政拘留决定的公安机关提出暂缓执行行政拘留的申请;口头提出申请的,公安机关人民警察应当予以记录,并由申请人签名或者捺指印。

被处罚人在行政拘留执行期间,提出暂缓执行行政拘留申请的,拘留所应当立即将申请转交作出行政拘留决定的公安机关。

第二百二十三条 公安机关应当在收到被处罚人提出暂缓执行行政拘留申请之时起二十四小时内作出决定。

公安机关认为暂缓执行行政拘留不致发生社会危险,且被处罚人或者其近亲属提出符合条件的担保人,或者按每日行政拘留二百元的标准交纳保证金的,应当作出暂缓执行行政拘留的决定。

对同一被处罚人,不得同时责令其提出保证人和交纳保证金。

被处罚人已送达拘留所执行的,公安机关应当立即将暂缓执行行政拘留决定送达拘留所,拘留所应当立即释放被处罚人。

第二百二十四条 被处罚人具有下列情形之一的,应当作出不暂缓执行行政拘留的决定,并告知申请人:

(一)暂缓执行行政拘留后可能逃跑的;

(二)有其他违法犯罪嫌疑,正在被调查或者侦查的;

(三)不宜暂缓执行行政拘留的其他情形。

第二百二十五条 行政拘留并处罚款的,罚款不因暂缓执行行政拘留而暂缓执行。

第二百二十六条 在暂缓执行行政拘留期间,被处罚人应当遵守下列规定:

(一)未经决定机关批准不得离开所居住的市、县;

(二)住址、工作单位和联系方式发生变动的,在二十四小时以内向决定机关报告;

(三)在行政复议和行政诉讼中不得干扰证人作证、伪造证据或者串供;

(四)不得逃避、拒绝或者阻碍处罚的执行。

在暂缓执行行政拘留期间,公安机关不得妨碍被处罚人依法行使行政复议和行政诉讼权利。

第二百二十七条 暂缓执行行政拘留的担保人应当符合下列条件：

(一)与本案无牵连；

(二)享有政治权利,人身自由未受到限制或者剥夺；

(三)在当地有常住户口和固定住所；

(四)有能力履行担保义务。

第二百二十八条 公安机关经过审查认为暂缓执行行政拘留的担保人符合条件的,由担保人出具保证书,并到公安机关将被担保人领回。

第二百二十九条 暂缓执行行政拘留的担保人应当履行下列义务：

(一)保证被担保人遵守本规定第二百二十六条的规定；

(二)发现被担保人伪造证据、串供或者逃跑的,及时向公安机关报告。

暂缓执行行政拘留的担保人不履行担保义务,致使被担保人逃避行政拘留处罚执行的,公安机关可以对担保人处以三千元以下罚款,并对被担保人恢复执行行政拘留。

暂缓执行行政拘留的担保人履行了担保义务,但被担保人仍逃避行政拘留处罚执行的,或者被处罚人逃跑后,担保人积极帮助公安机关抓获被处罚人的,可以从轻或者不予行政处罚。

第二百三十条 暂缓执行行政拘留的担保人在暂缓执行行政拘留期间,不愿继续担保或者丧失担保条件的,行政拘留的决定机关应当责令被处罚人重新提出担保人或者交纳保证金。不提出担保人又不交纳保证金的,行政拘留的决定机关应当将被处罚人送拘留所执行。

第二百三十一条 保证金应当由银行代收。在银行非营业时间,公安机关可以先行收取,并在收到保证金后的三日内存入指定的银行账户。

公安机关应当指定办案部门以外的法制、装备财务等部门负责管理保证金。严禁截留、坐支、挪用或者以其他任何形式侵吞保证金。

第二百三十二条 行政拘留处罚被撤销或者开始执行时,公安机关应当将保证金退还交纳人。

被决定行政拘留的人逃避行政拘留处罚执行的,由决定行政拘留的公安机关作出没收或者部分没收保证金的决定,行政拘留的决定机关应当将被处罚人送拘留所执行。

第二百三十三条 被处罚人对公安机关没收保证金的决定不服的,可以依法申请行政复议或者提起行政诉讼。

第四节　其他处理决定的执行

第二百三十四条　作出吊销公安机关发放的许可证或者执照处罚的,应当在被吊销的许可证或者执照上加盖吊销印章后收缴。被处罚人拒不缴销证件的,公安机关可以公告宣布作废。吊销许可证或者执照的机关不是发证机关的,作出决定的机关应当在处罚决定生效后及时通知发证机关。

第二百三十五条　作出取缔决定的,可以采取在经营场所张贴公告等方式予以公告,责令被取缔者立即停止经营活动;有违法所得的,依法予以没收或者追缴。拒不停止经营活动的,公安机关可以依法没收或收缴其专门用于从事非法经营活动的工具、设备。已经取得营业执照的,公安机关应当通知工商行政管理部门依法撤销其营业执照。

第二百三十六条　对拒不执行公安机关依法作出的责令停产停业决定的,公安机关可以依法强制执行或者申请人民法院强制执行。

第二百三十七条　对被决定强制隔离戒毒、收容教养的人员,由作出决定的公安机关送强制隔离戒毒场所、收容教养场所执行。

对被决定社区戒毒的人员,公安机关应当责令其到户籍所在地接受社区戒毒,在户籍所在地以外的现居住地有固定住所的,可以责令其在现居住地接受社区戒毒。

第十三章　涉外行政案件的办理

第二百三十八条　办理涉外行政案件,应当维护国家主权和利益,坚持平等互利原则。

第二百三十九条　对外国人国籍的确认,以其入境时有效证件上所表明的国籍为准;国籍有疑问或者国籍不明的,由公安机关出入境管理部门协助查明。

对无法查明国籍、身份不明的外国人,按照其自报的国籍或者无国籍人对待。

第二百四十条　违法行为人为享有外交特权和豁免权的外国人的,办案公安机关应当将其身份、证件及违法行为等基本情况记录在案,保存有关证据,并尽快将有关情况层报省级公安机关,由省级公安机关商请同级人民政府外事部门通过外交途径处理。

对享有外交特权和豁免权的外国人,不得采取限制人身自由和查封、扣押的强制措施。

第二百四十一条 办理涉外行政案件,应当使用中华人民共和国通用的语言文字。对不通晓我国语言文字的,公安机关应当为其提供翻译;当事人通晓我国语言文字,不需要他人翻译的,应当出具书面声明。

经县级以上公安机关负责人批准,外国籍当事人可以自己聘请翻译,翻译费由其个人承担。

第二百四十二条 外国人具有下列情形之一,经当场盘问或者继续盘问后不能排除嫌疑,需要作进一步调查的,经县级以上公安机关或者出入境边防检查机关负责人批准,可以拘留审查:

(一)有非法出境入境嫌疑的;

(二)有协助他人非法出境入境嫌疑的;

(三)有非法居留、非法就业嫌疑的;

(四)有危害国家安全和利益,破坏社会公共秩序或者从事其他违法犯罪活动嫌疑的。

实施拘留审查,应当出示拘留审查决定书,并在二十四小时内进行询问。

拘留审查的期限不得超过三十日,案情复杂的,经上一级公安机关或者出入境边防检查机关批准可以延长至六十日。对国籍、身份不明的,拘留审查期限自查清其国籍、身份之日起计算。

第二百四十三条 具有下列情形之一的,应当解除拘留审查:

(一)被决定遣送出境、限期出境或者驱逐出境的;

(二)不应当拘留审查的;

(三)被采取限制活动范围措施的;

(四)案件移交其他部门处理的;

(五)其他应当解除拘留审查的。

第二百四十四条 外国人具有下列情形之一的,不适用拘留审查,经县级以上公安机关或者出入境边防检查机关负责人批准,可以限制其活动范围:

(一)患有严重疾病的;

(二)怀孕或者哺乳自己婴儿的;

(三)未满十六周岁或者已满七十周岁的;

(四)不宜适用拘留审查的其他情形。

被限制活动范围的外国人,应当按照要求接受审查,未经公安机关批准,不得离开限定的区域。限制活动范围的期限不得超过六十日。对国籍、身份不明的,限制活动范围期限自查清其国籍、身份之日起计算。

第二百四十五条　被限制活动范围的外国人应当遵守下列规定:
(一)未经决定机关批准,不得变更生活居所,超出指定的活动区域;
(二)在传唤的时候及时到案;
(三)不得以任何形式干扰证人作证;
(四)不得毁灭、伪造证据或者串供。

第二百四十六条　外国人具有下列情形之一的,经县级以上公安机关或者出入境边防检查机关负责人批准,可以遣送出境:
(一)被处限期出境,未在规定期限内离境的;
(二)有不准入境情形的;
(三)非法居留、非法就业的;
(四)违反法律、行政法规需要遣送出境的。
其他境外人员具有前款所列情形之一的,可以依法遣送出境。
被遣送出境的人员,自被遣送出境之日起一至五年内不准入境。

第二百四十七条　被遣送出境的外国人可以被遣送至下列国家或者地区:
(一)国籍国;
(二)入境前的居住国或者地区;
(三)出生地国或者地区;
(四)入境前的出境口岸的所属国或者地区;
(五)其他允许被遣送出境的外国人入境的国家或者地区。

第二百四十八条　具有下列情形之一的外国人,应当羁押在拘留所或者遣返场所:
(一)被拘留审查的;
(二)被决定遣送出境或者驱逐出境但因天气、交通运输工具班期、当事人健康状况等客观原因或者国籍、身份不明,不能立即执行的。

第二百四十九条　外国人对继续盘问、拘留审查、限制活动范围、遣送出境措施不服的,可以依法申请行政复议,该行政复议决定为最终决定。
其他境外人员对遣送出境措施不服,申请行政复议的,适用前款规定。

第二百五十条　外国人具有下列情形之一的,经县级以上公安机关或者出入境边防检查机关决定,可以限期出境:
(一)违反治安管理的;

（二）从事与停留居留事由不相符的活动的；
（三）违反中国法律、法规规定，不适宜在中国境内继续停留居留的。

对外国人决定限期出境的，应当规定外国人离境的期限，注销其有效签证或者停留居留证件。限期出境的期限不得超过三十日。

第二百五十一条　外国人违反治安管理或者出出入境管理，情节严重，尚不构成犯罪的，承办的公安机关可以层报公安部处以驱逐出境。公安部作出的驱逐出境决定为最终决定，由承办机关宣布并执行。

被驱逐出境的外国人，自被驱逐出境之日起十年内不准入境。

第二百五十二条　对外国人处以罚款或者行政拘留并处限期出境或者驱逐出境的，应当于罚款或者行政拘留执行完毕后执行限期出境或者驱逐出境。

第二百五十三条　办理涉外行政案件，应当按照国家有关办理涉外案件的规定，严格执行请示报告、内部通报、对外通知等各项制度。

第二百五十四条　对外国人作出行政拘留、拘留审查或者其他限制人身自由以及限制活动范围的决定后，决定机关应当在四十八小时内将外国人的姓名、性别、入境时间、护照或者其他身份证件号码，案件发生的时间、地点及有关情况，违法的主要事实，已采取的措施及其法律依据等情况报告省级公安机关；省级公安机关应当在规定期限内，将有关情况通知该外国人所属国家的驻华使馆、领馆，并通报同级人民政府外事部门。当事人要求不通知使馆、领馆，且我国与当事人国籍国未签署双边协议规定必须通知的，可以不通知，但应当由其本人提出书面请求。

第二百五十五条　外国人在被行政拘留、拘留审查或者其他限制人身自由以及限制活动范围期间死亡的，有关省级公安机关应当通知该外国人所属国家驻华使馆、领馆，同时报告公安部并通报同级人民政府外事部门。

第二百五十六条　外国人在被行政拘留、拘留审查或者其他限制人身自由以及限制活动范围期间，其所属国家驻华外交、领事官员要求探视的，决定机关应当及时安排。该外国人拒绝其所属国家驻华外交、领事官员探视的，公安机关可以不予安排，但应当由其本人出具书面声明。

第二百五十七条　办理涉外行政案件，本章未作规定的，适用其他各章的有关规定。

第十四章　案件终结

第二百五十八条　行政案件具有下列情形之一的，应当予以结案：

（一）作出不予行政处罚决定的；
（二）按照本规定第十章的规定达成调解、和解协议并已履行的；
（三）作出行政处罚等处理决定，且已执行的；
（四）违法行为涉嫌构成犯罪，转为刑事案件办理的；
（五）作出处理决定后，因执行对象灭失、死亡等客观原因导致无法执行或者无需执行的。

第二百五十九条　经过调查，发现行政案件具有下列情形之一的，经公安派出所、县级公安机关办案部门或者出入境边防检查机关以上负责人批准，终止调查：
（一）没有违法事实的；
（二）违法行为已过追究时效的；
（三）违法嫌疑人死亡的；
（四）其他需要终止调查的情形。

终止调查时，违法嫌疑人已被采取行政强制措施的，应当立即解除。

第二百六十条　对在办理行政案件过程中形成的文书材料，应当按照一案一卷原则建立案卷，并按照有关规定在结案或者终止案件调查后将案卷移交档案部门保管或者自行保管。

第二百六十一条　行政案件的案卷应当包括下列内容：
（一）受案登记表或者其他发现案件的记录；
（二）证据材料；
（三）决定文书；
（四）在办理案件中形成的其他法律文书。

第二百六十二条　行政案件的法律文书及定性依据材料应当齐全完整，不得损毁、伪造。

第十五章　附　则

第二百六十三条　省级公安机关应当建立并不断完善统一的执法办案信息系统。

办案部门应当按照有关规定将行政案件的受理、调查取证、采取强制措施、处理等情况以及相关文书材料录入执法办案信息系统，并进行网上审核审批。

公安机关可以使用电子签名、电子指纹捺印技术制作电子笔录等材料，可以使用电子印章制作法律文书。对案件当事人进行电子签名、电子指纹捺印的过程,公安机关应当同步录音录像。

第二百六十四条 执行本规定所需要的法律文书式样,由公安部制定。公安部没有制定式样,执法工作中需要的其他法律文书,省级公安机关可以制定式样。

第二百六十五条 本规定所称"以上"、"以下"、"内"皆包括本数或者本级。

第二百六十六条 本规定自 2013 年 1 月 1 日起施行,依照《中华人民共和国出境入境管理法》新设定的制度自 2013 年 7 月 1 日起施行。2006 年 8 月 24 日发布的《公安机关办理行政案件程序规定》同时废止。

公安部其他规章对办理行政案件程序有特别规定的,按照特别规定办理;没有特别规定的,按照本规定办理。

拘留所条例

(2012 年 2 月 15 日国务院第 192 次常务会议通过 2012 年 2 月 23 日中华人民共和国国务院令第 614 号公布 自 2012 年 4 月 1 日起施行)

第一章 总 则

第一条 为了规范拘留所的设置和管理,惩戒和教育被拘留人,保护被拘留人的合法权益,根据有关法律的规定,制定本条例。

第二条 对下列人员的拘留在拘留所执行:
(一)被公安机关、国家安全机关依法给予拘留行政处罚的人;
(二)被人民法院依法决定拘留的人。

第三条 拘留所应当依法保障被拘留人的人身安全和合法权益,不得侮辱、体罚、虐待被拘留人或者指使、纵容他人侮辱、体罚、虐待被拘留人。

被拘留人应当遵守法律、行政法规和拘留所的管理规定,服从管理,接受教育。

第四条 国务院公安部门主管全国拘留所的管理工作。县级以上地方人民政府公安机关主管本行政区域拘留所的管理工作。

第二章 拘 留 所

第五条 县级以上地方人民政府根据需要设置拘留所。拘留所的设置和撤销,由县级以上地方人民政府公安机关提出意见,按照规定的权限和程序审批。

第六条 拘留所应当按照规定的建设标准,设置拘留区、行政办公区等功能区域。

第七条 拘留所依照规定配备武器、警械,配备交通、通讯、技术防范、医疗和消防等装备和设施。

第八条 拘留所所需经费列入本级人民政府财政预算。

第三章 拘 留

第九条 拘留所应当凭拘留决定机关的拘留决定文书及时收拘被拘留人。需要异地收拘的,拘留决定机关应当出具相关法律文书和需要异地收拘的书面说明,并经异地拘留所主管公安机关批准。

第十条 拘留所收拘被拘留人,应当告知被拘留人依法享有的权利和应当遵守的规定。

拘留所收拘被拘留人后,拘留决定机关应当及时通知被拘留人家属。

第十一条 拘留所收拘被拘留人,应当对被拘留人的人身和携带的物品进行检查。被拘留人的非生活必需品及现金由拘留所登记并统一保管。检查发现的违禁品和其他与案件有关的物品应当移交拘留决定机关依法处理。

对女性被拘留人的人身检查应当由女性人民警察进行。

第十二条 拘留所发现被拘留人可能被错误拘留的,应当通知拘留决定机关,拘留决定机关应当在24小时内作出处理决定;对依照《中华人民共和国治安管理处罚法》第二十一条的规定不应当被执行拘留的,拘留所不予收拘,并通知拘留决定机关。

第十三条 拘留所发现被拘留人吸食、注射毒品成瘾的,应当给予必要的戒毒治疗,并提请拘留所的主管公安机关对被拘留人依法作出社区戒毒或者强制隔离戒毒的决定。

第四章 管理教育

第十四条 拘留所应当建立值班巡视制度和突发事件应急机制。值班巡视人员应当严守岗位,发现问题及时报告并妥善处理。

拘留所应当安装监控录像设备,对被拘留人进行安全监控。

第十五条 拘留所应当根据被拘留人的性别、是否成年以及其他管理的需要,对被拘留人实行分别拘押和管理。

对女性被拘留人的直接管理应当由女性人民警察进行。

第十六条 拘留所应当建立被拘留人管理档案。

第十七条 拘留所应当按照规定的标准为被拘留人提供饮食,并尊重被拘留人的民族饮食习惯。

第十八条 拘留所应当建立医疗卫生防疫制度,做好防病、防疫、治疗工作。

拘留所对患病的被拘留人应当及时治疗。被拘留人患病需要出所治疗的,由拘留所所长批准,并派人民警察管理;被拘留人患有传染病需要隔离治疗的,拘留所应当采取隔离治疗措施。

被拘留人病情严重的,拘留所应当立即采取急救措施并通知被拘留人的亲属。

第十九条 拘留所发现被拘留人有下列情形之一的,应当建议拘留决定机关作出停止执行拘留的决定:

(一)患有精神病或者患有传染病需要隔离治疗的;

(二)病情严重可能危及生命安全的。

第二十条 为被拘留人提供的拘留期间生活必需品应当由拘留所检查登记后转交被拘留人。非生活必需品,拘留所不予接收。

第二十一条 拘留所应当对被拘留人进行法律、道德等教育,组织被拘留人开展适当的文体活动。

拘留所应当保证被拘留人每日不少于2小时的拘室外活动时间。

拘留所不得强迫被拘留人从事生产劳动。

第二十二条 被拘留人检举、揭发违法犯罪行为经查证属实或者被拘留人制止违法犯罪行为的,拘留所应当予以表扬。

第二十三条 被拘留人有下列违法行为之一的,拘留所可以予以训诫、责令具结悔过或者使用警械:

(一)哄闹、打架斗殴的;

(二)殴打、欺侮他人的;

(三)故意损毁拘留所财物或者他人财物的;

(四)预谋或者实施逃跑的;

(五)严重违反管理的其他行为。

拘留所人民警察对被拘留人使用警械应当经拘留所所长批准,并遵守有关法律、行政法规的规定。

第二十四条 被拘留人在拘留期间有新的违法犯罪嫌疑的,拘留所应当报告拘留所的主管公安机关处理;拘留所发现被拘留人收拘前有其他违法犯罪嫌疑的,应当通知拘留决定机关或者报告拘留所的主管公安机关处理。

第二十五条 拘留所保障被拘留人在拘留期间的通信权利,被拘留人与他人的来往信件不受检查和扣押。被拘留人应当遵守拘留所的通信管理规定。

第二十六条 拘留所保障被拘留人在拘留期间的会见权利。被拘留人应当遵守拘留所的会见管理规定。

会见被拘留人应当持有效身份证件按照规定的时间在拘留所的会见区进行。

被拘留人委托的律师会见被拘留人还应当持律师执业证书、律师事务所证明和委托书或者法律援助公函。

第二十七条 被拘留人遇有参加升学考试、子女出生或者近亲属病危、死亡等情形的,被拘留人或者其近亲属可以提出请假出所的申请。

请假出所的申请由拘留所提出审核意见,报拘留决定机关决定是否批准。拘留决定机关应当在被拘留人或者其近亲属提出申请的12小时内作出是否准予请假出所的决定。

被拘留人请假出所的时间不计入拘留期限。

第二十八条 被拘留人或者其近亲属提出请假出所申请的,应当向拘留决定机关提出担保人或者交纳保证金。有关担保人和保证金的管理按照《中华人民共和国治安管理处罚法》的有关规定执行。

被拘留人请假出所不归的,由拘留决定机关负责带回拘留所执行拘留。

第二十九条 被拘留人提出举报、控告,申请行政复议,提起行政诉讼或者申请暂缓执行拘留的,拘留所应当在24小时内将有关材料转送有关机关,不得检查或者扣押。

第五章 解除拘留

第三十条 被拘留人拘留期满,拘留所应当按时解除拘留,发给解除拘留证明书,并返还代为保管的财物。

第三十一条　被拘留人在解除拘留时有下列情形之一的,拘留所应当向有关机关或者单位移交被拘留人:

（一）依法被决定驱逐出境、遣送出境的;

（二）依法被决定执行刑事强制措施的;

（三）依法被决定社区戒毒、强制隔离戒毒的;

（四）依法被决定采取强制性教育矫治措施的。

第六章　附　则

第三十二条　执行拘留的时间以日为单位计算,从收拘当日到第 2 日为 1 日。

第三十三条　国家安全机关设置的拘留所,由国家安全机关依照本条例的规定进行管理。

第三十四条　被公安机关依法给予行政强制措施性质拘留的人在拘留所执行拘押,应当与本条例第二条规定的被拘留人分别拘押,具体管理办法由国务院公安部门参照本条例规定。

第三十五条　本条例自 2012 年 4 月 1 日起施行。

公安机关治安调解工作规范

（2007 年 12 月 8 日　公通字〔2007〕81 号）

第一条　为进一步规范公安机关治安调解工作,最大限度地增加和谐因素,最大限度地减少不和谐因素,化解社会矛盾,促进社会稳定,根据《中华人民共和国治安管理处罚法》和《公安机关办理行政案件程序规定》等规定,制定本规范。

第二条　本规范所称治安调解,是指对于因民间纠纷引起的打架斗殴或者损毁他人财物等违反治安管理、情节较轻的治安案件,在公安机关的主持下,以国家法律、法规和规章为依据,在查清事实、分清责任的基础上,劝说、教育并促使双方交换意见,达成协议,对治安案件做出处理的活动。

第三条　对于因民间纠纷引起的殴打他人、故意伤害、侮辱、诽谤、诬告陷害、故意损毁财物、干扰他人正常生活、侵犯隐私等违反治安管理行为,情节较轻的,经双方当事人同意,公安机关可以治安调解。

民间纠纷是指公民之间、公民和单位之间,在生活、工作、生产经营等活动中产生的纠纷。对不构成违反治安管理行为的民间纠纷,应当告知当事人向人民法院或者人民调解组织申请处理。

第四条 违反治安管理行为有下列情形之一的,不适用治安调解:
(一)雇凶伤害他人的;
(二)结伙斗殴的;
(三)寻衅滋事的;
(四)多次实施违反治安管理行为的;
(五)当事人在治安调解过程中又挑起事端的;
(六)其他不宜治安调解的。

第五条 治安调解应当依法进行调查询问,收集证据,在查明事实的基础上实施。

第六条 治安调解应当遵循以下原则:
(一)合法原则。治安调解应当按照法律规定的程序进行,双方当事人达成的协议必须符合法律规定。
(二)公正原则。治安调解应当分清责任,实事求是地提出调解意见,不得偏袒一方。
(三)公开原则。治安调解应当公开进行,涉及国家机密、商业秘密或者个人隐私,以及双方当事人都要求不公开的除外。
(四)自愿原则。治安调解应当在当事人双方自愿的基础上进行。达成协议的内容,必须是双方当事人真实意思表示。
(五)及时原则。治安调解应当及时进行,使当事人尽快达成协议,解决纠纷。治安调解不成应当在法定的办案期限内及时依法处罚,不得久拖不决。
(六)教育原则。治安调解应当通过查清事实,讲明道理,指出当事人的错误和违法之处,教育当事人自觉守法并通过合法途径解决纠纷。

第七条 被侵害人可以亲自参加治安调解,也可以委托其他人参加治安调解。委托他人参加治安调解的,应当向公安机关提交委托书,并注明委托权限。

第八条 公安机关进行治安调解时,可以邀请当地居(村)民委员会的人员或者双方当事人熟悉的人员参加。

当事人中有不满十六周岁未成年人的,调解时应当通知其父母或者其他监护人到场。

第九条 治安调解一般为一次,必要时可以增加一次。

对明显不构成轻伤、不需要伤情鉴定以及损毁财物价值不大,不需要进行价值认定的治安案件,应当在受理案件后的 3 个工作日内完成调解;对需要伤情鉴定或者价值认定的治安案件,应当在伤情鉴定文书和价值认定结论出具后的 3 个工作日内完成调解。

对一次调解不成,有必要再次调解的,应当在第一次调解后的 7 个工作日内完成。

第十条 治安调解达成协议的,在公安机关主持下制作《治安调解协议书》(式样附后),双方当事人应当在协议书上签名,并履行协议。

第十一条 《治安调解协议书》应当包括以下内容:

(一)治安调解机关名称,主持人、双方当事人和其他在场人员的基本情况;

(二)案件发生时间、地点、人员、起因、经过、情节、结果等情况;

(三)协议内容、履行期限和方式;

(四)治安调解机关印章,主持人、双方当事人及其他参加人签名、印章(捺指印)。

《治安调解协议书》一式三份,双方当事人各执一份,治安调解机关留存一份备查。

第十二条 调解协议履行期满三日内,办案民警应当了解协议履行情况。对已经履行调解协议的,应当及时结案,对没有履行协议的,应当及时了解情况,查清原因。对无正当理由不履行协议的,依法对违反治安管理行为人予以处罚,并告知当事人可以就民事争议依法向人民法院提起民事诉讼。

第十三条 治安调解案件的办案期限从未达成协议或者达成协议不履行之日起开始计算。

第十四条 公安机关对情节轻微,事实清楚,因果关系明确、不涉及医疗费用、物品损失或者双方当事人对医疗费用和物品损失的赔付无争议,符合治安调解条件,双方当事人同意现场调解并当场履行的治安案件,可以进行现场调解。

现场调解达成协议的,应当制作《现场治安调解协议书》一式三联(式样附后),由双方当事人签名。

第十五条 经治安调解结案的治安案件应当纳入统计范围,并根据案卷装订要求建立卷宗。

现场治安调解结案的治安案件,可以不制作卷宗,但办案部门应当将《现场治安调解协议书》按编号装订存档。

第十六条 公安机关人民警察在治安调解过程中,有徇私舞弊、滥用职权、不依法履行法定职责等情形的,依法给予行政处分;构成犯罪的,依法追究刑事责任。

第十七条 本规范自下发之日起施行。

六、执法监督

中华人民共和国行政复议法

（1999年4月29日第九届全国人民代表大会常务委员会第九次会议通过 根据2009年8月27日第十一届全国人民代表大会常务委员会第十次会议《关于修改部分法律的决定》第一次修正 根据2017年9月1日第十二届全国人民代表大会常务委员会第二十九次会议《关于修改〈中华人民共和国法官法〉等八部法律的决定》第二次修正 2023年9月1日第十四届全国人民代表大会常务委员会第五次会议修订 2023年9月1日中华人民共和国主席令第9号公布 自2024年1月1日起施行）

第一章 总 则

第一条 【立法目的】为了防止和纠正违法的或者不当的行政行为，保护公民、法人和其他组织的合法权益，监督和保障行政机关依法行使职权，发挥行政复议化解行政争议的主渠道作用，推进法治政府建设，根据宪法，制定本法。

第二条 【适用范围】公民、法人或者其他组织认为行政机关的行政行为侵犯其合法权益，向行政复议机关提出行政复议申请，行政复议机关办理行政复议案件，适用本法。

前款所称行政行为，包括法律、法规、规章授权的组织的行政行为。

第三条 【工作原则】行政复议工作坚持中国共产党的领导。

行政复议机关履行行政复议职责，应当遵循合法、公正、公开、高效、便民、为民的原则，坚持有错必纠，保障法律、法规的正确实施。

第四条 【行政复议机关、机构及其职责】县级以上各级人民政府以及其他依照本法履行行政复议职责的行政机关是行政复议机关。

行政复议机关办理行政复议事项的机构是行政复议机构。行政复议机构同时组织办理行政复议机关的行政应诉事项。

行政复议机关应当加强行政复议工作,支持和保障行政复议机构依法履行职责。上级行政复议机构对下级行政复议机构的行政复议工作进行指导、监督。

国务院行政复议机构可以发布行政复议指导性案例。

第五条 【行政复议调解】行政复议机关办理行政复议案件,可以进行调解。

调解应当遵循合法、自愿的原则,不得损害国家利益、社会公共利益和他人合法权益,不得违反法律、法规的强制性规定。

第六条 【行政复议人员】国家建立专业化、职业化行政复议人员队伍。

行政复议机构中初次从事行政复议工作的人员,应当通过国家统一法律职业资格考试取得法律职业资格,并参加统一职前培训。

国务院行政复议机构应当会同有关部门制定行政复议人员工作规范,加强对行政复议人员的业务考核和管理。

第七条 【行政复议保障】行政复议机关应当确保行政复议机构的人员配备与所承担的工作任务相适应,提高行政复议人员专业素质,根据工作需要保障办案场所、装备等设施。县级以上各级人民政府应当将行政复议工作经费列入本级预算。

第八条 【行政复议信息化建设】行政复议机关应当加强信息化建设,运用现代信息技术,方便公民、法人或者其他组织申请、参加行政复议,提高工作质量和效率。

第九条 【表彰和奖励】对在行政复议工作中做出显著成绩的单位和个人,按照国家有关规定给予表彰和奖励。

第十条 【行政复议与诉讼衔接】公民、法人或者其他组织对行政复议决定不服的,可以依照《中华人民共和国行政诉讼法》的规定向人民法院提起行政诉讼,但是法律规定行政复议决定为最终裁决的除外。

第二章 行政复议申请

第一节 行政复议范围

第十一条 【行政复议范围】有下列情形之一的,公民、法人或者其他组织可以依照本法申请行政复议：

（一）对行政机关作出的行政处罚决定不服；

（二）对行政机关作出的行政强制措施、行政强制执行决定不服；

（三）申请行政许可，行政机关拒绝或者在法定期限内不予答复，或者对行政机关作出的有关行政许可的其他决定不服；

（四）对行政机关作出的确认自然资源的所有权或者使用权的决定不服；

（五）对行政机关作出的征收征用决定及其补偿决定不服；

（六）对行政机关作出的赔偿决定或者不予赔偿决定不服；

（七）对行政机关作出的不予受理工伤认定申请的决定或者工伤认定结论不服；

（八）认为行政机关侵犯其经营自主权或者农村土地承包经营权、农村土地经营权；

（九）认为行政机关滥用行政权力排除或者限制竞争；

（十）认为行政机关违法集资、摊派费用或者违法要求履行其他义务；

（十一）申请行政机关履行保护人身权利、财产权利、受教育权利等合法权益的法定职责，行政机关拒绝履行、未依法履行或者不予答复；

（十二）申请行政机关依法给付抚恤金、社会保险待遇或者最低生活保障等社会保障，行政机关没有依法给付；

（十三）认为行政机关不依法订立、不依法履行、未按照约定履行或者违法变更、解除政府特许经营协议、土地房屋征收补偿协议等行政协议；

（十四）认为行政机关在政府信息公开工作中侵犯其合法权益；

（十五）认为行政机关的其他行政行为侵犯其合法权益。

第十二条 【不属于行政复议范围的事项】 下列事项不属于行政复议范围：

（一）国防、外交等国家行为；

（二）行政法规、规章或者行政机关制定、发布的具有普遍约束力的决定、命令等规范性文件；

（三）行政机关对行政机关工作人员的奖惩、任免等决定；

（四）行政机关对民事纠纷作出的调解。

第十三条 【行政复议附带审查申请范围】 公民、法人或者其他组织认为行政机关的行政行为所依据的下列规范性文件不合法，在对行政行为申请行政复议时，可以一并向行政复议机关提出对该规范性文件的附带审查申请：

(一)国务院部门的规范性文件;
(二)县级以上地方各级人民政府及其工作部门的规范性文件;
(三)乡、镇人民政府的规范性文件;
(四)法律、法规、规章授权的组织的规范性文件。
前款所列规范性文件不含规章。规章的审查依照法律、行政法规办理。

第二节 行政复议参加人

第十四条 【申请人】依照本法申请行政复议的公民、法人或者其他组织是申请人。

有权申请行政复议的公民死亡的,其近亲属可以申请行政复议。有权申请行政复议的法人或者其他组织终止的,其权利义务承受人可以申请行政复议。

有权申请行政复议的公民为无民事行为能力人或者限制民事行为能力人的,其法定代理人可以代为申请行政复议。

第十五条 【代表人】同一行政复议案件申请人人数众多的,可以由申请人推选代表人参加行政复议。

代表人参加行政复议的行为对其所代表的申请人发生效力,但是代表人变更行政复议请求、撤回行政复议申请、承认第三人请求的,应当经被代表的申请人同意。

第十六条 【第三人】申请人以外的同被申请的行政行为或者行政复议案件处理结果有利害关系的公民、法人或者其他组织,可以作为第三人申请参加行政复议,或者由行政复议机构通知其作为第三人参加行政复议。

第三人不参加行政复议,不影响行政复议案件的审理。

第十七条 【委托代理人】申请人、第三人可以委托一至二名律师、基层法律服务工作者或者其他代理人代为参加行政复议。

申请人、第三人委托代理人的,应当向行政复议机构提交授权委托书、委托人及被委托人的身份证明文件。授权委托书应当载明委托事项、权限和期限。申请人、第三人变更或者解除代理人权限的,应当书面告知行政复议机构。

第十八条 【法律援助】符合法律援助条件的行政复议申请人申请法律援助的,法律援助机构应当依法为其提供法律援助。

第十九条 【被申请人】公民、法人或者其他组织对行政行为不服申请行政复议的,作出行政行为的行政机关或者法律、法规、规章授权的组织是被申请人。

两个以上行政机关以共同的名义作出同一行政行为的,共同作出行政行为的行政机关是被申请人。

行政机关委托的组织作出行政行为的,委托的行政机关是被申请人。

作出行政行为的行政机关被撤销或者职权变更的,继续行使其职权的行政机关是被申请人。

第三节 申请的提出

第二十条 【申请期限】公民、法人或者其他组织认为行政行为侵犯其合法权益的,可以自知道或者应当知道该行政行为之日起六十日内提出行政复议申请;但是法律规定的申请期限超过六十日的除外。

因不可抗力或者其他正当理由耽误法定申请期限的,申请期限自障碍消除之日起继续计算。

行政机关作出行政行为时,未告知公民、法人或者其他组织申请行政复议的权利、行政复议机关和申请期限的,申请期限自公民、法人或者其他组织知道或者应当知道申请行政复议的权利、行政复议机关和申请期限之日起计算,但是自知道或者应当知道行政行为内容之日起最长不得超过一年。

第二十一条 【不动产行政复议申请期限】因不动产提出的行政复议申请自行政行为作出之日起超过二十年,其他行政复议申请自行政行为作出之日起超过五年的,行政复议机关不予受理。

第二十二条 【申请形式】申请人申请行政复议,可以书面申请;书面申请有困难的,也可以口头申请。

书面申请的,可以通过邮寄或者行政复议机关指定的互联网渠道等方式提交行政复议申请书,也可以当面提交行政复议申请书。行政机关通过互联网渠道送达行政行为决定书的,应当同时提供提交行政复议申请书的互联网渠道。

口头申请的,行政复议机关应当当场记录申请人的基本情况、行政复议请求、申请行政复议的主要事实、理由和时间。

申请人对两个以上行政行为不服的,应当分别申请行政复议。

第二十三条 【行政复议前置】有下列情形之一的,申请人应当先向行政复议机关申请行政复议,对行政复议决定不服的,可以再依法向人民法院提起行政诉讼：

（一）对当场作出的行政处罚决定不服；

（二）对行政机关作出的侵犯其已经依法取得的自然资源的所有权或者使用权的决定不服；

（三）认为行政机关存在本法第十一条规定的未履行法定职责情形；

（四）申请政府信息公开，行政机关不予公开；

（五）法律、行政法规规定应当先向行政复议机关申请行政复议的其他情形。

对前款规定的情形，行政机关在作出行政行为时应当告知公民、法人或者其他组织先向行政复议机关申请行政复议。

第四节 行政复议管辖

第二十四条 【县级以上地方人民政府管辖】 县级以上地方各级人民政府管辖下列行政复议案件：

（一）对本级人民政府工作部门作出的行政行为不服的；

（二）对下一级人民政府作出的行政行为不服的；

（三）对本级人民政府依法设立的派出机关作出的行政行为不服的；

（四）对本级人民政府或者其工作部门管理的法律、法规、规章授权的组织作出的行政行为不服的。

除前款规定外，省、自治区、直辖市人民政府同时管辖对本机关作出的行政行为不服的行政复议案件。

省、自治区人民政府依法设立的派出机关参照设区的市级人民政府的职责权限，管辖相关行政复议案件。

对县级以上地方各级人民政府工作部门依法设立的派出机构依照法律、法规、规章规定，以派出机构的名义作出的行政行为不服的行政复议案件，由本级人民政府管辖；其中，对直辖市、设区的市人民政府工作部门按照行政区划设立的派出机构作出的行政行为不服的，也可以由其所在地的人民政府管辖。

第二十五条 【国务院部门管辖】 国务院部门管辖下列行政复议案件：

（一）对本部门作出的行政行为不服的；

（二）对本部门依法设立的派出机构依照法律、行政法规、部门规章规定，以派出机构的名义作出的行政行为不服的；

（三）对本部门管理的法律、行政法规、部门规章授权的组织作出的行政行为不服的。

第二十六条 【原级行政复议决定的救济途径】对省、自治区、直辖市人民政府依照本法第二十四条第二款的规定、国务院部门依照本法第二十五条第一项的规定作出的行政复议决定不服的，可以向人民法院提起行政诉讼；也可以向国务院申请裁决，国务院依照本法的规定作出最终裁决。

第二十七条 【垂直领导行政机关等管辖】对海关、金融、外汇管理等实行垂直领导的行政机关、税务和国家安全机关的行政行为不服的，向上一级主管部门申请行政复议。

第二十八条 【司法行政部门的管辖】对履行行政复议机构职责的地方人民政府司法行政部门的行政行为不服的，可以向本级人民政府申请行政复议，也可以向上一级司法行政部门申请行政复议。

第二十九条 【行政复议和行政诉讼的选择】公民、法人或者其他组织申请行政复议，行政复议机关已经依法受理的，在行政复议期间不得向人民法院提起行政诉讼。

公民、法人或者其他组织向人民法院提起行政诉讼，人民法院已经依法受理的，不得申请行政复议。

第三章 行政复议受理

第三十条 【受理条件】行政复议机关收到行政复议申请后，应当在五日内进行审查。对符合下列规定的，行政复议机关应当予以受理：

（一）有明确的申请人和符合本法规定的被申请人；

（二）申请人与被申请行政复议的行政行为有利害关系；

（三）有具体的行政复议请求和理由；

（四）在法定申请期限内提出；

（五）属于本法规定的行政复议范围；

（六）属于本机关的管辖范围；

（七）行政复议机关未受理过该申请人就同一行政行为提出的行政复议申请，并且人民法院未受理过该申请人就同一行政行为提起的行政诉讼。

对不符合前款规定的行政复议申请，行政复议机关应当在审查期限内决定不予受理并说明理由；不属于本机关管辖的，还应当在不予受理决定中告知申请人有管辖权的行政复议机关。

行政复议申请的审查期限届满,行政复议机关未作出不予受理决定的,审查期限届满之日起视为受理。

第三十一条 【申请材料补正】行政复议申请材料不齐全或者表述不清楚,无法判断行政复议申请是否符合本法第三十条第一款规定的,行政复议机关应当自收到申请之日起五日内书面通知申请人补正。补正通知应当一次性载明需要补正的事项。

申请人应当自收到补正通知之日起十日内提交补正材料。有正当理由不能按期补正的,行政复议机关可以延长合理的补正期限。无正当理由逾期不补正的,视为申请人放弃行政复议申请,并记录在案。

行政复议机关收到补正材料后,依照本法第三十条的规定处理。

第三十二条 【部分案件的复核处理】对当场作出或者依据电子技术监控设备记录的违法事实作出的行政处罚决定不服申请行政复议的,可以通过作出行政处罚决定的行政机关提交行政复议申请。

行政机关收到行政复议申请后,应当及时处理;认为需要维持行政处罚决定的,应当自收到行政复议申请之日起五日内转送行政复议机关。

第三十三条 【程序性驳回】行政复议机关受理行政复议申请后,发现该行政复议申请不符合本法第三十条第一款规定的,应当决定驳回申请并说明理由。

第三十四条 【复议前置等情形的诉讼衔接】法律、行政法规规定应当先向行政复议机关申请行政复议、对行政复议决定不服再向人民法院提起行政诉讼的,行政复议机关决定不予受理、驳回申请或者受理后超过行政复议期限不作答复的,公民、法人或者其他组织可以自收到决定书之日起或者行政复议期限届满之日起十五日内,依法向人民法院提起行政诉讼。

第三十五条 【对行政复议受理的监督】公民、法人或者其他组织依法提出行政复议申请,行政复议机关无正当理由不予受理、驳回申请或者受理后超过行政复议期限不作答复的,申请人有权向上级行政机关反映,上级行政机关应当责令其纠正;必要时,上级行政复议机关可以直接受理。

第四章　行政复议审理

第一节　一般规定

第三十六条 【审理程序及要求】行政复议机关受理行政复议申请后,依照本法适用普通程序或者简易程序进行审理。行政复议机关应当指定行政复议人员负责办理行政复议案件。

行政复议人员对办理行政复议案件过程中知悉的国家秘密、商业秘密和个人隐私,应当予以保密。

第三十七条 【审理依据】行政复议机关依照法律、法规、规章审理行政复议案件。

行政复议机关审理民族自治地方的行政复议案件,同时依照该民族自治地方的自治条例和单行条例。

第三十八条 【提级审理】上级行政复议机关根据需要,可以审理下级行政复议机关管辖的行政复议案件。

下级行政复议机关对其管辖的行政复议案件,认为需要由上级行政复议机关审理的,可以报请上级行政复议机关决定。

第三十九条 【中止情形】行政复议期间有下列情形之一的,行政复议中止:

(一)作为申请人的公民死亡,其近亲属尚未确定是否参加行政复议;

(二)作为申请人的公民丧失参加行政复议的行为能力,尚未确定法定代理人参加行政复议;

(三)作为申请人的公民下落不明;

(四)作为申请人的法人或者其他组织终止,尚未确定权利义务承受人;

(五)申请人、被申请人因不可抗力或者其他正当理由,不能参加行政复议;

(六)依照本法规定进行调解、和解,申请人和被申请人同意中止;

(七)行政复议案件涉及的法律适用问题需要有权机关作出解释或者确认;

(八)行政复议案件审理需要以其他案件的审理结果为依据,而其他案件尚未审结;

(九)有本法第五十六条或者第五十七条规定的情形;

(十)需要中止行政复议的其他情形。

行政复议中止的原因消除后,应当及时恢复行政复议案件的审理。

行政复议机关中止、恢复行政复议案件的审理,应当书面告知当事人。

第四十条 【对无正当理由中止的监督】行政复议期间,行政复议机关无正当理由中止行政复议的,上级行政机关应当责令其恢复审理。

第四十一条 【终止情形】行政复议期间有下列情形之一的,行政复议机关决定终止行政复议:

(一)申请人撤回行政复议申请,行政复议机构准予撤回;

(二)作为申请人的公民死亡,没有近亲属或者其近亲属放弃行政复议权利;

(三)作为申请人的法人或者其他组织终止,没有权利义务承受人或者其权利义务承受人放弃行政复议权利;

(四)申请人对行政拘留或者限制人身自由的行政强制措施不服申请行政复议后,因同一违法行为涉嫌犯罪,被采取刑事强制措施;

(五)依照本法第三十九条第一款第一项、第二项、第四项的规定中止行政复议满六十日,行政复议中止的原因仍未消除。

第四十二条 【行政行为停止执行情形】行政复议期间行政行为不停止执行;但是有下列情形之一的,应当停止执行:

(一)被申请人认为需要停止执行;

(二)行政复议机关认为需要停止执行;

(三)申请人、第三人申请停止执行,行政复议机关认为其要求合理,决定停止执行;

(四)法律、法规、规章规定停止执行的其他情形。

第二节 行政复议证据

第四十三条 【行政复议证据种类】行政复议证据包括:

(一)书证;

(二)物证;

(三)视听资料;

(四)电子数据;

(五)证人证言;

(六)当事人的陈述;

(七)鉴定意见;

(八)勘验笔录、现场笔录。

以上证据经行政复议机构审查属实,才能作为认定行政复议案件事实的根据。

第四十四条 【举证责任分配】被申请人对其作出的行政行为的合法性、

适当性负有举证责任。

有下列情形之一的,申请人应当提供证据:

(一)认为被申请人不履行法定职责的,提供曾经要求被申请人履行法定职责的证据,但是被申请人应当依职权主动履行法定职责或者申请人因正当理由不能提供的除外;

(二)提出行政赔偿请求的,提供受行政行为侵害而造成损害的证据,但是因被申请人原因导致申请人无法举证的,由被申请人承担举证责任;

(三)法律、法规规定需要申请人提供证据的其他情形。

第四十五条 【行政复议机关调查取证】行政复议机关有权向有关单位和个人调查取证,查阅、复制、调取有关文件和资料,向有关人员进行询问。

调查取证时,行政复议人员不得少于两人,并应当出示行政复议工作证件。

被调查取证的单位和个人应当积极配合行政复议人员的工作,不得拒绝或者阻挠。

第四十六条 【被申请人收集和补充证据限制】行政复议期间,被申请人不得自行向申请人和其他有关单位或者个人收集证据;自行收集的证据不作为认定行政行为合法性、适当性的依据。

行政复议期间,申请人或者第三人提出被申请行政复议的行政行为作出时没有提出的理由或者证据的,经行政复议机构同意,被申请人可以补充证据。

第四十七条 【申请人等查阅、复制权利】行政复议期间,申请人、第三人及其委托代理人可以按照规定查阅、复制被申请人提出的书面答复、作出行政行为的证据、依据和其他有关材料,除涉及国家秘密、商业秘密、个人隐私或者可能危及国家安全、公共安全、社会稳定的情形外,行政复议机构应当同意。

第三节 普通程序

第四十八条 【被申请人书面答复】行政复议机构应当自行政复议申请受理之日起七日内,将行政复议申请书副本或者行政复议申请笔录复印件发送被申请人。被申请人应当自收到行政复议申请书副本或者行政复议申请笔录复印件之日起十日内,提出书面答复,并提交作出行政行为的证据、依据和其他有关材料。

第四十九条 【听取意见程序】适用普通程序审理的行政复议案件,行政复议机构应当当面或者通过互联网、电话等方式听取当事人的意见,并将听取的意见记录在案。因当事人原因不能听取意见的,可以书面审理。

第五十条 【听证情形和人员组成】审理重大、疑难、复杂的行政复议案件,行政复议机构应当组织听证。

行政复议机构认为有必要听证,或者申请人请求听证的,行政复议机构可以组织听证。

听证由一名行政复议人员任主持人,两名以上行政复议人员任听证员,一名记录员制作听证笔录。

第五十一条 【听证程序和要求】行政复议机构组织听证的,应当于举行听证的五日前将听证的时间、地点和拟听证事项书面通知当事人。

申请人无正当理由拒不参加听证的,视为放弃听证权利。

被申请人的负责人应当参加听证。不能参加的,应当说明理由并委托相应的工作人员参加听证。

第五十二条 【行政复议委员会组成和职责】县级以上各级人民政府应当建立相关政府部门、专家、学者等参与的行政复议委员会,为办理行政复议案件提供咨询意见,并就行政复议工作中的重大事项和共性问题研究提出意见。行政复议委员会的组成和开展工作的具体办法,由国务院行政复议机构制定。

审理行政复议案件涉及下列情形之一的,行政复议机构应当提请行政复议委员会提出咨询意见:

(一)案情重大、疑难、复杂;

(二)专业性、技术性较强;

(三)本法第二十四条第二款规定的行政复议案件;

(四)行政复议机构认为有必要。

行政复议机构应当记录行政复议委员会的咨询意见。

第四节 简易程序

第五十三条 【简易程序适用情形】行政复议机关审理下列行政复议案件,认为事实清楚、权利义务关系明确、争议不大的,可以适用简易程序:

(一)被申请行政复议的行政行为是当场作出;

(二)被申请行政复议的行政行为是警告或者通报批评;

(三)案件涉及款额三千元以下;

(四)属于政府信息公开案件。

除前款规定以外的行政复议案件,当事人各方同意适用简易程序的,可以适用简易程序。

第五十四条　【简易程序书面答复】适用简易程序审理的行政复议案件,行政复议机构应当自受理行政复议申请之日起三日内,将行政复议申请书副本或者行政复议申请笔录复印件发送被申请人。被申请人应当自收到行政复议申请书副本或者行政复议申请笔录复印件之日起五日内,提出书面答复,并提交作出行政行为的证据、依据和其他有关材料。

适用简易程序审理的行政复议案件,可以书面审理。

第五十五条　【简易程序向普通程序转换】适用简易程序审理的行政复议案件,行政复议机构认为不宜适用简易程序的,经行政复议机构的负责人批准,可以转为普通程序审理。

第五节　行政复议附带审查

第五十六条　【规范性文件审查处理】申请人依照本法第十三条的规定提出对有关规范性文件的附带审查申请,行政复议机关有权处理的,应当在三十日内依法处理;无权处理的,应当在七日内转送有权处理的行政机关依法处理。

第五十七条　【行政行为依据审查处理】行政复议机关在对被申请人作出的行政行为进行审查时,认为其依据不合法,本机关有权处理的,应当在三十日内依法处理;无权处理的,应当在七日内转送有权处理的国家机关依法处理。

第五十八条　【附带审查处理程序】行政复议机关依照本法第五十六条、第五十七条的规定有权处理有关规范性文件或者依据的,行政复议机构应当自行政复议中止之日起三日内,书面通知规范性文件或者依据的制定机关就相关条款的合法性提出书面答复。制定机关应当自收到书面通知之日起十日内提交书面答复及相关材料。

行政复议机构认为必要时,可以要求规范性文件或者依据的制定机关当面说明理由,制定机关应当配合。

第五十九条　【附带审查处理结果】行政复议机关依照本法第五十六条、第五十七条的规定有权处理有关规范性文件或者依据,认为相关条款合法的,在行政复议决定书中一并告知;认为相关条款超越权限或者违反上位法的,决定停止该条款的执行,并责令制定机关予以纠正。

第六十条　【接受转送机关的职责】依照本法第五十六条、第五十七条的规定接受转送的行政机关、国家机关应当自收到转送之日起六十日内,将处理意见回复转送的行政复议机关。

第五章　行政复议决定

第六十一条　【行政复议决定程序】行政复议机关依照本法审理行政复议案件,由行政复议机构对行政行为进行审查,提出意见,经行政复议机关的负责人同意或者集体讨论通过后,以行政复议机关的名义作出行政复议决定。

经过听证的行政复议案件,行政复议机关应当根据听证笔录、审查认定的事实和证据,依照本法作出行政复议决定。

提请行政复议委员会提出咨询意见的行政复议案件,行政复议机关应当将咨询意见作为作出行政复议决定的重要参考依据。

第六十二条　【行政复议审理期限】适用普通程序审理的行政复议案件,行政复议机关应当自受理申请之日起六十日内作出行政复议决定;但是法律规定的行政复议期限少于六十日的除外。情况复杂,不能在规定期限内作出行政复议决定的,经行政复议机构的负责人批准,可以适当延长,并书面告知当事人;但是延长期限最多不得超过三十日。

适用简易程序审理的行政复议案件,行政复议机关应当自受理申请之日起三十日内作出行政复议决定。

第六十三条　【变更决定】行政行为有下列情形之一的,行政复议机关决定变更该行政行为:

(一)事实清楚,证据确凿,适用依据正确,程序合法,但是内容不适当;

(二)事实清楚,证据确凿,程序合法,但是未正确适用依据;

(三)事实不清、证据不足,经行政复议机关查清事实和证据。

行政复议机关不得作出对申请人更为不利的变更决定,但是第三人提出相反请求的除外。

第六十四条　【撤销或者部分撤销、责令重作】行政行为有下列情形之一的,行政复议机关决定撤销或者部分撤销该行政行为,并可以责令被申请人在一定期限内重新作出行政行为:

(一)主要事实不清、证据不足;

(二)违反法定程序;

(三)适用的依据不合法;

(四)超越职权或者滥用职权。

行政复议机关责令被申请人重新作出行政行为的,被申请人不得以同一事实和理由作出与被申请行政复议的行政行为相同或者基本相同的行政行为,但是行政复议机关以违反法定程序为由决定撤销或者部分撤销的除外。

第六十五条 【确认违法】行政行为有下列情形之一的,行政复议机关不撤销该行政行为,但是确认该行政行为违法:

(一)依法应予撤销,但是撤销会给国家利益、社会公共利益造成重大损害;

(二)程序轻微违法,但是对申请人权利不产生实际影响。

行政行为有下列情形之一,不需要撤销或者责令履行的,行政复议机关确认该行政行为违法:

(一)行政行为违法,但是不具有可撤销内容;

(二)被申请人改变原违法行政行为,申请人仍要求撤销或者确认该行政行为违法;

(三)被申请人不履行或者拖延履行法定职责,责令履行没有意义。

第六十六条 【责令履行】被申请人不履行法定职责的,行政复议机关决定被申请人在一定期限内履行。

第六十七条 【确认无效】行政行为有实施主体不具有行政主体资格或者没有依据等重大且明显违法情形,申请人申请确认行政行为无效的,行政复议机关确认该行政行为无效。

第六十八条 【维持决定】行政行为认定事实清楚,证据确凿,适用依据正确,程序合法,内容适当的,行政复议机关决定维持该行政行为。

第六十九条 【驳回行政复议请求】行政复议机关受理申请人认为被申请人不履行法定职责的行政复议申请后,发现被申请人没有相应法定职责或者在受理前已经履行法定职责的,决定驳回申请人的行政复议请求。

第七十条 【被申请人不提交书面答复等情形的处理】被申请人不按照本法第四十八条、第五十四条的规定提出书面答复、提交作出行政行为的证据、依据和其他有关材料的,视为该行政行为没有证据、依据,行政复议机关决定撤销、部分撤销该行政行为,确认该行政行为违法、无效或者决定被申请人在一定期限内履行,但是行政行为涉及第三人合法权益,第三人提供证据的除外。

第七十一条 【行政协议案件处理】被申请人不依法订立、不依法履行、未按照约定履行或者违法变更、解除行政协议的,行政复议机关决定被申请人承担依法订立、继续履行、采取补救措施或者赔偿损失等责任。

被申请人变更、解除行政协议合法,但是未依法给予补偿或者补偿不合理的,行政复议机关决定被申请人依法给予合理补偿。

第七十二条 【行政复议期间赔偿请求的处理】申请人在申请行政复议时一并提出行政赔偿请求,行政复议机关对依照《中华人民共和国国家赔偿法》的有关规定应当不予赔偿的,在作出行政复议决定时,应当同时决定驳回行政赔偿请求;对符合《中华人民共和国国家赔偿法》的有关规定应当给予赔偿的,在决定撤销或者部分撤销、变更行政行为或者确认行政行为违法、无效时,应当同时决定被申请人依法给予赔偿;确认行政行为违法的,还可以同时责令被申请人采取补救措施。

申请人在申请行政复议时没有提出行政赔偿请求的,行政复议机关在依法决定撤销或者部分撤销、变更罚款,撤销或者部分撤销违法集资、没收财物、征收征用、摊派费用以及对财产的查封、扣押、冻结等行政行为时,应当同时责令被申请人返还财产,解除对财产的查封、扣押、冻结措施,或者赔偿相应的价款。

第七十三条 【行政复议调解处理】当事人经调解达成协议的,行政复议机关应当制作行政复议调解书,经各方当事人签字或者签章,并加盖行政复议机关印章,即具有法律效力。

调解未达成协议或者调解书生效前一方反悔的,行政复议机关应当依法审查或者及时作出行政复议决定。

第七十四条 【行政复议和解处理】当事人在行政复议决定作出前可以自愿达成和解,和解内容不得损害国家利益、社会公共利益和他人合法权益,不得违反法律、法规的强制性规定。

当事人达成和解后,由申请人向行政复议机构撤回行政复议申请。行政复议机构准予撤回行政复议申请、行政复议机关决定终止行政复议的,申请人不得再以同一事实和理由提出行政复议申请。但是,申请人能够证明撤回行政复议申请违背其真实意愿的除外。

第七十五条 【行政复议决定书】行政复议机关作出行政复议决定,应当制作行政复议决定书,并加盖行政复议机关印章。

行政复议决定书一经送达,即发生法律效力。

第七十六条 【行政复议意见书】行政复议机关在办理行政复议案件过程

中,发现被申请人或者其他下级行政机关的有关行政行为违法或者不当的,可以向其制发行政复议意见书。有关机关应当自收到行政复议意见书之日起六十日内,将纠正相关违法或者不当行政行为的情况报送行政复议机关。

第七十七条 【被申请人履行义务】被申请人应当履行行政复议决定书、调解书、意见书。

被申请人不履行或者无正当理由拖延履行行政复议决定书、调解书、意见书的,行政复议机关或者有关上级行政机关应当责令其限期履行,并可以约谈被申请人的有关负责人或者予以通报批评。

第七十八条 【行政复议决定书、调解书的强制执行】申请人、第三人逾期不起诉又不履行行政复议决定书、调解书的,或者不履行最终裁决的行政复议决定的,按照下列规定分别处理:

(一)维持行政行为的行政复议决定书,由作出行政行为的行政机关依法强制执行,或者申请人民法院强制执行;

(二)变更行政行为的行政复议决定书,由行政复议机关依法强制执行,或者申请人民法院强制执行;

(三)行政复议调解书,由行政复议机关依法强制执行,或者申请人民法院强制执行。

第七十九条 【行政复议决定书公开和文书抄告】行政复议机关根据被申请行政复议的行政行为的公开情况,按照国家有关规定将行政复议决定书向社会公开。

县级以上地方各级人民政府办理以本级人民政府工作部门为被申请人的行政复议案件,应当将发生法律效力的行政复议决定书、意见书同时抄告被申请人的上一级主管部门。

第六章 法律责任

第八十条 【行政复议机关不依法履职的法律责任】行政复议机关不依照本法规定履行行政复议职责,对负有责任的领导人员和直接责任人员依法给予警告、记过、记大过的处分;经有权监督的机关督促仍不改正或者造成严重后果的,依法给予降级、撤职、开除的处分。

第八十一条 【行政复议机关工作人员法律责任】行政复议机关工作人员在行政复议活动中,徇私舞弊或者有其他渎职、失职行为的,依法给予警告、记过、记大过的处分;情节严重的,依法给予降级、撤职、开除的处分;构成犯罪的,依法追究刑事责任。

第八十二条 【被申请人不书面答复等行为的法律责任】被申请人违反本法规定,不提出书面答复或者不提交作出行政行为的证据、依据和其他有关材料,或者阻挠、变相阻挠公民、法人或者其他组织依法申请行政复议的,对负有责任的领导人员和直接责任人员依法给予警告、记过、记大过的处分;进行报复陷害的,依法给予降级、撤职、开除的处分;构成犯罪的,依法追究刑事责任。

第八十三条 【被申请人不履行有关文书的法律责任】被申请人不履行或者无正当理由拖延履行行政复议决定书、调解书、意见书的,对负有责任的领导人员和直接责任人员依法给予警告、记过、记大过的处分;经责令履行仍拒不履行的,依法给予降级、撤职、开除的处分。

第八十四条 【拒绝、阻挠调查取证等行为的法律责任】拒绝、阻挠行政复议人员调查取证,故意扰乱行政复议工作秩序的,依法给予处分、治安管理处罚;构成犯罪的,依法追究刑事责任。

第八十五条 【违法事实材料移送】行政机关及其工作人员违反本法规定的,行政复议机关可以向监察机关或者公职人员任免机关、单位移送有关人员违法的事实材料,接受移送的监察机关或者公职人员任免机关、单位应当依法处理。

第八十六条 【职务违法犯罪线索移送】行政复议机关在办理行政复议案件过程中,发现公职人员涉嫌贪污贿赂、失职渎职等职务违法或者职务犯罪的问题线索,应当依照有关规定移送监察机关,由监察机关依法调查处置。

第七章 附 则

第八十七条 【受理申请不收费】行政复议机关受理行政复议申请,不得向申请人收取任何费用。

第八十八条 【期间计算和文书送达】行政复议期间的计算和行政复议文书的送达,本法没有规定的,依照《中华人民共和国民事诉讼法》关于期间、送达的规定执行。

本法关于行政复议期间有关"三日"、"五日"、"七日"、"十日"的规定是指工作日,不含法定休假日。

第八十九条 【外国人等法律适用】外国人、无国籍人、外国组织在中华人民共和国境内申请行政复议,适用本法。

第九十条 【施行日期】本法自2024年1月1日起施行。

中华人民共和国行政诉讼法

（1989年4月4日第七届全国人民代表大会第二次会议通过　根据2014年11月1日第十二届全国人民代表大会常务委员会第十一次会议《关于修改〈中华人民共和国行政诉讼法〉的决定》第一次修正　根据2017年6月27日第十二届全国人民代表大会常务委员会第二十八次会议《关于修改〈中华人民共和国民事诉讼法〉和〈中华人民共和国行政诉讼法〉的决定》第二次修正）

第一章　总　则

第一条　【立法目的】为保证人民法院公正、及时审理行政案件，解决行政争议，保护公民、法人和其他组织的合法权益，监督行政机关依法行使职权，根据宪法，制定本法。

第二条　【诉权】公民、法人或者其他组织认为行政机关和行政机关工作人员的行政行为侵犯其合法权益，有权依照本法向人民法院提起诉讼。

前款所称行政行为，包括法律、法规、规章授权的组织作出的行政行为。

第三条　【行政机关负责人出庭应诉】人民法院应当保障公民、法人和其他组织的起诉权利，对应当受理的行政案件依法受理。

行政机关及其工作人员不得干预、阻碍人民法院受理行政案件。

被诉行政机关负责人应当出庭应诉。不能出庭的，应当委托行政机关相应的工作人员出庭。

第四条　【独立行使审判权】人民法院依法对行政案件独立行使审判权，不受行政机关、社会团体和个人的干涉。

人民法院设行政审判庭，审理行政案件。

第五条　【以事实为根据，以法律为准绳原则】人民法院审理行政案件，以事实为根据，以法律为准绳。

第六条　【合法性审查原则】人民法院审理行政案件，对行政行为是否合法进行审查。

第七条　【合议、回避、公开审判和两审终审原则】人民法院审理行政案件，依法实行合议、回避、公开审判和两审终审制度。

第八条 【法律地位平等原则】当事人在行政诉讼中的法律地位平等。

第九条 【本民族语言文字原则】各民族公民都有用本民族语言、文字进行行政诉讼的权利。

在少数民族聚居或者多民族共同居住的地区,人民法院应当用当地民族通用的语言、文字进行审理和发布法律文书。

人民法院应当对不通晓当地民族通用的语言、文字的诉讼参与人提供翻译。

第十条 【辩论原则】当事人在行政诉讼中有权进行辩论。

第十一条 【法律监督原则】人民检察院有权对行政诉讼实行法律监督。

第二章 受案范围

第十二条 【行政诉讼受案范围】人民法院受理公民、法人或者其他组织提起的下列诉讼:

(一)对行政拘留、暂扣或者吊销许可证和执照、责令停产停业、没收违法所得、没收非法财物、罚款、警告等行政处罚不服的;

(二)对限制人身自由或者对财产的查封、扣押、冻结等行政强制措施和行政强制执行不服的;

(三)申请行政许可,行政机关拒绝或者在法定期限内不予答复,或者对行政机关作出的有关行政许可的其他决定不服的;

(四)对行政机关作出的关于确认土地、矿藏、水流、森林、山岭、草原、荒地、滩涂、海域等自然资源的所有权或者使用权的决定不服的;

(五)对征收、征用决定及其补偿决定不服的;

(六)申请行政机关履行保护人身权、财产权等合法权益的法定职责,行政机关拒绝履行或者不予答复的;

(七)认为行政机关侵犯其经营自主权或者农村土地承包经营权、农村土地经营权的;

(八)认为行政机关滥用行政权力排除或者限制竞争的;

(九)认为行政机关违法集资、摊派费用或者违法要求履行其他义务的;

(十)认为行政机关没有依法支付抚恤金、最低生活保障待遇或者社会保险待遇的;

(十一)认为行政机关不依法履行、未按照约定履行或者违法变更、解除政府特许经营协议、土地房屋征收补偿协议等协议的;

(十二)认为行政机关侵犯其他人身权、财产权等合法权益的。

除前款规定外,人民法院受理法律、法规规定可以提起诉讼的其他行政案件。

第十三条　【受案范围的排除】人民法院不受理公民、法人或者其他组织对下列事项提起的诉讼:

(一)国防、外交等国家行为;

(二)行政法规、规章或者行政机关制定、发布的具有普遍约束力的决定、命令;

(三)行政机关对行政机关工作人员的奖惩、任免等决定;

(四)法律规定由行政机关最终裁决的行政行为。

第三章　管　辖

第十四条　【基层人民法院管辖第一审行政案件】基层人民法院管辖第一审行政案件。

第十五条　【中级人民法院管辖的第一审行政案件】中级人民法院管辖下列第一审行政案件:

(一)对国务院部门或者县级以上地方人民政府所作的行政行为提起诉讼的案件;

(二)海关处理的案件;

(三)本辖区内重大、复杂的案件;

(四)其他法律规定由中级人民法院管辖的案件。

第十六条　【高级人民法院管辖的第一审行政案件】高级人民法院管辖本辖区内重大、复杂的第一审行政案件。

第十七条　【最高人民法院管辖的第一审行政案件】最高人民法院管辖全国范围内重大、复杂的第一审行政案件。

第十八条　【一般地域管辖和法院跨行政区域管辖】行政案件由最初作出行政行为的行政机关所在地人民法院管辖。经复议的案件,也可以由复议机关所在地人民法院管辖。

经最高人民法院批准,高级人民法院可以根据审判工作的实际情况,确定若干人民法院跨行政区域管辖行政案件。

第十九条　【限制人身自由行政案件的管辖】对限制人身自由的行政强制措施不服提起的诉讼,由被告所在地或者原告所在地人民法院管辖。

第二十条 【不动产行政案件的管辖】因不动产提起的行政诉讼,由不动产所在地人民法院管辖。

第二十一条 【选择管辖】两个以上人民法院都有管辖权的案件,原告可以选择其中一个人民法院提起诉讼。原告向两个以上有管辖权的人民法院提起诉讼的,由最先立案的人民法院管辖。

第二十二条 【移送管辖】人民法院发现受理的案件不属于本院管辖的,应当移送有管辖权的人民法院,受移送的人民法院应当受理。受移送的人民法院认为受移送的案件按照规定不属于本院管辖的,应当报请上级人民法院指定管辖,不得再自行移送。

第二十三条 【指定管辖】有管辖权的人民法院由于特殊原因不能行使管辖权的,由上级人民法院指定管辖。

人民法院对管辖权发生争议,由争议双方协商解决。协商不成的,报它们的共同上级人民法院指定管辖。

第二十四条 【管辖权转移】上级人民法院有权审理下级人民法院管辖的第一审行政案件。

下级人民法院对其管辖的第一审行政案件,认为需要由上级人民法院审理或者指定管辖的,可以报请上级人民法院决定。

第四章 诉讼参加人

第二十五条 【原告资格】行政行为的相对人以及其他与行政行为有利害关系的公民、法人或者其他组织,有权提起诉讼。

有权提起诉讼的公民死亡,其近亲属可以提起诉讼。

有权提起诉讼的法人或者其他组织终止,承受其权利的法人或者其他组织可以提起诉讼。

人民检察院在履行职责中发现生态环境和资源保护、食品药品安全、国有财产保护、国有土地使用权出让等领域负有监督管理职责的行政机关违法行使职权或者不作为,致使国家利益或者社会公共利益受到侵害的,应当向行政机关提出检察建议,督促其依法履行职责。行政机关不依法履行职责的,人民检察院依法向人民法院提起诉讼。

第二十六条 【被告资格】公民、法人或者其他组织直接向人民法院提起诉讼的,作出行政行为的行政机关是被告。

经复议的案件,复议机关决定维持原行政行为的,作出原行政行为的行政机关和复议机关是共同被告;复议机关改变原行政行为的,复议机关是被告。

复议机关在法定期限内未作出复议决定,公民、法人或者其他组织起诉原行政行为的,作出原行政行为的行政机关是被告;起诉复议机关不作为的,复议机关是被告。

两个以上行政机关作出同一行政行为的,共同作出行政行为的行政机关是共同被告。

行政机关委托的组织所作的行政行为,委托的行政机关是被告。

行政机关被撤销或者职权变更的,继续行使其职权的行政机关是被告。

第二十七条 【共同诉讼】当事人一方或者双方为二人以上,因同一行政行为发生的行政案件,或者因同类行政行为发生的行政案件、人民法院认为可以合并审理并经当事人同意的,为共同诉讼。

第二十八条 【代表人诉讼】当事人一方人数众多的共同诉讼,可以由当事人推选代表人进行诉讼。代表人的诉讼行为对其所代表的当事人发生效力,但代表人变更、放弃诉讼请求或者承认对方当事人的诉讼请求,应当经被代表的当事人同意。

第二十九条 【诉讼第三人】公民、法人或者其他组织同被诉行政行为有利害关系但没有提起诉讼,或者同案件处理结果有利害关系的,可以作为第三人申请参加诉讼,或者由人民法院通知参加诉讼。

人民法院判决第三人承担义务或者减损第三人权益的,第三人有权依法提起上诉。

第三十条 【法定代理人】没有诉讼行为能力的公民,由其法定代理人代为诉讼。法定代理人互相推诿代理责任的,由人民法院指定其中一人代为诉讼。

第三十一条 【委托代理人】当事人、法定代理人,可以委托一至二人作为诉讼代理人。

下列人员可以被委托为诉讼代理人:

(一)律师、基层法律服务工作者;

(二)当事人的近亲属或者工作人员;

(三)当事人所在社区、单位以及有关社会团体推荐的公民。

第三十二条 【当事人及诉讼代理人权利】代理诉讼的律师,有权按照规定查阅、复制本案有关材料,有权向有关组织和公民调查,收集与本案有关的证据。对涉及国家秘密、商业秘密和个人隐私的材料,应当依照法律规定保密。

当事人和其他诉讼代理人有权按照规定查阅、复制本案庭审材料,但涉及国家秘密、商业秘密和个人隐私的内容除外。

第五章 证　据

第三十三条　【证据种类】证据包括:

(一)书证;

(二)物证;

(三)视听资料;

(四)电子数据;

(五)证人证言;

(六)当事人的陈述;

(七)鉴定意见;

(八)勘验笔录、现场笔录。

以上证据经法庭审查属实,才能作为认定案件事实的根据。

第三十四条　【被告举证责任】被告对作出的行政行为负有举证责任,应当提供作出该行政行为的证据和所依据的规范性文件。

被告不提供或者无正当理由逾期提供证据,视为没有相应证据。但是,被诉行政行为涉及第三人合法权益,第三人提供证据的除外。

第三十五条　【行政机关收集证据的限制】在诉讼过程中,被告及其诉讼代理人不得自行向原告、第三人和证人收集证据。

第三十六条　【被告延期提供证据和补充证据】被告在作出行政行为时已经收集了证据,但因不可抗力等正当事由不能提供的,经人民法院准许,可以延期提供。

原告或者第三人提出了其在行政处理程序中没有提出的理由或者证据的,经人民法院准许,被告可以补充证据。

第三十七条　【原告可以提供证据】原告可以提供证明行政行为违法的证据。原告提供的证据不成立的,不免除被告的举证责任。

第三十八条　【原告举证责任】在起诉被告不履行法定职责的案件中,原告应当提供其向被告提出申请的证据。但有下列情形之一的除外:

(一)被告应当依职权主动履行法定职责的;

(二)原告因正当理由不能提供证据的。

在行政赔偿、补偿的案件中,原告应当对行政行为造成的损害提供证据。

因被告的原因导致原告无法举证的,由被告承担举证责任。

第三十九条 【法院要求当事人提供或者补充证据】人民法院有权要求当事人提供或者补充证据。

第四十条 【法院调取证据】人民法院有权向有关行政机关以及其他组织、公民调取证据。但是,不得为证明行政行为的合法性调取被告作出行政行为时未收集的证据。

第四十一条 【申请法院调取证据】与本案有关的下列证据,原告或者第三人不能自行收集的,可以申请人民法院调取:

(一)由国家机关保存而须由人民法院调取的证据;
(二)涉及国家秘密、商业秘密和个人隐私的证据;
(三)确因客观原因不能自行收集的其他证据。

第四十二条 【证据保全】在证据可能灭失或者以后难以取得的情况下,诉讼参加人可以向人民法院申请保全证据,人民法院也可以主动采取保全措施。

第四十三条 【证据适用规则】证据应当在法庭上出示,并由当事人互相质证。对涉及国家秘密、商业秘密和个人隐私的证据,不得在公开开庭时出示。

人民法院应当按照法定程序,全面、客观地审查核实证据。对未采纳的证据应当在裁判文书中说明理由。

以非法手段取得的证据,不得作为认定案件事实的根据。

第六章 起诉和受理

第四十四条 【行政复议与行政诉讼的关系】对属于人民法院受案范围的行政案件,公民、法人或者其他组织可以先向行政机关申请复议,对复议决定不服的,再向人民法院提起诉讼;也可以直接向人民法院提起诉讼。

法律、法规规定应当先向行政机关申请复议,对复议决定不服再向人民法院提起诉讼的,依照法律、法规的规定。

第四十五条 【经行政复议的起诉期限】公民、法人或者其他组织不服复议决定的,可以在收到复议决定书之日起十五日内向人民法院提起诉讼。复议机关逾期不作决定的,申请人可以在复议期满之日起十五日内向人民法院提起诉讼。法律另有规定的除外。

第四十六条 【起诉期限】公民、法人或者其他组织直接向人民法院提起诉讼的,应当自知道或者应当知道作出行政行为之日起六个月内提出。法律另有规定的除外。

因不动产提起诉讼的案件自行政行为作出之日起超过二十年,其他案件自行政行为作出之日起超过五年提起诉讼的,人民法院不予受理。

第四十七条　【行政机关不履行法定职责的起诉期限】公民、法人或者其他组织申请行政机关履行保护其人身权、财产权等合法权益的法定职责,行政机关在接到申请之日起两个月内不履行的,公民、法人或者其他组织可以向人民法院提起诉讼。法律、法规对行政机关履行职责的期限另有规定的,从其规定。

公民、法人或者其他组织在紧急情况下请求行政机关履行保护其人身权、财产权等合法权益的法定职责,行政机关不履行的,提起诉讼不受前款规定期限的限制。

第四十八条　【起诉期限的扣除和延长】公民、法人或者其他组织因不可抗力或者其他不属于其自身的原因耽误起诉期限的,被耽误的时间不计算在起诉期限内。

公民、法人或者其他组织因前款规定以外的其他特殊情况耽误起诉期限的,在障碍消除后十日内,可以申请延长期限,是否准许由人民法院决定。

第四十九条　【起诉条件】提起诉讼应当符合下列条件：

(一)原告是符合本法第二十五条规定的公民、法人或者其他组织；

(二)有明确的被告；

(三)有具体的诉讼请求和事实根据；

(四)属于人民法院受案范围和受诉人民法院管辖。

第五十条　【起诉方式】起诉应当向人民法院递交起诉状,并按照被告人数提出副本。

书写起诉状确有困难的,可以口头起诉,由人民法院记入笔录,出具注明日期的书面凭证,并告知对方当事人。

第五十一条　【登记立案】人民法院在接到起诉状时对符合本法规定的起诉条件的,应当登记立案。

对当场不能判定是否符合本法规定的起诉条件的,应当接收起诉状,出具注明收到日期的书面凭证,并在七日内决定是否立案。不符合起诉条件的,作出不予立案的裁定。裁定书应当载明不予立案的理由。原告对裁定不服的,可以提起上诉。

起诉状内容欠缺或者有其他错误的,应当给予指导和释明,并一次性告知当事人需要补正的内容。不得未经指导和释明即以起诉不符合条件为由不接收起诉状。

对于不接收起诉状、接收起诉状后不出具书面凭证,以及不一次性告知当事人需要补正的起诉状内容的,当事人可以向上级人民法院投诉,上级人民法院应当责令改正,并对直接负责的主管人员和其他直接责任人员依法给予处分。

第五十二条 【法院不立案的救济】人民法院既不立案,又不作出不予立案裁定的,当事人可以向上一级人民法院起诉。上一级人民法院认为符合起诉条件的,应当立案、审理,也可以指定其他下级人民法院立案、审理。

第五十三条 【规范性文件的附带审查】公民、法人或者其他组织认为行政行为所依据的国务院部门和地方人民政府及其部门制定的规范性文件不合法,在对行政行为提起诉讼时,可以一并请求对该规范性文件进行审查。

前款规定的规范性文件不含规章。

第七章 审理和判决

第一节 一般规定

第五十四条 【公开审理原则】人民法院公开审理行政案件,但涉及国家秘密、个人隐私和法律另有规定的除外。

涉及商业秘密的案件,当事人申请不公开审理的,可以不公开审理。

第五十五条 【回避】当事人认为审判人员与本案有利害关系或者有其他关系可能影响公正审判,有权申请审判人员回避。

审判人员认为自己与本案有利害关系或者有其他关系,应当申请回避。

前两款规定,适用于书记员、翻译人员、鉴定人、勘验人。

院长担任审判长时的回避,由审判委员会决定;审判人员的回避,由院长决定;其他人员的回避,由审判长决定。当事人对决定不服的,可以申请复议一次。

第五十六条 【诉讼不停止执行】诉讼期间,不停止行政行为的执行。但有下列情形之一的,裁定停止执行:

(一)被告认为需要停止执行的;

(二)原告或者利害关系人申请停止执行,人民法院认为该行政行为的执

行会造成难以弥补的损失,并且停止执行不损害国家利益、社会公共利益的;

(三)人民法院认为该行政行为的执行会给国家利益、社会公共利益造成重大损害的;

(四)法律、法规规定停止执行的。

当事人对停止执行或者不停止执行的裁定不服的,可以申请复议一次。

第五十七条 【先予执行】人民法院对起诉行政机关没有依法支付抚恤金、最低生活保障金和工伤、医疗社会保险金的案件,权利义务关系明确、不先予执行将严重影响原告生活的,可以根据原告的申请,裁定先予执行。

当事人对先予执行裁定不服的,可以申请复议一次。复议期间不停止裁定的执行。

第五十八条 【拒不到庭或中途退庭的法律后果】经人民法院传票传唤,原告无正当理由拒不到庭,或者未经法庭许可中途退庭的,可以按照撤诉处理;被告无正当理由拒不到庭,或者未经法庭许可中途退庭的,可以缺席判决。

第五十九条 【妨害行政诉讼强制措施】诉讼参与人或者其他人有下列行为之一的,人民法院可以根据情节轻重,予以训诫、责令具结悔过或者处一万元以下的罚款、十五日以下的拘留;构成犯罪的,依法追究刑事责任:

(一)有义务协助调查、执行的人,对人民法院的协助调查决定、协助执行通知书,无故推拖、拒绝或者妨碍调查、执行的;

(二)伪造、隐藏、毁灭证据或者提供虚假证明材料,妨碍人民法院审理案件的;

(三)指使、贿买、胁迫他人作伪证或者威胁、阻止证人作证的;

(四)隐藏、转移、变卖、毁损已被查封、扣押、冻结的财产的;

(五)以欺骗、胁迫等非法手段使原告撤诉的;

(六)以暴力、威胁或者其他方法阻碍人民法院工作人员执行职务,或者以哄闹、冲击法庭等方法扰乱人民法院工作秩序的;

(七)对人民法院审判人员或者其他工作人员、诉讼参与人、协助调查和执行的人员恐吓、侮辱、诽谤、诬陷、殴打、围攻或者打击报复的。

人民法院对有前款规定的行为之一的单位,可以对其主要负责人或者直接责任人员依照前款规定予以罚款、拘留;构成犯罪的,依法追究刑事责任。

罚款、拘留须经人民法院院长批准。当事人不服的,可以向上一级人民法院申请复议一次。复议期间不停止执行。

第六十条 【调解】人民法院审理行政案件,不适用调解。但是,行政赔偿、补偿以及行政机关行使法律、法规规定的自由裁量权的案件可以调解。

调解应当遵循自愿、合法原则,不得损害国家利益、社会公共利益和他人合法权益。

第六十一条 【民事争议和行政争议交叉】在涉及行政许可、登记、征收、征用和行政机关对民事争议所作的裁决的行政诉讼中,当事人申请一并解决相关民事争议的,人民法院可以一并审理。

在行政诉讼中,人民法院认为行政案件的审理需以民事诉讼的裁判为依据的,可以裁定中止行政诉讼。

第六十二条 【撤诉】人民法院对行政案件宣告判决或者裁定前,原告申请撤诉的,或者被告改变其所作的行政行为,原告同意并申请撤诉的,是否准许,由人民法院裁定。

第六十三条 【审理依据】人民法院审理行政案件,以法律和行政法规、地方性法规为依据。地方性法规适用于本行政区域内发生的行政案件。

人民法院审理民族自治地方的行政案件,并以该民族自治地方的自治条例和单行条例为依据。

人民法院审理行政案件,参照规章。

第六十四条 【规范性文件审查和处理】人民法院在审理行政案件中,经审查认为本法第五十三条规定的规范性文件不合法的,不作为认定行政行为合法的依据,并向制定机关提出处理建议。

第六十五条 【裁判文书公开】人民法院应当公开发生法律效力的判决书、裁定书,供公众查阅,但涉及国家秘密、商业秘密和个人隐私的内容除外。

第六十六条 【有关行政机关工作人员和被告的处理】人民法院在审理行政案件中,认为行政机关的主管人员、直接责任人员违法违纪的,应当将有关材料移送监察机关、该行政机关或者其上一级行政机关;认为有犯罪行为的,应当将有关材料移送公安、检察机关。

人民法院对被告经传票传唤无正当理由拒不到庭,或者未经法庭许可中途退庭的,可以将被告拒不到庭或者中途退庭的情况予以公告,并可以向监察机关或者被告的上一级行政机关提出依法给予其主要负责人或者直接责任人员处分的司法建议。

第二节 第一审普通程序

第六十七条 【发送起诉状和提出答辩状】人民法院应当在立案之日起五

日内,将起诉状副本发送被告。被告应当在收到起诉状副本之日起十五日内向人民法院提交作出行政行为的证据和所依据的规范性文件,并提出答辩状。人民法院应当在收到答辩状之日起五日内,将答辩状副本发送原告。

被告不提出答辩状的,不影响人民法院审理。

第六十八条 【审判组织形式】人民法院审理行政案件,由审判员组成合议庭,或者由审判员、陪审员组成合议庭。合议庭的成员,应当是三人以上的单数。

第六十九条 【驳回原告诉讼请求判决】行政行为证据确凿,适用法律、法规正确,符合法定程序的,或者原告申请被告履行法定职责或者给付义务理由不成立的,人民法院判决驳回原告的诉讼请求。

第七十条 【撤销判决和重作判决】行政行为有下列情形之一的,人民法院判决撤销或者部分撤销,并可以判决被告重新作出行政行为:

(一)主要证据不足的;

(二)适用法律、法规错误的;

(三)违反法定程序的;

(四)超越职权的;

(五)滥用职权的;

(六)明显不当的。

第七十一条 【重作判决对被告的限制】人民法院判决被告重新作出行政行为的,被告不得以同一的事实和理由作出与原行政行为基本相同的行政行为。

第七十二条 【履行判决】人民法院经过审理,查明被告不履行法定职责的,判决被告在一定期限内履行。

第七十三条 【给付判决】人民法院经过审理,查明被告依法负有给付义务的,判决被告履行给付义务。

第七十四条 【确认违法判决】行政行为有下列情形之一的,人民法院判决确认违法,但不撤销行政行为:

(一)行政行为依法应当撤销,但撤销会给国家利益、社会公共利益造成重大损害的;

(二)行政行为程序轻微违法,但对原告权利不产生实际影响的。

行政行为有下列情形之一,不需要撤销或者判决履行的,人民法院判决确认违法:

（一）行政行为违法，但不具有可撤销内容的；

（二）被告改变原违法行政行为，原告仍要求确认原行政行为违法的；

（三）被告不履行或者拖延履行法定职责，判决履行没有意义的。

第七十五条 【确认无效判决】行政行为有实施主体不具有行政主体资格或者没有依据等重大且明显违法情形，原告申请确认行政行为无效的，人民法院判决确认无效。

第七十六条 【确认违法和无效判决的补充规定】人民法院判决确认违法或者无效的，可以同时判决责令被告采取补救措施；给原告造成损失的，依法判决被告承担赔偿责任。

第七十七条 【变更判决】行政处罚明显不当，或者其他行政行为涉及对款额的确定、认定确有错误的，人民法院可以判决变更。

人民法院判决变更，不得加重原告的义务或者减损原告的权益。但利害关系人同为原告，且诉讼请求相反的除外。

第七十八条 【行政协议履行及补偿判决】被告不依法履行、未按照约定履行或者违法变更、解除本法第十二条第一款第十一项规定的协议的，人民法院判决被告承担继续履行、采取补救措施或者赔偿损失等责任。

被告变更、解除本法第十二条第一款第十一项规定的协议合法，但未依法给予补偿的，人民法院判决给予补偿。

第七十九条 【复议决定和原行政行为一并裁判】复议机关与作出原行政行为的行政机关为共同被告的案件，人民法院应当对复议决定和原行政行为一并作出裁判。

第八十条 【公开宣判】人民法院对公开审理和不公开审理的案件，一律公开宣告判决。

当庭宣判的，应当在十日内发送判决书；定期宣判的，宣判后立即发给判决书。

宣告判决时，必须告知当事人上诉权利、上诉期限和上诉的人民法院。

第八十一条 【第一审审限】人民法院应当在立案之日起六个月内作出第一审判决。有特殊情况需要延长的，由高级人民法院批准，高级人民法院审理第一审案件需要延长的，由最高人民法院批准。

第三节 简易程序

第八十二条 【简易程序适用情形】人民法院审理下列第一审行政案件，

认为事实清楚、权利义务关系明确、争议不大的,可以适用简易程序:

(一)被诉行政行为是依法当场作出的;

(二)案件涉及款额二千元以下的;

(三)属于政府信息公开案件的。

除前款规定以外的第一审行政案件,当事人各方同意适用简易程序的,可以适用简易程序。

发回重审、按照审判监督程序再审的案件不适用简易程序。

第八十三条 【简易程序的审判组织形式和审限】适用简易程序审理的行政案件,由审判员一人独任审理,并应当在立案之日起四十五日内审结。

第八十四条 【简易程序与普通程序的转换】人民法院在审理过程中,发现案件不宜适用简易程序的,裁定转为普通程序。

第四节 第二审程序

第八十五条 【上诉】当事人不服人民法院第一审判决的,有权在判决书送达之日起十五日内向上一级人民法院提起上诉。当事人不服人民法院第一审裁定的,有权在裁定书送达之日起十日内向上一级人民法院提起上诉。逾期不提起上诉的,人民法院的第一审判决或者裁定发生法律效力。

第八十六条 【二审审理方式】人民法院对上诉案件,应当组成合议庭,开庭审理。经过阅卷、调查和询问当事人,对没有提出新的事实、证据或者理由,合议庭认为不需要开庭审理的,也可以不开庭审理。

第八十七条 【二审审查范围】人民法院审理上诉案件,应当对原审人民法院的判决、裁定和被诉行政行为进行全面审查。

第八十八条 【二审审限】人民法院审理上诉案件,应当在收到上诉状之日起三个月内作出终审判决。有特殊情况需要延长的,由高级人民法院批准,高级人民法院审理上诉案件需要延长的,由最高人民法院批准。

第八十九条 【二审裁判】人民法院审理上诉案件,按照下列情形,分别处理:

(一)原判决、裁定认定事实清楚,适用法律、法规正确的,判决或者裁定驳回上诉,维持原判决、裁定;

(二)原判决、裁定认定事实错误或者适用法律、法规错误的,依法改判、撤销或者变更;

(三)原判决认定基本事实不清、证据不足的,发回原审人民法院重审,或者查清事实后改判；

（四）原判决遗漏当事人或者违法缺席判决等严重违反法定程序的，裁定撤销原判决，发回原审人民法院重审。

原审人民法院对发回重审的案件作出判决后，当事人提起上诉的，第二审人民法院不得再次发回重审。

人民法院审理上诉案件，需要改变原审判决的，应当同时对被诉行政行为作出判决。

第五节　审判监督程序

第九十条　【当事人申请再审】当事人对已经发生法律效力的判决、裁定，认为确有错误的，可以向上一级人民法院申请再审，但判决、裁定不停止执行。

第九十一条　【再审事由】当事人的申请符合下列情形之一的，人民法院应当再审：

（一）不予立案或者驳回起诉确有错误的；

（二）有新的证据，足以推翻原判决、裁定的；

（三）原判决、裁定认定事实的主要证据不足、未经质证或者系伪造的；

（四）原判决、裁定适用法律、法规确有错误的；

（五）违反法律规定的诉讼程序，可能影响公正审判的；

（六）原判决、裁定遗漏诉讼请求的；

（七）据以作出原判决、裁定的法律文书被撤销或者变更的；

（八）审判人员在审理该案件时有贪污受贿、徇私舞弊、枉法裁判行为的。

第九十二条　【人民法院依职权再审】各级人民法院院长对本院已经发生法律效力的判决、裁定，发现有本法第九十一条规定情形之一，或者发现调解违反自愿原则或者调解书内容违法，认为需要再审的，应当提交审判委员会讨论决定。

最高人民法院对地方各级人民法院已经发生法律效力的判决、裁定，上级人民法院对下级人民法院已经发生法律效力的判决、裁定，发现有本法第九十一条规定情形之一，或者发现调解违反自愿原则或者调解书内容违法的，有权提审或者指令下级人民法院再审。

第九十三条　【抗诉和检察建议】最高人民检察院对各级人民法院已经发生法律效力的判决、裁定，上级人民检察院对下级人民法院已经发生法律效力的判决、裁定，发现有本法第九十一条规定情形之一，或者发现调解书损害国家利益、社会公共利益的,应当提出抗诉。

地方各级人民检察院对同级人民法院已经发生法律效力的判决、裁定,发现有本法第九十一条规定情形之一,或者发现调解书损害国家利益、社会公共利益的,可以向同级人民法院提出检察建议,并报上级人民检察院备案;也可以提请上级人民检察院向同级人民法院提出抗诉。

各级人民检察院对审判监督程序以外的其他审判程序中审判人员的违法行为,有权向同级人民法院提出检察建议。

第八章 执 行

第九十四条 【生效裁判和调解书的执行】当事人必须履行人民法院发生法律效力的判决、裁定、调解书。

第九十五条 【申请强制执行和执行管辖】公民、法人或者其他组织拒绝履行判决、裁定、调解书的,行政机关或者第三人可以向第一审人民法院申请强制执行,或者由行政机关依法强制执行。

第九十六条 【对行政机关拒绝履行的执行措施】行政机关拒绝履行判决、裁定、调解书的,第一审人民法院可以采取下列措施:

(一)对应当归还的罚款或者应当给付的款额,通知银行从该行政机关的账户内划拨;

(二)在规定期限内不履行的,从期满之日起,对该行政机关负责人按日处五十元至一百元的罚款;

(三)将行政机关拒绝履行的情况予以公告;

(四)向监察机关或者该行政机关的上一级行政机关提出司法建议。接受司法建议的机关,根据有关规定进行处理,并将处理情况告知人民法院;

(五)拒不履行判决、裁定、调解书,社会影响恶劣的,可以对该行政机关直接负责的主管人员和其他直接责任人员予以拘留;情节严重,构成犯罪的,依法追究刑事责任。

第九十七条 【非诉执行】公民、法人或者其他组织对行政行为在法定期限内不提起诉讼又不履行的,行政机关可以申请人民法院强制执行,或者依法强制执行。

第九章 涉外行政诉讼

第九十八条 【涉外行政诉讼的法律适用原则】外国人、无国籍人、外国组织在中华人民共和国进行行政诉讼,适用本法。法律另有规定的除外。

第九十九条 【同等与对等原则】外国人、无国籍人、外国组织在中华人民共和国进行行政诉讼,同中华人民共和国公民、组织有同等的诉讼权利和义务。

外国法院对中华人民共和国公民、组织的行政诉讼权利加以限制的,人民法院对该国公民、组织的行政诉讼权利,实行对等原则。

第一百条 【中国律师代理】外国人、无国籍人、外国组织在中华人民共和国进行行政诉讼,委托律师代理诉讼的,应当委托中华人民共和国律师机构的律师。

第十章 附 则

第一百零一条 【适用民事诉讼法规定】人民法院审理行政案件,关于期间、送达、财产保全、开庭审理、调解、中止诉讼、终结诉讼、简易程序、执行等,以及人民检察院对行政案件受理、审理、裁判、执行的监督,本法没有规定的,适用《中华人民共和国民事诉讼法》的相关规定。

第一百零二条 【诉讼费用】人民法院审理行政案件,应当收取诉讼费用。诉讼费用由败诉方承担,双方都有责任的由双方分担。收取诉讼费用的具体办法另行规定。

第一百零三条 【施行日期】本法自1990年10月1日起施行。

公安机关内部执法监督工作规定

(1999年6月11日公安部令第40号公布 根据2014年6月29日《公安部关于修改部分部门规章的决定》第一次修订 根据2020年8月6日公安部令第160号《公安部关于废止和修改部分规章的决定》第二次修订)

第一章 总 则

第一条 为保障公安机关及其人民警察依法正确履行职责,防止和纠正违法和不当的执法行为,保护公民、法人和其他组织的合法权益,根据《中华人民共和国人民警察法》和有关法规,制定本规定。

第二条 公安机关内部执法监督,是指上级公安机关对下级公安机关,上级业务部门对下级业务部门,本级公安机关对所属业务部门、派出机构及其人民警察的各项执法活动实施的监督。

第三条　各级公安机关及其业务部门应当建立执法责任制和执法过错责任追究等执法制度,制定、完善执法程序,加强对各项公安执法活动的监督制约。

第四条　执法监督工作必须以事实为根据,以法律为准绳,遵循有错必纠、监督与指导相结合、教育与惩处相结合的原则。

第五条　各级公安机关在加强内部执法监督的同时,必须依法接受人民群众、新闻舆论的监督,接受国家权力机关、人民政府的监督,接受人民检察院的法律监督和人民法院的审判监督。

第二章　执法监督的范围和方式

第六条　执法监督的范围:
(一)有关执法工作的规范性文件及制度、措施是否合法;
(二)刑事立案、销案,实施侦查措施、刑事强制措施和执行刑罚等刑事执法活动是否合法和适当;
(三)有关治安管理、户籍管理、交通管理、消防管理、边防管理、出入境管理等法律法规的实施情况;
(四)适用和执行行政拘留、罚款、没收非法财物、吊销许可证、查封、扣押、冻结财物、强制戒毒等行政处罚和行政强制措施是否合法和适当;
(五)看守所、拘役所、治安拘留所、强制戒毒所、留置室等限制人身自由场所的执法情况;
(六)行政复议、行政诉讼、国家赔偿等法律法规的实施情况;
(七)国家赋予公安机关承担的其他执法职责的履行情况。

第七条　执法监督的方式:
(一)依照法律、法规和规章规定的执法程序和制度进行的监督;
(二)对起草、制订的有关执法工作的规范性文件及制度、措施进行法律审核;
(三)对疑难、有分歧、易出问题和各级公安机关决定需要专门监督的案件,进行案件审核;
(四)组织执法检查、评议;
(五)组织专项、专案调查;

（六）依照法律、法规进行听证、复议、复核；

（七）进行执法过错责任追究；

（八）各级公安机关决定采取的其他方式。

第八条 各级公安机关发现本级或者下级公安机关发布的规范性文件和制度、措施与国家法律、法规和规章相抵触的，应当予以纠正或者通知下级公安机关予以纠正。

第九条 对案件的审核可以采取阅卷审查方式进行，就案件的事实是否清楚，证据是否确凿、充分，定性是否准确，处理意见是否适当，适用法律是否正确，程序是否合法，法律文书是否规范、完备等内容进行审核，保障案件质量。

第十条 对公安行政管理执法行为的审核，可以采取查阅台账、法律文书、档案等方式，就适用法律是否正确、程序是否合法等内容进行审核，保障公正执法。

第十一条 各级公安机关每年应当定期、不定期地组织对本级和下级公安机关的执法活动进行检查或者评议。

有关公安工作的法律、法规发布实施后，各级公安机关应当在一年内对该项法律、法规的执行情况，组织执法检查，检查结果报上一级公安机关并在本级公安机关予以通报。

各级公安机关对本级和下级公安机关每年的执法工作情况应当进行综合考评。考评结果报上一级公安机关并在本级公安机关予以通报。考评结果与奖惩相结合。

第十二条 对国家权力机关、人民政府或者上级公安机关交办复查的案件，人民群众反映强烈的普遍性、倾向性的公安执法问题，应当组织有关部门进行专项调查或者专案调查。在查明情况后，应当写出调查报告，提出处理意见和纠正措施，报本级公安机关领导批准后组织实施，并将查处结果报告交办机关和上级公安机关。

第十三条 在执法监督过程中，发现本级或者下级公安机关已经办结的案件或者执法活动确有错误、不适当的，主管部门报经主管领导批准后，直接作出纠正的决定，或者责成有关部门或者下级公安机关在规定的时限内依法予以纠正。

第十四条 公安机关办理听证、行政复议、国家赔偿案件工作依照国家法律、法规规定的程序进行。

第三章　执法监督的实施和处理

第十五条　对公安机关及其人民警察违法行使职权或者不依法履行职责,致使办理的案件或者执法行为不合法、不适当的,必须依照有关法律、法规和本规定予以纠正和处理。

第十六条　各级公安机关的行政首长是执法监督的责任人,负责对本级和下级公安机关及其人民警察的执法活动组织实施监督。

公安机关各业务部门的负责人是本部门执法监督的责任人,负责对本部门及其人民警察的执法活动实施监督。

第十七条　各级公安机关法制部门是内部执法监督工作的主管部门,在本级公安机关的领导下,负责组织、实施、协调和指导执法监督工作。

第十八条　公安机关警务督察部门依照《公安机关督察条例》的规定,对公安机关及其人民警察的执法活动进行现场督察。

第十九条　对公安机关及其人民警察不合法、不适当的执法活动,分别作出如下处理:

(一)对错误的处理或者决定予以撤销或者变更;

(二)对拒不履行法定职责的,责令其在规定的时限内履行法定职责;

(三)对拒不执行上级公安机关决定和命令的有关人员,可以停止执行职务;

(四)公安机关及其人民警察违法行使职权已经给公民、法人和其他组织造成损害,需要给予国家赔偿的,应当依照《中华人民共和国国家赔偿法》的规定予以国家赔偿;

(五)公安机关人民警察在执法活动中因故意或者过失,造成执法过错的,按照《公安机关人民警察执法过错责任追究规定》追究执法过错责任。

第二十条　公安机关的领导和有关责任人员在执法工作中有违法违纪行为需要追究纪律和法律责任的,依照有关规定办理。

第二十一条　对上级公安机关及其主管部门的执法监督决定、命令,有关公安机关及其职能部门必须执行,并报告执行结果。

对执法监督决定有异议的,应当先予执行,然后按照规定提出意见,作出决定的机关应当认真审查,执行后果由作出决定的公安机关负责。

第二十二条　拒绝、阻碍上级机关或本级公安机关及执法监督主管部门的执法监督检查,拒不执行公安机关内部执法监督的有关决定、命令,或者无故拖延执行,对被监督的公安机关或者业务部门的负责人,应当依照有关规定给予纪律处分。

第二十三条　对本级和上级公安机关作出的执法监督决定不服,有关单位和人民警察可以向本级或者上级公安机关提出申诉,有关部门应当认真受理,并作出答复。

第二十四条　各级公安机关的执法监督责任人和执法监督主管部门必须严格依法履行执法监督职责,模范遵守法律,秉公执法,依法办事。对不严格履行执法监督职责或者滥用职权,造成不良影响的,应当给予通报批评;后果严重的,应当依照有关规定给予纪律处分;构成犯罪的,依法追究刑事责任。

第四章　附　则

第二十五条　各省、自治区、直辖市公安厅局可以根据本规定,结合本地实际情况,制定实施办法。

第二十六条　本规定由公安部法制局负责解释。

第二十七条　本规定自颁布之日起实施。

公安机关督察条例

(1997年6月20日中华人民共和国国务院令第220号发布　2011年8月24日国务院第169次常务会议修订通过　2011年8月31日中华人民共和国国务院令第603号公布　自2011年10月1日起施行)

第一条　为了完善公安机关监督机制,保障公安机关及其人民警察依法履行职责、行使职权和遵守纪律,根据《中华人民共和国人民警察法》的规定,制定本条例。

第二条　公安部督察委员会领导全国公安机关的督察工作,负责对公安部所属单位和下级公安机关及其人民警察依法履行职责、行使职权和遵守纪律的情况进行监督,对公安部部长负责。公安部督察机构承担公安部督察委员会办事机构职能。

县级以上地方各级人民政府公安机关督察机构,负责对本级公安机关所属单位和下级公安机关及其人民警察依法履行职责、行使职权和遵守纪律的情况进行监督,对上一级公安机关督察机构和本级公安机关行政首长负责。

县级以上地方各级人民政府公安机关的督察机构为执法勤务机构,由专职人员组成,实行队建制。

第三条 公安部设督察长,由公安部一名副职领导成员担任。

县级以上地方各级人民政府公安机关设督察长,由公安机关行政首长兼任。

第四条 督察机构对公安机关及其人民警察依法履行职责、行使职权和遵守纪律的下列事项,进行现场督察:

(一)重要的警务部署、措施、活动的组织实施情况;

(二)重大社会活动的秩序维护和重点地区、场所治安管理的组织实施情况;

(三)治安突发事件的处置情况;

(四)刑事案件、治安案件的受理、立案、侦查、调查、处罚和强制措施的实施情况;

(五)治安、交通、户政、出入境、边防、消防、警卫等公安行政管理法律、法规的执行情况;

(六)使用武器、警械以及警用车辆、警用标志的情况;

(七)处置公民报警、请求救助和控告申诉的情况;

(八)文明执勤、文明执法和遵守警容风纪规定的情况;

(九)组织管理和警务保障的情况;

(十)公安机关及其人民警察依法履行职责、行使职权和遵守纪律的其他情况。

第五条 督察机构可以向本级公安机关所属单位和下级公安机关派出督察人员进行督察,也可以指令下级公安机关督察机构对专门事项进行督察。

第六条 县级以上地方各级人民政府公安机关督察机构查处违法违纪行为,应当向上一级公安机关督察机构报告查处情况;下级公安机关督察机构查处不力的,上级公安机关督察机构可以直接进行督察。

第七条 督察机构可以派出督察人员参加本级公安机关或者下级公安机关的警务工作会议和重大警务活动的部署。

第八条 督察机构应当开展警务评议活动,听取国家机关、社会团体、企业事业组织和人民群众对公安机关及其人民警察的意见。

第九条　督察机构对群众投诉的正在发生的公安机关及其人民警察违法违纪行为,应当及时出警,按照规定给予现场处置,并将处理结果及时反馈投诉人。

投诉人的投诉事项已经进入信访、行政复议或者行政诉讼程序的,督察机构应当将投诉材料移交有关部门。

第十条　督察机构对本级公安机关所属单位和下级公安机关拒不执行法律、法规和上级决定、命令的,可以责令执行;对本级公安机关所属单位或者下级公安机关作出的错误决定、命令,可以决定撤销或者变更,报本级公安机关行政首长批准后执行。

第十一条　督察人员在现场督察中发现公安机关人民警察违法违纪的,可以采取下列措施,当场处置:

(一)对违反警容风纪规定的,可以当场予以纠正;

(二)对违反规定使用武器、警械以及警用车辆、警用标志的,可以扣留其武器、警械、警用车辆、警用标志;

(三)对违法违纪情节严重、影响恶劣的,以及拒绝、阻碍督察人员执行现场督察工作任务的,必要时,可以带离现场。

第十二条　督察机构认为公安机关人民警察违反纪律需要采取停止执行职务、禁闭措施的,由督察机构作出决定,报本级公安机关督察长批准后执行。

停止执行职务的期限为10日以上60日以下;禁闭的期限为1日以上7日以下。

第十三条　督察机构认为公安机关人民警察需要给予处分或者降低警衔、取消警衔的,督察机构应当提出建议,移送有关部门依法处理。

督察机构在督察工作中发现公安机关人民警察涉嫌犯罪的,移送司法机关依法处理。

第十四条　公安机关人民警察对停止执行职务和禁闭决定不服的,可以在被停止执行职务或者被禁闭期间向作出决定的公安机关的上一级公安机关提出申诉。由公安部督察机构作出的停止执行职务、禁闭的决定,受理申诉的机关是公安部督察委员会。

受理申诉的公安机关对不服停止执行职务的申诉,应当自收到申诉之日起5日内作出是否撤销停止执行职务的决定;对不服禁闭的申诉,应当在收到申诉之时起24小时内作出是否撤销禁闭的决定。

申诉期间,停止执行职务、禁闭决定不停止执行。

受理申诉的公安机关认为停止执行职务、禁闭决定确有错误的,应当予以撤销,并在适当范围内为当事人消除影响,恢复名誉。

第十五条　督察人员在督察工作中,必须实事求是,严格依法办事,接受监督。

督察机构及其督察人员对于公安机关及其人民警察依法履行职责、行使职权的行为应当予以维护。

第十六条　督察人员应当具备下列条件:
(一)坚持原则,忠于职守,清正廉洁,不徇私情,严守纪律;
(二)具有大学专科以上学历和法律专业知识、公安业务知识;
(三)具有3年以上公安工作经历和一定的组织管理能力;
(四)经过专门培训合格。

第十七条　督察人员执行督察任务,应当佩带督察标志或者出示督察证件。

督察标志和督察证件的式样由公安部制定。

第十八条　本条例自2011年10月1日起施行。

公安机关人民警察纪律条令

(2010年4月21日监察部、人力资源和社会保障部、公安部令第20号公布　自2010年6月1日起施行)

第一章　总　则

第一条　为了严明公安机关纪律,规范公安机关人民警察的行为,保证公安机关及其人民警察依法履行职责,根据《中华人民共和国人民警察法》、《中华人民共和国行政监察法》、《中华人民共和国公务员法》、《行政机关公务员处分条例》、《公安机关组织管理条例》等有关法律、行政法规,制定本条令。

第二条　公安机关人民警察应当严格遵守《中华人民共和国人民警察法》、《中华人民共和国公务员法》等法律法规关于公安机关人民警察纪律的规定。公安机关人民警察违法违纪,应当承担纪律责任的,依照本条令给予处分。

法律、行政法规、国务院决定对公安机关人民警察处分另有规定的,从其规定。

第三条 公安机关人民警察违法违纪,应当承担纪律责任的,由任免机关或者监察机关按照管理权限依法给予处分。

公安机关有违法违纪行为,应当追究纪律责任的,对负有责任的领导人员和直接责任人员给予处分。

第四条 对受到处分的公安机关人民警察,应当依照有关规定延期晋升、降低或者取消警衔。

第五条 公安机关人民警察违法违纪涉嫌犯罪的,应当依法追究刑事责任。

第六条 监察机关派驻同级公安机关监察机构可以调查下一级监察机关派驻同级公安机关监察机构管辖范围内的违法违纪案件,必要时也可以调查所辖各级监察机关派驻同级公安机关监察机构管辖范围内的违法违纪案件。

监察机关派驻同级公安机关监察机构经派出它的监察机关批准,可以调查下一级公安机关领导人员的违法违纪案件。

调查结束后,按照人事管理权限,监察机关派驻同级公安机关监察机构应当向处分决定机关提出处分建议,由处分决定机关依法作出处分决定。

第二章 违法违纪行为及其适用的处分

第七条 有下列行为之一的,给予开除处分:
(一)逃往境外或者非法出境、违反规定滞留境外不归的;
(二)参与、包庇或者纵容危害国家安全违法犯罪活动的;
(三)参与、包庇或者纵容黑社会性质组织犯罪活动的;
(四)向犯罪嫌疑人通风报信的;
(五)私放他人出入境的。

第八条 散布有损国家声誉的言论的,给予记大过处分;情节较重的,给予降级或者撤职处分;情节严重的,给予开除处分。

第九条 有下列行为之一的,给予记过或者记大过处分;情节较重的,给予降级或者撤职处分;情节严重的,给予开除处分:
(一)故意违反规定立案、撤销案件、提请逮捕、移送起诉的;
(二)违反规定采取、变更、撤销刑事拘留、取保候审、监视居住等刑事强制措施或者行政拘留的;
(三)非法剥夺、限制他人人身自由的;
(四)非法搜查他人身体、物品、住所或者场所的;

(五)违反规定延长羁押期限或者变相拘禁他人的;

(六)违反规定采取通缉等措施或者擅自使用侦察手段侵犯公民合法权益的。

第十条　有下列行为之一的,给予记过或者记大过处分;情节较重的,给予降级或者撤职处分;情节严重的,给予开除处分:

(一)违反规定为在押人员办理保外就医、所外执行的;

(二)擅自安排在押人员与其亲友会见,私自为在押人员或者其亲友传递物品、信件,造成不良后果的;

(三)指派在押人员看管在押人员的;

(四)私带在押人员离开羁押场所的。

有前款规定行为并从中谋利的,从重处分。

第十一条　体罚、虐待违法犯罪嫌疑人、被监管人员或者其他工作对象的,给予记过或者记大过处分;情节较重的,给予降级或者撤职处分;情节严重的,给予开除处分。

实施或者授意、唆使、强迫他人实施刑讯逼供的,给予撤职处分;造成严重后果的,给予开除处分。

第十二条　有下列行为之一的,给予记过或者记大过处分;情节较重的,给予降级或者撤职处分;情节严重的,给予开除处分:

(一)对依法应当办理的受理案件、立案、撤销案件、提请逮捕、移送起诉等事项,无正当理由不予办理的;

(二)对管辖范围内发生的应当上报的重大治安案件、刑事案件、特大道路交通事故和群体性或者突发性事件等隐瞒不报或者谎报的;

(三)在勘验、检查、鉴定等取证工作中严重失职,造成无辜人员被处理或者违法犯罪人员逃避法律追究的;

(四)因工作失职造成被羁押、监管等人员脱逃、致残、致死或者其他不良后果的;

(五)在值班、备勤、执勤时擅离岗位,造成不良后果的;

(六)不履行办案协作职责造成不良后果的;

(七)在执行任务时临危退缩、临阵脱逃的。

第十三条　有下列行为之一的,给予记过或者记大过处分;情节较重的,给予降级或者撤职处分;情节严重的,给予开除处分:

(一)利用职权干扰执法办案或者强令违法办案的;

(二)利用职权干预经济纠纷或者为他人追债讨债的。

第十四条 有下列行为之一的,给予记过或者记大过处分;情节较重的,给予降级或者撤职处分;情节严重的,给予开除处分:

(一)隐瞒或者伪造案情的;

(二)伪造、变造、隐匿、销毁检举控告材料或者证据材料的;

(三)出具虚假审查或者证明材料、结论的。

第十五条 有下列行为之一的,给予警告或者记过处分;情节较重的,给予记大过或者降级处分;情节严重的,给予撤职处分:

(一)违反规定吊销、暂扣证照或者责令停业整顿的;

(二)违反规定查封、扣押、冻结、没收财物的。

第十六条 有下列行为之一的,给予警告或者记过处分;情节较重的,给予记大过或者降级处分;情节严重的,给予撤职处分:

(一)擅自设定收费项目、提高收费标准的;

(二)违反规定设定罚款项目或者实施罚款的;

(三)违反规定办理户口、身份证、驾驶证、特种行业许可证、护照、机动车行驶证和号牌等证件、牌照以及其他行政许可事项的。

以实施行政事业性收费、罚没的名义收取钱物,不出具任何票据的,给予开除处分。

第十七条 有下列行为之一的,给予记过或者记大过处分;情节较重的,给予降级或者撤职处分;情节严重的,给予开除处分:

(一)投资入股或者变相投资入股矿产、娱乐场所等企业,或者从事其他营利性经营活动的;

(二)受雇于任何组织、个人的;

(三)利用职权推销、指定消防、安保、交通、保险等产品的;

(四)公安机关人民警察的近亲属在该人民警察分管的业务范围内从事可能影响公正执行公务的经营活动,经劝阻其近亲属拒不退出或者本人不服从工作调整的;

(五)违反规定利用或者插手工程招投标、政府采购和人事安排,为本人或者特定关系人谋取不正当利益的;

(六)相互请托为对方的特定关系人在投资入股、经商办企业等方面提供便利,谋取不正当利益的;

(七)出差、开展公务活动由企事业单位、个人接待,或者接受下级公安机

关、企事业单位、个人安排出入营业性娱乐场所,参加娱乐活动的;

(八)违反规定收受现金、有价证券、支付凭证、干股的。

第十八条　私分、挪用、非法占有赃款赃物、扣押财物、保证金、无主财物、罚没款物的,给予记过或者记大过处分;情节较重的,给予降级或者撤职处分;情节严重的,给予开除处分。

第十九条　有下列行为之一的,给予警告、记过或者记大过处分;情节较重的,给予降级或者撤职处分;情节严重的,给予开除处分:

(一)拒绝执行上级依法作出的决定、命令,或者在执行任务时不服从指挥的;

(二)违反规定进行人民警察录用、考核、任免、奖惩、调任、转任的。

第二十条　有下列行为之一,造成不良影响的,给予警告处分;情节较重的,给予记过处分;情节严重的,给予记大过处分:

(一)在工作中对群众态度蛮横、行为粗暴、故意刁难或者吃拿卡要的;

(二)不按规定着装,严重损害人民警察形象的;

(三)非因公务着警服进入营业性娱乐场所的。

第二十一条　违反公务用枪管理使用规定的,依照《公安民警违反公务用枪管理使用规定行政处分若干规定》给予处分。

第二十二条　有下列行为之一的,给予警告或者记过处分;情节较重的,给予记大过或者降级处分;情节严重的,给予撤职或者开除处分:

(一)违反警车管理使用规定或者违反规定使用警灯、警报器的;

(二)违反规定转借、赠送、出租、抵押、转卖警用车辆、警车号牌、警械、警服、警用标志和证件的;

(三)违反规定使用警械的。

第二十三条　工作时间饮酒或者在公共场所酗酒滋事的,给予警告、记过或者记大过处分;造成后果的,给予降级或者撤职处分;造成严重后果的,给予开除处分。

携带枪支饮酒、酒后驾驶机动车,造成严重后果的,给予开除处分。

第二十四条　参与、包庇或者纵容违法犯罪活动的,给予警告、记过或者记大过处分;情节较重的,给予降级或者撤职处分;情节严重的,给予开除处分。

吸食、注射毒品或者参与、组织、支持、容留卖淫、嫖娼、色情淫乱活动的,给予开除处分。

参与赌博的,依照《行政机关公务员处分条例》第三十二条规定从重处分。

第二十五条 违反规定使用公安信息网的,给予警告处分;情节较重的,给予记过或者记大过处分;情节严重的,给予降级或者撤职处分。

第三章 附 则

第二十六条 有本条令规定的违法违纪行为,已不符合人民警察条件、不适合继续在公安机关工作的,可以依照有关规定予以辞退或者限期调离。

第二十七条 处分的程序和不服处分的申诉,依照《中华人民共和国行政监察法》、《中华人民共和国公务员法》、《行政机关公务员处分条例》等有关法律法规的规定办理。

第二十八条 本条令所称公安机关人民警察是指属于公安机关及其直属单位的在编在职的人民警察。

公安机关包括县级以上人民政府公安机关和设在铁道、交通运输、民航、林业、海关部门的公安机构。

第二十九条 公安边防、消防、警卫部队官兵有违法违纪行为,应当给予处分的,依照《中国人民解放军纪律条令》执行;《中国人民解放军纪律条令》没有规定的,参照本条令执行。

第三十条 本条令由监察部、人力资源社会保障部、公安部负责解释。

第三十一条 本条令自2010年6月1日起施行。

公安机关执法质量考核评议规定

(2016年1月14日公安部令第137号公布 自2016年3月1日起施行)

第一章 总 则

第一条 为加强公安机关执法监督管理,落实执法责任,提高执法质量,促进公安机关及其人民警察严格规范公正文明执法,根据《中华人民共和国人民警察法》及其他有关法律、法规,制定本规定。

第二条 执法质量考核评议,是指上级公安机关对下级公安机关、各级公安机关对所属执法部门及其人民警察执法办案质量进行的考核评议。

第三条　执法质量考核评议,应当坚持实事求是、公开公正、奖优罚劣、注重实效的原则。

第二章　考核评议的内容和标准

第四条　公安机关执法质量考核评议的主要内容包括:
(一)接处警执法情况;
(二)办理案件情况;
(三)实施行政许可、登记备案等行政管理情况;
(四)执法监督救济情况;
(五)执法办案场所和监管场所建设与管理情况;
(六)涉案财物管理和涉案人员随身财物代为保管以及证物保管情况;
(七)执法安全情况;
(八)执法办案信息系统应用管理情况;
(九)其他需要考核评议的内容。

第五条　接处警执法应当达到以下标准:
(一)接警文明规范,出警及时;
(二)着装、携带使用处警装备符合规定;
(三)处置措施适度、规范;
(四)现场取证及时、全面;
(五)接处警记录完整、准确、规范;
(六)按规定出具接报案回执。

第六条　办理案件应当达到以下标准:
(一)受案立案及时、合法、规范;
(二)执法主体合法,并具备相应的执法资格;
(三)案件管辖符合规定;
(四)案件事实清楚,证据确实充分,程序合法;
(五)调查取证合法、及时、客观、全面;
(六)定性及适用法律、法规、规章准确,量处适当;
(七)适用强制措施、侦查措施、作出行政处理决定符合规定;
(八)执行刑罚、行政处理决定符合规定;
(九)依法保护当事人的合法权益,保障律师执业权利;
(十)案件信息公开符合规定;

(十一)法律文书规范、完备,送达合法、及时,案卷装订、保管、移交规范。

第七条 实施行政许可、登记备案等行政管理应当达到以下标准:

(一)受理申请及时,履行通知告知义务符合规定;

(二)依法及时履行审查、核查等职责,办理程序符合规定;

(三)对从事行政许可等事项活动的监督检查符合规定;

(四)撤销行政许可、注销相关证件符合规定;

(五)工作记录、台账、法律文书、档案完备;

(六)其他行政管理中无不作为、乱作为等情形。

第八条 执法监督救济应当达到以下标准:

(一)受理、查处涉警投诉及时、规范,办理涉法涉诉信访事项的程序合法,无拒不受理、违规受理或者推诿、拖延、敷衍办理等情形;

(二)对符合法定受理条件的行政复议、刑事复议复核案件及时受理,办案程序合法、适用法律正确;

(三)对行政诉讼案件依法出庭应诉,提出诉讼证据和答辩意见,及时执行生效判决;

(四)办理国家赔偿案件程序合法、适用法律正确,无不依法赔偿或者违反规定采取补偿、救助等形式代替国家赔偿等情形;

(五)对已发现的执法问题及时纠正,依法追究执法过错责任人的责任。

第九条 执法办案场所和监管场所建设与管理应当达到以下标准:

(一)执法办案和监管场所功能设置规范合理、设施设备运转正常,安全防护措施落实到位;

(二)工作流程、岗位职责、应急处置工作预案等制度健全完善;

(三)违法犯罪嫌疑人被带至公安机关后,直接带入办案区,无违反规定带出办案区讯问询问等情形;

(四)违法犯罪嫌疑人进入办案区后,按照规定进行人身检查和信息采集;

(五)违法犯罪嫌疑人在办案区内,有人负责看管;

(六)在办案区内开展执法活动,有视频监控并记录,同步录音录像资料保管妥当;

(七)办案区使用的记录、台账等完整、规范。

第十条 涉案财物管理和涉案人员随身财物代为保管应当达到以下标准:

(一)财物管理场所设置、保管财物的设备设施符合规定;

(二)财物管理制度健全,办案与管理分离、统一管理的有关要求得到落实;

(三)按照规定对财物登记、保管、处理,记录、台账清晰完备。

不属于涉案财物的证物的管理标准按照相关规定确定,没有具体规定的,参照上述标准执行。

第十一条　执法安全应当达到以下标准:

(一)无因违法使用警械、武器造成人员伤亡等情形;

(二)无因故意或者过失致使被监管人员、涉案人员行凶、自杀、自伤、脱逃等情形;

(三)无殴打、虐待或者唆使、放纵他人殴打、虐待被监管人员、涉案人员等情形;

(四)无其他造成恶劣影响的执法安全事故。

第十二条　执法办案信息系统应用管理应当达到以下标准:

(一)接报案、受案立案信息系统使用符合规定,110接报警、群众上门报案、有关部门移送案件以及公安机关工作中发现的违法犯罪线索等信息录入及时、规范;

(二)落实网上办案要求,除案件性质和事实涉及国家秘密的以外,实现各类案件信息、主要证据材料上传信息系统,审核审批考评网上进行,案件电子卷宗自动生成;

(三)接报警信息与网上办案、监督考评、督察、办案场所管理、音视频资料管理、涉案财物管理等各类信息系统之间互联互通、数据共享;

(四)自动生成执法办案单位及其民警的执法档案,准确记载执法办案的数量和质量;

(五)无擅自更改或者删除执法办案信息系统中已经审核、审批通过的案件信息等情形;

(六)指定专人担任系统管理员,执法办案信息系统正常运转。

第十三条　在登记、统计、上报各类执法情况过程中,实事求是,严格遵守有关规定,无弄虚作假、隐瞒不报的情形。

第十四条　各地执法质量考核评议项目和指标由省级公安机关统一确定,各级公安机关部门、警种不得以部门、警种名义下达执法质量考核评议项目和指标。

确定执法质量考核评议项目和指标,应当把执法质量与执法数量、执法效率、执法效果结合起来,激励民警又好又多地执法办案,但不得以不科学、不合理的罚没款数额、刑事拘留数、行政拘留数、发案数、退查率、破案率等作为考评指标。

第十五条　年度执法质量考核评议实行百分制,根据考核评议的内容范围,确定考核评议各项内容所占比重。

考核评议结果以年度积分为准,分为优秀、达标、不达标三档。

第十六条　各级公安机关应当把内部考评与外部评价有机结合起来,将警务评议、社会公众评价和执法相对人、案件当事人对执法工作的评价作为执法质量考核评议的重要依据。

第十七条　具有下列情形之一的,不予扣分:

(一)因法律法规、司法解释发生变化,改变案件定性、处理的;

(二)因法律规定不明确、有关司法解释不一致,致使案件定性、处理存在争议的;

(三)因不能预见或者无法抗拒的原因致使执法问题发生的;

(四)对案件基本事实的判断存在争议或者疑问,根据证据规则能够予以合理说明的;

(五)因出现新证据而改变原结论的;

(六)原结论依据的法律文书被撤销或者变更的;

(七)因执法相对人的过错致使执法过错发生的。

第十八条　因执行上级公安机关决定、命令而发生执法过错的,不予扣分。

对超越法律、法规规定的人民警察职责范围的指令,下级公安机关有权拒绝执行,并同时向上级公安机关报告。没有报告造成执法问题的,应当扣分;已经报告的,可以减少扣分。

第十九条　对执法问题自查自纠,并已依法追究执法过错责任的,可以减少扣分或者不予扣分。

第二十条　具有下列情形之一的,年度执法质量考核评议结果应当确定为不达标:

(一)发生错案,造成恶劣社会影响的;

(二)刑讯逼供或者殴打、体罚、虐待被监管人员、涉案人员致其重伤、死亡的;

(三)违法使用警械、武器致人重伤、死亡的;

（四）因疏于管理、玩忽职守、滥用职权等原因造成被监管人员、涉案人员非正常死亡、脱逃的；

（五）因黄、赌、毒或者涉黑涉恶违法犯罪现象严重，造成恶劣社会影响的；

（六）领导班子成员因执法问题被追究刑事责任的。

被考核评议单位拒绝接受考核评议或者弄虚作假的，年度执法质量考核评议结果应当确定为不达标。

第三章　考核评议的组织实施

第二十一条　上级公安机关对下一级公安机关应当定期开展执法质量考核评议，省级公安机关对下级公安机关每年度至少进行一次全面的执法质量考核评议。

对公安机关各执法部门和执法民警的执法质量考核评议，由所属公安机关组织实施。

第二十二条　执法质量考核评议工作应当成立以公安机关行政首长任组长，有关部门参加的考核评议领导小组，统一组织实施考评工作。执法质量考核评议领导小组办公室设在法制部门，考核评议日常工作由法制部门负责组织实施。

公安机关部门、警种对日常工作中发现的执法问题，应当及时移送本级公安机关执法质量考核评议领导小组办公室。年度考核评议结果通报前，应当征求纪检监察、督察、审计、人事等部门的意见。

各级公安机关应当为开展执法质量考核评议工作提供必要的保障和支持。

第二十三条　执法质量考核评议采取日常考评、阶段考评、专项考评、年终考评相结合的方法。日常考评成绩作为年度执法质量考核评议成绩的重要依据。

年度执法质量考核评议以本年1月1日至12月31日为一个考评年度。对执法问题的发现与处理在不同考评年度的，按照处理时间所在年度进行考评。

第二十四条　各级公安机关应当为所属执法部门和执法民警建立网上执法档案，完整、准确、实时记载执法数量、执法质量、执法培训、考核结果、执法过错责任追究等情况。

第二十五条　各级公安机关应当建立执法质量考核评议通报和报告制度。

上级公安机关对下级公安机关的执法质量考核评议情况应当在本辖区公安机关内部进行通报；各级公安机关对所属执法部门、执法民警的执法质量考核评议情况应当在本级公安机关内部通报。

下级公安机关开展年度执法质量考核评议情况应当在考评结束后一个月内报告上一级公安机关。

第二十六条 考核评议结果应当及时告知被考核评议单位或者民警。对结果有异议的，可以及时向负责考核评议的公安机关提出书面申诉。负责考核评议的公安机关可以视情重新组织人员复查，并告知复查结果。

第四章 奖 惩

第二十七条 执法质量考核评议结果作为衡量公安机关及其所属执法部门、执法民警工作实绩的重要依据，并作为衡量领导班子和领导干部工作实绩的重要内容。涉及公安机关领导、执法部门的干部任用，执法民警晋职晋级以及执法工作的评优评先，应当把执法质量考核评议结果作为考核工作实绩的重要依据。

第二十八条 对年度执法质量考核评议结果为优秀的，应当对相关的单位和个人予以表彰奖励。

对不达标单位予以通报批评，责令限期整改，取消其当年评优受奖资格；连续两年不达标的，单位行政首长应当辞职，或者由上级公安机关商请有关部门对其予以免职。

第二十九条 申报全国优秀公安局、全国公安机关执法示范单位的，近两个年度执法质量考核评议结果必须达到优秀。

申报省级以下优秀公安局、执法示范单位的，上年度执法质量考核评议结果必须达到优秀。

申报优秀基层单位的，参照前两款规定执行。

第三十条 在执法质量考核评议过程中，发现已办结的案件或者执法活动确有错误、不适当的，应当及时纠正。需要追究有关领导或者直接责任人员执法过错责任的，应当依照《公安机关人民警察执法过错责任追究规定》等规定予以追究。

对违反本规定第十四条下达、设定考核评议指标以及不按照规定组织开展执法质量考核评议工作的，应当及时纠正，并依照有关规定予以追究责任。

第五章 附 则

第三十一条 各省、自治区、直辖市公安厅局和新疆生产建设兵团公安局可以根据本规定,结合本地实际情况,制定实施细则。

第三十二条 本规定自2016年3月1日起施行。2001年10月10日发布施行的《公安机关执法质量考核评议规定》(公安部令第60号)同时废止。

公安机关人民警察执法过错责任追究规定

(2016年1月14日公安部令第138号公布 自2016年3月1日起施行)

第一章 总 则

第一条 为落实执法办案责任制,完善执法过错责任追究机制,保障公安机关及其人民警察依法正确履行职责,保护公民、法人和其他组织的合法权益,根据《中华人民共和国人民警察法》、《行政机关公务员处分条例》等有关法律法规,制定本规定。

第二条 本规定所称执法过错是指公安机关人民警察在执法办案中,故意或者过失造成的认定事实错误、适用法律错误、违反法定程序、作出违法处理决定等执法错误。

在事实表述、法条引用、文书制作等方面存在执法瑕疵,不影响案件处理结果的正确性及效力的,不属于本规定所称的执法过错,不予追究执法过错责任,但应当纳入执法质量考评进行监督并予以纠正。

第三条 追究执法过错责任,应当遵循实事求是、有错必纠、过错与处罚相适应、教育与惩处相结合的原则。

第四条 在执法过错责任追究工作中,公安机关纪检监察、督察、人事、法制以及执法办案等部门应当各负其责、互相配合。

第二章 执法过错责任的认定

第五条 执法办案人、鉴定人、审核人、审批人都有故意或者过失造成执法过错的,应当根据各自对执法过错所起的作用,分别承担责任。

第六条 审批人在审批时改变或者不采纳执法办案人、审核人的正确意见造成执法过错的,由审批人承担责任。

第七条 因执法办案人或者审核人弄虚作假、隐瞒真相,导致审批人错误审批造成执法过错的,由执法办案人或者审核人承担主要责任。

第八条 因鉴定人提供虚假、错误鉴定意见造成执法过错的,由鉴定人承担主要责任。

第九条 违反规定的程序,擅自行使职权造成执法过错的,由直接责任人员承担责任。

第十条 下级公安机关人民警察按照规定向上级请示的案件,因上级的决定、命令错误造成执法过错的,由上级有关责任人员承担责任。因下级故意提供虚假材料或者不如实汇报导致执法过错的,由下级有关责任人员承担责任。

下级对超越法律、法规规定的人民警察职责范围的指令,有权拒绝执行,并同时向上级机关报告。没有报告造成执法过错的,由上级和下级分别承担相应的责任;已经报告的,由上级承担责任。

第十一条 对其他执法过错情形,应当根据公安机关人民警察在执法办案中各自承担的职责,区分不同情况,分别追究有关人员的责任。

第三章 对执法过错责任人的处理

第十二条 对执法过错责任人员,应当根据其违法事实、情节、后果和责任程度分别追究刑事责任、行政纪律责任或者作出其他处理。

第十三条 追究行政纪律责任的,由人事部门或者纪检监察部门依照《行政机关公务员处分条例》和《公安机关人民警察纪律条令》等规定依法给予处分;构成犯罪的,依法移送有关司法机关处理。

第十四条 作出其他处理的,由相关部门提出处理意见,经公安机关负责人批准,可以单独或者合并作出以下处理:

(一)诫勉谈话;

(二)责令作出书面检查;

(三)取消评选先进的资格;

(四)通报批评;

(五)停止执行职务;

(六)延期晋级、晋职或者降低警衔;

(七)引咎辞职、责令辞职或者免职;

(八)限期调离公安机关;

(九)辞退或者取消录用。

第十五条 公安机关依法承担国家赔偿责任的案件,除依照本规定追究执法过错责任外,还应当依照《中华人民共和国国家赔偿法》的规定,向有关责任人员追偿部分或者全部赔偿费用。

第十六条 执法过错责任人受到开除处分、刑事处罚或者犯有其他严重错误,应当按照有关规定撤销相关的奖励。

第十七条 发生执法过错案件,影响恶劣、后果严重的,除追究直接责任人员的责任外,还应当依照有关规定追究公安机关领导责任。

年度内发生严重的执法过错或者发生多次执法过错的公安机关和执法办案部门,本年度不得评选为先进集体。

第十八条 对执法过错责任人的处理情况分别记入人事档案、执法档案,作为考核、定级、晋职、晋升等工作的重要依据。

第十九条 具有下列情形之一的,应当从重追究执法过错责任:

(一)因贪赃枉法、徇私舞弊、刑讯逼供、伪造证据、通风报信、蓄意报复、陷害等故意造成执法过错的;

(二)阻碍追究执法过错责任的;

(三)对检举、控告、申诉人打击报复的;

(四)多次发生执法过错的;

(五)情节恶劣、后果严重的。

第二十条 具有下列情形之一的,可以从轻、减轻或者免予追究执法过错责任:

(一)由于轻微过失造成执法过错的;

(二)主动承认错误,并及时纠正的;

(三)执法过错发生后能够配合有关部门工作,减少损失、挽回影响的;

(四)情节轻微、尚未造成严重后果的。

第二十一条 具有下列情形之一的,不予追究执法过错责任:

(一)因法律法规、司法解释发生变化,改变案件定性、处理的;

(二)因法律规定不明确、有关司法解释不一致,致使案件定性、处理存在争议的;

(三)因不能预见或者无法抗拒的原因致使执法过错发生的;

(四)对案件基本事实的判断存在争议或者疑问,根据证据规则能够予以

合理说明的;

(五)因出现新证据而改变原结论的;

(六)原结论依据的法律文书被撤销或者变更的;

(七)因执法相对人的过错致使执法过错发生的。

第四章 执法过错责任追究的程序

第二十二条 追究执法过错责任,由发生执法过错的公安机关负责查处。

上级公安机关发现下级公安机关应当查处而未查处的,应当责成下级公安机关查处;必要时,也可以直接查处。

第二十三条 公安机关纪检监察、督察、审计、法制以及执法办案等部门,应当在各自职责范围内主动、及时检查、纠正和处理执法过错案件。

第二十四条 各有关部门调查后,认为需要法制部门认定执法过错的,可以将案件材料移送法制部门认定。

第二十五条 法制部门认定执法过错案件,可以通过阅卷、组织有关专家讨论、会同有关部门调查核实等方式进行,形成执法过错认定书面意见后,及时送达有关移送部门,由移送部门按照本规定第十三条、第十四条作出处理。

第二十六条 被追究执法过错责任的公安机关人民警察及其所属部门不服执法过错责任追究的,可以在收到执法过错责任追究决定之日起五日内向作出决定的公安机关或者上一级公安机关申诉;接受申诉的公安机关应当认真核实,并在三十日内作出最终决定。法律、法规另有规定的,按照有关规定办理。

第二十七条 因故意或者重大过失造成错案,不受执法过错责任人单位、职务、职级变动或者退休的影响,终身追究执法过错责任。

错案责任人已调至其他公安机关或者其他单位的,应当向其所在单位通报,并提出处理建议;错案责任人在被作出追责决定前,已被开除、辞退且无相关单位的,应当在追责决定中明确其应当承担的责任。

第二十八条 各级公安机关对执法过错案件应当采取有效措施予以整改、纠正,对典型案件应当进行剖析、通报。

第五章 附 则

第二十九条 各省、自治区、直辖市公安厅局和新疆生产建设兵团公安局可以根据本规定,结合本地实际制定实施细则。

第三十条　本规定自2016年3月1日起施行。1999年6月11日发布的《公安机关人民警察执法过错责任追究规定》(公安部令第41号)同时废止。

公安机关领导责任追究规定

(2016年3月17日　公通字〔2016〕7号)

第一条　为加强对公安机关领导干部的监督,增强领导干部责任意识,根据中共中央、国务院《关于实行党风廉政建设责任制的规定》,中央办公厅、国务院办公厅《关于实行党政领导干部问责的暂行规定》和《中华人民共和国人民警察法》等法律、法规,制定本规定。

第二条　公安机关领导责任追究坚持严格要求、实事求是、权责一致、惩教结合、依纪依法的原则。

第三条　领导责任分为主要领导责任和重要领导责任。

主要领导责任,是指领导干部在其职责范围内,对直接主管的工作不履行或者不正确履行职责,对造成的损失或者后果应负的直接领导责任。

重要领导责任,是指领导干部在其职责范围内,对应管的工作或者参与决定的工作不履行或者不正确履行职责,对造成的损失或者后果应负的次要领导责任。

第四条　公安机关各级党委履行党风廉政建设主体责任不力,有下列情形之一的,应当追究党委书记的领导责任,并视情追究其他班子成员的领导责任;纪检部门履行监督责任不力的,追究纪检部门负责人的领导责任:

(一)对职责范围内违反党的政治纪律和政治规矩、组织纪律的问题及苗头,不闻不问,放任不管的;

(二)发生严重违反作风建设规定的问题,或者职责范围内"四风"问题突出、顶风违纪的;

(三)因工作失职,领导班子成员或者直接下属发生严重违纪违法案件,或者本单位、本部门在较短时间内连续发生严重违纪违法案件,造成重大损失或者恶劣影响的;

(四)对职责范围内发生的严重违纪违法案件隐瞒不报、压案不查的;

（五）违反规定选拔任用干部，或者用人失察、失误，造成恶劣影响的；

（六）本单位在工程建设、招投标、政府采购、财务管理中发生严重腐败问题，造成恶劣影响的；

（七）有其他不履行党风廉政建设责任行为造成恶劣影响的。

第五条 公安机关或者公安机关职责范围内发生重大案(事)件或者重大责任事故，有下列情形之一的，应当追究公安机关领导班子、领导干部的责任：

（一）拒不执行上级公安机关的决定和命令，造成重大损失或者恶劣影响的；

（二）在重大安保工作中，因工作不力而发生重大事故，影响既定工作目标实现，造成严重后果的；

（三）对重大、复杂事项不按规定程序决策、擅自作出决定或者因决策失误造成人员伤亡、较大财产损失和恶劣影响的；

（四）对明显违法或者超越法律、法规规定的公安机关职责范围的决定和命令，不按规定提出拒绝执行的意见，也不向上级公安机关报告，执行后造成重大损失或者恶劣影响的；

（五）对群体性、突发性事件、重大事故、案件，情报信息滞后、处置失当、导致矛盾激化、事态恶化，造成严重后果或者对突发性事件、重大安全事故和其他重要情况瞒报、谎报的；

（六）因工作失职，本单位发生失泄密事件、安全事故或者其他严重违反公安工作规定的案(事)件，造成重大损失或者恶劣影响的；

（七）防范整治和督促整改治安、交通、消防等公共安全问题不力，发现重大问题和隐患后不及时依法、妥善采取处置措施，导致发生重特大责任事故或者造成恶劣影响的；

（八）发生其他重大案(事)件或者重大责任事故，造成重大损失或者恶劣影响的。

第六条 公安机关人民警察发生严重职务违纪违法行为，有下列情形之一的，除追究直接责任者的责任外，应当追究负有领导责任的公安机关领导班子、领导干部的责任：

（一）违法使用枪支、警械，滥用强制措施或者刑讯逼供，致人重伤、死亡的；

（二）玩忽职守造成被监管人员脱逃的；

（三）玩忽职守造成涉案人员非正常死亡的；

（四）因故意或者重大过失造成错案的；
（五）私分涉案财物的；
（六）违反规定收费、罚款，造成恶劣影响的；
（七）发生其他严重职务违纪违法行为的。

第七条 公安机关警务辅助人员在协助执勤执法过程中实施严重违纪违法行为的，视情追究使用该警务辅助人员的单位或者部门领导干部的责任。

第八条 公安机关领导干部在任期间发生需要追究领导责任问题，离任或者退休后发现的，移交有管辖权的纪检部门和组织人事部门追究领导责任。

第九条 公安机关各级领导干部有下列情形之一的，应当从重追究责任：
（一）干扰、阻碍或者不配合责任追究调查处理的；
（二）弄虚作假，隐瞒事实真相的；
（三）对检举人、控告人打击、报复、陷害的。

第十条 公安机关各级领导干部有下列情形之一的，可以从轻、减轻或者免予追究领导责任：
（一）对职责范围内发生的问题及时如实报告并主动查处和纠正，有效避免损失或者挽回影响的；
（二）积极配合调查，主动承担责任的。

第十一条 追究领导责任，视情节轻重，给予责令作出书面检查、诫勉谈话、通报批评、调整职务、责令辞职、免职和降职等组织处理；构成违纪的，给予党纪政纪处分。涉嫌犯罪的，移送司法机关依法处理。

受到责任追究的领导干部，取消当年年度考核评优和评选各类先进的资格。受到责令辞职、免职处理的，一年内不安排职务，两年内不得担任高于原任职务层次的职务；受到降职处理的，两年内不得提升职务。同时受到党纪政纪处分的，按照影响期长的规定执行。

第十二条 对领导干部进行责任追究，由上级公安业务主管部门、纪检部门、组织人事部门按照职责和干部管理权限调查处理。其中需要追究党纪政纪责任的，由上级公安机关主管部门提出意见，纪检部门按照党纪政纪案件的调查处理程序办理；需要给予组织处理的，由组织人事部门或者由负责调查的纪检部门会同组织人事部门，按照有关权限和程序办理。督察、法制等职能部门在日常执法监督工作中发现的需要追究领导责任的问题，应当及时移交纪检和组织人事部门。

公安纪检、组织人事部门应当加强对本规定执行情况的监督检查，发现有应当追究而未追究、不应当追究而被追究,或者责任追究处理决定不落实等问题的,及时督促纠正或者提出追责建议。

第十三条 对领导干部作出责任追究决定前,应当听取责任人的陈述和申辩,并记录在案;对其合理意见,应当予以采纳。

第十四条 责任人对处理决定不服的,可以按照相关规定提出申诉。申诉期间不停止原决定的执行。

第十五条 本规定适用于各级公安机关及其内设机构、直属机构、派出机构的领导班子和领导干部。

公安现役部队参照本规定执行。

第十六条 本规定自公布之日起施行。1997年颁布实施的《公安机关追究领导责任暂行规定》同时废止。

公安机关执法公开规定

(2018年8月23日 公通字〔2018〕26号)

第一章 总 则

第一条 为了规范公安机关执法公开行为,促进公安机关严格规范公正文明执法,保障公民、法人和其他组织依法获取执法信息,实现便民利民,制定本规定。

第二条 本规定适用于公安机关主动公开执法信息,以及开展网上公开办事。

公民、法人或者其他组织申请获取执法信息的,公安机关应当依照《中华人民共和国政府信息公开条例》的规定办理。

第三条 执法公开应当遵循合法有序、及时准确、便民利民的原则。

第四条 公安机关应当采取措施使社会广为知晓执法公开的范围、期限和途径,方便公民、法人和其他组织依法获取执法信息。

第五条 对涉及公共利益、公众普遍关注、需要社会知晓的执法信息,应当主动向社会公开;对不宜向社会公开,但涉及特定对象权利义务、需要特定对象知悉的执法信息,应当主动向特定对象告知或者提供查询服务。

第六条 公安机关不得公开涉及国家秘密或者警务工作秘密,以及可能影响国家安全、公共安全、经济安全和社会稳定或者妨害执法活动的执法信息。

公安机关不得向权利人以外的公民、法人或者其他组织公开涉及商业秘密、个人隐私的执法信息。但是,权利人同意公开,或者公安机关认为不公开可能对公共利益造成重大影响的,可以公开。

第七条 公安机关公开执法信息涉及其他部门的,应当在公开前与有关部门确认;公开执法信息依照国家有关规定需要批准的,应当在批准后公开。

第八条 公安机关应当对执法公开情况进行检查评估。执法信息不应当公开而公开的,应当立即撤回;公开的执法信息错误或者发生变更的,应当立即纠正或者更新;执法信息公开后可能或者已经造成严重后果的,应当依法紧急处置。

第二章 向社会公开

第九条 公安机关应当主动向社会公开下列信息:

(一)公安机关的职责权限,人民警察的权利义务、纪律要求和职业道德规范;

(二)涉及公民、法人和其他组织权利义务的规范性文件;

(三)刑事、行政、行政复议、国家赔偿等案件的受理范围、受理部门及其联系方式、申请条件及要求、办理程序及期限和对外法律文书式样,以及当事人的权利义务和监督救济渠道;

(四)行政管理相对人的权利义务和监督救济渠道;

(五)与执法相关的便民服务措施;

(六)举报投诉的方式和途径;

(七)承担对外执法任务的内设机构和派出机构的名称及其职责权限;

(八)窗口单位的办公地址、工作时间、联系方式以及民警姓名、警号;

(九)固定式交通技术监控设备的设置信息;

(十)采取限制交通措施、交通管制和现场管制的方式、区域、起止时间等信息;

(十一)法律、法规、规章和其他规范性文件规定应当向社会公开的其他执法信息。

前款第一项至第五项所列执法信息,上级机关公开后,下级公安机关可以通过适当途径使社会广为知晓。

第十条 公安机关应当向社会公开涉及公共利益、社会高度关注的重大案事件调查进展和处理结果,以及打击违法犯罪活动的重大决策和行动。但公开后可能影响国家安全、公共安全、经济安全和社会稳定或者妨害正常执法活动的除外。

第十一条 公安机关可以向社会公开辖区治安状况、道路交通安全形势、安全防范预警等信息。

第十二条 公安机关应当逐步向社会公开行政处罚决定、行政复议结果的生效法律文书。适用简易程序作出的行政处罚决定生效法律文书可以不向社会公开。

第十三条 法律文书有下列情形之一的,不得向社会公开:
(一)案件事实涉及国家秘密或者警务工作秘密的;
(二)被行政处罚人、行政复议申请人是未成年人的;
(三)经本机关负责人批准不予公开的其他情形。

第十四条 向社会公开法律文书,应当对文书中载明的自然人姓名作隐名处理,保留姓氏,名字以"某"替代。

第十五条 向社会公开法律文书,应当删除文书中载明的下列信息:
(一)自然人的住所地详址、工作单位、家庭成员、联系方式、公民身份号码、健康状况、机动车号牌号码,以及其他能够判明其身份和具体财产的信息;
(二)法人或者其他组织的涉及具体财产的信息;
(三)涉及公民个人隐私和商业秘密的信息;
(四)案件事实中涉及有伤风化的内容,以及可能诱发违法犯罪的细节描述;
(五)公安机关印章或者工作专用章;
(六)公安机关认为不宜公开的其他信息。
删除前款所列信息影响对文书正确理解的,可以用符号"×"作部分替代。

第十六条 向社会公开法律文书,除按照本规定第十四条、第十五条隐匿、删除相关信息外,应当保持与原文书内容一致。

第十七条 向社会公开执法信息,应当自该信息形成或者变更之日起20个工作日内进行。公众需要即时知晓的限制交通措施、交通管制和现场管制的信息,应当即时公开;辖区治安状况、道路交通安全形势和安全防范预警等信息,可以定期公开。法律、法规、规章和其他规范性文件对公开期限另有规定的,从其规定。

第十八条　向社会公开执法信息,应当通过互联网政府公开平台进行,同时可以通过公报、发布会、官方微博、移动客户端、自助终端,以及报刊、广播、电视等便于公众知晓的方式公布。

第十九条　向社会公开执法信息,由制作或者获取该信息的内设机构或者派出机构负责。必要时,征求政务公开、法制、保密部门的意见,并经本机关负责人批准。

第二十条　公安机关发现可能影响社会稳定、扰乱社会管理秩序的虚假或者不完整信息,应当在职责范围内及时发布准确信息予以澄清。

第三章　向特定对象公开

第二十一条　公安机关办理刑事、行政、行政复议、国家赔偿等案件,或者开展行政管理活动,法律、法规、规章和其他规范性文件规定向特定对象告知执法信息的,应当依照有关规定执行。

第二十二条　除按照本规定第二十一条向特定对象告知执法信息外,公安机关应当通过提供查询的方式,向报案或者控告的被害人、被侵害人或者其监护人、家属公开下列执法信息:

(一)办案单位名称、地址和联系方式;

(二)刑事立案、移送审查起诉、终止侦查、撤销案件等情况,对犯罪嫌疑人采取刑事强制措施的种类;

(三)行政案件受案、办理结果。

公安机关在接受报案时,应当告知报案或者控告的被害人、被侵害人或者其监护人、家属前款所列执法信息的查询方式和途径。

第二十三条　向特定对象提供执法信息查询服务,应当自该信息形成或者变更之日起5个工作日内进行。法律、法规和规范性文件对期限另有规定的,从其规定。

第二十四条　向特定对象提供执法信息查询服务,应当通过互联网政府公开平台进行,同时可以通过移动客户端、自助终端等方式进行。

第二十五条　向特定对象公开执法信息,由制作或者获取该信息的内设机构或者派出机构负责。

第四章　网上公开办事

第二十六条　公安机关应当开展行政许可、登记、备案等行政管理事项的网上办理。

除法律、法规、规章规定申请人应当到现场办理的事项或者环节外,公安机关不得要求申请人到现场办理。

第二十七条　网上公开办事应当提供下列服务：

（一）公开网上办事事项的名称、依据、申请条件、申请途径或者方式、申请需要提交材料清单、办理程序及期限,提供申请文书式样及示范文本；

（二）公开行政事业性收费事项的名称、依据、收费标准、办事程序和期限；

（三）网上咨询,解答相关法律政策、注意事项等常见问题；

（四）网上预约办理；

（五）申请文书的在线下载、网上制作,实现网上申请；

（六）受理情况、办理进展、办理结果等执法信息的网上查询。法律、法规、规章和其他规范性文件规定向申请人告知执法信息的,还应当依照有关规定告知。

公安机关在网上或者窗口单位接受办事事项申请时,应当告知申请人执法信息的查询方式和途径。

第二十八条　向申请人提供办事事项执法信息查询服务,应当自该信息形成或者变更之日起5个工作日内进行。法律、法规、规章和其他规范性文件另有规定的,从其规定。

第二十九条　开展网上公开办事,应当通过互联网政府网站进行,同时可以通过移动客户端、自助终端等方式进行。

向申请人告知办事事项执法信息,除依照法律、法规、规章和其他规范性文件规定的方式执行外,同时可以通过移动客户端、电话、电子邮件等方式告知。

第五章　监督和保障

第三十条　公安机关应当指定专门机构,负责组织、协调、推动执法公开工作,并为开展执法公开提供必要的人员、物质保障。

第三十一条　公安机关应当建立执法公开审核审批、保密审查、信息发布协调的程序和机制,实现执法公开规范化。

第三十二条　公安机关应当建设互联网政府公开平台,统一公开本机关执法信息。上级公安机关或者本级人民政府提供统一互联网公开平台的,可以通过该平台公开。

公安机关应当完善互联网政府网站办事服务功能,统一提供本机关网上办事服务。上级公安机关或者本级人民政府提供统一互联网办事服务载体的,可以通过该载体提供。

第三十三条　公安机关应当推动发展信息安全交互技术,为高效便捷开展执法公开提供技术支持。

第三十四条　公安机关应当开展执法公开满意度测评,可以通过互联网公开平台或者政府网站、移动客户端、自助终端、电话等方式进行,也可以在窗口单位现场进行。

第三十五条　公安机关可以委托第三方机构对执法公开情况进行评估,并参考评估结果改进工作。

第三十六条　公安机关应当将执法公开情况纳入执法质量考评和绩效考核范围,建立完善奖惩机制。

第三十七条　公民、法人或者其他组织认为公安机关未按照本规定履行执法公开义务的,可以向该公安机关或者其上一级公安机关投诉。

第三十八条　有下列情形之一的,应当立即改正;情节严重的,依照有关规定对主管人员和其他责任人员予以处理:

(一)未按照本规定履行执法公开义务的;

(二)公开的信息错误、不准确且不及时更正,或者弄虚作假的;

(三)公开不应当公开的信息且不及时撤回的;

(四)违反本规定的其他行为。

第六章　附　　则

第三十九条　各省、自治区、直辖市公安厅、局,新疆生产建设兵团公安局可以根据本规定,结合本地实际,制定实施细则。

第四十条　本规定未涉及的公开事项,依照有关法律、法规、规章和其他规范性文件的规定执行。

第四十一条　本规定自2018年12月1日起施行,2012年8月18日印发的《公安机关执法公开规定》同时废止。

公安机关信访工作规定(节录)

(2023年5月19日　公通字〔2023〕9号)

……

第三章　信访事项的分类处理

第二十条　公安机关办理涉及公安机关及其工作人员履行职责、队伍管理问题的信访事项。

第二十一条　根据信访事项的性质、内容和主要诉求,信访事项分为申诉求决类、建议意见类、检举控告类等事项。

信访事项既有申诉求决诉求又有检举控告诉求,检举控告有实质内容的,分别处理;检举控告无实质内容的,按申诉求决类事项处理。

第二十二条　对申诉求决类信访事项,根据诉求内容及处理的程序,分为下列事项:

(一)通过法律程序处理的事项;

(二)通过复核、申诉等程序解决的人事争议事项;

(三)通过党员申诉、申请复审等程序解决的事项;

(四)不属于以上情形的事项。

第二十三条　符合下列诉求的信访事项属于通过法律程序处理的事项:

(一)申请查处违法犯罪行为、保护人身权或者财产权等合法权益的;

(二)可以通过行政裁决、行政确认、行政许可、行政处罚、政府信息公开等行政程序解决的;

(三)对公安机关作出的行政行为不服的;

(四)对公安机关依据刑事诉讼法授权的行为不服的;

(五)认为公安机关及其工作人员行使职权侵犯合法权益,造成损害,要求取得国家赔偿的;

(六)对公安机关出具或者委托其他机构出具的认定、鉴定意见不服,要求复核或者重新认定、鉴定的;

(七)公安机关通过法律程序处理的其他事项。

第二十四条　建议意见类信访事项由所提建议意见指向公安机关涉及职责的相关部门办理。

第二十五条　检举控告类信访事项由对被检举控告人有管理权限的公安机关纪律检查、组织人事等部门办理。

第二十六条　本规定第二十二条第一项至第三项信访事项,依照党内法规和法律法规由有权处理的公安机关相关部门办理;本规定第二十二条第四项信访事项,由诉求内容指向公安机关的信访部门办理。

第二十七条　信访事项涉及两个以上公安机关的,由相关公安机关协商;协商不成的,由共同的上一级公安机关指定的公安机关办理。

必要时,上级公安机关可以直接办理由下级公安机关办理的信访事项。

办理信访事项的公安机关分立、合并、撤销的,由继续行使其职权的公安机关办理;没有继续行使其职权的公安机关,由原公安机关的上一级公安机关或者其指定的公安机关办理。

第二十八条　信访事项涉及公安机关两个以上部门,或者相关部门对承办信访事项有异议的,由信访部门与相关部门协商;协商不成的,由信访部门提出意见后提请本级信访工作领导小组决定。

信访事项涉及的部门分立、合并、撤销的,由继续行使其职权的部门承办;继续行使其职权的部门不明确的,由信访部门提出意见后提请本级信访工作领导小组决定。

第四章　信访事项的提出和接收

第二十九条　公安机关应当向社会公布网络信访渠道、通信地址、投诉电话、信访接待的时间和地点、查询信访事项处理进展及结果的方式等相关事项。在信访接待场所或者互联网门户网站公布与信访工作有关的党内法规和法律法规、规范性文件,信访事项的处理程序,以及为信访人提供便利的其他事项。

第三十条　信访人一般应当采用书面形式并通过本规定第二十九条规定的信访渠道提出信访事项,载明其姓名(名称)、住址、联系方式和请求、事实、理由。对采用口头形式提出的信访事项,接待部门应当如实记录。

第三十一条　信访人采用走访形式提出信访事项的,应当到有权处理的公安机关或者上一级公安机关设立或者指定的接待场所提出。

多人采用走访形式提出共同的信访事项的,应当推选代表,代表人数不得超过5人。

第三十二条　信访人在信访过程中应当遵守法律、法规,不得损害国家、社会、集体的利益和其他公民的合法权利,自觉维护社会公共秩序和信访秩序,不得有下列行为:

（一）在机关、单位办公场所周围、公共场所非法聚集,围堵、冲击机关、单位,拦截公务车辆,或者堵塞、阻断交通；

（二）携带危险物品、管制器具；

（三）侮辱、殴打、威胁机关、单位工作人员,非法限制他人人身自由,或者毁坏财物；

（四）在信访接待场所滞留、滋事,或者将生活不能自理的人弃留在信访接待场所；

（五）煽动、串联、胁迫、以财物诱使、幕后操纵他人信访,或者以信访为名借机敛财；

（六）其他扰乱公共秩序、妨害国家和公共安全的行为。

第三十三条　对信访人直接提出的信访事项,公安机关应当接收,登记录入信访信息系统,按照下列方式处理:

（一）属于本机关职权范围且属于本规定第三十五条情形的,由信访部门转送有权处理的部门,并告知信访人接收情况以及处理途径和程序；属于本机关职权范围且属于本规定第二十二条第四项情形的,予以受理并告知信访人；

（二）属于下级公安机关职权范围的,自收到信访事项之日起 15 日内转送有权处理机关,转送信访事项中的重要情况需要反馈处理结果的予以交办,要求在指定期限内反馈结果,并告知信访人转送、交办去向；

（三）不属于本机关及下级公安机关职权范围的,告知信访人向有权处理的机关、单位提出。

前款规定的告知信访人,能够当场告知的,应当当场书面告知；不能当场告知的,应当自收到信访事项之日起 15 日内书面告知信访人,但信访人的姓名（名称）、住址不清的除外。

第三十四条　对党委政府信访部门和上级公安机关转送、交办的信访事项,按照下列方式处理:

（一）属于本机关职权范围的,按照本规定第三十三条第一款第一项、第二款规定处理；

（二）属于下级公安机关职权范围的,及时转送、交办有权处理机关；

（三）不属于本机关及下级公安机关职权范围的,自收到信访事项之日起

5个工作日内提出异议并说明理由,经转送、交办的党委政府部门或者上级机关同意后退回;未能退回的,自收到信访事项之日起15日内书面告知信访人向有权处理的机关、单位提出。

对交办的信访事项,有权处理的公安机关应当在指定期限内办结,并向交办机关提交报告。

第五章　专门程序类事项的办理

第三十五条　专门程序类事项包括下列信访事项:
(一)建议意见类事项;
(二)检举控告类事项;
(三)本规定第二十二条第一项至第三项事项。

第三十六条　公安机关应当建立人民建议征集制度,主动听取群众建议意见并认真研究论证。对维护国家安全和社会稳定,或者加强改进公安工作和队伍建设有现实可行性的,应当采纳或者部分采纳,并予以回复。符合有关奖励规定的给予奖励。

第三十七条　对检举控告类信访事项,公安机关应当依规依纪依法办理和反馈。重大情况向公安机关主要领导报告。

不得将信访人的检举、揭发材料以及有关情况透露或者转给被检举、揭发的人员或者单位。

第三十八条　对本规定第二十二条第一项至第三项信访事项,公安机关应当导入党内法规和法律法规规定的程序办理,并依照规定将办理结果告知信访人。承办的部门在办结后5个工作日内将处理情况及结果书面反馈信访部门。

需要依申请启动的,公安机关应当告知信访人需要提供的相关材料;诉求缺乏形式要件的,可以根据情况要求信访人补充。

对本规定第二十三条第一项信访事项,法律法规没有履职期限规定的,应当自收到信访事项之日起两个月内履行或者答复。

第三十九条　对本级或者下级公安机关正在办理的信访事项,信访人以同一事实和理由提出信访诉求的,公安机关应当告知信访人办理情况。

第四十条　信访事项已经按照本规定第三十八条规定作出处理,信访人仍以同一事实和理由提出信访诉求的,公安机关不再重复处理;信访人提出新的事实和理由的,告知信访人按照相应的途径和程序提出。

第四十一条　对本规定第二十二条第一项信访事项,已经办结且符合法律规定要求,信访人仍反复提出相同信访诉求的,可以作出信访事项终结认定。信访事项终结的,认定机关应当书面告知信访人。

省级及以下公安机关办理信访事项的终结由省级公安机关认定。公安部办理信访事项的终结由公安部认定。

信访事项终结后,信访人仍以同一事实和理由提出信访诉求的,上级公安机关不再转送、交办。

第六章　信访程序类事项的办理

第一节　办理要求

第四十二条　对本规定第二十二条第四项信访事项,公安机关应当按照信访程序办理。

信访程序分为简易程序和普通程序。

第四十三条　下列初次信访事项可以适用简易程序:

(一)事实清楚、责任明确、争议不大、易于解决的;

(二)对提出的诉求可以即时反馈的;

(三)涉及群众日常生产生活、时效性强,应当即时处理的;

(四)有关机关已有明确承诺或者结论的;

(五)其他可以适用简易程序办理的。

第四十四条　下列信访事项不适用简易程序:

(一)党委政府信访部门和上级公安机关交办的;

(二)可能对信访人诉求不支持的;

(三)涉及多个责任主体或者集体联名投诉的重大、复杂、疑难等不宜适用简易程序办理的。

第四十五条　适用简易程序的,公安机关应当自收到信访事项之日起3个工作日内受理,并自受理之日起10个工作日内作出处理意见。

告知信访人受理和处理意见,除信访人要求出具纸质文书的,可以通过信息网络、手机短信等快捷方式告知;告知受理的,还可以采用当面口头方式。

第四十六条　适用简易程序办理过程中,信访部门发现不宜适用简易程序办理或者适用简易程序办理信访诉求未得到妥善解决的,应当经公安机关负责人批准后适用普通程序继续办理。

转为适用普通程序继续办理的信访事项,办理时限从适用简易程序受理之日起计算。

第四十七条 适用普通程序的,信访部门可以要求相关部门提出处理意见,或者当面听取信访人陈述事实和理由,向信访人、有关组织和人员调查,要求说明情况。对重大、复杂、疑难的信访事项,可以举行听证。

第四十八条 适用普通程序的,公安机关应当自受理之日起60日内办结;情况复杂的,经本机关负责人批准,可以延长办理期限,延长期限不得超过30日,并书面告知信访人延期理由。

第四十九条 在不违反法律法规强制性规定的情况下,公安机关可以在裁量权范围内,经争议双方当事人同意进行调解;可以引导争议双方当事人自愿和解。经调解、和解达成一致意见的,应当制作调解协议书或者和解协议书。

第五十条 公安机关应当按照下列规定作出处理,出具信访处理意见书并送达信访人:

(一)请求事实清楚,符合法律、法规、规章或者其他有关规定的,予以支持;

(二)请求事由合理但缺乏法律、法规、规章或者其他有关依据的,作出解释说明;

(三)请求缺乏事实根据,或者不符合法律、法规、规章或者其他有关规定的,不予支持。

信访处理意见书应当载明信访人投诉请求、事实和理由、处理意见及其法律法规依据。

支持信访请求的,信访部门应当督促相关部门执行;不予支持的,应当做好信访人的疏导教育工作。

第五十一条 对本级或者下级公安机关已经受理或者正在办理的信访事项,信访人在规定期限内以同一事实和理由再次提出信访诉求的,公安机关不重复受理并告知信访人。

第二节 复查和复核

第五十二条 信访人对公安机关的信访处理意见不服的,可以自收到信访处理意见书之日起30日内向处理机关的本级人民政府或者上一级公安机关提出复查请求。

第五十三条　信访人对公安机关的复查意见不服的,可以自收到信访复查意见书之日起30日内向复查机关的本级人民政府或者上一级公安机关提出复核请求。

第五十四条　信访人对省级公安机关的信访处理意见、复查意见不服的,向省级人民政府提出复查、复核请求。

第五十五条　复查、复核机关应当自收到请求之日起30日内办结。

对重大、复杂、疑难的信访事项,复核机关可以举行听证。复核机关决定听证的,应当自收到复核请求之日起30日内举行。听证所需时间不计算在复核期限内。

第五十六条　复查、复核机关应当按照下列规定作出处理,出具信访复查、复核意见书并送达信访人:

(一)信访处理意见、复查意见符合法律、法规、规章或者其他有关规定的,予以维持;

(二)信访处理意见、复查意见不符合法律、法规、规章或者其他有关规定的,予以撤销并责令30日内重新作出处理或者依职权直接变更。

对前款第二项撤销并责令重新作出处理的,原处理机关不得以同一事实和理由作出与原意见相同或者基本相同的处理意见或者复查意见。

第五十七条　复查、复核机关发现信访事项办理应当适用本规定第三十八条而未适用的,撤销信访处理意见、复查意见,责令重新处理;或者变更原处理意见、复查意见。

第五十八条　信访人对信访复核意见不服,仍然以同一事实和理由提出信访诉求的,公安机关不再受理并书面告知信访人。

……

第八章　附　　则

第六十八条　本规定所称相关部门是指公安机关信访部门以外的内设机构和派出机构。

第六十九条　公安机关所属单位的信访工作,适用本规定。

第七十条　本规定自2023年7月1日起实施。

中华人民共和国国家赔偿法

（1994年5月12日第八届全国人民代表大会常务委员会第七次会议通过 根据2010年4月29日第十一届全国人民代表大会常务委员会第十四次会议《关于修改〈中华人民共和国国家赔偿法〉的决定》第一次修正 根据2012年10月26日第十一届全国人民代表大会常务委员会第二十九次会议《关于修改〈中华人民共和国国家赔偿法〉的决定》第二次修正）

第一章 总 则

第一条 【立法目的】为保障公民、法人和其他组织享有依法取得国家赔偿的权利,促进国家机关依法行使职权,根据宪法,制定本法。

第二条 【依法赔偿】国家机关和国家机关工作人员行使职权,有本法规定的侵犯公民、法人和其他组织合法权益的情形,造成损害的,受害人有依照本法取得国家赔偿的权利。

本法规定的赔偿义务机关,应当依照本法及时履行赔偿义务。

第二章 行政赔偿

第一节 赔偿范围

第三条 【侵犯人身权的行政赔偿范围】行政机关及其工作人员在行使行政职权时有下列侵犯人身权情形之一的,受害人有取得赔偿的权利：

（一）违法拘留或者违法采取限制公民人身自由的行政强制措施的；

（二）非法拘禁或者以其他方法非法剥夺公民人身自由的；

（三）以殴打、虐待等行为或者唆使、放纵他人以殴打、虐待等行为造成公民身体伤害或者死亡的；

（四）违法使用武器、警械造成公民身体伤害或者死亡的；

（五）造成公民身体伤害或者死亡的其他违法行为。

第四条 【侵犯财产权的行政赔偿范围】行政机关及其工作人员在行使行政职权时有下列侵犯财产权情形之一的,受害人有取得赔偿的权利：

（一）违法实施罚款、吊销许可证和执照、责令停产停业、没收财物等行政处罚的；
（二）违法对财产采取查封、扣押、冻结等行政强制措施的；
（三）违法征收、征用财产的；
（四）造成财产损害的其他违法行为。

第五条　【行政侵权中的免责情形】属于下列情形之一的，国家不承担赔偿责任：
（一）行政机关工作人员与行使职权无关的个人行为；
（二）因公民、法人和其他组织自己的行为致使损害发生的；
（三）法律规定的其他情形。

第二节　赔偿请求人和赔偿义务机关

第六条　【行政赔偿请求人】受害的公民、法人和其他组织有权要求赔偿。

受害的公民死亡，其继承人和其他有扶养关系的亲属有权要求赔偿。

受害的法人或者其他组织终止的，其权利承受人有权要求赔偿。

第七条　【行政赔偿义务机关】行政机关及其工作人员行使行政职权侵犯公民、法人和其他组织的合法权益造成损害的，该行政机关为赔偿义务机关。

两个以上行政机关共同行使行政职权时侵犯公民、法人和其他组织的合法权益造成损害的，共同行使行政职权的行政机关为共同赔偿义务机关。

法律、法规授权的组织在行使授予的行政权力时侵犯公民、法人和其他组织的合法权益造成损害的，被授权的组织为赔偿义务机关。

受行政机关委托的组织或者个人在行使受委托的行政权力时侵犯公民、法人和其他组织的合法权益造成损害的，委托的行政机关为赔偿义务机关。

赔偿义务机关被撤销的，继续行使其职权的行政机关为赔偿义务机关；没有继续行使其职权的行政机关的，撤销该赔偿义务机关的行政机关为赔偿义务机关。

第八条　【经过行政复议的赔偿义务机关】经复议机关复议的，最初造成侵权行为的行政机关为赔偿义务机关，但复议机关的复议决定加重损害的，复议机关对加重的部分履行赔偿义务。

第三节　赔偿程序

第九条　【赔偿请求人要求行政赔偿的途径】赔偿义务机关有本法第三

条、第四条规定情形之一的,应当给予赔偿。

赔偿请求人要求赔偿,应当先向赔偿义务机关提出,也可以在申请行政复议或者提起行政诉讼时一并提出。

第十条　【行政赔偿的共同赔偿义务机关】赔偿请求人可以向共同赔偿义务机关中的任何一个赔偿义务机关要求赔偿,该赔偿义务机关应当先予赔偿。

第十一条　【根据损害提出数项赔偿要求】赔偿请求人根据受到的不同损害,可以同时提出数项赔偿要求。

第十二条　【赔偿请求人递交赔偿申请书】要求赔偿应当递交申请书,申请书应当载明下列事项:

(一)受害人的姓名、性别、年龄、工作单位和住所,法人或者其他组织的名称、住所和法定代表人或者主要负责人的姓名、职务;

(二)具体的要求、事实根据和理由;

(三)申请的年、月、日。

赔偿请求人书写申请书确有困难的,可以委托他人代书;也可以口头申请,由赔偿义务机关记入笔录。

赔偿请求人不是受害人本人的,应当说明与受害人的关系,并提供相应证明。

赔偿请求人当面递交申请书的,赔偿义务机关应当当场出具加盖本行政机关专用印章并注明收讫日期的书面凭证。申请材料不齐全的,赔偿义务机关应当当场或者在五日内一次性告知赔偿请求人需要补正的全部内容。

第十三条　【行政赔偿义务机关作出赔偿决定】赔偿义务机关应当自收到申请之日起两个月内,作出是否赔偿的决定。赔偿义务机关作出赔偿决定,应当充分听取赔偿请求人的意见,并可以与赔偿请求人就赔偿方式、赔偿项目和赔偿数额依照本法第四章的规定进行协商。

赔偿义务机关决定赔偿的,应当制作赔偿决定书,并自作出决定之日起十日内送达赔偿请求人。

赔偿义务机关决定不予赔偿的,应当自作出决定之日起十日内书面通知赔偿请求人,并说明不予赔偿的理由。

第十四条　【赔偿请求人向法院提起诉讼】赔偿义务机关在规定期限内未作出是否赔偿的决定,赔偿请求人可以自期限届满之日起三个月内,向人民法院提起诉讼。

赔偿请求人对赔偿的方式、项目、数额有异议的,或者赔偿义务机关作出不予赔偿决定的,赔偿请求人可以自赔偿义务机关作出赔偿或者不予赔偿决定之日起三个月内,向人民法院提起诉讼。

第十五条 【举证责任】人民法院审理行政赔偿案件,赔偿请求人和赔偿义务机关对自己提出的主张,应当提供证据。

赔偿义务机关采取行政拘留或者限制人身自由的强制措施期间,被限制人身自由的人死亡或者丧失行为能力的,赔偿义务机关的行为与被限制人身自由的人的死亡或者丧失行为能力是否存在因果关系,赔偿义务机关应当提供证据。

第十六条 【行政追偿】赔偿义务机关赔偿损失后,应当责令有故意或者重大过失的工作人员或者受委托的组织或者个人承担部分或者全部赔偿费用。

对有故意或者重大过失的责任人员,有关机关应当依法给予处分;构成犯罪的,应当依法追究刑事责任。

第三章 刑事赔偿

第一节 赔偿范围

第十七条 【侵犯人身权的刑事赔偿范围】行使侦查、检察、审判职权的机关以及看守所、监狱管理机关及其工作人员在行使职权时有下列侵犯人身权情形之一的,受害人有取得赔偿的权利:

(一)违反刑事诉讼法的规定对公民采取拘留措施的,或者依照刑事诉讼法规定的条件和程序对公民采取拘留措施,但是拘留时间超过刑事诉讼法规定的时限,其后决定撤销案件、不起诉或者判决宣告无罪终止追究刑事责任的;

(二)对公民采取逮捕措施后,决定撤销案件、不起诉或者判决宣告无罪终止追究刑事责任的;

(三)依照审判监督程序再审改判无罪,原判刑罚已经执行的;

(四)刑讯逼供或者以殴打、虐待等行为或者唆使、放纵他人以殴打、虐待等行为造成公民身体伤害或者死亡的;

(五)违法使用武器、警械造成公民身体伤害或者死亡的。

第十八条 【侵犯财产权的刑事赔偿范围】行使侦查、检察、审判职权的机

关以及看守所、监狱管理机关及其工作人员在行使职权时有下列侵犯财产权情形之一的,受害人有取得赔偿的权利:

(一)违法对财产采取查封、扣押、冻结、追缴等措施的;

(二)依照审判监督程序再审改判无罪,原判罚金、没收财产已经执行的。

第十九条　【刑事赔偿免责情形】属于下列情形之一的,国家不承担赔偿责任:

(一)因公民自己故意作虚伪供述,或者伪造其他有罪证据被羁押或者被判处刑罚的;

(二)依照刑法第十七条、第十八条规定不负刑事责任的人被羁押的;

(三)依照刑事诉讼法第十五条、第一百七十三条第二款、第二百七十三条第二款、第二百七十九条规定不追究刑事责任的人被羁押的;

(四)行使侦查、检察、审判职权的机关以及看守所、监狱管理机关的工作人员与行使职权无关的个人行为;

(五)因公民自伤、自残等故意行为致使损害发生的;

(六)法律规定的其他情形。

第二节　赔偿请求人和赔偿义务机关

第二十条　【刑事赔偿请求人】赔偿请求人的确定依照本法第六条的规定。

第二十一条　【刑事赔偿义务机关】行使侦查、检察、审判职权的机关以及看守所、监狱管理机关及其工作人员在行使职权时侵犯公民、法人和其他组织的合法权益造成损害的,该机关为赔偿义务机关。

对公民采取拘留措施,依照本法的规定应当给予国家赔偿的,作出拘留决定的机关为赔偿义务机关。

对公民采取逮捕措施后决定撤销案件、不起诉或者判决宣告无罪的,作出逮捕决定的机关为赔偿义务机关。

再审改判无罪的,作出原生效判决的人民法院为赔偿义务机关。二审改判无罪,以及二审发回重审后作无罪处理的,作出一审有罪判决的人民法院为赔偿义务机关。

第三节　赔偿程序

第二十二条　【刑事赔偿的提出和赔偿义务机关先行处理】赔偿义务机关

有本法第十七条、第十八条规定情形之一的,应当给予赔偿。

赔偿请求人要求赔偿,应当先向赔偿义务机关提出。

赔偿请求人提出赔偿请求,适用本法第十一条、第十二条的规定。

第二十三条 【刑事赔偿义务机关赔偿决定的作出】赔偿义务机关应当自收到申请之日起两个月内,作出是否赔偿的决定。赔偿义务机关作出赔偿决定,应当充分听取赔偿请求人的意见,并可以与赔偿请求人就赔偿方式、赔偿项目和赔偿数额依照本法第四章的规定进行协商。

赔偿义务机关决定赔偿的,应当制作赔偿决定书,并自作出决定之日起十日内送达赔偿请求人。

赔偿义务机关决定不予赔偿的,应当自作出决定之日起十日内书面通知赔偿请求人,并说明不予赔偿的理由。

第二十四条 【刑事赔偿复议申请的提出】赔偿义务机关在规定期限内未作出是否赔偿的决定,赔偿请求人可以自期限届满之日起三十日内向赔偿义务机关的上一级机关申请复议。

赔偿请求人对赔偿的方式、项目、数额有异议的,或者赔偿义务机关作出不予赔偿决定的,赔偿请求人可以自赔偿义务机关作出赔偿或者不予赔偿决定之日起三十日内,向赔偿义务机关的上一级机关申请复议。

赔偿义务机关是人民法院的,赔偿请求人可以依照本条规定向其上一级人民法院赔偿委员会申请作出赔偿决定。

第二十五条 【刑事赔偿复议的处理和对复议决定的救济】复议机关应当自收到申请之日起两个月内作出决定。

赔偿请求人不服复议决定的,可以在收到复议决定之日起三十日内向复议机关所在地的同级人民法院赔偿委员会申请作出赔偿决定;复议机关逾期不作决定的,赔偿请求人可以自期限届满之日起三十日内向复议机关所在地的同级人民法院赔偿委员会申请作出赔偿决定。

第二十六条 【举证责任分配】人民法院赔偿委员会处理赔偿请求,赔偿请求人和赔偿义务机关对自己提出的主张,应当提供证据。

被羁押人在羁押期间死亡或者丧失行为能力的,赔偿义务机关的行为与被羁押人的死亡或者丧失行为能力是否存在因果关系,赔偿义务机关应当提供证据。

第二十七条 【赔偿委员会办理案件程序】人民法院赔偿委员会处理赔偿请求,采取书面审查的办法。必要时,可以向有关单位和人员调查情况、收集证据。赔偿请求人与赔偿义务机关对损害事实及因果关系有争议的,赔偿委员会可以听取赔偿请求人和赔偿义务机关的陈述和申辩,并可以进行质证。

第二十八条 【赔偿委员会办理案件期限】人民法院赔偿委员会应当自收到赔偿申请之日起三个月内作出决定;属于疑难、复杂、重大案件的,经本院院长批准,可以延长三个月。

第二十九条 【赔偿委员会的组成】中级以上的人民法院设立赔偿委员会,由人民法院三名以上审判员组成,组成人员的人数应当为单数。

赔偿委员会作赔偿决定,实行少数服从多数的原则。

赔偿委员会作出的赔偿决定,是发生法律效力的决定,必须执行。

第三十条 【赔偿委员会重新审查程序】赔偿请求人或者赔偿义务机关对赔偿委员会作出的决定,认为确有错误的,可以向上一级人民法院赔偿委员会提出申诉。

赔偿委员会作出的赔偿决定生效后,如发现赔偿决定违反本法规定的,经本院院长决定或者上级人民法院指令,赔偿委员会应当在两个月内重新审查并依法作出决定,上一级人民法院赔偿委员会也可以直接审查并作出决定。

最高人民检察院对各级人民法院赔偿委员会作出的决定,上级人民检察院对下级人民法院赔偿委员会作出的决定,发现违反本法规定的,应当向同级人民法院赔偿委员会提出意见,同级人民法院赔偿委员会应当在两个月内重新审查并依法作出决定。

第三十一条 【刑事赔偿的追偿】赔偿义务机关赔偿后,应当向有下列情形之一的工作人员追偿部分或者全部赔偿费用:

(一)有本法第十七条第四项、第五项规定情形的;

(二)在处理案件中有贪污受贿,徇私舞弊,枉法裁判行为的。

对有前款规定情形的责任人员,有关机关应当依法给予处分;构成犯罪的,应当依法追究刑事责任。

第四章 赔偿方式和计算标准

第三十二条 【赔偿方式】国家赔偿以支付赔偿金为主要方式。

能够返还财产或者恢复原状的,予以返还财产或者恢复原状。

第三十三条 【人身自由的国家赔偿标准】侵犯公民人身自由的,每日赔偿金按照国家上年度职工日平均工资计算。

第三十四条 【生命健康权的国家赔偿标准】侵犯公民生命健康权的,赔

偿金按照下列规定计算:

(一)造成身体伤害的,应当支付医疗费、护理费,以及赔偿因误工减少的收入。减少的收入每日的赔偿金按照国家上年度职工日平均工资计算,最高额为国家上年度职工年平均工资的五倍;

(二)造成部分或者全部丧失劳动能力的,应当支付医疗费、护理费、残疾生活辅助具费、康复费等因残疾而增加的必要支出和继续治疗所必需的费用,以及残疾赔偿金。残疾赔偿金根据丧失劳动能力的程度,按照国家规定的伤残等级确定,最高不超过国家上年度职工年平均工资的二十倍。造成全部丧失劳动能力的,对其扶养的无劳动能力的人,还应当支付生活费;

(三)造成死亡的,应当支付死亡赔偿金、丧葬费,总额为国家上年度职工年平均工资的二十倍。对死者生前扶养的无劳动能力的人,还应当支付生活费。

前款第二项、第三项规定的生活费的发放标准,参照当地最低生活保障标准执行。被扶养的人是未成年人的,生活费给付至十八周岁止;其他无劳动能力的人,生活费给付至死亡时止。

第三十五条 【精神损害的国家赔偿标准】有本法第三条或者第十七条规定情形之一,致人精神损害的,应当在侵权行为影响的范围内,为受害人消除影响,恢复名誉,赔礼道歉;造成严重后果的,应当支付相应的精神损害抚慰金。

第三十六条 【财产权的国家赔偿标准】侵犯公民、法人和其他组织的财产权造成损害的,按照下列规定处理:

(一)处罚款、罚金、追缴、没收财产或者违法征收、征用财产的,返还财产;

(二)查封、扣押、冻结财产的,解除对财产的查封、扣押、冻结,造成财产损坏或者灭失的,依照本条第三项、第四项的规定赔偿;

(三)应当返还的财产损坏的,能够恢复原状的恢复原状,不能恢复原状的,按照损害程度给付相应的赔偿金;

(四)应当返还的财产灭失的,给付相应的赔偿金;

(五)财产已经拍卖或者变卖的,给付拍卖或者变卖所得的价款;变卖的价款明显低于财产价值的,应当支付相应的赔偿金;

(六)吊销许可证和执照、责令停产停业的,赔偿停产停业期间必要的经常性费用开支;

(七)返还执行的罚款或者罚金、追缴或者没收的金钱,解除冻结的存款或

者汇款的,应当支付银行同期存款利息;

(八)对财产权造成其他损害的,按照直接损失给予赔偿。

第三十七条 【国家赔偿费用】赔偿费用列入各级财政预算。

赔偿请求人凭生效的判决书、复议决定书、赔偿决定书或者调解书,向赔偿义务机关申请支付赔偿金。

赔偿义务机关应当自收到支付赔偿金申请之日起七日内,依照预算管理权限向有关的财政部门提出支付申请。财政部门应当自收到支付申请之日起十五日内支付赔偿金。

赔偿费用预算与支付管理的具体办法由国务院规定。

第五章 其他规定

第三十八条 【民事、行政诉讼中的司法赔偿】人民法院在民事诉讼、行政诉讼过程中,违法采取对妨害诉讼的强制措施、保全措施或者对判决、裁定及其他生效法律文书执行错误,造成损害的,赔偿请求人要求赔偿的程序,适用本法刑事赔偿程序的规定。

第三十九条 【国家赔偿请求时效】赔偿请求人请求国家赔偿的时效为两年,自其知道或者应当知道国家机关及其工作人员行使职权时的行为侵犯其人身权、财产权之日起计算,但被羁押等限制人身自由期间不计算在内。在申请行政复议或者提起行政诉讼时一并提出赔偿请求的,适用行政复议法、行政诉讼法有关时效的规定。

赔偿请求人在赔偿请求时效的最后六个月内,因不可抗力或者其他障碍不能行使请求权的,时效中止。从中止时效的原因消除之日起,赔偿请求时效期间继续计算。

第四十条 【对等原则】外国人、外国企业和组织在中华人民共和国领域内要求中华人民共和国国家赔偿的,适用本法。

外国人、外国企业和组织的所属国对中华人民共和国公民、法人和其他组织要求该国国家赔偿的权利不予保护或者限制的,中华人民共和国与该外国人、外国企业和组织的所属国实行对等原则。

第六章 附 则

第四十一条 【不得收费和征税】赔偿请求人要求国家赔偿的,赔偿义务机关、复议机关和人民法院不得向赔偿请求人收取任何费用。

对赔偿请求人取得的赔偿金不予征税。

第四十二条 【施行时间】本法自1995年1月1日起施行。

公安机关办理国家赔偿案件程序规定

(2018年9月1日公安部令第150号公布 自2018年10月1日起施行)

第一章 总 则

第一条 为了规范公安机关办理国家赔偿案件程序,促进公安机关在办理国家赔偿案件中正确履行职责,保障公民、法人和其他组织享有依法取得国家赔偿的权利,根据《中华人民共和国国家赔偿法》(以下简称《国家赔偿法》)和《国家赔偿费用管理条例》等有关法律、行政法规,制定本规定。

第二条 本规定所称国家赔偿案件,是指行政赔偿案件、刑事赔偿案件和刑事赔偿复议案件。

第三条 公安机关办理国家赔偿案件应当坚持实事求是、依法公正、规范高效、有错必纠的原则。

第四条 公安机关法制部门是办理国家赔偿案件的主管部门,依法履行下列职责:

(一)接收赔偿申请,审查赔偿请求和事实理由,履行相关法律手续;

(二)接收刑事赔偿复议申请,审查复议请求和事实理由,履行相关法律手续;

(三)接收并审查支付赔偿费用申请,接收并审查对支付赔偿费用申请不予受理决定的复核申请;

(四)参加人民法院审理赔偿案件活动;

(五)提出追偿赔偿费用意见,接收并审查对追偿赔偿费用不服的申诉;

(六)其他应当履行的职责。

第五条 公安机关相关部门应当按照职责分工,配合法制部门共同做好国家赔偿案件办理工作。

执法办案部门负责提供赔偿请求所涉职权行为的情况及相关材料,与法制部门共同研究案情,共同参加人民法院审理赔偿案件活动。

装备财务(警务保障)部门负责向财政部门申请支付赔偿费用,向赔偿请求人支付赔偿费用,将追偿的赔偿费用上缴财政部门。

第二章 行政赔偿和刑事赔偿

第一节 申请和受理

第六条 赔偿请求人申请赔偿,应当向赔偿义务机关提出。

公安机关及其工作人员行使职权侵犯公民、法人或者其他组织合法权益,造成损害的,该公安机关为赔偿义务机关。

公安机关内设机构和派出机构及其工作人员有前款情形的,所属公安机关为赔偿义务机关。

看守所、拘留所、强制隔离戒毒所等羁押监管场所及其工作人员有第二款情形的,主管公安机关为赔偿义务机关。

第七条 申请赔偿应当提交赔偿申请书,载明受害人的基本情况、赔偿请求、事实根据和理由、申请日期,并由赔偿请求人签名、盖章或者捺指印。

赔偿请求人书写确有困难的,可以口头申请。赔偿义务机关法制部门应当制作笔录,经赔偿请求人确认无误后签名、盖章或者捺指印。

第八条 申请赔偿除提交赔偿申请书外,还应当提交下列材料:

(一)赔偿请求人的身份证明材料。赔偿请求人不是受害人本人的,提供与受害人关系的证明。赔偿请求人委托他人代理赔偿请求事项的,提交授权委托书,以及代理人的身份证明;代理人为律师的,同时提交律师执业证明及律师事务所证明;

(二)赔偿请求所涉职权行为的法律文书或者其他证明材料;

(三)赔偿请求所涉职权行为造成损害及其程度的证明材料。

不能提交前款第二项、第三项所列材料的,赔偿请求人应当书面说明情况和理由。

第九条 赔偿义务机关法制部门收到当面递交赔偿申请的,应当当场出具接收凭证。

赔偿义务机关其他部门遇有赔偿请求人当面递交或者口头提出赔偿申请的,应当当场联系法制部门接收;收到以邮寄或者其他方式递交的赔偿申请,应当自收到之日起二个工作日内转送法制部门。

第十条 赔偿义务机关法制部门收到赔偿申请后,应当在五个工作日内予以审查,并分别作出下列处理:

(一)申请材料不齐全或者表述不清楚的,经本部门负责人批准,一次性书面告知赔偿请求人需要补正的全部事项和合理的补正期限;

(二)不符合申请条件的,经本机关负责人批准,决定不予受理并书面告知赔偿请求人;

(三)除第一项、第二项情形外,自赔偿义务机关法制部门收到申请之日起即为受理。

第十一条 有下列情形之一的,赔偿申请不符合申请条件:

(一)本机关不是赔偿义务机关的;

(二)赔偿请求人不适格的;

(三)赔偿请求事项不属于国家赔偿范围的;

(四)超过请求时效且无正当理由的;

(五)基于同一事实的赔偿请求已经通过申请行政复议或者提起行政诉讼提出,正在审理或者已经作出予以赔偿、不予赔偿结论的;

(六)赔偿申请应当在终止追究刑事责任后提出,有证据证明尚未终止追究刑事责任的。

赔偿申请受理后,发现有前款情形之一的,赔偿义务机关应当在受理之日起两个月内,经本机关负责人批准,驳回赔偿申请。

对于第一款第六项情形,决定不予受理或者驳回申请的,同时告知赔偿请求人在终止追究刑事责任后重新申请。

第十二条 赔偿请求人在补正期限内对赔偿申请予以补正的,赔偿义务机关法制部门应当自收到之日起五个工作日内予以审查。不符合申请条件的,经本机关负责人批准,决定不予受理并书面告知赔偿请求人。未书面告知不予受理的,自赔偿义务机关法制部门收到补正材料之日起即为受理。

赔偿义务机关法制部门在补正期限届满后第十个工作日仍未收到补正材料的,应当自该日起五个工作日内,对已经提交的赔偿申请予以审查。不符合申请条件的,经本机关负责人批准,决定不予受理并书面告知赔偿请求人。未书面告知不予受理的,自补正期限届满后第十个工作日起即为受理。

第十三条 赔偿义务机关对赔偿请求已作出处理,赔偿请求人无正当理由基于同一事实再次申请赔偿的,不再处理。

第二节 审 查

第十四条 赔偿义务机关法制部门应当自赔偿申请受理之日起五个工作日内,将申请材料副本送赔偿请求所涉执法办案部门。执法办案部门应当自收到之日起十个工作日内向法制部门作出书面答复,并提供赔偿请求所涉职权行为的证据、依据和其他材料。

第十五条 赔偿义务机关应当全面审查赔偿请求的事实、证据和理由。重点查明下列事项:

(一)赔偿请求所涉职权行为的合法性;

(二)侵害事实、损害后果及因果关系;

(三)是否具有国家不承担赔偿责任的法定情形。

除前款所列查明事项外,赔偿义务机关还应当按照本规定第十六条至第十九条的规定,分别重点审查有关事项。

第十六条 赔偿请求人主张人身自由权赔偿的,重点审查赔偿请求所涉限制人身自由的起止时间。

第十七条 赔偿请求人主张生命健康权赔偿的,重点审查下列事项:

(一)诊断证明、医疗费用凭据,以及护理、康复、后续治疗的证明;

(二)死亡证明书,伤残、部分或者全部丧失劳动能力的鉴定意见。

赔偿请求提出因误工减少收入的,还应当审查收入证明、误工证明等。受害人死亡或者全部丧失劳动能力的,还应当审查其是否扶养未成年人或者其他无劳动能力人,以及所承担的扶养义务。

第十八条 赔偿请求人主张财产权赔偿的,重点审查下列事项:

(一)查封、扣押、冻结、收缴、追缴、没收的财物不能恢复原状或者灭失的,财物损失发生时的市场价格;查封、扣押、冻结、收缴、追缴、没收的财物被拍卖或者变卖的,拍卖或者变卖及其价格的证明材料,以及变卖时的市场价格;

(二)停产停业期间必要经常性开支的证明材料。

第十九条 赔偿请求人主张精神损害赔偿的,重点审查下列事项:

(一)是否存在《国家赔偿法》第三条或者第十七条规定的侵犯人身权行为;

(二)精神损害事实及后果;

(三)侵犯人身权行为与精神损害事实及后果的因果关系。

第二十条 赔偿审查期间,赔偿请求人可以变更赔偿请求。赔偿义务机关认为赔偿请求人提出的赔偿请求事项不全或者不准确的,可以告知赔偿请求人在审查期限届满前变更赔偿请求。

第二十一条 赔偿审查期间,赔偿义务机关法制部门可以调查核实情况,收集有关证据。有关单位和人员应当予以配合。

第二十二条 对赔偿请求所涉职权行为,有权机关已经作出生效法律结论,该结论所采信的证据可以作为赔偿审查的证据。

第二十三条 赔偿审查期间,有下列情形之一的,经赔偿义务机关负责人批准,中止审查并书面告知有关当事人:

(一)作为赔偿请求人的公民丧失行为能力,尚未确定法定代理人的;

(二)作为赔偿请求人的公民下落不明或者被宣告失踪的;

(三)作为赔偿请求人的公民死亡,其继承人和其他有扶养关系的亲属尚未确定是否参加赔偿审查的;

(四)作为赔偿请求人的法人或者其他组织终止,尚未确定权利义务承受人,或者权利义务承受人尚未确定是否参加赔偿审查的;

(五)赔偿请求人因不可抗力不能参加赔偿审查的;

(六)赔偿审查涉及法律适用问题,需要有权机关作出解释或者确认的;

(七)赔偿审查需要以其他尚未办结案件的结果为依据的;

(八)其他需要中止审查的情形。

中止审查的情形消除后,应当在二个工作日内恢复审查,并书面告知有关当事人。

中止审查不符合第一款规定的,应当立即恢复审查。不恢复审查的,上一级公安机关应当责令恢复审查。

第二十四条 赔偿审查期间,有下列情形之一的,经赔偿义务机关负责人批准,终结审查并书面告知有关当事人:

(一)作为赔偿请求人的公民死亡,没有继承人和其他有扶养关系的亲属,或者继承人和其他有扶养关系的亲属放弃要求赔偿权利的;

(二)作为赔偿请求人的法人或者其他组织终止,没有权利义务承受人,或者权利义务承受人放弃要求赔偿权利的;

(三)赔偿请求人自愿撤回赔偿申请的。

前款第一项中的继承人和其他有扶养关系的亲属、第二项中的权利义务承受人、第三项中的赔偿请求人为数人,非经全体同意放弃要求赔偿权利或者撤回赔偿申请的,不得终结审查。

第三节 决　定

第二十五条　对受理的赔偿申请,赔偿义务机关应当自受理之日起两个月内,经本机关负责人批准,分别作出下列决定:

(一)违法行使职权造成侵权的事实清楚,应当予以赔偿的,作出予以赔偿的决定,并载明赔偿方式、项目和数额;

(二)违法行使职权造成侵权的事实不成立,或者具有国家不承担赔偿责任法定情形的,作出不予赔偿的决定。

按照前款第一项作出决定,不限于赔偿请求人主张的赔偿方式、项目和数额。

第二十六条　在查清事实的基础上,对应当予以赔偿的,赔偿义务机关应当充分听取赔偿请求人的意见,可以就赔偿方式、项目和数额在法定范围内进行协商。

协商应当遵循自愿、合法原则。协商达成一致的,赔偿义务机关应当按照协商结果作出赔偿决定;赔偿请求人不同意协商,或者协商未达成一致,或者赔偿请求人在赔偿决定作出前反悔的,赔偿义务机关应当依法作出赔偿决定。

第二十七条　侵犯公民人身自由的每日赔偿金,按照作出决定时的国家上年度职工日平均工资计算。

作出决定时国家上年度职工日平均工资尚未公布的,以公布的最近年度职工日平均工资为准。

第二十八条　执行行政拘留或者采取刑事拘留措施被决定赔偿的,计算赔偿金的天数按照实际羁押的天数计算。羁押时间不足一日的,按照一日计算。

第二十九条　依法应当予以赔偿但赔偿请求人所受损害的程度因客观原因无法确定的,赔偿数额应当结合赔偿请求人的主张和在案证据,运用逻辑推理和生活经验、生活常识等酌情确定。

第三十条　赔偿请求人主张精神损害赔偿的,作出决定应当载明是否存在精神损害并承担赔偿责任。承担精神损害赔偿责任的,应当载明消除影响、恢复名誉、赔礼道歉等承担方式;支付精神损害抚慰金的,应当载明具体数额。

精神损害抚慰金数额的确定,可以参照人民法院审理国家赔偿案件适用精神损害赔偿的规定,综合考虑精神损害事实和严重后果、侵权手段、方式等具体情节,纠错环节及过程,赔偿请求人住所地或者经常居住地平均生活水平,赔偿义务机关所在地平均生活水平等因素。法律法规对精神损害抚慰金的数额作出规定的,从其规定。

第三十一条　赔偿义务机关对行政赔偿请求作出不予受理、驳回申请、终结审查、予以赔偿、不予赔偿决定,或者逾期未作决定,赔偿请求人不服的,可以依照《国家赔偿法》第十四条规定提起行政赔偿诉讼。

赔偿义务机关对刑事赔偿请求作出不予受理、驳回申请、终结审查、予以赔偿、不予赔偿决定,或者逾期未作决定,赔偿请求人不服的,可以依照《国家赔偿法》第二十四条规定申请刑事赔偿复议。

第三章　刑事赔偿复议

第一节　申请和受理

第三十二条　赔偿请求人申请刑事赔偿复议,应当向赔偿义务机关的上一级公安机关提出。赔偿义务机关是公安部的,向公安部提出。

第三十三条　申请刑事赔偿复议应当提交复议申请书,载明受害人的基本情况、复议请求、事实根据和理由、申请日期,并由赔偿请求人签名、盖章或者捺指印。

赔偿请求人书写确有困难的,可以口头申请。复议机关法制部门应当制作笔录,经赔偿请求人确认无误后签名、盖章或者捺指印。

第三十四条　申请刑事赔偿复议除提交复议申请书外,还应当提交下列材料:

(一)赔偿请求人的身份证明材料。赔偿请求人不是受害人本人的,提供与受害人关系的证明。赔偿请求人委托他人代理复议事项的,提交授权委托书,以及代理人的身份证明。代理人为律师的,同时提交律师执业证明及律师事务所证明;

(二)向赔偿义务机关提交的赔偿申请材料及申请赔偿的证明材料;

(三)赔偿义务机关就赔偿申请作出的决定书。赔偿义务机关逾期未作决定的除外。

第三十五条　复议机关法制部门收到当面递交复议申请的,应当当场出具接收凭证。

复议机关其他部门遇有赔偿请求人当面递交或者口头提出复议申请的,

应当当场联系法制部门接收;收到以其他方式递交复议申请的,应当自收到之日起二个工作日内转送法制部门。

第三十六条 复议机关法制部门收到复议申请后,应当在五个工作日内予以审查,并分别作出下列处理:

(一)申请材料不齐全或者表述不清楚的,经本部门负责人批准,一次性书面告知赔偿请求人需要补正的全部事项和合理的补正期限;

(二)不符合申请条件的,经本机关负责人批准,决定不予受理并书面告知赔偿请求人;

(三)除第一项、第二项情形外,自复议机关法制部门收到申请之日起即为受理。

第三十七条 有下列情形之一的,复议申请不符合申请条件:

(一)本机关不是复议机关的;

(二)赔偿请求人申请复议不适格的;

(三)不属于复议范围的;

(四)超过申请复议法定期限且无正当理由的;

(五)申请复议前未向赔偿义务机关申请赔偿的;

(六)赔偿义务机关对赔偿申请未作出决定但审查期限尚未届满的。

复议申请受理后,发现有前款情形之一的,复议机关应当在受理之日起两个月内,经本机关负责人批准,驳回复议申请。

第三十八条 赔偿请求人在补正期限内对复议申请予以补正的,复议机关法制部门应当自收到之日起五个工作日内予以审查。不符合申请条件的,经本机关负责人批准,决定不予受理并书面告知赔偿请求人。未书面告知不予受理的,自复议机关法制部门收到补正材料之日起即为受理。

复议机关法制部门在补正期限届满后第十个工作日仍未收到补正材料的,应当自该日起五个工作日内,对已经提交的复议申请予以审查。不符合申请条件的,经本机关负责人批准,决定不予受理并书面告知赔偿请求人。未书面告知不予受理的,自补正期限届满后第十个工作日之日起即为受理。

第三十九条 复议机关对复议申请已作出处理,赔偿请求人无正当理由基于同一事实再次申请复议的,不再处理。

第二节 审 查

第四十条 复议机关法制部门应当自复议申请受理之日起五个工作日

内,将申请材料副本送赔偿义务机关。赔偿义务机关应当自收到之日起十个工作日内向复议机关作出书面答复,并提供相关证据、依据和其他材料。

第四十一条 复议机关应当全面审查赔偿义务机关是否按照本规定第二章的规定对赔偿申请作出处理。

第四十二条 赔偿请求人申请复议时变更向赔偿义务机关提出的赔偿请求,或者在复议审查期间变更复议请求的,复议机关应当予以审查。

复议机关认为赔偿请求人提出的复议请求事项不全或者不准确的,可以告知赔偿请求人在审查期限届满前变更复议请求。

第四十三条 赔偿请求人和赔偿义务机关对自己的主张负有举证责任。没有证据或者证据不足以证明事实主张的,由负有举证责任的一方承担不利后果。

赔偿义务机关对其职权行为的合法性,以及《国家赔偿法》第二十六条第二款规定的情形负有举证责任。赔偿请求人可以提供证明赔偿义务机关职权行为违法的证据,但不因此免除赔偿义务机关的举证责任。

第四十四条 复议审查期间,复议机关法制部门可以调查核实情况,收集有关证据。有关单位和人员应当予以配合。

第四十五条 复议审查期间,有下列情形之一的,经复议机关负责人批准,中止审查并书面告知有关当事人:

(一)作为赔偿请求人的公民丧失行为能力,尚未确定法定代理人的;

(二)作为赔偿请求人的公民下落不明或者被宣告失踪的;

(三)作为赔偿请求人的公民死亡,其继承人和其他有扶养关系的亲属尚未确定是否参加复议审查的;

(四)作为赔偿请求人的法人或者其他组织终止,尚未确定权利义务承受人,或者权利义务承受人尚未确定是否参加复议审查的;

(五)赔偿请求人因不可抗力不能参加复议审查的;

(六)复议审查涉及法律适用问题,需要有权机关作出解释或者确认的;

(七)复议审查需要以其他尚未办结案件的结果为依据的;

(八)其他需要中止审查的情形。

中止审查的情形消除后,应当在二个工作日内恢复审查,并书面告知有关当事人。

中止审查不符合第一款规定的,应当立即恢复审查。不恢复审查的,上一级公安机关应当责令恢复审查。

第四十六条 复议审查期间,有下列情形之一的,经复议机关负责人批

准,终结审查并书面告知有关当事人:

（一）作为赔偿请求人的公民死亡,没有继承人和其他有扶养关系的亲属,或者继承人和其他有扶养关系的亲属放弃复议权利的;

（二）作为赔偿请求人的法人或者其他组织终止,没有权利义务承受人,或者权利义务承受人放弃复议权利的;

（三）赔偿请求人自愿撤回复议申请的。

前款第一项中的继承人和其他有扶养关系的亲属、第二项中的权利义务承受人、第三项中的赔偿请求人为数人,非经全体同意放弃复议权利或者撤回复议申请的,不得终结审查。

第三节 决 定

第四十七条 对受理的复议申请,复议机关应当自受理之日起两个月内,经本机关负责人批准作出决定。

第四十八条 复议机关可以组织赔偿义务机关与赔偿请求人就赔偿方式、项目和数额在法定范围内进行调解。

调解应当遵循自愿、合法的原则。经调解达成一致的,复议机关应当按照调解结果作出复议决定。赔偿请求人或者赔偿义务机关不同意调解,或者调解未达成一致,或者一方在复议决定作出前反悔的,复议机关应当依法作出复议决定。

第四十九条 对赔偿义务机关作出的予以赔偿或者不予赔偿决定,分别作出下列决定:

（一）认定事实清楚,适用法律正确,符合法定程序的,予以维持;

（二）认定事实清楚,适用法律正确,但违反法定程序的,维持决定结论并确认程序违法;

（三）认定事实不清、适用法律错误或者据以作出决定的法定事由发生变化的,依法重新作出决定或者责令限期重作。

第五十条 对赔偿义务机关作出的不予受理、驳回申请、终结审查决定,分别作出下列决定:

（一）符合规定情形和程序的,予以维持;

（二）符合规定情形,但违反规定程序的,维持决定结论并确认程序违法;

（三）不符合规定情形,或者据以作出决定的法定事由发生变化的,责令继续审查或者依法重新作出决定。

第五十一条 赔偿义务机关逾期未作出决定的,责令限期作出决定或者依法作出决定。

第五十二条 复议机关作出不予受理、驳回申请、终结审查、复议决定,或者逾期未作决定,赔偿请求人不服的,可以依照《国家赔偿法》第二十五条规定,向复议机关所在地的同级人民法院赔偿委员会申请作出赔偿决定。

第四章　执　行

第五十三条 赔偿义务机关必须执行生效赔偿决定、复议决定、判决和调解。

第五十四条 生效赔偿决定、复议决定、判决和调解按照下列方式执行:

(一)要求返还财物或者恢复原状的,赔偿请求所涉赔偿义务机关执法办案部门应当在三十日内办结。情况复杂的,经本机关负责人批准,可以延长三十日。

(二)要求支付赔偿金的,赔偿义务机关法制部门应当依照《国家赔偿费用管理条例》的规定,将生效的赔偿决定书、复议决定书、判决书和调解书等有关材料提供给装备财务(警务保障)部门,装备财务(警务保障)部门报经本机关负责人批准后,依照预算管理权限向财政部门提出书面支付申请并提供有关材料。

(三)要求为赔偿请求人消除影响、恢复名誉、赔礼道歉的,赔偿义务机关或者其负责人应当及时执行。

第五十五条 财政部门告知赔偿义务机关补正申请材料的,赔偿义务机关装备财务(警务保障)部门应当会同法制部门自收到告知之日起五个工作日内按照要求补正材料并提交财政部门。

第五十六条 财政部门向赔偿义务机关支付赔偿金的,赔偿义务机关装备财务(警务保障)部门应当及时向赔偿请求人足额支付赔偿金,不得拖延、截留。

第五十七条 赔偿义务机关支付赔偿金后,应当依照《国家赔偿法》第十六条第一款、第三十一条第一款的规定,向责任人员追偿部分或者全部赔偿费用。

第五十八条 追偿赔偿费用由赔偿义务机关法制部门会同赔偿请求所涉执法办案部门等有关部门提出追偿意见,经本机关主要负责人批准,由装备财务(警务保障)部门书面通知有预算管理权限的财政部门,并责令被追偿人缴纳追偿赔偿费用。

追偿数额的确定,应当综合考虑赔偿数额,以及被追偿人过错程度、损害后果等因素确定,并为被追偿人及其扶养的家属保留必需的生活费用。

第五十九条 被追偿人对追偿赔偿费用不服的,可以向赔偿义务机关或者其上一级公安机关申诉。

第六十条 赔偿义务机关装备财务(警务保障)部门应当依照相关规定,将追偿的赔偿费用上缴有预算管理权限的财政部门。

第五章 责任追究

第六十一条 有下列情形之一的,对直接负责的主管人员或者其他直接责任人员,依照有关规定给予行政纪律处分或者作出其他处理:

(一)未按照本规定对赔偿申请、复议申请作出处理的;

(二)不配合或者阻挠国家赔偿办案人员调查取证,不提供有关情况和证明材料,或者提供虚假材料的;

(三)未按照本规定执行生效赔偿决定、复议决定、判决和调解的;

(四)未按照本规定上缴追偿赔偿费用的;

(五)办理国家赔偿案件的其他渎职、失职行为。

第六十二条 公安机关工作人员在办理国家赔偿案件中,徇私舞弊,打击报复赔偿请求人的,依照有关规定给予行政纪律处分;构成犯罪的,依法追究刑事责任。

第六章 附 则

第六十三条 下列情形所需时间,不计入国家赔偿审查期限:

(一)向赔偿请求人调取证据材料的;

(二)涉及专门事项委托鉴定、评估的。

赔偿请求人在国家赔偿审查期间变更请求的,审查期限从公安机关收到之日起重新计算。

第六十四条 公安机关按照本规定制作的法律文书,应当加盖本机关印章或者国家赔偿专用章。中止审查、终结审查、驳回申请、赔偿决定、复议决定的法律文书,应当自作出之日起十日内送达。

第六十五条 本规定自 2018 年 10 月 1 日起施行。2014 年 6 月 1 日施行的《公安机关办理国家赔偿案件程序规定》同时废止。

最高人民法院关于审理国家赔偿案件确定精神损害赔偿责任适用法律若干问题的解释

(2021年2月7日最高人民法院审判委员会第1831次会议通过 2021年3月24日最高人民法院公告公布 自2021年4月1日起施行 法释〔2021〕3号)

为正确适用《中华人民共和国国家赔偿法》有关规定,合理确定精神损害赔偿责任,结合国家赔偿审判实际,制定本解释。

第一条 公民以人身权受到侵犯为由提出国家赔偿申请,依照国家赔偿法第三十五条的规定请求精神损害赔偿的,适用本解释。

法人或者非法人组织请求精神损害赔偿的,人民法院不予受理。

第二条 公民以人身权受到侵犯为由提出国家赔偿申请,未请求精神损害赔偿,或者未同时请求消除影响、恢复名誉、赔礼道歉以及精神损害抚慰金的,人民法院应当向其释明。经释明后不变更请求,案件审结后又基于同一侵权事实另行提出申请的,人民法院不予受理。

第三条 赔偿义务机关有国家赔偿法第三条、第十七条规定情形之一,依法应当承担国家赔偿责任的,可以同时认定该侵权行为致人精神损害。但是赔偿义务机关有证据证明该公民不存在精神损害,或者认定精神损害违背公序良俗的除外。

第四条 侵权行为致人精神损害,应当为受害人消除影响、恢复名誉或者赔礼道歉;侵权行为致人精神损害并造成严重后果,应当在支付精神损害抚慰金的同时,视案件具体情形,为受害人消除影响、恢复名誉或者赔礼道歉。

消除影响、恢复名誉与赔礼道歉,可以单独适用,也可以合并适用,并应当与侵权行为的具体方式和造成的影响范围相当。

第五条 人民法院可以根据案件具体情况,组织赔偿请求人与赔偿义务机关就消除影响、恢复名誉或者赔礼道歉的具体方式进行协商。

协商不成作出决定的,应当采用下列方式:

(一)在受害人住所地或者所在单位发布相关信息;

(二)在侵权行为直接影响范围内的媒体上予以报道;

(三)赔偿义务机关有关负责人向赔偿请求人赔礼道歉。

第六条 决定为受害人消除影响、恢复名誉或者赔礼道歉的,应当载入决定主文。

赔偿义务机关在决定作出前已为受害人消除影响、恢复名誉或者赔礼道歉,或者原侵权案件的纠正被媒体广泛报道,客观上已经起到消除影响、恢复名誉作用,且符合本解释规定的,可以在决定书中予以说明。

第七条 有下列情形之一的,可以认定为国家赔偿法第三十五条规定的"造成严重后果":

(一)无罪或者终止追究刑事责任的人被羁押六个月以上;

(二)受害人经鉴定为轻伤以上或者残疾;

(三)受害人经诊断、鉴定为精神障碍或者精神残疾,且与侵权行为存在关联;

(四)受害人名誉、荣誉、家庭、职业、教育等方面遭受严重损害,且与侵权行为存在关联。

受害人无罪被羁押十年以上;受害人死亡;受害人经鉴定为重伤或者残疾一至四级,且生活不能自理;受害人经诊断、鉴定为严重精神障碍或者精神残疾一至二级,生活不能自理,且与侵权行为存在关联的,可以认定为后果特别严重。

第八条 致人精神损害,造成严重后果的,精神损害抚慰金一般应当在国家赔偿法第三十三条、第三十四条规定的人身自由赔偿金、生命健康赔偿金总额的百分之五十以下(包括本数)酌定;后果特别严重,或者虽然不具有本解释第七条第二款规定情形,但是确有证据证明前述标准不足以抚慰的,可以在百分之五十以上酌定。

第九条 精神损害抚慰金的具体数额,应当在兼顾社会发展整体水平的同时,参考下列因素合理确定:

(一)精神受到损害以及造成严重后果的情况;

(二)侵权行为的目的、手段、方式等具体情节;

(三)侵权机关及其工作人员的违法、过错程度、原因力比例;

(四)原错判罪名、刑罚轻重、羁押时间;

(五)受害人的职业、影响范围;

(六)纠错的事由以及过程;

(七)其他应当考虑的因素。

第十条 精神损害抚慰金的数额一般不少于一千元;数额在一千元以上的,以千为计数单位。

赔偿请求人请求的精神损害抚慰金少于一千元,且其请求事由符合本解释规定的造成严重后果情形,经释明不予变更的,按照其请求数额支付。

第十一条 受害人对损害事实和后果的发生或者扩大有过错的,可以根据其过错程度减少或者不予支付精神损害抚慰金。

第十二条 决定中载明的支付精神损害抚慰金及其他责任承担方式,赔偿义务机关应当履行。

第十三条 人民法院审理国家赔偿法第三十八条所涉侵犯公民人身权的国家赔偿案件,以及作为赔偿义务机关审查处理国家赔偿案件,涉及精神损害赔偿的,参照本解释规定。

第十四条 本解释自2021年4月1日起施行。本解释施行前的其他有关规定与本解释不一致的,以本解释为准。

最高人民法院关于行政诉讼证据若干问题的规定

(2002年6月4日最高人民法院审判委员会第1224次会议通过 2002年7月24日最高人民法院公告公布 自2002年10月1日起施行 法释〔2002〕21号)

为准确认定案件事实,公正、及时地审理行政案件,根据《中华人民共和国行政诉讼法》(以下简称行政诉讼法)等有关法律规定,结合行政审判实际,制定本规定。

一、举证责任分配和举证期限

第一条 根据行政诉讼法第三十二条和第四十三条的规定,被告对作出的具体行政行为负有举证责任,应当在收到起诉状副本之日起十日内,提供据以作出被诉具体行政行为的全部证据和所依据的规范性文件。被告不提供或者无正当理由逾期提供证据的,视为被诉具体行政行为没有相应的证据。

被告因不可抗力或者客观上不能控制的其他正当事由,不能在前款规定的期限内提供证据的,应当在收到起诉状副本之日起十日内向人民法院提出延期提供证据的书面申请。人民法院准许延期提供的,被告应当在正当事由消除后十日内提供证据。逾期提供的,视为被诉具体行政行为没有相应的证据。

第二条　原告或者第三人提出其在行政程序中没有提出的反驳理由或者证据的,经人民法院准许,被告可以在第一审程序中补充相应的证据。

第三条　根据行政诉讼法第三十三条的规定,在诉讼过程中,被告及其诉讼代理人不得自行向原告和证人收集证据。

第四条　公民、法人或者其他组织向人民法院起诉时,应当提供其符合起诉条件的相应的证据材料。

在起诉被告不作为的案件中,原告应当提供其在行政程序中曾经提出申请的证据材料。但有下列情形的除外:

(一)被告应当依职权主动履行法定职责的;

(二)原告因被告受理申请的登记制度不完备等正当事由不能提供相关证据材料并能够作出合理说明的。

被告认为原告起诉超过法定期限的,由被告承担举证责任。

第五条　在行政赔偿诉讼中,原告应当对被诉具体行政行为造成损害的事实提供证据。

第六条　原告可以提供证明被诉具体行政行为违法的证据。原告提供的证据不成立的,不免除被告对被诉具体行政行为合法性的举证责任。

第七条　原告或者第三人应当在开庭审理前或者人民法院指定的交换证据之日提供证据。因正当事由申请延期提供证据的,经人民法院准许,可以在法庭调查中提供。逾期提供证据的,视为放弃举证权利。

原告或者第三人在第一审程序中无正当事由未提供而在第二审程序中提供的证据,人民法院不予接纳。

第八条　人民法院向当事人送达受理案件通知书或者应诉通知书时,应当告知其举证范围、举证期限和逾期提供证据的法律后果,并告知因正当事由不能按期提供证据时应当提出延期提供证据的申请。

第九条　根据行政诉讼法第三十四条第一款的规定,人民法院有权要求当事人提供或者补充证据。

对当事人无争议,但涉及国家利益、公共利益或者他人合法权益的事实,人民法院可以责令当事人提供或者补充有关证据。

二、提供证据的要求

第十条 根据行政诉讼法第三十一条第一款第(一)项的规定,当事人向人民法院提供书证的,应当符合下列要求:

(一)提供书证的原件,原本、正本和副本均属于书证的原件。提供原件确有困难的,可以提供与原件核对无误的复印件、照片、节录本;

(二)提供由有关部门保管的书证原件的复制件、影印件或者抄录件的,应当注明出处,经该部门核对无异后加盖其印章;

(三)提供报表、图纸、会计账册、专业技术资料、科技文献等书证的,应当附有说明材料;

(四)被告提供的被诉具体行政行为所依据的询问、陈述、谈话类笔录,应当有行政执法人员、被询问人、陈述人、谈话人签名或者盖章。

法律、法规、司法解释和规章对书证的制作形式另有规定的,从其规定。

第十一条 根据行政诉讼法第三十一条第一款第(二)项的规定,当事人向人民法院提供物证的,应当符合下列要求:

(一)提供原物。提供原物确有困难的,可以提供与原物核对无误的复制件或者证明该物证的照片、录像等其他证据;

(二)原物为数量较多的种类物的,提供其中的一部分。

第十二条 根据行政诉讼法第三十一条第一款第(三)项的规定,当事人向人民法院提供计算机数据或者录音、录像等视听资料的,应当符合下列要求:

(一)提供有关资料的原始载体。提供原始载体确有困难的,可以提供复制件;

(二)注明制作方法、制作时间、制作人和证明对象等;

(三)声音资料应当附有该声音内容的文字记录。

第十三条 根据行政诉讼法第三十一条第一款第(四)项的规定,当事人向人民法院提供证人证言的,应当符合下列要求:

(一)写明证人的姓名、年龄、性别、职业、住址等基本情况;

(二)有证人的签名,不能签名的,应当以盖章等方式证明;

(三)注明出具日期;

(四)附有居民身份证复印件等证明证人身份的文件。

第十四条 根据行政诉讼法第三十一条第一款第(六)项的规定,被告向人民法院提供的在行政程序中采用的鉴定结论,应当载明委托人和委托鉴定的事项、向鉴定部门提交的相关材料、鉴定的依据和使用的科学技术手段、鉴定部门和鉴定人鉴定资格的说明,并应有鉴定人的签名和鉴定部门的盖章。通过分析获得的鉴定结论,应当说明分析过程。

第十五条 根据行政诉讼法第三十一条第一款第(七)项的规定,被告向人民法院提供的现场笔录,应当载明时间、地点和事件等内容,并由执法人员和当事人签名。当事人拒绝签名或者不能签名的,应当注明原因。有其他人在现场的,可由其他人签名。

法律、法规和规章对现场笔录的制作形式另有规定的,从其规定。

第十六条 当事人向人民法院提供的在中华人民共和国领域外形成的证据,应当说明来源,经所在国公证机关证明,并经中华人民共和国驻该国使领馆认证,或者履行中华人民共和国与证据所在国订立的有关条约中规定的证明手续。

当事人提供的在中华人民共和国香港特别行政区、澳门特别行政区和台湾地区内形成的证据,应当具有按照有关规定办理的证明手续。

第十七条 当事人向人民法院提供外文书证或者外国语视听资料的,应当附有由具有翻译资质的机构翻译的或者其他翻译准确的中文译本,由翻译机构盖章或者翻译人员签名。

第十八条 证据涉及国家秘密、商业秘密或者个人隐私的,提供人应当作出明确标注,并向法庭说明,法庭予以审查确认。

第十九条 当事人应当对其提交的证据材料分类编号,对证据材料的来源、证明对象和内容作简要说明,签名或者盖章,注明提交日期。

第二十条 人民法院收到当事人提交的证据材料,应当出具收据,注明证据的名称、份数、页数、件数、种类等以及收到的时间,由经办人员签名或者盖章。

第二十一条 对于案情比较复杂或者证据数量较多的案件,人民法院可以组织当事人在开庭前向对方出示或者交换证据,并将交换证据的情况记录在卷。

三、调取和保全证据

第二十二条 根据行政诉讼法第三十四条第二款的规定,有下列情形之一的,人民法院有权向有关行政机关以及其他组织、公民调取证据:

(一)涉及国家利益、公共利益或者他人合法权益的事实认定的;
(二)涉及依职权追加当事人、中止诉讼、终结诉讼、回避等程序性事项的。

第二十三条 原告或者第三人不能自行收集,但能够提供确切线索的,可以申请人民法院调取下列证据材料:
(一)由国家有关部门保存而须由人民法院调取的证据材料;
(二)涉及国家秘密、商业秘密、个人隐私的证据材料;
(三)确因客观原因不能自行收集的其他证据材料。

人民法院不得为证明被诉具体行政行为的合法性,调取被告在作出具体行政行为时未收集的证据。

第二十四条 当事人申请人民法院调取证据的,应当在举证期限内提交调取证据申请书。

调取证据申请书应当写明下列内容:
(一)证据持有人的姓名或者名称、住址等基本情况;
(二)拟调取证据的内容;
(三)申请调取证据的原因及其要证明的案件事实。

第二十五条 人民法院对当事人调取证据的申请,经审查符合调取证据条件的,应当及时决定调取;不符合调取证据条件的,应当向当事人或者其诉讼代理人送达通知书,说明不准许调取的理由。当事人及其诉讼代理人可以在收到通知书之日起三日内向受理申请的人民法院书面申请复议一次。人民法院应当在收到复议申请之日起五日内作出答复。

人民法院根据当事人申请,经调取未能取得相应证据的,应当告知申请人并说明原因。

第二十六条 人民法院需要调取的证据在异地的,可以书面委托证据所在地人民法院调取。受托人民法院应当在收到委托书后,按照委托要求及时完成调取证据工作,送交委托人民法院。受托人民法院不能完成委托内容的,应当告知委托的人民法院并说明原因。

第二十七条 当事人根据行政诉讼法第三十六条的规定向人民法院申请保全证据的,应当在举证期限届满前以书面形式提出,并说明证据的名称和地点、保全的内容和范围、申请保全的理由等事项。

当事人申请保全证据的,人民法院可以要求其提供相应的担保。

法律、司法解释规定诉前保全证据的,依照其规定办理。

第二十八条 人民法院依照行政诉讼法第三十六条规定保全证据的,可以根据具体情况,采取查封、扣押、拍照、录音、录像、复制、鉴定、勘验、制作询问笔录等保全措施。

人民法院保全证据时,可以要求当事人或者其诉讼代理人到场。

第二十九条 原告或者第三人有证据或者有正当理由表明被告据以认定案件事实的鉴定结论可能有错误,在举证期限内书面申请重新鉴定的,人民法院应予准许。

第三十条 当事人对人民法院委托的鉴定部门作出的鉴定结论有异议申请重新鉴定,提出证据证明存在下列情形之一的,人民法院应予准许:

(一)鉴定部门或者鉴定人不具有相应的鉴定资格的;

(二)鉴定程序严重违法的;

(三)鉴定结论明显依据不足的;

(四)经过质证不能作为证据使用的其他情形。

对有缺陷的鉴定结论,可以通过补充鉴定、重新质证或者补充质证等方式解决。

第三十一条 对需要鉴定的事项负有举证责任的当事人,在举证期限内无正当理由不提出鉴定申请、不预交鉴定费用或者拒不提供相关材料,致使对案件争议的事实无法通过鉴定结论予以认定的,应当对该事实承担举证不能的法律后果。

第三十二条 人民法院对委托或者指定的鉴定部门出具的鉴定书,应当审查是否具有下列内容:

(一)鉴定的内容;

(二)鉴定时提交的相关材料;

(三)鉴定的依据和使用的科学技术手段;

(四)鉴定的过程;

(五)明确的鉴定结论;

(六)鉴定部门和鉴定人鉴定资格的说明;

(七)鉴定人及鉴定部门签名盖章。

前款内容欠缺或者鉴定结论不明确的,人民法院可以要求鉴定部门予以说明、补充鉴定或者重新鉴定。

第三十三条 人民法院可以依当事人申请或者依职权勘验现场。

勘验现场时,勘验人必须出示人民法院的证件,并邀请当地基层组织或者当事人所在单位派人参加。当事人或其成年亲属应当到场,拒不到场的,不影响勘验的进行,但应当在勘验笔录中说明情况。

第三十四条　审判人员应当制作勘验笔录,记载勘验的时间、地点、勘验人、在场人、勘验的经过和结果,由勘验人、当事人、在场人签名。

勘验现场时绘制的现场图,应当注明绘制的时间、方位、绘制人姓名和身份等内容。

当事人对勘验结论有异议的,可以在举证期限内申请重新勘验,是否准许由人民法院决定。

四、证据的对质辨认和核实

第三十五条　证据应当在法庭上出示,并经庭审质证。未经庭审质证的证据,不能作为定案的依据。

当事人在庭前证据交换过程中没有争议并记录在卷的证据,经审判人员在庭审中说明后,可以作为认定案件事实的依据。

第三十六条　经合法传唤,因被告无正当理由拒不到庭而需要依法缺席判决的,被告提供的证据不能作为定案的依据,但当事人在庭前交换证据中没有争议的证据除外。

第三十七条　涉及国家秘密、商业秘密和个人隐私或者法律规定的其他应当保密的证据,不得在开庭时公开质证。

第三十八条　当事人申请人民法院调取的证据,由申请调取证据的当事人在庭审中出示,并由当事人质证。

人民法院依职权调取的证据,由法庭出示,并可就调取该证据的情况进行说明,听取当事人意见。

第三十九条　当事人应当围绕证据的关联性、合法性和真实性,针对证据有无证明效力以及证明效力大小,进行质证。

经法庭准许,当事人及其代理人可以就证据问题相互发问,也可以向证人、鉴定人或者勘验人发问。

当事人及其代理人相互发问,或者向证人、鉴定人、勘验人发问时,发问的内容应当与案件事实有关联,不得采用引诱、威胁、侮辱等语言或者方式。

第四十条　对书证、物证和视听资料进行质证时,当事人应当出示证据的原件或者原物。但有下列情况之一的除外:

(一)出示原件或者原物确有困难并经法庭准许可以出示复制件或者复制品;

(二)原件或者原物已不存在,可以出示证明复制件、复制品与原件、原物一致的其他证据。

视听资料应当当庭播放或者显示,并由当事人进行质证。

第四十一条 凡是知道案件事实的人,都有出庭作证的义务。有下列情形之一的,经人民法院准许,当事人可以提交书面证言:

(一)当事人在行政程序或者庭前证据交换中对证人证言无异议的;
(二)证人因年迈体弱或者行动不便无法出庭的;
(三)证人因路途遥远、交通不便无法出庭的;
(四)证人因自然灾害等不可抗力或者其他意外事件无法出庭的;
(五)证人因其他特殊原因确实无法出庭的。

第四十二条 不能正确表达意志的人不能作证。

根据当事人申请,人民法院可以就证人能否正确表达意志进行审查或者交由有关部门鉴定。必要时,人民法院也可以依职权交由有关部门鉴定。

第四十三条 当事人申请证人出庭作证的,应当在举证期限届满前提出,并经人民法院许可。人民法院准许证人出庭作证的,应当在开庭审理前通知证人出庭作证。

当事人在庭审过程中要求证人出庭作证的,法庭可以根据审理案件的具体情况,决定是否准许以及是否延期审理。

第四十四条 有下列情形之一,原告或者第三人可以要求相关行政执法人员作为证人出庭作证:

(一)对现场笔录的合法性或者真实性有异议的;
(二)对扣押财产的品种或者数量有异议的;
(三)对检验的物品取样或者保管有异议的;
(四)对行政执法人员的身份的合法性有异议的;
(五)需要出庭作证的其他情形。

第四十五条 证人出庭作证时,应当出示证明其身份的证件。法庭应当告知其诚实作证的法律义务和作伪证的法律责任。

出庭作证的证人不得旁听案件的审理。法庭询问证人时,其他证人不得在场,但组织证人对质的除外。

第四十六条 证人应当陈述其亲历的具体事实。证人根据其经历所作的判断、推测或者评论,不能作为定案的依据。

第四十七条 当事人要求鉴定人出庭接受询问的,鉴定人应当出庭。鉴定人因正当事由不能出庭的,经法庭准许,可以不出庭,由当事人对其书面鉴定结论进行质证。

鉴定人不能出庭的正当事由,参照本规定第四十一条的规定。

对于出庭接受询问的鉴定人,法庭应当核实其身份、与当事人及案件的关系,并告知鉴定人如实说明鉴定情况的法律义务和故意作虚假说明的法律责任。

第四十八条 对被诉具体行政行为涉及的专门性问题,当事人可以向法庭申请由专业人员出庭进行说明,法庭也可以通知专业人员出庭说明。必要时,法庭可以组织专业人员进行对质。

当事人对出庭的专业人员是否具备相应专业知识、学历、资历等专业资格等有异议的,可以进行询问。由法庭决定其是否可以作为专业人员出庭。

专业人员可以对鉴定人进行询问。

第四十九条 法庭在质证过程中,对与案件没有关联的证据材料,应予排除并说明理由。

法庭在质证过程中,准许当事人补充证据的,对补充的证据仍应进行质证。

法庭对经过庭审质证的证据,除确有必要外,一般不再进行质证。

第五十条 在第二审程序中,对当事人依法提供的新的证据,法庭应当进行质证;当事人对第一审认定的证据仍有争议的,法庭也应当进行质证。

第五十一条 按照审判监督程序审理的案件,对当事人依法提供的新的证据,法庭应当进行质证;因原判决、裁定认定事实的证据不足而提起再审所涉及的主要证据,法庭也应当进行质证。

第五十二条 本规定第五十条和第五十一条中的"新的证据"是指以下证据:

(一)在一审程序中应当准予延期提供而未获准许的证据;

(二)当事人在一审程序中依法申请调取而未获准许或者未取得,人民法院在第二审程序中调取的证据;

(三)原告或者第三人提供的在举证期限届满后发现的证据。

五、证据的审核认定

第五十三条 人民法院裁判行政案件,应当以证据证明的案件事实为依据。

第五十四条　法庭应当对经过庭审质证的证据和无需质证的证据进行逐一审查和对全部证据综合审查,遵循法官职业道德,运用逻辑推理和生活经验,进行全面、客观和公正地分析判断,确定证据材料与案件事实之间的证明关系,排除不具有关联性的证据材料,准确认定案件事实。

第五十五条　法庭应当根据案件的具体情况,从以下方面审查证据的合法性:

(一)证据是否符合法定形式;
(二)证据的取得是否符合法律、法规、司法解释和规章的要求;
(三)是否有影响证据效力的其他违法情形。

第五十六条　法庭应当根据案件的具体情况,从以下方面审查证据的真实性:

(一)证据形成的原因;
(二)发现证据时的客观环境;
(三)证据是否为原件、原物,复制件、复制品与原件、原物是否相符;
(四)提供证据的人或者证人与当事人是否具有利害关系;
(五)影响证据真实性的其他因素。

第五十七条　下列证据材料不能作为定案依据:

(一)严重违反法定程序收集的证据材料;
(二)以偷拍、偷录、窃听等手段获取侵害他人合法权益的证据材料;
(三)以利诱、欺诈、胁迫、暴力等不正当手段获取的证据材料;
(四)当事人无正当事由超出举证期限提供的证据材料;
(五)在中华人民共和国领域以外或者在中华人民共和国香港特别行政区、澳门特别行政区和台湾地区形成的未办理法定证明手续的证据材料;
(六)当事人无正当理由拒不提供原件、原物,又无其他证据印证,且对方当事人不予认可的证据的复制件或者复制品;
(七)被当事人或者他人进行技术处理而无法辨明真伪的证据材料;
(八)不能正确表达意志的证人提供的证言;
(九)不具备合法性和真实性的其他证据材料。

第五十八条　以违反法律禁止性规定或者侵犯他人合法权益的方法取得的证据,不能作为认定案件事实的依据。

第五十九条　被告在行政程序中依照法定程序要求原告提供证据,原告依法应当提供而拒不提供,在诉讼程序中提供的证据,人民法院一般不予采纳。

第六十条 下列证据不能作为认定被诉具体行政行为合法的依据：

（一）被告及其诉讼代理人在作出具体行政行为后或者在诉讼程序中自行收集的证据；

（二）被告在行政程序中非法剥夺公民、法人或者其他组织依法享有的陈述、申辩或者听证权利所采用的证据；

（三）原告或者第三人在诉讼程序中提供的、被告在行政程序中未作为具体行政行为依据的证据。

第六十一条 复议机关在复议程序中收集和补充的证据，或者作出原具体行政行为的行政机关在复议程序中未向复议机关提交的证据，不能作为人民法院认定原具体行政行为合法的依据。

第六十二条 对被告在行政程序中采纳的鉴定结论，原告或者第三人提出证据证明有下列情形之一的，人民法院不予采纳：

（一）鉴定人不具备鉴定资格；

（二）鉴定程序严重违法；

（三）鉴定结论错误、不明确或者内容不完整。

第六十三条 证明同一事实的数个证据，其证明效力一般可以按照下列情形分别认定：

（一）国家机关以及其他职能部门依职权制作的公文文书优于其他书证；

（二）鉴定结论、现场笔录、勘验笔录、档案材料以及经过公证或者登记的书证优于其他书证、视听资料和证人证言；

（三）原件、原物优于复制件、复制品；

（四）法定鉴定部门的鉴定结论优于其他鉴定部门的鉴定结论；

（五）法庭主持勘验所制作的勘验笔录优于其他部门主持勘验所制作的勘验笔录；

（六）原始证据优于传来证据；

（七）其他证人证言优于与当事人有亲属关系或者其他密切关系的证人提供的对该当事人有利的证言；

（八）出庭作证的证人证言优于未出庭作证的证人证言；

（九）数个种类不同、内容一致的证据优于一个孤立的证据。

第六十四条 以有形载体固定或者显示的电子数据交换、电子邮件以及其他数据资料，其制作情况和真实性经对方当事人确认，或者以公证等其他有效方式予以证明的，与原件具有同等的证明效力。

第六十五条　在庭审中一方当事人或者其代理人在代理权限范围内对另一方当事人陈述的案件事实明确表示认可的,人民法院可以对该事实予以认定。但有相反证据足以推翻的除外。

第六十六条　在行政赔偿诉讼中,人民法院主持调解时当事人为达成调解协议而对案件事实的认可,不得在其后的诉讼中作为对其不利的证据。

第六十七条　在不受外力影响的情况下,一方当事人提供的证据,对方当事人明确表示认可的,可以认定该证据的证明效力;对方当事人予以否认,但不能提供充分的证据进行反驳的,可以综合全案情况审查认定该证据的证明效力。

第六十八条　下列事实法庭可以直接认定:

(一)众所周知的事实;

(二)自然规律及定理;

(三)按照法律规定推定的事实;

(四)已经依法证明的事实;

(五)根据日常生活经验法则推定的事实。

前款(一)、(三)、(四)、(五)项,当事人有相反证据足以推翻的除外。

第六十九条　原告确有证据证明被告持有的证据对原告有利,被告无正当事由拒不提供的,可以推定原告的主张成立。

第七十条　生效的人民法院裁判文书或者仲裁机构裁决文书确认的事实,可作为定案依据。但是如果发现裁判文书或者裁决文书认定的事实有重大问题的,应当中止诉讼,通过法定程序予以纠正后恢复诉讼。

第七十一条　下列证据不能单独作为定案依据:

(一)未成年人所作的与其年龄和智力状况不相适应的证言;

(二)与一方当事人有亲属关系或者其他密切关系的证人所作的对该当事人有利的证言,或者与一方当事人有不利关系的证人所作的对该当事人不利的证言;

(三)应当出庭作证而无正当理由不出庭作证的证人证言;

(四)难以识别是否经过修改的视听资料;

(五)无法与原件、原物核对的复制件或者复制品;

(六)经一方当事人或者他人改动,对方当事人不予认可的证据材料;

(七)其他不能单独作为定案依据的证据材料。

第七十二条　庭审中经过质证的证据,能够当庭认定的,应当当庭认定;

不能当庭认定的,应当在合议庭合议时认定。

人民法院应当在裁判文书中阐明证据是否采纳的理由。

第七十三条 法庭发现当庭认定的证据有误,可以按照下列方式纠正:

(一)庭审结束前发现错误的,应当重新进行认定;

(二)庭审结束后宣判前发现错误的,在裁判文书中予以更正并说明理由,也可以再次开庭予以认定;

(三)有新的证据材料可能推翻已认定的证据的,应当再次开庭予以认定。

六、附　则

第七十四条 证人、鉴定人及其近亲属的人身和财产安全受法律保护。

人民法院应当对证人、鉴定人的住址和联系方式予以保密。

第七十五条 证人、鉴定人因出庭作证或者接受询问而支出的合理费用,由提供证人、鉴定人的一方当事人先行支付,由败诉一方当事人承担。

第七十六条 证人、鉴定人作伪证的,依照行政诉讼法第四十九条第一款第(二)项的规定追究其法律责任。

第七十七条 诉讼参与人或者其他人有对审判人员或者证人、鉴定人、勘验人及其近亲属实施威胁、侮辱、殴打、骚扰或者打击报复等妨碍行政诉讼行为的,依照行政诉讼法第四十九条第一款第(三)项、第(五)项或者第(六)项的规定追究其法律责任。

第七十八条 对应当协助调取证据的单位和个人,无正当理由拒不履行协助义务的,依照行政诉讼法第四十九条第一款第(五)项的规定追究其法律责任。

第七十九条 本院以前有关行政诉讼的司法解释与本规定不一致的,以本规定为准。

第八十条 本规定自2002年10月1日起施行。2002年10月1日尚未审结的一审、二审和再审行政案件不适用本规定。

本规定施行前已经审结的行政案件,当事人以违反本规定为由申请再审的,人民法院不予支持。

本规定施行后按照审判监督程序决定再审的行政案件,适用本规定。

最高人民法院关于审理行政赔偿案件若干问题的规定

（2021年12月6日最高人民法院审判委员会第1855次会议通过　2022年3月20日最高人民法院公告公布　自2022年5月1日起施行　法释〔2022〕10号）

为保护公民、法人和其他组织的合法权益，监督行政机关依法履行行政赔偿义务，确保人民法院公正、及时审理行政赔偿案件，实质化解行政赔偿争议，根据《中华人民共和国行政诉讼法》（以下简称行政诉讼法）《中华人民共和国国家赔偿法》（以下简称国家赔偿法）等法律规定，结合行政审判工作实际，制定本规定。

一、受案范围

第一条　国家赔偿法第三条、第四条规定的"其他违法行为"包括以下情形：

（一）不履行法定职责行为；

（二）行政机关及其工作人员在履行行政职责过程中作出的不产生法律效果，但事实上损害公民、法人或者其他组织人身权、财产权等合法权益的行为。

第二条　依据行政诉讼法第一条、第十二条第一款第十二项和国家赔偿法第二条规定，公民、法人或者其他组织认为行政机关及其工作人员违法使行政职权对其劳动权、相邻权等合法权益造成人身、财产损害的，可以依法提起行政赔偿诉讼。

第三条　赔偿请求人不服赔偿义务机关下列行为的，可以依法提起行政赔偿诉讼：

（一）确定赔偿方式、项目、数额的行政赔偿决定；

（二）不予赔偿决定；

（三）逾期不作出赔偿决定；

（四）其他有关行政赔偿的行为。

第四条　法律规定由行政机关最终裁决的行政行为被确认违法后，赔偿请求人可以单独提起行政赔偿诉讼。

第五条　公民、法人或者其他组织认为国防、外交等国家行为或者行政机关制定发布行政法规、规章或者具有普遍约束力的决定、命令侵犯其合法权益造成损害,向人民法院提起行政赔偿诉讼的,不属于人民法院行政赔偿诉讼的受案范围。

二、诉讼当事人

第六条　公民、法人或者其他组织一并提起行政赔偿诉讼中的当事人地位,按照其在行政诉讼中的地位确定,行政诉讼与行政赔偿诉讼当事人不一致的除外。

第七条　受害的公民死亡,其继承人和其他有扶养关系的人可以提起行政赔偿诉讼,并提供该公民死亡证明、赔偿请求人与死亡公民之间的关系证明。

受害的公民死亡,支付受害公民医疗费、丧葬费等合理费用的人可以依法提起行政赔偿诉讼。

有权提起行政赔偿诉讼的法人或者其他组织分立、合并、终止,承受其权利的法人或者其他组织可以依法提起行政赔偿诉讼。

第八条　两个以上行政机关共同实施侵权行政行为造成损害的,共同侵权行政机关为共同被告。赔偿请求人坚持对其中一个或者几个侵权机关提起行政赔偿诉讼,以被起诉的机关为被告,未被起诉的机关追加为第三人。

第九条　原行政行为造成赔偿请求人损害,复议决定加重损害的,复议机关与原行政行为机关为共同被告。赔偿请求人坚持对作出原行政行为机关或者复议机关提起行政赔偿诉讼,以被起诉的机关为被告,未被起诉的机关追加为第三人。

第十条　行政机关依据行政诉讼法第九十七条的规定申请人民法院强制执行其行政行为,因据以强制执行的行政行为违法而发生行政赔偿诉讼的,申请强制执行的行政机关为被告。

三、证　据

第十一条　行政赔偿诉讼中,原告应当对行政行为造成的损害提供证据;因被告的原因导致原告无法举证的,由被告承担举证责任。

人民法院对于原告主张的生产和生活所必需物品的合理损失,应当予以支持;对于原告提出的超出生产和生活所必需的其他贵重物品、现金损失,可以结合案件相关证据予以认定。

第十二条 原告主张其被限制人身自由期间受到身体伤害,被告否认相关损害事实或者损害与违法行政行为存在因果关系的,被告应当提供相应的证据证明。

四、起诉与受理

第十三条 行政行为未被确认为违法,公民、法人或者其他组织提起行政赔偿诉讼的,人民法院应当视为提起行政诉讼时一并提起行政赔偿诉讼。

行政行为已被确认为违法,并符合下列条件的,公民、法人或者其他组织可以单独提起行政赔偿诉讼:

(一)原告具有行政赔偿请求资格;

(二)有明确的被告;

(三)有具体的赔偿请求和受损害的事实根据;

(四)赔偿义务机关已先行处理或者超过法定期限不予处理;

(五)属于人民法院行政赔偿诉讼的受案范围和受诉人民法院管辖;

(六)在法律规定的起诉期限内提起诉讼。

第十四条 原告提起行政诉讼时未一并提起行政赔偿诉讼,人民法院审查认为可能存在行政赔偿的,应当告知原告可以一并提起行政赔偿诉讼。

原告在第一审庭审终结前提起行政赔偿诉讼,符合起诉条件的,人民法院应当依法受理;原告在第一审庭审终结后、宣判前提起行政赔偿诉讼的,是否准许由人民法院决定。

原告在第二审程序或者再审程序中提出行政赔偿请求的,人民法院可以组织各方调解;调解不成的,告知其另行起诉。

第十五条 公民、法人或者其他组织应当自知道或者应当知道行政行为侵犯其合法权益之日起两年内,向赔偿义务机关申请行政赔偿。赔偿义务机关在收到赔偿申请之日起两个月内未作出赔偿决定的,公民、法人或者其他组织可以依照行政诉讼法有关规定提起行政赔偿诉讼。

第十六条 公民、法人或者其他组织提起行政诉讼时一并请求行政赔偿的,适用行政诉讼法有关起诉期限的规定。

第十七条 公民、法人或者其他组织仅对行政复议决定中的行政赔偿部分有异议,自复议决定书送达之日起十五日内提起行政赔偿诉讼的,人民法院应当依法受理。

行政机关作出有赔偿内容的行政复议决定时,未告知公民、法人或者其他组织起诉期限的,起诉期限从公民、法人或者其他组织知道或者应当知道起诉期限之日起计算,但从知道或者应当知道行政复议决定内容之日起最长不得超过一年。

第十八条 行政行为被有权机关依照法定程序撤销、变更、确认违法或无效,或者实施行政行为的行政机关工作人员因该行为被生效法律文书或监察机关政务处分确认为渎职、滥用职权的,属于本规定所称的行政行为被确认为违法的情形。

第十九条 公民、法人或者其他组织一并提起行政赔偿诉讼,人民法院经审查认为行政诉讼不符合起诉条件的,对一并提起的行政赔偿诉讼,裁定不予立案;已经立案的,裁定驳回起诉。

第二十条 在涉及行政许可、登记、征收、征用和行政机关对民事争议所作的裁决的行政案件中,原告提起行政赔偿诉讼的同时,有关当事人申请一并解决相关民事争议的,人民法院可以一并审理。

五、审理和判决

第二十一条 两个以上行政机关共同实施违法行政行为,或者行政机关及其工作人员与第三人恶意串通作出的违法行政行为,造成公民、法人或者其他组织人身权、财产权等合法权益实际损害的,应当承担连带赔偿责任。

一方承担连带赔偿责任后,对于超出其应当承担部分,可以向其他连带责任人追偿。

第二十二条 两个以上行政机关分别实施违法行政行为造成同一损害,每个行政机关的违法行为都足以造成全部损害的,各个行政机关承担连带赔偿责任。

两个以上行政机关分别实施违法行政行为造成同一损害的,人民法院应当根据其违法行政行为在损害发生和结果中的作用大小,确定各自承担相应的行政赔偿责任;难以确定责任大小的,平均承担责任。

第二十三条 由于第三人提供虚假材料,导致行政机关作出的行政行为违法,造成公民、法人或者其他组织损害的,人民法院应当根据违法行政行为在损害发生和结果中的作用大小,确定行政机关承担相应的行政赔偿责任;行政机关已经尽到审慎审查义务的,不承担行政赔偿责任。

第二十四条 由于第三人行为造成公民、法人或者其他组织损害的,应当由第三人依法承担侵权赔偿责任;第三人赔偿不足、无力承担赔偿责任或者下落不明,行政机关又未尽保护、监管、救助等法定义务的,人民法院应当根据行政机关未尽法定义务在损害发生和结果中的作用大小,确定其承担相应的行政赔偿责任。

第二十五条 由于不可抗力等客观原因造成公民、法人或者其他组织损害,行政机关不依法履行、拖延履行法定义务导致未能及时止损或者损害扩大的,人民法院应当根据行政机关不依法履行、拖延履行法定义务行为在损害发生和结果中的作用大小,确定其承担相应的行政赔偿责任。

第二十六条 有下列情形之一的,属于国家赔偿法第三十五条规定的"造成严重后果":

(一)受害人被非法限制人身自由超过六个月;

(二)受害人经鉴定为轻伤以上或者残疾;

(三)受害人经诊断、鉴定为精神障碍或者精神残疾,且与违法行政行为存在关联;

(四)受害人名誉、荣誉、家庭、职业、教育等方面遭受严重损害,且与违法行政行为存在关联。

有下列情形之一的,可以认定为后果特别严重:

(一)受害人被限制人身自由十年以上;

(二)受害人死亡;

(三)受害人经鉴定为重伤或者残疾一至四级,且生活不能自理;

(四)受害人经诊断、鉴定为严重精神障碍或者精神残疾一至二级,生活不能自理,且与违法行政行为存在关联。

第二十七条 违法行政行为造成公民、法人或者其他组织财产损害,不能返还财产或者恢复原状的,按照损害发生时该财产的市场价格计算损失。市场价格无法确定,或者该价格不足以弥补公民、法人或者其他组织损失的,可以采用其他合理方式计算。

违法征收征用土地、房屋,人民法院判决给予被征收人的行政赔偿,不得少于被征收人依法应当获得的安置补偿权益。

第二十八条 下列损失属于国家赔偿法第三十六条第六项规定的"停产停业期间必要的经常性费用开支":

(一)必要留守职工的工资;

（二）必须缴纳的税款、社会保险费；
（三）应当缴纳的水电费、保管费、仓储费、承包费；
（四）合理的房屋场地租金、设备租金、设备折旧费；
（五）维系停产停业期间运营所需的其他基本开支。

第二十九条 下列损失属于国家赔偿法第三十六条第八项规定的"直接损失"：

（一）存款利息、贷款利息、现金利息；
（二）机动车停运期间的营运损失；
（三）通过行政补偿程序依法应当获得的奖励、补贴等；
（四）对财产造成的其他实际损失。

第三十条 被告有国家赔偿法第三条规定情形之一，致人精神损害的，人民法院应当判决其在违法行政行为影响的范围内，为受害人消除影响、恢复名誉、赔礼道歉；消除影响、恢复名誉和赔礼道歉的履行方式，可以双方协商，协商不成的，人民法院应当责令被告以适当的方式履行。造成严重后果的，应当判决支付相应的精神损害抚慰金。

第三十一条 人民法院经过审理认为被告对公民、法人或者其他组织造成财产损害的，判决被告限期返还财产、恢复原状；无法返还财产、恢复原状的，判决被告限期支付赔偿金和相应的利息损失。

人民法院审理行政赔偿案件，可以对行政机关赔偿的方式、项目、标准等予以明确，赔偿内容确定的，应当作出具有赔偿金额等给付内容的判决；行政赔偿决定对赔偿数额的确定确有错误的，人民法院判决予以变更。

第三十二条 有下列情形之一的，人民法院判决驳回原告的行政赔偿请求：

（一）原告主张的损害没有事实根据的；
（二）原告主张的损害与违法行政行为没有因果关系的；
（三）原告的损失已经通过行政补偿等其他途径获得充分救济的；
（四）原告请求行政赔偿的理由不能成立的其他情形。

六、其 他

第三十三条 本规定自2022年5月1日起施行。《最高人民法院关于审理行政赔偿案件若干问题的规定》（法发〔1997〕10号）同时废止。

本规定实施前本院发布的司法解释与本规定不一致的，以本规定为准。

最高人民法院关于公安机关不履行、拖延履行法定职责如何承担行政赔偿责任问题的答复

(2013年9月22日 〔2011〕行他字第24号)

甘肃省高级人民法院：

你院《关于张美华等五人诉天水市公安局麦积分局行政赔偿案的请示报告》收悉，经研究，答复如下：

公安机关不履行或者拖延履行保护公民、法人或者其他组织人身权、财产权法定职责，致使公民、法人或者其他组织人身、财产遭受损失的，应当承担相应的行政赔偿责任。

公民、法人或者其他组织人身、财产损失系第三人行为造成的，应当由第三人承担民事侵权赔偿责任；第三人民事赔偿不足、无力承担赔偿责任或者下落不明的，应当根据公安机关不履行、拖延履行法定职责行为在损害发生过程和结果中所起的作用等因素，判决其承担相应的行政赔偿责任。

公安机关承担相应的赔偿责任后，可以向实施侵权行为的第三人追偿。

此复。

七、典型案例

公报案例

1. 季频不服宜兴市公安局宜城派出所治安其他行政行为案①

【裁判摘要】

行政机关适用兜底条款时,应与同条款中已经明确列举的情形相联系,参照同条款已经明确列举的情形所设置的标准,确定兜底条款能否适用。适用兜底条款的情形,应与同条款中已经明确列举的情形具有相同或相似的价值,在性质、影响程度等方面具有一致性,且符合该条款的立法目的。

"证据不足"情况下,无法排除未来重新作出行政处罚决定的可能性,与修改前的《公安机关办理行政案件程序规定》第二百三十三条第一款前三项列举的终止调查情形不具有相同或相似的性质,不属于"其他需要终止调查的情形"。

原告:季频,男,1973年3月1日出生,汉族,住江苏省宜兴市。

被告:宜兴市公安局宜城派出所,住所地:江苏省宜兴市宜城街道建设新村。

法定代表人:朱良洪,该所所长。第三人:沈占良,男,1962年2月12日出生,汉族,住江苏省宜兴市。

第三人:沈涛,男,1986年2月18日出生,汉族,住江苏省宜兴市。

原告季频因不服被告宜兴市公安局宜城派出所(以下简称宜城派出所)终止案件调查决定行为,向江苏省江阴市人民法院提起行政诉讼。

---

① 案例来源:《最高人民法院公报》2020年第12期(总第290期),载最高人民法院公报网站,http://gongbao.court.gov.cn/Details/6cf1023e1e98f35a7021a0ca42ad48.html?sw=,最后访问时间:2025年6月10日。
本书收录的案例,标题与内容会根据编辑需要做微调。
本书收录的案例中依据的法律文件,当时皆为有效。

原告季频诉称:沈占良、沈涛纠集社会青年,私自闯入其家中,无故持械殴打其及家人,致其当场昏迷不醒,其亲属当即报警。当天宜城派出所虽派员出警,但并未对沈占良等人绳之以法。2017年8月4日,宜城派出所以"证据不足,办案期限届满"为由,作出宜公(城)行终止决字〔2017〕1号终止案件调查决定书(以下简称终止调查决定),决定终止调查。其对终止调查决定不服,故向法院提起诉讼。本案审理中,季频变更诉讼请求为:1.判决撤销宜城派出所作出的终止调查决定;2.判令宜城派出所履行法定职责,对其亲属的报警事项继续调查处理;3.本案诉讼费由宜城派出所承担。

被告宜城派出所辩称:其作出的终止调查决定事实清楚,程序合法,适用法律正确。沈占良、沈涛等人与季盘鸿、季频等人发生肢体冲突,推撞中致季频受伤。其接到报警后,即派警到现场了解情况,分别对季盘鸿、沈占良、沈涛等人进行询问并制作笔录。后宜兴市公安局物证鉴定室对季频进行伤情鉴定,鉴定意见明确季频的伤情为轻微伤。2017年1月25日,其立案受理后又传唤沈占良、沈涛等人制作询问笔录。同年7月,季频及其母闵卫金经两次合法传唤,均无正当理由拒不到所接受询问。同年8月4日,其依据《公安机关办理行政案件程序规定》(以下简称修改前的《程序规定》)第二百三十三条第一款规定作出终止调查决定。其认为,其积极履行了法定职责,在事发后及时开展工作,全面调查了解、收集证据,但季频及其母闵卫金却不予配合,未到所接受询问。因办案期限届满,其在现有证据不足以证明沈占良等人具有违法行为的情况下,作出终止调查决定是正确的。请求法院驳回季频的诉讼请求。

第三人沈占良、沈涛述称:其二人不存在违法情形,请求驳回季频的诉讼请求。

江苏省江阴市人民法院一审查明:

2017年1月11日上午9时左右,沈占良、沈涛及案外人徐锋到季频家找其父季盘鸿(季频与季盘鸿同住)索要债务(保证金),双方在季盘鸿房间内发生争吵,季频及闵卫金、妹妹季斐听到争吵声后进入该房间,后双方发生肢体冲突,季频受伤被送往医院治疗。宜城派出所于当日接到季斐报警后指派民警到现场处理,于当天传唤季盘鸿与沈占良、沈涛分别进行询问调查。同年1月15日、22日,宜城派出所对季斐、季频分别进行了询问调查。

2017年1月27日,宜城派出所根据前期调查情况予以受案登记。同年2月2日,宜城派出所向徐锋进行询问调查。同年6月30日、7月1日,宜城派出所再次对沈占良、沈涛分别进行询问核实。7月4日,宜城派出所办理延长案件办理期限的审批,延长办案期限 30 日。7 月 5 日,宜城派出所对案外人史国平进行询问调查。8 月 4 日,宜城派出所作出终止调查决定,认为因季频被故意伤害案具有证据不足、办案期限届满的情形,根据修改前的《程序规定》第二百三十三条第一款之规定,决定终止调查,并于次日将终止调查决定送达季频。

本案一审审理中,宜城派出所明确作出终止调查决定时适用的法律依据是修改前的《程序规定》第二百三十三第一款第(四)项,即"其他需要终止调查的情形",因在法定办案期限内尚无法查清事实,相关人员又不配合,认定违法事实证据不足,故宜城派出所决定终止调查。

另查明:2017 年 1 月 17 日,宜城派出所委托宜兴市公安局物证鉴定室对季频身体损伤程度进行法医鉴定。宜兴市公安局物证鉴定室于 2017 年 6 月 12 日出具法医鉴定意见,结论为季频的损伤构成轻微伤。

根据宜城派出所提供的执法仪视频资料反映,2017 年 7 月,宜城派出所传唤季频及闵卫金到派出所接受询问调查,上门送达传唤证时,季盘鸿提出宜城派出所以前电话通知他们去,但派出所民警未作笔录,认为该案承办人员存在执法不公的现象。季频及闵卫金未再到派出所接受询问。

江苏省江阴市人民法院一审认为:

本案一审的争议焦点是:"证据不足、办案期限届满"是否属于"其他需要终止调查的情形",案涉终止调查决定适用兜底条款是否正确。

根据《中华人民共和国治安管理处罚法》、修改前的《程序规定》的相关规定,宜城派出所具有对其辖区内受理的报案、控告进行调查并作出处理的职责。

修改前的《程序规定》第二百三十三条第一款规定,"经过调查,发现行政案件具有下列情形之一的,经公安派出所、县级公安机关办案部门或者出入境边防检查机关以上负责人批准,终止调查:(一)没有违法事实的;(二)违法行为已过追究时效的;(三)违法嫌疑人死亡的;(四)其他需要终止调查的情形。"根据该规定,公安机关在办理治安行政案件过程中,在出现调查工作已经没有必要或者无法继续进行下去的情形时,应当及时终止案件调查工作,终止调查为案件终结的一种方式。法律条文采用列举式规定,行政机关进行自由裁量适用兜底条款时,应与同条之内确定性的规定具有相同或相似的价值,与同条已明确列举的行为性质、影响程度具有一致性,符合立法目的,而不得任意适用。宜城派出所作出终止调查决定所认定的情形为"证据不足、办案期限届满",显然与列举情形并不类似或相当。

综上,宜城派出所以证据不足、办案期限届满为由,依据修改前的《程序规定》第二百三十三条第一款第(四)项规定作出终止调查决定,理由明显不当,适用法律法规错误,依法应予撤销。江苏省江阴市人民法院依照《中华人民共和国行政诉讼法》第七十条第(二)、(六)项规定,于2019年2月11日判决如下:

一、撤销宜城派出所作出的终止调查决定。

二、责令宜城派出所于本判决发生法律效力之日起60日内重新作出处理决定。

宜城派出所不服一审判决,向江苏省无锡市中级人民法院提起上诉,请求二审法院撤销原判,发回重审或者依法改判驳回季频的诉讼请求。

上诉人宜城派出所的上诉理由是:1."证据不足、办案期限届满"作为终止调查的理由并无不当。"证据不足、办案期限届满"要表达的真实含义是在法定办案期限即将届满时,由于季频方面不配合调查的客观障碍,导致现有证据对涉案人员进行处罚或者不予处罚均证据不充分,该终止理由即使书写表达欠妥,但是不影响"证据不足"这一实际终止原因。2. 其作出的终止调查决定适用法律正确。修改前的《程序规定》第二百三十二条和第二百三十三条规定了案件终结的两种形式,即结案和终止调查。两个条文的区别在于:第二百三十二条规定的是能够对行为人作出处理、处罚而结案的案件终结;第二百三十三条规定的是对行为人不能作出处理处罚的情形下的案件终结。法律赋予行政机关根据实际情况适用兜底条款的自由裁量权,该案终止调查的原因在于"证据不足",而非没有违法事实,即结合案情不能完全排除涉案人员存在违法事实的可能性。所以,其适用修改前的《程序规定》第二百三十三条第一款第(四)项的规定终止调查,与同一法条之内的确定性的规定具有相同或者相似的价值,适用法律正确。

被上诉人季频答辩称,一审认定事实清楚,适用法律正确。请求驳回上诉,维持原判。

一审第三人沈占良、沈涛未陈述意见。

江苏省无锡市中级人民法院经二审,确认了一审查明的事实。

江苏省无锡市中级人民法院二审认为:

上诉人宜城派出所具有对其辖区内受理的报案、控告进行调查并作出处理的职责。修改前的《程序规定》第二百三十三条第一款第(四)项规定了"其他需要终止调查的情形",属于兜底条款。设置兜底条款,作为一种立法技术,固然是为了避免法律的不周延性,以适应社会情势的变迁。但是,行政机关通过行政裁量适用兜底条款时,不得任意适用,应与同条款中已经明确列举的情形相联系,参照同条款已经明确列举的情形所设置的标准,来确定能否适用。适用兜底条款的情形,应与同条款中已经明确列举的情形具有相同或相似的价值,在性质、影响程度等方面具有一致性,且应符合该条款的立法目的。修改前的《程序规定》第二百三十三条第一款明确列举的"没有违法事实、违法行为已过追究时效、违法嫌疑人死亡"这三种情形都是确定性的事实,该事实的出现使得公安机关无法或没有必要再针对该案件采取任何调查措施,即该事实的出现足以产生终局性的、不可逆的终止案件调查的效果。宜城派出所以"证据不足、办案期限届满"为由终止调查,显然该情形与上述条款明确列举的情形在性质、影响程度上并不具有相同或者相似的价值。

"办案期限届满"并非终止案件调查的合理理由,而"证据不足"也不应产生终止案件调查的效果。即使确如宜城派出所在上诉状及二审询问中所称的"证据不足、办案期限届满"这一终止案件调查的理由存在书写表达欠妥,实际终止原因是"证据不足",即结合案情不能完全排除涉案人员存在违法事实的可能性。但是,根据依法行政原则,在没有充分的证据证明涉案人员违法事实成立的情况下,宜城派出所应当按照修改前的《程序规定》第一百四十七条第一款第(三)项的规定,对涉案人员作出不予处罚决定。其后公安机关又发现新的证据,使违法行为能够认定时,可以根据2019年1月1日起施行的《程序规定》第一百七十二条第二款的规定,依法重新作出处理决定,并撤销原不予行政处罚决定。所以,即使确如宜城派出所所言,实际终止调查的原因是"证据不足"的情况下,宜城派出所作出终止调查决定也是缺乏依据的。

综上,一审法院以适用法律错误为由,判决撤销宜城派出所作出的终止调查决定,并责令其限期重新作出处理决定,认定事实清楚,适用法律正确,程序合法,结论恰当,应予维持。宜城派出所的上诉请求没有事实和法律依据,依法不应支持。江苏省无锡市中级人民法院依照《中华人民共和国行政诉讼法》第八十九条第一款第(一)项的规定,于2019年6月26日判决如下:

驳回上诉,维持原判。

本判决为终审判决。

2. 焦志刚诉和平公安分局治安管理处罚决定行政纠纷案①

【裁判摘要】

一、依法作出的行政处罚决定一旦生效，其法律效力不仅及于行政相对人，也及于行政机关，不能随意被撤销。已经生效的行政处罚决定如果随意被撤销，不利于社会秩序的恢复和稳定。

二、错误的治安管理行政处罚决定只能依照法定程序纠正。《公安机关内部执法监督工作规定》是公安部为保障公安机关及其人民警察依法正确履行职责，防止和纠正违法和不当的执法行为，保护公民、法人和其他组织的合法权益而制定的内部规章，不能成为制作治安管理行政处罚决定的法律依据。

三、在行政处罚程序中始终贯彻允许当事人陈述和申辩的原则，只能有利于事实的查明和法律的正确适用，不会混淆是非，更不会因此而使违法行为人逃脱应有的惩罚。

原告：焦志刚，男，38岁，南开大学新部落餐厅员工，住天津市河西区湘江道。

被告：天津市公安局和平分局，住所地：天津市和平区山西路。

负责人：穆建国，该分局局长。

原告焦志刚因不服天津市公安局和平分局（以下简称和平公安分局）作出的公（和）决字（2004）第870号行政处罚决定书（以下简称870号处罚决定书），向天津市和平区人民法院提起行政诉讼。

原告焦志刚诉称：因原告错误举报查扣车辆的执勤交通民警酒后执法，被告和平公安分局已经给予原告治安罚款200元的行政处罚。该行政处罚决定生效后，被告又说要重新查处，重新裁决。被告的重新裁决是给予原告治安拘留10日的行政处罚，原告不服申请复议，天津市公安局也以事实不清为由撤销了该处罚决定，要求被告再重裁。然而被告在相同的事实基础上，以870号处罚决定书再次裁决，竟然把对原告治安拘留10日改成了治安拘留15日。被告完全不顾《中华人民共和国行政处罚法》（以下简称行政处罚法）上关于

---

① 案例来源：《最高人民法院公报》2006年第10期（总第120期），载最高人民法院公报网站，http://gongbao.court.gov.cn/Details/0735c03a88d4f65a3cdd66d220fcf7.html?sw=，最后访问时间：2025年6月10日。

"行政机关不得因当事人申辩而加重处罚"的规定,对不服处罚决定而申辩的原告加重处罚,是滥用职权违法行政。请求判决撤销被告作出的 870 号处罚决定书。

被告辩称:被告虽然对原告作出过治安罚款 200 元的行政处罚,但因为天津市公安局公安交通管理局向天津市公安局纪检组反映该治安处罚过轻,市公安局纪检组根据公安部监督条例的相关规定要求被告重新裁决,故被告在撤销了原治安罚款 200 元的行政处罚决定后,依法作出 870 号处罚决定书。该处罚决定事实清楚、证据确凿、适用法律正确、程序合法,法院应当维持。

天津市和平区人民法院经审理查明:

2004 年 3 月 30 日 23 时许,原告焦志刚驾驶一辆报废的夏利牌汽车途经天津市卫津路与鞍山道交叉路口时,被正在这里执行查车任务的交通民警王心魁、方成瑞、王学静等人查获。交通民警决定暂扣焦志刚驾驶的汽车,但焦志刚拒绝交出汽车钥匙,交通民警遂调来拖车将暂扣汽车拖走。汽车被拖走后,焦志刚向交通民警索要被滞留的驾驶证,未果,便拨打 110 报警,称交通民警王心魁酒后执法。接报警后,天津市公安局督察处立即赶到现场询问了情况,并带王心魁、焦志刚一起到天津市公安局刑事科学技术鉴定部门,当场委托该部门化验王心魁的尿液。经化验鉴定,结论为:在王心魁的尿液中未检查出酒精成分。据此,天津市公安局督察处向交通民警王心魁本人及其所在单位发出《公安警务督察正名通知书》,确认焦志刚举报交通民警王心魁酒后执法一事不实,并按管辖分工,将不实举报人焦志刚移交给被告和平公安分局处理。和平公安分局认为,焦志刚的不实举报阻碍了国家工作人员依法执行职务,属于《中华人民共和国治安管理处罚条例》(以下简称治安管理处罚条例)第十九条第(七)项规定的扰乱公共秩序行为,遂根据该条规定,于同年 3 月 31 日作出公(和)决字(2004)第 056 号行政处罚决定书(以下简称 056 号处罚决定书),决定给予焦志刚治安罚款 200 元的行政处罚。在 056 号处罚决定书已经发生法律效力后,同年 7 月 4 日,和平公安分局告知焦志刚,由于天津市公安局公安交通管理局反映处罚过轻,所以要撤销 056 号处罚决定书,重新查处,重新裁决。同年 7 月 13 日,和平公安分局作出公(和)决字(2004)第 047 号行政处罚决定书(以下简称 047 号处罚决定书),决定给予焦志刚治安拘留 10 日的行政处罚。焦志刚不服申请复议,天津市公安局以事实不清为由撤销了 047 号处罚决定书,要求和平公安分局重新作出具体行政行为。同年 11 月 19 日,和平公安分局作出 870 号处罚决定书,决定给予焦志刚治安拘留 15 日的行政处罚。焦志刚再次申请复议,天津市公安局维持了870号处罚决定书,焦志刚为此提起行政诉讼。

认定上述事实的证据有:

1. 2004年3月31日对焦志刚的讯问笔录两份;
2. 2004年7月4日对焦志刚的讯问笔录一份;
3. 2004年3月31日对王心魁的询问笔录两份;
4. 2004年3月31日对方成瑞的询问笔录一份;
5. 2004年3月31日对王学静的询问笔录一份;
6. 方成瑞、王学静、刘胜宇、张宽、欧阳东军出具的《情况说明》;
7. 天津市公安局刑事科学技术鉴定书;
8. 报废车辆证明;
9. 公安警务督察正名通知书两份;
10. 传唤证三份;
11. 天津市公安局公安行政处罚告知笔录;
12. 056号、047号、870号处罚决定书;
13. 治安管理处罚条例第十九条第(七)项、第三十三条、第三十四条;
14. 行政处罚法第三十一条。

天津市和平区人民法院认为:

治安管理处罚条例第三十三条第一款规定:"对违反治安管理行为的处罚,由县、市公安局、公安分局或者相当于县一级的公安机关裁决。"被告和平公安分局是有权作出行政处罚决定的公安机关,行政主体适格。原告焦志刚在交通民警王心魁执行公务时,不仅不配合,反而拨打110无中生有地举报王心魁酒后执法。和平公安分局据此认定焦志刚阻碍王心魁执行职务,根据治安管理处罚条例第十九条第(七)项规定,决定给予焦志刚罚款200元的行政处罚,事实清楚、证据确凿,处罚在法律规定的幅度内,且执法程序合法。天津市公安局公安交通管理局认为和平公安分局对焦志刚所作的处罚过轻,应当在复议期限内依法定程序解决。非经复议机关复议和人民法院审判,任何机关和个人都不得改变已经发生法律效力的处罚决定。和平公安分局在056号处罚决定书已经生效的情况下,仅因天津市公安局公安交通管理局认为处罚过轻,即随意地自行变更处罚决定,程序明显违法。特别是焦志刚对和平公安分局的第二次处罚决定不服申请复议后,不但未能得到应有的行政救助,反而受到加重处罚。和平公安分局的做法明显与行政处罚法第三十二条第二款

"行政机关不得因当事人申辩而加重处罚"的规定不符。

据此,天津市和平区人民法院依照《中华人民共和国行政诉讼法》第五十四条第(二)项第三目规定,于2005年3月30日判决:

撤销被告和平公安分局所作的870号处罚决定书。

诉讼受理费50元,其他费用150元,均由被告和平公安分局负担。

一审宣判后,和平公安分局不服,向天津市第一中级人民法院提起上诉称:1. 公安部《公安机关内部执法监督工作规定》第十三条规定:"在执法监督过程中,发现本级或者下级公安机关已经办结的案件或者执法活动确有错误、不适当的,主管部门报经主管领导批准后,直接作出纠正的决定,或者责成有关部门或者下级公安机关在规定的时限内依法予以纠正。"第十九条第(一)项规定,对错误的处理或者决定予以撤销或者变更。依照上述规定,上诉人在接到上级机关要求重新裁决的指令后,撤销了对被上诉人焦志刚罚款200元的056号处罚决定书,责令办案单位重新查处,才又作出给予被上诉人治安拘留的行政处罚决定。这个行政处罚决定的作出符合法律规定,程序不违法;2. 行政处罚法第三十二条第二款的规定,是指行政机关在行政处罚决定作出前,要允许当事人申辩,不得因当事人申辩而加重处罚,这个规定不适用于行政处罚决定作出后的行政复议程序;3.《中华人民共和国行政复议法》(以下简称行政复议法)没有规定行政处罚决定被复议机关撤销后,行政机关重新作出的裁决不得加重处罚。上诉人在决定对被上诉人治安拘留10日的047号处罚决定书被复议机关撤销后,重新作出给予被上诉人治安拘留15日的870号处罚决定书,符合法律规定。一审认定870号处罚决定书违反法定程序、违反法律规定,是不当的。请求撤销一审判决,依法判决维持被诉具体行政行为。

被上诉人焦志刚答辩称:一审认定事实清楚,适用法律正确,程序合法,所作判决并无不当。上诉人的上诉理由不能成立,二审应当维持一审判决,驳回上诉人的上诉请求。

天津市第一中级人民法院经审理,确认了一审查明的事实。

本案争议焦点是:1. 056号处罚决定书生效后,能否被撤销?2. 上诉人根据《公安机关内部执法监督工作规定》,以047号处罚决定书取代056号处罚决定书,其行为是否合法?3. 行政处罚决定书被复议机关撤销后,行政机关能否在重新作出的处罚决定中加重对当事人的行政处罚?

天津市第一中级人民法院认为:

一、治安管理处罚条例第十九条第(七)项规定,对未使用暴力、威胁方法的拒绝、阻碍国家工作人员依法执行职务行为,尚不够刑事处罚的,处15日以下拘留、200元以下罚款或者警告。被上诉人焦志刚驾驶报废汽车,被执行查车任务的交通民警查获。交通民警暂扣焦志刚驾驶的汽车和滞留其驾驶证,是依法执行职务。对交通民警依法执行职务的行为,公民有义务配合。而焦志刚不仅不配合,还拨打110报警,无中生有地举报交通民警王心魁酒后执法,使交通民警正在依法执行的公务不得不中断。经天津市公安局督察处查证,确认焦志刚的举报不实。上诉人和平公安分局据此认定焦志刚的行为触犯了治安管理处罚条例第十九条第(七)项规定,并根据该条规定作出056号处罚决定书,给予焦志刚治安罚款200元的处罚。这个处罚决定事实清楚、证据确凿,处罚在法律规定的幅度内,且执法程序合法,是合法的行政处罚决定,并已发生法律效力。依法作出的行政处罚决定一旦生效,其法律效力不仅及于行政相对人,也及于行政机关,不能随意被撤销。已经生效的行政处罚决定如果随意被撤销,也就意味着行政处罚行为本身带有随意性,不利于社会秩序的恢复和稳定。

二、上诉人和平公安分局称,由于天津市公安局公安交通管理局认为056号处罚决定书处罚过轻提出申诉,天津市公安局纪检组指令其重新裁决,这样做的执法根据是《公安机关内部执法监督工作规定》第十三条、第十九条第(一)项规定,因此重新裁决符合法律规定,程序并不违法。

错误的行政处罚决定,只能依照法定程序纠正。治安管理处罚条例第三十九条规定:"被裁决受治安管理处罚的人或者被侵害人不服公安机关或者乡(镇)人民政府裁决的,在接到通知后五日内,可以向上一级公安机关提出申诉,由上一级公安机关在接到申诉后五日内作出裁决;不服上一级公安机关裁决的,可以在接到通知后五日内向当地人民法院提起诉讼。"根据此条规定,有权对治安管理处罚决定提出申诉的,只能是被处罚人和因民间纠纷引起的打架斗殴等违反治安管理事件中的被侵害人。交通民警是国家工作人员,交通民警是根据法律的授权才能在路上执行查车任务。交通民警依法执行职务期间,是国家公权力的化身,其一举一动都象征着国家公权力的行使,不是其个人行为的表现。交通民警依法执行职务期间产生的责任,依法由国家承担,与交通民警个人无关。交通民警依法执行职务的行为受法律特别保护,行政相对人如果对依法执行职务的交通民警实施人身攻击,应当依法予以处罚。被上诉人焦志刚因实施了阻碍国家工作人员依法执行职务的行为被处罚。虽然焦志刚的不实举报直接指向了交通民警王心魁,但王心魁与焦志刚之间事先不存在民事纠纷,焦志刚实施违反治安管理行为所侵害的直接客体,不是王心魁的民事权益,而是公共秩序和执法秩序。因此,无论是交通民警王心魁还是王心魁所供职的天津市公安局公安交通管理局,都与焦志刚不存在个人恩怨,都不是治安管理处罚条例所指的被侵害人,都无权以被侵害人身份对上诉人和平公安分局所作的056号处罚决定书提出申诉。

《公安机关内部执法监督工作规定》第十三条、第十九条第(一)项,要求公安机关纠正在执法活动过程中形成的错误的处理或者决定。纠正的目的,该规定第一条已经明示,是为保障公安机关及其人民警察依法正确履行职责,防止和纠正违法和不当的执法行为,保护公民、法人和其他组织的合法权益。这样做的结果,必然有利于树立人民警察公正执法的良好形象。前已述及,056号处罚决定书依照法定程序作出,事实清楚、证据确凿,处罚在法律规定的幅度内,是合法且已经发生法律效力的处罚决定,不在《公安机关内部执法监督工作规定》所指的"错误的处理或者决定"之列,不能仅因交警部门认为处罚过轻即随意撤销。这样做,只能是与《公安机关内部执法监督工作规定》的制定目的背道而驰。再者,《公安机关内部执法监督工作规定》是公安部为保障公安机关及其人民警察依法正确履行职责,防止和纠正违法和不当的执法行为,保护公民、法人和其他组织的合法权益而制定的内部规章,只在公安机关内部发挥作用,不能成为制作治安管理行政处罚决定的法律依据。

三、上诉人和平公安分局认为,行政处罚法第三十二条第二款的规定是指在行政处罚决定作出前,行政机关要允许当事人申辩,不得因当事人申辩而加重处罚,这个规定不适用于行政处罚决定作出后的行政复议程序;行政复议法没有规定行政处罚决定被复议机关撤销后,行政机关重新作出的裁决不得加重处罚。因此,047号处罚决定书被复议机关撤销后,其在870号处罚决定书中决定给予被上诉人焦志刚治安拘留15日的行政处罚,符合法律规定。

行政复议法确实没有"行政处罚决定被复议机关撤销后,行政机关重新作出的裁决不得加重处罚"的规定。之所以不作这样的规定,是因为实践中存在着因原裁决处罚过轻被复议机关撤销的实际情况,重新作出的裁决当然有必要加重处罚。

行政处罚法第三十二条第一款的规定是:"当事人有权进行陈述和申辩。行政机关必须充分听取当事人的意见,对当事人提出的事实、理由和证据,应当进行复核;当事人提出的事实、理由或者证据成立的,行政机关应当采纳。"第二款的规定是:"行政机关不得因当事人申辩而加重处罚。"行政处罚决定权掌握在行政机关手中。在行政处罚程序中始终贯彻允许当事人陈述和申辩的原则,只能有利于事实的查明和法律的正确适用,不会混淆是非,更不会因此而使违法行为人逃脱应有的惩罚。法律规定不得因当事人申辩而加重处罚,就是对当事人申辩进行鼓励的手段。无论是行政处罚程序还是行政复议程序,都不得因当事人进行申辩而加重对其处罚。认为"不得因当事人申辩而加重处罚"不适用于行政复议程序,是对法律的误解。

上诉人和平公安分局作出给予被上诉人焦志刚治安拘留10日的047号处罚决定书后,焦志刚以处罚明显过重为由申请复议,这是一种申辩行为。复议机关以事实不清为由撤销了047号处罚决定书后,和平公安分局在没有调查取得任何新证据的情况下,在870号处罚决定书中决定给予焦志刚治安拘留15日的处罚。这个加重了的行政处罚明显违反行政处罚法第三十二条第二款规定,也背离了行政复议法的立法本意。

综上所述,上诉人和平公安分局的上诉理由不能成立,不予支持。一审判决撤销870号处罚决定书,并无不当。据此,天津市第一中级人民法院依照《中华人民共和国行政诉讼法》第六十一条第(一)项规定,于2005年9月6日判决:

驳回上诉,维持原判。

上诉案件受理费100元,由上诉人和平公安分局负担。

3. 尹琛琰诉卢氏县公安局110报警不作为行政赔偿案[①]

原告:尹琛琰,女,24岁,卢氏县百纺公司下岗职工,住河南省卢氏县城关镇。

被告:卢氏县公安局,住所地:河南省卢氏县城新建路。

法定代表人:刘永章,该局局长。

原告尹琛琰开办的"工艺礼花渔具门市部"发生盗窃时,卢氏县公安局"110指挥中心"接到报警后没有受理,尹琛琰认为,卢氏县公安局的失职造成其财产损失,遂向河南省卢氏县人民法院提起行政诉讼。

原告诉称:2002年6月26日夜,我在卢氏县东门开办的"工艺礼花渔具门市部"被盗。小偷行窃时惊动了门市部对面"劳动就业培训中心招待所"的店

[①] 案例来源:《最高人民法院公报》2003年第2期(总第82期),载最高人民法院公报网站,http://gongbao.court.gov.cn/Details/1189e50ef2e8678bf5438883cf7274.html?sw=,最后访问时间:2025年6月10日。

主和旅客。他们即向卢氏县公安局"110 指挥中心"报案,但接到报警的值班人员拒不处理。20 多分钟后,小偷将所盗物品装上摩托车拉走。被盗货物价值 24546.5 元,被毁坏物品折价 455 元,共计 25001.5 元。被告卢氏县公安局接到报警后不出警,违反了职责,是行政不作为。事后,我虽多次交涉,要求被告赔偿损失,但其一直推拖不赔。请求法院根据国家赔偿法的规定,责令被告赔偿其全部损失。

原告尹琛琰提供的证据有:

1. 申请材料一份,证明其起诉前曾要求卢氏县公安局予以赔偿,卢氏县公安局一直不予赔偿。

2. 证人吴古栾、程新发、任春风书面证言及卢氏县公安局卢公字(2002)68 号文件,证明卢氏县公安局接到报警后不出警行为的存在。

3. "工艺礼花渔具门市部"进货数、销货数、存货数、修复门等发票 3 张,证明自己的损失数额。

被告卢氏县公安局辩称:"110 指挥中心"接到报案后未出警是事实,但对原告尹琛琰主张的损失数额有异议。请求法院划清其承担损失的责任。

卢氏县公安局未提供证据。

在法庭调查中,被告卢氏县公安局对原告尹琛琰提供的证据的质证意见为:对证据 2 无异议,承认接警不出警违法事实的存在;对证据 1 虽无异议,但认为这属于法律规定的赔偿范围,尹琛琰起诉不符合国家赔偿法规定的程序;对证据 3 证明的数额有异议,认为 1 辆摩托车无法装运这些东西。卢氏县人民法院认为,原告尹琛琰提供的 3 份证据符合法律的规定,和本案事实相关联,内容真实,可以作为本案的定案依据。

卢氏县人民法院经审理查明:

2002 年 6 月 27 日凌晨 3 时许,原告尹琛琰位于卢氏县县城东门外的"工艺礼花渔具门市部"(以下简称门市部)发生盗窃,作案人的撬门声惊动了在街道对面"劳动就业培训中心招待所"住宿的旅客吴古栾、程发新,他们又叫醒了该招待所负责人任春风,当他们确认有人行窃时,即打电话 110 向警方报案,前后两次打通了被告卢氏县公安局"110 指挥中心"并报告了案情,但卢氏县公安局始终没有派人出警。20 多分钟后,作案人将盗窃物品装上 1 辆摩托车后驶离了现场。尹琛琰被盗的物品为渔具、化妆品等货物,价值总计 24546.50 元人民币。案发后,尹琛琰向卢氏县公安局提交了申诉材料,要求卢氏县公安局惩处有关责任人,尽快破案,并赔偿其损失。卢氏县公安局一直没有作出答复。

卢氏县人民法院认为:

《中华人民共和国人民警察法》第二条规定:"人民警察的任务是维护国家安全,维护社会治安秩序,保护公民的人身安全、人身自由和合法财产,保护公共财产,预防、制止和惩治违法犯罪活动。"第二十一条规定:"人民警察遇到公民人身、财产安全受到侵犯或者处于其他危难情形,应当立即救助;对公民提出解决纠纷的要求,应当给予帮助;对公民的报警案件,应当及时查处。"

《中华人民共和国国家赔偿法》(以下简称国家赔偿法)第二条规定:"国家机关和国家机关工作人员违法行使职权侵犯公民、法人和其他组织的合法权益造成损害的,受害人有依照本法取得国家赔偿的权利。"

依法及时查处危害社会治安的各种违法犯罪活动,保护公民的合法财产,是公安机关的法律职责。被告卢氏县公安局在本案中,两次接到群众报警后,都没有按规定立即派出人员到现场对正在发生的盗窃犯罪进行查处,不履行应该履行的法律职责,其不作为的行为是违法的,该不作为行为相对原告尹琛琰的财产安全来说,是具体的行政行为,且与门市部的货物因盗窃犯罪而损失在法律上存在因果关系。因此,尹琛琰有权向卢氏县公安局主张赔偿。

国家赔偿法第十三条规定:"赔偿义务机关应当自收到申请之日起两个月内依照本法第四章的规定给予赔偿;逾期不予赔偿或者赔偿请求人对赔偿数额有异议的,赔偿请求人可以自期间届满之日起三个月内向人民法院提起诉讼。"

原告尹琛琰在门市部被盗窃案发后,向被告卢氏县公安局提交了书面申诉材料,要求给予赔偿,符合法律规定的申请国家赔偿程序。卢氏县公安局在国家赔偿法规定的两个月的期间内没有任何意见答复尹琛琰,尹琛琰以卢氏县公安局逾期不受理为由提起行政诉讼,符合行政诉讼的受理程序。

原告尹琛琰主张的损失数额,有合法的依据,被告卢氏县公安局虽然对具体数额表示怀疑,但由于没有提供相关的具体证据予以否认,因此,对尹琛琰主张的财产损失数额应予以认定。尹琛琰门市部的财产损失,是有人进行盗窃犯罪活动直接造成的,卢氏县公安局没有及时依法履行查处犯罪活动的职责,使尹琛琰有可能避免的财产损失没能得以避免,故应对盗窃犯罪造成的财产损失承担相应的赔偿责任。尹琛琰的门市部发生盗窃犯罪时,尹琛琰没有派人值班或照看,对财产由于无人照看而被盗所造成的损失,也应承担相应的责任。

综上,卢氏县人民法院根据《中华人民共和国行政诉讼法》第六十七条第

一款、第二款,第六十八条之规定,于2002年12月12日判决如下:

卢氏县公安局赔偿尹琛琰25001.5元损失的50%,即12500.75元,在判决生效后10日内给付。

宣判后,双方当事人均未上诉。

典型案例

1. 方才女诉浙江省淳安县公安局治安管理行政处罚一案①

【基本案情】

2015年1月,浙江省淳安公安局城区派出所(以下简称城区派出所)和淳安县公安消防大队(以下简称淳安消防大队)曾多次对方才女经营的坐落于淳安县千岛湖镇龙门路53弄11号出租房进行消防检查。同年2月11日,城区派出所和淳安消防大队再次对方才女的出租房进行消防检查。同年2月13日,城区派出所向方才女发出责令限期改正通知书,责令其改正消防安全违法行为。同日,淳安消防大队也向方才女发出责令限期改正通知书,其中认定的消防安全违法行为与淳安县公安局认定的基本相同,并责令方才女于2015年3月11日前改正。3月13日,城区派出所和淳安消防大队民警对涉案出租房进行复查,发现方才女对"四、五、六、七层缺少一部疏散楼梯,未按要求配置逃生用口罩、报警哨、手电筒、逃生绳等"违法行为未予改正。同年3月16日,城区派出所决定立案调查,次日,城区派出所民警向方才女告知拟处罚的事实、理由和依据。同日,淳安县公安局作出淳公行罚决字[2015]第1-0001号《行政处罚决定书》(以下简称被诉处罚决定),认定方才女的行为构成违反安全规定致使场所有发生安全事故危险的违法行为,根据《中华人民共和国治安管理处罚法》(以下简称《治安管理处罚法》)第三十九条的规定,对其决定行政拘留三日,并送淳安县拘留所执行。方才女不服诉至法院请求撤销被诉处罚决定,并对被诉处罚决定作出所依据的规范性文件,即行政程序中适用的《浙江省居住出租房屋消防安全要求》(以下简称《消防安全要求》)《关于解决消防监督执法工作若干问题的批复》(以下简称《消防执法问题批复》)和《关于居

---

① 案例来源:《行政诉讼附带审查规范性文件典型案例》中案例之二,载最高人民法院网站,https://www.court.gov.cn/zixun/xiangqing/125871.html,最后访问时间:2025年6月10日。

住出租房屋消防安全整治中若干问题的法律适用意见(试行)》(以下简称《消防安全法律适用意见》)合法性进行一并审查。

【裁判理由】

浙江省淳安县人民法院一审认为,方才女的出租房屋虽被确定为征迁范围,但其在征迁程序中仍用于出租,且出租房内未按要求配置逃生用口罩、报警哨、手电筒、逃生绳等消防设施。淳安县公安局根据《消防安全要求》《消防执法问题批复》和《消防安全法律适用意见》的规定,认定方才女的行为构成违反安全规定致使场所有发生安全事故危险的违法事实清楚。《消防安全要求》《消防执法问题批复》和《消防安全法律适用意见》均属于合法的规范性文件,淳安县公安局在行政程序中应参照适用。据此,一审判决驳回方才女的诉讼请求。方才女不服提出上诉。杭州市中级人民法院二审认为,根据对《消防安全要求》《消防执法问题批复》和《消防安全法律适用意见》的审查,淳安县公安局认定案涉居住出租房屋为《治安管理处罚法》第三十九条规定的"其他供社会公众活动的场所",定性准确。方才女提供的证据以及询问笔录均显示其负责案涉出租房屋日常管理,系案涉出租房屋的经营管理人员,依法应对案涉出租经营的房屋消防安全承担责任。方才女要求撤销被诉处罚决定的诉讼请求不能成立,依法应予驳回。据此,二审判决驳回上诉,维持原判。

【典型意义】

本案争议的焦点在于,当事人申请附带审查的《消防安全要求》《消防执法问题批复》和《消防安全法律适用意见》是否对《治安管理处罚法》第三十九条规定的"其他供社会公众活动的场所"进行了扩大解释。《治安管理处罚法》第三十九条适用的对象是"旅馆、饭店、影剧院、娱乐场、运动场、展览馆或者其他供社会公众活动的场所的经营管理人员"。本案中,人民法院通过对案涉规范性文件条文的审查,明确了对居住的出租房屋能否视为"其他供社会公众活动的场所"这一法律适用问题。由于"其他供社会公众活动的场所"为不确定法律概念,其内容与范围并不固定。本案中,居住的出租房物理上将毗邻的多幢、多间(套)房屋集中用于向不特定多数人出租,并且承租人具有较高的流动性,已与一般的居住房屋只关涉公民私人领域有质的区别,已经构成了与旅馆类似的具有一定开放性的公共活动场所。对于此类场所的经营管理人员,在出租获利的同时理应承担更高的消防安全管理责任。因此,《消防安全要求》《消防执法问题批复》和《消防安全法律适用意见》所规定的内容并不与《治安管理处罚法》第三十九条之规定相抵触。

2. 沈某、蔡某诉南通市公安局开发区分局行政不作为案[①]

【基本案情】

2013年9月20日下午13时5分左右，江苏省南通市开发区某小区内1号门面店主与2号门面店主因空油桶堆放问题引发纠纷，双方人员由争执进而引发殴打。南通市公安局开发区分局(以下简称开发区分局)接到报警后，指令民警出警并对涉案人员及证人调查取证。2013年9月22日，开发区分局将该纠纷正式作为治安案件立案，并多次组织双方调解。10月9日，沈某被传唤接受询问时明确表示不同意调解。12月2日，沈某、蔡某以开发区分局不履行治安管理行政处罚法定职责为由，向法院提起行政诉讼，要求确认被告未在法律规定期限内作出治安处罚决定行为违法。在诉讼期间，被告于12月9日根据《治安管理处罚法》的规定分别对涉案人员作出行政处罚决定。

【裁判结果】

南通市港闸区人民法院一审认为，被告开发区分局是否在法定期限内履行了法定职责，应当从法律、法规规定的办案期限及是否存在不计入办案期限的正当事由两个方面审查。根据《治安管理处罚法》第九十九条的规定，公安机关办理治安案件的期限，自受理之日起不得超过三十日；案情重大、复杂的治安案件，经上一级公安机关的批准，可以再延长三十日。这就意味着公安机关办理治安案件的一般期限为三十日，最长期限不得超过六十日。被告于2013年9月22日立案，至2013年12月9日作出行政处罚决定，办案期限明显超过了法律规定的一般办案期限，也超过了最长六十日的办案期限。调解亦应当坚持自愿原则，当事人明确表示不愿意调解的，则不应适用调解处理。即使存在调解的事实，那么从原告沈某10月9日拒绝调解之日起至被告12月9日作出行政处罚决定，亦长达六十一天，仍然超过了最长六十日的办案期限。更何况被告未能在举证期限内提供经上一级公安机关批准延长办案期限的证据。据此，判决确认被告未在法律规定的期限内作出行政处罚决定行为违法。一审宣判后，双方当事人均未上诉。

[①] 案例来源：《最高人民法院2015年1月15日公布行政不作为十大案例》中案例之六，载最高人民法院网站，https://www.court.gov.cn/zixun/xiangqing/13404.html，最后访问时间：2025年6月10日。

【典型意义】

本案典型意义在于：通过行政审判职能的发挥，对公安机关在治安管理领域的履责要求作出规范，有利于治安纠纷的及时化解。《治安管理处罚法》明确规定了公安机关办理治安案件的期限。根据公安部《公安机关办理行政案件程序规定》的相关规定，对于因民间纠纷引起的殴打他人等违反治安管理行为，情节较轻的，可以调解处理，调解案件的办案期限从调解未达成协议或者调解达成协议不履行之日起开始计算，但调解不能成为公安机关不及时履行职责的借口。本案中，在沈某已经明确表示不同意调解的情况下，公安机关就应在三十日内依法作出处罚决定。对超过三十日办案期限的，应提供证据证明经过上一级公安机关批准延长。而被告明显违反相关规定。当然，被告也认识到未及时履行职责的违法性，在原告起诉后一周内就作出处罚决定，体现了对法律的尊重和勇于纠错的诚意，并得到了原告谅解。在现代法治国家，一个明显违反法定期限的行政行为，即使实体内容完全合法，也会因为姗姗来迟而被贴上违法的标签。

3. 福建潘某英诉某区公安分局行政拘留检察监督案[①]

【关键词】

行政裁判结果监督　抗诉　行政拘留

【基本案情】

2014年1月15日，福建省某市公安局某区分局（以下简称某区公安分局）以潘某英殴打郑某开致轻微伤为由，决定对潘某英处以行政拘留七日并罚款五百元，并于当日将潘某英送至某市拘留所执行拘留。某市拘留所当日发出建议停止执行拘留通知书，拘留决定未能执行。2014年6月20日，某区公安分局又针对潘某英的同一个行为作出内容、文号完全相同的行政处罚决定书，并将潘某英执行行政拘留。

2014年9月1日，潘某英向某市某区人民法院提起行政诉讼，请求撤销某区公安分局于2014年6月20日作出的行政处罚决定。某区人民法院于2015年6月18日作出一审判决，驳回潘某英的诉讼请求。潘某英提出上诉，某市

[①] 案例来源：《全国检察机关行政诉讼监督典型案例》中案例之一，载最高人民检察院网站，https://www.spp.gov.cn/xwfbh/wsfbh/202108/t20210825527658.shtml，最后访问时间：2025年6月10日。

中级人民法院于2015年10月23日作出(2015)×行终第143号行政判决,驳回上诉,维持原判。潘某英申请再审,福建省高级人民法院裁定驳回再审申请。

【检察机关监督情况】

案件受理及调查核实。2016年6月15日,潘某英向某市人民检察院申请监督。某市人民检察院提请福建省人民检察院抗诉。

福建省人民检察院经查阅卷宗、调查核实,认为本案被诉行政行为系某区公安分局于2014年6月20日作出的行政处罚决定,虽然申请人提出的原审判决采信证据不合法、违反举证分配原则等申请监督理由不成立,但被诉行政处罚存在以下违法情形:2014年1月15日,某区公安分局决定对潘某英处以行政拘留七日并罚款五百元,在送交某市拘留所执行行政拘留时,某市拘留所发出建议停止执行拘留通知书,随后某区公安分局将潘某英释放。根据公安部《关于印发〈关于行政拘留执行有关问题的意见〉的通知》相关规定,应视为拘留决定机关同意停止执行行政拘留,行政拘留决定终止执行。在事隔5个多月之后,某区公安分局重新作出相同文号、相同内容的行政处罚决定书,违反了一事不再罚原则,将潘某英再次执行拘留,亦明显违法。

监督意见。福建省人民检察院认为,某市中级人民法院(2015)×行终第143号行政判决认定被诉行政处罚决定书合法,系认定事实的主要证据不足,适用法律、法规确有错误。2018年1月16日向福建省高级人民法院提出抗诉。

监督结果。福建省高级人民法院于2018年2月8日作出裁定,指令某市中级人民法院再审。2020年5月29日,某市中级人民法院作出再审判决,认为2014年1月15日的行政处罚决定应不再执行,公安机关对同一个行为再次作出内容完全相同的行政处罚决定书,属一事重复处罚,程序违法,判决撤销原一、二审判决及被诉行政处罚决定。

【指导意义】

抗诉是人民检察院对行政诉讼实行法律监督的重要方式。人民检察院审查办理行政诉讼监督案件,应当坚持全面审查、精准监督。行政拘留属人身自由罚,是最为严厉的行政处罚。福建省人民检察院不限于申请人的申请监督理由,对行政拘留的作出、执行等环节进行全面审查,查明被诉行政拘留处罚违反一事不再罚原则、其交付执行明显违法,原审判决确有错误,遂依法提出抗诉,监督纠正了错误的行政判决和违法行政行为,维护了当事人合法权益。

4. 曹某诉某县公安局行政拘留案[①]

【基本案情和裁判结果】

2022年8月18日,曹某因与同乡居民张某之间的个人恩怨,通过自己的账号在某视频平台发布其手持身份证实名举报张某涉黑社会性质组织的视频。该视频被浏览121000次,点赞2607次,评论213条,转发分享876次。经某县公安局调查核实,曹某的举报内容为虚假不实信息。2022年8月25日,某县公安局根据《中华人民共和国治安管理处罚法》第二十六条第一款第四项之规定,对曹某作出《行政处罚决定书》,决定对其处以行政拘留十五日。曹某不服起诉至法院,请求撤销该处罚决定。

人民法院经审理认为,曹某编造张某涉黑社会性质组织的虚假信息,在某视频平台发布,且被多次浏览、点赞、评论并转发,扰乱了社会公共秩序,情节较重。某县公安局对曹某作出的《行政处罚决定书》,认定事实清楚,证据确凿,适用法律、法规正确,遂判决驳回曹某的诉讼请求。

【典型意义】

随着自媒体行业的发展,互联网和信息技术为网民构建起公共话语空间和平台的同时,一些短视频平台也被个别别有用心之人利用,成为制造、传播谣言和诬陷、攻击他人名誉的"温床"。互联网并非法外之地,任何利用网络和自媒体实施的违法行为都应当依法得到惩治。本案中,相关部门及时识别、发现网络谣言,并且及时依法依规处置,有效制止了谣言蔓延,惩罚了违法行为人,起到了警示作用。社会公民作为互联网的"网民"和自媒体的主人,也要提高信息甄别能力,不轻信、转发、扩散来源不明的信息,共同营造清朗的网络生态环境。

[①] 案例来源:《山西高院发布2023年行政审判十大典型案例》中案例之六,载微信公众号"山西高院",2024年10月11日,https://mp.weixin.qq.com/s/lg6lfZWA9J7TgenmpSlDsQ,最后访问时间:2025年6月10日。

5. 王某诉区政府撤销处罚决定行政复议案
——行政复议程序中禁止不利变更原则的适用[①]

【基本案情】

王某与范某因琐事发生纠纷,王某殴打了范某。区公安分局对王某作出拘留三日的行政处罚决定。王某不服,向区政府申请行政复议。区政府认为公安分局认定王某的行为构成殴打他人正确,但没有查清范某年龄(案发时已经超过六十周岁)等事实,导致处罚决定认定事实不清、适用法律错误,故作出撤销处罚决定的行政复议决定。王某认为范某有错在先且双方系互殴行为,复议决定认为公安分局未查清范某年龄,实际上会导致加重对王某的处罚,复议决定侵害了其合法权益,违反行政复议禁止不利变更原则。王某遂以区政府为被告提起行政诉讼,要求撤销复议决定并责令区政府重新作出复议决定。

【裁判结果】

盐城中院认为,区公安分局未查清纠纷发生时范某年龄等事实,认定事实不清、适用法律不当。区政府撤销该处罚决定后,区公安分局根据重新调查认定的事实并依据相应法律条款作出新的处罚决定,不违反禁止不利变更原则。盐城中院判决驳回王某的诉讼请求。王某不服提起上诉,江苏高院判决驳回上诉,维持原判。

【典型意义】

禁止不利变更类似于刑事诉讼领域中的"上诉不加刑"原则,也是行政复议程序中的一项原则,是指复议机关在变更决定中原则上不能加重对复议申请人的处罚或者施加更多的义务,也不能减损复议申请人的既得权利或者利益。该原则适用于事实清楚、证据充分、适用法律正确且原行政机关作出的处罚结果过轻的情形,但利害关系人同时提出异议的除外。如果复议机关发现原处罚决定认定事实不清或者适用法律错误导致处罚结果过轻,进而撤销原处罚决定并责令原行政机关重新作出处罚的,不违反禁止不利变更原则。人民法院在本案中对复议机关作出的决定依法予以支持,有利于准确理解适用行政复议程序中禁止不利变更原则,将监督支持依法行政落到实处。

[①] 案例来源:《省法院发布|江苏法院行政处罚诉讼典型案例》中案例之三,载微信公众号"江苏高院",2024年12月20日,https://mp.weixin.qq.com/s/XHcSweeKoak1LX4MEo-S9Q,最后访问时间:2025年6月10日。

6. 黄某某未成年人治安管理处罚案①

【基本案情】

2018年9月26日下午,黄某某等三人(均系未成年人,其中黄某某未满十六周岁)协商抢夺手机变卖换钱用,随后三人以买手机为名查看手机实施抢夺,其中一人被现场抓获并报警,黄某某逃离后由其家长送至S市A区公安分局甲派出所。当日,甲派出所民警对黄某某等人分别进行询问。对黄某某进行询问时,其父亲暨法定代理人在场,但现场询问的民警仅有一人。民警依法制作了行政处罚告知笔录,同时告知了黄某某有陈述、申辩、听证的权利,黄某某在笔录上签名。同日,A区公安分局作出行政处罚决定书,对黄某某行政拘留三日(不执行)。2018年10月31日,黄某某向S市人民政府申请行政复议。S市人民政府作出行政复议决定,维持A区公安分局行政处罚决定书。黄某某仍不服,提起行政诉讼。

【裁判结果】

一审人民法院判决:一、确认A区公安分局于2018年9月26日作出的行政处罚决定违法;二、确认S市人民政府于2018年12月29日作出的行政复议决定违法。

【典型意义】

《中华人民共和国治安管理处罚法》第十二条规定,已满十四周岁不满十八周岁的人违反治安管理的,从轻或者减轻处罚;不满十四周岁的人违反治安管理的,不予处罚,但是应当责令其监护人严加管教。第二十一条第一款第(一)项规定,对已满十四周岁不满十六周岁的违法行为人,应当给予行政拘留处罚的,不执行处罚。第八十四条第三款规定,询问不满十六周岁的违反治安管理行为人,应当通知其父母或者其他监护人到场。以上均系《中华人民共和国治安管理处罚法》为保障未成年人合法权益而作出的特别规定。本案中,违法行为人黄某某未满十六周岁,公安机关在作出行政处罚决定时,严格执行上述法律规定,一是行政拘留期限在法定处罚幅度以下,即减轻了处罚,二是明确了不执行行政拘留,三是公安机关在进行询问时通知其父亲到场。通过规

---

① 案例来源:《2022年湖北省高级人民法院少年审判工作新闻发布会典型案例》中案例之九,载湖北省高级人民法院网站,http://hubeigy.hbfy.gov.cn/article/detail/2022/06/id/6718522.shtml,最后访问时间:2025年6月10日。

范执法行为,公安机关保障了黄某某作为未成年人的各项权利,也较好地体现了教育与处罚相结合的办案原则。人民法院在审理本案时,不仅对公安机关的上述做法予以认可,还对执法程序进行全面审查,指出了其在询问时仅有一名民警的程序瑕疵,并据此确认行政处罚决定违法。本案对于充分保障未成年人在治安管理处罚中的程序及实体权利具有较强指导意义。

7. 吕某某与某县公安局不依法履行未成年人保护职责案[①]

【基本案情】

2021年12月30日中午,某县初级中学的学生吕某某与陈某某、王某某(三人均未满14周岁)在学校操场锻炼时发生肢体冲突,吕某某被陈某某、王某某打伤。当日,吕某某的父亲报警,某县公安局将该案立为治安行政案件,并对陈某某、王某某进行了调查询问。后吕某某的伤情经鉴定构成轻伤二级。某县公安局将吕某某被殴打一案转立为刑事案件,后又以陈某某、王某某未达到法定刑事责任年龄为由撤销刑事案件,此后未对该案件作出进一步行政处理。吕某某向法院起诉,请求判令某县公安局针对其被殴打一案依法履行未成年人保护职责。

【裁判结果】

安康铁路运输法院经审理认为,针对吕某某被殴打一案,某县公安局以治安行政案件受案并展开调查并无不当。后吕某某被鉴定为轻伤,某县公安局将该案转立为刑事案件,后又以陈某某、王某某未达到刑事责任年龄,不符合刑事立案条件为由撤销刑事案件,撤案后未就该案作出行政处理,没有对该案所涉及的加害人、加害行为、受害后果以及加害行为与受害后果的因果关系等基本事实和加害人需要承担何种法律责任等作出处理,吕某某的合法权益未得到有效保护,遂判决由某县公安局在法定期限内对吕某某被殴打一案履行未成年人保护职责。一审宣判后原告、被告均未提出上诉,判决已发生法律效力。

【典型意义】

公安机关是保护未成年人、查处预防校园欺凌的重要主体,在办理涉未成年人案件过程中,应严格依照法定程序处置涉未成年人违法犯罪活动,对学生

---

① 案例来源:《陕西高院发布9起未成年人司法保护典型案例》中案例之九,载陕西法院网,http://sxgy.sxfywcourt.gov.cn/article/detail/2023/06/id/7319961.shtml,最后访问时间:2025年6月10日。

欺凌案件的基本事实和加害人需要承担何种法律责任等作出全面准确认定和正确法律评价,保护受侵害的未成年人。本案中,为解决受害人救助帮扶、加害人教育惩戒等问题,法院在作出判决的同时,向某县公安局及教育体育局分别发出了《司法建议书》。该两家单位在规定的时间内复函,已按照司法建议书所建议的事项逐项落实。某县公安局向陈某某、王某某发送了不予处罚决定书,并责令其监护人严加管教。某县教育体育局召开党委会专题研究部署未成年人保护工作,督促学校对陈某某、王某某进行教育惩戒,对在家养伤的吕某某进行了送教上门,协调相关部门为吕某某筹集救助资金62000余元,并在全县组织开展"护校安园"专项行动。本案的审理,彰显了人民法院通过对行政行为进行监督,维护受侵害未成年人合法权益、教育感化行为不当未成年人的担当精神,筑牢了对未成年人的立体司法保护网,为公安机关处理类似校园欺凌案件提供了程序指引,对妥善处理学生欺凌行为、预防未成年人违法犯罪等工作开展具有示范意义。

(说明:出于对未成年人的特别保护,发布的案例均通过化名等方式隐去涉案未成年人及其他当事人的姓名、住址等个人信息,部分案例隐去法院名称等信息,并对有关刑事犯罪涉及的作案经过和作案手段予以简化模糊,防止未成年人模仿)

8. 朱某某不服上海市公安局城市轨道和公交分局行政处罚及上海市公安局行政复议决定案[①]

【要点】

被侵害人因受被处罚人一方干扰,在行政诉讼中对相关事实作出与之前报案和行政查处阶段不一致的陈述,即作出对被处罚人有利的陈述,在缺乏合理解释和相应证据佐证的情况下,结合其他证据之间能够相互印证的情形,对其后面的陈述不予采信,且不能以此否定被诉处罚决定对相关违法事实的认定。

【基本案情】

2021年7月12日8时50分许,上海市公安局城市轨道和公交分局陆家嘴站治安派出所(以下简称陆家嘴站派出所)接第三人陈某某报案称,当日8

---

① 案例来源:《2022年上海全市法院行政审判成绩如何?来看这场新闻发布会》中公布的案例之九,载微信公众号"上海高院",2023年08月16日,https://mp.weixin.qq.com/s/3IamvRWpH7NnkZFWrkIKqQ,最后访问时间:2025年6月10日。

时32分许,其在乘坐地铁十六号线时,在车厢内被身后一男子紧贴身体部位,怀疑被该男子猥亵。同日,陆家嘴站派出所予以受案登记。经询问,原告、第三人及民警张某分别对案发情况进行陈述,原告书写亲笔供词。同日,被告上海市公安局城市轨道和公交分局(以下简称轨交公安分局)调取了2021年7月12日地铁十六号线事发车厢的监控视频录像,以及民警于案发时手机拍摄的视频录像。同日15时45分,被告轨交公安分局将拟作出行政处罚决定的事实、理由及依据等内容进行告知,原告在行政处罚告知笔录中"我不提出陈述和申辩"处签名捺印。同日19时12分,被告轨交公安分局作出行政处罚决定,认定原告于2021年7月12日8时32分许在上海市地铁十六号线某区段的列车车厢内有猥亵的违法行为,根据《中华人民共和国治安管理处罚法》第四十四条之规定决定处原告行政拘留十日。原告不服,向被告上海市公安局(以下简称市公安局)申请行政复议。被告市公安局复议决定维持了处罚决定。原告不服,起诉至上海铁路运输法院。诉讼中,原告的母亲及妻子于一审开庭审理前至第三人住处与其接触沟通。

【审判】

上海铁路运输法院一审认为,被告轨交公安分局认定原告在地铁十六号线某区段的列车车厢内有猥亵第三人的违法行为,有其提交的原告询问笔录及亲笔供词、第三人询问笔录、民警询问笔录以及相关视听资料等证据证明。原告诉称其无猥亵动机及故意,无猥亵行为,因遭被告轨交公安分局威胁、恐吓、诱供,在未保证饮食及休息的情况下签署相关笔录,承认猥亵行为,但原告已在其询问笔录中签名捺印且书写了亲笔供词,所记载内容与第三人及民警询问笔录记载的主要内容、视听资料反映的客观情况相互印证。因此,在无实证或确切线索印证其诉称内容的情况下,原告否认其询问笔录及亲笔供词的内容,缺乏正当理由。至于第三人于庭审中否认其询问笔录的部分内容,认为原告与其接触的情况不严重,不应当构成猥亵,法院认为,第三人在庭审中否认的内容仅限于原告贴靠其身体的部位,对于原告行为的陈述与其询问笔录内容基本一致,加之原告方曾于庭审前至第三人住处进行沟通,导致第三人庭审陈述内容的证明力降低,因此,不影响第三人询问笔录的证据效力。鉴于原告违法行为发生地系公共场所,属情节严重,被告轨交公安分局所作行政处罚适用法律正确,处罚幅度恰当。被告市公安局所作行政复议决定认定事实清楚、适用法律正确,程序合法。一审法院判决驳回了原告的诉讼请求。

原告不服提起上诉,上海市第三中级人民法院二审判决驳回上诉,维持原判。

【典型意义】

行政处罚案件中,针对违法事实的认定,在前后陈述不一致的情况下,需排除无关的、非法的、不真实的证据,从证据的收集方式、相关人员陈述与事发间隔的时间、陈述内容与自己及他人的利害关系、异常介入因素等方面,对在案证据进行严格审查。因原告家人在本案诉讼阶段与第三人非正常接触,该异常介入使第三人作为被侵害人在庭审中改变了之前对于事实的描述,与报案时所称及行政查处时的陈述不一致,致使其庭审陈述的证明力明显减弱。法院经过对第三人改变陈述原因的查明,在无其他证据佐证的情况下,结合其他在案证据相互印证等情况,对该庭审中的陈述未予采信。此外,如果当事人在诉讼中故意作虚假陈述,或者存在他人威胁、阻碍当事人如实陈述的行为,法院可依法进行处理。本案涉及对当事人在诉讼中改变陈述的情况下对全案证据的综合判断和逻辑推理,为出现类似情形的行政案件的处理提供了思路借鉴,也是教育当事人提高法治意识,遵守法律、在法庭上履行如实陈述义务的生动教材。

图书在版编目（CIP）数据

治安管理处罚法及相关法规汇编：含典型案例 / 中国法治出版社编. -- 北京：中国法治出版社，2025.7. （金牌汇编）. -- ISBN 978-7-5216-5116-4

Ⅰ. D922.14

中国国家版本馆 CIP 数据核字第 2025PD4391 号

责任编辑：王佩琳（wangpeilin@zgfzs.com）　　　　　　　　封面设计：李　宁

治安管理处罚法及相关法规汇编：含典型案例
ZHI'AN GUANLI CHUFAFA JI XIANGGUAN FAGUI HUIBIAN：HAN DIANXING ANLI

编者/中国法治出版社
经销/新华书店
印刷/三河市紫恒印装有限公司
开本/880 毫米×1230 毫米　32 开　　　　　　　印张/ 19.125　字数/ 530 千
版次/2025 年 7 月第 1 版　　　　　　　　　　　　2025 年 7 月第 1 次印刷

中国法治出版社出版
书号 ISBN 978-7-5216-5116-4　　　　　　　　　　　　　　　　定价：54.00 元

北京市西城区西便门西里甲 16 号西便门办公区
邮政编码：100053　　　　　　　　　　　　　　　　传真：010-63141600
网址：http：//www.zgfzs.com　　　　　　　　编辑部电话：010-63141801
市场营销部电话：010-63141612　　　　　　　　印务部电话：010-63141606

（如有印装质量问题，请与本社印务部联系。）